REFLEXIONES

Introducción a la literatura hispánica

Rodney T. Rodríguez
Manhattan College

PEARSON

Boston   Columbus   Indianapolis   New York   San Francisco   Upper Saddle River
Amsterdam   Cape Town   Dubai   London   Madrid   Milan   Munich   Paris   Montréal   Toronto
Delhi   Mexico City   São Paulo   Sydney   Hong Kong   Seoul   Singapore   Taipei   Tokyo

Senior Acquisitions Editor: Tiziana Aime
Executive Editor, Spanish: Julia Caballero
Editorial Assistant: Jonathan Ortiz
Executive Marketing Manager: Kris Ellis-Levy
Senior Marketing Manager: Denise Miller
Marketing Assistant: Michele Marchese
Senior Managing Editor for Product Development: Mary Rottino
Associate Managing Editor (Production): Janice Stangel
Production Project Manager: María F. García
Executive Editor, MyLanguageLabs: Bob Hemmer
Senior Media Editor: Samantha Alducin
Development Editor, MyLanguageLabs: Bill Bliss
Editorial Coordinator, World Languages: Regina Rivera

Art Manager: Gail Cocker
Illustrator: Andrew Lange
Creative Director: Jayne Conte
Cover Design: Suzanne Behnke
Operations Manager: Mary Fischer
Operations Specialist: Alan Fischer
Full-Service Project Management: Katie Wilbur, Element, LLC
Composition: Element, LLC
Printer/Binder: Edward Brothers Malloy
Cover Printer: Lehigh-Phoenix Color/Hagerstown
Cover image: © Holger Mette/istockphoto
Senior Vice President: Steve Debow

Library of Congress Cataloging-in-Publication Data
Rodriguez, Rodney T.
  Reflexiones : introduccion a la literatura hispanica/
Rodney T. Rodriguez.
     p. cm.
  ISBN 978-0-205-10373-7 (alk. paper)
 1. Spanish literature—History and criticism. 2. Spanish
literature—Study and teaching. I. Title.
  PQ6032.R63 2013
  860.8—dc23
                        2012008745

10 9 8 7 6 5 4 3 2

Student Edition
ISBN 10: 0-13-279312-1
(High School Binding)
ISBN 13: 978-0-13-279312-4
(High School Binding)

ISBN-10: 0-205-10373-1
(Higher Education Binding)
ISBN-13: 978-0-205-10373-7
(Higher Education Binding)

Para mis hijos

Lia y Misha (†)

CONTENIDO

★ Selecciones incluidas en el programa de AP Spanish Literature and Culture

★ Selecciones incluidas en el programa de AP Spanish Literature and Culture

★ Selecciones incluidas en el programa de AP Spanish Literature and Culture

---

★ Selecciones incluidas en el programa de AP Spanish Literature and Culture

Siglos XIX y XX

Apéndices

★ Selecciones incluidas en el programa de AP Spanish Literature and Culture

PREFACE

Reflexiones, a rich anthology of Spanish and Spanish-American literature, provides great flexibility within a Spanish program. First and foremost, it is an "introducción a la literatura hispánica" aimed at training students to understand and analyze literary texts, genres, and period concepts. The book places Hispanic literature within the broad framework of the humanities as well as the historical and cultural context of its creation. *Reflexiones* includes nearly every major writer of Spain and Latin America, contributing to its usefulness in survey classes. While the selections are focused around six fundamental themes (social reality, gender issues, time and space, human relationships, and the complexity of existence as well as that of literary creation), the selections within each theme are subdivided by three cultural and historical periods: the Medieval era, the Renaissance (sixteenth and seventeenth centuries), and the modern era (nineteenth through the twenty-first centuries). Consequently, those wishing to study literature chronologically may easily do so. Because the book is not structured in a graded manner like a grammar text, instructors may easily select the works they wish to teach and bypass others.

Literature resembles a mirror because it reflects the world around it. Consequently, it provides an ideal source for studying an expansive range of cultural and human issues. But because literature springs from the imagination, it also affords insight into the workings of the mind and its creative powers. Through questions and activities, *Reflexiones* continuously emphasizes how literary texts reflect their times as well as their cultural period.

The selections in *Reflexiones* are ordered around universal themes. However, the implied method of analysis showcases each work as a unique creation and, at the same time, an expression of its particular cultural moment. *Reflexiones,* as its subtitle succinctly states, is more than an anthology; it is a textbook aimed at teaching students to analyze and appreciate literature and to recognize the relationship of the featured texts to germane cultural manifestations and the relevance to their own lives. This is accomplished through five subdivisions in each selection: *La literatura y la vida* poses questions that tie the underlying themes of the work to the reality of the student, *En contexto* places the work in its ideological and cultural context, and *Comprensión* focuses on the plot details or what happens in the text, while *Interpretación* delves more deeply into its meaning and introduces students to the basics of literary analysis. Instructors using the text for intermediate reading comprehension may wish to focus only on *Comprensión* sections, while more advanced courses, such as introduction to literature or survey courses, may choose to focus on *Interpretación.* In the advanced courses, *Comprensión* may be assigned for homework and *Interpretación*—which includes many group activities—can be done in class.

The fifth and final section, *Cultura, conexiones y comparaciones,* is a unique feature of *Reflexiones.* Here, the student is informed of the literary context of the work, the cultural codes embedded within it, its relationship to other disciplines and artistic manifestations, and, finally, its relationship to other works in the anthology. Therefore, a poem such as Quevedo's "Miré los muros de la patria mía" is studied (1) as a representative example of Baroque expression; (2) as a historical document about the decline of Spain in the seventeenth century; (3) in relationship to Velázquez's painting of Mars, where he depicts the god of war as a flabby, indolent warrior in order to illustrate Spain's declining military prowess; and (4) in connection to other Baroque works using the same theme of *memento mori,* such as Góngora's "Mientras por competir con tu cabello." Consequently, students begin to recognize the interlocking nature of literature, culture, history, and the arts—how they are all reflected in one another. And in this way *Reflexiones* addresses the growing interest in cultural studies in the Hispanic studies field.

Different from other anthologies that merely pose questions of comprehension, *Reflexiones* also guides students through a thorough critical analysis of the text. Students are often required to reflect on an issue, perhaps with a partner or in a group, in order to discuss how it is reflected in the text. *Reflexiones* also asks the students to access web-based activities to answer questions, view artistic or graphic examples related to the text, or listen to or view audiovisual material. Lastly, students are introduced to literary criticism through short passages of critical observations from scholars and then asked to explain them or to agree or take issue with the commentary.

Literary History

The first preliminary chapter of *Reflexiones* traces the evolution of the history and literature of Spain and Latin America in a concise, clear, and well-ordered manner. It is not dense with names and titles, preferring to focus on a brief historical sketch of each period followed by an explanation of its artistic characteristics.

Genres

The second chapter deals with the four different genres that appear in the text: poetry drama, narrative, and essay. Each genre has three subheadings, for example: (1) ¿Qué es poesía? (2) ¿Cuáles son los diferentes tipos de poesía? and (3) ¿Cómo se analiza un poema?

Writing

An appendix to the text deals with writing about literature. It describes the six types of essays most commonly required of students in undergraduate literature classes: expository, textual analysis, definition, comparison, cultural study, and research. It then gives an explanation of the characteristics of a good essay of each type, followed by a real example of an essay and, finally, a brief discussion of how the essay fulfils the desired objectives.

Diccionario de términos literarios

Unlike other dictionaries where terms are alphabetized and therefore disjointed (for instance, 'Renaissance' could be followed by 'rhyme'), *Reflexiones* divides terms into six distinct categories: (1) literary and cultural movements, (2) general rhetorical figures, (3) poetic rhetorical figures, (4) drama, (5) narrative, and (6) critical theory. Consequently, a student looking up 'anaphora' will also find other figures of repetition, such as epiphora, anadiplosis, etc.

Spanish Versification

The metrical system of Castilian verse is described in detail, with clear examples from a single Bécquer poem. Also presented are the rules for counting syllables, counting metric syllables in poetry, and the classification of verses by syllabic meter.

Instructor Resources:

Instructor's Resource Manual The Instructor's Resource Manual includes teaching tips and alternative suggestions for introducing and organizing the readings by genre, by time period, and by theme and concepts.

LOS MOVIMIENTOS LITERARIOS

■■■

El sistema más común y lógico de ordenar la producción literaria es por el momento histórico o el movimiento cultural en que se produjo. Para simplificar esta sistematización, nos enfocaremos en tres épocas radicalmente distintas: la Edad Media (siglos X-XIV), el Renacimiento (siglos XVI y XVII) y la época moderna (siglos XIX-XXI). El importante siglo XVIII, como se verá más adelante, es cuando se elaboran las ideas que darán lugar a la modernidad.

Como nos limitamos a la literatura en lengua castellana, nuestro período empieza después de la desintegración del Imperio romano, a partir del siglo V, cuando empiezan a formarse los idiomas románicos basados en el latín. La "Edad Media" se denomina así porque son los siglos del 'medio' entre la desintegración del Imperio romano y el 'renacimiento' de esa cultura, que ya da claras muestras de vitalidad en el siglo XV. Por lo tanto, la Época Medieval es un larguísimo período de tiempo, que se extiende por un milenio (desde el siglo V hasta el siglo XV). A pesar de su larga duración, se produce relativamente poco en materia literaria y se conserva aún menos. La lengua culta seguía siendo el latín, pero poco a poco se fueron imponiendo las lenguas 'vulgares' —lo que hoy llamamos el español.

En España los siglos XVI y XVII son los del Renacimiento, aunque el estilo clásico renacentista evoluciona de un siglo al otro para convertirse en el Barroco. España produce una literatura de calidad asombrosa durante esta época, y por eso se denomina el Siglo de Oro. El reencuentro con el pensamiento grecorromano, con su énfasis en la dialéctica y la razón, reemplazó la visión unidimensional y cerrada del Medioevo. La lógica permitía la reconciliación entre ideas opuestas, y las ramificaciones de este cambio de postura fueron portentosas. El hombre, con sus nuevas descubiertas habilidades dialécticas, era ahora el centro del universo, reemplazando a Dios que antes había regido en el mundo medieval.

Durante el siglo XVIII se empiezan a elaborar fuera de España una serie de ideas novedosas que fueron derrumbando, uno por uno, los sistemas fundamentales de los siglos XVI y XVII. Sin abandonar del todo la dialectología clásica, filósofos como John Locke (1638-1704) y David Hume (1711-1776) pusieron en tela de juicio la razón como el único proceso para guiar la vida y distinguir entre el bien y el mal, demostrando que los sentimientos también merecen tomarse en cuenta para tomar decisiones justas y buenas. En el momento en que el hombre se dio cuenta que podía emplear sus propios sentimientos personales, la cultura tomó un giro radical y se emancipó de la rigidez y el academicismo de la cultura clásica. En Francia, Jean-Jacques Rousseau (1712-1778) habló de un "contrato social" entre el pueblo y el gobierno en que este último tenía la obligación de asegurar el bienestar de todos sus súbditos a base de un sistema democrático. A raíz de estas ideas se fomentaron revoluciones como la norteamericana (1776) y la francesa (1789), las cuales pusieron fin a los regímenes monárquicos y divulgaron constituciones democráticas que concedían libertades y derechos a sus ciudadanos.

Adam Smith (1723-1790) propuso nuevas teorías económicas para afirmar que el libre intercambio comercial podía crear prosperidad económica, y sus teorías abrieron las puertas al capitalismo moderno. Estas ideas, junto a muchos avances científicos y tecnológicos, produjeron una Revolución industrial, la cual fue el incentivo para toda una serie de cambios que caracterizan la edad moderna: el movimiento de gente del campo a las ciudades; el empleo en fábricas de producción masiva; la riqueza que se podía adquirir por iniciativa e ingeniosidad personal sin que fuera heredada; la creación de una clase media profesional para atender a las necesidades de salud, educación, entretenimiento, etc. que demandaban las clases trabajadoras; y, finalmente, la noción de que cada individuo tiene valor y capacidad de mejorar su estado en la vida.

Ha habido muchos cambios desde la Revolución industrial hasta nuestros días y cada uno ha alterado la forma de vida del mundo occidental. Solo hay que pensar en el telégrafo, el tren, la radio, el teléfono, el carro, el avión, la televisión, la computadora, el Internet, el teléfono celular, etc. para darse cuenta que cada invención impacta cómo vivimos. Sin embargo, no se han alterado las nociones y valores básicos que se formularon en el siglo XVIII. Se sigue creyendo que el sistema democrático es el mejor para asegurar el bienestar del pueblo; que el capitalismo es el mejor sistema para crear riqueza para el mayor número de gente; que el hombre y la mujer tienen la capacidad de avanzar por medio de la educación y el trabajo a un mejor nivel de vida; y, por último, que cada individuo tiene un valor único y que puede expresar esa singularidad de la manera que quiera, sin sentirse restringido por fórmulas predeterminadas.

1.0 Edad Media

Trasfondo histórico

La desintegración del antiguo Imperio romano —proceso que tomó varios siglos— facilitó la conquista de sus provincias y regiones por tribus mucho menos civilizadas del norte de Europa, las cuales arrasaron por completo los vestigios de la rica civilización latina. Mientras tanto, en la Península Arábica, el profeta Mahoma había inspirado a su pueblo con el mensaje de Alá, el cual resonó entre el pueblo árabe, impulsándolo a emprender una campaña de conquistas por el norte de África diseminando la nueva religión del islam. Al llegar al término oeste del continente africano a principios del siglo VIII, giraron al norte y conquistaron la Península Ibérica. Por lo tanto, lo que había sido parte del mundo europeo de buenas a primeras se vio ligado al mundo islámico, con su sede en Bagdad y Damasco.

El crecimiento repentino del islam preocupó extremadamente a los pueblos europeos, quienes organizaron cruzadas contra los musulmanes para retomar las tierras sagradas que estos habían tomado. Pero los habitantes de la Península Ibérica no participaron en esas cruzadas, puesto que tenían el enemigo islámico en su propia casa. El proceso de retomar la Península de los musulmanes se denomina la 'Reconquista', y fue un larguísimo conflicto que duró prácticamente ocho siglos. Los árabes se asentaron principalmente en el sur de la Península. A causa de ello, la historia de España de la Edad Media forma parte de dos mundos distintos: el cristianismo europeo del norte y el islam árabe del sur. No se debe pensar que estos dos mundos estaban en constante conflicto: la mayoría del tiempo se estableció una coexistencia entre los dos pueblos, creando una rica y compleja textura cultural y social que dio a España un carácter único y especial entre los pueblos europeos.

Tanto el mundo cristiano como el islámico tuvo su propia brillantez. En el norte en el siglo XIII, el rey cristiano, Alfonso X, "el Sabio", fundó en Toledo una escuela de traductores que convocó a eruditos cristianos, judíos y musulmanes para traducir textos griegos y romanos conservados en árabe pero perdidos en latín. Esta labor humanística representa el primer paso del Renacimiento, puesto que puso el mundo europeo en contacto con los textos científicos y filosóficos de los antiguos imperios griego y romano. En el sur, la ciudad de Córdoba se convirtió en la más grande de Europa y uno de los centros culturales más brillantes del mundo árabe, compitiendo con Bagdad o Damasco. De Córdoba emergen dos de las grandes figuras del pensamiento islámico y judío medieval: los neoaristotélicos Averroes y Maimónides, el primero musulmán y el segundo judío, pero ambos cordobeses.

La coexistencia entre las tres religiones fue desmoronándose poco a poco. Los judíos, que habían hecho papeles importantes tanto en zonas cristianas como musulmanas y habían conseguido un éxito social y económico pocas veces visto en la historia de su diáspora, empezaron a ser acusados por los menos afortunados cristianos y por la iglesia de su poder desmesurado. Así empezaron los pogromos contra su comunidad. El deseo de convertir a la España pluralista a una España unida y homogénea finalmente se logró a finales del siglo XV, cuando un príncipe del norte —Fernando de Aragón— se casó con una princesa castellana —Isabel— y con sus fuerzas unidas retomaron Granada, el último reino musulmán. A partir de ese momento todos los musulmanes y judíos tuvieron que convertirse al cristianismo o abandonar España. Muchos judíos y musulmanes, para permanecer en su patria natal, abrazaron el cristianismo. Para asegurarse de que los nuevos cristianos fueran fieles y no falsos practicantes, los Reyes Católicos impusieron la Inquisición para vigilar y castigar despiadadamente a los herejes.

La expulsión ocurrió en 1492, el mismo año en que Cristóbal Colón abría un nuevo capítulo de la historia europea en otros mundos lejanos. Es por eso que los historiadores han usado ese año profético como la línea divisoria entre la Edad Media y el Renacimiento.

La literatura

En el milenio que ocupa la Edad Media, la mayoría de lo que se escribía era en latín. Pero poco a poco se fue evolucionando un corpus literario en lenguas vulgares cada vez más abundante. Los primeros poemas conservados en la lengua de Castilla son pequeños trozos de lírica popular que se intercalaban en composiciones cultas en árabe o hebreo. Estos poemas (jarchas) de los siglos IX y X representan los primeros versos conservados en una lengua románica. Pero la forma literaria más representativa de la Edad Media son largos poemas épicos compuestos y transmitidos por poetas ambulantes (juglares) que iban de pueblo en pueblo entreteniendo a la gente. De estos poemas, solo se conserva el *Cantar de mío Cid* del siglo XII, que cuenta las hazañas del Cid Campeador contra los musulmanes. El pueblo gozaba inmensamente de estos cantares, y aprendían de memoria trocitos de ellos y los transmitían a sus hijos y nietos. Es así que nació el romance. Luego, se empezó a componer romances originales, pero siempre de forma oral. No fue hasta los comienzos del siglo XVI que se empezó a coleccionar estos poemas en grandes tomos llamados Romanceros.

En los monasterios se llevó a cabo otra labor literaria mucho más culta. Los monjes escribían poemas de índole religioso para enseñar y recalcar los valores cristianos. De esta tradición de clerecía nace el primer escritor cuyo nombre conservamos en lengua castellana —Gonzalo de Berceo (mediados del siglo XIII)— cuyo *Milagros de nuestra señora* recuerda al público los favores que se pueden conseguir siendo un buen cristiano. El mayor poeta castellano de la Edad Media —Juan Ruiz, Arcipreste de Hita (¿1283-1350?)— escribe *El libro de buen amor* que contiene temas poco religiosos y es un verdadero cancionero de formas poéticas medievales.

La prosa ficción tiene sus raíces en colecciones de cuentos de las tradiciones árabe e hindú. Estas fábulas o apólogos contaban historias con una moraleja. Alfonso X (1221-1284) mandó traducir una de estas colecciones del árabe (*El libro de Calila e Dimna*) y así se fueron diseminando estos ejemplos morales por toda Europa. Don Juan Manuel (1282-1349), sobrino de Alfonso X, escribió la más famosa de estas colecciones en castellano —*El conde Lucanor.*

Alfonso X también es el primero en emplear la lengua vulgar de Castilla para sus crónicas (*Crónica general de España*), sus leyes (*Las siete partidas*) y sus libros de instrucción (*El libro del ajedrez*). Este paso fue sumamente significativo porque le dio prestigio real y oficial a la lengua vulgar, que antes solo la empleaba el 'pueblo bajo'.

A lo largo del siglo XV se fueron transmitiendo por la Península las nuevas ideas y estéticas de Italia, y España es uno de los primeros países en sentir los impulsos del Renacimiento.

2.0 Renacimiento (siglos XVI y XVII)

2.1 España

Trasfondo histórico

El matrimonio de Fernando e Isabel unió dos regiones importantes de la Edad Media hispánica: Cataluña y Castilla. Con su unión, se pudo terminar la Reconquista, tomando el último reino musulmán en Granada en 1492. Una vez que consiguieron la unificación nacional, impusieron una unificación religiosa a base del cristianismo, expulsando a los judíos y musulmanes que no querían convertirse. En 1492 también apareció la primera gramática del castellano, obra del humanista Antonio Nebrija (1441-1522) que sirvió para dar una unificación lingüística al nuevo estado. Los Reyes Católicos, además, buscaban extender su influencia a otras regiones europeas casando a sus hijos con príncipes extranjeros. Aunque la boda de su hija Catalina de Aragón con el rey Enrique VIII de Inglaterra fue el más notorio, el matrimonio que produjo los mayores frutos fue el de Juana con el príncipe Felipe del Sacro Imperio Romano —una federación inmensa de estados del este central de Europa. El hijo de ese matrimonio, Carlos, heredó el trono de España y el del Sacro Imperio Romano, logrando de ese modo el sueño de sus abuelos de extender la influencia de España.

Dos hechos de finales del siglo XV y principios de XVI determinaron los asuntos exteriores de España para los próximos dos siglos: el descubrimiento de un Nuevo Mundo por Colón en 1492 y la proclamación de Martín Lutero (1483-1546) en 1517 criticando la corrupción de la Iglesia católica. España reaccionó enérgicamente ante ambos hechos. Asombra la rapidez y eficiencia con que los españoles se aprovecharon del descubrimiento de Colón. En un corto espacio de tiempo conquistaron, exploraron, colonizaron y evangelizaron los nuevos territorios. Desde California en el norte hasta la Patagonia en Sudamérica, los españoles fundaron ciudades, construyeron iglesias e impusieron su autoridad. La conquista representó diferentes oportunidades para los distintos sectores e instituciones: para los colonos representaba la posibilidad de mejorar su estatus social y enriquecerse; la Corona buscaba el prestigio de poseer un imperio tan rico e inmenso; la iglesia veía a los indígenas como almas dispuestas para la evangelización.

La Corona española, aliada con el Vaticano, se opusieron rotundamente a la reforma de la iglesia que pedía Lutero. Europa se dividió entre los estados que protestaban la corrupción (la Reforma Protestante) y los católicos que estaban en contra (la Contrarreforma). Prácticamente todos los conflictos y guerras de los siglos XVI y XVII están vinculadas de un modo u otro a esta brecha, que debilitó a España económica y emocionalmente. El oro que llegaba de las Indias salía rápidamente para financiar las guerras europeas. El hijo de Carlos, Felipe II, se mostró tan implacable como su padre respecto a las reformas.

La situación social y económica dentro de la Península no fue pacífica tampoco, aunque las guerras de la Contrarreforma nunca llegaron allí. Los judíos conversos llevaban una vida precaria con temor de ser escrutados por la Inquisición. Los moriscos, quienes se dedicaban en gran medida a la agricultura y que generalmente no se habían convertido al cristianismo, se sublevaron varias veces y finalmente fueron expulsados en masa a principios del siglo XVII. Los nobles e hidalgos adoptaron unas normas absurdas y extravagantes respecto al honor y el trabajo. La riqueza se tenía que conseguir a base de la herencia; el negocio, los oficios manuales y el emprendimiento comercial no se estimaban. Los campesinos y labradores, que representaban la mayoría de los españoles, también adaptaron un sentido desmesurado de honra basado en su pureza de sangre cristiana.

España empezó a sufrir económicamente. Las costosas guerras de la Contrarreforma dependían de los ingresos del comercio con las colonias americanas, así como la importación de metales preciosos, y estas actividades fueron interrumpidas cada vez más por otras potencias europeas, sobre todo los ingleses, quienes querían aprovecharse también del lucro del Nuevo Mundo. Se debe mencionar también que España y la iglesia hicieron una inversión incalculable en sus colonias, con la fundación y edificación de ciudades, con grandes templos y centros administrativos.

Poco a poco el poder militar español fue declinando. La derrota de la gran Armada por los ingleses en 1588 quizá no fuera de tanta consecuencia como generalmente se cree, pero la pérdida de la Guerra de los Treinta Años, que terminó con la Paz de Westfalia en 1648 y en la cual se le tuvo que conceder la independencia a Holanda, esencialmente puso fin a los intereses españoles en los países protestantes. A partir de ese momento España adoptó una postura de aislamiento con respecto a sus vecinos europeos, cerrando sus puertas a la nueva ciencia de Galileo (1564-1642) y de Newton (1643-1727) así como la filosofía racionalista de Spinoza (1632-1677), quien, irónicamente, era de descendencia judía sefardita. El atraso científico de España en el siglo XVII tuvo grandes y perniciosas consecuencias para el porvenir de la nación.

La literatura en España

2.1.1 Siglo de Oro

La misma asombrosa energía que mostraron los españoles en la empresa del Nuevo Mundo se vio repetida en las artes. El Siglo de Oro —término con el cual se denomina este período de la producción artista— describe acertadamente la originalidad, exuberancia y brillantez de la cultura de los siglos XVI y XVII. Se suele pensar que el primer siglo corresponde al Renacimiento y el segundo al Barroco, pero esas divisiones no siempre son útiles. Pero sí fue en los siglos XV y XVI cuando se empezaron a difundir las ideas y el estilo del Renacimiento. Además de ser un reencuentro con las normas artísticas y filosóficas grecorromanas, el Renacimiento representó una nueva perspectiva ante la vida en que el individuo tomaba las riendas de su propio destino en vez de rendirse a la voluntad divina, como lo había hecho el hombre medieval. El 'humanismo' —término tan ligado a este movimiento— se refiere a esta nueva actitud y tiene que ver con la importancia que el Renacimiento otorga a las capacidades humanas, tanto físicas e intelectuales como espirituales y morales. Como resultado de ello, el hombre se dedica con pasión al arte, la ciencia, la música, la poesía, la filosofía, el deporte, etc., para conseguir esa totalidad humana que era el signo de la época.

El primer gran fruto del Renacimiento se dio en 1499 con una obra sin antecedentes en la literatura europea —*La Celestina* de Fernando de Rojas (¿1470?-1541). Escrita en prosa pero en forma dialogal, narra una emocionante historia de un amor imposible e ilícito con una penetración psicológica y un desenlace inaudito que responde más a la naturaleza humana que a las fórmulas o tópicos literarios de aquella época. Todo en *La Celestina* es original y un patente reflejo de una nueva forma de pensar y de escribir.

2.1.2 La poesía del Renacimiento

En el campo de la poesía se observan los intentos de incorporar a la poesía castellana las formas de expresión italianas ensayadas por el gran poeta Petrarca (1304-1374). Aunque Garcilaso de la Vega (¿1501?-1536) no fue el primero en emplear el soneto, fue él, con la impresionante musicalidad y delicadeza de sus versos, quien divulgó y estableció esa métrica para la expresión culta hispánica. Garcilaso también escribió églogas —composiciones bucólicas de pastores— donde se relata tiernamente la elaborada filosofía amatoria del Renacimiento.

Mientras tanto, otro estilo de poesía con raíces más autóctonas se elaboraba con más pureza y menos retórica. Fray Luis de León (1527-1591) escribe una lírica que se vale más de auténticos sentimientos humanos en vez de reelaborar los temas y tópicos clásicos. Dentro de esta poesía pura se encuentra la expresión mística —el anhelo y la capacidad de unirse espiritualmente con Dios— manifestada en la lírica de Santa Teresa de Ávila (1515-1582) y San Juan de la Cruz (1542-1591). Estos dos autores, cuya lírica se encuentra entre lo más universal de la expresión castellana, representan el pináculo de la poesía mística del cristianismo.

2.1.3 La novela picaresca

En 1554 apareció en Holanda una obra anónima en prosa, *Lazarillo de Tormes*, que se disfrazaba como una auténtica autobiografía de un vagabundo (o pícaro) español y su lucha para sobrevivir en la España pudiente e imperial. La novela claramente expresa su desilusión con el estado moral del país. La heterodoxia y la severa crítica clerical de la novela hicieron que su lectura fuera prohibida en España, y quizá por eso todo el mundo la conoció por ediciones pirateadas. Al ser una ficción que pretendía ser real, la novela moderna tomó su primer paso. Se ve a Lazarillo desarrollándose como persona y formándose moralmente en el decadente e hipócrita medio ambiente en que vive.

El éxito estrepitoso del *Lazarillo* provocó una serie abundante de novelas denominadas 'picarescas', muchas de las cuales siguieron el tono cínico y crítico de su modelo. Dos importantes muestras de la novela picaresca se encuentran en *Guzmán de Alfarache* de Mateo Alemán (1547-¿1615?) y *La vida del Buscón* de Francisco de Quevedo (1580-1645). La exportación de estas novelas españolas a Europa estimuló la producción de las primeras novelas inglesas y francesas.

2.1.4 Cervantes

El gran autor español Miguel de Cervantes (1547-1616) le debe mucho a la picaresca. En su famosa y transformadora novela, *Don Quijote de la Mancha*, el autor insiste que su obra se basa en crónicas y documentos fidedignos, ayudando a borrar los límites entre lo que es verdad y lo que es ficción. En la novela, además, se emplea una estructura episódica como la de la picaresca, y se percibe claramente el desarrollo de los personajes.

El tema central de la obra —la noción que las apariencias engañan y que la realidad es inestable y depende del punto de mira de cada individuo— es un discurso universal que Cervantes exploró de múltiples formas. La confusión entre realidad y ficción se contrapesa con una mezcla de profundidad y humor: la locura y el idealismo de Don Quijote ante el sentido práctico y prosaico de su escudero Sancho Panza.

Para muchos, *Don Quijote* encarna lo mejor de la expresión literaria de la España del Siglo de Oro: una fórmula narrativa original; un estilo pulcro, elegante y melódico; una crítica velada de la España imperialista; una temática tanto universal como española; y la expresión de valores dignos que representan lo mejor del alma española. Para los críticos de la 'deconstrucción' de finales del siglo XX, *Don Quijote* es la clásica novela de contradicciones. Su mensaje es tan complejo que cada vez que se intenta fijar una idea, algo se presenta que parece contradecirla.

2.1.5 La Comedia del Siglo de Oro

El término "comedia" se refiere a un tipo de teatro específico del Siglo de Oro, puesto que también se escribieron tragedias, églogas, entremeses y autos sacramentales. El término tampoco se refiere a una obra cómica; es el que se empleó en el Siglo de Oro para referirse al drama. Su forma fue establecida en los últimos quince años del siglo XVI por Lope de Vega (1562-1635), y su popularidad lo comprueban las miles de piezas teatrales que se escribieron y la vigencia de la fórmula, que duró casi dos siglos.

Esa receta teatral practicada por Lope y sus discípulos desobedecía casi por completo los preceptos clásicos del teatro, que exigían unidad de tiempo, espacio y acción. Tampoco obedeció la distinción clásica entre tragedia y comedia, mezclando en sus obras los altos sentimientos de los nobles con los más básicos y mundanos de los vulgos. De ese modo, la comedia española es 'democrática', pues refleja tanto los valores de las clases bajas como los de las altas. Lope empleó una poesía polimétrica, o sea, una forma distinta para cada asunto dramático. La calidad poética de la comedia es uno de sus mayores aciertos.

La variedad temática de la comedia asombra. Se escribieron piezas históricas, religiosas, caballerescas, pastoriles, mitológicas, filosóficas, de enredos, de vidas de santos, etc. Sin embargo, el canon moderno se reduce principalmente a piezas que tratan el tema del honor y exponen un discurso vasto, complejo y profundo. Mucho se ha especulado sobre la fascinación del público por este tema y su enrevesado código de comportamiento en el cual la mujer seducida, por inocente que fuera, se tenía que castigar con el mismo rigor que el seductor. Otra de las facetas anómalas de la honra es que los labradores —los miembros de las clases bajas— lucen un sentido de honor tan fuerte como el de los nobles; su orgullo, sin embargo, se basa en su pureza de sangre que jamás fue contaminada por sangre árabe o judía, valor que los nobles no podían lucir.

Aunque Lope es el autor más respetado, prolífico e importante de la comedia, hubo muchos otros dramaturgos que imitaron su fórmula y estilo: Tirso de Molina (1579-1648), creador de uno de los personajes más universales de la literatura española —don Juan; el mexicano Juan Ruiz de Alarcón (¿1581?-1636), cuya obra ejemplifica no solo la popularidad de la comedia en las colonias, sino la sofisticación artística que se iba formando al otro lado del Atlántico; y, finalmente, Calderón de la Barca (1600-1681), cuyas obras filosóficas como *La vida es sueño* han sido integradas al canon literario del teatro europeo.

2.1.6 El Barroco

El Barroco no se debe ver como una ruptura completa con la cultura del Renacimiento, sino un cambio de estética y perspectiva. La armonía clásica y el espíritu sosegado del Renacimiento se rinde ante una nueva estética abundante de espíritu inquieto. El Barroco corresponde al ocaso del Imperio español, y quizá como consecuencia de ello es un arte decadente en el sentido de que la forma exterior cobra tanta importancia como su contenido. Es un arte que llama la atención a su propio carácter artístico. Poetas como Góngora (1561-1627) ostentaban su habilidad de emplear signos polisémicos y crear tropos rebuscados e ingeniosos; dramaturgos como Calderón montaban espectáculos extravagantes que incluían, entre otras cosas, batallas navales en el estanque de los jardines del rey; y arquitectos como Churriguera (1665-1725) diseñaban edificaciones lujosas recargadas de elementos decorativos vislumbrantes. Se ha especulado que la brillantez de las formas exteriores del arte barroco servían para enmascarar la crisis política y económica que atravesaba el país.

Un tema característico del Barroco que se expresa de múltiples formas es el ilusionismo —las cosas no son lo que parecen. Si uno se acerca a un cuadro de Velázquez (1599-1660), el mayor pintor barroco de la época, se ve solo pinceladas de brocha gorda, pero al alejarse estas van tomando forma realista con detalles minuciosos. La ilusión también se expresa en el discurso literario. No debe sorprender que don Quijote constantemente ve las cosas de forma distinta de lo que son y que Segismundo en *La vida es sueño* de Calderón no puede distinguir entre lo que es realidad y lo que es un sueño. Un resultado del ilusionismo barroco es la desilusión y el desengaño. Como consecuencia, la sátira es una de las formas más típicas de la literatura barroca, y Quevedo es su mayor exponente. El espíritu barroco es cínico y pesimista, pero este espíritu nunca conduce al escepticismo religioso. Todo lo contrario; la redención del cristianismo les ofrece a los escritores la salvación y el escape de la amargura de la vida mundanal.

La historiografía literaria hispánica emplea los términos "conceptismo" y "culturalismo" para referirse a las muchas formas ingeniosas que el escritor barroco usa para llevar a cabo su arte. El culturalismo incluye juegos de palabras sutiles, imágenes y metáforas complejas y rebuscadas, conceptos antitéticos que conducen al lector en direcciones opuestas, lenguaje culto y sensorial, subtextos elaborados, etc. El conceptismo se refiere más al plano de las ideas, aunque en realidad no vale la pena insistir en una división exacta entre las dos formas, puesto que van unidas en una misma obra literaria.

2.2 La Época colonial en Hispanoamérica

Trasfondo histórico

La Época colonial de Hispanoamérica duró más de tres siglos —desde el descubrimiento en 1492 de las Américas hasta los movimientos de independencia en la década de 1810. Se puede dividir ese largo período de tiempo en varias etapas: (1) conquista, exploración y evangelización; (2) asentamiento (fundación de ciudades y sistemas administrativos); (3) colonización y explotación comercial. Se debe tener en cuenta que estas etapas ocurren en diferentes momentos en las diferentes regiones, y en muchos casos los tres ocurren a la misma vez.

El descubrimiento del Nuevo Mundo, por grandioso que haya sido, no asombra tanto como la rapidez con que España se apoderó de esa oportunidad. Entre 1500 y 1520 se fundaron las ciudades del Caribe (Santo Domingo, La Habana, Veracruz); en la década de 1520 se fundaron los centros importantes de México; y para 1540 ya se habían fundado las ciudades de Suramérica (Lima, Bogotá, Santiago, Buenos Aires). A la misma vez se iban explorando las diferentes regiones: en 1513 Balboa cruza el istmo de Panamá y llega al océano Pacífico; en 1519 Magallanes parte de España, cruza lo que luego se llamó el estrecho de Magallanes en la punta de Tierra del Fuego, y circuló la tierra; Alvarado conquista y explora el antiguo Imperio maya en Mesoamérica; la región del norte de los Andes es explorada en 1539 por Jiménez de Quesada; Orellana navega el río Amazonas en 1540; en la década de 1540 exploradores, entre ellos Cabeza de Vaca y Coronado, exploran el sureste de lo que es hoy los Estados Unidos, mientras que Hernando de Alarcón explora el río Colorado, llegando a California. En fin, para 1550 (poco más de cincuenta años después del descubrimiento) los españoles se habían apoderado de la mayoría del Nuevo Mundo, descubriéndolo, explorándolo y colonizándolo.

Los motivos que generaron la energía del pueblo español fueron muchos. El espíritu de investigación y estudio del Renacimiento ciertamente influyó. La oportunidad de enriquecerse rápidamente impulsó a muchos españoles. Las masas pobres, atrapadas en una cerrada jerarquía social, vieron la posibilidad de mejorar su posición. La iglesia vio la ocasión de evangelizar a los indígenas. Y, finalmente, la Corona española buscaba el prestigio de un inmenso imperio y el tesoro que lo acompañaba.

Mientras que los distintos grupos de españoles conseguían sus metas, los indígenas perdían su mundo y su cultura; los efectos nefastos de la conquista representan uno de los capítulos más trágicos y penosos de la historia humana. Con su superior tecnología guerrera, los españoles fácilmente los dominaron y al principio los esclavizaron. Los que no murieron en las guerras de conquista o el trabajo forzado murieron de enfermedades europeas contra las cuales los indígenas no tenían anticuerpos. Al perder la mano de obra, los españoles empezaron a importar a esclavos africanos, sobre todo en la región del Caribe donde enteras poblaciones de indígenas prácticamente desaparecieron. Pero milagrosamente, muchos pueblos de los altiplanos sobrevivieron, y a lo largo de la Época colonial ellos se sublevaron contra sus dueños, creando una situación en que los indígenas se veían más como problema y enemigo que víctima.

Para pintar un cuadro más consolador de esta época, se puede mencionar que muchos frailes que iban a evangelizar protegieron a los indígenas hasta cierto punto, y uno de ellos, Bartolomé de las Casas (1484–1566), dedicó su vida a conseguir leyes justas que los favorecieran. Finalmente tuvo éxito, y la Corona inauguró leyes proclamando a los indios ciudadanos españoles a quienes no se podía esclavizar ni maltratar; estas leyes, aunque ratificadas, no se cumplían. Se siguió abusando a los indios. Sin embargo, los españoles convivieron con ellos, y aunque les concedieron el rango social más bajo, no los aislaron completamente de su mundo. Con el tiempo, y muy lentamente, este contacto social fue produciendo un rico mestizaje racial y cultural, visible hoy día.

La Corona española estableció un sistema burocrático muy eficaz para gobernar las colonias. Empezó creando un 'Consejo de Indias' que se preocupaba de todos sus asuntos, una Casa de Contratación que concedía los permisos para la exploración y explotación, y también fundaron varios virreinatos para dirigir las funciones administrativas del vasto imperio. Cada virreinato tenía su propio brazo jurídico (audiencia) y cada ciudad su brazo administrativo (ayuntamiento). También montaron un sistema de escuelas y universidades para producir gente letrada que pudiera cumplir la labor administrativa y para latinizar a los indígenas de clases altas. Por toda la Época colonial, los cargos políticos más importantes se les concedieron solo a los peninsulares. Los criollos, que eran los hijos de españoles nacidos en el Nuevo Mundo, permanecían al margen de los asuntos administrativos, y esta injusticia fue una de las causas para la rebelión contra España y el movimiento de independencia.

Ya para el siglo XVIII, cuando el Nuevo Mundo ya no era tan nuevo y había una población suficiente, la cultura europea de Hispanoamérica empezó a rendir fruto.

La literatura

2.2.1 Literatura documental referente al encuentro entre dos culturas

Se puede dividir la literatura colonial en dos variantes: (1) los escritos documentales referentes a la conquista y la exploración y (2) las bellas letras. Obviamente, estas últimas tardaron más en manifestarse por las condiciones arduas y las necesidades prácticas del momento. La literatura documental es compleja; tradicionalmente se limitaba a los escritores entre los españoles quienes pintaron la realidad que observaron a través de un prisma europeo. Hoy día se incluyen las voces de los indígenas subyugados, tanto en sus lenguas autóctonas como en un castellano aprendido y tosco. Se debe considerar también una vasta literatura oral al respecto.

Los primeros documentos son los de los mismos conquistadores, exploradores, soldados y misioneros que, impulsados por el espíritu aventurero, científico y humanístico del Renacimiento, documentaron sus experiencias por escrito. El descubrimiento europeo de las tierras del Hemisferio occidental, el encuentro con unas culturas desconocidas y de paisajes jamás imaginados fueron causa de asombro para los españoles, quienes dieron fe de sus reacciones por escrito. Cuando se compara la reacción emocionante de los españoles ante el encuentro con nuevas culturas y nuevas tierras con la de los ingleses en Norteamérica, resalta una impresionante diferencia: a los ingleses apenas les fascinó la cultura indígena que hallaron, mientras que los españoles concibieron el encuentro como un momento histórico de gran trascendencia y se expresaron con la grandilocuencia épica que la ocasión merecía.

Esta literatura documental empieza en el mismo año del descubrimiento, pues se conservan las cartas de Colón a los Reyes Católicos así como su diario de navegación. Cortés también le escribe largas cartas de relación al emperador Carlos V. Aunque sus propósitos eran informar a los monarcas, también servían para establecerse firmemente como las figuras claves de las conquistas. Los monarcas, por su parte, contrataron a escritores oficiales para escribir crónicas de las diferentes empresas. Una de estas crónicas, la de López de Gómara (¿1511-1566?), *La historia general de las Indias* (1554), enfureció tanto a Bernal Díaz del Castillo (¿1495?-1584), uno de los soldados de Cortés, que decidió escribir *La historia verdadera de la conquista de Nueva España* (1568) para corregir los errores del cronista oficial. La voz de autoridad de un humilde soldado que emerge de su pluma es claramente la de un hombre moderno del Renacimiento. De un modo semejante, el Inca Garcilaso de la Vega (1539-1616), hijo de princesa inca y noble español, fue educado en España donde escribió *Los comentarios reales* (1609) para glorificar la rica cultura incaica, la cual habían ignorado los cronistas.

La sed europea de saber más del Nuevo Mundo fue el impulso de otros escritores. Cabeza de Vaca (¿1490-1558?), un soldado que naufragó en las costas de Florida y que vagó por diez años con otros sobrevivientes por el sureste de lo que son hoy los Estados Unidos, escribió *Los naufragios* (1542), que se asemeja a una novela de aventuras. Sin embargo, la obra es valiosísima por sus impresiones y descripciones de la naturaleza y las costumbres de los indígenas, las cuales representan los primeros que existen sobre los habitantes autóctonos de esa región.

Los frailes y misioneros dejaron sus impresiones también. El más prominente fue Bartolomé de las Casas, cuya *Brevísima relación de la destrucción de las Indias* (1552) pintó un cuadro horripilante, aunque hiperbólico, de las crueldades que los españoles infligían a los indígenas. La obra introdujo por primera vez el discurso de los derechos humanos en las letras europeas, y sirvió para promover leyes que protegieran a los indígenas.

Otro misionero, Bernardino de Sahagún (¿1499?-1590), fue maestro de indígenas y utilizó a sus alumnos para entrevistar a los sobevivientes de la conquista con la meta de conservar su reacción ante la conquista europea. La práctica de utilizar a informantes y recopilar en su idioma (en este caso, náhuatl) lo que recuerdan es un proceso muy moderno, y Sahagún es uno de los pioneros de la antropología moderna. Su obra, *La historia general de las cosas de Nueva España*, fue escrita entre 1547 y 1577 pero no publicada hasta 1829-1830. Su publicación abre el discurso moderno de 'la voz del vencido', silenciado por tantos siglos.

Prueba de ese silencio se observa claramente en la obra interesantísima de Felipe Guamán Poma de Ayala (segunda mitad del siglo XVI), un mestizo firmemente indoctrinado en la fe cristiana y sin una educación formal. En 1616 escribió una crónica titulada *El buen gobierno* que contiene una crítica severa de la administración colonial. Como no dominaba el castellano, cada crítica iba acompañada por un dibujo ejemplificando lo que las palabras no pudieron expresar. Dirigió su manuscrito al rey Felipe II, pero el manuscrito no apareció hasta principios del siglo XX en Dinamarca. ¡Qué mejor ejemplo de cómo se pudo silenciar la voz del vencido!

2.2.2 Las bellas letras

Se debe distinguir entre la literatura documental y otra más culta con fines estéticos. Los primeros exponentes son los mismos españoles que, por una razón u otra, fueron al Nuevo Mundo y allí escribieron de sus experiencias. La gran figura de esta tendencia es Alonso de Ercilla (1533-1594), quien llegó como soldado a Chile y describió en poesía conmovedora el paisaje, la valentía de los indios araucanos y sus experiencias de guerra. Su obra, *La Araucana*, publicada en partes entre 1569 y 1589, fue popularísima en Europa, no solo por su temática americana pero también por la brillantez de su poesía. Aunque es común situar a Ercilla en la literatura hispanoamericana, no se debe ignorar que *La Araucana* es la mayor epopeya renacentista de la literatura española. Bernardo de Balbuena (1562-1627) pasó muchos años en México y publicó *La grandeza mexicana* (1604), un vasto poema en el que elogia la capital virreinal y en el proceso deja cuadros impresionantes de la vida, la sociedad, las costumbres, y los edificios y las plazas de la gran urbe.

En el siglo XVII, una vez establecidas las ciudades y virreinatos, no tardan en aparecer escritores criollos. En prosa se destaca Sigüenza y Góngora (1645-1700), hombre educado completamente en el virreinato de la Nueva España que consiguió una formación científica y humanística impresionante. Su mayor obra literaria, *Los infortunios de Alonso Ramírez* (1690), linda entre crónica, novela de aventuras y novela picaresca. En ella los críticos han visto los primeros pasos de la novela hispanoamericana, que luego dio fruto en novelas picarescas como *El Periquillo Sarniento* (1816) de Fernández de Lizardi (1776-1827), una magnífica sátira de los últimos años del México colonial.

La producción poética fue mucho más prolífica. Se siente el influjo del Barroco peninsular de Góngora y Quevedo. En el virreinato del Perú, Juan del Valle y Caviedes (¿1645-1697?) satirizó despiadadamente a todas las estradas de la sociedad colonial —desde los gobernantes hasta los esclavos y prostitutas— aunque reservó sus mayores latigazos para los médicos. En el virreinato mexicano, Sor Juana Inés de la Cruz (1651-1695) representa el cenit de la expresión culta de la Época colonial. Un auténtico fenómeno intelectual que llegó a la fama durante su propia vida, hoy se le aprecia principalmente por su defensa elocuente de las mujeres. Pero sus sonetos cuentan entre los más hermosos y humanos que produjera el Barroco en lengua castellana.

3.0 La Época moderna (siglos XIX–XXI)

3.1 España

Trasfondo histórico

La historia de España desde finales del siglo XVIII se ha caracterizado por los historiadores como la lucha entre "las dos Españas" —una progresista y abierta a la modernización y la otra tradicionalista y estancada en el pasado. Aunque esta división ideológica se encuentra en casi todas las sociedades, en España echó raíces muy profundas.

Cuando Napoleón invadió la Península en 1808, la lucha de independencia contra los franceses tomó dos direcciones. El pueblo lidiaba por la restitución de la monarquía borbónica. En cambio, los intelectuales ilustrados querían aprovecharse de la invasión para formar un gobierno constitucional. Para ese fin, se reunieron en Cádiz y escribieron la primera constitución de España, en la cual se le concedían muchas libertades a los españoles. Al terminar la guerra napoleónica, el reaccionario rey Fernando VII se negó a aceptar la nueva constitución. Al contrario, persiguió a todos los individuos que apoyaban el gobierno democrático. Muchos españoles ilustrados se exiliaron de su país para evitar la ira del monarca. Entre 1814 hasta la muerte de Fernando VII en1833, España se estancó y se aisló del resto de Europa, precisamente en un momento de muchos cambios hacia la modernidad en el resto del continente.

Isabel II, hija de Fernando, heredó el trono en 1833, siendo niña. Esto enajenó al hermano de Fernando, Carlos, quien también quería el trono. Carlos se rebeló y España sufrió su primera guerra civil —las llamadas Guerras Carlistas. A pesar de estos conflictos, entre 1833 y 1868 los españoles gozaron de bastante estabilidad política y desarrollo económico. Pero el pueblo no pudo aceptar la vida privada escandalosa de Isabel, ni la corrupción descarada de su familia, y en 1868 fue destituida. Entre 1868 y 1875 el país experimentó con diferentes sistemas de gobierno, incluyendo una república, pero todos fracasaron. En 1875 se reestableció una monarquía constitucional bajo el hijo de Isabel, Alfonso XII.

El nuevo gobierno trajo un período de estabilidad pocas veces visto en la política española, así como un gran desarrollo económico y social. Hubo, además, una rápida industrialización, la cual trajo prosperidad pero también descontento entre los trabajadores. Con el tiempo, España se convertiría en un hervidero de movimientos separatistas (sobre todo en Cataluña y el País Vasco), sindicalistas y anarquistas. La Guerra entre Espana y los Estados Unidos en 1898, en la cual España perdió sus últimas colonias ultramarinas —Cuba, Puerto Rico y las Filipinas— acrecentó el descontento general. Además, los marroquíes también se sublevaron, y la guerra sangrienta para apaciguarlos duró mucho tiempo, causando la muerte de muchos jóvenes españoles. El fracaso de la guerra contribuyó a un golpe de estado en 1923 por el general Miguel Primo de Rivera, con la bendición del rey Alfonso XIII. Primo de Rivera pudo permanecer en el poder hasta 1931, pero la crisis económica mundial de 1929 afectó severamente a España. Primo obró con una mano demasiado dura con las huelgas de los trabajadores y los separatistas catalanes y vascos, y en 1931 se proclamó la Segunda República.

La Segunda República inició una enérgica y presurosa agenda constitucional, legislativa y social. La nueva constitución concedió todas las libertades a los españoles (de culto, de expresión, de divorcio, etc.) y omitió a la iglesia de los asuntos políticos y de la educación. Empezó una reforma agraria, transfiriendo tierras ociosas de sus antiguos dueños a los campesinos. Se les concedieron todos los derechos a las mujeres y autonomía a los catalanes y los vascos. Obviamente, esta agenda tan importante para la izquierda enajenó a las instituciones del poder: la iglesia, las clases altas y el ejército. En 1936, el general Francisco Franco dirigió un golpe contra la República, pero el gobierno de Madrid se negó a rendirse. Así empezó la Guerra Civil Española.

El conflicto belicoso entre los nacionalistas (partidarios de Franco) y los republicanos (partidarios de la República) fue cruel y sangriento. Las fuerzas nacionalistas recibieron cuantiosa asistencia de los fascistas europeos como Hitler y Mussolini, mientras que la República no pudo contar con la ayuda de los Estados Unidos ni de las democracias europeas. En 1939 Franco se declaró 'Caudillo', y como otros dictadores, comenzó el castigo sistemático de sus enemigos políticos.

Franco gobernó un cuarto de siglo, hasta 1975. En ese espacio de tiempo, España se atrasó penosamente con respecto a sus vecinos europeos. Como no había participado en la Segunda Guerra Mundial, no pudo aprovecharse del Plan Marshall, que ayudó a reconstruir a Europa después de la guerra. Y como España tenía un jefe de estado fascista, fue expulsada de la familia de naciones, de organizaciones como las Naciones Unidas y la OTAN. No fue hasta los años de 1950 que Franco, por su feroz postura anticomunista, estableció relaciones con los Estados Unidos. Con el tiempo, España se fue levantando por su propia cuenta, propulsada en gran parte por el turismo internacional, el cual encontró en España un país subdesarrollado y con un encanto no alterado por la modernidad, así como precios bajísimos.

Franco había elegido como su heredero al nieto de Alfonso XIII, Juan Carlos I. Y cuando murió el Caudillo, el nuevo rey se encontró de nuevo con todas las divisiones que habían dado lugar a la Guerra Civil. Pero el joven rey se rodeó de reformadores tanto del franquismo como de la oposición, y deliberadamente organizó una transición a un sistema democrático, en el cual el rey sería el gran unificador de los pueblos hispánicos. Consiguió lo que ningún otro gobierno en la historia moderna del país pudo lograr: un largo período de estabilidad política, desarrollo económico y prosperidad para casi todos los españoles.

La literatura

3.1.1 El Romanticismo

El Romanticismo es el movimiento cultural que inaugura la época moderna. En esencia, el Romanticismo destruye el orden y las reglas del clasicismo que habían regido la cultura europea desde el siglo XV, prefiriendo una expresión artística sin restricciones. Ante la búsqueda de perfección de modelos grecorromanos del clasicismo, el Romanticismo busca la originalidad. En el clasicismo, por lo general, el autor no siempre usa su obra para expresar sus propios sentimientos, pero el Romanticismo funde por completo la vida y el sentimiento personal con el arte. El movimiento artístico corresponde a los cambios políticos y sociales que ocurrían entre el siglo XVIII y XIX —la soberanía de los pueblos, las libertades personales, la industrialización, la movilidad social, etc.

En España el Romanticismo tardó en manifestarse. La política reaccionaria de Fernando VII no permitió ninguna manifestación de libertad —ni en lo personal ni en lo artístico. A su muerte en 1833, los románticos españoles empezaron a reformar la literatura, pero su labor era solo para imitar lo que ya se había hecho en el resto de Europa medio siglo antes. No obstante, el Romanticismo español produce un gran satírico en prosa, Mariano José de Larra (1809-1837), cuyos artículos periodísticos pintan un cuadro acerbo pero acertado de la sociedad y la política de su época, así como un gran poeta, José de Espronceda (1808-1842), que fue el prototipo del *enfant terrible* del movimiento. Pero fue en el campo del teatro que el Romanticismo español produjo sus obras más originales y duraderas. La popularidad de estas piezas se puede comprobar con las muchas óperas italianas que se inspiraron en ellas: Verdi escribió *Simón Bocanegra* (1843), *Il trovatore* (1853) y *La forza del destino* (1861) a base de obras españolas de los mismos títulos de García Gutiérrez (1813-1884) y el Duque de Rivas (1771-1865).

Otro poeta y dramaturgo, José Zorrilla (1817-1893), escribió una versión moderna de *El burlador de Sevilla* con el título de *Don Juan Tenorio*, que es una de las obras más representadas del repertorio español.

Con el tiempo, los excesos del movimiento romántico fueron serenándose, y en las décadas de 1870 y 1880 aparecen dos poetas que, sin dejar de ser románticos, miraron hacia una lírica moderna. Adolfo Gustavo Bécquer (1836-1870) produjo un pequeño corpus que cuenta entre lo más tierno y exquisito de la literatura española. Y la gallega Rosalía de Castro (1837-1835), quien escribió en gallego y castellano, cultivó una poesía íntima, intensa y pura.

3.1.2 Realismo y Naturalismo

La novela realista y naturalista se produjo para satisfacer las necesidades de entretenimiento de la nueva burguesía urbana que la Revolución industrial había creado. Fue también el producto de nuevas ideas en el campo de la sociología, como las de Hippolite Taine (1828-1893), quien insistió en una correlación entre el individuo y su momento histórico y medio ambiente. El Realismo carece de preceptos, pero propone pintar un cuadro fidedigno y objetivo de la sociedad, tanto sus actividades, sus costumbres, su materialismo como su moral y su ética. El Naturalismo intensifica el papel del medio ambiente en la formación del individuo, y considera también los genes y la herencia.

Ya que España se tardó en industrializarse, la novela también se demoró. Pero cuando apareció a partir de 1875 con la Restauración borbónica, su calidad fue de primerísimo orden. Benito Pérez Galdós, en sus 76 novelas, no solo pintó un panorama escrupuloso de la sociedad madrileña, pero lo hizo con un nivel asombroso de originalidad y modernidad. Sus gran amigos Emilia Pardo Bazán (1851-1921) y Leopoldo Alas 'Clarín' (1852-1901) también se lucieron en ese género.

3.1.3 Generación del 98

A finales del siglo, una nueva generación llamada la del 98, compuesta de jóvenes rebeldes con ansias de renovar la literatura española, se dio a conocer. Los miembros de este grupo tenían poco en común ideológica o artísticamente, pero todos fueron afectados por la derrota de España en la Guerra con los Estados Unidos (1898) y se preocuparon en el tema de España. Miguel de Unamuno (1864-1936) elevó el ensayo a un nivel intelectual y artístico pocas veces conseguido, y en vez de cultivar novelas realistas prefirió novelas filosóficas. Antonio Machado (1875-1936) y Juan Ramón Jiménez (1881-1958) recibieron el influjo de Rubén Darío (1867-1916), quien visitó España e importó una nueva poesía que rechazaba la cursilería y pedantería de la poesía en boga. La obra de Machado sigue siendo una de las más inspiradoras y más apreciadas por el pueblo español. Juan Ramón Jiménez, que pocas veces se menciona como parte de la Generación, participó primero en la revolución modernista y luego en la de la vanguardia. La totalidad de su obra es una de las más extensas e íntegras del idioma.

El Modernismo también afectó la novela, introduciendo un tipo de prosa sensual e impresionista. *Las Sonatas* de Ramón María del Valle-Inclán (1866-1898) son perfectos ejemplos. Y las novelas de Pío Baroja (1872-1956) combinaron el Impresionismo con la novela de ideas. Pero Valle-Inclán es, sin lugar a dudas, el más original escritor de su generación. Después de experimentar con la novela modernista, pasó a escribir novelas y piezas de teatro vanguardistas que él denominó 'esperpentos'. El esperpento deforma la realidad destacando lo feo y lo grotesco, pero con el propósito de indagar profundamente en los aspectos desatinados del carácter español.

3.1.4 Las vanguardias

La Generación del 98 puso la literatura española al día, y cuando empezó la gran revolución de las vanguardias, España estaba lista para tomar un papel activo en su desarrollo. La vanguardia es, en parte, una reacción a la crisis política e económica que produce la Primera Guerra Mundial (1914-1918), el triunfo del fascismo en Italia y el nazismo en Alemania, así como la Gran Depresión de 1929. Ante un mundo que parecía ilógico e incomprensible, el arte respondió con una expresión igualmente irracional e impenetrable. La experimentación se hizo rey, y toda expresión artística tenía que ser original. Esto se ve gráficamente en el arte cubista de Picasso (1881-1973) y el surrealista de Dalí (1904-1989).

El nuevo campo de la psicología y el psicoanálisis explorado por Sigmund Freud (1856-1939) también influyó mucho. Los pintores y escritores surrealistas buscaban reflejar la realidad por medio de los sueños, las alucinaciones y los impulsos sexuales. Estas características se ven en la poesía de Federico García Lorca (1898-1936), el autor español moderno más conocido fuera de España. Pero la verdad es que los poetas como Lorca que pertenecieron a la denominada 'Generación de 1927' produjeron un corpus poético de altísima calidad y originalidad. En 1936 cuando estalló la Guerra Civil, las fuerzas fascistas fusilaron a Lorca. Con su muerte se produjo un hiato en la creación artística española. Pues la Guerra Civil dejó el país en ruinas y tomó mucho tiempo para recuperarse.

3.1.5 La literatura de la posguerra civil

La literatura del franquismo se denomina a veces la de la posguerra. Con la rigurosa censura impuesta por la dictadura, se podría pensar que la literatura española entrara en un período latente y sin vitalidad, pero no fue así. Aunque los grandes poetas que vivieron la Guerra murieron (como Antonio Machado, García Lorca y Miguel Hernández) o se exiliaron de España (como Juan Ramón Jiménez [1881-1958], Jorge Guillén [1893-1984] y Rafael Alberti [1901-1999]). Otros más jóvenes siguieron la rica tradición de la poesía española. El decano de este grupo, Vicente Aleixandre (1898-1984), ganó el Premio Nobel en 1977. La poesía de la época abandona mucha de la experimentación de la generación anterior, pero se expresa en un tono claro de gran intensidad lírica.

En el franquismo se produjo una rica narrativa orientada al realismo social y situaciones morales y hasta con algunas innovaciones y experimentos. Camilo José Cela (1916-2002) fue el novelista que rompió el silencio en 1942 con la novela *La vida de Pascual Duarte*, escrito en un estilo neonaturalista que se denominó 'tremendismo'. Los elementos repugnantes y violentos de su arte correspondían perfectamente a las atrocidades de la guerra española y la Segunda Guerra Mundial (1939-1945). Otros novelistas destacados son Miguel Delibes (1920-2010), Ana María Matute (n. 1925), Rafael Sánchez Ferlosio (n. 1927) y Juan Goytisolo (n. 1931).

El teatro también floreció. La censura produjo un teatro de evasión de temas sociales, como el de Alejandro Casona (1903-1965) o las comedias de Alfonso Paso

(1926-1978). Sin embargo, otros dramaturgos fueron más osados; Antonio Buero Vallejo (1916-2000) escribió piezas de realismo social y teatro histórico, y supo velar bien su crítica de la corrupción moral del franquismo. Alfonso Sastre (n. 1926) fue mucho más atrevido en su crítica, y como consecuencia encontró poca aceptación con el régimen. Como se había de esperar, un tono pesimista y desesperante predomina en muchos de los escritos de la época.

3.1.6 La literatura actual

La democracia, que se inicia a partir de la muerte de Franco en 1975, es todavía difícil de clasificar. Por una parte hay una obsesión por la Guerra Civil y sus consecuencias, y por otra hay un espíritu cosmopolita que ignora por completo la realidad española, como se puede verificar con el desarrollo del género policíaco —género de poca trayectoria antes de la democracia. El feminismo se ha discutido en sus múltiples facetas, y muchas de las nuevas novelistas son mujeres. Es quizá en el cine donde se puede ver mejor la cultura de la nueva España. Directores como Pedro Almodóvar han tocado todos los temas "malditos" y prohibidos con un estilo original que es absurdo y humano a la misma vez.

3.2 Hispanoamérica

Trasfondo histórico

Se puede decir que la época moderna en Hispanoamérica empieza con los movimientos de independización de España en la década de 1810. Los colonos se aprovecharon de la invasión napoleónica de la Península de 1808 y el caos interno que produjo para empezar a emanciparse. Los líderes de estos movimientos eran criollos ilustrados que admiraban los logros de las colonias inglesas al norte, que en 1776 habían formado una unión democrática. Pero los mundos y las culturas eran muy diferentes: Hispanoamérica había sufrido más de tres siglos de colonización y se había creado una sociedad pluralista mestiza con grandes divisiones sociales. El sueño de Simón Bolívar (1783-1830) de formar unos estados unidos del sur igual a los del norte se disolvió pronto; los caudillos de las diferentes y numerosas regiones del vasto territorio americano quisieron imponer su propia autoridad, y los ricos criollos vieron su forma de vida amenazada por el espíritu democrático y progresista que las nuevas constituciones proclamaban. El resultado fue largas y violentas guerras civiles.

Para imponer el orden civil, los caudillos regionales tomaron el poder y gobernaron con mano dura sin ningún respeto a las nuevas constituciones. Un ejemplo notorio fue Juan Manuel Rosas (1793-1877) en Argentina, quien creó una policía secreta para identificar a sus enemigos y matarlos sistemáticamente.

Los dictadores, además, para crear riqueza para ellos y los ricos criollos que los apoyaban, empezaron a conceder derechos a otros países y sus empresas para explotar las riquezas naturales. Al principio fue Inglaterra que extendió su influencia para apoderarse de Sudamérica y unirlo a su vasto imperio, como lo comprueba la invasión inglesa de Argentina en 1806 y 1807. Luego fue los Estados Unidos que se aprovechó de las oportunidades que ofrecían esas tierras ricas y mal gobernadas.

Hubo, además, conflictos entre los mismos países, con resultados desastrosos. Entre 1864 y 1870 hubo una guerra contra Paraguay en que el pequeño país tuvo que enfrentarse con las fuerzas unidas de Argentina, Brasil y Uruguay. Se dice que murió la mitad de la población masculina del país, y la destrucción de su infraestructura fue tan completa que Paraguay jamás pudo recuperarse de la pérdida. Otra guerra entre 1879 y 1883 enfrentó Chile con Bolivia y Perú y terminó dejando Bolivia sin salida al mar.

Muchos países de la región abrieron sus puertas a la inmigración europea, tal como hizo los Estados Unidos. Estos inmigrantes blancos se integraron felizmente en la sociedad adoptada y prosperaron. Mientras tanto, las masas de indígenas y mestizos siguieron ignorados y en la pobreza. Así como la Constitución de los Estados Unidos ofrecía libertad a todos, sin mencionar a los esclavos y a los indígenas, las constituciones hispanoamericanas hicieron la misma cosa. Los indios seguían explotados, y los mestizos no recibían la misma consideración que los criollos blancos o los nuevos inmigrantes.

A finales del siglo XIX, los Estados Unidos empezó a extender su influencia en Hispanoamérica tanto política como comercialmente. A la Guerra con España de 1898, que le concedió Cuba y Puerto Rico a los Estados Unidos, siguió la invasión de Panamá de 1903 para controlar el canal y así todo el comercio que tenía que pasar por el istmo. Fue la reacción negativa del pueblo hispanoamericano hacia estas intervenciones que produjo un espíritu 'antiyanqui' que ha perdurado hasta nuestros días.

México fue el primer país en intentar una revolución social. En 1910 el pueblo mexicano se sublevó contra el dictador Porfirio Díaz (1830-1915), quien había privatizado grandes recursos del país y concedido grandes beneficios a empresas extranjeras. La Revolución Mexicana pedía también una reforma agraria. Aunque la Revolución no consiguió todas sus metas, sí logró establecer un sistema democrático en México que, con todas sus imperfecciones, trajo una estabilidad política que ningún otro país de la región ha podido conseguir. También llevó a cabo una reforma de la educación que intentó instar en los mexicanos un orgullo por su gloriosa historia precolombina. Y con el tiempo, ese reconocimiento de la grandeza indígena de México ha contribuido a una sociedad mestiza sin un sentido de inferioridad.

El modelo de la Revolución Mexicana se intentó en varios otros países, más notablemente en Guatemala, pero sin éxito. Entre la contienda mexicana y la Revolución Guatemalteca en 1944, ocurrió la Revolución Rusa (1917) que llegó a establecer un régimen comunista. Los Estados Unidos se dio cuenta que Hispanoamérica, con su gran disparidad económica entre ricos y pobres, era un área idóneo para que el comunismo echara raíces, e hizo todo lo posible para inestabilizar los gobiernos con inclinaciones socialistas, apoyando, a veces, dictaduras aterradoras. La única revolución que no pudo frenar fue la cubana, pero sí tuvieron éxito de aplastar las sublevaciones en Guatemala, Chile, Nicaragua y El Salvador.

Con la disolución de la Unión Soviética en 1990, los Estados Unidos disminuyó bastante su influencia política en la región, y poco a poco los países se fueron liberando de sus regímenes dictatoriales y fueron abrazando sistemas democráticos. Para principios del siglo XXI, todos los países de Hispanoamérica, con la excepción de Cuba, tenían repúblicas democráticas. Aunque la mayoría de ellos son de tendencia izquierdista, los gobiernos derechistas no han sido reaccionarios y han gobernado dentro de un sistema parlamentario. A la misma vez, los países de la región, con la excepción de México, se han ido saliendo del yugo comercial de los Estados Unidos y han formado sus propios mercados comunes con fuertes lazos con otras economías emergentes como India y China.

Ha habido también un desarrollo social positivo. Nicaragua, Chile y Argentina han elegido a mujeres como presidentes, y Bolivia y Perú, países con grandes poblaciones autóctonas, han elegido sus primeros presidentes indígenas.

Literatura

3.2.1 El Romanticismo

Fue durante el Romanticismo que Hispanoamérica por fin pudo crear una expresión autóctona y original. Buen ejemplo de ello se da en Argentina, donde se lleva a cabo todo una literatura crítica de la dictadura de Juan Manuel Rosas, como "El matadero" de Esteban Echeverría (1805-1851), *Facundo* de Domingo Faustino Sarmiento (1811-1888) o la novela *Amalia* de José Mármol (1818-1871). A la misma vez se desarrolla una literatura gauchesca que ayuda a convertir el gaucho en símbolo de la nacionalidad argentina. El gaucho, además, es una figura prototípica romántica: un hombre que valora la libertad y la aventura y al mismo tiempo es una figura marginada y a veces perseguida. El ejemplo clásico del gaucho se divisa en *Martín Fierro*, la gran epopeya de Miguel Hernández (1834-1886).

3.2.2 Realismo, Naturalismo, Criollismo e Indigenismo

El deseo de crear una literatura nacional se ve también en los movimientos narrativos de las últimas décadas del siglo XIX y principios del XX. Estas obras abarcan diferentes temas. Empieza, por ejemplo, una novela 'indigenista' porque pinta desde una postura crítica el maltrato de las comunidades autóctonas, como *Aves sin nido* (1889) de la peruana Clorinda Matto de Turner (1854-1909), *Raza de bronce* (1919) del boliviano Alcides Arguedas (1879-1946) o *Huasipungo* (1934) del ecuatoriano Jorge Icaza (1906-1978). Otras novelas 'naturalistas' se dedican a pintar cómo la naturaleza salvaje hispanoamericana forma y transforma a los habitantes, tal como la llanura venezolana en *Doña Bárbara* (1929) de Rómulo Gallegos (1884-1969) o la selva colombiana en *La vorágine* (1924) de José Eustasio Rivera (1888-1929). Otras obras denominadas 'criollistas' y 'costumbristas', como las de Tomás Carrasquilla (1858-1940), Blanco Fombona (1874-1944) y Javier de Viana (1868-1926), toman por modelo personajes rurales y retratan su baja condición y problemática socioeconómica. Y no se debe pasar por alto la rica narrativa que se produce a raíz de la Revolución Mexicana. Autores como Mariano Azuela (1873-1952), Martín Luis Guzmán (1887-1976) y José Rubén Romero (1890-1952) han dejado cuadros vívidos de ese conflicto. La Revolución ha seguido fascinando a escritores mexicanos más jóvenes, como Agustín Yáñez (1904-1980), Octavio Paz (1914-1998) y Carlos Fuentes (n. 1928).

3.2.3 El Modernismo

En los últimos 25 años del siglo XIX hubo una revolución poética de mucha trascendencia llamada el Modernismo. Mientras la narrativa echaba sus vistas hacia sus propias regiones y sus problemas sociales, los nuevos poetas se escapaban de lo bárbaro de su mundo y miraban hacia Francia para crear una lírica refinada y cosmopolita. Poetas como el cubano Julián del Casals (1863-1893) y el colombiano José Asunción Silva (1865-1896) empezaron a rebelarse contra la pedantería y cursilería de la poesía en boga y lograron un nuevo refinamiento estético. Con la misma sensibilidad estética pero con propósitos más humanos, el cubano José Martí (1853-1895) produjo una obra poética conmovedora. Pero fue el poeta nicaragüense Rubén Darío (1867-1916) quien más experimentó con la métrica y el lenguaje e incorporó las últimas tendencias de la lírica francesa en su obra. Ha dejado un rico corpus poético con pocos rivales en la lengua castellana. Más significativo aún fue el papel de Darío de propagar la nueva estética, viajando a las capitales hispanoamericanas, conociendo a los escritores e intelectuales, e influenciándolos.

El Modernismo explotó rápidamente por toda Hispanoamérica, y no hubo país sin un insigne poeta que escribiera dentro de la estética modernista: Leopoldo Lugones (1874-1938) en Argentina, Herrera y Reissig (1875-1910) en Uruguay, Jaimes Freire (1868-1933) en Bolivia, González Prada (1844-1918) y Santos Chocano (1875-1934) en Perú, y Gutiérrez Nájera (1859-1895) y Amado Nervo (1870-1919) en México, para solo mencionar los más reconocidos. Darío viajó a España donde llevó su nueva lírica, y allí, a causa de ello, hubo una renovación poética que se ve claramente en la Generación del 98. En Hispanoamérica le siguió otra generación de poetas que llevaron más adelante la bandera modernista insertando más de sus propios sentimientos. Dentro de este grupo se destacan las mujeres Gabriela Mistral (1889-1957) de Chile, Alfonsina Storni (1892-1938) de Argentina, Juana de Ibarbourou (1892-1979) de Uruguay y Julia de Burgos (1917-1953) de Puerto Rico. No hubo un poeta importante de la primera mitad del siglo XX que no sintiera las vibraciones del Modernismo.

El Modernismo también influyó en la narrativa, sobre todo en los países del Cono Sur. Aquí la figura ilustre es el uruguayo Horacio Quiroga (1878-1937), quien asentó las bases de la cuentística moderna. Se destacan también los narradores Enrique Larreta (1875-1961) y Ricardo Güiraldes (1886-1927), ambos de Argentina, y el chileno Pedro Prado (1886-1952).

3.2.4 La literatura del siglo XX

No resulta nada fácil resumir las corrientes literarias del siglo XX hispanoamericano. De algunas maneras, pensar en la literatura hispanoamericana en conjunto tiene sentido, puesto que ha habido mucho contacto intelectual y artístico entre los distintos pueblos. Por otra parte, comprende dieciocho países, cada uno con su propia historia. ¿Cómo encontrar vínculos entre el mundo europeo de Buenos Aires, la pluralidad étnica de México, DF y el predominio de una población indígena en La Paz, Bolivia? Sin embargo, las limitaciones de tiempo desgraciadamente no permiten una indagación en la literatura de cada país. Como consecuencia, no hay más remedio que hacer un panorama de la literatura del siglo XX en general y por género.

3.2.4.1 Poesía La renovación artística y el sentido cosmopolita del Modernismo tocó a todos los poetas de Hispanoamérica de la primera mitad del siglo. Pero los conflictos en Cuba y Panamá entre 1898 y 1903, la Revolución Mexicana, los horripilantes conflictos en Europa de 1914 y 1939, y la crisis económica de 1929 contribuyeron todos a fomentar una rebeldía en las artes en que los vínculos entre la obra y la experiencia humana desaparecieron. Además, la experimentación y la originalidad se volvieron metas imprescindibles —mientras más radical mejor. El Vanguardismo fue corriente importada: Poetas como el chileno Vicente Huidobro (1893-1948), el argentino Jorge

Luis Borges (1899-1986), el peruano César Vallejo (1892-1938) y el mexicano Octavio Paz (1914-1998) vivieron en París o Madrid, y desde allí aprendieron la nueva estética y se apuntaron a las filas de los distintos movimientos. Vallejo se incorporó a los surrealistas en París, Borges al Ultraísmo en Madrid, y Huidobro al Creacionismo, que él mismo creó desde París. Uno de sus discípulos, el chileno Pablo Neruda (1904-1973), quien se había iniciado dentro de la religión modernista, empezó a cultivar una poesía surrealista a partir de 1925 con *Residencia en la tierra*. Los experimentos más originales de vanguardia se dieron en el Caribe con la Poesía negra, donde poetas como Luis Palés Matos (1898-1959) y Nicolás Guillén (1902-1989) ingirieron su poesía con ritmos y signos de la cultura africana y produjeron una poesía única y cautivadora.

El Vanguardismo cedió paso, en la segunda mitad del siglo, a una poesía más humana y comprometida, incluso entre los mismos poetas vanguardistas. Pablo Neruda abandonó el Surrealismo radical para abrazar una temática panamericana en *Canto General* (1950), Nicolás Guillén añade a la Poesía negra una preocupación social y Nicanor Parra (n. 1914) emplea un lenguaje coloquial y antipoético para comunicarse más directamente con su público.

3.2.4.2 Narrativa En las décadas de 1930 y 1940, unos escritores, cada uno independiente del otro, empezaron a escribir de una nueva manera, abandonando el criollismo y costumbrismo que predominaba en ese momento. En Guatemala, Miguel Ángel Asturias (1899-1974) integró el folklore maya con una prosa lírica en *Leyendas de Guatemala* (1933). En Argentina Jorge Luis Borges publicó el libro de relatos *Ficciones* (1944) donde juega con lo real y lo irreal de un modo genial y original. En México, la novela de la Revolución Mexicana tomó una nueva estructura y enfoque en *Al filo del agua* (1947) de Agustín Yánez. En Cuba Alejo Carpentier (1904-1980) inicia un estilo neobarroco e incorpora elementos de lo real maravilloso en *El reino de este mundo* (1949).

Inspirados por estas innovaciones y la acogida internacional que tuvieron, así como la euforia y el optimismo incitado inicialmente por el éxito de la Revolución Cubana (1959), empezaron a aparecer por todo el mundo hispanoamericano narradores insignes e inspirados con imaginaciones fértiles y un común deseo de crear una narrativa genuinamente hispanoamericana, ensayar nuevas técnicas y crear otras de su propia invención. Así nace lo que vino a llamarse el Boom de la novela. Desde el Modernismo no había habido un movimiento literario que echara raíces tan profundas ni tan extensas. He aquí ejemplos de los países hispanoamericanos: en México, Juan Rulfo (1917-1986) y Carlos Fuentes (n. 1929); en Argentina, Julio Cortázar (1914-1984) y Ernesto Sábato (n. 1911); en Cuba, Lezama Lima (1910-1976) y Carbrera Infante (n. 1929); en Colombia, Gabriel García Márquez (n. 1928); en Paraguay, Augusto Roa Bastos (n. 1917); en Venezuela, Uslar Pietri (1906-2001); en Chile, José Donoso (n. 1924); en Uruguay, Juan Carlos Onetti (1909-1994); en Perú, Mario Vargas Llosa (n. 1936). El éxito de esta producción lo comprueba varias estadísticas: *Cien años de soledad* (1967) de García Márquez fue uno de los libros más leídos del siglo XX en todo el mundo, y ha habido ya tres Premios Nobel concedidos a escritores del Boom: Asturias, García Márquez y Vargas Llosa.

Es quimérico intentar buscar unas características que unan a los narradores del Boom, puesto que su producción va desde el Realismo hasta las deformaciones estructurales y lingüísticas más insólitas de las Vanguardias. Esta variedad se encuentra no solo entre un autor y otro sino también en cada escritor. Quizá sea el deseo de buscar nuevas formas de narrar lo que los une, pero su experimentación no es solo para el gusto de experimentar, como a veces ocurre entre los vanguardistas; los escritores del Boom han buscado fórmulas de expresión genuinas capaces de indagar profundamente en la compleja problemática de sus países. Así ocurre con el Realismo mágico, una fórmula empleada por García Márquez que ha tenido resonancia internacional.

Hay críticos que se refieren a los narradores más recientes como pertenecientes al 'Posboom' por ser inspirados por los escritores anteriores. Las tendencias y las preocupaciones de estos jóvenes narradores son aún muy cercanas en el tiempo para caracterizarlas acertadamente aunque un fenómeno notable es la aparición de una voz femenina con preocupaciones feministas: Rosario Ferré (n. 1938) en Puerto Rico; Elena Poniatowska (n. 1933), Ángeles Mastretta (n. 1949), Laura Esquivel n. 1950) y Carmen Boullosa (n. 1954), todas de México; Isabel Allende (n. 1942) y Diamela Eltit (n. 1949) en Chile; y Luisa Valenzuela (n. 1938) en Argentina.

3.2.4.3 El Teatro

Es lugar común en la historia literaria disculpar el teatro hispanoamericano por no estar a la altura de la poesía, la narrativa o el ensayo. Esta valoración, sin embargo, no implica que no haya grandes dramaturgos y, en las grandes ciudades, una impresionante actividad teatral tanto profesional como comunitaria. La gran figura del teatro del siglo XIX es el uruguayo Florencio Sánchez (1875-1910), cuyas obras realistas reflejan la sociedad rioplatense, sobre todo la inmigración europea de fines de siglo. El nuevo teatro abandona el realismo y el costumbrismo y se enfoca en un teatro social, histórico, filosófico, poético y abstracto. Algunas de estas tendencias se observan en los argentinos Armando Discépolo (1887-1971), Samuel Eichelbaum (1894-1967) y Conrado Nalé-Roxlo (1898-1971), y los mexicanos Rodolfo Usigli (1905-1979), Xavier Villaurrutia (1903-1950), Celestino Gorostiza (1904-1967) y Salvador Novo (1904-1974). Otro mexicano, Emilio Carballido (1925-2008), que tiene una vasta obra de crítica social —tema que se trata dentro de muchos estilos dramáticos— es uno de los dramaturgos más reconocidos de Hispanoamérica.

Existe también una tendencia experimental y vanguardista, a veces asociado con el teatro de lo absurdo. Aquí se destacan los argentinos Griselda Gambaro (n. 1928) y Osvaldo Dragún (1929-1999), el colombiano Enrique Buenaventura (1925), el cubano José Triana (1932), el chileno Jorge Díaz (1930) y el venezolano José Ignacio Cabrujas (1937-1995).

3.2.4.4 El ensayo

Hispanoamérica tiene una rica tradición ensayística. En el siglo XIX se observa una dicotomía entre los pensadores que deseaban enriquecer la tradición europea del mundo hispánico y los que buscaban una identidad particular. Domingo Fausto Sarmiento (1811-1888) de Argentina, en *Facundo* (1845), veía el campo como barbarie ante la influencia civilizadora y europeizante de las ciudades. Y medio siglo después, el uruguayo José Enrique Rodó (1872-1917), en *Ariel* (1900), sigue pensando en fortalecer las raíces europeas. José Martí, sin embargo, en *Nuestra América* (1891), abogaba por el establecimiento de una cultura y un sistema de gobierno que rompieran con los modelos europeos y buscaran una identidad propia. La noción de que pueda existir una identidad hispanoamericana independiente se repetirá en el próximo siglo con el dominicano Pedro Henríquez Ureña (1884-1946), quien fue uno de los primeros de observar los fuertes vínculos culturales entre los distintos países.

Ya en el siglo XIX, el puertorriqueño Eugenio María de Hostos (1839-1903), en su ensayo "El cholo" de 1870, había escrito sobre la problemática del mestizaje y cómo la discriminación afectaba negativamente el desarrollo social de los países. Esta postura se repite en el siglo XX. José Vasconcelos (1882-1959) de México escribe *La raza cósmica* (1925), donde explica las ventajas biológicas del mestizaje, idea repetida por el colombiano Germán Arciniegas (1900-1999) en *El continente de los siete colores*. Otros ensayistas han penetrado profunda e intelectualmente en el carácter de sus pueblos, como hacen Ezequiel Martínez Estrada (1895-1964) sobre los argentinos, Juan José Mariátegui (1894-1930) sobre los peruanos y Octavio Paz (1914-1998), en su *Laberinto de la soledad* (1950), sobre los mexicanos.

Ha habido una tradición de pensamiento político izquierdista entre los ensayistas hispanoamericanos, empezando con Mariátegui y seguido por Ernesto Guevara (1928-1967) de Argentina, Carlos Monsisváis (1938-2010) de México y Eduardo Galeano (n. 1940) de Uruguay. *Las venas abiertas de América Latina* (1971) de este último autor se ha convertido en un manual de pensamiento izquierdista en Hispanoamérica.

LOS GÉNEROS LITERARIOS

■■■

Se suele pensar que solo hay cuatro géneros literarios: la poesía, el teatro, la prosa ficción y el ensayo; sin embargo, dentro de cada género hay muchos subgéneros, cada uno distinto del otro. Además, las divisiones no son nada fijas. Por ejemplo, existe poesía que parece prosa, el teatro puede ser escrito en poesía o prosa, y los límites entre ficción e historia muchas veces se borran. A causa de ello, la crítica posmoderna ha puesto en tela de juicio el concepto de género como clasificación valiosa para entender una pieza literaria, precisamente por la fusión de géneros que caracteriza mucha literatura moderna.

Cada género tiene su forma de análisis. Mucha poesía contiene métrica y rima, sin embargo estas no son preocupaciones de la prosa. En la narrativa el punto de vista del narrador es significativo, pero en el teatro no hay narrador y por lo tanto carece de un punto de vista, etc. En esta sección se caracterizará cada género por separado para tener un sentido de cómo acercarse a su interpretación.

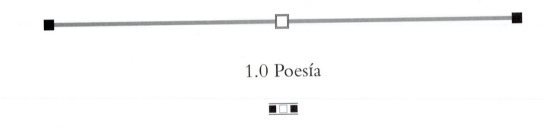

1.0 Poesía

■□■

1.1 ¿Qué es la Poesía?

La Poesía es el género más antiguo. Se especula que desde los comienzos de la civilización se ha cantado, y la letra de esos cantos forman los primeros poemas. No existe una definición fija de lo que es poesía. Las descripciones varían entre explicaciones poéticas, como la del chileno Vicente Huidobro —"Por qué cantáis la rosa, ¡oh Poetas! / Hacedla florecer en el poema"— a definiciones muy generales, como la de la Real Academia Española: "una composición en verso". Vale notar que la definición no se refiere ni a métrica ni a rima: cosas que normalmente se asocian con la poesía, pero que en la época moderna se ha abandonado, prefiriendo el uso del verso libre, donde no hay ni métrica ni rima. Entre las muchas descripciones de lo que es poesía, se destacan las siguientes características, aunque ninguna puede caracterizar a toda la poesía:

1. La economía del lenguaje: La poesía se aprovecha de todas las posibilidades del lenguaje, sus múltiples sentidos, su sonoridad, su tono, su ambigüedad, etc., y no simplemente su sentido semántico. Por eso, el poeta norteamericano Robert Frost definió la poesía como algo que no se podía traducir.

2. La evocación de una emoción: La poesía se propone evocar en el lector fuertes emociones como alegría, pena, enojo, amor, etc.

3. La poesía contiene ritmo: No es necesario la métrica o la rima, pero sí debe haber algún ritmo para poder distinguir el verso de la prosa.

1.2 ¿Cuáles son los diferentes tipos de poesía?

La primera distinción importante es entre la poesía narrativa, que narra un suceso, y la poesía lírica, que expresa o describe los sentimientos. Dentro de la poesía narrativa caben las épicas y los romances. La poesía lírica comprende la elegía, la oda, la fábula, etc.

La otra división es entre la versificación regular e irregular. El verso regular tiene una estructura fija: un patrón métrico y de rima. El verso irregular carece de rima (como el verso blanco), o métrica fija (como la poesía oral medieval) o ambos (como el verso libre). Hasta la época moderna predominaba el verso regular, pero el irregular ha dominado a partir del Romanticismo. El poeta que escribe verso regular trabaja dentro de restricciones muy formales, y la poesía se convierte en un tipo de ejercicio estético que requiere mucha disciplina y destreza. La poesía irregular, al ser mucho más libre, permite al poeta expresarse con más desenvoltura y honestidad. Normalmente este tipo de poesía es más profundo, con un mensaje más trascendental. A causa de estas dos formas muy opuestas de expresión, cada forma tiene su propio modo de acercamiento.

1.3 ¿Cómo se analiza un poema?

Se usará como ejemplo "Tarde del trópico" de Rubén Darío:

Es la tarde gris y triste.
Viste el mar de terciopelo
y el cielo profundo viste
de duelo.   4

Del abismo se levanta
la queja amarga y sonora.
La onda, cuando el viento canta,
llora.   8

Los violines de la bruma
saludan al sol que muere.
Salmodia la blanca espuma:
¡Miserere!   12

La armonía el cielo inunda,
y la brisa va a llevar
la canción triste y profunda
del mar.   16

Del clarín del horizonte
brota sinfonía rara,
como si la voz del monte
vibrara.   20

Cual si fuese lo invisible…
Cual si fuese el rudo son
que diese al viento un terrible
león.   24

1. Se identifica al autor, la época en que escribió y el estilo que cultivó, así como el tipo de poema. En este caso se trata de un poema escrito por Rubén Darío, el gran poeta del Modernismo, y el poema es una descripción sensorial de un paisaje.

2. Si es un poema de verso regular, se debe empezar analizando su forma: el número de sílabas de cada verso; la organización de versos en estrofas y el patrón de la rima. Por ejemplo, este poema está dividido en estrofas de cuatro versos (cuartetos)

octosílabos (de 8 sílabas), con la excepción del cuatro verso que es de pie quebrado. La rima es asonante en ABAB.

3. En la poesía se da mucho el hipérbaton, y hay que aclarar cada uno. En este poema el más destacado hipérbaton se encuentra en la cuarta estrofa donde el orden lógico del primer verso es "el cielo inunda la armonía". También se debe tener en cuenta el encabalgamiento para poder entender mejor la composición. En esa misma estrofa, por ejemplo, se debe notar que el sentido no termina al final de cada verso, sino que se debe leer "la brisa va a llevar la canción triste y profunda del mar".

4. Se debe identificar el yo lírico del poema y su estado emocional. Así como en una novela no pensamos que el narrador es el autor, en la poesía no pensamos que el "yo" es el poeta, aunque muchas veces lo es. En este poema no se observa una primera persona, pero sí se puede identificar el tono sombrío y tenebroso de la composición.

5. Aunque no es necesario que la poesía lírica tenga una acción o un mensaje, en casi todos los poemas pasa algo, se describe algo o se expresa algo. ¿Qué es lo que dice el poeta? En este poema se describe un atardecer, como dice explícitamente el título, y se escuchan varios sonidos del ambiente.

6. Muchas veces en la poesía lo importante no es lo que se dice sino cómo se dice. Es aquí donde se dedica más tiempo al análisis del poema. Se puede empezar identificando los signos centrales, o los más repetidos o los que más destacan en el poema y ver si forman haces o agrupaciones (isotopías). Aquí se observan varios signos de un paisaje: el mar con sus olas y espuma, el sol poniente, el cielo y el horizonte, el viento y la brisa. También hay signos relacionados con la música: cantar, violines, salmodiar, canción, clarín, sinfonía, son. ¿Cómo se relaciona un grupo de signos con el otro? Respecto a este poema, se diría que se pinta un paisaje junto al mar al atardecer y que los signos musicales funcionan para crear los sonidos que se escuchan en ese momento del día. Una forma muy común de ordenar signos es por oposición binaria. Aquí se observa un contraste entre signos que normalmente se asocian con lo positivo, sobre todo los de la música, y otros mucho más sombríos, como la tarde gris, triste y brumosa.

7. Se identifican y analizan los tropos. Estos son el empleo de las palabras en sentido distinto al que propiamente les corresponde, pero que mantienen alguna conexión o semejanza; incluyen la sinécdoque, la metonimia y la metáfora en todas sus variedades. Aunque no todos los poemas contienen un tropo, es muy común. Este poema contiene varios ejemplos de metonimia. En vez de decir que el cielo está oscuro, usa la personificación y dice que "el cielo... viste de duelo". El viento es un "clarín" que "brota sinfonía rara". El trueno se describe como "el rudo son" de un "león". La sinécdoque es la metonimia más sencilla, y aquí el violín a lo mejor representa la brisa.

8. Los efectos sonoros, como la aliteración, la onomatopeya, la anáfora, etc. aparecen en casi todos los poemas. Hay anáforas en los versos 6 y 7 así como los del 21 y 22, pero más sofisticado es la anadiplosis de la primera estrofa con la repetición de "viste" y la semejanza fónica entre "triste" y "viste". Hay cacofonía en los sonidos vibrantes de "rudo" y "terrible" de la última estrofa. Palabras como "vibrar" (v. 20) tienen efectos onomatopéyicos, puesto que el verbo suena como una vibración.

Finalmente, se notan aliteraciones en la repetición de la vocal "a" en "la queja amarga" (v. 6) o la de los sonidos hondos de la "o" y la "u" en "Los violines de la bruma / saludan al sol que muere" (vv. 9 y 10).

9. Hay muchas otras figuras retóricas que se deben observar. En este poema la que más destaca es la personificación: el mar y el cielo "visten", el abismo se "queja", el viento "canta", la onda "llora", etc. Hay también sinestesia en varias de estas personificaciones, como la tarde "triste" o la espuma que "salmodia".

10. Ahora, con esta información, se puede llegar a una interpretación del poema. El poema pinta un paisaje del atardecer junto al mar, y capta con varios signos musicales los sonidos de una tempestad incipiente. El poema expresa un proceso retorcido en que lo positivo se convierte en negativo. Esta transformación se capta muy bien en la segunda estrofa donde el "viento canta" y la "onda llora", pero también en la canción que es "triste", la sinfonía que es "rara" y el son que es "rudo".

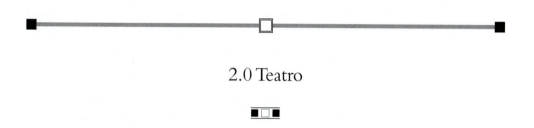

2.0 Teatro

2.1 ¿Qué es el teatro?

El Teatro es un arte escénico en que se presentan historias con actores ante un público receptor. Dentro de este marco general se pueden emplear varias formas de comunicación además de un diálogo, como gestos, mímica, música, baile, etc. Sus orígenes son remotos. Hay pruebas de la existencia de representaciones con máscaras en el antiguo Egipto, pero los modelos del teatro occidental vienen de la antigua Grecia.

La obra teatral empieza con un texto escrito o pensado en que hay un diálogo, hablado o en mima, entre personajes. Además de diálogo, la pieza teatral muchas veces incluye acotaciones, donde se dan direcciones respecto a la escenografía, el vestuario, los movimientos, etc. Una característica esencial es su carácter íntimo y directo: no hay nadie que interfiere entre la comunicación y su público. O sea, mientras que en los otros géneros hay un yo lírico o un narrador que influye en la percepción de la realidad, en el teatro no hay un guía. Sin embargo, hay el importante papel del director, quien tiene la capacidad de proyectar su interpretación con el modo en que representa la pieza. Los actores también pueden interpretar sus papeles de modos distintos y añadir su propia exégesis. A estos se debe añadir los técnicos que diseñan el iluminado, el vestuario, la escenografía, etc. El drama, visto de este modo, es un género de colaboración en que el mensaje llega al destinatario (el público) después de haber pasado por múltiples perspectivas. Aunque se dice que no hay teatro sin representación escenográfica, la realidad es muy opuesta; el teatro se lee con fines de estudio literario y valor estético. En este caso, el lector tiene que hacer el papel de director, actor, diseñador, etc., para visualizar lo que está pasando en escena e idear las interpretaciones de los actores. Esta responsabilidad laboriosa hace que el teatro sea de lectura difícil para los que no están acostumbrados o entrenados.

2.2 ¿Cuáles son los diferentes tipos de teatro?

Cualquier discusión sobre las categorías de representación teatral tiene que empezar con Aristóteles, quien dividió el teatro entre tragedia y comedia. Aunque esos términos tienen un sentido diferente hoy día, para los griegos era la diferencia entre un teatro de asuntos graves y personajes de las clases nobles y uno de asuntos triviales con personajes del pueblo. Desde el Renacimiento, sin embargo, se han mezclado los estilos, y la Comedia del Siglo de Oro español combina temas graves y triviales y personajes de ambas clases.

Otra división es entre un teatro escrito en verso y otro en prosa. Esta clasificación está vinculada a la época literaria en que se compuso: en la Edad Media y el Renacimiento el teatro se escribía en verso, mientras que en la época moderna, casi todo el teatro se compone en prosa. No se debe confundir la clasificación moderna de teatro poético con teatro escrito en verso, puesto que el teatro poético es uno que contiene elementos propios de la poesía. El teatro lírico no se compone necesariamente en verso, solo que incluye canciones y música en su representación.

Una última división es entre piezas largas (normalmente entre tres y cinco actos), y piezas cortas (normalmente en un acto). De esta última clasificación hay muchos ejemplos. La loa era una pieza corta que se presentaba antes del comienzo de la pieza principal durante el Siglo de Oro, y los entremeses, como los escritos por Cervantes, eran piezas cortas, normalmente burlescas, que se representaban entre los actos de la comedia para dar un descanso a los actores. Los Autos sacramentales, como los escritos por Calderón, son piezas alegóricas de carácter teológico. En el siglo XVIII se puso de moda el sainete, como los de Ramón de la Cruz (1731-1794), que eran pequeñas escenas costumbristas.

2.3 ¿Cómo se analiza una pieza de teatro?

Se usará como ejemplo *La casa de Bernarda Alba* (pp. 337-348) de García Lorca.

1. Se identifica al autor, la época o movimiento en que se escribió y el tipo de pieza teatral. Aquí se trata de un drama de Federico García Lorca, un escritor vanguardista. *La casa de Bernarda Alba* forma parte de una trilogía de dramas rurales que incluye *Bodas de sangre* y *Yerma*. Es un drama con elementos de tragedia así como poéticos dentro de un espacio realista.

2. Describir el espacio, el ambiente, el tiempo, etc. que se revela por medio de las acotaciones. Esta pieza tiene lugar dentro de la casa de Bernarda Alba, que es una típica casa andaluza de muros blancos. Como la familia está de luto, todos visten de negro. Hace mucho calor, lo cual crea un ambiente sofocante.

3. ¿Qué estilo emplea el dramaturgo? En esta pieza se usa un diálogo realista, pero se produce un tono poético por medio del uso de muchos símbolos, lo cual es más típico de la poesía. Por ejemplo, el bastón de Bernarda Alba es fálico y representa su papel de autoridad; el vestido verde de Adela representa sus impulsos sexuales y naturales; la mucha agua que se toma parece ser para apaciguar la gran sed que tienen las hijas para contacto masculino; las patadas del potro encorralado son un recuerdo constante de la falta de hombres en la casa, etc.

4. Cualquier pieza de teatro tiene dos estructuras: una interna y otra externa. La interna precede a la externa; es la que el autor imagina —el plan— con el argumento, los personajes, la acción, el tiempo, etc., antes de escribirla y cometerla a

una estructura externa con divisiones entre actos y escenas. Central a la estructura interna es el conflicto dramático donde se oponen dos personajes o fuerzas con intereses distintos: en nuestro ejemplo es el deseo de Adela y sus hermanas de liberarse de la tiranía y el tradicionalismo estricto de Bernarda. De este conflicto surge todo el drama. El argumento pasa por varias etapas: el inicio del conflicto, el giro particular que toma, la crisis que se produce y, finalmente, el punto culminante. Por ejemplo, muy temprano en el primer acto, después de que Bernarda ha declarado ocho años de luto, Adela aparece con un vestido verde, proclamando su independencia. El giro ocurre cuando se descubre que Paco tiene interés en Adela y no en Angustias, la crisis se produce cuando Bernarda Alba se entera de la relación ilícita y el punto culminante es el suicidio de Adela.

La progresión dramática es una serie de eventos que se producen hasta llegar el punto culminante. Cada palabra, cada acción, cada acontecimiento son eslabones cuidadosamente ordenados que contribuyen de un modo u otro al punto culminante.

5. Ahora el problema es cómo estructurar estas ideas a un sistema de actos y escenas (estructura externa) para producir el máximo efecto emocional en el espectador (la harmatia de la tragedia griega). Lo normal es que haya una exposición del problema dramático, luego un desarrollo o complicación, y finalmente un desenlace con clímax. Aquí hay tres actos que están ordenados cronológicamente: el primer acto es el entierro del esposo de Bernarda y el anuncio de que la hija mayor va a casarse con Paco (exposición); en el segundo acto se sabe que varias de las hermanas están también enamoradas de Paco, lo cual crea la complicación; en el tercer acto se descubre que Adela ha tenido relaciones carnales con Paco (el desenlace), y la reacción de la madre y las hermanas —que resultan en el suicidio de Adela— constituye el clímax. Todos los cuadros y las escenas están ordenadas para dar continuidad cronológica y lógica hacia el desenlace y el clímax.

6. La construcción de los personajes y el papel que cada uno desempeña son preocupaciones capitales del drama. Como no hay narración, lo único que queda son los personajes —sus acciones y sus enunciaciones. Normalmente hay protagonistas y antagonistas, aunque no es siempre claro quién es quién. En esta pieza la antagonista parece ser Bernarda Alba; es ella con su carácter intransigente, tradicionalista y autoritario que restringe los impulsos naturales y normales de sus hijas, quienes colectivamente son los protagonistas. Desde otro punto de vista, Adela es la antagonista con respecto a sus hermanas, sobre todo Angustias, ya que Adela destruye la felicidad de la familia.

Como la pieza dramática es de corta duración, normalmente todo lo que hace o dice un personaje contribuye a pintar un cuadro de su persona. En el caso de Bernarda Alba, además de las características obvias que se dramatizan, se puede notar el intenso interés que tiene en los casos escabrosos y obscenos que ocurren en el pueblo. A la púdica y retrógrada Bernarda le encanta escuchar casos eróticos. Otro detalle que se observa es que ella, quien está tan enterada de todo lo que pasa en el pueblo, no se da cuenta de la tempestad que se está fomentando en su propia casa, y hasta le ignora a la Poncia cuando esta trata de avisarle del peligro. Esta ceguera se da mucho en el teatro, y se denomina 'ironía dramática'.

En los personajes dramáticos puede haber un cambio o metamorfosis, o pueden ser estáticos. En el caso de esta pieza, no se nota ninguna transformación en los personajes. Sus caracteres son estáticos, sin embargo ello no implica que no sean dinámicos y magistralmente pintados. Un drama no siempre tiene el espacio necesario para desarrollar a todos los personajes, así es que se vale mucho del tipo, que es un personaje representativo de todo un grupo de personas. Aunque Poncia no es exactamente un tipo en su papel como sirviente, sí lo es en su papel como representativa del pueblo: es astuta, posee un conocimiento adquirido por la vida y las experiencias, y habla con gracia, proverbios y picardía.

7. En algún momento se tiene que hacer la pregunta: ¿Qué es el mensaje? ¿Por qué se escribió esta pieza? Estas preguntas nos llevan a determinar los temas y discursos que la obra plantea. Los temas pueden ser generales y universales (la libertad o falta de ella, el honor). Una conclusión a la cual se llega por medio del análisis son los resultados perjudiciales y fatales del tradicionalismo reaccionario, el abuso de la autoridad y la represión de las mujeres. Una lección moral podría ser que no se debe tratar de gobernar la vida de otros; cada persona debe tener la libertad de elegir la vida que desea llevar; etc.

   También se debe pensar en los discursos que se presentan que se pueden inferir por indicios y señas que ha incluido el autor. Por ejemplo, hay un discurso social que se produce entre Bernarda y sus criadas. La criada que aparece al principio del drama le pide comida a Poncia para dar de comer a sus hijos; Bernarda menosprecia a los pobres, diciendo que "son como los animales; parece como si estuvieran hechos de otras sustancias". La Poncia ha tenido que aguantar los abusos sexuales de su amo —el esposo de Bernarda. Todos estos y otros señales forman un discurso, aunque no se diría que es un tema propiamente dicho de la obra.

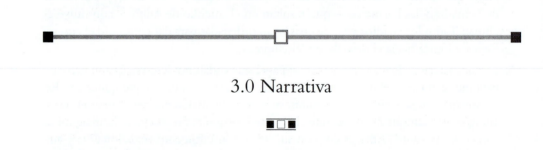

3.0 Narrativa

3.1 ¿Qué es la narrativa?
(cuento, relato, narración, novela, etc.)

En la antigüedad la prosa se empleaba para la historia y la crónica. La literatura, incluso la narrativa, se escribía en verso, como la *Iliada* de Homero. El uso de prosa para obras ficticias tiene su origen en tradiciones hindúes y luego árabes donde se empleaban para narrar cuentos con fines didácticos y morales. Los árabes trajeron estas colecciones de apólogos a España, donde se tradujeron al latín y así se transmitieron por toda Europa. En la alta Edad Media, se utilizó la prosa para las novelas de caballería, que eran largas narraciones de las hazañas fantásticas e inverosímiles de los caballeros medievales, características que Cervantes critica y parodia en *Don Quijote*. Según el narrador del *Quijote*, todo lo que se narra es basado en crónicas y otras fuentes verídicas. Esa noción ya aporta un aspecto esencial a lo que será la novela moderna —una composición en prosa que intenta distraer al lector para que piense que lo que lee ocurrió en realidad. Esta, pues, es la gran novedad de *Lazarillo de Tormes* —una obra ficticia que pasa por verídica, y esa será la peculiaridad del género hasta los experimentos del siglo XX.

Quizá la mayor característica de la narrativa en comparación al drama es su total libertad. Fuera del requisito de estar escrita en prosa, la narrativa puede tomar cualquier forma y moverse entre muchos espacios y tiempos. En su estructura cabe mucha materia, ya que su extensión no tiene límite. La novela también puede admitir todos los elementos de la poesía, el drama y el ensayo. Pues una novela puede ser lírica, trágica y hasta contener discursos filosóficos.

La novela llega a su plenitud en el siglo XIX cuando se pone de moda el Realismo y el Naturalismo. Su popularidad en esta época reside en su capacidad de entretener a la nueva burguesía que tenía tiempo libre para leer y requería una literatura que reflejara sus preocupaciones, sus costumbres y su moralidad. El novelista realista tiene que manejar y coordinar muchos detalles de la vida cotidiana (espacio, vestimenta, costumbres, conflictos, etc.), así como la compleja psicología humana, para producir la densidad que requiere este tipo de narrativa. España produce unas grandes figuras dentro de este movimiento, sobre todo Benito Pérez Galdós, quien en 76 novelas ha dejado un cuadro magistral del Madrid de finales del siglo XIX.

A pesar de la compleja y sofisticada artesanía de la novela realista, se seguía considerando un género inferior por atraer el interés de las clases medias. Aunque el realismo social se ha seguido cultivando hasta nuestros días, los escritores del siglo XX y XXI por lo general han intentado dar a la novela un valor más contundente, intelectual y artístico y han experimentado profusamente con el género. Solo hay que pensar en las técnicas cinematográficas de *La colmena* de Camilo José Cela, el tiempo revertido de "Viaje a la semilla" de Carpentier, el desorden de la estructura externa de *Rayuela* de Cortázar o el Realismo mágico de García Márquez. Cervantes no se equivocaba cuando definió la novela como una "escritura desatada".

3.2 ¿Cuáles son los diferentes subgéneros de la narrativa?

En principio hay que distinguir entre una novela y un relato. El término inglés *short story* no tiene una aceptación fija en español; se observan los términos "cuento", "narración", "relato" y todos esos términos seguidos por "corto". En este texto se ha preferido el uso de "relato". Lo más significativo y obvio es la extensión. A causa de su dilatación, la novela tiene la capacidad de moverse libremente entre muchos espacios y tiempos, de crear tramas y personajes complejos y de involucrar al lector más íntimamente con los asuntos de la obra. La brevedad del relato compele una densidad y economía que requiere una lectura más detenida. Es por esa razón que muchos consideran el relato más artístico que la novela, sin embargo la extensión de la novela requiere una tremenda capacidad de ordenar mucha materia de un modo coherente, comprensible y entretenido.

3.3 ¿Cómo se analiza una obra narrativa?

1. Se comienza identificando el autor y su época histórica y cultural, así como determinando el tipo de narración que emplea (novela picaresca, histórica, fantástica, etc.).

2. Se determina el trasfondo y el ambiente. ¿Tiene lugar en la época del autor o antes? ¿Dónde ocurre precisamente? Con mucha frecuencia, el autor presta interés al

mundo circundante en que se desarrolla la acción y crea un ambiente denso por medio de detalles concretos y un léxico variado pero bien enfocado en un medio particular. "El hijo" de Horacio Quiroga se ambienta en la selva tropical, y hay una multitud de referencias a la flora, la fauna y la frondosidad del bosque, todo lo cual crea el ambiente denso y tenso del relato.

3. Se estudia el tiempo y el espacio. El tiempo se refiere a cómo el autor usa o organiza el tiempo para ordenar su narrativa, no al momento histórico en que tiene lugar. Aunque lo más normal es el orden cronológico, como en "Dos palabras" de Allende, con frecuencia los autores se aprovechan de técnicas narrativas como el *flash-back*, el fluir de la conciencia, el contrapunto o los sueños para echar un vistazo al pasado. Otras veces el tiempo funciona de maneras inesperadas, como los tiempos paralelos en "La noche boca arriba" de Cortázar, el tiempo revertido en "Viaje a la semilla" de Carpentier o el tiempo imaginado o soñado como en "El sur" de Borges.

   El espacio es el mundo en que se mueven los personajes. No es simplemente una descripción aislada, sino una acumulación de detalles que en su conjunto produce el espacio. En las narraciones realistas se dedica mucha atención a este aspecto por la necesidad de recrear un trasfondo auténtico. Así en "Las medias rojas", Pardo Bazán pinta en detalle el campo gallego con la explotación de los campesinos, la pobreza, la ignorancia y brutalidad de la gente, etc. En contraste, *San Manuel bueno, mártir* de Unamuno se desarrolla en un espacio idealizado y sin problemas sociales. En "El sur" de Borges, los espacios psíquicos y físicos se confunden.

4. Se estudia la acción y la estructura. La acción o argumento es lo que ocurre dentro del marco de la novela o relato. Esa historia puede contarse de muchas maneras. Por eso se distingue entre el contenido y la forma. Los formalistas hablan de una fábula, que es el mundo total que se imagina y planea el autor y que tiene un principio, un desarrollo y un final. Por otro lado está el discurso, que se refiere a cómo el autor ordena artísticamente los detalles de esa historia con digresiones, tiempos paralelos, temas segundarias, etc. Por ejemplo, en "Chac Mool" de Fuentes la fábula empezaría con la juventud del protagonista, su interés en el arte prehispánico y su compra de la estatua de Chac Mool, la humanización de la estatua, la huida y muerte de Filiberto y finalmente la transferencia del cadáver a su casa. Sin embargo, el discurso es muy diferente y empieza con la muerte de Filiberto, y luego, por medio de la decodificación de su diario, se va vislumbrando el pasado.

5. El narrador y el punto de vista son claves esenciales de la narrativa. De algún modo la narrativa, como el drama, tiene una exposición, un nudo, un desarrollo y una resolución. Pero a diferencia del drama, la narrativa tiene un narrador que es el guía que conduce al lector por el mundo de la narración. El autor implícito imagina la fábula y ejecuta el discurso, y parte de esa ejecución es la creación de un narrador. Hay narradores que cuentan en primera persona, como en obras que pasan por autobiografías como *Lazarillo*, y hay narradores que usan la tercera persona. Entre estos hay narradores omniscientes que lo saben todo y tienen la capacidad de penetrar hasta en los pensamientos y sentimientos de los personajes. Pero otros son testigos o personajes de la obra, y estos son de menos confianza, porque tienen una visión limitada y subjetiva.

   Cervantes estableció el narrador como elemento fundamental de la novela cuando hizo que su fuente de información fuera la traducción al castellano de una obra escrita en árabe sobre la vida de don Quijote. Aquí hay tres obstáculos en el circuito de comunicación: Lo que escribió el autor árabe puede ser erróneo, puesto que el narrador confiesa humorísticamente que todos los moros son mentirosos. Luego, se sabe la dificultad de una traducción y que hay expresiones que no se pueden traducir. Y por último hay que pensar en cómo el narrador del *Quijote* interpretó y entendió lo que decía el texto traducido. Las narrativas del siglo XX han seguido el juego cervantino y han creado narradores complejos y hasta algunos en que el lector pierde la confianza. En "Chac Mool" de Carlos Fuentes el narrador se entera de la acción leyendo la agenda que escribió el protagonista. Pero como en este tipo de escritura el destinatario y el emisor son la misma persona, el emisor no siente la necesidad de dar explicaciones, de modo que el lector se ve obligado a decodificar unos códigos desconcertados. Esta labor produce una lectura trabajosa pero provechosa a la vez.

El tono del relato se expresa por varias vías: el uso semántico, el ambiente, las descripciones y sobre todo por el punto de vista. Hay narraciones totalmente objetivas, donde el narrador omnisciente solamente cuenta los hechos concretos, como en "La siesta del martes" de García Márquez, y por medio de esos hechos contados fríamente, el lector tiene que llegar a sus propias conclusiones del mensaje. Pero hay otros narradores objetivos que expresan un punto de vista. En "¿No oyes ladrar los perros?" de Rulfo, el narrador ve el mundo por los ojos del padre, y al final el lector se da cuenta del tremendo amor que le tiene a su hijo, a pesar de decir lo contrario.

6. Los personajes se dan a conocer por medio de la descripción del narrador, lo que ellos mismos dicen, sus acciones e interrelaciones con otros personajes y lo que otros personajes dicen de ellos. La novela tiene la capacidad de crear personajes complejos, cosa más difícil en el relato corto. El análisis de un personaje ficticio es un ejercicio valioso, porque no solo hace apreciar la artesanía del autor, pero también contribuye a entender a otros seres humanos y comprender sus motivaciones.

Hay personajes centrales (héroes, protagonistas y antagonistas) rodeados por otros secundarios. Hay personajes que son tipos y se conocen por toda la obra por esa característica fundamental (donjuanes, por ejemplo), pero hay otros concebidos a base de un largo transcurso de tiempo y de mucha interacción con otros personajes. Estos son psicológicamente complejos y normalmente se ven evolucionar a lo largo de la obra. Este es un lugar donde la novela tiene una gran ventaja sobre el relato: la extensión permite un cuadro y un desarrollo más completo del personaje.

7. Aunque un propósito de la narrativa es la diversión, el autor tiene otros intentos que quiere comunicar. En narrativas largas hay varios temas y discursos, pero de algún modo esos múltiples temas, propósitos y discursos están interrelacionados. El tema es el referente o los referentes principales de un texto que surge de su análisis. El autor (emisor) dirige su mensaje (narración) a un lector (receptor o destinatario). El autor se imagina a un lector ideal —uno que sea capaz de entender todos sus códigos— pero cada receptor trae a la lectura diferentes conocimientos, experiencias y preocupaciones, y a causa de esto puede haber diferentes interpretaciones del mensaje. Esta flexibilidad del texto forma un discurso en *El Conde Lucanor*. El lector de este relato no es el destinatario; Patronio dirige su mensaje al conde Lucanor (el narratario). El lector escucha el mismo mensaje que el conde, pero cada uno llega a una conclusión diferente del tema. El lector implícito supone que el tema es la importancia de dominar a la mujer; sin embargo, la moraleja que escribe el autor al

final del apólogo tiene que ver con la importancia de darse a conocer al principio de una relación. O sea, un mismo mensaje con dos interpretaciones distintas. A causa de esta flexibilidad interpretativa del mensaje, en las teorías posmodernas se piensa que es imposible fijar una interpretación al texto. Las grandes obras, por ejemplo, construyen un mensaje y en otro momento lo deconstruyen, aniquilando toda posibilidad de comprensión.

El discurso, según las teorías posestructuralistas, ocurre cuando el emisor identifica un objeto de análisis y proporciona al receptor una serie de enunciados y acciones para analizar o entender ese objeto. Por ejemplo, no es fácil determinar el tema de "La siesta del martes" de García Márquez, pero sí hay un discurso anticlerical que se percibe analizando cuidadosamente las palabras y las acciones del clérigo.

Relacionado con la interpretación de una obra narrativa, se debe tener en cuenta que muchas veces la narración dice una cosa e implica otra. La crítica moderna emplea el término "subtexto" para referirse a este fenómeno, y es muy común en las narraciones cortas, que son mucho más compactas. Este fenómeno se observa en *El Conde Lucanor*. Un importante requisito para un matrimonio en épocas pasadas, y aún hoy en muchas culturas, es la pureza de la novia. La mujer debe llegar virgen al matrimonio. El mancebo del apólogo no solo comprueba que su mujer es obediente pero con su espada y la sangría que produce la matanza de sus animales comprueba en el subtexto la virginidad de su mujer.

8. El estilo es el conjunto de características particulares del lenguaje escrito del autor. Aquí hay mucha tela que cortar. El estilo está en parte determinado por las normas vigentes de la época cultural, así es que Cervantes emplea un estilo barroco de uso en el siglo XVII, y Pardo Bazán se sirve de los elementos estilísticos del Realismo. Otra consideración es el tipo de lenguaje que predomina: la narración, la descripción o el diálogo. En el diálogo, se emplea el diálogo directo o el discurso indirecto libre, en que se oye lo que dicen los personajes, pero en forma narrativa. El autor adopta un registro particular que puede variar entre la escritura culta y formal y la coloquial e informal. Las técnicas discursivas que se emplean también forman parte del estilo.

4.0 Ensayo

4.1 ¿Qué es un ensayo?

El género que hoy se denomina 'ensayo' tiene raíces clásicas en los *Diálogos* de Platón y en las cartas de Séneca. Sin embargo, el género moderno arranca de Montaigne, cuyos *Essais* (1580) son escritos breves en prosa en que el autor expone su opinión, normalmente basada en experiencias personales, sobre temas diversos de la naturaleza humana. El género tardó en llegar a España, y se acredita los primeros ensayos a Benito Feijoo (1676-1764), aunque algunas obras de Quevedo pudieran considerarse ensayísticas.

Las obras del padre Las Casas en que describe cómo los españoles estaban destruyendo a los indígenas con el propósito de despertar en su público una conciencia de los derechos humanos contiene todas las características del ensayo. Igual ocurre con la "Carta a Sor Filotea", en que Sor Juana Inés de la Cruz, empleando una dialéctica rigurosa, se defiende ante los ataques de la iglesia que la criticaban por emprender ejercicios intelectuales y humanísticos.

Aunque el estilo del ensayo haya cambiado a lo largo de los siglos, su propósito expositivo, subjetivo y argumental siguen siendo características del género. El ensayo artístico no es una obra científica de investigación, y normalmente no lleva documentación. Tampoco va dirigido a especialistas del tema; al contrario, se dirige a un público culto general y se basa en los conocimientos y experiencias del autor.

Como la novela, el ensayo no tiene una forma fija establecida. Aunque es generalmente corto, a veces es largo. Como suele ser un género culto más bien que popular, su lenguaje erudito y refinado refleja el público educado al cual se dirige. Su temática no tiene límites.

4.2 ¿Cuáles son los diferentes tipos de ensayos?

El gran problema en la clasificación del ensayo es que linda con la prosa ficción. Los ensayos poéticos y descriptivos, como los de Azorín (1873-1967), miembro de la Generación del 98, pertenecen más bien al subgénero narrativo de la prosa poética. Los artículos de costumbres de Larra, por ejemplo, parecen más relatos que ensayos. Luego están las crónicas y documentos del encuentro entre indígenas y europeos de la Época colonial hispanoamericana. Algunas de estas, como las de Bartolomé de las Casas, poseen la característica argumental del ensayo, pero otras, como las de Bernal Díaz del Castillo o Cabeza de Vaca, comparten elementos con la narrativa, aunque se basan en experiencias personales.

Un modo de clasificar el ensayo es por su discurso principal, así hay ensayos históricos, sociales, filosóficos, literarios, antropológicos, etc. Los ensayos que más se destacan en la literatura hispánica suelen ser los históricos. Se puede, además, distinguirlos por su propósito: expositivos, argumentativos, críticos, etc.

4.3 ¿Cómo se analiza un ensayo?

1. Se identifica el autor y se le ubica en su momento histórico. ¿En qué época escribió? ¿Cómo refleja el ensayo las características de esa época cultural?

2. ¿En qué se enfoca el emisor? ¿Cuál es la problemática que le preocupa? Cada ensayo tiene un propósito. Ortega y Gasset, en *La deshumanización del arte*, intenta entender y explicar el arte de vanguardia, y a Rosario Castellanos, en *Mujer que sabe latín*, le enfada las normas rígidas sociales que limitan el desarrollo personal de la mujer.

3. Todo emisor intenta persuadir a su destinatario de un modo u otro. ¿Cuál es el sistema dialéctico del emisor? O sea, ¿qué técnicas emplea el autor para conseguir convencer a su receptor? Las posibilidades son infinitas: puede persuadir con la lógica, con la hipérbole, con apelar a los sentimientos humanos, con alarmar a su lector, etc. El uso de la comparación y el contraste, la relación causa-efecto, la ejemplificación, etc. son técnicas muy comunes. ¿Emplea el autor una lógica inductiva (que parte de ejemplos específicos) o deductiva (que parte de conceptos generales)?

4. Los grandes ensayistas suelen tener un impresionante dominio del idioma. Y aunque parte del estilo que cultivan lo heredan de los estilos vigentes de sus momentos históricos, otras son de su propia invención. La retórica es una ciencia muy antigua para persuadir y conmover al público. Aunque hoy lo asociamos principalmente con la poesía, en sus orígenes las figuras retóricas se aplicaban a la oratoria y luego al ensayo. ¿Cuáles figuras predominan en el ensayo? En "Nuestra América", José Martí intenta elevar el género del ensayo a un nivel más artístico y moderno, y emplea muchas figuras poéticas como la metáfora, la sinécdoque, el simbolismo, el polisíndeton, etc.

5. ¿Ha logrado el emisor convencer a su destinatario de su tesis? Si lo ha logrado, ¿qué técnica fue la más eficaz? Si no tuvo éxito, ¿cómo falló en su intento? El padre Las Casas, en su *Brevísima historia de la destrucción de las Indias* emplea la hipérbole tan eficazmente que hizo que se cambiaran las leyes que gobernaban a los indígenas. Además, la obra circuló por toda Europa, creando una leyenda negra sobre España que ha perdurado hasta nuestros días.

CAPÍTULO I

LAS SOCIEDADES EN CONTACTO: PLURALISMO RACIAL Y DESIGUALDAD ECONÓMICA

■■■

Diego Rivera, "La conquista", Palacio Presidencial (México D.F.)

El mundo hispano constituye una de las zonas más diversas racial y étnicamente del mundo. La conquista de la Península Ibérica por los árabes en el siglo VIII trajo al pueblo hispanorromano en contacto no solo con gente de otra religión—el islam— pero también con diferentes razas y etnias, ya que con los árabes llegó gente de raza negra así como de diferentes tribus del mundo árabe, como los beréberes. Llegaron también judíos (supliendo las colonias ya existentes en la Península) aprovechándose de la prosperidad y espíritu de tolerancia que los musulmanes habían establecido en la Península.

Estos contactos entre españoles y gente de razas y religiones diversas dispusieron a la gente hispana a coexistir con otros pueblos. Esa oportunidad se presentó de un modo dramático en 1492 cuando Colón descubrió un nuevo mundo con la bandera española. El contacto con indígenas americanos resultó desastroso para ellos puesto que la gran mayoría murió a causa de las enfermedades importadas por los europeos, las guerras de la conquista y el maltrato que recibieron de los colonos, quienes veían a los indígenas más como esclavos que seres humanos. Pero milagrosamente los pueblos autóctonos de muchas regiones sobrevivieron, y aunque tenían el puesto más bajo en la escala social colonial, no fueron marginados del todo como en las colonias inglesas. Con el tiempo, los colonos criollos se mezclaron con los indígenas formando una raza híbrida mestiza. Hoy gran parte del mundo hispánico es de raza mixta de europeo con indígena o africano.

La desigualdad social entre los europeos y gente de otras razas y mezclas produjo, desde el principio, una inmensa disparidad económica que ha perdurado hasta nuestros días. La independencia de las colonias de España en las primeras décadas del siglo XIX no puso fin a estas desproporciones. A pesar de que las constituciones liberales que se promulgaron después de la independencia proclamaban la libertad y la igualdad, los ricos criollos y las instituciones del poder, como el ejército y la iglesia, se opusieron rotundamente a la armonía o a la justicia social. La tradición de injusticia de la época colonial era demasiado fuerte para ser anulada tan fácil o rápidamente. Un estudio de las Naciones Unidas cita que Hispanoamérica es la región del mundo con la mayor desigualdad de riqueza: el 10% de los más ricos poseen casi 50% de los bienes, mientras el 20% más pobre posee solo un 3%.

En el siglo XX Europa y los Estados Unidos empezaron a intervenir descaradamente en los asuntos políticos y económicos de Hispanoamérica. Las grandes empresas multinacionales creadas por el capitalismo y la globalización se apoderaron de la riqueza de materias primas de Latinoamérica: productos agrícolas, petróleo, minerales, etc. Se aprovecharon de la corrupción de los gobernantes, quienes recibían sobornos de esas empresas. Luego, durante la Guerra Fría, los Estados Unidos, viendo la región latina como terreno propicio para la expansión del comunismo, sobre todo después de la Revolución Cubana, apoyó dictaduras tiránicas y corruptas en la región, y estas dictaduras operaban a favor de las oligarquías y no a favor de las masas menesterosas.

Una solución para mejorar la pésima condición económica en que viven muchos hispanos ha sido la emigración, legal o indocumentada, a otros países. A los Estados Unidos han llegado millones de mexicanos, puertorriqueños y cubanos, uniéndose a otros grupos de latinos residentes. Aunque muchos de ellos llevan varias generaciones en los Estados Unidos y se han asimilado y forman parte de la gran clase media del país, otros más recientes ocupan puestos de trabajo muy mal remunerados como en la agricultura y el sector de servicio.

La situación política en Hispanoamérica ha cambiado mucho en los últimos años. En primer lugar, todos los países de la región, con la excepción de Cuba, tienen gobiernos democráticos. La mayoría de estos tienen simpatías por la gente pobre y los derechos humanos. En algunos países, como Venezuela, Bolivia y Ecuador, se establecieron gobiernos de extrema izquierda, abriendo camino a un socialismo moderno y democrático. Evo Morales fue elegido presidente de Bolivia en 2006 y fue el primer indígena de ocupar la presidencia en la historia del país, cuya población se estima alrededor de 60% indígena. Estos pequeños pasos hacia mayor igualdad quizá indiquen un nuevo rumbo para Hispanoamérica.

"Romance del rey moro que perdió Alhama"

La literatura y la vida

1. Cuando se pierde un partido (o cualquier contienda), ¿es normal echarle la culpa a alguien por la pérdida? Explica.
2. ¿Convives con gente de razas y religiones diferentes a la tuya? Explica.
   - ¿Tienes algún inconveniente en convivir con esas personas?

En contexto

Los romances son poemas medievales compuestos oralmente y transmitidos de boca en boca. A principios del Renacimiento, los españoles publicaron estos poemas en colecciones llamadas Romanceros. España fue el único país europeo que conservó su poesía popular medieval. Hay muchos tipos de romances (históricos, legendarios, novelescos, etc.). "La pérdida de Alhama" es un romance fronterizo, que son poemas compuestos por cristianos que vivían bajo la dominación musulmana. Estos poemas suelen alabar la cultura árabe, lo cual parece indicar que estos cristianos vivían felizmente como súbditos de los musulmanes.

Después de la invasión árabe de la Península Ibérica, los cristianos del norte empezaron un largo proceso para reconquistar la Península de los musulmanes. ¡Esa guerra esporádica duró 8 siglos! La última etapa de la Reconquista fue durante la segunda mitad del siglo XV con la toma del último reino islámico—el de Granada. En 1492, los Reyes Católicos, Fernando e Isabel, finalmente tomaron Granada y así terminaron la Reconquista. Pero en 1482, los cristianos tomaron el pueblo de Alhama que estaba bajo la protección de los reyes granadinos. En este romance, el pueblo cristiano de Granada lamenta que sus correligionarios hayan tomado su pueblo.

"Romance del rey moro que perdió Alhama"

Paseábase el rey moro
por la ciudad de Granada,
desde la puerta de Elvira
hasta la de Vivarrambla.[1]
5   —¡Ay de mi Alhama!

Cartas le fueron venidas
que Alhama era ganada;
las cartas echó en el fuego
y al mensajero matara.[2]
10   —¡Ay de mi Alhama!

Descabalga de una mula
y en un caballo cabalga,
por el Zacatín[3] arriba
subido se había al Alhambra.
15   —¡Ay de mi Alhama!

Como en el Alhambra estuvo,
al mismo punto mandaba
que se toquen sus trompetas,
sus añafiles[4] de plata.
20   —¡Ay de mi Alhama!

Y que las cajas de guerra
apriesa toquen al arma,
porque lo oigan sus moros,
los de la Vega y Granada.
25   —¡Ay de mi Alhama!

Los moros, que el son oyeron
que al sangriento Marte[5] llama,
uno a uno y dos a dos
juntado se ha gran batalla.
30   —¡Ay de mi Alhama!

Allí habló un moro viejo,
de esta manera hablara:
—¿Para qué nos llamas, rey,
para qué es esta llamada?
35   —¡Ay de mi Alhama!

—Habéis de saber, amigos,
una nueva desdichada,
que cristianos de braveza
ya nos han ganado Alhama.
40   —¡Ay de mi Alhama!

Allí habló un alfaquí[6]
de barba crecida y cana:
—Bien se te emplea, buen rey,
buen rey, bien se te empleara.
45   —¡Ay de mi Alhama!

Mataste los Bencerraje,[7]
que eran la flor de Granada;
cogiste los tornadizos[8]
de Córdoba la nombrada.
50   —¡Ay de mi Alhama!

Por eso mereces, rey,
una pena muy doblada:
que te pierdas tú y el reino
y aquí se pierda Granada.
55   —¡Ay de mi Alhama!

---

[1] La puerta de Elvira aún existe. Se puede ver la imagen por Internet bajo "Puerta de Elvira, Granada".
[2] Era costumbre romana matar al mensajero que traía noticias secretas por si acaso las había visto y para asegurarse de que no las repitiera. En inglés también existe la expresión "Don't kill the messenger".
[3] Calle comercial que conduce desde la ciudad de Granada al palacio de la Alhambra; aún existe.
[4] flautas árabes
[5] dios romano de la guerra
[6] sabio de las leyes musulmanas
[7] La familia de los Abencerraje era rival del rey Aben Hassan (el rey de este romance), quien temiendo su amenaza al trono, hizo degollar a 36 miembros de la familia durante un banquete en la Alhambra. El salón donde ocurrió la masacre es uno de los más impresionantes del palacio. Se puede ver la imagen por Internet bajo "Abencerraje, Alhambra". La masacre es una de las leyendas más famosas de la España islámica.
[8] cristianos que se habían convertido al islam

Comprensión

1. ¿Qué hacía el rey moro cuando le llegaron las malas noticias?
2. Confiere con un compañero:
   - ¿Por qué creen que el rey mata al mensajero?
   - ¿Conoces una expresión en inglés que se trata de matar a un mensajero?
3. ¿Qué malas noticias traía el mensajero?
4. ¿Qué hace al rey al llegar a la Alhambra?
5. ¿De qué regaña el alfaquí (un sabio de las leyes islámicas) al rey?

Interpretación

1. La forma métrica de los romances es muy importante para la literatura hispánica. Para contestar las siguientes preguntas, consulta *Métrica española* en el Apéndice.
   - Con un compañero cuenta el número de sílabas de cada verso.
   - ¿Cómo es la rima asonante o consonante? Señala el patrón de esa rima.
   - Ahora, ¿qué es la forma métrica de un romance?
2. ¿Es este poema narrativo o lírico? Explica.
3. Ya que el romance fue compuesto para recitar oralmente, contiene muchos elementos dramáticos. Busca algunos ejemplos.
4. ¿Qué efecto crea el estribillo en este romance?
5. ¿Se puede percibir la actitud política del compositor anónimo de este romance?
6. Al principio el rey anda en una mula, no en un caballo. Discute con un compañero: ¿Qué podría indicar este hecho respecto a la personalidad del rey?

Cultura, conexiones y comparaciones

1. El Romancero es una extensa colección de poemas compuestos y transmitidos oralmente por el pueblo. ¿Por qué se tenía que hacer de este modo en la Edad Media?
   - ¿Qué factores en nuestra sociedad hoy día contribuyen a que no sea necesario o posible esta forma de producción o transmisión?
2. ¿Hay en nuestra sociedad alguna tradición musical que comenta sobre cuestiones políticas o sociales?
   - En Hispanoamérica existe la "nueva trova". Busca ese término por Internet y explica lo que es.
   - ¿Existe algo semejante en las tradiciones musicales de los Estados Unidos? Explica.
3. Este romance, por ser compuesto en castellano, indica que es obra de un mozárabe (cristiano que vivía bajo dominación musulmana). ¿Cómo se puede explicar que

un cristiano haya compuesto un poema lamentando la pérdida de su tierra a los cristianos del norte?

- ¿Qué indica esta actitud respecto a la sociedad de la España medieval?

 4. El pluralismo de la sociedad española medieval es único en la Europa de aquella época. A lo largo de casi un milenio convivieron cristianos, musulmanes y judíos. Y como se había de esperar, se creó una nomenclatura para describir la convivencia. Busca por Internet los siguientes términos: mozárabe, mudéjar, morisco, judíos conversos (cristianos nuevos), marranos (cripto-judíos), tornadizo.

- Entabla una conversación en clase en que se describe el mundo social de la España medieval.

 5. El rey de este poema va a su palacio, La Alhambra. Haz una búsqueda por Internet para ver fotos del palacio granadino. No dejes de ver el Patio de los Leones y el espléndido salón de los Abencerraje. Con un compañero enumera las características de la arquitectura islámica. Compara tus observaciones con otras parejas para producir una lista más completa.

6. Las guerras de la Reconquista están documentadas gráficamente en manuscritos medievales así como en cuadros modernos. Para ver un cuadro medieval, haz una búsqueda de imágenes por Internet bajo "reconquista de Alhama". Después de ver el cuadro, explica cómo se sabe quiénes son los cristianos y quiénes son los musulmanes.

 7. El pintor español Francisco Padilla Ortiz (1848-1921) pintó cuadros históricos en el siglo XIX. Busca la imagen de "La rendición de Granada" por Internet. Identifica los Reyes Católicos Fernando e Isabel.

- Identifica Abu Abdullah (¿1459-1527?), conocido en español como Boabdil, el último sultán de Granada.

- ¿Qué es el edificio que se ve a la distancia?

- Ahora, busca la imagen de "La rendición de Breda" de Velázquez. Aquí el general holandés está a punto de postrarse delante del general de las fuerzas españolas, quien ha ganado la batalla de la Contrarreforma. Compara los dos cuadros. ¿Qué tienen en común y cómo son diferentes?

"Se ha perdido el pueblo mexicatl"

La literatura y la vida

1. Siempre se piensa en el dolor que uno siente por la muerte de un ser querido, pero nunca pensamos en lo que se sentiría si perderíamos nuestra patria por un pueblo invasor. ¿Te lo puedes imaginar? Explica.

En contexto

Se ha dicho que los vencedores son los que escriben la historia, y nunca los vencidos. Aunque esta observación es moderna, varios sacerdotes misioneros de principios del siglo XVI transcribieron en castellano algo de la 'voz del vencido', donde se escucha una interpretación muy diferente de los eventos. En el siglo XX, el mexicano León-Portilla, recopiló varios de estos documentos en su libro *Visión de los vencidos* (1959), donde aparece este poema compuesto en náhuatl y traducido al castellano.

"Se ha perdido el pueblo mexicatl"

El llanto se extiende, las lágrimas gotean allí en Tlatelolco.[1]

Por agua se fueron ya los mexicanos;
semejan mujeres; la huída es general.
¿Adónde vamos?, ¡oh amigos! Luego ¿fue verdad?
Ya abandonan la ciudad de México:
el humo se está levantando; la niebla se está extendiendo…   5

Con llanto se saludan el Huiznahuácatl Motelhuihtzin,
el Tlailotlácatl Tlacotzin,
el Tlacatecuhtli Oquihtzin[2]…
Llorad, amigos míos,
tened entendido que con estos hechos   10
hemos perdido la nación mexicana.
¡El agua se ha acedado,[3] se acedó la comida!
Esto es lo que ha hecho el Dador de la vida en Tlatelolco.

Sin recato son llevados Motelhuihtzin y Tlacotzin.
Con cantos se animaban unos a otros en Acachinanco,[4]   15
ah, cuando fueron a ser puestos a prueba allá en Coyoacán[5]…

Comprensión

1. ¿Qué cuadro pinta el poeta de la Ciudad de México después de la conquista?

2. ¿Por qué huyen los habitantes?

3. En el verso 9, ¿a quién le echa la culpa el poeta por la tragedia?

---

[1] Sitio dónde Monctezuma se rindió a Cortés. Hoy día se está excavando, y se puede ver la imagen por Internet de la excavación bajo "Tlatelolco, arqueología".

[2] Serán títulos de la nobleza azteca.

[3] puesto agria

[4] Ciudad donde Cortés se entrevistó con los nobles y guerreros Cuahtémoc, Tlacontzin, Oquihtzin y Motelhuittzin sobre el lugar donde se escondía el oro.

[5] Al no recibir la información que querían, los españoles los torturaron en el pueblo de Coyoacán. Es allí donde Cuahtémoc, al pisar sobre leña ardiendo, dijo sus famosas y poéticas palabras: "Yo no estoy en un lecho de rosas". Hoy Coyoacán es un barrio elegante de la Ciudad de México, y es famoso por ser donde residieron Diego Rivera y Frida Kahlo.

4. ¿Qué quiere decir el poeta al final cuando dice que los dos guerreros "fueron a ser puestos a prueba allá en Coyoacán"? (Ver la nota 5.)

Interpretación

1. Después de la afirmación del primer verso, ¿qué sentimientos expresa el poeta en el cuarto verso?

2. El signo del llanto se repite en este poema. ¿Quiénes lloran?

   • ¿Qué efecto produce esta repetición?

3. ¿Por qué compara metafóricamente a los habitantes con las mujeres?

4. Explica la oposición binaria entre los versos 7 y 12.

Cultura, conexiones y comparaciones

1. Se ha dicho que la historia la escriben los victoriosos. Se conserva muy poco de la 'voz del vencido', o sea, la reacción de los pueblos autóctonos ante la conquista española. Este anónimo poema azteca nos da una idea de lo que sintieron. La cultura azteca y la europea eran muy diferentes. De lo que sabes de la cultura azteca, comenta con un compañero las diferencias culturales que resaltan. Considera la religión, la arquitectura, la vestimenta, la comida, etc.

   • Sin embargo, ¿expresa este poeta azteca sentimientos diferentes de los que sintiera un europeo en la misma situación?

   • ¿Qué indica este dato respecto a la naturaleza humana?

2. En grupo conversa sobre lo siguiente: La conquista de los amerindios por los europeos no es muy diferente a la de los norteamericanos en el oeste en el siglo XIX. ¿Crees que un pueblo tiene el derecho de conquistar a otro pueblo y quitarle su tierra y destruir su cultura? Explica.

3. Compara el lamento de este poema al del rey Rodrigo que perdió España (*Capítulo III*). Incluye semejanzas y diferencias. ¿Quién es más egoísta?

   • ¿Crees que esta diferencia en postura ideológica refleja el carácter distinto de los dos pueblos?

4. El estilo del poema es insólito. ¿En qué idioma fue compuesto?

   • ¿Crees que la traducción conserva la sintaxis del idioma original? ¿Por qué?

   • ¿Crees que una traducción puede captar todo lo que contiene el texto original? Explica.

5. El fraile Bernardino de Sahagún entrevistó a varios aztecas que habían presenciado la conquista e incluyó en su manuscrito cuadros pintados por los indígenas sobre la conquista y otros asuntos. Busca imágenes bajo "florentine codex". Que cada estudiante estudie detenidamente un cuadro o dibujo diferente del códice para explicar su significado al resto de la clase.

Hernán Cortés,
"Segunda Carta de Relación" (fragmento)

Autor: Hernán Cortés (1485-1547)
Nacionalidad: Español; vivió en México
Datos biográficos: Fue un hombre educado que decidió tomar parte en la conquista. Conquistó México y exploró gran parte de su territorio. Es muy posible que también descubriera California.
Época y movimiento cultural: Época colonial; Renacimiento
Obras más conocidas: *Cartas de relación* (compuestas entre 1519 y 1526)
Importancia literaria: Describe con agilidad y mucho detalle la cultura indígena y expresa admiración por ella.

La literatura y la vida

1. ¿Has viajado a algún lugar donde la vestimenta y las costumbres son muy diferentes a las tuyas?

   • ¿A base de qué compararías esta nueva ropa, y adoptarías estas maneras de ser?

2. Cuando haces un viaje, a lo mejor tomas fotografías. Cuando se las enseñas a un amigo, ¿se las explicas verbalmente para crear una relación de tu viaje? Comenta.

En contexto

Hernán Cortés (1485-1547) a los 16 años abandonó los estudios en Salamanca para buscar aventuras en las Indias. Participó en la conquista de Cuba bajo el comando de Diego Velásquez (1465-1584), pero luego traicionó a su comandante e hizo una expedición independiente a las costas de México, donde fundó la ciudad de Veracruz. Allí se enteró de una rica civilización llamada "México" con una magnífica ciudad Tenochtitlan, y empezó su avance al centro del país. Su conquista de México, con solo unos cuantos soldados y varios caballos, es una de las hazañas milagrosas de la historia. Dos factores contribuyeron a la fácil conquista: el apoyo de tribus enemigas de los aztecas, y la leyenda azteca de que algún día los habitantes originales del valle de México, a quienes los aztecas habían desplazado, volverían a vengarse y tomar posesión de sus territorios. Por lo tanto, Moctezuma creía que los españoles eran esa gente.

Cortés conquistó las nuevas tierras para el rey de España, el emperador Carlos V (1500-1558). Sus "cartas de relación" al monarca eran para informarle de los hechos de la conquista, así como consolidar su poder en la región.

Segunda carta-relación de Hernán Cortés al Emperador Carlos V

Enviada a su sacra majestad del emperador nuestro señor, por el capitán general de la Nueva
España, llamado don Fernando Cortés, en la cual hace relación de las tierras y provincias sin
cuento que ha descubierto nuevamente en el Yucatán del año de diez y nueve a esta parte, y ha
sometido a la corona real de Su Majestad. En especial hace relación de una grandísima provin-
5   cia muy rica, llamada Culúa, en la cual hay muy grandes ciudades y de maravillosos edificios y
de grandes tratos y riquezas, entre las cuales hay una más maravillosa y rica que todas, llamada
Tenustitlan, que está, por maravilloso arte, edificada sobre una grande laguna; de la cual ciudad
y provincia es rey un grandísimo señor llamado Mutezuma; donde le acaecieron al capitán y
a los españoles espantosas cosas de oír. Cuenta largamente del grandísimo señorío del dicho
10   Mutezuma, y de sus ritos y ceremonias y de cómo se sirven.

Muy alto y poderoso y muy católico príncipe, invictísimo emperador y señor nuestro:

En una nao[1] que de esta Nueva España de vuestra sacra majestad despaché a diez y seis días
de julio del año de quinientos y diez y nueve, envié a vuestra Alteza muy larga y particular
relación de las cosas hasta aquella sazón, después que yo a ella vine, en ella sucedidas. La cual
15   relación llevaron Alonso Hernández Portocarrero y Francisco de Montejo, procuradores de la
Rica Villa de la Vera Cruz, que yo en nombre de vuestra alteza fundé. Y después acá, por no
haber oportunidad, así por falta de navíos y estar yo ocupado en la conquista y pacificación de
esta tierra, como por no haber sabido de la dicha nao y procuradores, no he tornado a relatar a
vuestra majestad lo que después se ha hecho; de que Dios sabe la pena que he tenido. Porque
20   he deseado que vuestra alteza supiese las cosas de esta tierra, que son tantas y tales que, como
ya en la otra relación escribí, se puede intitular de nuevo emperador de ella, y con título y no
menos mérito que el de Alemania, que por la gracia de Dios vuestra sacra majestad posee. Y
porque querer de todas las cosas de estas partes y nuevos reinos de vuestra alteza decir todas las
particularidades y cosas que en ellas hay y decir se debían, sería casi proceder a infinito.

25   […]

Que a ocho leguas de esta ciudad de Churultecal están dos sierras muy altas y muy maravillosas,[2]
porque en fin de agosto tienen tanta nieve que otra cosa de lo alto de ellas si no la nieve, se parece.
Y de la una que es la más alta sale muchas veces, así de día como de noche, tan grande bulto de
humo como una gran casa, y sube encima de la sierra hasta las nubes, tan derecho como una vira,[3]
30   que, según parece, es tanta la fuerza con que sale que aunque arriba en la sierra andaba siempre muy
recio viento, no lo puede torcer. Y porque yo siempre he deseado de todas las cosas de esta tierra
poder hacer a vuestra alteza muy particular relación, quise de ésta, que me pareció algo maravillosa,
saber el secreto, y envié diez de mis compañeros, tales cuales para semejante negocio eran necesarios,
y con algunos naturales de la tierra que los guiasen, y les encomendé mucho procurasen de subir la
35   dicha sierra y saber el secreto de aquel humo, de dónde y cómo salía. Los cuales fueron y trabajaron
lo que fue posible para la subir, y jamás pudieron, a causa de la mucha nieve que en la sierra hay y
de muchos torbellinos que de la ceniza que de allí sale andan por la sierra, y también porque no
pudieron sufrir la gran frialdad que arriba hacía, pero llegaron muy cerca de lo alto, y tanto que
estando arriba comenzó a salir aquel humo, y dicen que salía con tanto ímpetu y ruido que parecía
40   que toda la sierra se caía abajo, y así se bajaron y trajeron mucha nieve y carámbanos[4] para que los
viésemos, porque nos parecía cosa muy nueva en estas partes a causa de estar en parte tan cálida,
según hasta ahora ha sido opinión de los pilotos, especialmente, que dicen que esta tierra está en
veinte grados, que es en el paralelo de la isla Española, donde continuamente hace muy gran calor.

[…]

---

[1] nave

[2] Se refiere a los volcanes Popocatépetl e Iztlacíhuatl, entre las cimas más altas de México, que forman el trasfondo
de la actual Ciudad de México. Busca la imagen por Internet.

[3] tipo de flecha

[4] agua congelada en forma larga y puntiaguda

Pasada esta puente, nos salió a recibir aquel señor Mutezuma con hasta doscientos señores,   45
todos descalzos y vestidos de otra librea o manera de ropa asimismo bien rica a su uso, y más
que la de los otros, y venían en dos procesiones muy arrimados a las paredes de la calle, que es
muy ancha y muy hermosa y derecha, que de un cabo se parece el otro y tiene dos tercios de
legua, y de la una parte y de la otra muy buenas y grandes casas, así de aposentamientos como
de mezquitas, y el dicho Mutezuma venía por medio de la calle con dos señores, el uno a la   50
mano derecha y el otro a la izquierda, de los cuales el uno era aquel señor grande que dije que
había salido a hablar en las andas y el otro era su hermano del dicho Mutezuma, señor de aquella
ciudad de Ixtapalapa de donde yo aquel día había partido, [...].

Y allí me tomó de la mano y me llevó a una gran sala que estaba frontera del patio por donde
entramos, y allí me hizo sentar en un estrado muy rico que para él lo tenía mandado hacer, y   55
me dijo que le esperase allí, y él se fue.

Y dende[5] a poco rato, ya que toda la gente de mi compañía estaba aposentada, volvió con
muchas y diversas joyas de oro y plata, y plumajes, y con hasta cinco o seis mil piezas de ropa
de algodón, muy ricas y de diversas maneras tejidas y labradas, y después de me las haber dado,
se sentó en otro estrado que luego le hicieron allí junto con el otro donde yo estaba; y sentado,   60
prepuso en esta manera: "Muchos días ha que por nuestras escrituras tenemos de nuestros antepasados noticia que yo ni todos los que en esta tierra habitamos no somos naturales de ella
sino extranjeros, y venidos a ella de partes muy extrañas; y tenemos asimismo que a estas partes
trajo nuestra generación un señor cuyos vasallos todos eran, el cual se volvió a su naturaleza, y
después tornó a venir dende en mucho tiempo, y tanto, que ya estaban casados los que habían   65
quedado con las mujeres naturales de la tierra y tenían mucha generación y hechos pueblos
donde vivían, y queriéndolos llevar consigo, no quisieron ir ni menos recibirle por señor, y así se
volvió; y siempre hemos tenido que los que de él descendiesen habían de venir a sojuzgar[6] esta
tierra y a nosotros como a sus vasallos; y según de la parte que vos decís que venís, que es a do
sale el sol, y las cosas que decís de ese gran señor o rey que acá os envió, creemos y tenemos por   70
cierto, él sea nuestro señor natural, en especial que nos decís que él ha muchos días que tenía
noticia de nosotros; y por tanto, vos sed cierto que os obedeceremos y tendremos por señor
en lugar de ese gran señor que vos decís, y que en ello no habrá que yo en mi señorío poseo,
mandar a vuestra voluntad, porque será obedecido y hecho; y todo lo que nosotros tenemos es
para lo que vos de ello quisiéredes disponer. Y pues estáis en vuestra naturaleza y en vuestra casa,   75
holgad y descansad del trabajo del camino y guerras que habéis tenido, que muy bien sé todos
los que se vos han ofrecido de Puntunchán acá, y bien sé que los de Cempoal y de Tascaltecal os
han dicho muchos males de mí. No creáis más de lo que por vuestros ojos veredes, en especial
de aquellos que son mis enemigos, y algunos de ellos eran mis vasallos y hánseme rebelado con
vuestra venida, y por se favorecer con vos lo dicen.   80

[...]

Porque para dar cuenta, muy poderoso señor, a vuestra real excelencia, de la grandeza, extrañas
y maravillosas cosas de esta gran ciudad de Temixtitan, del señorío y servicio de este Mutezuma,
señor de ella, y de los ritos y costumbres que esta gente tiene, y de la orden que en la gobernación,
así de esta ciudad como de las otras que eran de este señor, hay, sería menester mucho tiempo y   85
ser muchos relatores y muy expertos; no podré yo decir de cien partes una, de las que de ellas se
podrían decir, mas como pudiere diré algunas cosas de las que vi, que aunque mal dichas, bien sé
que serán de tanta admiración que no se podrán creer, porque los que acá con nuestros propios
ojos las vemos, no las podemos con el entendimiento comprender. Pero puede vuestra majestad ser
cierto que si alguna falta en mi relación hubiere, que será antes por corto que por largo, así en esto   90
como en todo lo demás de que diere cuenta a vuestra alteza, porque me parecía justo a mi príncipe y señor, decir muy claramente la verdad sin interponer cosas que la disminuyan y acrecienten.

[...]

---

[5] *ant.*: de allí
[6] dominar violentamente

95　Esta gran ciudad de Temixtitan está fundada en esta laguna salada, y desde la tierra firme hasta el cuerpo de la dicha ciudad, por cualquiera parte que quisieren entrar a ella, hay dos leguas. Tiene cuatro entradas, todas de calzada hecha a mano, tan ancha como dos lanzas jinetas. Es tan grande la ciudad como Sevilla y Córdoba. Son las calles de ella, digo las principales, muy anchas y muy derechas, y algunas de éstas y todas las demás son la mitad de tierra y por la otra mitad es agua, por la cual andan en sus canoas, y todas las calles de trecho a trecho están abiertas

100　por do atraviesa el agua de las unas a las otras, y en todas estas aberturas, que algunas son muy anchas, hay sus puentes de muy anchas y muy grandes vigas, juntas y recias y bien labradas, y tales, que por muchas de ellas pueden pasar diez de a caballo juntos a la par. Y viendo que si los naturales de esta ciudad quisiesen hacer alguna traición, tenían para ello mucho aparejo, por ser la dicha ciudad edificada de la manera que digo, y quitadas las puentes de las entradas

105　y salidas, nos podrían dejar morir de hambre sin que pudiésemos salir a la tierra. Luego que entré en la dicha ciudad di mucha prisa en hacer cuatro bergantines, y los hice en muy breve tiempo, tales que podían echar trescientos hombres en la tierra y llevar los caballos cada vez que quisiésemos. Tiene esta ciudad muchas plazas, donde hay continuo mercado y trato de comprar y vender. Tiene otra plaza tan grande como dos veces la ciudad de Salamanca, toda cercada

110　de portales alrededor, donde hay cotidianamente arriba de sesenta mil ánimas comprando y vendiendo; donde hay todos los géneros de mercaderías que en todas las tierras se hallan, así de mantenimientos como de vituallas, joyas de oro y plata, de plomo, de latón, de cobre, de estaño, de piedras, de huesos, de conchas, de caracoles y de plumas. Véndese cal, piedra labrada y por labrar, adobes, ladrillos, madera labrada y por labrar de diversas maneras. Hay calle de caza donde venden todos los linajes de aves que hay en la tierra, así como gallinas, perdices, codornices,

115　lavancos, dorales, zarcetas, tórtolas, palomas, pajaritos en cañuela, papagayos, búharos, águilas, halcones, gavilanes y cernícalos; y de algunas de estas aves de rapiña, venden los cueros con su pluma y cabezas y pico y uñas.

　　　　[…]

120　La gente de esta ciudad es de más manera y primor en su vestir y servicio que no la otra de estas otras provincias y ciudades, porque como allí estaba siempre este señor Mutezuma, y todos los señores sus vasallos ocurrían siempre a la ciudad, había en ellas más manera y policía en todas las cosas. Y por no ser más prolijo en la relación de las cosas de esta gran ciudad, aunque no acabaría tan aína,[7] no quiero decir más sino que en su servicio y trato de la gente de ella hay la

125　manera casi de vivir que en España, y con tanto concierto y orden como allá, y que considerando esta gente ser bárbara y tan apartada del conocimiento de Dios y de la comunicación de otras naciones de razón, es cosa admirable ver la que tienen en todas las cosas.

　　　　[…]

Comprensión

1. ¿A quién dirige su carta Cortés?
   - ¿Cuál es el propósito de las cartas?
2. ¿Por qué le causó tanto interés a Cortés las dos grandes peñas que describe?
3. ¿Quién es Moctezuma? ¿Cómo lo describe?
4. ¿Por qué les da Moctezuma una bienvenida a los españoles?
5. ¿Qué regalos le da Moctezuma a Cortés?
   - ¿Cuál es el propósito de esta ofrenda?
6. ¿Qué características de la ciudad de Tenochtitlán le llaman la atención a Cortés?

---

[7] *ant.:* pronto

Interpretación

1. ¿Qué elementos hay en el párrafo que empieza en la línea 11 que indican que Cortés quiere recibir el apoyo del rey Carlos V?

   • Luego de leer *En contexto* más arriba sobre el conflicto entre Cortés y Velásquez, explica por qué es importante para Cortés consolidar su poderío de la Nueva España.

2. Cortés emplea la circunlocución extensamente en el párrafo que empieza en la línea 26. ¿Qué palabra no conoce Cortés para simplificar su descripción de las dos montañas?

   • ¿Por qué no conocería esa palabra?

   • ¿Por qué le llama tanta atención estas montañas?

3. ¿A base de qué realidad compara Cortés el mundo azteca (ropa, costumbres, ciudad, mercados, etc.)?

   • ¿Por qué compara Cortés las casas con mezquitas?

   • ¿Le impresiona a Cortés lo que ve en Tenochtitlán? Explica.

4. ¿Cómo pudo Cortés entender el discurso de Moctezuma si no hablaban el mismo idioma? Busca por Internet "Malinche". Explica su importancia.

   • ¿Qué significa el hecho de que Cortés no la mencione?

5. Si las palabras de Moctezuma son traducidas del náhuatl y luego recordadas e interpretadas por Cortés, ¿podemos tomar ese discurso del todo en serio? Explica.

6. ¿Qué aspecto de Tenochtitlán se asemeja a las ciudades españolas?

7. ¿Qué aprendemos del sistema económico de los aztecas?

   • ¿Es este sistema raro para los españoles? ¿Por qué?

8. El fragmento termina con una declaración racista. ¿Por qué le sorprende a Cortés que sean los aztecas de este modo? Trata de explicar la ironía.

Cultura, conexiones y comparaciones

1. Existe una rica y variada literatura documental relacionada con el encuentro entre europeos e indígenas. Entre ellas se destaca el diario de Cristóbal Colón (1451-1506), la defensa de los indígenas de Fray Bartolomé de las Casas (1484-1566), las cartas de relación de Hernán Cortés, las crónicas oficiales como la de López de Gómara (1511-1566), las historias no oficiales —como las de Bernal Díaz del Castillo (¿1495?-1584) o el Inca Garcilaso de la Vega (1539-1616), los libros de aventuras personales como la de Cabeza de Vaca (¿1490-1558?) o la crítica de la administración colonial de Felipe Guaman Poma de Ayala (segunda mitad del siglo XVI)—. Busca estos autores por Internet y comparte la información que encuentras con los otros compañeros de la clase. Presta particular atención a los propósitos de cada autor por escribir sus crónicas.

2. Trabajando con un compañero, conversa sobre estos temas para luego comunicar tus opiniones con el resto de la clase: ¿Sabes si existe en la literatura colonial

norteamericana crónicas que cuentan el encuentro entre los ingleses y los indígenas? Si es que no las hay, ¿qué razones se podrían proporcionar para explicar la escasez?

3. Cortés no hace mención de los intérpretes y traductores que le ayudaron a entender a Moctezuma, sin embargo Bernal Díaz del Castillo (*Capítulo II*) escribe sobre la Malinche, quien sirvió de intérprete a Cortés. ¿Por qué crees que Cortés no mencionara a una mujer tan importante?

  4. Busca la imagen por Internet de la "Conquista de México" de Diego Rivera. Obsérvalo con cuidado, porque es un mural muy denso y detallado. Haz una lista de los aspectos de la conquista que Rivera capta en su cuadro. En clase, compara tus observaciones con las de tus compañeros.

5. Debate esta hipótesis en clase: La "leyenda negra" se refiere a la inferencia de que los conquistadores españoles eran crueles y que solo querían oro y que llevaron a cabo un genocidio de las civilizaciones indígenas. ¿Crees que es del todo verdad? Qué indicios se te ocurren que desmientan esa leyenda? (Por ejemplo, ¿hay muchos indígenas en Latinoamérica?, ¿hay muchas ciudades coloniales con iglesias y cabildos?). ¿Fue la conquista inglesa más humana con los indígenas?

6. Escucha y lee la letra de la canción "Conmemorando" de Rubén Blades por YouTube bajo "Blades, Conmemorando". Blades escribió esta canción en 1992 cuando se celebraba el quinto centenario del descubrimiento del Nuevo Mundo por los europeos. ¿Por qué no usa Blades el verbo "celebrar"? ¿Con qué lo sustituye?

Bernardino de Sahagún,
"Los presagios"

Autor: Bernardino de Sahagún (c. 1499–1590)
Nacionalidad: Español; vivió en México
Datos biográficos: Fue profesor en el Colegio de Santa Cruz en México, fundado para educar a indígenas de las clases altas.
Época y movimiento cultural: Época colonial; Renacimiento
Obras más conocidas: *Historia general de las cosas de la Nueva España* (compuesto entre 1540–1585, pero no publicado durante su vida)
Importancia literaria: Aprendió náhuatl para entrevistar a los indígenas sobre su visión de la conquista. Muchos lo consideran el padre de la etnografía moderna.

La literatura y la vida

1. ¿Eres una persona supersticiosa? Si no, ¿conoces a alguien que lo es? Cuenta.
2. ¿Crees que cuando algo malo pasa es un castigo de Dios o un presagio de algo? Explica.

En contexto

Bernardino de Sahagún era fraile franciscano que fue a la Nueva España para evangelizar. Allí fue maestro de indígenas y aprendió náhuatl. Con la ayuda de sus alumnos, entrevistó a los indígenas que habían sobrevivido la conquista, para conservar sus recuerdos y versiones de los hechos históricos—o sea, la perspectiva de la conquista desde el punto de vista de los vencidos. Su libro, *Historia general de las cosas de Nueva España*, compuesto en náhuatl con traducciones al castellano, no se publicó durante su vida, pero hoy se considera la mayor labor que se llevó a cabo por los españoles para resguardar la verdadera historia de la conquista.

Aquí Sahagún recopila una serie de hechos que ocurrieron en México que luego los mexica consideraron presagios de la conquista.

"Los presagios"

Primer presagio funesto: Diez años antes de venir los españoles primeramente se mostró un funesto presagio en el cielo. Una como espiga de fuego, una como llama de fuego, una como aurora: se mostraba como si estuviera goteando, como si estuviera punzando en el cielo.

Ancha de asiento, angosta de vértice. Bien al medio del cielo, bien al centro del cielo llegaba, bien al cielo estaba alcanzando. 5

Y de este modo se veía: allá en el oriente se mostraba: de este modo llegaba a la medianoche. Se manifestaba: estaba aún en el amanecer; hasta entonces la hacía desaparecer el Sol.

Y en el tiempo en que estaba apareciendo: por un año venía a mostrarse. Comenzó en el año 12-Casa.[1] Pues cuando se mostraba había alboroto general: se daban palmadas en los labios las gentes; había un gran azoro; hacían interminables comentarios. 10

Segundo presagio funesto: que sucedió aquí en México: por su propia cuenta se abrasó en llamas, se prendió en fuego: nadie tal vez le puso fuego, sino por su espontánea acción ardió la casa de Huitzilopochtli. Se llamaba su sitio divino, el sitio denominado "Tlacateccan" ('Casa de mando').

Se mostró: ya arden las columnas. De adentro salen acá las llamas de fuego, las lenguas de fuego, las llamaradas de fuego. 15

Rápidamente en extremo acabó el fuego todo el maderamen[2] de la casa. Al momento hubo vocerío estruendoso; dicen:"¡Mexicanos, venid de prisa: se apagará! ¡Traed vuestros cántaros! …" Pero cuando le echaban agua, cuando intentaban apagarla, sólo se enardecía flameando más. No pudo apagarse: del todo ardió.

Tercer presagio funesto: Fue herido por un rayo un templo. Sólo de paja era: en donde se llama 20 "Tzummulco". El templo de Xiuhtecuhtli. No llovía recio, sólo lloviznaba levemente. Así, se tuvo por presagio; decían de este modo:"No más fue golpe de Sol". Tampoco se oyó el trueno.

Cuarto presagio funesto: Cuando había aún Sol, cayó un fuego. En tres partes dividido: salió de donde el Sol se mete: iba derecho viendo a donde sale el Sol: como si fuera brasa, iba cayendo en lluvia de chispas. Larga se tendió su cauda;[3] lejos llegó su cola. Y cuando visto fue, hubo gran 25 alboroto: como si estuvieran tocando cascabeles.

Quinto presagio funesto: Hirvió el agua: el viento la hizo alborotarse hirviendo. Como si hirviera en furia, como si en pedazos se rompiera al revolverse. Fue su impulso muy lejos, se

---

[1] 1517 d. C.
[2] la madera
[3] capa larga que usan los eclesiásticos

30 levantó muy alto. Llegó a los fundamentos de las casas: y derruidas las casas, se anegaron en agua. Eso fue en la laguna que está junto a nosotros.

Sexto presagio funesto: Muchas veces se oía: una mujer lloraba; iba gritando por la noche; andaba dando grandes gritos:

—¡Hijitos míos, pues ya tenemos que irnos lejos! y a veces decía:

—Hijitos míos, ¿a dónde os llevaré?

35 *Séptimo presagio funesto:* Muchas veces se atrapaba, se cogía algo en redes. Los que trabajaban en el agua cogieron cierto pájaro ceniciento como si fuera grulla.[4] Luego lo llevaron a mostrar a Motecuhzoma, en la Casa de lo Negro (casa de estudio mágico).

Había llegado el Sol a su apogeo: era el medio día. Había uno como espejo en la cabeza del pájaro como rodaja de huso, en espiral y en rejuego:[5] era como si estuviera perforado en su medianía.

40 Allí se veía el cielo: las estrellas, el Mastelejo.[6] Y Motecuhzoma lo tuvo a muy mal presagio, cuando vio las estrellas y el Mastelejo.

Pero cuando vio por segunda vez la cabeza del pájaro, nuevamente vio allá en lontananza; como si algunas personas vinieran de prisa; bien estiradas; dando empellones. Se hacían la guerra unos a otros y los traían a cuestas unos como venados.

45 Al momento llamó a sus magos, a sus sabios. Les dijo:

—¿No sabéis: qué es lo que he visto? ¡Unas como personas que están en pie y agitándose!…

Pero ellos, queriendo dar la respuesta, se pusieron a ver: desapareció (todo): nada vieron.

Octavo presagio funesto: Muchas veces se mostraban a la gente hombres deformes, personas monstruosas. De dos cabezas pero un solo cuerpo. Las llevaban a la Casa de lo Negro; se las 50 mostraban a Motecuhzoma. Cuando las había visto luego desaparecían.

Comprensión

1. ¿Qué parece que fue lo que los aztecas vieron en el cielo en los presagios primero y cuarto?

2. ¿Qué tienen en común los presagios segundo y tercero? ¿Qué se destruyó en cada caso?

3. ¿Qué ocurrió en el quinto presagio?

4. ¿Qué iba pregonando la mujer llorona?

5. ¿Qué visión vio Moctezuma en el espejo de la cabeza del ave mitológica?

6. ¿Qué les pasaban a los monstruos de dos cabezas una vez que eran vistos?

Interpretación

1. ¿Por qué suena tan raro la sintaxis de los presagios? (Pista: ¿En qué idioma fueron dichos?)

2. ¿Por qué tienen que emplear los informantes la perífrasis o la circunlocución, sobre todo en los presagios 1 y 4?

---

[4] ave muy grande
[5] *des.:* enredado
[6] la constelación de Géminis

3. En el presagio 7, el informante dice que los hombres venían montados sobre "unos como venados". ¿Qué eran esos venados?

   • ¿Por qué no lo sabían los aztecas?

4. ¿Crees que Sahagún corrige o interviene en lo que dicen sus informantes? Explica.

5. Los presagios representan un valioso texto histórico, pero es una escritura de algo dicho en náhuatl y traducido al castellano. ¿Qué puede pasar al mensaje en un circuito comunicativo tan complicado como este?

Cultura, conexiones y comparaciones

1. De toda la literatura documental del primer encuentro entre dos culturas, la obra de Sahagún es entre las más científicas. ¿Por qué?

   • Compara este documento a la carta de relación de Cortés. ¿Qué diferencia resalta?

2. La llorona es un personaje legendario que aparece en el folklore de muchos países hispanoamericanos. Es de una mujer que vaga por las calles buscando a sus hijos perdidos. La referencia a la llorona en los presagios de Sahagún indica un origen muy antiguo con raíces en leyendas mesoamericanas. La llorona aparece en música (escucha la cantante mexicana Lila Downs cantar la canción *La llorona* por YouTube), en cine como la película norteamericana de terror *The Wailer* (2006) y en arte como el mural en San Francisco de Juana Alicia, cuya imagen se puede encontrar por Internet. ¿Qué pudiera ser la atracción para el pueblo mexicano de esta leyenda de una mujer que busca a sus hijos?

3. En la obra de Sahagún se incluyeron dibujos aztecas de lo que decían los informantes. Busca las imágenes por Internet ("presagios de Sahagún") e interpreta algunos de ellos. Luego compara tu interpretación con otras de la clase.

Lazarillo de Tormes

La literatura y la vida

1. ¿Por qué supones que los autores escriben sus obras? Considera el propósito, el público, la remuneración, la fama, etc.

2. ¿Crees que el escritor se enfrenta con el mismo peligro que el soldado? Explica.

Prólogo

Yo por bien tengo que cosas tan señaladas, y por ventura nunca oídas ni vistas, vengan a noticia de muchos y no se entierren en la sepultura del olvido, pues podría ser que alguno que las lea halle algo que le agrade, y, a los que no ahondaren tanto, los deleite.

Y a este propósito dice Plinio[1] que no hay libro, por malo que sea, que no tenga alguna

5　cosa buena; mayormente que los gustos no son todos unos, mas lo que uno no come, otro se pierde por ello. Y así vemos cosas tenidas en poco de algunos, que de otros no lo son. Y esto para que ninguna cosa se debería romper ni echar a mal, si muy detestable no fuese, sino que a todos se comunicase, mayormente siendo sin perjuicio y pudiendo sacar de ella algún fruto. Porque, si así no fuese, muy pocos escribirían para uno

10　solo, pues no se hace sin trabajo, y quieren, ya que lo pasan, ser recompensados, no con dineros, mas con que vean y lean sus obras y, si hay de qué, se las alaben. Y, a este propósito, dice Tulio:[2] «La honra cría las artes».

　　¿Quién piensa que el soldado que es primero del escala tiene más aborrecido el vivir? No por cierto; mas el deseo de alabanza le hace ponerse al peligro; y así en las artes y

15　letras es lo mismo. Predica muy bien el presentado y es hombre que desea mucho el provecho de las ánimas; mas pregunten a su merced si le pesa cuando le dicen: «¡Oh, qué maravillosamente lo ha hecho vuestra reverencia!». Justó[3] muy ruinmente el señor don Fulano, y dio el sayete de armas al truhán, porque le loaba de haber llevado muy buenas lanzas: ¿qué hiciera si fuera verdad?

20　Y todo va de esta manera: que, confesando yo no ser más santo que mis vecinos, de esta nonada, que en este grosero estilo escribo, no me pesará que hayan parte y se huelguen con ello todos los que en ella algún gusto hallaren, y vean que vive un hombre con tantas fortunas, peligros y adversidades.

　　Suplico a vuestra merced reciba el pobre servicio de mano de quien lo hiciera más rico

25　si su poder y deseo se conformaran. Y pues vuestra merced escribe se le escriba y relate el caso muy por extenso, parecióme no tomalle por el medio, sino del principio, porque se tenga entera noticia de mi persona, y también porque consideren los que heredaron nobles estados cuán poco se les debe, pues Fortuna fue con ellos parcial, y cuánto más hicieron los que, siéndoles contraria, con fuerza y maña remando, salieron a buen puerto.

Comprensión

1. Según el narrador en las primeras oraciones, ¿cuál es su propósito por escribir el libro?

2. ¿Qué desea el autor por los esfuerzos de escribir?

3. ¿En qué estilo va a escribir su obra el autor?

4. ¿A quién se dirige el autor en el Prólogo?

Interpretación

1. Al comparar el oficio del escritor con el del soldado, ¿qué implica el autor respecto a la escritura?

    • ¿Crees que *Lazarillo de Tormes* va a ser una obra 'peligrosa'? ¿Por qué?

2. El autor llama su obra una "nonada". ¿Por qué crees que la califica de esa manera?

---

[1]Plinio el viejo (23-79), soldado y erudito romano que escribió una historia de Roma

[2] Marco Tulio Cicerón (106 a. C.–46 a. C.), conocido más bien por Cicerón, fue gran orador romano cuyas obras sobre la oratoria y la retórica influyeron mucho en el Renacimiento.

[3]combatió

3. Entre las líneas 20 y 23, ¿cómo describe su vida el autor?

- En el último párrafo (l. 24) habla de la fortuna. ¿Ha tenido el autor buena fortuna?

- Teniendo en cuenta a quién se dirige el autor (alguien de estatus social mucho más alto), ¿crees que el autor implica que su obra va a tener un propósito social? Explica.

- ¿Crees que la referencia a la buena fortuna de algunos y la mala de otros representa una crítica social? Explica.

4. Aunque es un prólogo, ¿crees que se escribió antes o después de la novela? ¿Por qué piensas así?

Tratado I

La literatura y la vida

1. ¿Eres o conoces a alguien que es el hijo o hiza de padres de diferentes razas? ¿Crees que estas personas padecen discriminación social?

2. Hoy día las mujeres pueden trabajar y ser independientes, pero antes del siglo XX era improbable. En pareja considera las cosas que podría hacer una mujer soltera en la España del siglo XVI para ganarse la vida.

3. ¿Conoces o has visto a algún anciano que tiene una persona no profesional que lo cuida y lo atiende? ¿Quiénes suelen ser estos ayudantes?

- ¿Te gustaría hacer ese tipo de trabajo algún día? Explica.

En contexto

Empezando en el siglo XVI se empezó a cultivar en España unas novelas llamadas picarescas porque supuestamente eran escritas por pícaros, quienes era gente pobre y marginada que se ganaban la vida de cualquier modo posible. El *Lazarillo* fue el primer ejemplo de este tipo de novela, pero se escribieron muchas durante el Siglo de Oro.

El *Lazarillo* pinta un país de miseria, corrupción, hipocresía y de falsos valores, un cuadro completamente opuesto al que España—como el país más pudiente, rico y ortodoxo de Europa—quería proyectar al mundo. Además, España, después de la expulsión de los moros y judíos en 1492, se consideraba un país homogéneo en cuanto a raza y religión. Sin embargo, el *Lazarillo* revela la existencia de un mestizaje racial y de una inmoralidad escandalosa. Por estas razones fue lectura prohibidísima durante el Siglo de Oro, lo cual contribuyó a su inmensa popularidad.

Cuenta Lázaro su vida y cúyo hijo fue

Pues sepa Vuestra Merced, ante todas cosas, que a mí llaman Lázaro de Tormes, hijo de Tomé
González y de Antona Pérez, naturales de Tejares, aldea de Salamanca. Mi nascimiento fue dentro
del río Tormes, por la cual causa tomé el sobrenombre, y fue desta manera: mi padre, que Dios
perdone, tenía cargo de proveer una molienda de una aceña[1] que está ribera de aquel río, en la
5   cual fue molinero más de quince años; y estando mi madre una noche en la aceña, preñada de
mí, tomóle el parto y parióme allí; de manera que con verdad me puedo decir nascido en el río.

Pues siendo yo niño de ocho años, achacaron a mi padre ciertas sangrías mal hechas en los
costales de los que allí a moler venían, por lo cual fue preso, y confesó, y no negó, y padesció
persecución por justicia. Espero en Dios que está en la Gloria, pues el Evangelio los llama bien-
10   aventurados. En este tiempo se hizo cierta armada contra moros, entre los cuales fue mi padre,
que a la sazón estaba desterrado por el desastre ya dicho, con cargo de acemilero[2] de un caballero
que allá fue. Y con su señor, como leal criado, feneció su vida.

Mi viuda madre, como sin marido y sin abrigo se viese, determinó arrimarse a los buenos,
por ser uno dellos, y vínose a vivir a la ciudad, y alquiló una casilla, y metióse a guisar de comer
15   a ciertos estudiantes, y lavaba la ropa a ciertos mozos de caballos del Comendador de la Magdalena; de manera que fue frecuentando las caballerizas.

Ella y un hombre moreno, de aquellos que las bestias curaban,[3] vinieron en conoscimiento.
Este algunas veces se venía a nuestra casa, y se iba a la mañana; otras veces de día llegaba a
la puerta, en achaque de comprar huevos, y entrábase en casa. Yo, al principio de su entrada,
20   pesábame con él y habíale miedo, viendo el color y mal gesto que tenía; mas de que vi que con
su venida mejoraba el comer, fuile queriendo bien, porque siempre traía pan, pedazos de carne,
y en el invierno leños, a que nos calentábamos.

De manera que, continuando la posada y conversación, mi madre vino a darme un negrito
muy bonito, el cual yo brincaba y ayudaba a calentar. Y acuérdome que, estando el negro de mi
25   padrastro trebejando[4] con el mozuelo, como el niño vía a mi madre y a mí blancos, y a él no,
huía dél, con miedo, para mi madre, y señalando con el dedo, decía: "¡Madre, coco!" Respondió
él riendo: "¡Hideputa!"

Yo, aunque bien mochacho, noté aquella palabra de mi hermanico, y dije entremí: "¡Cuántos
debe de haber en el mundo que huyen de otros porque no se veen a símesmos!"
30   Quiso nuestra fortuna que la conversación del Zaide, que así se llamaba, llegó a oídos del
mayordomo, y hecha pesquisa, hallóse que la mitad por medio de la cebada que para las bestias
le daban hurtaba; y salvados, leña, almohadas, mandiles, y las mantas y sábanas de los caballos
hacía perdidas; y cuando otra cosa no tenía, las bestias desherraba, y con todo esto acudía a mi
madre para criar a mi hermanico. No nos maravillemos de un clérigo ni fraile porque el uno
35   hurta de los pobres, y el otro de casa, para sus devotas y para ayuda de otro tanto, cuando a un
pobre esclavo el amor le animaba a esto.

Y probósele cuanto digo y aun más, porque a mí, con amenazas, me preguntaban, y como
niño respondía y descubría cuanto sabía con miedo, hasta ciertas herraduras que por mandado
de mi madre a un herrero vendí.
40   Al triste de mi padrastro azotaron y pringaron,[5] y a mi madre pusieron pena por justicia,
sobre el acostumbrado centenario,[6] que en casa del sobredicho Comendador no entrase ni al
lastimado Zaide en la suya acogiese.

Por no echar la soga tras el caldero, la triste se esforzó y cumplió la sentencia; y por evitar
peligro y quitarse de malas lenguas, se fue a servir a los que al presente vivían en el mesón de la

---

[1]molino movido por agua
[2]el que se encarga de labrar la tierra con mulas
[3]cuidaban
[4]jugando
[5]forma de castigo que consistía en echar manteca caliente sobre las heridas causadas por los azotes
[6]cien azotes

Solana; y allí, padesciendo mil importunidades, se acabó de criar mi hermanico hasta que supo   45
andar, y a mí hasta ser buen mozuelo, que iba a los huéspedes por vino y candelas y por lo demás
que me mandaban.

En este tiempo vino a posar al mesón un ciego, el cual, paresciéndole que yo sería para ad-
estralle, me pidió a mi madre, y ella me encomendó a él, diciéndole cómo era hijo de un buen
hombre, el cual, por ensalzar la fe, había muerto en la de los Gelves, y que ella confiaba en Dios   50
no saldría peor hombre que mi padre, y que le rogaba me tratase bien y mirase por mí, pues era
huérfano. Él respondió que así lo haría y que me recibía no por mozo, sino por hijo. Y así le
comencé a servir y adestrar a mi nuevo y viejo amo.

Como estuvimos en Salamanca algunos días, paresciéndole a mi amo que no era la ganancia
a su contento, determinó irse de allí, y cuando nos hubimos de partir yo fui a ver a mi madre, y,   55
ambos llorando, me dio su bendición y dijo:

—Hijo, ya sé que no te veré más. Procura de ser bueno, y Dios te guíe. Criado te he y con
buen amo te he puesto, válete por ti.

Y así, me fui para mi amo, que esperándome estaba.

Salimos de Salamanca, y, llegando a la puente, está a la entrada della un animal de piedra, que   60
casi tiene forma de toro, y el ciego mandóme que llegase cerca del animal, y allí puesto, me dijo:

—Lázaro, llega el oído a este toro y oirás gran ruido dentro dél.

Yo simplemente llegué, creyendo ser ansí; y como sintió que tenía la cabeza par de la piedra,
afirmó recio la mano y diome una gran calabazada en el diablo del toro, que más de tres días me
duró el dolor de la cornada, y díjome: 65

—Necio, aprende, que el mozo del ciego un punto ha de saber más que el diablo.

Y rió mucho la burla.

Parescióme que en aquel instante desperté de la simpleza en que, como niño, dormido estaba.
Dije entre mí: "Verdad dice éste, que me cumple avivar el ojo y avisar, pues solo soy, y pensar
cómo me sepa valer".   70

Comenzamos nuestro camino, y en muy pocos días me mostró jerigonza; y como me viese
de buen ingenio, holgábase mucho y decía:

—Yo oro ni plata no te lo puedo dar; mas avisos para vivir muchos te mostraré.

Y fue ansí, que, después de Dios, éste me dio la vida, y siendo ciego me alumbró y adestró
en la carrera de vivir.   75

Huelgo de contar a Vuestra Merced estas niñerías para mostrar cuánta virtud sea saber los
hombres subir siendo bajos, y dejarse bajar siendo altos cuánto vicio.

Pues tornando al bueno de mi ciego y contando sus cosas, Vuestra Merced sepa que, desde
que Dios crió el mundo, ninguno formó más astuto ni sagaz. En su oficio era un águila: ciento y
tantas oraciones sabía de coro; un tono bajo, reposado y muy sonable, que hacía resonar la iglesia   80
donde rezaba; un rostro humilde y devoto, que con muy buen continente ponía cuando rezaba,
sin hacer gestos ni visajes con boca ni ojos como otros suelen hacer. Allende[7] desto, tenía otras
mil formas y maneras para sacar el dinero. Decía saber oraciones para muchos y diversos efectos:
para mujeres que no parían, para las que estaban de parto, para las que eran malcasadas, que sus
maridos las quisiesen bien. Echaba pronósticos a las preñadas si traían hijo o hija. Pues en caso   85

---

[7] *ant.:* además

de medicina, decía que Galeno no supo la mitad que él para muela, desmayos, males de madre. Finalmente, nadie le decía padecer alguna pasión, que luego no le decía: "Haced esto, haréis estotro, coged tal yerba, tomad tal raíz." Con esto andábase todo el mundo tras él, especialmente mujeres, que cuanto les decía, creían. Déstas sacaba él grandes provechos con las artes que digo,
90   y ganaba más en un mes que cien ciegos en un año.

Mas también quiero que sepa Vuestra Merced que, con todo lo que adquiría y tenía, jamás tan avariento ni mezquino hombre no vi, tanto que me mataba a mí de hambre, y así no me demediaba[8] de lo necesario. Digo verdad: si con mi sotileza y buenas mañas no me supiera remediar, muchas veces me finara de hambre; mas, con todo su saber y aviso, le contaminaba de tal suerte, que siempre,
95   o las más veces, me cabía lo más y mejor. Para esto le hacía burlas endiabladas, de las cuales contaré algunas, aunque no todas a mi salvo.

Él traía el pan y todas las otras cosas en un fardel[9] de lienzo que por la boca se cerraba con una argolla de hierro y su candado y su llave, y al meter de todas las cosas y sacallas, era con tan gran vigilancia y tanto por contadero, que no bastara hombre en todo el mundo hacerle menos
100   una migaja. Mas yo tomaba aquella laceria[10] que él me daba, la cual en menos de dos bocados era despachada. Después que cerraba el candado y se descuidaba, pensando que yo estaba entendiendo en otras cosas, por un poco de costura, que muchas veces del un lado del fardel descosía y tornaba a coser, sangraba el avariento fardel, sacando no por tasa pan, mas buenos pedazos, torreznos y
105   longaniza. Y ansí, buscaba conveniente tiempo para rehacer, no la chaza, sino la endiablada falta que el mal ciego me faltaba.[11]

Todo lo que podía sisar y hurtar traía en medias blancas;[12] y cuando le mandaban rezar y le daban blancas, como él carecía de vista, no había el que se la daba amagado con ella, cuando yo la tenía lanzada en la boca y la media aparejada, que por presto que él echaba la mano, ya iba de mi
110   cambio aniquilada en la mitad del justo precio. Quejábaseme el mal ciego, porque al tiento luego conocía y sentía que no era blanca entera, y decía:

—¿Qué diablo es esto, que después que conmigo estás no me dan sino medias blancas, y de antes una blanca y un maravedí hartas veces me pagaban? En ti debe estar esta desdicha.

También él abreviaba el rezar y la mitad de la oración no acababa, porque me tenía mandado
115   que, en yéndose el que la mandaba rezar, le tirase por cabo del capuz. Yo así lo hacía. Luego él tornaba a dar voces, diciendo: "¿Mandan rezar tal y tal oración?", como suelen decir.

Usaba poner cabe[13] sí un jarrillo de vino cuando comíamos, e yo, muy de presto, le asía y daba un par de besos callados y tornábale a su lugar. Mas duróme poco, que en los tragos conocía la falta, y por reservar su vino a salvo, nunca después desamparaba el jarro, antes lo tenía por el
120   asa asido. Mas no había piedra imán que ansí trajese a sí como yo con una paja larga de centeno, que para aquel menester tenía hecha, la cual, metiéndola en la boca del jarro, chupando el vino, lo dejaba a buenas noches.[14] Mas, como fuese el traidor tan astuto, pienso que me sintió, y dende en adelante mudó propósito, y asentaba su jarro entre las piernas, y atapábale con la mano, y así bebía seguro.
125   Yo, como estaba hecho al vino, moría por él, y viendo que aquel remedio de la paja no me aprovechaba ni valía, acordé en el suelo del jarro hacerle una fuentecilla y agujero sotil, y delicadamente con una muy delgada tortilla de cera taparlo, y al tiempo de comer, fingiendo haber frío, entrábame entre las piernas del triste ciego a calentarme en la pobrecilla lumbre que teníamos, y al calor della luego derretida la cera, por ser muy poca, comenzaba la fuentecilla a destilarme en la

---

[8]no me daba ni la mitad
[9]saco
[10]miseria
[11]*léase:* buscaba tiempo, no para volver a descoser el fardel, sino para remediar la gran hambre en que el ciego me tenía.
[12]monedas de poco valor
[13]*poet.:* al lado de él
[14]vacío; sin nada

boca, la cual yo de tal manera ponía, que maldita la gota se perdía. Cuando el pobreto iba a beber, 130
no hallaba nada. Espantábase, maldecíase, daba al diablo el jarro y el vino, no sabiendo qué podía ser.

—No diréis, tío, que os lo bebo yo —decía—, pues no le quitáis de la mano.

Tantas vueltas y tientos dio al jarro, que halló la fuente, y cayó en la burla; mas así lo disimuló
como si no lo hubiera sentido. Y luego otro día, teniendo yo rezumando mi jarro como solía,
no pensando el daño que me estaba aparejado ni que el mal ciego me sentía, sentéme como 135
solía. Estando recibiendo aquellos dulces tragos, mi cara puesta hacia el cielo, un poco cerrados
los ojos por mejor gustar el sabroso licor, sintió el desesperado ciego que agora tenía tiempo de
tomar de mí venganza, y con toda su fuerza, alzando con dos manos aquel dulce y amargo jarro,
le dejó caer sobre mi boca, ayudándose, como digo, con todo su poder, de manera que el pobre
Lázaro, que de nada desto se guardaba, antes, como otras veces, estaba descuidado y gozoso, ver- 140
daderamente me pareció que el cielo, con todo lo que en él hay, me había caído encima.

Fue tal el golpecillo, que me desatinó y sacó de sentido, y el jarrazo tan grande, que los pedazos dél se me metieron por la cara, rompiéndomela por muchas partes, y me quebró los dientes,
sin los cuales hasta hoy día me quedé.

Desde aquella hora quise mal al mal ciego, y, aunque me quería y regalaba y me curaba, bien 145
vi que se había holgado del cruel castigo. Lavóme con vino las roturas que con los pedazos del
jarro me había hecho, y, sonriéndose, decía:

—¿Qué te parece, Lázaro? Lo que te enfermó te sana y da salud.

Y otros donaires, que a mi gusto no lo eran.

Ya que estuve medio bueno de mi negra trepa[15] y cardenales, considerando que a pocos 150
golpes tales el cruel ciego ahorraría de mí, quise yo ahorrar dél; mas no lo hice tan presto por
hacello más a mi salvo y provecho. Y aunque yo quisiera asentar mi corazón y perdonalle el
jarrazo, no daba lugar el maltratamiento que el mal ciego dende allí adelante me hacía, que sin
causa ni razón me hería, dándome coscorrones y repelándome. Y si alguno le decía por qué me
trataba tan mal, luego contaba el cuento del jarro, diciendo: 155

—¿Pensaréis que este mi mozo es algún inocente? Pues oíd si el demonio ensayara otra tal
hazaña.

Santiguándose los que lo oían, decían:

—¡Mirá quién pensara de un muchacho tan pequeño tal ruindad!

Y reían mucho el artificio, y decíanle: 160

—Castigaldo, castigaldo, que de Dios lo habréis.

Y él, con aquello, nunca otra cosa hacía.

Y en esto, yo siempre le llevaba por los peores caminos, y adrede, por le hacer mal y daño;
si había piedras, por ellas; si lodo, por lo más alto, que aunque yo no iba por lo más enjuto, hol-
gábame a mí de quebrar un ojo por quebrar dos al que ninguno tenía. Con esto, siempre con el 165
cabo alto del tiento[16] me atentaba el colodrilo,[17] el cual siempre traía lleno de tolondrones y pelado de sus manos. Y aunque yo juraba no lo hacer con malicia, sino por no hallar mejor camino,
no me aprovechaba ni me creía más: tal era el sentido y el grandísimo entendimiento del traidor.

---

[15]adorno de los vestidos; o sea, irónicamente, adornos negros compuestos de cardenales
[16]palo de ciego
[17]parte posterior de la cabeza

170 Y porque vea Vuestra Merced a cuánto se extendía el ingenio deste astuto ciego, contaré un caso de muchos que con él me acaescieron, en el cual me paresce dio bien a entender su gran astucia. Cuando salimos de Salamanca, su motivo fue venir a tierra de Toledo, porque decía ser la gente más rica, aunque no muy limosnera. Arrimábase a este refrán: "Más da el duro que el desnudo." Y venimos a este camino por los mejores lugares. Donde hallaba buena acogida y ganancia, deteníamonos; donde no, a tercero día hacíamos Sant Juan.[18]

175 Acaesció que, llegando a un lugar que llaman Almorox al tiempo que cogían las uvas, un vendimiador le dio un racimo dellas en limosna. Y como suelen ir los cestos maltratados, y también porque la uva en aquel tiempo está muy madura, desgranábasele el racimo en la mano; para echarlo en el fardel, tornábase mosto y lo que a él se llegaba. Acordó de hacer un banquete, ansí por no lo poder llevar como por contentarme, que aquel día me había dado muchos rodillazos

180 y golpes. Sentámonos en un valladar, y dijo:

—Agora quiero yo usar contigo de una liberalidad, y es que ambos comamos este racimo de uvas, y que hayas dél tanta parte como yo. Partillo hemos desta manera: tú picarás una vez y yo otra, con tal que me prometas no tomar cada vez más de una uva. Yo haré lo mesmo hasta que lo acabemos, y desta suerte no habrá engaño.

185 Hecho ansí el concierto, comenzamos; mas luego al segundo lance, el traidor mudó propósito, y comenzó a tomar de dos en dos, considerando que yo debría hacer lo mismo. Como vi que él quebraba la postura, no me contenté ir a la par con él, mas aún pasaba adelante: dos a dos, y tres a tres, y como podía, las comía. Acabado el racimo, estuvo un poco con el escobajo en la mano, y, meneando la cabeza, dijo:

190 —Lázaro, engañado me has; juraré yo a Dios que has tú comido las uvas tres a tres.

—No comí —dije yo—, mas ¿por qué sospecháis eso?

Respondió el sagacísimo ciego:

—¿Sabes en qué veo que las comiste tres a tres? En que comía yo dos a dos y callabas.

Reíme entre mí, y aunque mochacho, noté mucho la discreta consideración del ciego.

195 Mas, por no ser prolijo, dejo de contar muchas cosas, así graciosas como de notar, que con este mi primer amo me acaescieron, y quiero decir el despidiente y, con él, acabar.

Estábamos en Escalona, villa del duque della, en un mesón, y diome un pedazo de longaniza que le asase. Ya que la longaniza había pringado y comídose las pringadas, sacó un maravedí de la bolsa y mandó que fuese por él de vino a la taberna. Púsome el demonio el aparejo

200 delante los ojos, el cual, como suelen decir, hace al ladrón, y fue que había cabe el fuego un nabo pequeño, larguillo y ruinoso y tal, que por no ser para la olla, debió ser echado allí.

Y como al presente nadie estuviese, sino él y yo solos, como me vi con apetito goloso, habiéndome puesto dentro el sabroso olor de la longaniza (del cual solamente sabía que había de gozar), no mirando qué me podría suceder, pospuesto todo el temor por cumplir con el deseo,

205 en tanto que el ciego sacaba de la bolsa el dinero, saqué la longaniza, y, muy presto, metí el sobredicho nabo en el asador, el cual, mi amo, dándome el dinero para el vino, tomó y comenzó a dar vueltas al fuego, queriendo asar al que de ser cocido, por sus deméritos, había escapado.

Yo fui por el vino, con el cual no tardé en despachar la longaniza; y cuando vine, hallé al pecador del ciego que tenía entre dos rebanadas apretado el nabo, al cual aún no había co-

210 noscido por no lo haber tentado con la mano. Como tomase las rebanadas y mordiese en ellas, pensando también llevar parte de la longaniza, hallóse en frío con el frío nabo; alteróse y dijo:

---

[18]frase que indica abandonar algo

—¿Qué es esto, Lazarillo?

—¡Lacerado de mí![19] —dije yo—. ¿Si queréis a mí echar algo? ¿Yo no vengo de traer el vino? Alguno estaba ahí, y por burlar haría esto.

—No, no —dijo él—, que yo no he dejado el asador de la mano. No es posible.   215

Yo torné a jurar y perjurar que estaba libre de aquel trueco y cambio; mas poco me aprovechó, pues a las astucias del maldito ciego nada se le escondía. Levantóse y asióme por la cabeza y llegóse a olerme. Y como debió sentir el huelgo, a uso de buen podenco,[20] por mejor satisfacerse de la verdad y con la gran agonía que llevaba, asiéndome con las manos, abríame la boca más de su derecho y desatentadamente metía la nariz, la cual él tenía luenga y afilada, y a aquella   220 sazón, con el enojo, se había aumentado un palmo, con el pico de la cual me llegó a la gulilla.

Y con esto, y con el gran miedo que tenía, y con la brevedad del tiempo, la negra longaniza aún no había hecho asiento en el estómago, y lo más principal, con el destiento de la cumplidísima nariz medio cuasi ahogándome, todas estas cosas se juntaron, y fueron causa que el hecho y golosina se manifestase y lo suyo fuese vuelto a su dueño. De manera que, antes que el mal   225 ciego sacase de mi boca su trompa, tal alteración sintió mi estómago, que le dio con el hurto en ella, de suerte que su nariz y la negra mal maxcada longaniza a un tiempo salieron de mi boca.

¡Oh gran Dios, quién estuviera aquella hora sepultado, que muerto ya lo estaba! Fue tal el coraje del perverso ciego, que, si al ruido no acudieran, pienso no me dejara con la vida. Sacáronme de entre sus manos, dejándoselas llenas de aquellos pocos cabellos que tenía, arañada   230 la cara y rascuñado el pescuezo y la garganta. Y esto bien lo merescía, pues por su maldad me venían tantas persecuciones.

Contaba el mal ciego a todos cuantos allí se allegaban mis desastres, y dábales cuenta una y otra vez, así de la del jarro como de la del racimo, y agora de lo presente. Era la risa de todos tan grande, que toda la gente que por la calle pasaba entraba a ver la fiesta; mas con tanta gracia   235 y donaire recontaba el ciego mis hazañas, que aunque yo estaba tan maltratado y llorando, me parescía que hacía sinjusticia en no se las reír.

Y en cuanto esto pasaba, a la memoria me vino una cobardía y flojedad que hice por que me maldecía, y fue no dejalle sin narices, pues tan buen tiempo tuve para ello, que la meitad del camino estaba andado; que con sólo apretar los dientes se me quedaran en casa, y, con ser   240 de aquel malvado, por ventura lo retuviera mejor mi estómago que retuvo la longaniza, y, no paresciendo ellas, pudiera negar la demanda. Pluguiera a Dios que lo hubiera hecho, que eso fuera así que así.[21]

Hiciéronnos amigos la mesonera y los que allí estaban, y con el vino que para beber le había traído, laváronme la cara y la garganta. Sobre lo cual discantaba el mal ciego donaires, diciendo: 245

—Por verdad, más vino me gasta este mozo en lavatorios al cabo del año que yo bebo en dos. A lo menos, Lázaro, eres en más cargo al vino que a tu padre, porque él una vez te engendró, mas el vino mil te ha dado la vida.

Y luego contaba cuántas veces me había descalabrado y arpado[22] la cara, y con vino luego sanaba.   250

—Yo te digo —dijo— que si un hombre en el mundo ha de ser bienaventurado con vino, que serás tú.

---

[19]¡pobre de mí!
[20]perro de caza con muy buen olfato
[21]me hubiera dado igual
[22]arañado

Y reían mucho, los que me lavaban, con esto, aunque yo renegaba. Mas el pronóstico del ciego no salió mentiroso, y después acá muchas veces me acuerdo de aquel hombre, que sin 255 duda debía tener espíritu de profecía, y me pesa de los sinsabores que le hice, aunque bien se lo pagué, considerando lo que aquel día me dijo salirme tan verdadero como adelante Vuestra Merced oirá.

Visto esto y las malas burlas que el ciego burlaba de mí, determiné de todo en todo dejalle, y como lo traía pensado y lo tenía en voluntad, con este postrer juego que me hizo, afirmélo 260 más. Y fue ansí, que luego otro día salimos por la villa a pedir limosna y había llovido mucho la noche antes; y porque el día también llovía, y andaba rezando debajo de unos portales que en aquel pueblo había, donde no nos mojamos; mas como la noche se venía, y el llover no cesaba, díjome el ciego:

—Lázaro, esta agua es muy porfiada, y cuanto la noche más cierra, más recia; acojámonos a la 265 posada con tiempo.

Para ir allá, habíamos de pasar un arroyo que con la mucha agua iba grande. Yo le dije:

—Tío, el arroyo va muy ancho; mas si queréis, yo veo por donde travesemos más aína[23] sin nos mojar, porque se estrecha allí mucho, y saltando pasaremos a pie enjuto.

Parescióle buen consejo, y dijo:

270 —Discreto eres, por esto te quiero bien. Llévame a ese lugar donde el arroyo se ensangosta, que agora es invierno y sabe mal el agua, y más llevar los pies mojados.

Yo, que vi el aparejo a mi deseo, saquéle debajo de los portales, y llevéle derecho a un pilar o poste de piedra que en la plaza estaba, sobre el cual y sobre otros cargaban saledizos de aquellas casas, y dígole:

275 —Tío, éste es el paso más angosto que en el arroyo hay.

Como llovía recio y el triste se mojaba, y con la priesa que llevábamos de salir del agua, que encima de nos caía, y, lo más principal, porque Dios le cegó aquella hora el entendimiento (fue por darme dél venganza), creyóse de mí y dijo:

—Ponme bien derecho y salta tú el arroyo.

280 Yo le puse bien derecho enfrente del pilar, y doy un salto y póngome detrás del poste como quien espera tope de toro y díjele:

—¡Sús! Saltá todo lo que podáis, porque deis deste cabo del agua.

Aun apenas lo había acabado de decir, cuando se abalanza el pobre ciego como cabrón, y de toda su fuerza arremete, tomando un paso atrás de la corrida para hacer mayor salto, y da con la 285 cabeza en el poste, que sonó tan recio como si diera con una gran calabaza, y cayó luego para atrás, medio muerto y hendida la cabeza.

—¿Cómo, y olistes la longaniza y no el poste? ¡Olé! ¡Olé! —le dije yo.

---

[23]*ant.:* fácilmente

Y dejéle en poder de mucha gente que lo había ido a socorrer, y tomé la puerta de la villa en los pies de un trote, y antes que la noche viniese di conmigo en Torrijos. No supe más lo que Dios dél hizo, ni curé[24] de lo saber.

290

Comprensión

1. ¿Dónde y cómo nació Lazarillo?

2. ¿Por qué prendieron al padre de Lazarillo?

3. ¿Qué le pasó al padre luego?

4. ¿Qué hizo su madre al verse viuda?

5. ¿Cómo reacciona Lazarillo a Zaide, el amante de su madre, al principio?
   - ¿Por qué luego cambia de opinión?

6. ¿Por qué y cómo castigan a Zaide y luego a la madre de Lazarillo?

7. ¿Por qué permite la madre de Lazarillo que se vaya con el ciego?

8. Explica lo que pasa con la estatua del toro.

9. ¿Qué hace Lazarillo con las monedas que le dan de limosna al ciego?
   - ¿Qué indica esta picardía respecto al carácter de Lazarillo?

10. Explica la travesura de Lazarillo con la jarra de vino y luego con la longaniza.
    - ¿Cómo es castigado Lazarillo por cada maldad?

11. Explica el aspecto psicológico del episodio de las uvas.

12. Explica cómo la última jugada que le hace Lazarillo al ciego forma un paralelo con el episodio del toro al principio.

Interpretación

1. ¿Quién es el narrador de esta novela?
   - ¿Somos nosotros los lectores su destinatario? Explica.
   - Busca en el *Diccionario de términos literarios* el significado de "narratario". Ahora, trata de explicar la complejidad de este circuito de comunicación.

2. El autor implícito describe metonímicamente cómo el padre de Lazarillo robaba harina. ¿Qué es una sangría (no la bebida alcohólica)?
   - ¿Qué podría ser una sangría aplicada a un saco de harina?

3. ¿Las autoridades separan a Zaide de la madre de Lazarillo por estar amancebados o por razones de raza? Considera esta pregunta en pareja. Considera también la justicia de la separación y los problemas que ocasiona.

4. Después de ser separada de Zaide, la madre de Lazarillo se gana la vida de una forma ambigua. ¿Qué crees que hace?
   - ¿Qué signos se emplean que nos llevan a intuir su nueva profesión?

5. ¿Qué se puede discernir respecto a la perspectiva temporal desde la cual se narra la historia en el párrafo que comienza en la línea 253?

---

[24]me preocupé

6. En la escena con el toro, después de la mala jugada, el ciego le dice a Lazarillo: "Necio, aprende, que el mozo del ciego un punto ha de saber más que el diablo" (l. 66), pero no le dice cuál es ese "punto". ¿Qué crees que sea?

   • ¿Crees que un niño tan joven debe aprender una lección tan decepcionante?

7. Hay muchos ejemplos en este tratado de oposiciones binarias que resultan paradójicas. Por ejemplo, en la línea 52, dice: "Y así le comencé a servir […] a mi nuevo y viejo amo". Explica el significado de otras oposiciones del tratado: el bien y el mal; el robo por necesidad y el robo por avaricia; la inocencia y la astucia; la travesura y la malicia; la risa y el llanto.

Tratado II

La literatura y la vida

1. ¿Crees que toda la gente religiosa es buena y bondadosa? Cita algún ejemplo que sepas de algún religioso hipócrita o que no siga los valores que supuestamente deben profesar.

En contexto

En 1517 el sacerdote alemán, Martín Lutero, precisó 95 abusos de la Iglesia católica y demandó una reforma total de la institución. Con su censura empezó la Reforma de la iglesia. España, como el país católico más pudiente de Europa, se opuso rotundamente a la noción de que la iglesia era corrupta e inició la Contrarreforma, provocando un conflicto que duró más de un siglo y resultó en una serie de guerras que asoló Europa. El fraile de este tratado no hace las buenas obras y actos de caridad y abnegación que deben caracterizar al verdadero cristiano. Este, y otros ataques contra el clero, indica que el autor del *Lazarillo* apoyaba la reforma de la iglesia—delito grave que castigaba severamente la Inquisición. Así se explica por qué el autor nunca reveló su identidad.

Cómo Lázaro se asentó con un clérigo y de las cosas que con él pasó

Otro día, no pareciéndome estar allí seguro, fuime a un lugar que llaman Maqueda, adonde me toparon mis pecados con un clérigo, que llegando a pedir limosna, me preguntó si sabía ayudar a misa. Yo dije que sí, como era verdad, que aunque maltratado, mil cosas buenas me mostró el pecador del ciego, y una dellas fue ésta. Finalmente el clérigo me recibió por suyo.

5   Escapé del trueno y di en el relámpago, porque era el ciego para con éste un Alejandre Magno, con ser la mesma avaricia, como he contado. No digo más sino que toda la laceria del mundo estaba encerrada en éste (no sé si de su cosecha era o lo había anejado con el hábito de clerecía).

Él tenía un arcaz viejo y cerrado con su llave, la cual traía atada con una agujeta del paletoque, y en viniendo el bodigo[1] de la iglesia, por su mano era luego allí lanzado, y tornada a cerrar el arca. Y en toda la casa no había ninguna cosa de comer, como suele estar en otras: algún tocino colgado al humero, algún queso puesto en alguna tabla o en el armario, algún canastillo con algunos pedazos de pan que de la mesa sobran, que me paresce a mí que aunque dello no me aprovechara, con la vista dello me consolara. ⟨10⟩

Solamente había una horca de cebollas, y tras la llave, en una cámara en lo alto de la casa. Déstas tenía yo de ración una para cada cuatro días, y cuando le pedía la llave para ir por ella, si alguno estaba presente, echaba mano al falsopecto,[2] y, con gran continencia, la desataba y me la daba, diciendo: ⟨15⟩

—Toma, y vuélvela luego, y no hagáis sino golosinar.

Como si debajo della estuvieran todas las conservas de Valencia, con no haber en la dicha cámara, como dije, maldita la otra cosa que las cebollas colgadas de un clavo, las cuales él tenía tan bien por cuenta, que si por malos de mis pecados me desmandara a más de mi tasa, me costara caro. Finalmente, yo me finaba de hambre. ⟨20⟩

Pues ya que conmigo tenía poca caridad, consigo usaba más. Cinco blancas de carne era su ordinario para comer y cenar. Verdad es que partía conmigo del caldo, que de la carne ¡tan blanco el ojo!,[3] sino un poco de pan, y ¡pluguiera a Dios que me demediara! ⟨25⟩

Los sábados cómense en esta tierra cabezas de carnero, y enviábame por una que costaba tres maravedís. Aquélla le cocía y comía los ojos, y la lengua, y el cogote y sesos, y la carne que en las quijadas tenía, y dábame todos los huesos roídos. Y dábamelos en el plato, diciendo:

—Toma, come, triunfa, que para ti es el mundo. Mejor vida tienes que el Papa. ⟨30⟩

"¡Tal te la dé Dios!", decía yo paso entre mí.

A cabo de tres semanas que estuve con él, vine a tanta flaqueza, que no me podía tener en las piernas de pura hambre. Vime claramente ir a la sepultura, si Dios y mi saber no me remediaran. Para usar de mis mañas no tenía aparejo, por no tener en qué dalle salto, y aunque algo hubiera, no podía cegalle, como hacía al que Dios perdone (si de aquella calabazada feneció), que todavía, aunque astuto, con faltalle aquel preciado sentido, no me sentía, mas estotro, ninguno hay que tan aguda vista tuviese como él tenía. ⟨35⟩

Cuando al ofertorio estábamos, ninguna blanca en la concha caía que no era dél registrada: el un ojo tenía en la gente y el otro en mis manos. Bailábanle los ojos en el casco como si fueran de azogue. Cuantas blancas ofrecían tenía por cuenta, y acabado el ofrecer, luego me quitaba la concheta y la ponía sobre el altar. ⟨40⟩

No era yo señor de asirle una blanca todo el tiempo que con él viví, o, por mejor decir, morí. De la taberna nunca le traje una blanca de vino, mas aquel poco que de la ofrenda había metido en su arcaz, compasaba de tal forma, que le duraba toda la semana. Y por ocultar su gran mezquindad, decíame: ⟨45⟩

—Mira, mozo, los sacerdotes han de ser muy templados en su comer y beber, y por esto yo no me desmando como otros.

Mas el lacerado mentía falsamente, porque en cofradías y mortuorios que rezamos, a costa ajena comía como lobo, y bebía más que un saludador.

Y porque dije de mortuorios, Dios me perdone que jamás fui enemigo de la naturaleza humana, sino entonces. Y esto era porque comíamos bien y me hartaban. Deseaba y aún ⟨50⟩

---

[1] panecillos pequeños
[2] un bolsillo oculto para guardar cosas con seguridad
[3] expresión que significa "nada"

rogaba a Dios que cada día matase el suyo. Y cuando dábamos sacramento a los enfermos, especialmente la extremaunción, como manda el clérigo rezar a los que están allí, yo cierto no era el postrero de la oración, y con todo mi corazón y buena voluntad rogaba al Señor, no
55 que le echase a la parte que más servido fuese, como se suele decir, mas que le llevase deste mundo. Y cuando alguno de éstos escapaba (Dios me lo perdone), que mil veces le daba al diablo, y el que se moría, otras tantas bendiciones llevaba de mí dichas. Porque en todo el tiempo que allí estuve, que serían cuasi seis meses, solas veinte personas fallescieron, y éstas bien creo que las maté yo, o, por mejor decir, murieron a mi recuesta. Porque viendo el Se-
60 ñor mi rabiosa y continua muerte, pienso que holgaba de matarlos por darme a mí vida. Mas de lo que al presente padecía remedio no hallaba; que si el día que enterrábamos yo vivía, los días que no había muerto, por quedar bien vezado[4] de la hartura, tornando a mi cuotidiana hambre, más lo sentía. De manera que en nada hallaba descanso, salvo en la muerte, que yo también para mí como para los otros, deseaba algunas veces; mas no la veía, aunque estaba
65 siempre en mí.

Pensé muchas veces irme de aquel mezquino amo, mas por dos cosas no lo dejaba: la primera, por no me atrever a mis piernas, por temer de la flaqueza, que de pura hambre me venía; y la otra, consideraba y decía: "Yo he tenido dos amos: el primero traíame muerto de hambre, y dejándole, topé con estotro, que me tiene ya con ella en la sepultura; pues si deste desisto y doy
70 en otro más bajo, ¿qué será sino fenescer?"

Con esto no me osaba menear, porque tenía por fe que todos los grados había de hallar más ruines. Y a abajar otro punto, no sonara Lázaro ni se oyera en el mundo.

Pues estando en tal aflición (cual plega al Señor librar della a todo fiel cristiano), y sin saber darme consejo, viéndome ir de mal en peor, un día que el cuitado, ruin y lacerado de
75 mi amo había ido fuera del lugar, llegóse acaso a mi puerta un calderero,[5] el cual yo creo que fue ángel enviado a mí por la mano de Dios en aquel hábito. Preguntóme si tenía algo que adobar. "En mí teníades bien que hacer, y no haríades poco si me remediásedes," dije paso, que no me oyó.

Mas como no era tiempo de gastarlo en decir gracias, alumbrado por el Espíritu Sancto, le dije:

80 —Tío, una llave de este arcaz he perdido, y temo mi señor me azote. Por vuestra vida, veáis si en ésas que traéis hay alguna que le haga, que yo os lo pagaré.

Comenzó a probar el angélico calderero una y otra de un gran sartal que dellas traía, y yo [a] ayudalle con mis flacas oraciones. Cuando no me cato,[6] veo en figura de panes, como dicen, la cara de Dios dentro del arcaz, y abierto, díjele:

85 —Yo no tengo dineros que os dar por la llave, mas tomad de ahí el pago.

Él tomó un bodigo de aquéllos, el que mejor le pareció, y dándome mi llave, se fue muy contento, dejándome más a mí.

Mas no toqué en nada por el presente, porque no fuese la falta sentida, y aun porque me vi de tanto bien señor parescióme que la hambre no se me osaba llegar. Vino el mísero de mi amo,
90 y quiso Dios no miró en la oblada[7] que el ángel había llevado.

Y otro día, en saliendo de casa, abro mi paraíso panal, y tomo entre las manos y dientes un bodigo, y en dos credos le hice invisible, no se me olvidando el arca abierta. Y comienzo a barrer la casa con mucha alegría, paresciéndome con aquel remedio remediar dende en adelante la triste vida.

---

[4]acostumbrado
[5]el que tenía por oficio reparar objetos de metal
[6]de buenas a primeras
[7]ofrenda de pan que se llevaba a la iglesia

Y así estuve con ello aquel día y otro gozoso. Mas no estaba en mi dicha que me durase   95
mucho aquel descanso, porque luego, al tercero día, me vino la terciana[8] derecha.

Y fue que veo a deshora al que me mataba de hambre sobre nuestro arcaz, volviendo y
revolviendo, contando y tornando a contar los panes. Yo disimulaba, y en mi secreta oración y
devociones y plegarias, decía: "¡Sant Juan y ciégale!"

Después que estuvo un gran rato echando la cuenta, por días y dedos contando, dijo: 100

—Si no tuviera a tan buen recado esta arca, yo dijera que me habían tomado della panes; pero
de hoy más, sólo por cerrar la puerta a la sospecha, quiero tener buena cuenta con ellos: nueve
quedan y un pedazo.

"¡Nuevas malas te dé Dios!", dije yo entre mí.

Parecióme con lo que dijo pasarme el corazón con saeta de montero, y comenzóme el   105
estómago a escarbar de hambre, viéndose puesto en la dieta pasada. Fue fuera de casa. Yo, por
consolarme, abro el arca y, como vi el pan, comencélo de adorar, no osando rescebillo.

Contélos, si a dicha el lacerado se errara, y hallé su cuenta más verdadera que yo quisiera. Lo
más que yo pude hacer fue dar en ellos mil besos, y, lo más delicado que yo pude, del partido
partí un poco al pelo que él estaba, y con aquél pasé aquel día, no tan alegre como el pasado.   110

Mas como la hambre creciese, mayormente que tenía el estómago hecho a más pan aquellos
dos o tres días ya dichos, moría mala muerte; tanto, que otra cosa no hacía en viéndome solo,
sino abrir y cerrar el arca y contemplar en aquella cara de Dios, que ansí dicen los niños. Mas
el mesmo Dios, que socorre a los afligidos, viéndome en tal estrecho, trujo a mi memoria un
pequeño remedio, que, considerando entre mí, dije: "Este arquetón es viejo y grande y roto por   115
algunas partes, aunque pequeños agujeros. Puédese pensar que ratones, entrando en él, hacen
daño a este pan. Sacarlo entero no es cosa conveniente, porque verá la falta el que en tanta me
hace vivir. Esto bien se sufre."

Y comienzo a desmigajar el pan sobre unos no muy costosos manteles que allí estaban,
y tomo uno y dejo otro, de manera que en cada cual de tres o cuatro desmigajé su poco.   120
Después, como quien toma gragea,[9] lo comí, y algo me consolé. Mas él, como viniese a
comer y abriese el arca, vio el mal pesar, y sin duda creyó ser ratones los que el daño habían
hecho, porque estaba muy al propio contrahecho de como ellos lo suelen hacer. Miró todo el
arcaz de un cabo a otro y viole ciertos agujeros, por do sospechaba habían entrado. Llamóme
diciendo: 125

—¡Lázaro! ¡Mira, mira qué persecución ha venido aquesta noche por nuestro pan!

Yo híceme muy maravillado, preguntándole qué sería.

—¡Qué ha de ser! —dijo él—. Ratones, que no dejan cosa a vida.

Pusímonos a comer, y quiso Dios que aun en esto me fue bien, que me cupo más pan que la
laceria que me solía dar, porque rayó con un cuchillo todo lo que pensó ser ratonado, diciendo: 130

—Cómete eso, que el ratón cosa limpia es.

Y así, aquel día, añadiendo la ración del trabajo de mis manos (o de mis uñas, por mejor
decir), acabamos de comer, aunque yo nunca empezaba.

---

[8]fiebre
[9]un confite muy pequeño

Y luego me vino otro sobresalto, que fue verle andar solícito quitando clavos de las paredes y
135   buscando tablillas, con las cuales clavó y cerró todos los agujeros de la vieja arca.

—¡Oh Señor mío —dije yo entonces—, a cuánta miseria y fortuna y desastres estamos puestos los nascidos y cuán poco turan los placeres de esta nuestra trabajosa vida! Heme aquí que
pensaba con este pobre y triste remedio remediar y pasar mi laceria, y estaba ya cuanto que
alegre y de buena ventura. Mas no; quiso mi desdicha, despertando a este lacerado de mi amo y
140   poniéndole más diligencia de la que él de suyo se tenía (pues los míseros por la mayor parte
nunca de aquélla carecen), agora, cerrando los agujeros del arca, cerrase la puerta a mi consuelo
y la abriese a mis trabajos.

Así lamentaba yo, en tanto que mi solícito carpintero, con muchos clavos y tablillas,
dio fin a sus obras, diciendo:

145   —Agora, donos[10] traidores ratones, conviéneos mudar propósito, que en esta casa mala medra
tenéis.

De que salió de su casa, voy a ver la obra, y hallé que no dejó en la triste y vieja arca agujero ni aun por donde le pudiese entrar un moxquito. Abro con mi desaprovechada llave, sin
esperanza de sacar provecho, y vi los dos o tres panes comenzados, los que mi amo creyó ser
150   ratonados, y dellos todavía saqué alguna laceria, tocándolos muy ligeramente, a uso de esgremi-
dor diestro. Como la necesidad sea tan gran maestra, viéndome con tanta siempre, noche y día
estaba pensando la manera que tendría en substentar el vivir. Y pienso, para hallar estos negros
remedios, que me era luz la hambre, pues dicen que el ingenio con ella se avisa y al contrario
con la hartura, y así era por cierto en mí.

155   Pues estando una noche desvelado en este pensamiento, pensando cómo me podría valer
y aprovecharme del arcaz, sentí que mi amo dormía, porque lo mostraba con roncar y en
unos resoplidos grandes que daba cuando estaba durmiendo. Levantéme muy quedito, y
habiendo en el día pensado lo que había de hacer y dejado un cuchillo viejo que por allí
andaba en parte do le hallase, voyme al triste arcaz, y, por do había mirado tener menos
160   defensa, le acometí con el cuchillo, que a manera de barreno dél usé. Y como la antiquísima
arca, por ser de tantos años, la hallase sin fuerza y corazón, antes muy blanda y carcomida,
luego se me rindió, y consintió en su costado, por mi remedio, un buen agujero. Esto hecho,
abro muy paso la llagada arca y, al tiento, del pan que hallé partido, hice según de yuso[11]
está escrito. Y con aquello algún tanto consolado, tornando a cerrar, me volví a mis pajas,
165   en las cuales reposé y dormí un poco. Lo cual yo hacía mal y echábalo al no comer. Y ansí
sería, porque, cierto, en aquel tiempo no me debían de quitar el sueño los cuidados del rey
de Francia.

Otro día fue por el señor mi amo visto el daño, así del pan como del agujero que yo había
hecho, y comenzó a dar a los diablos los ratones y decir:

170   —¿Qué diremos a esto? ¡Nunca haber sentido ratones en esta casa sino agora!

Y sin dubda debía de decir verdad. Porque si casa había de haber en el reino justamente de
ellos privilegiada, aquélla, de razón, había de ser, porque no suelen morar donde no hay qué
comer. Torna a buscar clavos por la casa y por las paredes, y tablillas a atapárselos. Venida la noche
y su reposo, luego era yo puesto en pie con mi aparejo, y cuantos él tapaba de día destapaba yo
175   de noche.

---

[10]forma plural y humorística de "don"
[11]*ant.:* abajo

En tal manera fue y tal priesa nos dimos, que sin dubda por esto se debió decir: "Donde una puerta se cierra, otra se abre." Finalmente, parescíamos tener a destajo la tela de Penélope, pues cuanto él tejía de día rompía yo de noche, y en pocos días y noches pusimos la pobre despensa de tal forma, que quien quisiera propiamente della hablar, más corazas viejas de otro tiempo que no arcaz la llamara, según la clavazón y tachuelas sobre sí tenía.   180

De que vio no le aprovechar nada su remedio, dijo:

—Este arcaz está tan maltratado, y es de madera tan vieja y flaca, que no habrá ratón a quien se defienda. Y va ya tal, que si andamos más con él nos dejará sin guarda. Y aun lo peor, que, aunque hace poca, todavía hará falta faltando y me pondrá en costa de tres o cuatro reales. El mejor remedio que hallo, pues el de hasta aquí no aprovecha: armaré por de dentro a estos ratones malditos.   185

Luego buscó prestada una ratonera, y con cortezas de queso que a los vecinos pedía, contino el gato estaba armado dentro del arca. Lo cual era para mí singular auxilio, porque, puesto caso que yo no había menester muchas salsas para comer, todavía me holgaba con las cortezas del queso que de la ratonera sacaba, y, sin esto, no perdonaba el ratonar del bodigo.   190

Como hallase el pan ratonado y el queso comido y no cayese el ratón que lo comía, dábase al diablo, preguntaba a los vecinos qué podría ser comer el queso y sacarlo de la ratonera y no caer ni quedar dentro el ratón y hallar caída la trampilla del gato. Acordaron los vecinos no ser el ratón el que este daño hacía, porque no fuera menos de haber caído alguna vez. Díjole un vecino: 195

—En vuestra casa yo me acuerdo que solía andar una culebra, y ésta debe de ser sin dubda. Y lleva razón, que, como es larga, tiene lugar de tomar el cebo, y aunque la coja la trampilla encima, como no entre toda dentro, tórnase a salir.

Cuadró a todos lo que aquél dijo y alteró mucho a mi amo, y dende en adelante no dormía tan a sueño suelto, que cualquier gusano de la madera que de noche sonase pensaba ser la culebra que le roía el arca. Luego era puesto en pie, y con un garrote que a la cabecera, desde que aquello le dijeron, ponía, daba en la pecadora del arca grandes garrotazos, pensando espantar la culebra. A los vecinos despertaba con el estruendo que hacía y a mí no dejaba dormir. Íbase a mis pajas y trastornábalas, y a mí con ellas, pensando que se iba para mí y se envolvía en mis pajas o en mi sayo, porque le decían que de noche acaescía a estos animales, buscando calor, irse a las cunas donde están criaturas y aun mordellas y hacerles peligrar.   200

     205

Yo las más veces hacía del dormido, y en la mañana decíame él:

—¿Esta noche, mozo, no sentiste nada? Pues tras la culebra anduve, y aun pienso se ha de ir para ti a la cama, que son muy frías y buscan calor.

—Plega a Dios que no me muerda —decía yo—, que harto miedo le tengo.   210

Desta manera andaba tan elevado y levantado del sueño, que, mi fe, la culebra (o culebro, por mejor decir), no osaba roer de noche ni levantarse al arca; mas de día, mientras estaba en la iglesia o por el lugar, hacía mis saltos. Los cuales daños viendo él, y el poco remedio que les podía poner, andaba de noche, como digo, hecho trasgo.[12]

Yo hube miedo que con aquellas diligencias no me topase con la llave, que debajo de las pajas tenía, y parescióme lo más seguro metella de noche en la boca. Porque ya, desde que viví con el ciego, la tenía tan hecha bolsa, que me acaesció tener en ella doce o quince maravedís,   215

---

[12]espíritu

todo en medias blancas, sin que me estorbasen el comer, porque de otra manera no era señor de una blanca, que el maldito ciego no cayese con ella, no dejando costura ni remiendo que no 220 me buscaba muy a menudo.

Pues, ansí como digo, metía cada noche la llave en la boca y dormía sin recelo que el brujo de mi amo cayese con ella; mas cuando la desdicha ha de venir, por demás es diligencia. Quisieron mis hados, o, por mejor decir, mis pecados, que una noche que estaba durmiendo, la llave se me puso en la boca, que abierta debía tener, de tal manera y postura, que el aire y resoplo que yo 225 durmiendo echaba salía por lo hueco de la llave, que de cañuto era, y silbaba, según mi desastre quiso, muy recio, de tal manera, que el sobresaltado de mi amo lo oyó, y creyó sin duda ser el silbo de la culebra, y cierto lo debía parescer.

Levantóse muy paso con su garrote en la mano, y al tiento y sonido de la culebra se llegó a mí con mucha quietud por no ser sentido de la culebra. Y como cerca se vio, pensó que allí, en 230 las pajas do yo estaba echado, al calor mío se había venido. Levantando bien el palo, pensando tenerla debajo y darle tal garrotazo que la matase, con toda su fuerza me descargó en la cabeza un tan gran golpe, que sin ningún sentido y muy mal descalabrado me dejó. Como sintió que me había dado, según yo debía hacer gran sentimiento con el fiero golpe, contaba él que se había llegado a mí y, dándome grandes voces, llamándome, procuró recordarme. Mas, como me tocase 235 con las manos, tentó la mucha sangre que se me iba, y conosció el daño que me había hecho. Y con mucha priesa fue a buscar lumbre, y llegando con ella, hallóme quejando, todavía con mi llave en la boca, que nunca la desamparé, la mitad fuera, bien de aquella manera que debía estar al tiempo que silbaba con ella.

Espantado el matador de culebras qué podría ser aquella llave, miróla, sacándomela del todo 240 de la boca, y vio lo que era, porque en las guardas nada de la suya diferenciaba. Fue luego a proballa, y con ella probó el maleficio. Debió de decir el cruel cazador: "El ratón y culebra que me daban guerra y me comían mi hacienda he hallado."

De lo que sucedió en aquellos tres días siguientes ninguna fe daré, porque los tuve en el vientre de la ballena, más de cómo esto que he contado oí, después que en mí torné, decir a mi 245 amo, el cual, a cuantos allí venían lo contaba por extenso.

A cabo de tres días yo torné en mi sentido, y vime echado en mis pajas, la cabeza toda emplastada y llena de aceites y ungüentos, y espantado dije:

—¿Qué es esto?

Respondióme el cruel sacerdote:

250   —A fe que los ratones y culebras que me destruían ya los he cazado.

Y miré por mí, y vime tan maltratado, que luego sospeché mi mal.

A esta hora entró una vieja que ensalmaba,[13] y los vecinos. Y comiénzanme a quitar trapos de la cabeza y curar el garrotazo. Y como me hallaron vuelto en mi sentido, holgáronse mucho, y dijeron:

255   —Pues ha tornado en su acuerdo, placerá a Dios no será nada.

Ahí tornaron de nuevo a contar mis cuitas y a reírlas, y yo, pecador, a llorarlas. Con todo esto, diéronme de comer, que estaba transido de hambre, y apenas me pudieron demediar. Y ansí, de poco en poco, a los quince días me levanté y estuve sin peligro (mas no sin hambre) y medio sano.

---

[13]curaba con oraciones y hechicerías

Luego otro día que fui levantado, el señor mi amo me tomó por la mano y sacóme la puerta 260
fuera, y puesto en la calle, díjome:

—Lázaro, de hoy más eres tuyo y no mío. Busca amo y vete con Dios, que yo no quiero en
mi compañía tan diligente servidor. No es posible sino que hayas sido mozo de ciego.

Y santiguándose de mí, como si yo estuviera endemoniado, tórnase a meter en casa y cierra
su puerta. 265

Comprensión

1. ¿Qué acciones y costumbres del cura indican el punto de vista anticlerical del
   autor?

2. De los pecados capitales que comete el cura, ¿cuál es el que más abusa?

3. ¿Qué hace el cura con el pan?

4. Explica por qué Lazarillo cree que con el ciego le iba mejor que con su nuevo amo.

5. ¿Por qué le agrada Lazarillo que la gente muera?

6. ¿Cómo consigue Lazarillo entrada en el arca donde el cura guarda su pan?

7. Al ver que su pan va desapareciendo, ¿qué hace el cura?
   - ¿Qué nuevo temor tiene el cura respecto al ladrón de su pan?

8. ¿Cómo descubre el cura que Lazarillo es el verdadero ladrón?

9. ¿Cómo lo castiga?

Interpretación

1. ¿Qué representa el pan dentro de un contexto religioso?
   - ¿Qué posible significación pudiera tener el hecho de que el cura hurta y esconde
     su pan, y no lo quiere compartir con otros?

2. En el episodio del mortuorio, Lazarillo le pide perdón a Dios por sus deseos en
   contra de la humanidad. ¿Por qué se le puede perdonar a Lazarillo?
   - Desde una mira estrictamente religiosa y moral, ¿se le debe perdonar? Trata de
     vincular este conflicto entre lo práctico y lo moral con lo que hacen su padre y
     su padrastro en el primer tratado.
   - ¿Por qué supones que el autor querría abordar este conflicto?

3. El tratado contiene mucho humor. Enumera los modos en que se consigue. ¿Crees
   que el episodio es hiperbólico?

4. ¿Cómo se enteró Lazarillo de lo que le pasó después de los golpes que le dio el
   cura, ya que Lazarillo estaba inconciente?
   - ¿Por qué se siente Lazarillo, el narrador, obligado a explicar sus fuentes de
     información?

Tratado III

◼◻◼

La literatura y la vida

1. Es una característica humana proyectar una imagen de sí mismo que corresponda a la persona que uno es o quiere ser. Aunque puede ser una confesión penosa, confiesa públicamente a la clase lo que haces para proyectar la imagen de tu ser ideal.

2. En grupo: ¿Conoces a alguien cuya proyección social es totalmente contraria a la persona que es en realidad? Considera figuras famosas de hoy día. Explica.

3. ¿Qué hechos te podrían ocurrir que hiciera bajar la estimación que ahora gozas de tus amigos y familiares?

4. Si alguien en tu familia cercana fuera sentenciado por un delito (robo, violación, etc.), ¿crees que sería una deshonra para toda la familia? Explica.

En contexto

El honor es un tema universal, pero en el mundo hispánico parece haber echado raíces más hondas que en otras culturas. Se suele hablar del honor que se consigue por medio de las acciones (buenas obras, generosidad, compasión, etc.), pero también hay un honor que se consigue por medios más superficiales, como la pureza de sangre (sangre no mezclada con la de moros o judíos), los títulos de nobleza, la virginidad de las mujeres solteras, etc. En la literatura española, este último tipo de honra (relacionada con el 'que dirán' de la comunidad) es el que más destaca.

Cómo Lázaro se asentó con un escudero y de lo que le acaesció con él

Desta manera me fue forzado sacar fuerzas de flaqueza, y poco a poco, con ayuda de las buenas gentes, di conmigo en esta insigne ciudad de Toledo, adonde, con la merced de Dios, dende a quince días se me cerró la herida. Y mientras estaba malo, siempre me daban alguna limosna, mas después que estuve sano, todos me decían:

5   —Tú, bellaco y gallofero eres. Busca, busca un amo a quien sirvas.

—¿Y dónde se hallará ése —decía yo entre mí—, si Dios agora de nuevo, como crió el mundo, no le criase?

Andando así discurriendo de puerta en puerta, con harto poco remedio (porque ya la caridad se subió al cielo), topóme Dios con un escudero[1] que iba por la calle, con razonable vestido, bien 10 peinado, su paso y compás en orden. Miróme, y yo a él, y díjome:

—Mochacho, ¿buscas amo?

---

[1]No se trata de un escudero al estilo medieval, sino de hidalgos que servían de mayordomos a personas de alta categoría social.

Yo le dije:

—Sí, señor.

—Pues vente tras mí —me respondió—, que Dios te ha hecho merced en topar conmigo; alguna buena oración rezaste hoy.   15

Y seguíle, dando gracias a Dios por lo que le oí, y también que me parescía, según su hábito y continente, ser el que yo había menester.

Era de mañana cuando este mi tercero amo topé; y llevóme tras sí gran parte de la ciudad. Pasábamos por las plazas do se vendía pan y otras provisiones. Yo pensaba (y aun deseaba) que allí me quería cargar de lo que se vendía, porque ésta era propria hora, cuando se suele proveer   20 de lo necesario; mas muy a tendido paso pasaba por estas cosas.

—Por ventura no lo ve aquí a su contento —decía yo—, y querrá que lo compremos en otro cabo.

Desta manera anduvimos hasta que dio las once. Entonces se entró en la iglesia mayor, y yo tras él, y muy devotamente le vi oír misa y los otros oficios divinos, hasta que todo fue acabado   25 y la gente ida. Entonces salimos de la iglesia. A buen paso tendido comenzamos a ir por una calle abajo. Yo iba el más alegre del mundo en ver que no nos habíamos ocupado en buscar de comer. Bien consideré que debía ser hombre, mi nuevo amo, que se proveía en junto,[2] y que ya la comida estaría a punto y tal como yo deseaba y aun la había menester.

En este tiempo dio el reloj la una, después de medio día, y llegamos a una casa ante la cual mi   30 amo se paró, y yo con él, y derribando el cabo de la capa sobre el lado izquierdo, sacó una llave de la manga, y abrió su puerta, y entramos en casa. La cual tenía la entrada obscura y lóbrega de tal manera, que paresce que ponía temor a los que en ella entraban, aunque dentro della estaba un patio pequeño y razonables cámaras.

Desque fuimos entrados, quita de sobre sí su capa, y preguntando si tenía las manos limpias,   35 la sacudimos y doblamos, y muy limpiamente, soplando un poyo que allí estaba, la puso en él. Y hecho esto, sentóse cabo della, preguntándome muy por extenso de dónde era y cómo había venido a aquella ciudad. Y yo le di más larga cuenta que quisiera, porque me parescía más conveniente hora de mandar poner la mesa y escudillar la olla, que de lo que me pedía. Con todo eso, yo le satisfice de mi persona lo mejor que mentir supe, diciendo mis bienes y callando lo   40 demás, porque me parescía no ser para en cámara.[3] Esto hecho, estuvo ansí un poco, y yo luego vi mala señal, por ser ya casi las dos y no le ver más aliento de comer que a un muerto.

Después desto, consideraba aquel tener cerrada la puerta con llave, ni sentir arriba ni abajo pasos de viva persona por la casa. Todo lo que yo había visto eran paredes, sin ver en ella silleta, ni tajo, ni banco, ni mesa, ni aun tal arcaz como el de marras. Finalmente, ella parescía casa   45 encantada. Estando así, díjome:

—Tú, mozo, ¿has comido?

—No, señor —dije yo—, que aún no eran dadas las ocho cuando con Vuestra Merced encontré.

—Pues, aunque de mañana, yo había almorzado, y cuando ansí como algo, hágote saber que hasta la noche me estoy ansí. Por eso, pásate como pudieres, que después cenaremos.   50

Vuestra Merced crea, cuando esto le oí, que estuve en poco de caer de mi estado, no tanto de hambre como por conoscer de todo en todo la fortuna serme adversa. Allí se me representaron

---

[2]*ant.*: de vez en cuando
[3]la forma correcta

de nuevo mis fatigas y torné a llorar mis trabajos; allí se me vino a la memoria la consideración que hacía cuando me pensaba ir del clérigo, diciendo que, aunque aquel era desventurado y mísero, por ventura toparía con otro peor; finalmente, allí lloré mi trabajosa vida pasada y mi cercana muerte venidera. Y con todo, disimulando lo mejor que pude, le dije:

—Señor, mozo soy que no me fatigo mucho por comer, bendito Dios; deso me podré yo alabar entre todos mis iguales por de mejor garganta,[4] y ansí fui yo loado della hasta hoy día de los amos que yo he tenido.

—Virtud es ésa —dijo él—, y por eso te querré yo más, porque el hartar es de los puercos, y el comer regladamente es de los hombres de bien.

"¡Bien te he entendido!", dije yo entre mí. "¡Maldita tanta medicina y bondad como aquestos mis amos que yo hallo hallan en la hambre!"

Púseme a un cabo del portal, y saqué unos pedazos de pan del seno, que me habían quedado de los de por Dios. Él, que vio esto, díjome:

—Ven acá, mozo. ¿Qué comes?

Yo lleguéme a él y mostréle el pan. Tomóme él un pedazo, de tres que eran, el mejor y más grande, y díjome:

—Por mi vida, que paresce éste buen pan.

—¿Y cómo agora —dije yo—, señor, es bueno?

—Sí, a fe —dijo él—. ¿Adónde lo hubiste? ¿Si es amasado de manos limpias?

—No sé yo eso —le dije—; mas a mí no me pone asco el sabor dello.

—Así plega a Dios —dijo el pobre de mi amo.

Y llevándolo a la boca, comenzó a dar en él tan fieros bocados como yo en lo otro.

—Sabrosísimo pan está —dijo—, por Dios.

Y como le sentí de qué pie coxqueaba,[5] dime priesa, porque le vi en disposición, si acababa antes que yo, se comediría a ayudarme a lo que me quedase. Y con esto acabamos casi a una. Y mi amo comenzó a sacudir con las manos unas pocas de migajas, y bien menudas, que en los pechos se le habían quedado. Y entró en una camareta que allí estaba, y sacó un jarro desbocado y no muy nuevo, y desque hubo bebido, convidóme con él. Yo, por hacer del continente, dije:

—Señor, no bebo vino.

—Agua es —me respondió—; bien puedes beber.

Entonces tomé el jarro y bebí. No mucho, porque de sed no era mi congoja.

---

[4]no comer mucho
[5]cojeaba

Ansí estuvimos hasta la noche, hablando en cosas que me preguntaba, a las cuales yo le respondí lo mejor que supe. En este tiempo metióme en la cámara donde estaba el jarro de que   85
bebimos y díjome:

—Mozo, párate allí, y verás cómo hacemos esta cama, para que la sepas hacer de aquí adelante.

Púseme de un cabo y él del otro, y hecimos la negra cama, en la cual no había mucho que
hacer, porque ella tenía sobre unos bancos un cañizo,[6] sobre el cual estaba tendida la ropa, que
por no estar muy continuada a lavarse, no parescía colchón, aunque servía dél, con harta menos   90
lana que era menester. Aquél tendimos, haciendo cuenta de ablandalle; lo cual era imposible,
porque de lo duro mal se puede hacer blando. El diablo del enjalma[7] maldita la cosa tenía dentro
de sí, que, puesto sobre el cañizo, todas las cañas se señalaban, y parescían a lo proprio entre-
cuesto de flaquísimo puerco. Y sobre aquel hambriento colchón, un alfamar[8] del mesmo jaez,
del cual el color yo no pude alcanzar.   95
Hecha la cama y la noche venida, díjome:

—Lázaro, ya es tarde, y de aquí a la plaza hay gran trecho. También en esta ciudad andan
muchos ladrones, que, siendo de noche, capean.[9] Pasemos como podamos y mañana, venido el
día, Dios hará merced; porque yo, por estar solo, no estoy proveído, antes, he comido estos días
por allá fuera; mas agora hacerlo hemos de otra manera.   100

—Señor, de mí —dije yo—ninguna pena tenga Vuestra Merced, que bien sé pasar una noche
y aun más, si es menester, sin comer.

—Vivirás más y más sano —me respondió—, porque, como decíamos hoy, no hay tal cosa en
el mundo para vivir mucho, que comer poco.

"Si por esa vía es —dije entre mí—, nunca yo moriré, que siempre he guardado esa regla por   105
fuerza, y aun espero, en mi desdicha, tenella toda mi vida."
Y acostóse en la cama, poniendo por cabecera las calzas y el jubón. Y mandóme echar a sus
pies, lo cual yo hice. Mas maldito el sueño que yo dormí, porque las cañas y mis salidos huesos
en toda la noche dejaron de rifar y encenderse,[10] que con mis trabajos, males y hambre pienso
que en mi cuerpo no había libra de carne, y también como aquel día no había comido casi   110
nada, rabiaba de hambre, la cual con el sueño no tenía amistad. Maldíjeme mil veces (Dios me
lo perdone), y a mi ruin fortuna, allí lo más de la noche, y lo peor, no osándome revolver por
no despertalle, pedí a Dios muchas veces la muerte.
La mañana venida levantámonos, y comienza a limpiar y sacudir sus calzas y jubón, y sayo y
capa. Y yo que le servía de pelillo. Y vísteseme muy a su placer, de espacio. Echéle aguamanos,   115
peinóse, y puso su espada en el talabarte, y al tiempo que la ponía díjome:

—¡Oh, si supieses, mozo, qué pieza es ésta! No hay marco de oro en el mundo porque yo la
diese; mas ansí, ninguna de cuantas Antonio hizo, no acertó a ponelle los aceros tan prestos como
ésta los tiene.

Y sacóla de la vaina y tentóla con los dedos, diciendo: 120

—Vesla aquí. Yo me obligo con ella a cercenar un copo de lana.

---

[6]tejido de cañas
[7]una especie de silla de montar, "el diablo del enjalma"
[8]una especie de manta
[9]roban
[10]reñir y enojarse

Y yo dije entre mí: "Y yo con mis dientes, aunque no son de acero, un pan de cuatro libras".

Tornóla a meter y ciñósela, y un sartal de cuentas gruesas del talabarte. Y con un paso sosegado y el cuerpo derecho, haciendo con él y con la cabeza muy gentiles meneos, echando el
125   cabo de la capa sobre el hombro y a veces so el brazo, y poniendo la mano derecha en el costado, salió por la puerta, diciendo:

—Lázaro, mira por la casa en tanto que voy a oír misa, y haz la cama, y ve por la vasija de agua al río, que aquí bajo está; y cierra la puerta con llave, no nos hurten algo, y ponla aquí al quicio, porque, si yo viniere en tanto, pueda entrar.

130   Y súbese por la calle arriba con tal gentil semblante y continente, que quien no le conosciera pensara ser muy cercano pariente al conde de Arcos, o, a lo menos, camarero que le daba de vestir.

"¡Bendito seáis Vos, Señor —quedé yo diciendo— que dais la enfermedad, y ponéis el remedio! ¿Quién encontrará a aquel mi señor que no piense, según el contento de sí lleva, haber anoche bien cenado y dormido en buena cama, y aunque agora es de mañana, no le cuenten
135   por muy bien almorzado? ¡Grandes secretos son, Señor, los que Vos hacéis y las gentes ignoran! ¿A quién no engañará aquella buena disposición y razonable capa y sayo? ¿Y quién pensara que aquel gentil hombre se pasó ayer todo el día sin comer, con aquel mendrugo de pan, que su criado Lázaro trujo un día y una noche en el arca de su seno, do no se le podía pegar mucha limpieza, y hoy, lavándose las manos y cara, a falta de paño de manos se hacía servir de la falda
140   del sayo? Nadie por cierto lo sospechara. ¡Oh, Señor, y cuántos de aquéstos debéis Vos tener por el mundo derramados, que padescen por la negra que llaman honra, lo que por Vos no sufrirán!"

Ansí estaba yo a la puerta, mirando y considerando estas cosas y otras muchas, hasta que el señor mi amo traspuso la larga y angosta calle. Y como lo vi trasponer, tornéme a entrar en casa, y en un credo la anduve toda, alto y bajo, sin hacer represa, ni hallar en qué. Hago la negra
145   dura cama, y tomo el jarro, y doy conmigo en el río, donde en una huerta vi a mi amo en gran recuesta con dos rebozadas[11] mujeres, al parescer de las que en aquel lugar no hacen falta, antes muchas tienen por estilo de irse a las mañanicas del verano a refrescar y almorzar, sin llevar qué, por aquellas frescas riberas, con confianza que no ha de faltar quién se lo dé, según las tienen puestas en esta costumbre aquellos hidalgos del lugar.

150   Y como digo, él estaba entre ellas hecho un Macías, diciéndoles más dulzuras que Ovidio escribió. Pero, como sintieron dél que estaba bien enternecido, no se les hizo de vergüenza pedirle de almorzar con el acostumbrado pago.

Él, sintiéndose tan frío de bolsa cuanto estaba caliente del estómago, tomóle tal calofrío, que le robó la color del gesto, y comenzó a turbarse en la plática y a poner excusas no válidas.

155   Ellas, que debían ser bien instituidas, como le sintieron la enfermedad, dejáronle para el que era.[12]

Yo, que estaba comiendo ciertos tronchos de berzas, con los cuales me desayuné, con mucha diligencia, como mozo nuevo, sin ser visto de mi amo, torné a casa, de la cual pensé barrer alguna parte, que era bien menester; mas no hallé con qué. Púseme a pensar qué haría, y
160   parescióme esperar a mi amo hasta que el día demediase, y si viniese y por ventura trajese algo que comiésemos; mas en vano fue mi experiencia.

Desque vi ser las dos y no venía y la hambre me aquejaba, cierro mi puerta y pongo la llave do mandó y tórnome a mi menester. Con baja y enferma voz y inclinadas mis manos en los senos, puesto Dios ante mis ojos y la lengua en su nombre, comienzo a pedir pan por las puertas
165   y casas más grandes que me parecía. Mas como yo este oficio le hobiese mamado en la leche (quiero decir que con el gran maestro el ciego lo aprendí), tan suficiente discípulo salí, que aunque en este pueblo no había caridad ni el año fuese muy abundante, tan buena maña me di, que antes que el reloj diese las cuatro ya yo tenía otras tantas libras de pan ensiladas en el cuerpo,

---

[11]con los rostros cubiertos al estilo árabe
[12]O sea, como se dieron cuenta de que era pobre, no le hicieron mucho caso.

y más de otras dos en las mangas y senos. Volvíme a la posada, y al pasar por la Tripería pedí a   170
una de aquellas mujeres, y dióme un pedazo de uña de vaca con otras pocas de tripas cocidas.

Cuando llegué a casa, ya el bueno de mi amo estaba en ella, doblada su capa y puesta en el
poyo, y él paseándose por el patio. Como entré, vínose para mí. Pensé que me quería reñir la
tardanza, mas mejor lo hizo Dios. Preguntóme dó venía. Yo le dije:

—Señor, hasta que dio las dos estuve aquí, y de que vi que Vuestra Merced no venía, fuime   175
por esa ciudad a encomendarme a las buenas gentes, y hanme dado esto que veis.

Mostréle el pan y las tripas, que en un cabo de la halda traía, a la cual él mostró buen
semblante, y dijo:

—Pues esperado te he a comer, y de que vi que no veniste, comí. Mas tú haces como hombre de bien en eso, que más vale pedillo por Dios que no hurtallo. Y ansí Él me ayude como
ello me paresce bien, y solamente te encomiendo no sepan que vives conmigo, por lo que toca   180
a mi honra; aunque bien creo que será secreto, según lo poco que en este pueblo soy conoscido.
¡Nunca a él yo hubiera de venir!

—De eso pierda, señor, cuidado —le dije yo—, que maldito aquel que ninguno tiene de
pedirme esa cuenta, ni yo de dalla.

—Agora, pues, come, pecador, que si a Dios place, presto nos veremos sin necesidad. Aun-   185
que te digo que después que en esta casa entré, nunca bien me ha ido. Debe ser de mal suelo,
que hay casas desdichadas y de mal pie, que a los que viven en ellas pegan la desdicha. Esta
debe de ser, sin dubda, dellas; mas yo te prometo, acabado el mes no quede en ella, aunque me
la den por mía.

Sentéme al cabo del poyo, y porque no me tuviese por glotón, callé la merienda. Y comienzo   190
a cenar y morder en mis tripas y pan, y, disimuladamente, miraba al desventurado señor mío,
que no partía sus ojos de mis faldas, que aquella sazón servían de plato. Tanta lástima haya Dios
de mí como yo había dél, porque sentí lo que sentía, y muchas veces había por ello pasado y
pasaba cada día. Pensaba si sería bien comedirme a convidalle; mas, por me haber dicho que
había comido, temíame no aceptaría el convite. Finalmente, yo deseaba aquel pecador ayudase   195
a su trabajo del mío, y se desayunase como el día antes hizo, pues había mejor aparejo, por ser
mejor la vianda y menos mi hambre.

Quiso Dios cumplir mi deseo, y aun pienso que el suyo, porque, como comencé a comer y
él se andaba paseando, llegóse a mí y díjome:

—Dígote, Lázaro, que tienes en comer la mejor gracia que en mi vida vi a hombre, y que   200
nadie te lo verá hacer que no le pongas gana aunque no la tenga.

"La muy buena que tú tienes —dije yo entre mí— te hace parescer la mía hermosa."
Con todo, paresciome ayudarle, pues se ayudaba y me abría camino para ello, y díjele:

—Señor, el buen aparejo hace buen artífice. Este pan está sabrosísimo, y esta uña de vaca tan
bien cocida y sazonada, que no habrá a quién no convide con su sabor.   205

—¿Uña de vaca es?

—Sí, señor.

—Dígote que es el mejor bocado del mundo, y que no hay faisán que ansí me sepa.

—Pues pruebe, señor, y verá qué tal está.

210   Póngole en las uñas la otra y tres o cuatro raciones de pan de lo más blanco, y asentóseme al lado y comienza a comer como aquel que lo había gana, royendo cada huesecillo de aquéllos mejor que un galgo suyo lo hiciera.

—Con almodrote[13] —decía— es este singular manjar.

"Con mejor salsa lo comes tú", respondí yo paso.

215   —Por Dios, que me ha sabido como si hoy no hubiera comido bocado.

"¡Ansí me vengan los buenos años como es ello!", dije yo entre mí.

Pidióme el jarro del agua y díselo como lo había traído. Es señal, que pues no le faltaba el agua, que no le había a mi amo sobrado la comida. Bebimos, y muy contentos nos fuimos a dormir, como la noche pasada.

220   Y por evitar prolijidad, desta manera estuvimos ocho o diez días, yéndose el pecador en la mañana con aquel contento y paso contado a papar aire por las calles, teniendo en el pobre Lázaro una cabeza de lobo.

Contemplaba yo muchas veces mi desastre, que escapando de los amos ruines que había tenido, y buscando mejoría, viniese a topar con quien no sólo no me mantuviese, mas a quien yo había

225   de mantener. Con todo, le quería bien, con ver que no tenía ni podía más. Y antes le había lástima que enemistad. Y muchas veces, por llevar a la posada con que él lo pase, yo lo pasaba mal.

Porque una mañana, levantándose el triste en camisa, subió a lo alto de la casa a hacer sus menesteres, y en tanto yo, por salir de sospecha, desenvolvíle el jubón y las calzas, que a la cabecera dejó, y hallé una bolsilla de terciopelo raso, hecha cien dobleces y sin maldita la blanca ni

230   señal que la hubiese tenido mucho tiempo.

"Este —decía yo— es pobre, y nadie da lo que no tiene; mas el avariento ciego y el malaventurado mezquino clérigo, que, con dárselo Dios a ambos al uno de mano besada y al otro de lengua suelta, me mataban de hambre, aquéllos es justo desamar, y aquéste de haber mancilla."[14]

Dios es testigo que hoy día, cuando topo con alguno de su hábito con aquel paso y pompa,

235   le he lástima con pensar si padece lo que aquél le vi sufrir. Al cual, con toda su pobreza, holgaría de servir más que a los otros, por lo que he dicho. Sólo tenía dél un poco de descontento: que quisiera yo que no tuviera tanta presumpción, mas que abajara un poco su fantasía con lo mucho que subía su necesidad. Mas, según me parece, es regla ya entre ellos usada y guardada. Aunque no haya cornado[15] de trueco, ha de andar el birrete[16] en su lugar. El Señor lo remedie, que ya

240   con este mal han de morir.

Pues, estando yo en tal estado, pasando la vida que digo, quiso mi mala fortuna, que de perseguirme no era satisfecha, que en aquella trabajada y vergonzosa vivienda no durase. Y fue, como el año en esta tierra fuese estéril de pan, acordaron el Ayuntamiento que todos los pobres estranjeros se fuesen de la ciudad, con pregón que el que de allí adelante topasen fuese punido

245   con azotes. Y así ejecutando la ley, desde a cuatro días que el pregón se dio, vi llevar una procesión de pobres azotando por las Cuatro Calles. Lo cual me puso tan gran espanto, que nunca osé desmandarme a demandar.

Aquí viera, quien vello pudiera, la abstinencia de mi casa y la tristeza y silencio de los moradores, tanto, que nos acaesció estar dos o tres días sin comer bocado ni hablar palabra. A mí

250   diéronme la vida unas mujercillas hilanderas de algodón, que hacían bonetes y vivían par de

---

[13] una salsa de aceite y ajos

[14] lástima

[15] moneda de poquísimo valor

[16] bonete; gorra

nosotros, con las cuales yo tuve vecindad y conocimiento. Que de la laceria que les traía me daban alguna cosilla, con la cual muy pasado me pasaba.

Y no tenía tanta lástima de mí como del lastimado de mi amo, que en ocho días maldito el bocado que comió. A lo menos en casa, bien lo estuvimos sin comer. No sé yo cómo o dónde andaba y qué comía. ¡Y velle venir a mediodía la calle abajo, con estirado cuerpo, más largo que galgo de buena casta!   255

Y por lo que toca a su negra, que dicen, honra, tomaba una paja, de las que aun asaz no había en casa, y salía a la puerta escarbando los dientes que nada entre sí tenían, quejándose todavía de aquel mal solar, diciendo:

—Malo está de ver, que la desdicha desta vivienda lo hace. Como ves, es lóbrega, triste, obscura.   260
Mientras aquí estuviéremos, hemos de padecer. Ya deseo que se acabe este mes por salir della.

Pues, estando en esta afligida y hambrienta persecución, un día, no sé por cuál dicha o ventura, en el pobre poder de mi amo entró un real, con el cual él vino a casa tan ufano como si tuviera el tesoro de Venecia, y con gesto muy alegre y risueño me lo dio, diciendo:

—Toma, Lázaro, que Dios ya va abriendo su mano. Ve a la plaza y merca pan y vino y carne: 265
¡quebremos el ojo al diablo![17] Y más te hago saber, porque te huelgues: que he alquilado otra casa, y en ésta desastrada no hemos de estar más de en cumpliendo el mes. ¡Maldita sea ella y el que en ella puso la primera teja, que con mal en ella entré! Por Nuestro Señor, cuanto ha que en ella vivo, gota de vino ni bocado de carne no he comido, ni he habido descanso ninguno; mas ¡tal vista tiene y tal obscuridad y tristeza! Ve y ven presto, y comamos hoy como condes.   270

Tomo mi real y jarro, y a los pies dándoles priesa, comienzo a subir mi calle, encaminando mis pasos para la plaza, muy contento y alegre. Mas ¿qué me aprovecha, si está constituido en mi triste fortuna que ningún gozo me venga sin zozobra? Y ansí fue éste. Porque yendo la calle arriba, echando mi cuenta en lo que le emplearía que fuese mejor y más provechosamente gastado, dando infinitas gracias a Dios que a mi amo había hecho con dinero, a deshora me vino   275
al encuentro un muerto, que por la calle abajo muchos clérigos y gente en unas andas traían.

Arriméme a la pared por darles lugar, y desque el cuerpo pasó, venían luego a par del lecho una que debía ser mujer del difunto, cargada de luto, y con ella otras mujeres, la cual iba llorando a grandes voces y diciendo:

—Marido y señor mío: ¿adónde os me llevan? ¡A la casa triste y desdichada, a la casa lóbrega   280
y obscura, a la casa donde nunca comen ni beben!

Yo, que aquello oí, juntóseme el cielo con la tierra y dije: "¡Oh, desdichado de mí! ¡Para mi casa llevan este muerto!"

Dejo el camino que llevaba y hendí por medio de la gente, y vuelvo por la calle abajo, a todo el más correr que pude, para mi casa; y entrado en ella, cierro a grande priesa, invocando   285
el auxilio y favor de mi amo, abrazándome dél, que me venga ayudar y a defender la entrada. El cual, algo alterado, pensando que fuese otra cosa, me dijo:

—¿Qué es eso, mozo? ¿Qué voces das? ¿Qué has? ¿Por qué cierras la puerta con tal furia?

—¡Oh, señor —dije yo—, acuda aquí, que nos traen acá un muerto!

—¿Cómo así? —respondió él.   290

---

[17]*léase:* vamos a cambiar de suerte

—Aquí arriba lo encontré, y venía diciendo su mujer: "¡Marido y señor mío! ¿Adónde os llevan? ¡A la casa lóbrega y obscura, a la casa triste y desdichada, a la casa donde nunca comen ni beben!". Acá, señor, nos le traen.

Y, ciertamente, cuando mi amo esto oyó, aunque no tenía por qué estar muy risueño, rio tanto, que muy gran rato estuvo sin poder hablar. En este tiempo tenía ya yo echada la aldaba a la puerta y puesto el hombro en ella por más defensa. Pasó la gente con su muerto, y yo todavía me recelaba que nos le habían de meter en casa. Y desque fue ya más harto de reír que de comer el bueno de mi amo, díjome:

—Verdad es, Lázaro; según la viuda lo va diciendo, tú tuviste razón de pensar lo que pensaste; mas, pues Dios lo ha hecho mejor y pasan adelante, abre, abre y ve por de comer.

—Déjalos, señor, acaben de pasar la calle —dije yo.

Al fin vino mi amo a la puerta de la calle y ábrela esforzándome, que bien era menester, según el miedo y alteración, y me torno a encaminar. Mas, aunque comimos bien aquel día, maldito el gusto yo tomaba en ello. Ni en aquellos tres días torné en mi color. Y mi amo muy risueño todas las veces que se le acordaba aquella mi consideración.

De esta manera estuve con mi tercero y pobre amo, que fue este escudero, algunos días, y en todos deseando saber la intención de su venida y estada en esta tierra, porque, desde el primer día que con él asenté, le conoscí ser estranjero, por el poco conoscimiento y trato que con los naturales della tenía. Al fin se cumplió mi deseo, y supe lo que deseaba, porque un día que habíamos comido razonablemente y estaba algo contento, contóme su hacienda, y díjome ser de Castilla la Vieja y que había dejado su tierra no más de por no quitar el bonete a un caballero su vecino.

—Señor —dije yo—, si él era lo que decís y tenía más que vos, ¿no errábades en no quitárselo primero, pues decís que él también os lo quitaba?

—Sí es, y sí tiene, y también me lo quitaba él a mí; mas, de cuantas veces yo se le quitaba primero, no fuera malo comedirse él alguna y ganarme por la mano.

—Parésceme, señor —le dije yo—, que en eso no mirara, mayormente con mis mayores que yo y que tienen más.

—Eres mochacho —me respondió— y no sientes las cosas de la honra, en que el día de hoy está todo el caudal de los hombres de bien. Pues te hago saber que yo soy, como vees, un escudero; mas, ¡vótote a Dios!, si al conde topo en la calle y no me quita muy bien quitado del todo el bonete, que otra vez que venga me sepa yo entrar en una casa, fingiendo yo en ella algún negocio, o atravesar otra calle, si la hay, antes que llegue a mí, por no quitárselo. Que un hidalgo no debe a otro que a Dios y al rey nada, ni es justo, siendo hombre de bien, se descuide un punto de tener en mucho su persona. Acuérdome que un día deshonré en mi tierra a un oficial, y quise ponerle las manos, porque cada vez que le topaba, me decía: "Mantenga Dios a Vuestra Merced" "Vos, don villano ruin —le dije yo—, ¿por qué no sois bien criado? ¿Manténgaos Dios, me habéis de decir, como si fuese quienquiera?" De allí adelante, de aquí aculá, me quitaba el bonete, y hablaba como debía.

—¿Y no es buena manera de saludar un hombre a otro —dije yo— decirle que le mantenga Dios?

—¡Mira mucho de enhoramala! —dijo él—. A los hombres de poca arte dicen eso; mas a los más altos, como yo, no les han de hablar menos de: "Beso las manos de Vuestra Merced", o por

lo menos: "Bésoos, señor, las manos", si el que me habla es caballero. Y ansí, de aquel de mi tierra que me atestaba de mantenimiento nunca más le quise sufrir, ni sufriría, ni sufriré a hombre
del mundo, de el rey abajo, que "Manténgaos Dios" me diga.   330

"Pecador de mí —dije yo—, por eso tiene tan poco cuidado de mantenerte, pues no sufres
que nadie se lo ruegue."

—Mayormente —dijo— que no soy tan pobre que no tenga en mi tierra un solar de casas
que, a estar ellas en pie y bien labradas, diez y seis leguas de donde nací, en aquella Costanilla de
Valladolid, valdrían más de docientas veces mil maravedís, según se podrían hacer grandes y   335
buenas; y tengo un palomar, que a no estar derribado como está, daría cada año más de doscientos palominos; y otras cosas que me callo, que dejé por lo que tocaba a mi honra. Y vine a
esta ciudad pensando que hallaría un buen asiento, mas no me ha sucedido como pensé. Canó-
nigos y señores de la iglesia muchos hallo, mas es gente tan limitada, que no los sacarán de su
paso todo el mundo. Caballeros de media talla también me ruegan; mas servir con éstos es gran   340
trabajo, porque de hombre os habéis de convertir en malilla,[18] y si no, "Andá con Dios" os dicen.
Y las más veces son los pagamentos a largos plazos, y las más y las más ciertas comido por servido.
Ya cuando quieren reformar consciencia y satisfaceros vuestros sudores, sois librados, en la recámara, en un sudado jubón, o raída capa o sayo. Ya cuando asienta un hombre con un señor de
título, todavía pasa su laceria. ¿Pues, por ventura, no hay en mí habilidad para servir y contentar   345
a éstos? Por Dios, si con él topase, muy gran su privado pienso que fuese, y que mil servicios le
hiciese, porque yo sabría mentille tan bien como otro, y agradalle a las mil maravillas; reille ya
mucho sus donaires y costumbres, aunque no fuesen las mejores del mundo; nunca decirle cosa
con que le pesase, aunque mucho le cumpliese; ser muy diligente en su persona, en dicho y
hecho; no me matar por no hacer bien las cosas que él no había de ver; y ponerme a reñir donde   350
lo oyese con la gente de servicio, porque pareciese tener gran cuidado de lo que a él tocaba. Si
riñese con algún su criado, dar unos puntillos agudos para le encender la ira, y que pareciesen
en favor de el culpado; decirle bien de lo que bien le estuviese, y, por el contrario, ser malicioso
mofador, malsinar[19] a los de casa y a los de fuera, pesquisar y procurar de saber vidas ajenas para
contárselas, y otras muchas galas desta calidad, que hoy día se usan en palacio y a los señores dél   355
parecen bien. Y no quieren ver en sus casas hombres virtuosos; antes los aborrescen y tienen en
poco y llaman nescios, y que no son personas de negocios ni con quien el señor se puede descuidar, y con éstos los astutos usan, como digo, el día de hoy, de lo que yo usaría; mas no quiere
mi ventura que le halle.

Desta manera lamentaba también su adversa fortuna mi amo, dándome relación de su per-   360
sona valerosa.
Pues estando en esto, entró por la puerta un hombre y una vieja. El hombre le pide el alquiler
de la casa y la vieja el de la cama. Hacen cuenta, y de dos en dos meses le alcanzaron lo que él en
un año no alcanzara. Pienso que fueron doce o trece reales. Y él les dio muy buena respuesta: que
saldría a la plaza a trocar una pieza de a dos y que a la tarde volviesen; mas su salida fue sin vuelta.   365
Por manera que a la tarde ellos volvieron; mas fue tarde. Yo les dije que aún no era venido.
Venida la noche y él no, yo hube miedo de quedar en casa solo, y fuime a las vecinas y contéles
el caso, y allí dormí.
Venida la mañana, los acreedores vuelven y preguntan por el vecino, mas... a estotra puerta.
Las mujeres le responden: 370

—Veis aquí su mozo y la llave de la puerta.

---

[18]*fig.*: sirviente cualquiera
[19]*ant.*: difamar

Ellos me preguntaron por él, y díjeles que no sabía adónde estaba y que tampoco había vuelto a casa desde que salió a trocar la pieza, y que pensaba que de mí y de ellos se había ido con el trueco.

375 De que esto me oyeron, van por un alguacil y un escribano. Y helos do vuelven luego con ellos, y toman la llave, y llámanme, y llaman testigos, y abren la puerta, y entran a embargar la hacienda de mi amo hasta ser pagados de su deuda. Anduvieron toda la casa, y halláronla desembarazada, como he contado, y dícenme:

—¿Qué es de la hacienda de tu amo: sus arcas y paños de pared y alhajas de casa?

380 —No sé yo eso —le respondí.

—Sin duda —dicen ellos— esta noche lo deben de haber alzado y llevado a alguna parte. Señor alguacil, prended a este mozo, que él sabe dónde está.

En esto vino el alguacil y echóme mano por el collar del jubón, diciendo:

—Mochacho, tú eres preso si no descubres los bienes deste tu amo.

385 Yo, como en otra tal no me hubiese visto (porque asido del collar sí había sido muchas y infinitas veces, mas era mansamente dél trabado, para que mostrase el camino al que no vía), yo hube mucho miedo, y, llorando, prometíle de decir lo que me preguntaban.

—Bien está —dicen ellos—. Pues di todo lo que sabes y no hayas temor.

Sentóse el escribano en un poyo para escribir el inventario, preguntándome qué tenía.

390 —Señores —dije yo—, lo que éste mi amo tiene, según él me dijo, es un muy buen solar de casas y un palomar derribado.

—Bien está —dicen ellos—; por poco que eso valga, hay para nos entregar de la deuda. ¿Y a qué parte de la ciudad tiene eso? —me preguntaron.

—En su tierra —les respondí.

395 —Por Dios, que está bueno el negocio —dijeron ellos—, ¿y adónde es su tierra?

—De Castilla la Vieja me dijo él que era —le dije yo.

Riéronse mucho el alguacil y el escribano, diciendo:

—Bastante relación es ésta para cobrar vuestra deuda, aunque mejor fuese.

Las vecinas, que estaban presentes, dijeron:

400 —Señores, éste es un niño inocente y ha pocos días que está con ese escudero, y no sabe dél más que vuestras mercedes, sino cuanto el pecadorcico se llega aquí a nuestra casa, y le damos de comer lo que podemos por amor de Dios, y a las noches se iba a dormir con él.

Vista mi inocencia, dejáronme, dándome por libre. Y el alguacil y el escribano piden al hombre y a la mujer sus derechos. Sobre lo cual tuvieron gran contienda y ruido. Porque ellos
405 alegaron no ser obligados a pagar, pues no había de qué ni se hacía el embargo. Los otros decían que habían dejado de ir a otro negocio que les importaba más por venir a aquél.

Finalmente, después de dadas muchas voces, al cabo carga un porquerón[20] con el viejo alfamar de la vieja, aunque no iba muy cargado. Allá van todos cinco dando voces. No sé en qué paró: creo yo que el pecador alfamar pagara por todos. Y bien se [le] empleaba, pues el tiempo que había de reposar y descansar de los trabajos pasados se andaba alquilando.

410

Así, como he contado, me dejó mi pobre tercero amo, do acabé de conoscer mi ruin dicha, pues, señalándose todo lo que podría contra mí, hacía mis negocios tan al revés, que los amos, que suelen ser dejados de los mozos, en mí no fuese ansí, mas que mi amo me dejare y huyese de mí.

Comprensión

1. ¿Por qué se contenta tanto Lazarillo cuando el escudero le pide que le sirva?
2. ¿Cómo es la casa del escudero?
3. ¿Qué excusas da el escudero por no comer?
   - ¿Qué tiene que hacer Lazarillo para no morirse de hambre?
4. ¿Qué hace Lazarillo con la comida que trae a casa? Explica la ironía.
5. ¿Qué se aprende del carácter de Lazarillo de su trato con el escudero?
   - ¿Qué forma la base del cariño que Lazarillo siente por el escudero?
6. Explica el humor de la escena en que Lazarillo presencia un entierro.
7. ¿Por qué se huyó el escudero de su pueblo?
8. ¿Por qué llegan un hombre y una mujer a la casa del escudero (l. 362)?
9. Explica cómo el episodio termina mal para Lazarillo.

Interpretación

1. El tiempo es un elemento fundamental de las narraciones realistas. ¿Por qué?

   En la sección que sigue al encuentro con el escudero, se presta mucha atención al fluir del tiempo. Menciona algunos ejemplos.
   - ¿Qué piensa Lazarillo durante este tiempo y qué anticipa?
2. Hay unos juegos sutiles de psicología humana en el trato entre Lazarillo y el escudero. ¿Le pide el escudero comida a Lazarillo?
   - ¿Por qué no le ofrece Lazarillo comida al escudero directamente?
   - ¿Qué indican estas motivaciones?
3. Para considerar en pareja: ¿Cómo reacciona Lazarillo ante la razón que da el escudero por marcharse de su pueblo?
   - ¿Qué dice el escudero de la actitud de Lazarillo?
   - Todo esto forma parte de un discurso del honor y la honra en la España del Siglo de Oro. ¿Qué piensas tú sobre la opinión del narrador respecto a ese tema?
   - ¿Qué cosas te pudieran pasar a ti hoy día que considerarías una deshonra?
4. ¿Cuáles son las causas de la situación patética del escudero?
   - ¿Se le podría considerar un marginado más de la sociedad española? Explica por qué sí, o por qué no.

---

[20]especie de policía que arrestaba a los delincuentes

Tratado IV

La literatura y la vida

1. Considera en pareja: ¿Te puedes imaginar algo tan horrible que le pueda pasar a una persona que jamás quiera hablar de ello o hasta que no lo haya podido traer a un nivel de conciencia?

Cómo Lázaro se asentó con un fraile de la merced y de lo que le acaesció con él

Hube de buscar el cuarto, y éste fue un fraile de la Merced, que las mujercillas que digo me encaminaron. Al cual ellas le llamaban pariente. Gran enemigo del coro y de comer en el convento, perdido por andar fuera, amicísimo de negocios seglares y visitar. Tanto, que pienso que rompía él más zapatos que todo el convento. Este me dio los primeros zapatos que rompí en mi vida; mas no me duraron ocho días, ni yo pude con su trote[1] durar más. Y por esto, y por otras cosillas que no digo, salí dél.

Comprensión

1. ¿Cómo es que Lazarillo pasó a servir a un fraile de la Merced?
2. ¿Por qué gastaba tantos zapatos el fraile?
3. ¿Por qué lo abandonó Lazarillo?

Interpretación

1. ¿Por qué usa el narrador el término "mujercillas" en vez de "mujeres"?
   - ¿Por qué dice "llamaban pariente" al fraile y no que era un "pariente suyo"?
   - Trata de explicar este tono ambiguo.
2. ¿Cómo expresa el narrador que las acciones del fraile son sospechosas?
3. ¿Qué pudiera simbolizar un zapato?
   - ¿Por qué usa el verbo "romper" en vez de "gastar", que es el término que se usa con más frecuencia con respecto a los zapatos?
   - Lazarillo rompió por primera vez un zapato, y no le gustó y por eso se marchó. Trata de explicar lo que podría simbolizar estos signos vagos.
4. El narrador abandona al fraile "por otras cosillas que no digo". ¿Qué indican estas palabras respecto a las limitaciones de las narraciones en primera persona.
5. ¿Cuál podría ser la razón para no querer revelar al destinatario lo que pasó?

---

[1]andanzas apresuradas

Tratado V

La literatura y la vida

1. ¿Existe en nuestra sociedad situaciones en que la gente rica puede absolverse de sus delitos criminales pero los pobres no? Explica con ejemplos.

En contexto

Las bulas eran indulgencias que vendía la iglesia para redimir a los que no podían o no querían cumplir con las obligaciones de los deberes religiosos, como la observación de las leyes de dieta durante la cuaresma. Fueron estas bulas que tanto censuró Lutero en sus 95 tesis criticando la iglesia. Además de la hipocresía que representaban las bulas, había muchos abusos. Las bulas que vendían los buleros a veces eran falsas.

Cómo Lázaro se asentó con un buldero y de las cosas que con él pasó

En el quinto por mi ventura di, que fue un buldero,[1] el más desenvuelto y desvergonzado, y el mayor echador dellas que jamás yo vi ni ver espero, ni pienso que nadie vio. Porque tenía y buscaba modos y maneras y muy sotiles invenciones.

En entrando en los lugares do habían de presentar la bula, primero presentaba a los clérigos o curas algunas cosillas, no tampoco de mucho valor ni substancia: una lechuga murciana, si era 5 por el tiempo, un par de limas o naranjas, un melocotón, un par de duraznos, cada sendas peras verdiniales. Ansí procuraba tenerlos propicios, porque favoresciesen su negocio y llamasen sus feligreses a tomar la bula.

Ofreciéndosele a él las gracias, informábase de la suficiencia dellos. Si decían que entendían, no hablaba en latín, por no dar tropezón; mas aprovechábase de un gentil y bien cortado ro- 10 mance y desenvoltísima lengua. Y si sabía que los dichos clérigos eran de los reverendos (digo, que más con dineros que con letras, y con reverendas se ordenan), hacíase entre ellos un sancto Tomás y hablaba dos horas en latín. A lo menos, que lo parescía, aunque no lo era.

Cuando por bien no le tomaban las bulas, buscaba cómo por mal se las tomasen. Y para aquello hacía molestias al pueblo, e otras veces con mañosos artificios. Y porque todos los que le veía 15 hacer sería largo de contar, diré uno muy sotil y donoso, con el cual probaré bien su suficiencia.

En un lugar de la Sagra de Toledo había predicado dos o tres días, haciendo sus acostumbradas diligencias, y no le habían tomado bula, ni a mi ver tenían intención de se la tomar. Estaba dado al diablo con aquello, y pensando qué hacer, se acordó de convidar al pueblo para otro día de mañana despedir la bula. 20

Y esa noche, después de cenar, pusiéronse a jugar la colación él y el alguacil. Y sobre el juego vinieron a reñir y a haber malas palabras. Él llamó al alguacil ladrón, y el otro a él falsario. Sobre esto, el señor comisario, mi señor, tomó un lanzón que en el portal do jugaban estaba. El alguacil puso mano a su espada, que en la cinta tenía.

---

[1]bulero; consulta *En contexto* más arriba

25   Al ruido y voces que todos dimos, acuden los huéspedes y vecinos, y métense en medio.
Y ellos, muy enojados, procurándose de desembarazar de los que en medio estaban para se
matar. Mas como la gente al gran ruido cargase, y la casa estuviese llena della, viendo que no
podían afrentarse con las armas, decíanse palabras injuriosas, entre las cuales el alguacil dijo a
mi amo que era falsario y las bulas que predicaba que eran falsas.

30   Finalmente, que los del pueblo, viendo que no bastaban a ponellos en paz, acordaron de
llevar el alguacil de la posada a otra parte. Y así quedó mi amo muy enojado. Y después que los
huéspedes y vecinos le hubieron rogado que perdiese el enojo y se fuese a dormir, se fue, y así
nos echamos todos.

La mañana venida, mi amo se fue a la iglesia y mandó tañer a misa y al sermón para despedir
35   la bula. Y el pueblo se juntó, el cual andaba murmurando de las bulas, diciendo cómo eran falsas
y que el mesmo alguacil, riñendo, lo había descubierto. De manera que, tras que tenían mala
gana de tomalla, con aquello del todo la aborrescieron.

El señor comisario se subió al púlpito, y comienza su sermón, y a animar la gente a que no
quedasen sin tanto bien y indulgencia como la sancta bula traía.

40   Estando en lo mejor del sermón, entra por la puerta de la iglesia el alguacil, y desque hizo
oración, levantóse, y con voz alta y pausada, cuerdamente comenzó a decir:

—Buenos hombres, oídme una palabra, que después oiréis a quien quisiéredes. Yo vine aquí
con este echacuervo[2] que os predica, el cual me engañó, y dijo que le favoresciese en este negocio, y que partiríamos la ganancia. Y agora, visto el daño que haría a mi consciencia y a vuestras
45   haciendas, arrepentido de lo hecho, os declaro claramente que las bulas que predica son falsas y
que no le creáis ni las toméis, y que yo, *directe* ni *indirecte*, no soy parte en ellas, y que desde agora
dejo la vara y doy con ella en el suelo. Y si en algún tiempo éste fuere castigado por la falsedad,
que vosotros me seáis testigos cómo yo no soy con él ni le doy a ello ayuda, antes os desengaño
y declaro su maldad.

50   Y acabó su razonamiento.

Algunos hombres honrados que allí estaban se quisieron levantar y echar al alguacil fuera de
la iglesia, por evitar escándalo. Mas mi amo les fue a la mano[3] y mandó a todos que, so pena de
excomunión, no le estorbasen, mas que le dejasen decir todo lo que quisiese. Y ansí él también
tuvo silencio mientras el alguacil dijo todo lo que he dicho.

55   Como calló, mi amo le preguntó si quería decir más, que lo dijese.
El alguacil dijo:

—Harto hay más que decir de vos y de vuestra falsedad, mas por agora basta.

El señor comisario se hincó de rodillas en el púlpito, y, puestas las manos y mirando al cielo,
dijo ansí:

60   —Señor Dios, a quien ninguna cosa es escondida, antes todas manifiestas, y a quien nada es
imposible, antes todo posible: tú sabes la verdad y cuán injustamente yo soy afrentado. En lo que
a mí toca, yo lo perdono, porque tú, Señor, me perdones. No mires a aquel, que no sabe lo que
hace ni dice; mas la injuria a ti hecha te suplico, y por justicia te pido, no disimules. Porque alguno que está aquí, que por ventura pensó tomar aquesta sancta bula, y dando crédito a las falsas
65   palabras de aquel hombre lo dejará de hacer, y, pues es tanto perjuicio del prójimo, te suplico yo,
Señor, no lo disimules, mas luego muestra aquí milagro, y sea desta manera: que si es verdad lo
que aquél dice y que yo traigo maldad y falsedad, este púlpito se hunda conmigo y meta siete
estados debajo de tierra, do él ni yo jamás parezcamos; y si es verdad lo que yo digo y aquél,

---

[2]embaucador
[3]intervino con fuerza

persuadido del demonio (por quitar y privar a los que están presentes de tan gran bien), dice
maldad, también sea castigado y de todos conoscida su malicia.   70

Apenas había acabado su oración el devoto señor mío, cuando el negro alguacil cae de su
estado, y da tan gran golpe en el suelo, que la iglesia toda hizo resonar, y comenzó a bramar y
echar espumajos por la boca y torcella y hacer visajes con el gesto, dando de pie y de mano,
revolviéndose por aquel suelo a una parte y a otra.

El estruendo y voces de la gente era tan grande, que no se oían unos a otros. Algunos estaban   75
espantados y temerosos.

Unos decían: "El Señor le socorra y valga". Otros: "Bien se le emplea, pues levantaba tan
falso testimonio".

Finalmente, algunos que allí estaban, y a mi parescer no sin harto temor, se llegaron y le trabaron
de los brazos, con los cuales daba fuertes puñadas a los que cerca dél estaban. Otros le tiraban por las   80
piernas, y tuvieron reciamente, porque no había mula falsa en el mundo que tan recias coces tirase.
Y así le tuvieron un gran rato. Porque más de quince hombres estaban sobre él, y a todos daba las
manos llenas, y, si se descuidaban, en los hocicos.

A todo esto, el señor mi amo estaba en el púlpito de rodillas, las manos y los ojos puestos en
el cielo, transportado en la divina esencia, que el planto y ruido y voces que en la iglesia había   85
no eran parte para apartalle de su divina contemplación.

Aquellos buenos hombres llegaron a él, y dando voces le despertaron, y le suplicaron quisiese
socorrer a aquel pobre, que estaba muriendo, y que no mirase a las cosas pasadas ni a sus dichos
malos, pues ya dellos tenía el pago; mas si en algo podría aprovechar para librarle del peligro y
pasión que padescía, por amor de Dios lo hiciese, pues ellos veían clara la culpa del culpado, y la   90
verdad y bondad suya, pues a su petición y venganza el Señor no alargó el castigo.

El señor comisario, como quien despierta de un dulce sueño, los miró, y miró al delincuente
y a todos los que alderredor estaban, y muy pausadamente les dijo:

—Buenos hombres, vosotros nunca habíades de rogar por un hombre en quien Dios tan
señaladamente se ha señalado; mas, pues Él nos manda que no volvamos mal por mal, y perdo-   95
nemos las injurias, con confianza podremos suplicarle que cumpla lo que nos manda y Su Majestad perdone a éste, que le ofendió poniendo en su sancta fe obstáculo. Vamos todos a
suplicalle.

Y así, bajó del púlpito y encomendó a que muy devotamente suplicasen a Nuestro Señor tuviese
por bien de perdonar a aquel pecador y volverle en su salud y sano juicio, y lanzar dél el demonio,   100
si Su Majestad había permitido que por su gran pecado en él entrase.

Todos se hincaron de rodillas, y delante del altar, con los clérigos, comenzaban a cantar con
voz baja una letanía. Y viniendo él con la cruz y agua bendita, después de haber sobre él cantado,
el señor mi amo, puestas las manos al cielo y los ojos que casi nada se le parescía, sino un poco de
blanco, comienza una oración no menos larga que devota, con la cual hizo llorar a toda la gente   105
(como suelen hacer en los sermones de Pasión, de predicador y auditorio devoto), suplicando a
Nuestro Señor, pues no quería la muerte del pecador, sino su vida y arrepentimiento, que aquel
encaminado por el demonio y persuadido de la muerte y pecado, le quisiese perdonar y dar vida
y salud, para que se arrepintiese y confesase sus pecados.

Y esto hecho, mandó traer la bula y púsosela en la cabeza. Y luego el pecador del alguacil co-   110
menzó, poco a poco, a estar mejor y tornar en sí. Y desque fue bien vuelto en su acuerdo, echóse
a los pies del señor comisario y demandóle perdón; y confesó haber dicho aquello por la boca
y mandamiento del demonio, lo uno, por hacer a él daño y vengarse del enojo; lo otro, y más
principal, porque el demonio reciba mucha pena del bien que allí se hiciera en tomar la bula.

El señor mi amo le perdonó, y fueron hechas las amistades entre ellos. Y a tomar la bula   115
hubo tanta priesa, que casi ánima viviente en el lugar no quedó sin ella, marido y mujer, y hijos
y hijas, mozos y mozas.

120   Divulgóse la nueva de lo acaescido por los lugares comarcanos, y, cuando a ellos llegábamos, no era menester sermón ni ir a la iglesia, que a la posada la venían a tomar, como si fueran peras que se dieran de balde. De manera que, en diez o doce lugares de aquellos alderredores donde fuimos, echó el señor mi amo otras tantas mil bulas sin predicar sermón.

Cuando él hizo el ensayo, confieso mi pecado, que también fui dello espantado, y creí que ansí era, como otros muchos; mas con ver después la risa y burla que mi amo y el alguacil llevaban y hacían del negocio, conoscí cómo había sido industriado por el industrioso y inventivo de

125   mi amo.

Y aunque mochacho, cayóme mucho en gracia y dije entre mí: "¡Cuántas déstas deben hacer estos burladores entre la inocente gente!"

Finalmente, estuve con este mi quinto amo cerca de cuatro meses, en los cuales pasé también hartas fatigas.

Comprensión

1. ¿Qué hacía el bulero al llegar a un pueblo para ser aceptado?

2. En la riña entre el bulero y el alguacil, ¿de qué acusa este al bulero?

3. Explica en detalle lo que pasa durante el sermón del bulero.

4. ¿Qué efecto produce el patatús del alguacil a los que están presentes?

5. ¿Sabe Lazarillo que la escena del sermón es una farsa planeada de antemano por el bulero y el alguacil?

   • ¿Cómo se entera?

   • Y el lector, ¿es engañado también?

Interpretación

1. El bulero no habla latín, pero cuando se encuentra con un cura que no sabe latín, habla una forma que parece latín para impresionar al cura. El narrador describe la forma del habla como "un gentil y bien cortado romance y desenvoltísima lengua". Tenemos aquí un discurso metalingüístico, puesto que el narrador habla de las palabras empleando palabras. Teniendo en cuenta que el bulero usa su buen romance para engañar, ¿qué parece inferir el narrador con este discurso?

2. Así como se ve un discurso metalingüístico, también se observa un discurso metaliterario o metadramático. Explica por qué y cómo se lleva a cabo.

   • ¿Qué parece inferir el narrador con este discurso?

3. ¿Qué diferencia se nota en la participación de Lazarillo en este tratado en comparación a los otros?

   • ¿Qué razones se podrían dar para explicar esta nueva postura?

4. ¿Con qué término se refiere Lazarillo al bulero en la línea 124?

   • Explica el juego de palabras sin dejar de considerar el efecto fónico.

5. Los buleros existen porque la iglesia sanciona las bulas. ¿Qué parece ser la postura del narrador respecto a esta costumbre?

Tratado VI

La vida y la literatura

1. En pareja: ¿Crees que hay mucha explotación de los trabajadores por la gente y las empresas para las cuales trabajan? Enumera los tipos de explotación.

Cómo Lázaro se asentó con un capellán y lo que con él pasó

Después desto, asenté con un maestro de pintar panderos, para molelle los colores, y también sufrí mil males.

Siendo ya en este tiempo buen mozuelo, entrando un día en la iglesia mayor, un capellán della me recibió por suyo. Y púsome en poder un asno y cuatro cántaros y un azote, y comencé a echar agua[1] por la ciudad. Este fue el primer escalón que yo subí para venir a alcanzar buena vida, porque mi boca era medida. Daba cada día a mi amo treinta maravedís ganados, y los sábados ganaba para mí, y todo lo demás, entre semana, de treinta maravedís.

Fueme tan bien en el oficio, que al cabo de cuatro años que lo usé, con poner en la ganancia buen recaudo, ahorré para me vestir muy honradamente de la ropa vieja. De la cual compré un jubón de fustán viejo y un sayo raído, de manga tranzada y puerta, y una capa que había sido frisada, y una espada de las viejas primeras de Cuéllar. Desque me vi en hábito de hombre de bien, dije a mi amo se tomase su asno, que no quería más seguir aquel oficio.

5

10

Comprensión

1. ¿Qué servicio le rinde Lazarillo al capellán?
2. ¿Qué fue capaz de hacer Lazarillo después de cuatro años en este oficio?

Interpretación

1. La referencia al pintor es lo suficientemente corto para llamar la atención. Busca en www.rae.es el sentido de "pandero" y su sentido coloquial. Busca el sentido de "moler" con respecto al ser humano. Trata ahora de explicar por qué Lazarillo dejó también a este amo.
2. Explica cómo el narrador indica el paso del tiempo en la línea 3.

---

[1]vender agua

3. ¿Cuál sería el propósito de incluir en la narración a un capellán que tiene un negocio?

   • ¿el sueldo de Lazarillo?

   • ¿el tipo de ropa que se compra?

   • ¿el tiempo que le toma para ahorrar?

4. Explica la ironía de: "este fue el primer escalón que yo subí para venir a alcanzar buena vida".

Tratado VII

La literatura y la vida

1. Con un compañero considera si crees que es una deshonra si una persona de un matrimonio descubre que su pareja tiene un amante. (En español, esto se llama "ponerle cuernos al marido").

2. ¿Es más grave la deshonra para el hombre deshonrado o para la mujer? ¿Por qué?

   • ¿Crees que es más grave en la cultura hispánica que en la de los Estados Unidos? ¿Por qué?

   • Y tú, ¿qué harías en esa situación? ¿Te sentirías deshonrado(a)?

En contexto

El emperador Carlos V, quien reinó entre 1516 y 1556, era nieto de Fernando e Isabel, de quienes heredó el trono de España. De su padre Felipe de Habsburgo heredó el Sacro Imperio Romano junto con los Países Bajos (hoy Holanda y Bélgica). Por lo tanto, Carlos V fue uno de los más pudientes reyes de la historia europea. (Para ver la extensión de su imperio, busca por YouTube "La Europa en tiempos de Carlos V"). Entre 1538 y 1539 Carlos V celebró Cortes (parlamento) en Toledo para llevar a cabo su agenda legislativa. En ese momento España se encontraba en la cima de su poder, y Lazarillo lo tiene presente en las últimas palabras de la novela. Este rey fue retratado por el mayor pintor de la época, Tiziano (c. 1488-1576) en un cuadro ecuestre muy famoso. Haz una investigación de imágenes por Internet con "Carlos V, Tiziano".

Cómo Lázaro se asentó con un alguacil y de lo que le acaesció con él

Despedido del capellán, asenté por hombre de justicia con un alguacil. Mas muy poco viví con él, por parescerme oficio peligroso. Mayormente, que una noche nos corrieron a mí y a mi amo a pedradas y a palos unos retraídos. Y a mi amo, que esperó, trataron mal, mas a mí no me alcanzaron. Con esto renegué del trato.

Y pensando en qué modo de vivir haría mi asiento, por tener descanso y ganar algo para la vejez, quiso Dios alumbrarme y ponerme en camino y manera provechosa. Y con favor que tuve de amigos y señores, todos mis trabajos y fatigas hasta entonces pasados fueron pagados con alcanzar lo que procuré, que fue un oficio real, viendo que no hay nadie que medre, sino los que le tienen.

En el cual el día de hoy vivo y resido a servicio de Dios y de Vuestra Merced. Y es que tengo cargo de pregonar los vinos que en esta ciudad se venden, y en almonedas y cosas perdidas; acompañar los que padecen persecuciones por justicia y declarar a voces sus delictos: pregonero, hablando en buen romance.[1]

Hame sucedido tan bien, yo le he usado tan fácilmente, que casi todas las cosas al oficio tocantes pasan por mi mano. Tanto, que, en toda la ciudad, el que ha de echar vino a vender, o algo, si Lázaro de Tormes no entiende en ello, hacen cuenta de no sacar provecho.

En este tiempo, viendo mi habilidad y buen vivir, teniendo noticia de mi persona el señor arcipreste de Sant Salvador, mi señor, y servidor y amigo de Vuestra Merced, porque le pregonaba sus vinos, procuró casarme con una criada suya. Y visto por mí que de tal persona no podía venir sino bien y favor, acordé de lo hacer. Y así, me casé con ella, y hasta agora no estoy arrepentido.

Porque, allende de ser buena hija y diligente servicial, tengo en mi señor arcipreste todo favor y ayuda. Y siempre en el año le da, en veces, al pie de una carga de trigo; por las Pascuas, su carne; y cuando el par de los bodigos, las calzas viejas que deja. Y hízonos alquilar una casilla par de la suya. Los domingos y fiestas casi todas las comíamos en su casa.

Mas malas lenguas, que nunca faltaron ni faltarán, no nos dejan vivir, diciendo no sé qué y sí sé qué de que veen a mi mujer irle a hacer la cama y guisalle de comer. Y mejor les ayude Dios que ellos dicen la verdad.

Porque, allende de no ser ella mujer que se pague destas burlas, mi señor me ha prometido lo que pienso cumplirá. Que él me habló un día muy largo delante della y me dijo:

—Lázaro de Tormes, quien ha de mirar a dichos de malas lenguas nunca medrará. Digo esto porque no me maravillaría alguno, viendo entrar en mi casa a tu mujer y salir della. Ella entra muy a tu honra y suya, y esto te lo prometo. Por tanto, no mires a lo que puedan decir, sino a lo que te toca, digo, a tu provecho.

—Señor —le dije—, yo determiné de arrimarme a los buenos. Verdad es que algunos de mis amigos me han dicho algo deso, y aun por más de tres veces me han certificado que antes que conmigo casase había parido tres veces, hablando con reverencia de Vuestra Merced, porque está ella delante.

Entonces mi mujer echó juramentos sobre sí, que yo pensé la casa se hundiera con nosotros. Y después tomóse a llorar y a echar maldiciones sobre quien conmigo la había casado, en tal manera, que quisiera ser muerto antes que se me hubiera soltado aquella palabra de la boca. Mas yo de un cabo y mi señor de otro, tanto le dijimos y otorgamos, que cesó su llanto, con juramento que le hice de nunca más en mi vida mentalle nada de aquello, y que yo holgaba y había por bien de que ella entrase y saliese, de noche y de día, pues estaba bien seguro de su bondad. Y así quedamos todos tres bien conformes.

Hasta el día de hoy nunca nadie nos oyó sobre el caso; antes, cuando alguno siento que quiere decir algo della, le atajo y le digo:

—Mirá, si sois amigo, no me digáis cosa con que me pese, que no tengo por amigo al que me hace pesar; mayormente, si me quiere meter mal con mi mujer, que es la cosa del mundo

---

[1] español

50 que yo más quiero y la amo más que a mí. Y me hace Dios con ella mil mercedes y más bien que yo merezco; que yo juraré sobre la hostia consagrada, que es tan buena mujer como vive dentro de las puertas de Toledo. Quien otra cosa me dijere, yo me mataré con él.

Desta manera no me dicen nada y yo tengo paz en mi casa.

Esto fue el mesmo año que nuestro victorioso Emperador[2] en esta insigne ciudad de Toledo
55 entró, y tuvo en ella Cortes, y se hicieron grandes regocijos, como Vuestra Merced habrá oído. Pues en este tiempo estaba en mi prosperidad y en la cumbre de toda buena fortuna.

Comprensión

1. ¿Por qué dejó Lazarillo el puesto de hombre de justicia?
2. ¿En qué trabaja Lazarillo en este tratado?
3. ¿Qué tienen en común el capellán del tratado 6 y el arcipreste de este tratado?
4. ¿Qué hizo el arcipreste, su amo, para honrar a Lazarillo?
5. ¿Qué dice la gente de la relación entre el arcipreste y la esposa de Lazarillo?
6. Según el arcipreste, ¿por qué no debe Lázaro confiar en lo que dicen las malas lenguas?
7. ¿En qué momento histórico termina la novela?

Interpretación

1. ¿Desde qué punto en el tiempo se narra este tratado?
2. Ahora tenemos más noticias sobre "vuestra merced", el narratario de la novela. ¿Qué aprendemos de él?
   • Si el narratario es amigo del arcipreste, y si el arcipreste es corrupto, ¿qué se puede inferir de "vuestra merced"?
3. En este tratado vemos el "aburguesamiento" de Lazarillo, puesto que empieza a abrazar los valores de la clase media. ¿Qué se observa en su comportamiento para apoyar esta idea?
4. Aunque nadie confiesa que la esposa de Lazarillo es la amante del arcipreste, ¿cómo es que se puede inferir que es cierto?
   • ¿Por qué se niega Lazarillo a aceptar la verdad o investigar el caso más a fondo?
   • ¿Qué razones se podrían plantear para explicar por qué no le importa a Lazarillo su deshonra?
5. En el último párrafo, Lazarillo compara su "prosperidad" y "buena fortuna" con la de España. Si Lázaro es un cornudo, y su buena fortuna es solo una apariencia, ¿qué debe intuir el lector respecto a la 'prosperidad' de España?

Cultura, conexiones y comparaciones

1. *Lazarillo de Tormes* introduce un nuevo género literario en la literatura europea. Es una obra de ficción en prosa que se basa en la realidad e intenta engañar al lector de que los eventos ocurrieron en realidad. Por eso se le considera la

---

[2]Carlos V (consulta *En contexto* más arriba)

primera novela moderna. También introduce la figura del pícaro, que eran niños o jóvenes huérfanos o abandonados, sin amparo alguno, que se ganaban la vida en la calle como pudieran. Luego aparecieron otras novelas narradas en primera persona por pícaros, y estas se llaman "novelas picarescas". Entre ellas, las más famosas son *Guzmán de Alfarache* de Mateo Alemán (1547-¿1615?) y *El Buscón* de Francisco de Quevedo (1580-1645). Las novelas picarescas influyeron mucho en la literatura en lengua inglesa, como *Moll Flanders* de Daniel DeFoe (1660-1731), *Tom Jones* de Henry Fielding (1701-1754), *Huckleberry Finn* de Mark Twain (1835-1910) y *Augie March* de Saul Bellow (1915-2005). Que cada estudiante se informe sobre una de estas novelas y haga una breve presentación a la clase, prestando particular atención a lo que tienen en común con la novela picaresca.

2. Los pícaros también se ven representados en el arte español del siglo XVII, como en la obra de Esteban Murillo (1617-1682). Busca unas imágenes por Internet sobre "Murillo pícaros" para verlos. En clase comparte tus observaciones con otros.

3. A partir de 1492, con el fin de la Reconquista, la expulsión de los moros y judíos, el establecimiento de la Inquisición y la unificación nacional, la monarquía española deseaba proyectar la imagen de una España unida, rica, católica y racialmente homogénea. En grupo, explica cómo el *Lazarillo* le quita la máscara a esa imagen oficial de España en cuanto a pureza de sangre, religiosidad y bienestar económico.

4. Lazarillo es mestizo moro y europeo y su hermano es mulato. ¿Crees que estas mezclas raciales se daban en otros pueblos europeos?

   • A pesar de que existían estas mezclas, ¿crees que esa gente era totalmente aceptada por la sociedad? Explica.

5. La representación de gente africana se ve también en el arte español del siglo XVII. Busca por imágenes de Internet "Juan de Pareja" de Diego Velásquez (1599-1660). El retrato es de un asistente del famoso pintor. ¿Crees que Velásquez admiraba a este hombre? ¿Por qué?

6. Francisco Calero ha dicho lo siguiente respecto a la moral de Lazarillo:

   Lázaro tiene las principales virtudes cristianas: la caridad y la piedad. Pero ¿puede transmitir su vida una enseñanza moralizadora? ¿No está impedida por completo tal moralidad por la relación con su esposa por una parte y, por otra, por la relación con el arcipreste?

   Explica por escrito lo que quiere decir Calero con esta observación.

7. El *Lazarillo* contiene muchos discursos que tienen paralelos en los Estados Unidos hoy día. Comenta en grupo sobre la gente que vive en la calle, el trato de las minorías, el abuso sexual del clero, el trato de los inmigrantes (recuerda que Lazarillo y su amo tienen que irse de Toledo porque hay sequía, y todos los forasteros tienen que marcharse), la explotación de los trabajadores (Lazarillo apenas gana dinero, y tiene que ahorrar varios años para comprarse un traje), etc.

Emilia Pardo Bazán, "Las medias rojas"

Autor: Emilia Pardo Bazán (1851-1921)
Nacionalidad: Española
Datos biográficos: Era de familia noble. Viajó por Europa y aprendió inglés, francés y alemán, y leyó extensamente en esos idiomas, lo cual la preparó para dar a conocer en España las últimas novedades literarias de esas lenguas.
Época y movimiento cultural: Narrativa del siglo XIX; Realismo y Naturalismo
Obras más conocidas: *Los pazos de Ulloa* (1886)
Importancia literaria: En 1883 publicó *La cuestión palpitante*, que introdujo el Naturalismo literario francés a los españoles, y fue ella uno de sus mayores practicantes.

La literatura y la vida

1. Conversa en clase sobre los inmigrantes en los Estados Unidos: ¿Conoces a alguien que haya inmigrado recientemente?

   • ¿Cuáles han sido las razones por su decisión de inmigrar?

   • ¿Con qué se han enfrentado al llegar a este país?

2. ¿Crees que es justo o usual que un individuo deje solo a un padre o madre anciana para irse a otro país? Explica.

3. ¿Tienes noticias de alguien que haya sido abusado físicamente por sus padres?

   • ¿Crees que los padres tienen el derecho de pegarles a sus hijos? Defiende tu postura.

En contexto

Los españoles progresistas del siglo XIX y principios del XX consideraban la situación agraria y la mala distribución de la tierra como el mayor obstáculo al progreso del país. Muchas tierras estaban en manos de nobles, quienes las habían heredado como encomiendas en la Edad Media. El campesino español laboraba la tierra, pero tenía que pagar arriendas al dueño. Como consecuencia de esta situación, muchos españoles emigraron de España al Nuevo Mundo en el siglo XIX en busca de riquezas y una mejor vida. Galicia, la región del extremo noroeste del país y donde tiene lugar este relato, fue la que más población perdió a la emigración. Tantos gallegos emigraron a Cuba, Argentina y México que en esos países "gallego" es un sinécdoque de "español".

"Las medias rojas"

Cuando la rapaza[1] entró, cargada con el haz[2] de leña que acababa de merodear[3] en el monte del señor amo, el tío[4] Clodio no levantó la cabeza, entregado a la ocupación de picar un cigarro, sirviéndose, en vez de navaja, de una uña córnea color de ámbar oscuro, porque la había tostado el fuego de las apuradas colillas.[5]

Ildara soltó el peso en tierra y se atusó el cabello, peinado a la moda "de las señoritas" y   5
revuelto por los enganchones de las ramillas que se agarraban a él. Después, con la lentitud de las faenas aldeanas, preparó el fuego, lo prendió, desgarró las berzas,[6] las echó en el pote negro, en compañía de unas patatas mal troceadas y de unas judías asaz[7] secas, de la cosecha anterior, sin remojar. Al cabo de estas operaciones, tenía el tío Clodio liado su cigarrillo, y lo chupaba desgarbadamente, haciendo en los carrillos dos hoyos como sumideros,[8] grises, entre lo azuloso   10
de la descuidada barba.

Sin duda la leña estaba húmeda de tanto llover la semana entera, y ardía mal, soltando una humareda acre; pero el labriego no reparaba: al humo, ¡bah!, estaba él bien hecho desde niño. Como Ildara se inclinase para soplar y activar la llama, observó el viejo cosa más insólita: algo de color vivo, que emergía de las remendadas y encharcadas[9] sayas de la moza… Una pierna   15
robusta, aprisionada en una media roja, de algodón…

—¡Ey! ¡Ildara!

—¡Señor padre!

—¿Qué novidá[10] es ésa?

—¿Cuál novidá?   20

—¿Ahora me gastas medias, como la hirmán[11] del abade?

Incorporóse la muchacha, y la llama, que empezaba a alzarse, dorada, lamedora de la negra panza del pote, alumbró su cara redonda, bonita de facciones pequeñas, de boca apetecible, de pupilas claras, golosas de vivir.

—Gasto medias, gasto medias —repitió, sin amilanarse—.[12] Y si las gasto, no se las debo a   25
ninguén.[13]

—Luego nacen los cuartos en el monte —insitió el tío Clodio con amenazadora sorna.[14]

—¡No nacen!… Vendí al abade unos huevos, que no dirá menos él… Y con eso merqué[15] las medias.

---

[1]*regionalismo:* muchacha
[2]conjunto atado
[3]coger sin permiso
[4]*regionalismo:* Título como "don" que se emplea en Galicia. Clodio es el padre y no el tío de Ildara.
[5]los cabos pequeños del cigarillo que tiene que tirar el que los fuma
[6]col
[7]*poét.:* muy
[8]*regionalismo:* pozos
[9]mojadas
[10]*gallego:* novedad
[11]*gallego:* hermana
[12]*fig.:* miedo
[13]*gallego:* nadie
[14]*fig.:* sarcasmo
[15]*rúst.:* compré

30   Una luz de ira cruzó por los ojos pequeños, engarzados[16] en duros párpados, bajo cejas hirsutas, del labrador... Saltó del banco donde estaba escarranchado,[17] y agarrando a su hija por los hombros, la zarandeó[18] brutalmente, arrojándola contra la pared, mientras barbotaba:

—¡Engañosa! ¡Engañosa! ¡Cluecas[19] andan las gallinas que no ponen!

Ildara, apretando los dientes por no gritar de dolor, se defendía la cara con las manos. Era
35   siempre su temor de mociña[20] guapa y requebrada,[21] que el padre la mancase, como le había sucedido a la Mariola, su prima, señalada por su propia madre en la frente con el aro de la criba,[22] que le desgarró los tejidos. Y tanto más defendía su belleza, hoy que se acercaba el momento de fundar en ella un sueño de porvenir. Cumplida la mayoría edad, libre de la autoridad paterna, la esperaba el barco, en cuyas entrañas tantos de su parroquia y de las parroquias circunvecinas
40   se habían ido hacia la suerte, hacia lo desconocido de los lejanos países donde el oro rueda por las calles y no hay sino bajarse para cogerlo. El padre no quería emigrar, cansado de una vida de labor, indiferente a la esperanza tardía: pues que se quedase él Ella iría sin falta; ya estaba de acuerdo con el gancho,[23] que le adelantaba los pesos para el viaje, y hasta le había dado cinco de señal, de los cuales habían salido las famosas medias... Y el tío Clodio, ladino,[24] sagaz, adivinador
45   o sabedor, sin dejar de tener acorralada y acosada a la moza, repetía:

—Ya te cansaste de andar descalza de pie y pierna, como las mujeres de bien, ¿eh, condenada? ¿Llevó medias alguna vez tu madre? ¿Peinóse como tú, que siempre estás dale que tienes con el cacho de espejo? Toma, para que te acuerdes...

Y con el cerrado puño hirió primero la cabeza, luego el rostro, apartando las medrosas ma-
50   necitas, de forma no alteradas aún por el trabajo, con que se escudaba[25] Ildara, trémula. El cachete más violento cayó sobre un ojo, y la rapaza vio, como un cielo estrellado, miles de puntos brillantes envueltos en una radiación de intensos coloridos sobre un negro terciopeloso. Luego, el labrador aporreó la nariz, los carrillos. Fue un instante de furor, en que sin escrúpulo la hubiese matado, antes que verla marchar, dejándole a él solo, viudo, casi imposibilitado de cultivar la
55   tierra que llevaba en arriendo,[26] que fecundó con sudores tantos años, a la cual profesaba un cariño maquinal, absurdo. Cesó al fin de pegar; Ildara, aturdida de espanto, ya no chillaba siquiera.
Salió fuera, silenciosa, y en el regato[27] próximo se lavó la sangre. Un diente bonito, juvenil, le quedó en la mano. Del ojo lastimado, no veía.
Como que el médico, consultado tarde y de mala gana, según es uso de labriegos, habló de
60   un desprendimiento de la retina, cosa que no entendió la muchacha, pero que consistía... en quedarse tuerta.
Y nunca más el barco la recibió en sus concavidades para llevarla hacia nuevos horizontes de holganza[28] y lujo. Los que allá vayan, han de ir sanos, válidos, y las mujeres, con sus ojos alumbrando y su dentadura completa...

---

[16]insertados

[17]con las piernas separadas

[18]sacudió

[19]sin poner huevos

[20]*regionalismo:* moza, joven

[21]*fig.:* lisonjeada por sus atractivos

[22]instumento de cocina con tela metálica para colar

[23]persona que se encarga de hacer los arreglos del viaje; *fig.* y *fam.:* rufián (Lo cual indica que en el oficio se hacía mucha trampa, como los llamados coyotes de hoy que se dedican a transportar personas ilegalmente a otros países.)

[24]taimado, pícaro

[25]*fig.:* defendía

[26]alquilada; Ver *En contexto.*

[27]pequeño arroyo

[28]ocio, placer

Comprensión

1. Al comenzar el cuento, ¿qué ha traído Ildara del campo?

   • ¿Por qué lo necesita?

2. ¿Qué nota su padre (tío Clodio) cuando Ildara se inclinó sobre la hoguera?

   • ¿Cómo reaccionó el padre?

   • ¿Cómo le contestó Ildara?

3. ¿Adónde se va a marchar Ildara?

   • ¿Por qué no la acompaña el padre?

4. ¿Qué le hizo el tío Clodio a su hija?

   • ¿Qué fue el resultado de su conducta?

   • ¿Cómo termina el relato?

Interpretación

1. ¿Cómo se refiere Ildara al dueño de la tierra en la primera oración? Ese pequeño signo introduce un discurso histórico-social. Después de leer *En contexto*, explícalo.

2. Ildara le prepara a su padre un caldo gallego, uno de los platos más típicos de Galicia. Busca la receta por Internet con "Caldo gallego, norma". ¿Qué tres ingredientes principales lleva?

   • ¿Le prepara Ildara la comida a su padre con mucho esmero? (Por ejemplo, ¿qué se tiene que hacer a las judías secas para ablandarlas antes de cocerlas?)

   • ¿Por qué introduciría la autora este detalle?

3. Las "medias rojas" es un signo polisémico. Trata de precisar lo que representan para Ildara y luego para su padre.

   • Es posible que el signo sea hasta más complejo. ¿Qué opciones tendría una chica en esta época que viajaba sola, sin el amparo de su familia, al llegar a su destino en América? Explica cómo el signo podría ser una premonición del futuro de Ildara.

4. El relato contiene un rico trasfondo cromático. Busca todos los signos relacionados con los matices del color rojo, como los que se observan en la llama de una hoguera.

5. Observa la descripción de lo que ve Ildara al recibir el cachete de su padre (l. 49-52). ¿Por qué emplearía el autor implícito una descripción poética para describir un acto tan horripilante?

6. Al final del relato, la autora indica que Ildara ya no podrá emigrar, porque los que van llevan "sus ojos alumbrando". Trata de explicar los significantes de ese signo con respecto a la hoguera que hace Ildara al principio, la descripción poética del dolor y, ahora, los "ojos alumbrando".

7. Las reacciones que siente el destinatario de este cuento, ¿surgen de los hechos o del punto de vista del narrador?

   • ¿Cómo describirías la postura del narrador en este relato?

8. La crítica de la recepción intenta entender los productos culturales tal como fueron interpretados por sus destinatarios originales. ¿Cómo crees que el público de Pardo Bazán reaccionaría a este relato, sobre todo con respecto a la conducta del padre?

Cultura, conexiones y comparaciones

1. Pardo Bazán introduce el Naturalismo literario a España. El Naturalismo del siglo XIX expresa con minuciosos detalles realistas el medio ambiente, la época histórica y las condiciones sociales. Suele enfocarse en los detalles más mezquinos y horripilantes e insiste en la herencia como factor esencial que determina al individuo. Con un compañero, busca las características naturalistas de este relato y compártelas con la clase.

2. En la cultura hispánica, mucho más que en la de los anglosajones, los hijos tienen la obligación de cuidar a sus padres en su vejez. Si hay varios hijos, entonces es el deber del más joven. ¿Conoces la película *Como agua para chocolate* (1992)? ¿Qué ocurre con la hija menor en esa película?

   • Desde ese punto de vista, ¿tiene razón el padre para estar furioso con Ildara? Explica.

3. Toma una postura u otra para debatir en clase: ¿Qué harías tú en la situación de Ildara? ¿Buscarías una nueva vida o te quedarías a cuidar a tu padre?

4. Explica cómo la situación histórica-económica es el factor que impulsa a Ildara a emigrar. ¿Qué otras causas impelan a la gente a abandonar a sus familias e ir a otros países?

5. Ildara y su padre hablan gallego y no castellano. España es un país compuesto por muchas regiones diversas, y algunas de ellas tienen su propia lengua y cultura. En España, además del gallego y el castellano se habla catalán (en la región mediterránea desde Barcelona hasta Valencia, incluyendo las Islas Baleares) y el vascuence o euskera (en el País Vasco en el norte lindando la Cordillera Cantábrica y Francia). Ninguno de estos idiomas es un dialecto, sino un idioma particular. El catalán, el castellano y el gallego son idiomas románicos, pero el euskera es de origen distinto. ¿Conoces otros países del mundo donde se hablan más de un idioma? (Pista: Los dos países con fronteras con los Estados Unidos).

José Martí, "Nuestra América"

Autor: José Martí (1853-1895)

Nacionalidad: Cubano

Datos biográficos: Dedicó su vida a la independencia de Cuba, sobre todo escribiendo para despertar la conciencia de sus paisanos y recaudando fondos. Murió luchado por la patria.

Época y movimiento cultural: Siglo XIX; Modernismo

Obras más conocidas: *Versos sencillos* (1891)

Importancia literaria: Fue precursor del Modernismo y uno de sus mayores practicantes.

La literatura y la vida

1. ¿Crees que tenemos un sistema bueno de gobierno en los Estados Unidos? Explica.
   - ¿Crees que otros países del mundo deben adoptar nuestro sistema de gobierno? Explica.
2. ¿Qué opinas del racismo?
   - ¿Crees que existe racismo en los Estados Unidos? Explica.

En contexto

Los movimientos independistas en Hispanoamérica en el siglo XIX fueron propagados por una pequeña elite criolla liberal que fundó sus ideas en los conceptos políticos y sociales de las revoluciones norteamericana (1776) y francesa (1789). Sin embargo, las realidades de esos países no respondían a las situaciones sociales y económicas de la región hispana. Como consecuencia, la lucha de independencia de España fue seguida por unas contiendas sangrientas entre diferentes facciones que querían imponer sus propias nociones de gobernar. En la gran mayoría de los casos, surgieron unos fuertes caudillos que impusieron el orden con una mano fuerte dictatorial.

Muy temprano en el desarrollo del pensamiento hispanoamericano se da la dicotomía entre la cultura europeizante de las ciudades y la cultura autóctona del campo. El pensador argentino Domingo Faustino Sarmiento (1811-1888) denominó esta contienda como "civilización y barbarie", creyendo que el campo indomable e inculto es el culpable por la falta de orden en el continente. Martí, un hombre igualitario, parece estar en contra de estas nociones divisorias.

Martí, obviamente, aboga por la igualdad social y racial. La sociedad hispanoamericana estaba (y en algunas partes sigue estando) muy estratificada. En la cumbre de la escala social están los criollos, que son los hijos de los colonizadores de pura sangre europea. Luego, en una estrada mucho más inferior están los mestizos—las mezclas entre europeos e indígenas. Y en la base más baja se encuentra la numerosa masa de indios y negros.

"Nuestra América"

Cree el aldeano vanidoso que el mundo entero es su aldea, y con tal que él quede de alcalde, o le mortifique al rival que le quitó la novia, o le crezcan en la alcancía los ahorros, ya da por bueno el orden universal, sin saber de los gigantes que llevan siete leguas en las botas y le pueden poner la bota encima, ni de la pelea de los cometas en el Cielo, que van por el aire dormidos engullendo[1] mundos. Lo que quede de aldea en América ha de despertar. Estos tiempos no son   5
para acostarse con el pañuelo en la cabeza, sino con las armas en la almohada, como los varones de Juan de Castellanos:[2] las armas del juicio, que vencen a las otras. Trincheras de ideas valen más que trincheras de piedra.

No hay proa que taje una nube de ideas. Una idea enérgica, flameada a tiempo ante el mundo, para, como la bandera mística del juicio final, a un escuadrón de acorazados.[3]   10

---

[1]tragando sin masticar
[2]Escribió *Elegías de varones ilustres de Indias* (1588), un poema épico larguísimo donde elogia el heroísmo de los soldados que participaron en la conquista y dominación del Nuevo Mundo.
[3]buques grandes de guerra

Los pueblos que no se conocen han de darse prisa para conocerse, como quienes van a pelear juntos. Los que enseñan los puños, como hermanos celosos, que quieren los dos la misma tierra, o el de casa chica, que le tiene envidia al de casa mejor, han de encajar, de modo que sean una, las dos manos. Los que, al amparo de una tradición criminal, cercenaron, con el sable
15 tinto en la sangre de sus mismas venas, la tierra del hermano vencido, del hermano castigado más allá de sus culpas, si no quieren que les llame el pueblo ladrones, devuélvanle sus tierras al hermano.[4] Las deudas del honor no las cobra el honrado en dinero, a tanto por la bofetada. Ya no podemos ser el pueblo de hojas, que vive en el aire, con la copa cargada de flor, restallando o zumbando, según la acaricie el capricho de la luz, o la tundan[5] y talen[6] las tempestades; ¡los
20 árboles se han de poner en fila para que no pase el gigante de las siete legua! Es la hora del recuento, y de la marcha unida, y hemos de andar en cuadro apretado, como la plata en las raíces de los Andes.

A los sietemesinos sólo les faltará el valor. Los que no tienen fe en su tierra son hombres de siete meses. Porque les falta el valor a ellos, se lo niegan a los demás. No les alcanza al árbol
25 difícil el brazo canijo, el brazo de uñas pintadas y pulsera, el brazo de Madrid o de París, y dicen que no se puede alcanzar el árbol. Hay que cargar los barcos de esos insectos dañinos, que le roen el hueso a la patria que los nutre. Si son parisienses o madrileños, vayan al Prado, de faroles, o vayan a Tortoni,[7] de sorbetes. ¡Estos hijos de carpintero, que se avergüenzan de que su padre sea carpintero! ¡Estos nacidos en América, que se avergüenzan, porque llevan delantal
30 indio, de la madre que los crió, y reniegan, ¡bribones!, de la madre enferma, y la dejan sola en el lecho de las enfermedades! Pues, ¿quién es el hombre? ¿el que se queda con la madre, a curarle la enfermedad, o el que la pone a trabajar donde no la vean, y vive de su sustento en las tierras podridas con el gusano de corbata, maldiciendo del seno que lo cargó, paseando el letrero de traidor en la espalda de la casaca de papel? ¡Estos hijos de nuestra América, que ha
35 de salvarse con sus indios, y va de menos a más; estos desertores que piden fusil en los ejércitos de la América del Norte, que ahoga en sangre a sus indios, y va de más a menos! ¿Estos delicados, que son hombres y no quieren hacer el trabajo de hombres! Pues el Washington que les hizo esta tierra ¿se fue a vivir con los ingleses, a vivir con los ingleses en los años en que los veía venir contra su tierra propia? ¡Estos «increíbles» del honor, que lo arrastran por
40 el suelo extranjero, como los increíbles de la Revolución Francesa, danzando y relamiéndose, arrastraban las erres!

Ni ¿en qué patria puede tener un hombre más orgullo que en nuestras repúblicas dolorosas de América, levantadas entre las masas mudas de indios, al ruido de pelea del libro con el cirial,[8] sobre los brazos sangrientos de un centenar de apóstoles? De factores tan descompuestos,
45 jamás, en menos tiempo histórico, se han creado naciones tan adelantadas y compactas. Cree el soberbio que la tierra fue hecha para servirle de pedestal, porque tiene la pluma fácil o la palabra de colores, y acusa de incapaz e irremediable a su república nativa, porque no le dan sus selvas nuevas modo continuo de ir por el mundo de gamonal famoso,[9] guiando jacas de Persia y derramando champaña. La incapacidad no está en el país naciente, que pide formas que se
50 le acomoden y grandeza útil, sino en los que quieren regir pueblos originales, de composición singular y violenta, con leyes heredadas de cuatro siglos de práctica libre en los Estados Unidos,

---

[4]Martí se refiere a la Guerra del Pacífico (1879-1883) que se luchó entre Bolivia, Perú y Chile. Chile quería territorios de Bolivia ricos en minerales, y como consecuencia de la victoria chilena, Bolivia perdió su acceso al mar. Hasta más preocupante para Martí fue la guerra de agresión de los Estados Unidos contra México (1846-48) en que México tuvo que conceder la mitad de su territorio al vecino norteamericano.
[5]castigan con golpes
[6]arrasan; destruyen
[7]famoso café de París, hoy cerrado
[8]candelero alto que se lleva en procesiones religiosas. (Martí usa el cirial como sinécdoque a lo largo del ensayo).
[9]campo de flores de la antigua Grecia

de diecinueve siglos de monarquía en Francia. Con un decreto de Hamilton no se le para la pechada al potro del llanero. Con una frase de Sieyès[10] no se desestanca la sangre cuajada de la raza india. A lo que es, allí donde se gobierna, hay que atender para gobernar bien; y el buen gobernante en América no es el que sabe cómo se gobierna el alemán o el francés, sino el que sabe con qué elementos está hecho su país, y cómo puede ir guiándolos en junto, para llegar, por métodos e instituciones nacidas del país mismo, a aquel estado apetecible donde cada hombre se conoce y ejerce, y disfrutan todos de la abundancia que la Naturaleza puso para todos en el pueblo que fecundan con su trabajo y defienden con sus vidas. El gobierno ha de nacer del país. El espíritu del gobierno ha de ser el del país. La forma de gobierno ha de avenirse a la constitución propia del país. El gobierno no es más que el equilibrio de los elementos naturales del país.

Por eso el libro importado ha sido vencido en América por el hombre natural. Los hombres naturales han vencido a los letrados artificiales. El mestizo autóctono ha vencido al criollo exótico. No hay batalla entre la civilización y la barbarie, sino entre la falsa erudición y la naturaleza. El hombre natural es bueno, y acata y premia la inteligencia superior, mientras esta no se vale de su sumisión para dañarle, o le ofende prescindiendo de él, que es cosa que no perdona el hombre natural, dispuesto a recobrar por la fuerza el respeto de quien le hiere la susceptibilidad o le perjudica el interés. Por esta conformidad con los elementos naturales desdeñados han subido los tiranos de América al poder; y han caído en cuanto les hicieron traición. Las repúblicas han purgado en las tiranías su incapacidad para conocer los elementos verdaderos del país, derivar de ellos la forma de gobierno y gobernar con ellos. Gobernante, en un pueblo nuevo, quiere decir creador.

En pueblos compuestos de elementos cultos e incultos, los incultos gobernarán, por su hábito de agredir y resolver las dudas con su mano, allí donde los cultos no aprendan el arte del gobierno. La masa inculta es perezosa, y tímida en las cosas de la inteligencia, y quiere que la gobiernen bien; pero si el gobierno le lastima, se lo sacude y gobierna ella. ¿Cómo han de salir de las universidades los gobernantes, si no hay universidad en América donde se enseñe lo rudimentario del arte del gobierno, que es el análisis de los elementos peculiares de los pueblos de América? A adivinar salen los jóvenes al mundo, con antiparras[11] yanquis o francesas, y aspiran a dirigir un pueblo que no conocen. En la carrera de la política habría de negarse la entrada a los que desconocen los rudimentos de la política. El premio de los certámenes no ha de ser para la mejor oda, sino para el mejor estudio de los factores del país en que se vive. En el periódico, en la cátedra, en la academia, debe llevarse adelante el estudio de los factores reales del país. Conocerlos basta, sin vendas ni ambages;[12] porque el que pone de lado, por voluntad u olvido, una parte de la verdad, cae a la larga por la verdad que le faltó, que crece en la negligencia, y derriba lo que se levanta sin ella. Resolver el problema después de conocer sus elementos, es más fácil que resolver el problema sin conocerlos. Viene el hombre natural, indignado y fuerte, y derriba la justicia acumulada de los libros, porque no se administra en acuerdos con las necesidades patentes del país. Conocer es resolver. Conocer el país, y gobernarlo conforme al conocimiento es el único modo de librarlo de tiranías. La universidad europea ha de ceder a la universidad americana. La historia de América, de los incas acá, ha de enseñarse al dedillo, aunque no se enseñe la de los arcontes de Grecia. Nuestra Grecia es preferible a la Grecia que no es nuestra. Nos es más necesaria. Los políticos nacionales han de reemplazar a los políticos exóticos. Injértese en nuestras repúblicas el mundo; pero el tronco ha de ser el de nuestras repúblicas. Y calle el pedante vencido; que no hay patria en que pueda tener el hombre más orgullo que en nuestras dolorosas repúblicas americanas.

---

[10]teorista de la Revolución Francesa
[11]anteojos
[12]*galicismo:* circunlocución

Con los pies en el rosario, la cabeza blanca y el cuerpo pinto de indio y criollo, venimos, denodados, al mundo de las naciones. Con el estandarte de la Virgen salimos a la conquista de la
100 libertad. Un cura, unos cuantos tenientes y una mujer alzan en México la república, en hombros de los indios.[13] Un canónigo español, a la sombra de su capa, instruye la libertad francesa a unos cuantos bachilleres magníficos, que ponen de jefe de Centro América contra España al general de España.[14] Con los hábitos monárquicos, y el Sol por pecho, se echaron a levantar pueblos los venezolanos por el Norte y los argentinos por el Sur.[15] Cuando los dos héroes chocaron,
105 y el continente iba a temblar, uno, que no fue el menos grande, volvió riendas.[16] Y como el heroísmo en la paz es más escaso, porque es menos glorioso que el de la guerra; como al hombre le es más fácil morir con honra que pensar con orden; como gobernar con los sentimientos exaltados y unánimes es más hacedero que dirigir, después de la pelea, los pensamientos diversos, arrogantes, exóticos o ambiciosos; como los poderes arrollados en la arremetida épica zapaban,[17]
110 con la cautela felina de la especie y el peso de lo real, el edificio que habían izado,[18] en las comarcas burdas y singulares de nuestra América mestiza, en los pueblos de pierna desnuda y casaca de París, la bandera de los pueblos nutridos de savia gobernante en la práctica continua de la razón y de la libertad; como la constitución jerárquica de las colonias resistía la organización democrática de la República, o las capitales de corbatín dejaban en el zaguán al campo de
115 bota y potro, o los redentores bibliógenos[19] no entendieron que la revolución que triunfó con el alma de la tierra había de gobernar, y no contra ella ni sin ella, entró a padecer América, y padece, de la fatiga de acomodación entre los elementos discordantes y hostiles que heredó de un colonizador despótico y avieso,[20] y las ideas y formas importadas que han venido retardando, por su falta de realidad local, el gobierno lógico. El continente descoyuntado durante tres siglos
120 por un mando que negaba el derecho del hombre al ejercicio de su razón, entró, desatendiendo o desoyendo a los ignorantes que lo habían ayudado a redimirse, en un gobierno que tenía por base la razón; la razón de todos en las cosas de todos, y no la razón universitaria de unos sobre la razón campestre de otros. El problema de la independencia no era el cambio de formas, sino el cambio de espíritu.

125 Con los oprimidos había que hacer una causa común, para afianzar el sistema opuesto a los intereses y hábitos de mando de los opresores. El tigre, espantado del fogonazo, vuelve de noche al lugar de la presa. Muere echando llamas por los ojos y con las zarpas al aire. No se le oye venir, sino que viene con zarpas de terciopelo. Cuando la presa despierta, tiene al tigre encima. La colonia continuó viviendo en la república; y nuestra América se está salvando de sus grandes
130 yerros —de la soberbia de las ciudades capitales, del triunfo ciego de los campesinos desdeñados, de la importación excesiva de las ideas y fórmulas ajenas, del desdén inicuo e impolítico de la raza aborigen—, por la virtud superior, abonada con sangre necesaria, de la república que lucha contra la colonia. El tigre espera, detrás de cada árbol, acurrucado en cada esquina. Morirá, con las zarpas al aire, echando llamas por los ojos.

135 Pero «estos países se salvarán», como anunció Rivadavia el argentino, el que pecó de finura en tiempos crudos; al machete no le va vaina de seda, ni el país que se ganó con lanzón se puede echar el lanzón atrás, porque se enoja y se pone en la puerta del Congreso de Iturbide «a que le hagan emperador al rubio». Estos países se salvarán porque, con el genio de la moderación

---

[13]Se refiere al padre Miguel Hidalgo y Josefa Ortiz, y al Grito de Dolores que empezó la guerra de independencia de México.

[14]referencia a Gabino Guinza (¿1753-1829?)

[15]clara referencia a Simón Bolívar en el norte y Miguel de San Martín por el sur

[16]Los dos generales se encontraron en Guayaquil para solucionar sus diferencias de opinión. Aunque no se sabe lo que transcurrió en esa reunión, lo que sí es cierto es que San Martín partió para París sin jamás volver vivo a América.

[17]laboraban la tierra

[18]levantado

[19]*neo.*: gente letrada

[20]mal intencionado

que parece imperar, por la armonía serena de la Naturaleza, en el continente de la luz, y por el
influjo de la lectura crítica que ha sucedido en Europa a la lectura de tanteo y falansterio[21] en   140
que se empapó la generación anterior, le está naciendo a América, en estos tiempos reales, el
hombre real.

Éramos una visión, con el pecho de atleta, las manos de petimetre[22] y la frente de niño. Éramos
una máscara, con los calzones de Inglaterra, el chaleco parisiense, el chaquetón de Norteamérica
y la montera de España. El indio, mudo, nos daba vueltas alrededor, y se iba al monte, a la cumbre   145
del monte, a bautizar a sus hijos. El negro, oteado,[23] cantaba en la noche la música de su corazón,
solo y desconocido, entre las olas y las fieras. El campesino, el creador, se revolvía, ciego de indignación, contra la ciudad desdeñosa, contra su criatura. Éramos charreteras y togas, en países que
venían al mundo con la alpargata en los pies y la vincha[24] en la cabeza. El genio hubiera estado
en hermanar, con la caridad del corazón y con el atrevimiento de los fundadores, la vincha y la   150
toga; en desestancar al indio; en ir haciendo lado al negro suficiente; en ajustar la libertad al cuerpo de los que se alzaron y vencieron por ella. Nos quedó el oidor, y el general, y el letrado, y el
prebendado.[25] La juventud angélica, como de los brazos de un pulpo, echaba al Cielo, para caer
con gloria estéril, la cabeza, coronada de nubes. El pueblo natural, con el empuje del instinto, ar-
rollaba, ciego de triunfo, los bastones de oro. Ni el libro europeo, ni el libro yanqui, daban la clave   155
del enigma hispanoamericano. Se probó el odio, y los países venían cada año a menos. Cansados
del odio inútil de la resistencia del libro contra la lanza, de la razón contra el cirial, de la ciudad
contra el campo, del imperio imposible de las castas urbanas divididas sobre la nación natural,
tempestuosa e inerte, se empieza, como sin saberlo, a probar el amor. Se ponen en pie los pueblos,
y se saludan. «¿Cómo somos?» se preguntan; y unos a otros se van diciendo cómo son. Cuando   160
aparece en Cojímar un problema, no van a buscar la solución a Dantzig. Las levitas son todavía
de Francia, pero el pensamiento empieza a ser de América. Los jóvenes de América se ponen la
camisa al codo, hunden las manos en la masa, y la levantan con la levadura del sudor. Entienden
que se imita demasiado, y que la salvación está en crear. Crear es la palabra de pase de esta generación. El vino, de plátano; y si sale agrio, ¡es nuestro vino! Se entiende que las formas de gobierno   165
de un país han de acomodarse a sus elementos naturales; que las ideas absolutas, para no caer por
un yerro de forma, han de ponerse en formas relativas; que la libertad, para ser viable, tiene que
ser sincera y plena; que si la república no abre los brazos a todos y adelanta con todos, muere la
república. El tigre de adentro se echa por la hendija, y el tigre de afuera. El general sujeta en la
marcha la caballería al paso de los infantes. O si deja a la zaga[26] a los infantes, le envuelve el ene-   170
migo la caballería. Estrategia es política. Los pueblos han de vivir criticándose, porque la crítica
es la salud; pero con un solo pecho y una sola mente. ¡Bajarse hasta los infelices y alzarlos en los
brazos! ¡Con el fuego del corazón deshelar la América coagulada! ¡Echar, bullendo y rebotando,
por las venas, la sangre natural del país! En pie, con los ojos alegres de los trabajadores, se saludan,
de un pueblo a otro, los hombres nuevos americanos. Surgen los estadistas naturales del estudio   175
directo de la Naturaleza. Leen para aplicar, pero no para copiar. Los economistas estudian la dificultad en sus orígenes. Los oradores empiezan a ser sobrios. Los dramaturgos traen los caracteres
nativos a la escena. Las academias discuten temas viables. La poesía se corta la melena zorrillesca[27]
y cuelga del árbol glorioso el chaleco colorado. La prosa, centelleante y cernida, va cargada de
idea. Los gobernadores, en las repúblicas de indios, aprenden indio.   180

---

[21]un socialismo utópico
[22]En el siglo XVIII se refería a un hombre muy refinado.
[23]vigilado desde arriba
[24]*amer.:* cinta que sujeta el pelo sobre la frente
[25]dignidad eclesiástica
[26]atrás
[27]al estilo romántico del famoso poeta español José Zorrilla

De todos sus peligros se va salvando América. Sobre algunas repúblicas está durmiendo el pulpo. Otras, por la ley del equilibrio, se echan a pie a la mar, a recobrar, con prisa loca y sublime, los siglos perdidos. Otras, olvidando que Juárez paseaba en un coche de mulas, ponen coche de viento y de cochero a una pompa de jabón; el lujo venenoso, enemigo de la libertad, pudre
185   al hombre liviano y abre la puerta al extranjero. Otras acendran,[28] con el espíritu épico de la independencia amenazada, el carácter viril. Otras crían, en la guerra rapaz contra el vecino, la soldadesca que puede devorarlas. Pero otro peligro corre, acaso, nuestra América, que no le viene de sí, sino de la diferencia de orígenes, métodos e intereses entre los dos factores continentales, y es la hora próxima en que se le acerque, demandando relaciones íntimas, un pueblo emprende-
190   dor y pujante que la desconoce y la desdeña. Y como los pueblos viriles, que se han hecho de sí propios, con la escopeta y la ley, aman, y sólo aman, a los pueblos viriles; como la hora del desenfreno y la ambición, de que acaso se libre, por el predominio de lo más puro de su sangre, la América del Norte, o en que pudieran lanzarla sus masas vengativas y sórdidas, la tradición de conquista y el interés de un caudillo hábil, no está tan cercana aún a los ojos del más espanta-
195   dizo, que no dé tiempo a la prueba de altivez, continua y discreta, con que se la pudiera encara y desviarla; como su decoro de república pone a la América del Norte, ante los pueblos atentos del Universo, un freno que no le ha de quitar la provocación pueril o la arrogancia ostentosa o la discordia parricida de nuestra América, el deber urgente de nuestra América es enseñarse como es, una en alma e intento, vencedora veloz de un pasado sofocante, manchada sólo con
200   sangre de abono que arranca a las manos la pelea con las ruinas, y la de las venas que nos dejaron picadas nuestros dueños. El desdén del vecino formidable, que no la conoce, es el peligro mayor de nuestra América; y urge, porque el día de la visita está próximo, que el vecino la conozca, la conozca pronto, para que no la desdeñe. Por el respeto, luego que la conociese, sacaría de ella las manos. Se ha de tener fe en lo mejor del hombre y desconfiar de lo peor de él. Hay que dar
205   ocasión a lo mejor para que se revele y prevalezca sobre lo peor. Si no, lo peor prevalece. Los pueblos han de tener una picota para quien les azuza[29] a odios inútiles; y otra para quien no les dice a tiempo la verdad.

No hay odio de razas, porque no hay razas. Los pensadores canijos, los pensadores de lámparas, enhebran y recalientan las razas de librería, que el viajero justo y el observador cordial
210   buscan en vano en la justicia de la Naturaleza, donde resalta en el amor victorioso y el apetito turbulento, la identidad universal del hombre. El alma emana, igual y eterna, de los cuerpos diversos en forma y en color. Peca contra la Humanidad el que fomente y propague la oposición y el odio de las razas. Pero en el amasijo de los pueblos se condensan, en la cercanía de otros pueblos diversos, caracteres peculiares y activos, de ideas y de hábitos, de ensanche y adquisición,
215   de vanidad y de avaricia, que del estado latente de preocupaciones nacionales pudieran, en un período de desorden interno o de precipitación del carácter acumulado del país, trocarse en amenaza grave para las tierras vecinas, aisladas y débiles, que el país fuerte declara perecederas e inferiores. Pensar es servir. Ni ha de suponerse, por antipatía de aldea, una maldad ingénita y fatal al pueblo rubio del continente, porque no habla nuestro idioma, ni ve la casa como nosotros
220   la vemos, ni se nos parece en sus lacras políticas, que son diferentes de las nuestras; ni tiene en mucho a los hombres biliosos[30] y trigueños, ni mira caritativo, desde su eminencia aún mal segura, a los que, con menos favor de la Historia, suben a tramos heroicos la vía de las repúbli-cas; ni se han de esconder los datos patentes del problema que puede resolverse, para la paz de los siglos, con el estudio oportuno y la unión tácita y urgente del alma continental. ¡Porque ya
225   suena el himno unánime; la generación actual lleva a cuestas, por el camino abonado por los

---

[28]purifican
[29]incita
[30]de carácter impetuoso

padres sublimes, la América trabajadora; del Bravo a Magallanes, sentado en el lomo del cóndor, regó el Gran Semí,[31] por las naciones románticas del continente y por las islas dolorosas del mar, la semilla de la América nueva!

Comprensión

1. Para Martí, ¿qué representa la "aldea" y el "aldeano" del primer párrafo respecto a algunos sectores de Hispanoamérica?

2. Después de leer *En contexto* respecto a las guerras de Hispanoamérica en el siglo XIX, ¿por qué crees que habla Martí en el segundo párrafo de hermandad y de devolver "sus tierras al hermano"?

3. En el tercer párrafo (l. 23), ¿de qué se avergüenzan muchos hispanoamericanos? ¿Qué piensa Martí de ello?

4. ¿Qué noción del gobierno expone Martí entre el cuarto y sexto párrafo?
   - ¿Qué recomienda para remediar la situación?

5. En el párrafo que empieza en la línea 143 se refiere a las divisiones raciales de América. ¿Qué sugiere Martí para rectificar los abusos y errores del pasado?

6. También en el último párrafo pinta una visión esperanzada de América. Explica.

7. ¿Cuál es el "otro peligro" para Hispanoamérica al que se refiere Martí en el párrafo que empieza en la línea 181?
   - Después de leer *En contexto*, ¿qué acción pudiera haber despertado este temor en Martí?

Interpretación

1. Hay un solo uso de la primera persona en todo el ensayo. ¿Cuál es?
   - ¿Por qué lo emplea de esa forma Martí?

2. Una característica significativa de este ensayo que lo rinde difícil es el uso abundante de tropos y perífrasis. Por ejemplo, ¿a qué se refiere lo siguiente?
   - "el aldeano" en la primera línea 1
   - "los que enseñan los puños" en la línea 12
   - los "sietemesinos" de la línea 23
   - "la pelea del libro con el cirial" de las líneas 43 y 44
   - el "hombre natural" en oposición a los "letrados artificiales" de las líneas 88 y 64
   - el "tigre" que "vuelve de noche al lugar de la presa" de las líneas 126 y 127
   - las "charretas y togas" en vez de "alpargatas" y "vinchas" de las líneas 148, 149 y 150
   - el "vecino formidable" de la línea 201
   - el "pueblo rubio" de las líneas 219

---

[31]Según las tradiciones indígenas del Caribe, el Gran Semí creó el género humano, arrojando las semillas de la palma moriche, y de ellas surgieron, según la leyenda, los hombres y mujeres de la tierra. Nota gracias a la investigación de Raúl Rodríguez Betancourt.

3. Martí emplea un estilo poético. Sin ir más allá de los dos primeros párrafos, busca ejemplos de encabalgamiento, aliteración, metáfora, símbolo, polisíndeton, símil, etc.

4. A pesar del empleo de oraciones larguísimas (la que empieza en la línea 105 con "Y como el heroísmo…" ¡ocupa 16 renglones!), también emplea frases cortas, casi siempre para dar una sentencia. La primera sentencia se observa al final del primer párrafo. ¿Qué es?

   • Enumera otras sentencias del ensayo y explica su significado.

5. Intenta explicar la opinión de Martí respecto a los siguientes discursos: los criollos, los indios, la iglesia, las leyes e ideas europeas, los dictadores (tiranos), el mestizaje, la razón, los Estados Unidos, el futuro de América Latina.

6. Caracteriza el intenso tono moral del ensayo de Martí.

7. A pesar de toda la crítica que contiene el ensayo sobre la realidad histórica latino-americana, ¿por qué se puede decir que la visión de Martí es romántica y hasta utópica?

Cultura, conexiones y comparaciones

1. Martí es uno de los grandes modernistas de Hispanoamérica, y aunque el Modernismo se expresó principalmente en poesía y prosa ficción, "Nuestra América" representa un intento exitoso de llevar algunos de los principios del Modernismo al ensayo. Trata de explicar cómo este ensayo es diferente de otros ensayos que hayas leído.

2. Martí lanza una crítica despiadada hacia los Estados Unidos. ¿Por qué?

   • Explica cómo las opiniones de Martí encuadran con las de Darío en "A Roosevelt".

   • "Nuestra América" se publica en 1891. ¿Tuvo Martí razón en su temor del país vecino? Explica.

 3. ¿Crees que hubo norteamericanos que también criticaban el papel imperialista de los Estados Unidos? Haz una búsqueda por Internet para ver la postura de Abraham Lincoln respecto a las Guerra con México (1846-48) y la de Mark Twain con respecto a la Guerra con España (1898). Twain y Martí fueron contemporáneos, aunque el norteamericano era mayor y vivió muchos más años que Martí. Trae tus hallazgos a clase para comentar.

4. Hoy los Estados Unidos intenta trasplantar su sistema democrático y capitalista en otros países, sobre todo en países islámicos. Comenta en grupo lo siguiente:

   • ¿Es buena idea?

   • ¿Es posible?

   • ¿Es justo?

   • ¿Es peligroso?

   • ¿Qué opinaría Martí acerca de este esfuerzo?

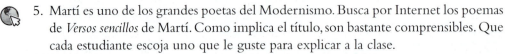 5. Martí es uno de los grandes poetas del Modernismo. Busca por Internet los poemas de *Versos sencillos* de Martí. Como implica el título, son bastante comprensibles. Que cada estudiante escoja uno que le guste para explicar a la clase.

Rubén Darío, "A Roosevelt"

Autor: Rubén Darío (1867–1916)

Nacionalidad: Nicaragüense

Datos biográficos: En su *Autobiografía*, Darío dice que aprendió a leer a los 3 años, y publicó sus primeros poemas a los 13. Era viajero incansable y viajó por casi toda América Latina así como Francia y España, siempre entablando amistad con los escritores más importantes y propagando el Modernismo.

Época y movimiento cultural: Poesía del siglo XIX; Modernismo

Obras más conocidas: *Azul* (1888); *Prosas profanas* (1896); *Cantos de vida y esperanza* (1905)

Importancia literaria: Fue un genio poético y padre del Modernismo. Renovó la poesía castellana introduciendo conceptos del *Symbolisme* francés. Introdujo muchas nuevas formas métricas. Ningún poeta de lengua española del siglo XX pudo escapar su influencia.

La literatura y la vida

1. ¿De qué modo se podría caracterizar a los Estados Unidos como un país imperialista?

2. ¿Estás de acuerdo que de algún modo se podría caracterizar a los Estados Unidos como un país imperialista?

   • Organicen un debate sobre esta noción.

3. ¿Qué sientes cuando alguien critica a tu país?

   • ¿Puedes tú criticar tu propio país?

4. ¿En qué podríamos reprobar la política exterior de los Estados Unidos hoy día?

En contexto

En 1898 ocurrió la guerra entre los Estados Unidos y España, y al ganar los Estados Unidos, tomaron posesión de Cuba, Puerto Rico y las Filipinas. Los intelectuales hispanoamericanos vieron esa guerra como un acto de agresión del gran país del norte para apoderarse de todo Hispanoamérica. Fue de ese temor al imperialismo norteamericano que surgió el espíritu 'antiyanqui' que, hasta cierto punto, ha perdurado hasta nuestros días.

Theodore Roosevelt (1858-1919), quien luchó en esa guerra, llegó a la presidencia en 1901, y siguió el proyecto imperialista invadiendo Panamá para poder construir un canal. Fue esta acción que convenció a los hispanoamericanos del peligro que los Estados Unidos presentaba para la soberanía de sus países. Roosevelt era un hombre enérgico a quien le apasionaban los safaris y la matanza de bestias, y es así que lo pinta Darío en este poema.

"A Roosevelt"

¡Es con voz de la Biblia, o verso de Walt Whitman,[1]
que habría que llegar hasta ti, Cazador!
¡Primitivo y moderno, sencillo y complicado,
con un algo de Washington y cuatro de Nemrod![2]
5   Eres los Estados Unidos,
eres el futuro invasor
de la América ingenua que tiene sangre indígena,
que aún reza a Jesucristo y aún habla en español.

Eres soberbio y fuerte ejemplar de tu raza;
10   eres culto, eres hábil; te opones a Tolstoy.[3]
Y domando caballos, o asesinando tigres,
eres un Alejandro-Nabucodonosor.[4]
(Eres un profesor de energía,
como dicen los locos de hoy.)

15   Crees que la vida es incendio,
que el progreso es erupción;
en donde pones la bala
el porvenir pones.

No.

20   Los Estados Unidos son potentes y grandes.
Cuando ellos se estremecen hay un hondo temblor
que pasa por las vértebras enormes de los Andes.
Si clamáis, se oye como el rugir del león.
Ya Hugo a Grant le dijo: "Las estrellas son vuestras."[5]

---

[1]Poeta norteamericano (1819-1892) muy admirado por los modernistas. Fue el primero en emplear el verso libre, forma que Darío emplea en esta composición.
[2]Biznieto de Noah del libro de Génesis de la Biblia. Es conocido como un líder poderoso y gran cazador, igual que Roosevelt.
[3]Quizá porque el novelista ruso León Tolstoy (1828-1910) era un conocido pacifista.
[4]Alejandro Magno (356-323 a. C.), rey de Macedonia que conquistó el mayor territorio que ningún monarca antiguo, y Nabucodonosor II (605-562 a. C.), pudiente rey de Babilonia, fueron entre los reyes más pudientes del mundo antiguo.
[5]El escritor francés Victor Hugo (1802-1885), en *L'année terrible* (1872), criticó severamente al presidente norteamericano Ulysses S. Grant. La frase a lo mejor quiere decir que el poder de los Estados Unidos se extiende más allá de la tierra.

(Apenas brilla, alzándose, el argentino sol   25
y la estrella chilena se levanta…)[6] Sois ricos.
Juntáis al culto de Hércules el culto de Mammón;[7]
y alumbrando el camino de la fácil conquista,
la Libertad levanta su antorcha en Nueva York.

Mas la América nuestra, que tenía poetas   30
desde los viejos tiempos de Netzahualcoyotl,[8]
que ha guardado las huellas de los pies del gran Baco,[9]
que el alfabeto pánico en un tiempo aprendió;
que consultó los astros, que conoció la Atlántida,
cuyo nombre nos llega resonando en Platón,[10]   35
que desde los remotos momentos de su vida
vive de luz, de fuego, de perfume, de amor,
la América del gran Moctezuma, del Inca,
la América fragante de Cristóbal Colón,
la América católica, la América española,   40
la América en que dijo el noble Guatemoc:
"Yo no estoy en un lecho de rosas;"[11] esa América
que tiembla de huracanes y que vive de Amor;
hombres de ojos sajones[12] y alma bárbara, vive.
Y sueña. Y ama, y vibra; y es la hija del Sol.   45
Tened cuidado. ¡Vive la América española!
Hay mil cachorros sueltos del León Español.[13]
Se necesitaría, Roosevelt, ser por Dios mismo,
el Riflero terrible y el fuerte Cazador,
para poder tenernos en vuestras férreas[14] garras.   50

Y, pues contáis con todo, falta una cosa: ¡Dios!

---

[6]En la época de Darío, Argentina y Chile eran los dos países más ricos y desarrollados de Hispanoamérica. La bandera argentina tiene un sol y la chilena una estrella.

[7]Hércules, conocido por su gran fuerza, y Mammón, dios del dinero, juntos representan el poder y la riqueza de los Estados Unidos.

[8]famoso poeta azteca

[9]Dioniso en griego, es el hijo de Zeus. Representa varias categorías en la mitología: dios del vino, patrón de la agricultura y del teatro. Baco (Dionisio) libera al ser de sus preocupaciones mundanales para que se dedique a fomentar su creatividad y la felicidad.

[10]En los *Diálogos de Platón*, el filósofo griego habla de una isla legendaria llamada Atlántida, hoy desaparecida, en lo que es hoy el océano Atlántico. Si tal isla hubiera existido, entonces las civilizaciones grecorromanas podrían haber tenido contacto con las culturas americanas. Es una hipérbole, porque Darío sabría muy bien que si los continentes del Nuevo Mundo y el Viejo Mundo estaban unidos (cosa aceptada hoy día por los geólogos), sería millones de años antes de la cultura griega.

[11]Los españoles, para que el noble mexica Guatemoc, o Cuauhtémoc, confesara el escóndite de su tesoro, lo torturaron haciéndolo caminar sobre leña ardiendo. La leyenda cuenta que Guatemoc nunca confesó, sino dijo: "No estoy en un lecho de rosas". Ver la nota 4 de "Se ha perdido el pueblo mexicatl".

[12]metonimia por claros (ya que los anglosajones eran gente rubia)

[13]El escudo de España contiene leones y castillos, representando la unión de las regiones de Castilla y León en la Edad Media—el primer paso importante en la unificación nacional.

[14]*fig.*: duro, tenaz

Comprensión

1. ¿Quién es el "Cazador" a quien se refiere el yo lírico en forma de antonomasia en el segundo verso?

   • Luego en el verso 5, el "cazador" se transforma en otra antonomasia. Explica.

2. ¿Cómo describe los Estados Unidos en los versos 6 y 7 y luego en los versos 10 a 18?

3. ¿Qué características unificadoras destaca el yo lírico con respecto a Hispanoamérica?

4. ¿Cómo contrasta los norteamericanos y los latinos a partir del verso 44?

5. ¿Qué indica explícitamente el yo lírico en el último verso del poema?

Interpretación

1. Explica por qué este poema es un ejemplo de verso libre y no de verso suelto.

2. Hay una cordillera que se extiende a lo largo del oeste del hemisferio occidental. ¿Cómo se llama desde Alaska a México? ¿Cómo se llama en México? ¿Y en Sudamérica?

   • Explica la imagen (con su correspondiente metáfora) de los versos 20 a 22.

   • ¿Cómo enlaza esta imagen con los otros signos que ha creado el poeta para describir los Estados Unidos?

3. A principios del siglo XX, Argentina y Chile eran los países más prósperos de Latinoamérica. ¿Cómo lo expresa el poeta?

4. ¿Qué representa la Estatua de Libertad en el puerto de Nueva York?

   • ¿Sabes lo que dice su inscripción? Si no lo sabes, búscala por Internet.

   • Tomando eso en cuenta, ¿por qué lleva una antorcha? Explica cómo Darío subvierte el signo de la Estatua de Libertad.

5. Identifica todas las anáforas del poema. ¿Qué efecto producen?

6. Explica cómo Darío idealiza Hispanoamérica a partir del verso 30.

   • ¿Menciona Darío los problemas políticos, económicos o sociales de la región?

   • ¿Hasta qué punto se puede considerar este poema propagandístico?

7. Si el león simboliza España, ¿qué representan los cachorros metonímicamente?

8. Enumera todos los signos del poema que asocian a Roosevelt (Estados Unidos) con la violencia.

Cultura, conexiones y comparaciones

1. Darío es el padre del Modernismo—una corriente literaria de finales del siglo XIX que se propuso renovar la estética poética para hacerla más cosmopolita con un nuevo léxico elegante, un tono sensual, una perfección formal y la adaptación de nuevas formas métricas. En sus primeros años, el Modernismo buscaba el preciosismo en el estilo y abogaba por un arte por el arte; pero luego, después de la guerra entre España y los Estados Unidos (1898), el movimiento adquirió mayor compromiso social. Esto se ve claramente en *Cantos de vida y esperanza* (1905) de Darío. ¿Cómo es "A Roosevelt" un ejemplo de esa nueva poesía?

2. Para discutir en grupo: El espíritu 'antiyanqui' todavía persiste en algunas partes del mundo. ¿Cuáles son las razones para que otros países reprueben a los Estados Unidos?

3. Al final del poema, Darío postula que los hispanoamericanos son más creyentes y religiosos que los norteamericanos. ¿Tiene alguna justificación esta generalidad? Defiende tu opinión.

4. Haz una búsqueda de imágenes por Internet sobre "Roosevelt safari". ¿Qué opinas de un hombre que mata bestias?

   • En clase debate la idea si es justo criticar a Roosevelt a base de las sensibilidades de nuestro tiempo.

5. ¿Cómo se relaciona este poema con "United Fruit Co." de Neruda?

6. Existen muchos dibujos políticos sobre el imperialismo de los Estados Unidos. Haz una búsqueda de imágenes por Internet bajo "US imperialism". Que cada estudiante escoja uno que le llame la atención para traer a clase y compartir con los compañeros.

Federico García Lorca, "Prendimiento de Antoñito el Camborio en el camino a Sevilla"

Autor: Federico García Lorca (1898-1936)

Nacionalidad: Español

Datos biográficos: Además de poeta y dramaturgo, Lorca tocaba música y pintaba. Fue amigo de todos los poetas españoles de su época, y amigo íntimo del pintor Salvador Dalí. Los falangistas lo asesinaron en los primeros días de la Guerra Civil Española (1936-1939), lo cual despertó al mundo entero a las atrocidades que ocurrían en España.

Época y movimiento cultural: Poesía y teatro del siglo XX; Vanguardismo (Surrealismo)

Obras más conocidas: Poemarios: *Romancero gitano* (1928); Teatro: *Bodas de sangre* (1933), *Yerma* (1934), *La casa de Bernarda Alba* (1936)

Importancia literaria: Tuvo una capacidad extraordinaria de captar la esencia del mundo gitano-andaluz. Adaptó con éxito la forma antigua del romance. Fue un gran practicante del teatro poético. Es posiblemente el autor español más reconocido mundialmente del siglo XX.

La vida y la literatura

1. Conversa en pareja: Se habla mucho hoy sobre el perfil étnico (*ethnic profiling*). ¿Crees que siempre se acierta al intentar distinguir la etnia de alguien?
   - ¿Crees que es justo? Da ejemplos.
2. ¿Tienes algún prejuicio, positivo o negativo, respecto a algún grupo racial o étnico? Revélalo.
   - ¿Por qué son los prejuicios perjudiciales y peligrosos?

En contexto

Muchos gitanos en España han mantenido sus costumbres e identidad étnica, y como consecuencia han vivido marginados de la sociedad española. Desgraciadamente, el estereotipo del gitano es el de un estafador y valentón. Sin embargo, se les admira por su folklore, sobre todo el baile flamenco y la guitarra clásica. Lorca fue criado por gitanas que trabajaban con su familia, y desde temprana edad apreció su rico folklore.

La Guardia Civil Española, creada en 1844 para proteger los caminos rurales donde había muchos ladrones y bandoleros, importunaban especialmente a los gitanos por la mala fama de su estereotipo. La vestimenta más significativa de la guardia civil es el tricornio—sombrero de tres picos que llevan sus soldados.

"Prendimiento de Antoñito el Camborio en el camino a Sevilla"

Antonio Torres Heredia,
hijo y nieto de Camborios,
con una vara de mimbre
va a Sevilla a ver los toros.

5 Moreno de verde luna,
anda despacio y garboso.
Sus empavonados bucles[1]
le brillan entre los ojos.
A la mitad del camino
10 cortó limones redondos,
y los fue tirando al agua
hasta que la puso de oro.
Y a la mitad del camino,
bajo las ramas de un olmo,
15 guardia civil caminera
lo llevó codo con codo.

El día se va despacio,
la tarde colgada a un hombro,
dando una larga torera
20 sobre el mar y los arroyos.
Las aceitunas aguardan
la noche de Capricornio,
y una corta brisa, ecuestre,

salta los montes de plomo.
25 Antonio Torres Heredia,
hijo y nieto de Camborios,
viene sin vara de mimbre
entre los cinco tricornios.[2]

—Antonio, ¿quién eres tú?
30 Si te llamaras Camborio,
hubieras hecho una fuente
de sangre con cinco chorros.
Ni tú eres hijo de nadie,
ni legítimo Camborio.
35 ¡Se acabaron los gitanos
que iban por el monte solos!
Están los viejos cuchillos
tiritando bajo el polvo.

A las nueve de la noche
40 lo llevan al calabozo,
mientras los guardias civiles
beben limonada todos.
Ya las nueve de la noche
le cierran el calabozo,
45 mientras el cielo reluce
como la grupa de un potro.

―――――――
[1] rizos de cabellos largos
[2] sombrero de tres picos que lleva la Guardia Civil

Comprensión

1. ¿Adónde se encamina Antoñito el Camborio?
2. Describe su aspecto físico y su comportamiento.
   - ¿De qué rango social parece ser Antonio?
3. ¿En qué momento del día ocurre la acción de este poema?
   - ¿Con qué signos se puede determinar?
4. ¿Por qué prenden a Antoñito?
   - ¿Resiste el gitano?
5. ¿Por qué lo acusan los guardias de no ser gitano legítimo? (Ver *En contexto*).

Interpretación

1. Describe la métrica de este poema. ¿Cómo es su rima?
   - ¿Es diferente de la métrica y la rima del romancero viejo ("Romance del rey moro que perdió Alhama")?
2. Hay otras técnicas poéticas que lo vinculan al romancero viejo; comenta sobre su aspecto lacónico y su carácter dramático.
3. ¿Qué indicios hay que Antoñito va a caballo?
   - Enumera las imágenes hípicas del poema.
4. ¿Qué podría representar la "vara de mimbre"?
   - ¿Y los limones que corta?
   - ¿Son estos dos signos explícitos? Explica.
5. ¿A qué hora llevan a Antonio al calabozo?
   - ¿Cómo sabemos que es aún de día?
   - Siguiendo esta línea de investigación, ¿qué imagen visual crea el signo del agua de "oro" después de que Antonio tira los limones en ella?
6. Explica el efecto de las siguientes figuras:
   - perífrasis ("lo llevó codo con codo")
   - sinécdoque ("los cinco tricornios")
   - metonimia (la "brisa, ecuestre / salta los montes de plomo")
7. El tiempo y el ambiente están muy logrados en este poema. ¿Cómo se sabe que la noche llega lentamente?
   - ¿Con qué signos crea el poeta un ambiente andaluz?
8. Según las guardias civiles, ¿cómo eran los gitanos antes?
   - ¿Qué representa la metonimia "una fuente / de sangre con cinco chorros" de los versos 31 a 32?
   - ¿Crees que los guardias lamentan la pérdida de la raza gitana? Explica.

9. Si es que Antonio es diferente a los gitanos de antaño, ¿en qué aspectos lo es?

10. ¿Es posible que los guardias prendan a Antonio porque es gitano y presumen que es un delincuente? Explica.

11. ¿Se llama el gitano Antoñito en el poema? ¿Qué efecto produce el diminutivo pegado a Antonio?

Cultura, conexiones y comparaciones

1. Lorca tomó la forma del romancero viejo y le dio una temática moderna. ¿Qué parece ser el tema o propósito de este poema?

 2. Comenta en grupo: ¿Qué minorías discriminadas hay en los Estados Unidos? Explica el estereotipo que existe de cada grupo.

   • No todos los estereotipos o prejuicios son negativos. Por ejemplo, ¿qué minoría se considera muy trabajadora?

   • ¿Muy inteligente?

   • ¿Muy emprendedora?

   • Pero si el estereotipo negativo es malo, ¿lo es también el positivo? Defiende tu opinión.

3. Antoñito no corresponde al estereotipo del gitano en cuanto a su comportamiento, sin embargo sufre las mismas consecuencias como si fuera típico. ¿Qué indica este dato respecto al peligro de estereotipar?

 • Carlos Slim es mexicano. Si no lo conoces, búscalo por Internet. ¿Quién es? ¿Se conforma al estereotipo de los mexicanos?

   • Da otros ejemplos de este tipo en la sociedad actual.

 4. Lorca era dibujante e hizo un dibujo de Antoñito el Camborio. Luego de buscar la imagen por Internet bajo "Antonito el Camborio en dibujo de Lorca", di si su aspecto corresponde a lo que te imaginabas.

 5. Andalucía, la región del sur de España, es la que tuvo mayor contacto con los moros y luego con los gitanos, y por lo tanto tiene un carácter muy pintoresco y particular. Por ejemplo, los signos andaluces son los que el extranjero asocia con España: el flamenco, la guitarra, las corridas de toro, los claveles, las aceitunas, etc. Busca "Manuel Mairena, Prendimiento" por YouTube para escuchar el poema cantado en forma de flamenco. Con la clase, haz una lista de las características de este tipo de música tan típicamente andaluza.

6. García Lorca y Salvador Dalí eran amigos íntimos, y existen muchas fotografías de los dos juntos. Haz una búsqueda de imágenes por Internet bajo "Lorca, Dalí". Según las fotos, ¿cómo crees que era su relación?

Juan Bosch, "Los amos"

Autor: Juan Bosch (1909-2001)
Nacionalidad: Dominicano
Datos biográficos: Pasó gran parte de su vida en el exilio luchando contra la dictadura de Rafael Trujillo (quien gobernó de un modo u otro entre 1930 y 1961). Cuando este fue asesinado en 1961, Bosch fue elegido presidente de la República, pero su mandato duró menos de un año.
Época y movimiento cultural: Narrativa del siglo XX
Obras más conocidas: Cuento: *Camino real* (1933); novela: *La mañosa* (1936)
Importancia literaria: Cultiva varios géneros y tendencias literarias, pero se destaca en el realismo social. Es erudito importante de las letras dominicanas.

La literatura y la vida

1. ¿Crees que hay explotación de los trabajadores en los Estados Unidos? Con un compañero enumera las formas en que, a veces, se explotan a los trabajadores.

[handwritten note: do you think there is exploitation of workers in the US? List ways in which workers are sometimes exploited]

En contexto

La explotación de los trabajadores, un embarazo mundial, es particularmente habitual en Hispanoamérica. Bosch, como socialista, intenta despertar la conciencia de sus paisanos a esta vergonzosa realidad.

La región del Caribe hispano, así como otras regiones costeñas de Hispanoamérica, tiene un modo peculiar de hablar. Lo que más sobresale son la apócope y la aféresis. En la apócope, se suprime una consonante o sílaba al final de la palabra. Por ejemplo, se dice que los caribeños "se comen las eses (s)" por que en vez de decir "muchas gracias" dirían 'mucha gracia'. En realidad, la "s" no se suprime del todo, sino que se aspira, como en 'muchah graciah'. La aféresis es menos común y se observa más entre gente del campo (guajiros en Cuba o jíbaros en Puerto Rico y La República Dominicana). Se refiere a la pérdida de un fonema o sílaba al comienzo de la palabra, como 'ta bien' en vez de "está bien".

"Los amos"

Cuando ya Cristino no servía ni para ordeñar una vaca, don Pío lo llamó y le dijo que iba a hacerle un regalo.

—Le voy a dar medio peso para el camino. Usté está muy mal y no puede seguir trabajando. Si se mejora, vuelva.

5   Cristino extendió una mano amarilla, que le temblaba.

—Mucha gracia, don. Quisiera coger el camino ya, pero tengo calentura.

—Puede quedarse aquí esta noche, si quiere, y hasta hacerse una tisana de cabrita. Eso es bueno.

Cristino se había quitado el sombrero, y el pelo abundante, largo y negro, le caía sobre el pescuezo. La barba escasa parecía ensuciarle el rostro, de pómulos[1] salientes.

10   —Ta bien, don Pío —dijo—; que Dió se lo pague.

Bajó lentamente los escalones, mientras se cubría de nuevo la cabeza con el viejo sombrero de fieltro negro. Al llegar al último escalón se detuvo un rato y se puso a mirar las vacas y los críos.

—Qué animao ta el becerrito —comentó en voz baja.

Se trataba de uno que él había curado días antes. Había tenido gusanos en el ombligo y ahora
15   correteaba y saltaba alegremente.

Don Pío salió a la galería y también se detuvo a ver las reses. Don Pío era bajo, rechoncho, de ojos pequeños y rápidos. Cristino tenía tres años trabajando con él. Le pagaba un peso semanal por el ordeño, que se hacía de madrugada, las atenciones de la casa y el cuidado de los terneros. Le había salido trabajador y tranquilo aquel hombre, pero había enfermado y don Pío no quería
20   mantener gente enferma en su casa.

Don Pío tendió la vista. A la distancia estaban los matorrales que cubrían el paso del arroyo, y sobre los matorrales, las nubes de mosquitos. Don Pío había mandado poner tela metálica en todas las puertas y ventanas de la casa, pero el rancho de los peones no tenía puertas ni ventanas; no tenía ni siquiera setos. Cristino se movió allá abajo, en el primer escalón, y don Pío quiso
25   hacerle una última recomendación.

—Cuando llegue a su casa póngase en cura, Cristino.

—Ah, sí, cómo no, don. Mucha gracia —oyó responder.

El sol hervía en cada diminuta hoja de la sabana. Desde las lomas de Terrero hasta las de San Francisco, perdidas hacia el norte, todo fulgía bajo el sol. Al borde de los potreros, bien lejos,
30   había dos vacas. Apenas se las distinguía, pero Cristino conocía una por una todas las reses.

—Vea, don —dijo—, aquella pinta que se aguaita[2] allá debe haber parío anoche o por la mañana, porque no le veo barriga.

Don Pío caminó arriba.

—¿Usté cree, Cristino? Yo no la veo bien.

35   —Arrímese pa aquel lao y la verá.

Cristino tenía frío y la cabeza empezaba a dolerle, pero siguió con la vista al animal.

—Dése una caminadita y me la arrea, Cristino —oyó decir a don Pío.

---

[1]huesos de la mejilla
[2]*regionalismo:* ve

—Yo fuera a buscarla, pero me toy sintiendo mal.

—¿La calentura?

—Unjú. Me ta subiendo.   40

—Eso no hace. Ya usté está acostumbrado, Cristino. Vaya y trígamela.

Cristino se sujetaba el pecho con los dos brazos descarnados. Sentía que el frío iba dominán-
dolo. Levantaba la frente. Todo aquel sol, el becerrito…

—¿Va a traérmela? —insistió la voz.

Con todo ese sol y las piernas temblándole, y los pies descalzos llenos de polvo.   45

—¿Va a buscármela, Cristino?

Tenía que responder, pero la lengua le pesaba. Se apretaba más los brazos sobre el pecho.
Vestía una camisa de listado sucia y de tela tan delgada que no le abrigaba.
Resonaron pisadas arriba y Cristino pensó que don Pío iba a bajar. Eso asustó a Cristino.

—Ello sí, don —dijo—; voy a dir. Deje que se me pase el frío.   50

—Con el sol se le quita. Hágame el favor, Cristino. Mire que esa vaca se me va y puedo
perder el becerro.

Cristino seguía temblando, pero comenzó a ponerse de pie.

—Sí; ya voy, don —dijo.

—Cogió ahora por la vuelta del arroyo —explicó desde la galería don Pío.   55

Paso a paso, con los brazos sobre el pecho, encorvado para no perder calor, el peón empezó
a cruzar la sabana. Don Pío le veía de espaldas. Una mujer se deslizó por la galería y se puso
junto a don Pío.

—¡Qué día tan bonito, Pío! —comentó con voz cantarina.

El hombre no contestó. Señaló hacia Cristino, que se alejaba con paso torpe como si fuera   60
tropezando.

—No quería ir a buscarme la vaca pinta, que parió anoche. Y ahorita mismo le di medio peso
para el camino.

Calló medio minuto y miró a la mujer, que parecía demandar una explicación.

—Malagradecidos que son, Herminia —dijo—. De nada vale tratarlos bien.   65

Ella asintió con la mirada.

—Te lo he dicho mil veces, Pío —comentó.

Y ambos se quedaron mirando a Cristino, que ya era apenas una mancha sobre el verde de la sabana.

Comprensión

1. ¿Cómo se siente Cristino en este cuento?
2. ¿Cuáles son las tres responsabilidades de Cristino en la finca de don Pío?
3. ¿Qué observa Cristino en el rebaño de reses de la finca?
4. ¿Qué insiste don Pío que haga Cristino antes de ir a ver a un médico?
5. ¿Cómo reacciona la esposa de don Pío, Herminia, al saber que Cristino no quería hacer lo que pedía su amo?

Interpretación

1. Hay dos códigos en la narración que no se pueden pasar por alto: "mosquitos" y "tela metálica". ¿Hay tela metálica en el rancho donde duermen los peones?
   - ¿Conoces una enfermedad que se transmite por la picadura de los mosquitos?
   - ¿De qué enfermedad sufriría Cristino?
   - ¿De quién es la culpa?
2. Comenta sobre la generosidad de don Pío de darle medio peso a Cristino.
3. ¿Cuál es la etimología del nombre Cristino?
   - ¿Qué características comparten Cristino y Cristo? (Considera el código del "rebaño").
4. Normalmente se piensa que las mujeres son más compasivas que los hombres, pero ¿es verdad en este relato? Explica.
5. Explica la ironía de las primeras palabras de Herminia cuando sale a la galería ("Qué día tan bonito, Pío").
6. ¿Cómo se podría interpretar la metáfora con la cual termina el cuento ("[Cristino] era apenas una mancha sobre el verde de la sabana").
7. El diálogo predomina en esta narración. Comenta cómo este aspecto dramático contribuye al objetivismo de la voz narrativa.
8. Hace muchísimo calor a lo largo de este relato, pero Cristino siente frío. Explica cómo esta oposición binaria se manifiesta en otras partes de la obra.

Cultura, conexiones y comparaciones

1. Aunque el movimiento literario del Realismo se da en la segunda mitad del siglo XIX, perdura en el siglo XX con nuevas formas y enfocado en los problemas sociales. ¿Qué características del Realismo se encuentran en este relato que también se dan en "Las medias rojas" de Pardo Bazán?
2. El movimiento del realismo social se dio también en los Estados Unidos con autores como Edith Wharton (1862-1937), Theodore Dreiser (1871-1945), Upton Sinclair (1878-1968) y John Steinbeck (1902-1968). ¿Conoces a algunos de estos autores? Cuenta.

3. Investiga por Internet la distribución de riqueza en Hispanoamérica. Comparte tus hallazgos con los otros compañeros.

   • ¿Cómo han logrado los ricos adquirir tanta riqueza?

   • Debate esta propuesta en clase: En los Estados Unidos hay una mejor distribución de riqueza, pero esa riqueza se va concentrando cada vez más en manos de unas cuantas personas. Pronto los Estados Unidos será un país de mucha pobreza y mucha riqueza.

4. Busca por Internet el sentido de la "crítica marxista". ¿Qué opinión expresaría un crítico marxista sobre "Los amos"?

Nicolás Guillén, "Balada de los dos abuelos"

Autor: Nicolás Guillén (1902–1989)
Nacionalidad: Cubano
Datos biográficos: Fue defensor ferviente de la Revolución Cubana y una de sus voces propagandísticas más destacadas.
Época y movimiento cultural: Poesía del siglo XX; Vanguardismo (Poesía negra)
Obras más conocidas: *Motivos de son* (1930); *West Indies Ltd.* (1934)
Importancia literaria: Su obra gira alrededor del negro cubano y su situación social. Fue uno de los principales practicantes de la Poesía negra.

La literatura y la vida

1. Conversa en grupo: ¿Crees que la mezcla de razas (mestizaje) es positiva para una sociedad pluralista? Explica.

   • ¿Crees que algún día los Estados Unidos estará compuesto solo por gente mestiza? Explica.

2. ¿Te casarías tú con una persona de otra raza? Explica.

En contexto

La presencia española en la región del Caribe arrasó la población autóctona con enfermedades, guerra y labor forzada. Para sustituir la mano de obra desaparecida, los españoles importaron a esclavos africanos para el arduo trabajo de la cosecha de la caña de azúcar. Las presencia africana dio lugar a un mestizaje entre blancos y negros. Uno de los objetivos de la Revolución Cubana de 1959 que trajo a Fidel Castro al poder fue la eliminación total de racismo en Cuba. No se sabe si se ha conseguido esa intención, pero Nicolás Guillén, como el poeta nacional de la Revolución, abrazó sus metas.

"Balada de los dos abuelos"

Sombras que sólo yo veo,
me escoltan mis dos abuelos.

Lanza con punta de hueso,
tambor de cuero y madera:
5   mi abuelo negro.
Gorguera[1] en el cuello ancho,
gris armadura guerrera:
mi abuelo blanco.

Pie desnudo, torso pétreo[2]
10   los de mi negro;
pupilas de vidrio antártico
las de mi blanco!

África de selvas húmedas
y de gordos gongos[3] sordos…
15   —¡Me muero!
(Dice mi abuelo negro.)
Aguaprieta de caimanes,[4]
verdes mañanas de cocos…
—¡Me canso!
20   (Dice mi abuelo blanco.)
Oh velas de amargo viento,
galeón ardiendo en oro…
—¡Me muero!
(Dice mi abuelo negro.)
25   ¡Oh costas de cuello virgen
engañadas de abalorios…![5]
—¡Me canso!
(Dice mi abuelo blanco.)
¡Oh puro sol repujado,[6]
30   preso en el aro del trópico;
oh luna redonda y limpia
sobre el sueño de los monos!

¡Qué de barcos, qué de barcos!
¡Qué de negros, qué de negros!
35   ¡Qué largo fulgor de cañas!
¡Qué látigo el del negrero!
Piedra de llanto y de sangre,
venas y ojos entreabiertos,
y madrugadas vacías,
40   y atardeceres de ingenio,[7]
y una gran voz, fuerte voz,
despedazando el silencio.
¡Qué de barcos, qué de barcos,
qué de negros!

45   Sombras que sólo yo veo,
me escoltan mis dos abuelos.

Don Federico me grita
y Taita Facundo calla;
los dos en la noche sueñan
50   y andan, andan.
Yo los junto.

—¡Federico!
¡Facundo! Los dos se abrazan.
Los dos suspiran. Los dos
55   las fuertes cabezas alzan;
los dos del mismo tamaño,
bajo las estrellas altas;
los dos del mismo tamaño,
ansia negra y ansia blanca,
60   los dos del mismo tamaño,
gritan, sueñan, lloran, cantan.
Sueñan, lloran, cantan.
Lloran, cantan.
¡Cantan!

---

[1]parte de la armadura que protege el cuello
[2]de piedra; *fig.:* fuerte
[3]disco de metal suspendido que, al tocarlo, produce un sonido como el de una campana
[4]cocodrilo oriundo de las Américas
[5]bolitas de vidrio para hacer collares y otros adornos (*normalmente de poco valor*)
[6]repujar: trabajar una chapa de metal con martillo para crear figuras en relieve
[7]Lugar donde se procesa la caña para producir azúcar. O sea, los esclavos cortaban caña por el día y por la noche la procesaban.

Comprensión

1. Haz una lista de los signos que emplea el poeta para describir a su abuelo negro y a su abuelo blanco en los primeros 28 versos del poema.

2. ¿Qué dice el abuelo negro? ¿Y el blanco? Explica la diferencia.

   • En los versos 47 y 48 se encuentra otra referencia a las voces de los dos abuelos. ¿Cuál es la diferencia aquí? Explica.

3. ¿De quién es la "fuerte voz, / despedazando el silencio" de los versos 41-42?

4. En la última estrofa, ¿qué tienen en común los dos abuelos?

   • En este sistema de significación, explica el verbo "abrazar" del verso 53.

5. Explica cómo el poema presenta una visión esperanzada de la relación entre las razas.

Interpretación

1. Aunque no hay una versificación fija, ¿qué tipo de verso predomina en el poema?

   • ¿Predomina un patrón en la rima?

   • ¿Se puede clasificar como verso libre? Explica.

2. ¿Qué implica el verbo "escoltar" en lugar de un sinónimo como "acompañar"?

3. ¿Con qué signos pinta el poeta al abuelo blanco como conquistador?

   • ¿Qué otros signos del poema se pueden asociar con la conquista?

4. No todo es óptimo para el abuelo blanco. En ese contexto, explica el uso del signo "abalorio" en el verso 26.

5. Pero, sin duda, el abuelo negro sufre más. Trata de explicar los versos 37 y 38.

   • ¿Por qué llora y sangra?

   • ¿Por qué no tiene los ojos pegados?

   • Con referencia al verso 39, ¿qué suele indicar figurativamente la "madrugada". Ahora explica la yuxtaposición con "vacío".

6. Luego de enterarte de lo que es un ingenio con referencia al azúcar, trata de explicar "atardeceres de ingenio".

7. El poema termina con un tipo de gradación que se va acortando. Comenta sobre la significación y el valor fónico de los últimos versos.

   • La música suele ser un emblema en la literatura. ¿Qué representa? En el sistema de significación del poema, explica la eficacia de terminar el poema con el verbo "cantar".

8. El poeta emplea varias figuras retóricas auditivas. Busca ejemplos de aliteración, eufonía, anáfora y anadiplosis.

Cultura, conexiones y comparaciones

1. Guillén, junto con Luis Palés Matos (*Capítulo VI*), son los mayores poetas de la Poesía negra. Aunque normalmente el propósito principal de esa corriente del Vanguardismo era captar los sonidos y ritmos de los afroantillanos, Guillén va más allá y expone la cultura y opresión del negro del Caribe. ¿Cómo se ve esa característica en este poema?

2. Hispanoamérica es la región del mundo con mayor mezcla de razas. Se han presentado varias teorías para explicar por qué los españoles se mezclaron más que otros pueblos imperialistas europeos: El mestizaje resulta de la violación de la gente autóctona y de los esclavos por los conquistadores y colonos; los españoles no trajeron bastante mujeres europeas a sus colonias; los españoles provenían de la sociedad más pluralista de Europa a causa de la convivencia con moros y judíos, y por lo tanto, no les pareció tan anómalo formar familia con otros grupos étnicos. En grupo comenta sobre estas teorías y propón otras.

   • ¿Cuál de estas teorías tiene más sentido para ti? ¿Por qué?

3. En pareja conversa sobre las siguientes ideas para luego entablar una conversación con la clase entera: La esclavitud existió en los Estados Unidos y Latinoamérica, y consecuentemente con el tiempo ocurrió un mestizaje, lo cual se comprueba con la tez clara de muchos afroamericanos. Sin embargo, ¿se reconoció el mestizaje formalmente en los Estados Unidos? Por ejemplo, ¿se formaron matrimonios? ¿Se reflejó en la literatura? ¿Despertó un discurso intelectual al respecto? ¿Cómo fue diferente en Latinoamérica?

4. Aunque este poema glorifica el mestizaje entre blancos y negros, ¿crees que el ser mulato es una fuente de orgullo actualmente?

   • Como miembro del partido comunista y luego representante de la Revolución Cubana, ¿por qué pinta Guillén un cuadro esperanzado del mestizaje?

   • ¿Crees que la Revolución Cubana ha conseguido erradicar el racismo?

   • ¿Hasta qué punto se puede considerar este poema propagandístico?

5. Recordando la figura de Zaide en el *Lazarillo*, ¿fue en el Nuevo Mundo el primer contacto que los españoles tuvieron con negros?

6. El mestizaje llegó a tal extremo que en el siglo XVIII nace un subgénero pictórico llamado "Pinturas de castas" en que se clasificaban todas las mezclas raciales que existían en la colonia. Haz una búsqueda de imágenes sobre "Casta paintings of mulatos" y observa estos cuadros. ¿Parece que había alguna prohibición en las colonias españolas de formar familia entre europeos y africanos?

   • ¿Crees que un género artístico así podría haber existido en los Estados Unidos? Comenta estas ideas en clase.

7. El pintor cubano Agustín Calviño, conocido como "Gólgota", ha realizado un cuadro basado en este poema. Búscalo por Internet bajo "Gólgota, dos abuelos", y comenta si ha captado adecuadamente el espíritu del poema.

Pablo Neruda, "United Fruit Co."

Autor: Pablo Neruda (1904-1973)

Nacionalidad: Chileno

Datos biográficos: Ocupó varios puesto diplomáticos alrededor del mundo y conoció a muchos poetas. Se alistó a las filas del comunismo y luchó por su causa. Se le otorgó el Premio Nobel en 1971. Es posiblemente el poeta hispanoamericano mejor conocido del mundo del siglo XX.

Época y movimiento cultural: Poesía del siglo XX; Vanguardismo

Obras más conocidas: *20 poemas de amor y una canción desesperada* (1924); *Residencia en la tierra* (1935, 1947); *Canto general* (1950); *Odas elementales* (1954, 1955, 1957)

Importancia literaria: Pasa por todas las tendencias poéticas del siglo veinte; empieza con el Modernismo, pasa al Surrealismo y luego a la poesía social y comprometida. Para muchos es el mayor poeta en lengua española del siglo XX.

La literatura y la vida

1. ¿Te gustan los bananos? ¿Qué otras frutas tropicales te gustan?
   - ¿De dónde suelen venir esas frutas?

2. ¿Crees que algunas empresas multinacionales explotan a sus trabajadores para enriquecerse? Explica.

En contexto

United Fruit Company fue una empresa notoria que se apoderó de grandes territorios del Caribe y Centroamérica para cultivar frutas para exportar a los Estados Unidos. Forjaron alianzas sospechosas y corruptas con los dictadores de esos países para recibir beneficios especiales. El propósito de la empresa era exportar la fruta al menor costo posible, y para conseguir ese fin capitalista explotaron horriblemente a los que trabajaban en sus fincas. La abolición del monopolio de United Fruit y sus prácticas injustas e ilegales llegaron a formar parte de la agenda liberal y progresista de los intelectuales hispanoamericanos. Otra empresa, Anaconda, poseía grandes minas en Chile, las cuales fueron expropiadas en 1972.

Los Estados Unidos se dio cuenta que los países pobres de Hispanoamérica eran terrenos fértiles para el desarrollo del comunismo. A causa de la Guerra Fría con la Unión Soviética, los Estados Unidos toleró y hasta apoyó a regímenes dictatoriales en toda la región que se oponían al avance del comunismo. Neruda menciona a varios de estos dictadores en el poema: Rafael Trujillo en La República Dominicana (gobernó entre 1930 y 1963); Jorge Ubico en Guatemala (entre 1931 y 1944); Carías Andino en Honduras (entre 1933 y 1948); y "Tacho" Somoza en Nicaragua (entre 1936 y 1956).

"United Fruit Co."

Cuando sonó la trompeta, estuvo
todo preparado en la tierra
y Jehová repartió el mundo
a Coca-Cola Inc., Anaconda,
5 Ford Motors, y otras entidades:
la Compañía Frutera Inc.
se reservó lo más jugoso,
la costa central de mi tierra,
la dulce cintura de América.

10 Bautizó de nuevo sus tierras
como "Repúblicas Bananas,"
y sobre los muertos dormidos,
sobre los héroes inquietos
que conquistaron la grandeza,
15 la libertad y las banderas,
estableció la ópera bufa:
enajenó los albedríos,[1]
regaló coronas de César,
desenvainó[2] la envidia, atrajo
20 la dictadura de las moscas,
moscas Trujillos, moscas Tachos,
moscas Carías, moscas Martínez,

moscas Ubico, moscas húmedas
de sangre humilde y mermelada,
25 moscas borrachas que zumban[3]
sobre las tumbas populares,
moscas de circo, sabias moscas
entendidas en tiranía.

Entre las moscas sanguinarias
30 la Frutera desembarca,
arrasando el café y las frutas,
en sus barcos que deslizaron
como bandejas el tesoro
de nuestras tierras sumergidas.

35 Mientras tanto, por los abismos
azucarados de los puertos,
caían indios sepultados
en el vapor de la mañana:
un cuerpo rueda, una cosa
40 sin nombre, un número caído,
un racimo de fruta muerta
derramada en el pudridero.

Comprensión

1. ¿Cómo reparte Dios el mundo?
   - ¿A quién le dio la parte más dulce?
2. ¿Qué atrocidades cometieron estas empresas?
3. ¿Por qué emplea el poeta el verbo "arrasar" en vez de "exportar" o "llevar" en la tercera estrofa?
4. Enumera los adjetivos que se emplean para describir a 'las moscas' (dictadores).
5. ¿Qué les pasa a los indios trabajadores al final del poema?
   - ¿Parece importarle a alguien su destino? Explica.

---

[1] facultad de los seres humanos de obrar por su propia voluntad
[2] sacar de su vaina (*sobre todo la espada*)
[3] zumbar: ruido continuo y bronco

Interpretación

1. ¿Qué número de sílabas hay en cada verso?

   - ¿Cómo se llama este tipo de versificación?

   - ¿Se percibe algún patrón en la rima?

   - ¿Es este poema verso libre o verso blanco (o suelto)? Justifica.

2. Comenta sobre el humor de la primera estrofa.

   - ¿Crees que es apropiada la referencia al libro de Génesis de la Biblia? Explica.

3. Los versos 7-9 contienen una bella imagen visual. Antes de contestar, mira un mapa del hemisferio occidental. ¿Cómo es Mesoamérica en contraste con los vastos territorios del norte y del sur?

   - Explica la metonimia de "cintura".

   - ¿Por qué es "dulce"?

4. Después de considerar lo que hacen las moscas alrededor de la fruta, explica la metáfora de los dictadores como moscas.

5. Explica el éxito, tanto semántico como fónico, de las siguientes expresiones: "desenvainó la envidia" (v. 19); "los abismos / azucarados" (v. 35-36); "un racimo de fruta muerta / derramada en el pudridero" (v. 41-42).

6. Describe los efectos de las anáforas de los versos 8-9 y 21-22.

   - Además, hay varios ejemplos buenos de aliteración. Identifica alguno y explica su efecto.

   - ¿Con qué figura literaria describirías la voz "zumban" del verso 25?

7. Identifica los pronombres posesivos que emplea el poeta en los versos 8 y 34.

   - ¿Qué sería el propósito de emplear la primera persona?

   - Nota la diferencia entre el singular y el plural. ¿A quién se incluye en la forma plural que no puede formar parte del singular?

Cultura, conexiones y comparaciones

1. Después de la Segunda Guerra Mundial (1939-1945), los poetas vanguardistas abandonaron su poesía experimental y cultivaron una poesía de compromiso social. Este poema, de *Canto general* (1950), es un buen ejemplo. ¿Por qué?

2. Este poema forma parte del discurso de la injusticia social. ¿Cómo corroboran en ese discurso Pardo Bazán, García Lorca, Bosch, Dragún y Rivera de este capítulo?

   - ¿Y "La siesta del martes" de García Márquez (*Capítulo IV*)?

3. Para conversar en grupo: ¿Crees que ha disminuido en los últimos años la existencia de grandes empresas multinacionales? Explica.

   - ¿Sabes lo que son las maquiladoras y el concepto de *outsourcing*? Si no sabes, búscalos por Internet.

   - ¿A quién perjudican?

   - ¿Hay explotación de trabajadores en este país? Explica.

   - ¿De qué raza es el trabajador explotado en esta obra? ¿Crees que los miembros de grupos minoritarios son más explotados que la gente blanca? Explica.

4. Hoy día los regímenes de terror no están en Hispanoamérica, pero existen. ¿Dónde?

   • ¿Qué sabes de los abusos que cometen?

 5. ¿Conoces la película *El Norte* (1983)? En ella hay una escena en que padre e hijo hablan de la situación agraria y la explotación del campesino. Búscala por YouTube bajo "United Fruit, El Norte". ¿Crees que estas condiciones de trabajo contribuyen a la inmigración de tantos latinos del sur a los Estados Unidos? Explica.

Osvaldo Dragún, *Historia del hombre que se convirtió en perro*

Autor: Osvaldo Dragún (1929-1999)
Nacionalidad: Argentino
Datos biográficos: Nace en una colonia agraria judía. Abandona los estudios para dedicarse al teatro. Trabaja en todos los centros de teatro importantes de Latinoamérica. En Argentina, en los años después de la dictadura militar, inicia el "Teatro abierto", un teatro que lucha por la libertad de expresión dentro de un marco dramatúrgico moderno.
Época y movimiento cultural: Teatro del siglo XX; Vanguardismo (teatro de lo absurdo)
Obras más conocidas: *Historias para ser contadas* (1956)
Importancia literaria: Es uno de los dramaturgos más comprometidos del teatro hispanoamericano moderno, así como uno de sus mayores innovadores.

La literatura y la vida

1. ¿Conoces a alguien que haya perdido su puesto de trabajo por realidades económicas y no por su ineficiencia?

   • ¿Qué sintió esa persona?

2. ¿Conoces a alguien que haya tenido que aceptar un puesto de trabajo muy inferior a sus capacidades y preparación? ¿Por qué ocurre?

   • ¿Qué siente esa persona?

En contexto

Los países hispanoamericanos han sufrido múltiples crisis económicas en el siglo XX. En Argentina, que tiene una población bien educada, ha sufrido también del subempleo, o sea, para conseguir trabajo mucha gente tiene que tomar puestos muy inferiores a lo que merece su formación académica.

En muchas partes de Hispanoamérica se emplea el voseo—el uso arcaico de "vos" en lugar del "tú". En algunos lugares, como Centroamérica, las dos formas se emplean, pero en la región argentina y uruguaya cerca del Río de la Plata, el "vos" ha sustituido el "tú" por completo. El voseo se emplea principalmente en los mandatos y en el presente del indicativo. El mandato en vos es el infinitivo sin la "r" final. Por ejemplo, se dice 'vení acá' en vez de "ven acá". Para el presente, el vos tiene la forma del vosotros, pero sin el diptongo. Por ejemplo, la forma del vosotros de "ser" es "sois" y en el vos es 'sos' (oi>o). Pero, el vos es siempre singular, nunca plural.

Historia del hombre que se convirtió en perro

ACTOR 2.—Amigos, la tercera historia vamos a contarla así…

ACTOR 3.—Así como nos la contaron esta tarde a nosotros.

ACTRIZ.—Es la "Historia del hombre que se convirtió en perro".

ACTOR 3.—Empezó hace dos años, en el banco de una plaza. Allí, señor… donde usted trataba hoy de adivinar el secreto de una hoja. 5

ACTRIZ.—Allí, donde extendiendo los brazos apretamos al mundo por la cabeza y los pies, y le decimos: ¡suena, acordeón, suena!

ACTOR 2.—Allí le conocimos. *(Entra Actor 1.)* Era… *(Lo señala.)* así como lo ven, nada más. Y estaba muy triste.

ACTRIZ.—Fue nuestro amigo. Él buscaba trabajo, y nosotros éramos actores. 10

ACTOR 3.—Él debía mantener a su mujer, y nosotros éramos actores.

ACTOR 2.—Él soñaba con la vida, y despertaba gritando por la noche. Y nosotros éramos actores.

ACTRIZ.—Fue nuestro amigo, claro. Así como lo ven… *(Lo señala.)* Nada más.

TODOS.—¡Y estaba muy triste! 15

ACTOR 3.—Pasó el tiempo. El verano…

ACTOR 2.—El otoño…

ACTRIZ.—El invierno…

ACTOR 3.—La primavera…

ACTOR 1.—¡Mentira! Nunca tuve primavera. 20

ACTOR 2.—El otoño…

ACTRIZ.—El invierno…

ACTOR 3.—El verano. Y volvimos. Y fuimos a visitarlo, porque era nuestro amigo.

ACTOR 2.—Y preguntamos: ¿Está bien? Y su mujer nos dijo…

ACTRIZ.—No sé.   Su mujer 25

ACTOR.—¿Está mal?

ACTRIZ.—No sé.

ACTORES 2 Y 3.—¿Dónde está?

ACTRIZ.—En la perrera. *(Actor 1 está en cuatro patas.)*

ACTORES 2 Y 3.—¡Uhhh! 30

ACTOR 3. *(Observándolo.)*—Soy el director de la perrera, y esto me parece fenomenal. Llegó ladrando como un perro (requisito principal); y si bien conserva el traje es un perro, a no dudar.

ACTOR 2. *(Tartamudeando.)*—S-s-soy el v-veter-rinario, y est-to-to es c-claro p-para mí. Aunque p-parezca un ho-hombre, es un p-pe-perro es q-que está aquí. 35

ACTOR 1. (Al público.)—Y yo, ¿qué les puedo decir? No sé si soy hombre o perro. Y creo que ni siquiera ustedes podrán decírmelo al final. Porque todo empezó de la manera más corriente. Fui a una fábrica a buscar trabajo. Hacía tres meses que no conseguía nada, y fui a buscar trabajo.

ACTOR 3.—¿No leyó el letrero? "NO HAY VACANTES". 40

ACTOR 1.—Sí, lo leí. ¿No tiene nada para mí?

ACTOR 3.—Si dice "No hay vacantes", no hay.

ACTOR 1.—Claro. ¿No tiene nada para mí?

ACTOR 3.—¡Ni para usted, ni para el ministro!

45   ACTOR 1.—Ahá. ¿No tiene nada para mí?

ACTOR 3.—¡NO!

ACTOR 1.—Tornero…

ACTOR 3.—¡NO!

ACTOR 1.—Mecánico…

50   ACTOR 3.—¡NO!

ACTOR 1.—S…

ACTOR 3.—N…

ACTOR 1.—R…

ACTOR 3.—N…

55   ACTOR 1.—F…

ACTOR 3.—N…

ACTOR 1.—¡Sereno! ¡Sereno! ¡Aunque sea de sereno!

ACTRIZ (*Como si tocara un clarín.*) —¡Tú-tú, tu-tu-tú! ¡El patrón! (*Los Actores 2 y 3 hablan por señas.*)

ACTOR 3. (*Al público.*)—El perro del sereno, señores, había muerto la noche anterior, luego de

60   25 años de lealtad.

ACTOR 2.—Era un perro muy viejo.

ACTRIZ.—Amén.

ACTOR 2. (*Al Actor 1.*)—¿Sabe ladrar?

ACTOR 1.—Tornero.

65   ACTOR 2.—¿Sabe ladrar?

ACTOR 1.—Mecánico.

ACTOR 2.—¿Sabe ladrar?

ACTOR 1.—Albañil…

ACTORES 2 y 3.—¡NO HAY VACANTES!

70   ACTOR 1. (*Pausa.*)—¡Guau… guau!…

ACTOR 2.—Muy bien, lo felicito…

ACTOR 3.—Le asignamos diez pesos diarios de sueldo, la casilla y la comida.

ACTOR 2.—Como ven, ganaba diez pesos más que el perro verdadero.

ACTRIZ.—Cuando volvió a casa me contó del empleo conseguido. Estaba borracho.

75   ACTOR 1. (*A su mujer.*)—Pero me prometieron que apenas un obrero se jubilara, muriera o fuera despedido, me darían su puesto. ¡Divertite,[1] María, divertite! ¿Guau… guau!… ¡Divertite, María, divertite!

ACTORES 2 y 3.—¡Guau… guau!… ¡Divertite, María, divertite!

ACTRIZ.—Estaba borracho, pobre…

80   ACTOR 1.—Ya la otra noche empecé a trabajar… (*Se agacha en cuatro patas.*)

ACTOR 2.—¿Tan chica le queda la casilla?

ACTOR 1.—No puedo agacharme tanto.

ACTOR 3.—¿Le aprieta aquí?

ACTOR 1.—Sí.

85   ACTOR 3.—Bueno, pero vea, no me diga "sí". Tiene que empezar a acostumbrarse. Dígame: ¡Guau… guau!

ACTOR 2.—¿Le aprieta aquí? (*El Actor 1 no responde.*) ¿Le aprieta aquí?

ACTOR 1.—¡Guau… guau!…

ACTOR 2.—Y bueno… (*Sale.*)

90   ACTOR 1.—Pero esa noche llovió, y tuve que meterme en la casilla.

---

[1]"diviértete" en la forma del vos. (Ver *En contexto*).

Actor 2. *(Al Actor 3.)*—Ya no le aprieta…

Actor 3.—Y está en la casilla.

Actor 2. *(Al Actor 1.)*—¿Vio cómo uno se acostumbra a todo?

Actriz.—Uno se acostumbra a todo…

Actores 2 y 3.—Amén…   95

Actriz.—Y él empezó a acostumbrarse.

Actor 3.—Entonces cuando vea que alguien entra, me grita: ¡Guau… guau! A ver…

Actor 1. *(El Actor 2 pasa corriendo).*—¡Guau… guau!… *(El Actor 2 pasa sigilosamente.)* ¡Guau…
    guau!… *(El actor 2 pasa agachado.)* ¡Guau… guau… guau!… *(Sale.)*

Actor 3. *(Al Actor 2.)*—Son diez por días extras en nuestro presupuesto…   100

Actor 2.—¡Mmm!

Actor 3.—… Pero la aplicación que pone el pobre, los merece…

Actor 2.—¡Mmm!

Actor 3.—Además, no come más que el muerto…

Actor 2.—¡Mmm!   105

Actor 3.—¡Debemos ayudar a su familia!

Actor 2.—¡Mmm! ¡Mmm! ¡Mmm! *(Salen.)*

Actriz.—Sin embargo, yo lo veía muy triste, y trataba de consolarlo cuando él volvía a casa.
    (Entra Actor 1.) ¡Hoy vinieron visitas!…   110

Actor 1.—¿Sí?

Actriz.—Y de los bailes en el club, ¿te acordás?

Actor 1.—Sí.

Actriz.—¿Cuál era nuestro tango?

Actor 1.—No sé.   115

Actriz.—¡Cómo que no! "Percanta que me amuraste…" *(El Actor 1 está en cuatro
    patas.)* Y un día me trajiste
un clavel… *(Lo mira, y queda horrorizada.)* ¿Qué estás haciendo?

Actor 1.—¿Qué?

Actriz.—Estás en cuatro patas… *(Sale.)*   120

Actor 1.—¡Esto no lo aguanto más! ¡Voy a hablar con el patrón! *(Entran los Actores 2 y 3.)*

Actor 3.—Es que no hay otra cosa…

Actor 1.—Me dijeron que un viejo se murió.

Actor 3.—Sí, pero estamos de economía. Espere un tiempito más, ¿eh?

Actriz.—Y esperó. Volvió a los tres meses.   125

Actor 1. *(Al Actor 2.)* —Me dijeron que uno se jubiló…

Actor 2.—Sí, pero pensamos cerrar esa sección. Espere un tiempito más, ¿eh?

Actriz.—Y esperó. Volvió a los dos meses.

Actor 1. *(Al Actor 3.)*—Deme el empleo de uno de los que echaron por la huelga…

Actor 3.—Imposible. Sus puestos quedarán vacantes…   130

Actores 2 y 3.—¡Como castigo! *(Salen.)*

Actor 1.—Entonces no pude aguantar más ¡y planté!

Actriz.—¡Fue nuestra noche más feliz en mucho tiempo! *(Lo toma del brazo.)* ¿Cómo se
    llama esta flor?

Actor 1.—Flor…   135

Actriz.—¿Y cómo se llama esa estrella?

Actor 1.—María.

Actriz. *(Ríe.)* —¡María me llamo yo!

Actor 1.—¡Ella también… ella también! *(Le toma una mano y la besa.)*

Actriz *(Retira su mano.)*—¡No me muerdas!   140

Actor 1.—No te iba a morder… Te iba a besar, María…

Actriz.—Ah, yo creía que me ibas a morder… *(Sale. Entran los Actores 2 y 3.)*

Actor 2.—Por supuesto…

Actor 3.—… A la mañana siguiente…

145 Actores 2 y 3.—Debo volver a buscar trabajo.

Actor 1.—Recorrí varias partes, hasta que en una…

Actor 3.—Vea, este… No tenemos nada. Salvo que…

Actor 1.—¿Qué?

Actor 3.—Anoche murió el perro del sereno.

150 Actor 2.—Tenía 35 años el pobre.

Actores 2 y 3.—¡El pobre!…

Actor 1.—Y tuve que volver a aceptar.

Actor 2.—Eso sí, le pagábamos quince pesos por día. (*Los actores 2 y 3 dan la vuelta.*) ¡Hmm!… ¡Hmm!… ¡Hmm!…

155 Actores 2 y 3. —¡Aceptado! ¡Que sean quince! (*Salen.*)

Actriz. (*Entra.*)—Claro que 450 pesos no nos alcanza para pagar el alquiler…

Actor 1.—Mirá, como yo tengo la casilla, mudate vos a una pieza con cuatro o cinco muchachas más, ¿eh?

Actriz.—No hay otra solución. Y como no nos alcanza tampoco para comer…

160 Actor 1.—Mirá, como yo me acostumbré al hueso, te voy a traer la carne a vos, ¿eh?

Actores 2 y 3 (*Entrando.*) —¡El directorio accedió!

Actor 1 y Actriz.—El directorio accedió… ¡Loado sea! (*Salen los Actores 2 y 3.*)

Actor 1.—Yo ya me había acostumbrado. La casilla me parecía más grande. Andar en cuatro patas no era muy diferente de andar en dos. Con María nos veíamos en la plaza… (*Va hacia ella.*) Porque vos no podes entrar en mi casilla; y como yo no puedo entrar en tu pieza…. Hasta que una noche…

Actriz.—Paseábamos. Y de repente me sentí mal…

Actor 1.—¿Qué te pasa?

Actriz.—Tengo mareos.

170 Actor 1.—¿Por qué?

Actriz. (*Llorando.*) —Me parece… que voy a tener un hijo…

Actor 1.—¿Y por eso llorás?

Actriz.—Tengo miedo… Tengo miedo…

Actor 1.—Pero ¿por qué?

175 Actriz.—Tengo miedo… Tengo miedo… ¡No quiero tener un hijo!

Actor 1.—¿Por qué, María? ¿Por qué?

Actriz.—Tengo miedo… que sea… (*Musita "perro". El Actor 1 la mira aterrado, y sale corriendo y ladrando. Cae al suelo. Ella se pone de pie.*) ¡Se fue…, se fue corriendo! A veces se paraba y a veces se ponía en cuatro patas…

180 Actor 1.—¡No es cierto, no me paraba! ¡No podía pararme! ¡Me dolía la cintura si me paraba! ¡Guau!… Los coches se me venían encima… La gente me miraba… (*Entran los Actores 2 y 3.*) ¡Váyanse, váyanse! Quiero volver a mi casilla… ¡Váyanse! ¡Nunca vieron un perro?

Actor 2.—¡Está loco! ¡Llamen al médico! (*Sale.*)

Actor 3.—¡Está borracho! ¡Llamen a un policía! (*Sale.*)

185 Actriz.—Después me dijeron que un hombre se apiadó de él, y se le acercó cariñosamente.

Actor 2. (*Entra.*)—¿Se siente mal amigo? No puede quedarse en cuatro patas. ¿Sabe cuántas cosas hermosas hay para ver, de pie, con los ojos hacia arriba? A ver, párese… Yo lo ayudo… Vamos, párese…

Actor 1. (*Comienza a pararse y de repente.*) —¡Guau… guau!… (*Lo muerde.*) ¡Guau… guau!… (*sale.*)

190 Actor 3. (*Entra.*) —En fin, que cuando, después de dos años sin verlo, le preguntamos a su mujer "¿Cómo está?", nos contestó…

Actriz.—No sé.

Actor 2.—¿Está bien?

adopted
Edward albee - zoo story
Samuel Becket
Joined french resistance - endgame

ACTRIZ.—No sé.

ACTOR 3.—¿Está mal? 195

ACTRIZ.—No sé.

ACTORES 2 y 3.—¿Dónde está?

ACTRIZ.—En la perrera.

ACTOR 3.—Y cuando veníamos para acá, pasó al lado nuestro un boxeador.

ACTOR 3.—Y pasó un conscripto… 200

ACTRIZ.—Y pasó un policía…

ACTOR 3.—Y pasaron… y pasaron… y pasaron ustedes. Y pensamos que tal vez podría importarles la historia de nuestro amigo…

ACTRIZ.—Porque tal vez entre ustedes haya ahora una mujer que piense ¿No tendré… no tendré…? (*Musita "perro"*). 205

ACTOR 3.—O alguien a quien le hayan ofrecido el empleo del perro del sereno…

ACTRIZ.—Si no es así nos alegramos.

ACTOR 2.—Pero si es así, si entre ustedes hay alguno a quien quieren convertir en perro, como a nuestro amigo, entonces… Pero bueno, entonces esa… ¿ésa es otra historia! (*Telón.*) 210

Comprensión

1. De los tres actores varones, ¿cuál hace el papel del esposo?
   - Además de tomar distintos papeles a lo largo de la pieza, ¿qué otra función crucial tienen los actores?

2. ¿En qué situación económica se encuentra el esposo?
   - ¿Qué puesto de trabajo tiene que aceptar?
   - ¿Qué le promete la gerencia al hombre cuando acepta ese puesto?
   - ¿Cumple con su promesa? Explica.

3. Describe el progreso y desarrollo del esposo en su puesto de trabajo.

4. ¿Cómo reacciona la esposa al saber que está embarazada?
   - ¿Por qué reacciona de este modo?

5. ¿Qué cambios en la vida recomienda el esposo que hagan su mujer y él para poder sobrevivir con un sueldo tan bajo?

6. ¿Cómo reacciona el esposo cuando alguien en la calle trata de ayudarlo?

Interpretación

1. ¿Es común en una obra de teatro tener un narrador?
   - Ahora, explica una de las diferencias más básicas entre una obra narrativa y una pieza de teatro.

2. Según el Actor 3 en su primera cita en la pieza, ¿cómo se enteraron los amigos de lo que le pasó al protagonista?
   - Si esta pieza fuera narrativa, ¿cómo describiríamos a este tipo de narrador?

3. En grupo intenta explicar el discurso filosófico que llevan a cabo el director y el veterinario. Para ello, considera las siguientes pesquisas:

- ¿Cómo se conciben las cosas (por ejemplo, cómo sabemos que un perro es un perro)?

- ¿Es posible que la realidad se perciba de diferentes modos por diferentes observadores?

- ¿Es posible que un signo ("perro" por ejemplo) tenga otros significantes en diferentes contextos? Comparte tus ideas con el resto de la clase.

4. Identifica los momentos de humor en la pieza. Intenta caracterizar el tipo de humor.

5. ¿Hay momentos de compasión humana en la pieza o está todo deshumanizado? Explica.

6. ¿Cómo encuentra el esposo la casilla donde tiene que dormir?

- ¿Sabes lo que significa el sustantivo "aprieto"? Si no, búscalo en el www.rae.es. Explica el doble sentido de preguntarle tantas veces al protagonista si la casilla le aprieta.

7. Explica la ironía de lo que le pasa al esposo cuando deja el primer trabajo.

8. En grupo explica cómo se diferencia esta pieza del teatro tradicional. Considera el tiempo, el espacio, el escenario, los personajes, etc.

Cultura, conexiones y comparaciones

1. El teatro de lo absurdo es una denominación al teatro escrito principalmente entre 1940 y 1960. Se trata de obras cuyos personajes no encuentran sentido a la vida y son dominados y amenazados por factores que ellos no entienden ni pueden controlar. Como consecuencia, reaccionan de un modo absurdo ante unas circunstancias que también son absurdas. Como muchas de las obras de vanguardia, los dramaturgos de lo absurdo abrazan la filosofía existencial, en que el hombre no tiene ningún porvenir. ¿Conoces las obras de Samuel Beckett (1906-1989) o Edward Albee (n. 1928), quienes también cultivaron obras dramáticas de este estilo? Describe el teatro de lo absurdo usando la pieza de Dragún como ejemplo. Que cada estudiante entregue tus pesquisas al profesor o la profesora para sacar un listado íntegro del subgénero dramático.

2. Muchos países de Hispanoamérica han atravesado penosas crisis económicas, y los Estados Unidos también. ¿Cuáles son algunos de los efectos sociales de dichas crisis?

3. El marxismo, que se funda en los escritos de Karl Marx (1818-1883), es una perspectiva histórica-social que destaca la explotación de los trabajadores por las oligarquías e instituciones que dominan la riqueza y el poder político. Marx defendía una revolución de las masas contra el capitalismo con el fin de crear una sociedad sin clases sociales. Debate en clase los méritos o falta de ellos de las teorías de Marx.

4. Las teorías marxistas han influido mucho en los escritores del siglo XX. ¿Cómo se puede divisar estas doctrinas en Pardo Bazán, Bosch y Rivera de este capítulo?

5. José Ortega y Gasset (*Capítulo VI*), en su obra *La deshumanización del arte* describió las corrientes artísticas de vanguardia como un arte deshumanizado. Con ello

implicaba que los artistas, al abandonar el realismo y abrazar la experimentación y lo abstracto, cortaban los vínculos entre el destinatario y la obra. Decía, además, que las tendencias de vanguardia eran para las minorías sociales (la gente educada y dirigente) y no para las masas, quienes, al no comprenderlas y no querer esforzarse a entenderlas, las despedían y las despreciaban. Conversa en pareja tu opinión de estas ideas de Ortega. ¿Crees que *Historia de un hombre que se convirtió en perro* es un buen ejemplo de deshumanización? Explica.

6. Ensaya alguna escena de la pieza para representar en clase.

Tomás Rivera, …*y no se lo tragó la tierra* (selecciones)

Autor: Tomás Rivera (1935-1984)
Nacionalidad: Estadounidense
Datos biográficos: Nació en Tejas y sus padres trabajaban en la cosecha. De joven les ayudaba y pasaba sus veranos trabajando con ellos en los estados del *Midwest* americano. Sus experiencias forman la base de sus escritos.
Época y movimiento cultural: Narrativa del siglo XX; Literatura estadounidense en español
Obras más conocidas: …*y se los tragó la tierra* (1971)
Importancia literaria: Un ejemplo de la vitalidad de la lengua española en los Estados Unidos.

La literatura y la vida

1. ¿Qué tipos de trabajos suelen hacer los inmigrantes con poca educación?
   - ¿Son labores que los norteamericanos quieren hacer? Explica.
   - ¿Qué grupo étnico suele hacer este tipo de labor en los Estados Unidos?
   - ¿Por qué no consiguen otros tipos de trabajo menos arduo?

2. ¿Tienes alguna idea de cómo es la vida y el trabajo de los labradores ambulantes que van de lugar en lugar para recoger la cosecha? Descríbela.
   - ¿Sabes si se les paga por día o por la cantidad de frutas o verduras que recogen?

En contexto

Los mexicanos primero vinieron a principio del siglo XX para trabajar en las granjas de los ricos terratenientes norteamericanos que necesitaban mano de obra para la cosecha. Esa labor siguió siendo el trabajo principal de los mexicanos inmigrantes. Pero en 1929, con la gran depresión, se fomentó un espíritu antimigratorio para proteger los pocos trabajos que había para los norteamericanos. Las fortunas cambiaron una vez más. Al escasear la mano de obra durante la Segunda Guerra Mundial (1941-45), el gobierno norteamericano firmó un acuerdo con el de México para atraer a mexicanos a trabajar. El programa, denominado "Braceros", solo duró hasta terminar la guerra. Cuando los soldados regresaron, los Estados Unidos empezó a deportar a los braceros para crear puestos de trabajo para los soldados que volvían.

La vida de los que laboran en el campo es dura. Se les paga poco y no por día, sino por la cantidad que cosechan. No pueden establecerse en un lugar, sino que tienen que viajar de una parte a otra siguiendo el ciclo de producción de frutas y verduras. Normalmente, la labor es hecha por toda la familia, lo cual no permite que los jóvenes se eduquen.

"...y no se lo tragó la tierra"

La primera vez que sintió odio y coraje fue cuando vio llorar a su mamá por su tío y su tía. A los dos les había dado la tuberculosis y a los dos los habían mandado a distintos sanatorios. Luego entre los otros hermanos y hermanas se habían repartido los niños y los habían cuidado a como había dado lugar. Luego la tía se había muerto y al poco tiempo habían traído al tío del sanatorio, pero

5   ya venía escupiendo sangre. Fue cuando vio llorar a su padre cada rato. A él le dio coraje porque no podía hacer nada contra nadie. Ahora se sentía lo mismo. Pero ahora era por su padre.

—Se hubieran venido luego, m'ijo. ¿No veían que su tata[1] estaba enfermo? Ustedes sabían muy bien que estaba picado del sol. ¿Por qué no se vinieron?

—Pos,[2] no sé. Nosotros como andábamos bien enojados de sudor no se nos hacía que hacía

10   mucho calor pero yo creo que cuando está picado uno del sol es diferente. Yo como quiera si le dije que se sentara debajo del árbol que está a la orilla de los surcos, pero él no quiso. Fue cuando empezó a vomitar. Luego vimos que ya no pudo azadonear[3] y casi lo llevamos en rastra y lo pusimos debajo del árbol. No más dijo que lo lleváramos. Ni repeló ni nada.

—Pobre viejo, pobre de mi viejo. Anoche casi ni durmió. No lo oyeron ustedes fuera de la

15   casa? Se estuvo retorciendo toda la noche de puros calambres. Dios quiera que se alivie. Le he estado dando agua de limonada fresca todo el día pero tiene los ojos como de vidrio. Si yo hubiera ido a ver a la labor les aseguro que no se hubiera asoleado. Pobre viejo, le van a durar los calambres por todo el cuerpo a lo menos tres días y tres noches. Ahora ustedes cuídense. No se atareen tanto. No le hagan caso al viejo si los apura. Aviéntenle[4] con el trabajo. Como él no anda

20   allí empinado, se le hace muy fácil.

Le entraba más coraje cuando oyó a su papá gemir fuera del gallinero. No se quedaba adentro porque decía que le entraban muchas ansias. Apenas afuera podía estar, donde le diera el aire. También podía estirarse en el zacate[5] y revolcarse cuando le entraban los calambres. Luego pensaba

---

[1] *amer.:* padre

[2] *mex.:* pues

[3] *mex.:* laborar en el campo

[4] *mex.:* expresión que implica que dejen el trabajo

[5] *mex.:* pasto

en que si su padre se iba a morir de la asoleada. Oía a su papá que a veces empezaba a rezar y a pedir ayuda a Dios. Primero había tenido esperanzas de que se aliviara pronto pero al siguiente día   25
sentía que le crecía el odio. Y más cuando su mamá o su papá clamaba por la misericordia de Dios. También esa noche los habían despertado, ya en la madrugada, los pujidos[6] de su papá. Y su mamá se había levantado y le había quitado los escapularios del cuello y se los había lavado. Luego había prendido unas velitas. Pero, nada. Era lo mismo de cuando su tío y su tía.

—¿Qué se gana, mamá, con andar haciendo eso? A poco cree que le ayudó mucho a mi tío   30
y a mi tía? ¿Por qué es que nosotros estamos aquí como enterrados en la tierra? O los microbios nos comen o el sol nos asolea. Siempre alguna enfermedad. Y todos los días, trabaje y trabaje. ¿Para qué? Pobre papá, él que le entra parejito. Yo creo que nació trabajando. Como dice él, apenas tenía los cinco años y ya andaba con su papá sembrando maíz. Tanto darle de comer a la tierra y al sol y luego, zas, un día cuando menos lo piensa cae asoleado. Y uno sin poder hacer   35
nada. Y luego ellos rogándole a Dios… Si Dios no se acuerda de uno yo creo que allí hay… No, mejor no decirlo, a lo mejor empeora papá. Pobre, siquiera eso le dará esperanzas.

Su mamá le notó lo enfurecido que andaba y le dijo por la mañana que se calmara, que todo estaba en las manos de Dios y que su papá se iba a aliviar con la ayuda de Dios.

—¿N'ombre, usted cree? A Dios, estoy seguro, no le importa nada de uno. A ver, ¿dígame   40
usted si papá es de mal alma o de mal corazón? ¿Dígame usted si él ha hecho mal a alguien?

—Pos no.

—Ahí está. ¿Luego? ¿Y mi tío y mi tía? Usted dígame. Ahora sus pobres niños sin conocer a sus padres. ¿Por qué se los tuvo que llevar? N'ombre, a Dios le importa poco de uno los pobres. A ver, ¿por qué tenemos que vivir aquí de esta manera? ¿Qué mal le hacemos a nadie? Usted   45
tan buena gente que es y tiene que sufrir tanto.

—Ay, hijo, no hables así. No hables contra la voluntad de Dios. M'ijo, no hables así por favor. Que me das miedo. Hasta parece que llevas el demonio entre las venas ya.

—Pues, a lo mejor. Así, siquiera se me quitaría el coraje. Ya me canso de pensar. ¿Por qué? ¿Por qué usted? ¿Por qué papá? ¿Por qué mi tío? ¿Por qué mi tía? ¿Por qué sus niños? ¿Dígame usted por   50
qué? ¿Por qué nosotros nomás enterrados en la tierra como animales sin ningunas esperanzas de nada? Sabe que las únicas esperanzas son las de venir para acá cada año. Y como usted misma dice, hasta que se muere uno, descansa. Yo creo que así se sintieron mi tío y mi tía, y así se sentirá papá.

—Así es, m'ijo. Sólo la muerte nos trae el descanso a nosotros.

—¿Pero, por qué a nosotros?   55

—Pues dicen que…

—No me diga nada. Ya sé lo que me va a decir —que los pobres van al cielo.

Ese día empezó nublado y sentía lo fresco de la mañana rozarle las pestañas mientras empezaban a trabajar él y sus hermanos. La madre había tenido que quedarse en casa a cuidar al viejo. Así que se sentía responsable de apurar a sus hermanos. Por la mañana, a lo menos por las   60
primeras horas, se había aguantado el sol, pero ya para las diez y media limpió el cielo de repente y se aplanó sobre todo el mundo. Empezaron a trabajar más despacio porque se les venía una

---

[6]*mex.:* sonido de dolor

debilidad y un bochorno si trabajaban muy aprisa. Luego se tenían que limpiar el sudor de los ojos cada rato porque se les oscurecía la vista.

65   —Cuando vean oscuro, muchachos, párenle de trabajar o denle más despacio. Cuando lleguemos a la orilla descansamos un rato para coger fuerzas. Va a estar caliente hoy. Que se quedara nubladito así como en la mañana, ni quién dijera nada. Pero nada, ya aplanándose el sol ni una nublita se le aparece de puro miedo. Para acabarla de fregar, aquí acabamos para los dos y luego tenemos que irnos a aquella labor que tiene puro lomerío.[7] Arriba está bueno pero cuando estemos en las bajadas se pone bien sofocado. Ahí no ventea nada de aire. Casi ni entra el aire. ¿Se acuerdan?

70

—Sí.

—Ahí nos va a tocar lo mero bueno del calor. Nomás toman bastante agua cada rato; no le hace que se enoje el viejo. No se vayan a enfermar. Y si ya no aguantan me dicen luego ¿eh? Nos vamos para la casa. Ya vieron lo que le pasó a papá por andar aguantando. El sol se lo puede comer a uno.

75

Así como habían pensado se habían trasladado a otra labor para las primeras horas de la tarde. Ya para las tres andaban todos empapados de sudor. No traían una parte de la ropa seca. Cada rato se detenían. A veces no alcanzaban respiración, luego veían todo oscuro y les entraba el miedo de asolearse, pero seguían.

80

—¿Cómo se sienten?

—N'ombre, hace mucho calor. Pero tenemos que seguirle. Siquiera hasta las seis. Nomás que esta agua que traemos ya no quita la sed. Cómo quisiera un frasco de agua fresca, fresquecita acabada de sacar de la noria, o una coca bien helada.

85   —Estás loco, con eso sí que te asoleas. Nomás no le den muy aprisa. A ver si aguantamos hasta las seis. ¿Qué dicen?

A las cuatro se enfermó el más chico. Tenía apenas nueve años pero como ya le pagaban por grande trataba de emparejarse con los demás. Empezó a vomitar y se quedó sentado, luego se acostó. Corrieron todos a verlo atemorizados. Parecía como que se había desmayado y cuando le abrieron los párpados tenía los ojos volteados al revés. El que se le seguía en edad empezó a llorar pero le dijo luego que se callara y que ayudara a llevarlo a casa. Parecía que se le venían calambres por todo el cuerpecito. Lo llevó entonces cargado él solo y se empezó a decir otra vez que por qué.

90

—¿Por qué a papá y luego a mi hermanito? Apenas tiene los nueve años. ¿Por qué? Tiene que trabajar como un burro enterrado en la tierra. Papá, mamá y este mi hermanito, ¿qué culpa tienen de nada?

95

Cada paso que daba hacia la casa le retumbaba la pregunta ¿por qué? Como a medio camino se empezó a enfurecer y luego comenzó a llorar de puro coraje. Sus otros hermanitos no sabían qué hacer y empezaron ellos también a llorar, pero de miedo. Luego empezó a echar maldiciones. Y no supo ni cuando, pero lo que dijo lo había tenido ganas de decir desde hacía mucho tiempo. Maldijo a Dios. Al hacerlo sintió el miedo infundido por los años y por sus padres. Por un segundo vio que se abría la tierra para tragárselo. Luego se sintió andando por la tierra bien

100

---

[7] *mex.*: muchas lomas

apretada, más apretada que nunca. Entonces le entró el coraje de nuevo y se desahogó maldiciendo a Dios. Cuando vio a su hermanito ya no se le hacía tan enfermo. No sabía si habían
comprendido sus otros hermanos lo grave que había sido su maldición.   105

Esa noche no se durmió hasta muy tarde. Tenía una paz que nunca había sentido antes. Le
parecía que se había separado de todo. Ya no le preocupaba ni su papá ni su hermano. Todo lo
que esperaba era el nuevo día, la frescura de la mañana. Para cuando amaneció su padre estaba
mejor. Ya iba de alivio. A su hermanito también casi se le fueron de encima los calambres. Se sorprendía cada rato por lo que había hecho la tarde anterior. Le iba a decir a su mamá pero decidió   110
guardar el secreto. Solamente le dijo que la tierra no se comía a nadie, ni que el sol tampoco.

Salió para el trabajo y se encontró con la mañana bien fresca. Había nubes y por primera vez
se sentía capaz de hacer y deshacer cualquier cosa que él quisiera. Vio hacia la tierra y le dio una
patada bien fuerte y le dijo:

—Todavía no, todavía no me puedes tragar. Algún día, sí. Pero yo ni sabré.   115

Comprensión

1. ¿De qué murieron los tíos del protagonista?

2. ¿Cuáles son los síntomas que sufre su padre?

    • ¿Qué le causan estos síntomas?

3. Contrasta la fe de la madre y la del hijo mayor. Contrasta también lo que cada uno
   piensa en cuanto a la relación de Dios con los pobres.

4. ¿Qué edad tiene el hijo menor? ¿Por qué va tan joven a la cosecha?

    • ¿Qué le pasó?

5. ¿Qué hizo y dijo el hijo mayor cuando llevaba a su hermanito enfermo a la casa?

6. ¿Por qué se siente el hijo mayor aliviado esa noche y con nuevas fuerzas al día
   siguiente?

Interpretación

1. ¿Qué eventos contribuyen a que el hijo mayor sienta tanto odio y coraje?

    • ¿Cómo expresa ese enojo? ¿Le alivia su maldición?

2. ¿Cómo caracterizarías la vida doméstica e íntima de esta familia?

3. Explica la relación del hijo mayor con Dios. ¿Duda totalmente en su existencia?

    • Cuando dice que duda de su existencia, se corrige enseguida. ¿Qué indica ese
      cambio repentino de conciencia?

4. ¿Cómo sabemos que el capataz empuja a los trabajadores a trabajar más rápido?

5. ¿Qué implica el título de esta obra "…y no se lo tragó la tierra"?

6. Comenta sobre los aspectos dramáticos de esta obra.

    • Describe la voz narrativa.

7. Trata de explicar por qué termina un cuento tétrico con una nota de confianza y
   optimismo.

Cultura, conexiones y comparaciones

1. ¿De qué persona del verbo se dirige el hijo mayor a la madre? ¿Y la madre al hijo? ¿Crees que este fenómeno es simbólico o simplemente cultural?

2. ¿Crees que esta familia es diferente en su trato de uno a otro de las familias norteamericanas? Explica.

3. La religión y la fe forman un discurso sustancial en este relato. ¿Qué práctica religiosa observa la madre que el hijo mayor critica?

   • ¿Qué factores podrían afectar esta y otras diferencias de opinión entre madre e hijo?

   • ¿Se puede decir que estas diferencias están arraigadas en la cultura mexicana o son más universales? Explica.

    • En grupo comenta lo siguiente: ¿Mantienes tú las mismas opiniones que tus padres respecto a la religión? ¿La política? ¿Tópicos sociales, como la homosexualidad? Da ejemplos de diferencia y compártelos con la clase. Explica.

 4. ¿Has leído *The Grapes of Wrath* de John Steinbeck o visto la versión cinematográfica (1940)? Búscala, lee sobre ella y mira fragmentos por Internet en el "International Movie Data base" (IMDb) ¿Qué temas comparte con esta obra?

5. Aunque escrito en los Estados Unidos, este relato tiene vínculos fuertes con obras de realismo social de países hispanos. ¿Qué tiene en común técnica y temáticamente con "Los amos" de Juan Bosch?

 6. Observa el cuadro de Joseph Sheppard (n. 1930), pintor norteamericano, por Internet bajo "Joseph Sheppard, migrants". Haz una lista con tus compañeros de todos los detalles del cuadro que pintan la triste realidad de la vida de estos trabajadores.

   • ¿Hay puntos de contacto con el cuento de Rivera?

7. ¿Sabes quiénes son César Chávez y Dolores Huerta? Búscalos por Internet para compartir con la clase la información que hayas conseguido.

"La noche buena"

La literatura y la vida

1. ¿Has sufrido alguna vez un ataque de pánico o has visto a alguien sufrirlo? Explica lo que pasó.

2. ¿Piensas que tus padres se sacrifican para darte las cosas que te dan?

   • ¿Por qué crees que lo hacen?

En contexto

Agorafobia es un desorden psicológico en que los que lo sufren temen salir de la protección de su propia casa. Sobre todo, sufren ataques de pánico cuando están en lugares desconocidos, donde hay mucha gente desconocida y espacios muy abiertos. El desorden es bastante común; se estima que un 2% de la población de los Estados Unidos sufre alguna forma de ella.

"La noche buena"

La noche buena se aproxima y la radio igualmente que la bocina de la camioneta que anunciaba las películas del Teatro Ideal parecía empujarla con canción, negocio y bendición. Faltaban tres días para la noche buena cuando doña María se decidió comprarles algo a sus niños. Esta sería la primera vez que les compraría juguetes. Cada año se proponía hacerlo pero siempre terminaba diciéndose que no, que no podían. Su esposo de todas maneras les traía dulces y nueces a cada uno, 5 así que racionalizaba que en realidad no les faltaba nada. Sin embargo cada Navidad preguntaban los niños por sus juguetes. Ella siempre los apaciguaba con lo de siempre. Les decía que se esperaran hasta el seis de enero, el día de los reyes magos y así para cuando se llegaba ese día ya hasta se les había olvidado todo a los niños. También había notado que sus hijos apreciaban menos y menos la venida de *don Chon*[1] la noche de Navidad cuando venía con el costal de naranjas y nueces. 10

—Pero, ¿por qué a nosotros no nos trae nada Santo Clos?

—¿Cómo que no? ¿Luego cuando viene y les trae naranjas y nueces?

—No, pero ése es don Chon.

—No, yo digo lo que siempre aparece debajo de la máquina de coser.

—Ah, eso lo trae papá, a poco cree que no sabemos. ¿Es que no somos buenos como los demás? 15

—Sí, sí son buenos, pero… pues espérense hasta el día de los reyes magos. Ese es el día en que de veras vienen los juguetes y los regalos. Allá en México no viene Santo Clos sino los reyes magos. Y no vienen hasta el seis de enero. Así que ése sí es el mero día.

—Pero, lo que pasa es que se les olvida. Porque a nosotros nunca nos han dado nada ni en la noche buena ni en el día de los reyes magos. 20

—Bueno, pero a lo mejor esta vez sí.

—Pos sí, ojalá.

Por eso se decidió comprarles algo. Pero no tenían dinero para gastar en juguetes. Su esposo trabajaba casi las diez y ocho horas lavando platos y haciendo de comer en un restaurante. No tenía tiempo de ir al centro para comprar juguetes. Además tenían que alzar[2] cada semana para 25 poder pagar para la ida al norte. Ya les cobraban por los niños aunque fueran parados todo el camino hasta Iowa. Así que les costaba bastante para hacer el viaje. De todas maneras le propuso a su esposo esa noche, cuando llegó bien cansado del trabajo, que les compraran algo.

---

[1]En algunas comunidades de México (y son bien pocas), don Chon es una figura mágica que vive en los tejados de las casas, y en la Nochebuena les trae nueces y naranjas a los niños.
[2]guardar

—Fíjate, viejo, que los niños quieren algo para Crismes.

30   —¿Y luego las naranjas y las nueces que les traigo?

—Pos sí, pero ellos quieren juguetes. Ya no se conforman con comida. Es que ya están más grandes y ven más.

—No necesitan nada.

—¿A poco tú no tenías juguetes cuando eras niño?

35   —Sabes que yo mismo los hacía de barro —caballitos, soldaditos.

—Pos sí, pero aquí es distinto, como ven muchas cosas. Ándale, vamos a comprarles algo, yo misma voy al Kres.[3]

—¿Tú?

—Sí, yo.

40   —¿No tienes miedo de ir al centro? ¿Te acuerdas allá en Wilmar, Minesota, cómo te perdiste en el centro? ¿'Tas segura que no tienes miedo?

—Sí, sí me acuerdo pero me doy ánimo. Yo voy. Ya me estuve dando ánimo todo el día y estoy segura que no me pierdo aquí. Mira, salgo a la calle. De aquí se ve la hielería. Son cuatro cuadras nomás, según me dijo Zoila Regina. Luego cuando llegue a la hielería volteo a la dere-
45   cha y dos cuadras más y estoy en el centro. Allí está el Kres. Luego salgo del Kres, voy hacia la hielería y volteo para esta calle y aquí me tienes.

—De veras que no estaría difícil. Pos sí. Bueno, te voy a dejar dinero sobre la mesa cuando me vaya por la mañana. Pero tienes cuidado, vieja, en estos días hay mucha gente en el centro.

Era que doña María nunca salía de casa sola. La única vez que salía era cuando iba a visitar a
50   su papá y a su hermana quienes vivían en la siguiente cuadra. Sólo iba a la iglesia cuando había difuntito y a veces cuando había boda. Pero iba siempre con su esposo, así que nunca se fijaba por donde iba. También su esposo le traía siempre todo. Él era el que compraba la comida y la ropa. En realidad no conocía el centro aun estando solamente a seis cuadras de su casa. El camposanto quedaba por el lado opuesto al centro, la iglesia también quedaba por ese rumbo. Pasaban por
55   el centro sólo cuando iban de pasada para San Antonio o cuando iban o venían del norte. Casi siempre era de madrugada o de noche. Pero ese día traía ánimo y se preparó para ir al centro.

El siguiente día se levantó, como lo hacía siempre, muy temprano y ya cuando había despachado a su esposo y a los niños recogió el dinero de sobre la mesa y empezó a prepararse para ir al centro. No le llevó mucho tiempo.

60   —Yo no sé por qué soy tan miedosa yo, Dios mío. Si el centro está solamente a seis cuadras de aquí. Nomás me voy derechito y luego volteo a la derecha al pasar los *traques*.[4] Luego, dos cuadras, y allí está el Kres. De allá para acá ando las dos cuadras y luego volteo a la izquierda y luego hasta que llegue aquí otra vez. Dios quiera y no me vaya a salir algún perro. Al pasar los traques que no vaya a venir un tren y me pesque en medio. Ojalá no me salga un perro. Ojalá
65   no venga un tren por los traques.

---

[3]una cadena de almacenes; hoy Kmart
[4]*spangl.: train tracks*

La distancia de su casa al ferrocarril la anduvo rápidamente. Se fue en medio de la calle todo el trecho. Tenía miedo andar por la banqueta. Se le hacía que la mordían los perros o que alguien la cogía. En realidad solamente había un perro en todo el trecho y la mayor parte de la gente ni se dio cuenta de que iba al centro. Ella, sin embargo, seguía andando por en medio de la calle y tuvo suerte de que no pasara un solo mueble,[5] si no, no hubiera sabido qué hacer. Al llegar al ferrocarril le entró el miedo. Oía el movimiento y el pitido de los trenes y esto la desconcertaba. No se animaba a cruzar los rieles. Parecía que cada vez que se animaba se oía el pitido de un tren y se volvía a su lugar. Por fin venció el miedo, cerró los ojos y pasó sobre las rieles. Al pasar se le fue quitando el miedo. Volteó a la derecha.

Las aceras estaban repletas de gente y se le empezaron a llenar los oídos de ruido, un ruido que después de entrar no quería salir. No reconocía a nadie en la banqueta. Le entraron ganas de regresarse pero alguien la empujó hacia el centro y los oídos se le llenaban más y más de ruido. Sentía miedo y más y más se le olvidaba la razón por la cual estaba allí entre el gentío. En medio de dos tiendas donde había una callejuela se detuvo para recuperar el ánimo un poco y se quedó viendo un rato a la gente que pasaba.

—Dios mío, ¿qué me pasa? Ya me empiezo a sentir como me sentí en Wilmar. Ojalá no me vaya a sentir mal. A ver. Para allá queda la hielería. No, para allá. No, Dios mío, ¿qué me pasa? A ver. Venía andando de allá para acá. Así que queda para allá. Mejor me hubiera quedado en casa. Oiga, perdone usted, ¿dónde está el Kres, por favor? … Gracias.

Se fue andando hasta donde le habían indicado y entró. El ruido y la apretura de la gente era peor. Le entró más miedo y ya lo único que quería era salirse de la tienda pero ya no veía la puerta. Solo veía cosas sobre cosas, gente sobre gente. Hasta oía hablar a las cosas. Se quedó parada un rato viendo vacíamente a lo que estaba enfrente de ella. Era que ya no sabía los nombres de las cosas. Unas personas se le quedaban viendo unos segundos, otras solamente la empujaban para un lado. Permaneció así por un rato y luego empezó a andar de nuevo. Reconoció unos juguetes y los echó en la bolsa. De pronto ya no oía el ruido de la gente aunque sí veía todos los movimientos de sus piernas, de sus brazos, de la boca, de sus ojos. Pero no oía nada. Por fin preguntó que dónde quedaba la puerta, la salida. Le indicaron y empezó a andar hacia aquel rumbo. Empujó y empujó gente hasta que llegó a empujar la puerta y salió.

Apenas había estado unos segundos en la acera tratando de reconocer dónde estaba, cuando sintió que alguien la cogió fuerte del brazo. Hasta la hicieron que diera un gemido.

—Here she is … these damn people, always stealing something, stealing. I've been watching you all along. Let's have that bag.

—¿Pero…?

Y ya no oyó nada por mucho tiempo. Sólo vio que el cemento de la acera se vino a sus ojos y que una piedrita se le metió en el ojo y le calaba[6] mucho. Sentía que la estiraban de los brazos y aun cuando la voltearon boca arriba veía a todos muy retirados. Se veía a sí misma. Se sentía hablar pero ni ella sabía lo que decía pero sí se veía mover la boca. También veía puras caras desconocidas. Luego vio al empleado con la pistola en la cartuchera y le entró un miedo terrible. Fue cuando se volvió a acordar de sus hijos. Le empezaron a salir las lágrimas y lloró. Luego ya no supo nada. Sólo se sentía andar en un mar de gente. Los brazos la rozaban como si fueran olas.

—De a buena suerte que mi compadre andaba por allí. Él fue el que me fue a avisar al restaurante. ¿Cómo te sientes?

---

[5]*mex.:* automóvil

[6]penetraba

—Yo creo que estoy loca, viejo.

110   —Por eso te pregunté que si no te irías a sentir mal como en Wilmar.

—¿Qué va a ser de mis hijos con una mamá loca? Con una loca que ni siquiera sabe hablar ni ir al centro.

—De todos modos, fui a traer al notario público. Y él fue el que fue conmigo a la cárcel. Él le explicó todo al empleado. Que se te había volado la cabeza. Y que te daban ataques de nervios
115   cuando andabas entre mucha gente.

—¿Y si me mandan a un manicomio? Yo no quiero dejar a mis hijos. Por favor, viejo, no vayas a dejar que me manden, que no me lleven. Mejor no hubiera ido al centro.

—Pos nomás quédate aquí dentro de la casa y no te salgas del solar. Que al cabo no hay ne-cesidad. Yo te traigo todo lo que necesites. Mira, ya no llores, ya no llores. No, mejor, llora para
120   que te desahogues. Les voy a decir a los muchachos que ya no te anden fregando[7] con Santo Clos. Les voy a decir que no hay para que no te molesten con eso ya.

—No, viejo, no seas malo. Diles que si no les trae nada en la noche buena que es porque les van a traer algo los reyes magos.

—Pero… Bueno, como tú quieras. Yo creo que siempre lo mejor es tener esperanzas.

125   Los niños que estaban escondidos detrás de la puerta oyeron todo pero no comprendieron muy bien. Y esperaron el día de los reyes magos como todos los años. Cuando llegó y pasó aquel día sin regalos no preguntaron nada.

Comprensión

1. ¿Por qué se empeña doña María en comprarles juguetes a sus hijos?
2. ¿Por qué no quieren gastar dinero en juguetes?
3. ¿Qué teme el esposo que le pase a doña María si va de compras al centro?
4. ¿Qué siente doña María al llegar al centro y entrar en el almacén?
5. ¿Por qué la detiene la policía?
6. ¿Cómo pudo salirse de esa dificultad penosa?

Interpretación

1. Explica el choque cultural que sienten los niños al criarse en una familia mexicana pero vivir en los Estados Unidos.
2. ¿Qué es lo que impele a la madre a comprarles regalos a sus hijos, a atreverse a ir al centro a pesar de su condición y a expresar temor que la lleven al manicomio?
   • ¿Qué indica este dato respecto a las familias latinas?

---

[7]*coloq.*: fastidiando

3. Nota que la familia tiene que cruzar las rieles de ferrocarril para llegar al centro. ¿Conoces la expresión en inglés *to live on the other side of the tracks*? Explica cómo este detallito, que fácilmente se puede pasar por alto, forma un código en este relato.

4. Doña María claramente sufre una enfermedad bastante común, sin embargo ella no lo sabe y termina temiendo y pensando que está loca. ¿Qué problema económico-social se puede inferir de su ignorancia respecto a su enfermedad?

5. ¿Qué dice el guardia cuando prende a María?

   ¿Qué punto quiere destacar el autor con este comentario?

6. Analiza la descripción de lo que siente doña María cuando la detienen en las líneas 95 a 106. ¿Desde qué punto de vista narra la acción el narrador omnisciente?

7. Comenta sobre la ironía del título de este relato.

Cultura, conexiones y comparaciones

1. Con un compañero haz una lista de todos los problemas que pueden sufrir las familias mexicanas que vienen a los Estados Unidos sin saber ni la cultura ni el idioma. Luego mira cuántos de estos problemas se reflejan en el relato.

   • ¿Cómo pudieran contribuir esos problemas a la condición psíquica de la madre?

2. Los latinos que viven en los Estados Unidos muchas veces emplean el 'Spanglish' o pronuncian las palabras del inglés con fonética castellana. Anota los ejemplos de este fenómeno en el relato.

   • ¿Conoces otros ejemplos de Spanglish, aunque no estén en el relato?

   • ¿Crees que se debe evitar el Spanglish o que es inevitable? Defiende tu postura.

3. En el mundo hispánico se celebra, además de la Nochebuena (la noche y mañana entre el 24 y 25 de diciembre), el Día de los Reyes Magos el 6 de enero. Ese es el día en que los niños reciben regalos. ¿Por qué crees que se escoge ese día para dar regalos?

4. Ramón Saldívar ha escrito lo siguiente respecto al estilo de Tomás Rivera:

   In the original South Texas Spanish, Rivera's prose is tight and lean, the vocabulary and syntax rigorously controlled and set within the world of the Chicano migrant farmworker. Like Faulkner's *As I Lay Dying*, Rivera's narrative is not expository. In documenting the life of the farmworker and trying to keep its significant place in contemporary American history alive, [...*y no se lo tragó la tierra*] offers a complex narrative of subjective impressions purposely disjointed from simple chronology. . . . The links between the chapters follow a stream-of-consciousness thread, bereft of traditional narrative causality, relating the seasonal events in an allegorical year of the life of the anonymous migrant farmworker child.

En clase, comenta esta cita y relaciona lo que dice con ejemplos concretos de los dos capítulos que has leído.

CAPÍTULO II

LA CONSTRUCCIÓN DEL GÉNERO:
MACHISMO Y FEMINISMO

■■■

Frida Kahlo, "La pelona", Museum of Modern Art (New York)

El término 'machismo' llega al inglés del español. El diccionario de Oxford lo define como "*aggressive male behaviour that emphasizes the importance of being strong rather than being intelligent and sensitive*". El inglés también emplea la expresión 'Don Juan', protagonista de una famosa comedia española del Siglo de Oro, quien seduce a las mujeres con el voto de matrimonio sin jamás cumplir la palabra. Es curioso que estos dos términos despectivos tengan raíces en el español. ¿Será verdad que la cultura hispánica es más machista que otras?

Varios sociólogos han puesto de relieve que el comportamiento machista del hombre hispano así como el intento caprichoso de refrenar, reprimir y controlar a las mujeres se ha heredado de la cultura islámica. Los árabes conquistaron la Península Ibérica en el siglo VIII, y permanecieron allí, de un modo u otro, casi mil años. Tradicionalmente las mujeres en la cultura musulmana son subyugadas por los hombres. La mujer casada tiene que cubrirse casi todo el cuerpo y solo puede destaparse delante de otras mujeres y su esposo. Al casarse, la mujer se convierte en una posesión de su marido, quien asume poder sobre su dote. En muchos países les impiden a las mujeres participar en los actos religiosos y en la política. Y en Arabia Saudita, ¡se les prohíbe a las mujeres conducir! Claro que este cuadro describe a un grupo de mujeres que siguen las leyes del islam ortodoxo. En los países islámicos también hay muchas personas que tienen una visión más progresista del papel de la mujer, y hay mujeres que ocupan puestos importantes en la sociedad.

Es posible, por lo tanto, que el machismo hispánico se reforzara con el contacto con islam, pero hay que confesar que la cultura europeo-cristiana era también machista, y las culturas amerindias tampoco les concedían a las mujeres mucho respeto. Por todas las indicaciones que hay, la mujer indígena prehispánica tenía un papel muy semejante a la mujer europeo-cristiana de la misma época: se encargaba de tejer, cuidar la casa, criar a los hijos y atender a su marido. ¡Y se le respetaba y cuidaba la castidad!

La pureza de la mujer tiene una importancia especial en la cultura hispánica tradicional. La honra de la familia depende de la virginidad prematrimonial, y su pérdida provocaría el asesinato del hombre culpable así como el castigo impetuoso de la mujer, aunque ella no tuviera la culpa. Este es el caso en las comedias del Siglo de Oro, y se puede observar también en obras del siglo XX, como *La casa de Bernarda Alba* de García Lorca y *Crónica de una muerte anunciada* de García Márquez.

Antes de los movimientos en pro de la liberación de la mujer de los últimos 30 años del siglo XX, la mujer tenía pocas opciones en el mundo hispánico. En el Siglo de Oro se decía que la mujer podía ser esposa, monja o prostituta. Sin embargo, dentro del convento, la mujer podía mostrar su inteligencia y destrezas, como lo hace Santa Teresa de Ávila, quien reformó la orden de las Carmelitas y financió la construcción de muchos conventos, o Sor Juana Inés de la Cruz, la desdichada monja mexicana, a quién se le consideraba una de las personas más informadas de su época.

Cuando se habla del machismo hispánico, hay que tomar en cuenta que adopta formas muy diversas. Algunos comentaristas han destacado que el concepto del 'marianismo' —la devoción a la Virgen María— hace un papel determinante en las relaciones entre los sexos. El marianismo considera a la mujer moral y espiritualmente más fuerte que el hombre, y esta actitud engendra la abnegación y la necesidad de mantener a todo costo su ejemplaridad ante la familia y la sociedad. Cuando llega la mujer a ser la madre de los hijos del hombre, se convierte en una divinidad, y el hombre pierde interés en ella como compañera sexual, y busca sus placeres fuera de la casa. La mujer, sin embargo, no tiene la misma opción.

Así como el marianismo perjudica a la mujer, el machismo tiene el mismo efecto para el hombre. Según la filósofa feminista de Gloria Anzaldúa, una norteamericana de descendencia mexicana, el machismo crea para el hombre un rol de comportamiento ante la sociedad que le obliga a actuar como 'macho', aunque ello no corresponda a sus instintos naturales. En otras palabras, el hombre sufre la crisis entre su verdadero ser y el ser impuesto por la tradición y la sociedad. Anzaldúa va más allá: Dice que el hombre latino, tanto en Hispanoamérica como en los Estados Unidos, se siente responsable de llevar adelante a su familia, y cuando fracasa en el intento por razones culturales o económicas que no puede controlar, vigoriza su masculinidad para ocultar su fracaso como protector de la familia.

En el siglo XX, el mundo hispánico no se ha quedado por detrás en la lucha para conseguir la igualdad de la mujer. Pioneras en el campo literario son la mexicana Rosario Castellanos (1925-1978) y la argentina Victoria Ocampo (1890-1971). Prueba de los logros del feminismo son las mujeres que se han elegido presidente de sus países, como Michelle Bachelet en Chile, Violeta Chamorro en Nicaragua y Cristina Fernández en Argentina. ¿Será esto un presagio alentador para el futuro del feminismo en los países de habla española?

Juan Ruiz, "Elogio de la mujer chiquita"

Autor: Juan Ruiz, Arcipreste de Hita (¿1283-1350?)
Nacionalidad: Español
Datos biográficos: Apenas se sabe de la vida de Juan Ruiz, aunque muchos piensan que *El libro de buen amor* contiene datos autobiográficos. Era muy conocedor de la música, puesto que emplea en su obra un léxico musical muy sofisticado.
Época y movimiento cultural: Época Medieval; Mester de clerecía
Obra más conocida: *El libro de buen amor* (¿1343?)
Importancia literaria: *El libro de buen amor* es la obra maestra del Mester de clerecía del Medioevo español. Es un verdadero cancionero de las formas poéticas de la época así como un compendio de sus temas más importantes.

La literatura y la vida

¿Conoces el refrán en inglés que dice "*Good things come in small packages*"? ¿Qué quiere decir? ¿Estás de acuerdo? Explica.

En contexto

El libro de buen amor (¿1343?) es la obra maestra de la Edad Media española. Su autor es el Arcipreste de Hita, y se supone que su intención literaria era instruir a la gente con buenos ejemplos. Pero su libro trata principalmente los placeres del amor carnal, como en este famoso poema del libro.

"Elogio de la mujer chiquita"

Quiero abreviar, señores, esta predicación
porque siempre gusté de pequeño sermón
y de mujer pequeña y de breve razón,
pues lo poco y bien dicho queda en el corazón.

De quien mucho habla, ríen; quien mucho ríe es loco;   5
hay en la mujer chica amor grande y no poco.
Cambié grandes por chicas, mas las chicas no troco.[1]
Quien da chica por grande se arrepiente del troco.

De que alabe a las chicas el Amor me hizo ruego;
que cante sus noblezas, voy a decirlas luego.   10
Loaré a las chiquitas, y lo tendréis por juego.
¡Son frías como nieve y arden más que el fuego!

Son heladas por fuera pero, en amor, ardientes;
en la cama solaz, placenteras, rientes,
en la casa, hacendosas, cuerdas y complacientes;   15
veréis más cualidades tan pronto paréis mientes.[2]

En pequeño jacinto yace gran resplandor,
en azúcar muy poco yace mucho dulzor,
en la mujer pequeña yace muy gran amor,
pocas palabras bastan al buen entendedor.   20

Es muy pequeño el grano de la buena pimienta,
pero más que la nuez reconforta y calienta:
así, en mujer pequeña, cuando en amor consienta,
no hay placer en el mundo que en ella no se sienta.

Como en la chica rosa está mucho color,   25
Como en oro muy poco, gran precio y gran valor,
como en poco perfume yace muy buen olor,
así, mujer pequeña guarda muy gran amor.

Como rubí pequeño tiene mucha bondad,
color, virtud y precio, nobleza y claridad,   30
así, la mujer chica tiene mucha beldad,
hermosura y donaire, amor y lealtad.

---

[1]cambio
[2]presten atención

Chica es la calandria y chico el ruiseñor,
pero más dulce cantan que otra ave mayor;
35   la mujer, cuando es chica, por eso es aún mejor,
en amor es más dulce que azúcar y que flor.

Son aves pequeñuelas papagayo y orior,
pero cualquiera de ellas es dulce cantador;
gracioso pajarillo, preciado trinador,
40   como ellos es la dama pequeña con amor.

Para mujer pequeña no hay comparación:
terrenal paraíso y gran consolación,
recreo y alegría, placer y bendición,
mejor es en la prueba que en la salutación.

45   Siempre quise a la chica más que a grande o mayor;
¡escapar de un mal grande nunca ha sido un error!
Del mal tomar lo menos, dícelo el sabidor,
por ello, entre mujeres, ¡la menor es mejor!

Comprensión

1. Haz una lista de todas las palabras de la primera estrofa que tienen que ver con "chico".

2. ¿De qué alaba a las mujeres chiquitas en la estrofa 4?

3. En cada estrofa enumera signos para probar que lo pequeño es mejor que lo grande.

   • ¿Qué dice de las flores y las especies?

   • ¿Y de las aves?

   • ¿Y de los minerales y joyas?

4. En la última estrofa se revela el mensaje paradójico del poema. ¿Cuál es?

Interpretación

1. Cuenta el número de sílabas de las estrofas, tomando en cuenta que esta es una traducción al castellano moderno del castellano medieval, de modo que no todos los versos tendrán el número exacto de sílabas.

   • ¿Qué tipo de rima tiene?

   • ¿Cuál es el patrón? Esta versificación se llama "cuaderna vía", y es la forma predilecta de la poesía didáctica de la Edad Media.

2. ¿Crees que Juan Ruiz, en realidad, "abreva" su discurso? ¿Con qué figura retórica describirías este juego literario?

3. Explica cómo la primera estrofa contiene un discurso metalingüístico.

4. En la tercera estrofa, el yo lírico revela algo de sus intenciones. ¿Qué es?

5. El poema contiene materia erótica. ¿Con qué signos se expresa?

6. La mujer aparece aquí como objeto de placer para el hombre. Anota los versos que comprueben este dato.

7. ¿Crees que este poema expresa una actitud misógina? Defiende tu posición.

Cultura, conexiones y comparaciones

1. Este poema es un buen ejemplo de la retórica, que tiene sus raíces en la filosofía griega. En la retórica se aprende como conmover y convencer al oidor o lector con las palabras. Una forma muy vieja de la retórica es el uso de la lógica y el razonamiento. En el razonamiento inductivo, se lleva al destinatario a un conocimiento por medio de ejemplos convincentes. ¿Crees que Juan Ruiz logra ese propósito? Explica.

2. ¿Cuáles son los papeles tradicionales de la mujer?

   • ¿Cómo se comprueba esto en la estrofa 4?

   • ¿En qué otras obras que hayas leído se habla del rol de la mujer?

3. ¿Te parece extraño que en la Época Medieval se hablara con tanta honestidad de los placeres sexuales? Explica.

   • ¿Ocurre este discurso en otras obras medievales que conozcas, como "*The Wife of Bath*" y "*The Miller's Tale*" de los *Canterbury Tales* de Geoffrey Chaucer (¿1343?-1400), que fue escrito en la misma época (siglo XIV) que este poema?

4. En grupo conversa sobre la misoginia y cómo se ha manifestado en la historia y aún en nuestros días.

Juan Manuel, "De lo que aconteció a un mozo que casó con una mujer muy fuerte y muy brava"

Autor: Don Juan Manuel (1282-1349)

Nacionalidad: Español

Datos biográficos: Al ser sobrino del rey Alfonso X, el monarca español más importante de la Época Medieval, fue uno de los nobles más poderosos de su época.

Época y movimiento cultural: Prosa ficción de la Época Medieval

Obra más conocida: *El Conde Lucanor* (escrito entre 1330 y 1335)

Importancia literaria: Fue el autor de cuentos o apólogos orientales más originales y vívidos de la Edad Media.

La literatura y la vida

1. ¿Conoces a alguien que haya contraído matrimonio solo por el dinero?

   • ¿Lo harías tú?

2. ¿Crees en la igualdad entre hombre y mujer en un matrimonio? Explica.
   - ¿Crees que esa siempre ha sido la norma a lo largo de la historia?

En contexto

El caso de una mujer dominante casada con un hombre sumiso se da mucho en la literatura con el propósito de ilustrar lo que el esposo debe hacer para controlar y dominar a su mujer. Don Juan Manuel le da un giro muy interesante y original a este tema.

Ejemplo XXXV: "De lo que aconteció a un mozo que casó con una mujer muy fuerte y muy brava"

Otra vez, hablando el conde Lucanor con Patronio, su consejero, díjole así:

—Patronio, uno de mis deudos me ha dicho que le están tratando de casar con una mujer muy rica y más noble que él, y que este casamiento le convendría mucho si no fuera porque le aseguran que es la mujer de peor carácter que hay en el mundo. Os ruego que me digáis si he de aconsejarle que se case con ella, conociendo su genio, o si habré de aconsejarle que no lo
5   haga.

—Señor conde —respondió Patronio—, si él es capaz de hacer lo que hizo un mancebo moro, aconsejadle que se case con ella; si no lo es, no se lo aconsejéis.

El conde le rogó que le refiriera qué había hecho aquel moro.
Patronio le dijo que en un pueblo había un hombre honrado que tenía un hijo que era muy
10   bueno, pero que no tenía dinero para vivir como él deseaba. Por ello andaba el mancebo muy preocupado, pues tenía el querer, pero no el poder.
En aquel mismo pueblo había otro vecino más importante y rico que su padre, que tenía una sola hija, que era muy contraria del mozo, pues todo lo que éste tenía de buen carácter, lo tenía ella de malo, por lo que nadie quería casarse con aquel demonio. Aquel mozo tan bueno
15   vino un día a su padre y le dijo que bien sabía que él no era tan rico que pudiera dejarle con qué vivir decentemente, y que, pues tenía que pasar miserias o irse de allí, había pensado, con su beneplácito, buscarse algún partido con que poder salir de pobreza. El padre le respondió que le agradaría mucho que pudiera hallar algún partido que le conviniera. Entonces le dijo el mancebo que, si él quería, podría pedirle a aquel honrado vecino su hija. Cuando el padre lo
20   oyó se asombró mucho y le preguntó que cómo se le había ocurrido una cosa así, que no había nadie que la conociera que, por pobre que fuese, se quisiera casar con ella. Pidióle el hijo, como un favor, que le tratara aquel casamiento. Tanto le rogó que, aunque el padre lo encontraba muy raro, le dijo que lo haría.
Fuese en seguida a ver a su vecino, que era muy amigo suyo, y le dijo lo que el mancebo le
25   había pedido, y le rogó que, pues se atrevía a casar con su hija, accediera a ello. Cuando el otro oyó la petición le contestó diciéndole:

—Por Dios, amigo, que si yo hiciera esto os haría a vos muy flaco servicio, pues vos tenéis un hijo muy bueno y yo cometería una maldad muy grande si permitiera su desgracia o su muerte, pues estoy seguro que si se casa con mi hija, ésta le matará o le hará pasar una vida mucho peor
30   que la muerte. Y no creáis que os digo esto por desairaros, pues, si os empeñáis, yo tendré mucho gusto en darla a vuestro hijo o a cualquier otro que la saque de casa.

El padre del mancebo le dijo que le agradecía mucho lo que le decía y que, pues su hijo quería casarse con ella, le tomaba la palabra.

Se celebró la boda y llevaron a la novia a casa del marido. Los moros tienen la costumbre de preparales la cena a los novios, ponerles la mesa y dejarlos solos en su casa hasta el día siguiente. Así lo hicieron, pero estaban los padres y parientes de los novios con mucho miedo, temiendo que al otro día le encontrarían a él muerto o malherido.

En cuanto se quedaron solos en su casa se sentaron a la mesa, mas antes que ella abriera la boca miró el novio alrededor de sí, vio un perro y le dijo muy airadamente:

—¡Perro, danos agua a las manos!

El perro no lo hizo. El mancebo comenzó a enfadarse y a decirle aún con más enojo que les diese agua a las manos. El perro no lo hizo. Al ver el mancebo que no lo hacía, se levantó de la mesa muy enfadado, sacó la espada y se dirigió al perro. Cuando el perro le vio venir empezó a huir y el mozo a perseguirle, saltando ambos sobre los muebles y el fuego, hasta que lo alcanzó y le cortó la cabeza y las patas y lo hizo pedazos, ensangrentando toda la casa.

Muy enojado y lleno de sangre se volvió a sentar y miró alrededor. Vio entonces un gato, al cual le dijo que les diese agua a las manos. Como no lo hizo, volvió a decirle:

—¿Cómo, traidor, no has visto lo que hice con el perro porque no quiso obedecerme? Te aseguro que, si un poco o más conmigo porfías, lo mismo haré contigo que hice con el perro.

El gato no lo hizo, pues tiene tan poca costumbre de dar agua a las manos como el perro. Viendo que no lo hacía, se levantó el mancebo, lo cogió por las patas, dio con él en la pared y lo hizo pedazos con mucha más rabia que al perro. Muy indignado y con la faz torva[1] se volvió a la mesa y miró a todas partes. La mujer, que le veía hacer esto, creía que estaba loco y no le decía nada.

Cuando hubo mirado por todas partes vio un caballo que tenía en su casa, que era el único que poseía, y le dijo lleno de furor que les diese agua a las manos. El caballo no lo hizo. Al ver el mancebo que no lo hacía, le dijo al caballo:

—¿Cómo, don caballo? ¿Pensáis que porque no tengo otro caballo os dejaré hacer lo que queráis? Desengañaos, que si por vuestra mala ventura no hacéis lo que os mando, juro a Dios que os he de dar tan mala muerte como a los otros; y no hay en el mundo nadie que a mí me desobedezca con el que yo no haga otro tanto.

El caballo se quedó quieto. Cuando vio el mancebo que no le obedecía, se fue a él y le cortó la cabeza y lo hizo pedazos. Al ver la mujer que mataba el caballo, aunque no tenía otro, y que decía que lo mismo haría con todo el que le desobedeciera, comprendió que no era una broma, y le entró tanto miedo que ya no sabía si estaba muerta o viva.

Bravo, furioso y ensangrentado se volvió el marido a la mesa, jurando que si hubiera en casa más caballos, hombres o mujeres que le desobedecieran, los mataría a todos. Se sentó y miró a todas partes, teniendo la espada llena de sangre entre las rodillas.

Cuando hubo mirado a un lado y a otro sin ver a ninguna otra criatura viviente, volvió los ojos muy airadamente hacia su mujer y le dijo con furia, la espada en la mano:

—Levántate y dame agua a las manos.

La mujer, que esperaba de un momento a otro ser despedazada, se levantó muy de prisa y le dio agua a las manos.

Díjole el marido:

---

[1]cara espantosa y terrible a la vista

75   —¡Ah, cómo agradezco a Dios el que hayas hecho lo que te mandé! Si no, por el enojo que me han causado esos majaderos, hubiera hecho contigo lo mismo.

Después le mandó que le diese de comer. Hízolo la mujer. Cada vez que le mandaba una cosa, lo hacía con tanto enfado y tal tono de voz que ella creía que su cabeza andaba por el suelo. Así pasaron la noche los dos, sin hablar la mujer, pero haciendo siempre lo que él mandaba. Se
80   pusieron a dormir y, cuando ya habían dormido un rato, le dijo el mancebo:

—Con la ira que tengo no he podido dormir bien esta noche; ten cuidado de que no me despierte nadie mañana y de prepararme un buen desayuno.

A media mañana los padres y parientes de los dos fueron a la casa, y, al no oír a nadie, temieron que el novio estuviera muerto o herido. Viendo por entre las puertas a ella y no a él,
85   se alarmaron más. Pero cuando la novia les vio a la puerta se les acercó silenciosamente y les dijo con mucho miedo:

—Pillos, granujas,[2] ¿qué hacéis ahí? ¿Cómo os atrevéis a llegar a esta puerta ni a rechistar?[3] Callad, que si no, todos seremos muertos.

Cuando oyeron esto se llenaron de asombro. Al enterarse de cómo habían pasado la noche,
90   estimaron en mucho al mancebo, que así había sabido, desde el principio gobernar su casa. Desde aquel día en adelante fue la muchacha muy obediente y vivieron juntos con mucha paz. A los pocos días el suegro quiso hacer lo mismo que el yerno y mató un gallo que no obedecía. Su mujer le dijo:

—La verdad, don Fulano, que te has acordado tarde. Pues ya de nada te valdrá matar cien
95   caballos; antes tendrías que haber empezado, que ahora te conozco.

Vos, señor conde, si ese deudo vuestro quiere casarse con esa mujer y es capaz de hacer lo que hizo este mancebo, aconsejadle que se case, que él sabrá cómo gobernar su casa; pero si no fuere capaz de hacerlo, dejadle que sufra su pobreza sin querer salir de ella. Y aun os aconsejo que a todos los que hubieren de tratar con vos les deis a entender desde el principio cómo han
100   de portarse.

El conde tuvo este consejo por bueno, obró según él y le salió muy bien. Como don Juan vio que este cuento era bueno, lo hizo escribir en este libro y compuso unos versos que dicen así:

Si al principio no te muestras como eres,
podrás hacerlo cuando tú quisieres.

Comprensión

1. ¿Qué consejo le pide el conde a Patronio?

2. ¿Cuál es el motivo de querer casarse el moro del cuento de Patronio?

3. En la luna de miel, ¿qué le pide el moro a los animales de la casa?

   • ¿Qué hace cuando no le obedecen?

4. ¿Qué hace la esposa cuando se le pide la misma cosa?

5. ¿Qué hace el padre de la muchacha al ver el éxito de su nuevo yerno?

   • ¿Qué le responde su esposa?

---

[2]*fig.:* conjunto de gente maleante
[3]decir una sola palabra

6. ¿Qué es la moraleja del cuento?

- Sin embargo, ¿qué es la moraleja que el autor explícito escribió en su libro? Explica la diferencia.

Interpretación

1. Aunque parezca sencillo, el cuento es muy complejo desde un punto de vista de la narratología. ¿Quién narra la primera línea del cuento?

- ¿Quién narra (escribe) la moraleja al final? ¿Son la misma persona?
- Busca en el *Diccionario de términos literarios* la diferencia entre un "autor implícito" y un "autor explícito". Trata de explicar el motivo artístico del desdoblamiento.
- ¿Somos nosotros los destinatarios de Patronio? Si no, ¿quién es?
- Busca "narratario" en el mismo *Diccionario de término literarios*. Trata de explicar los filtros por los cuales pasa el cuento antes de llegar a nosotros. Por ejemplo, Patronio cuenta un cuento que él habrá oído. ¿Qué pasa cuando se cuenta de segunda mano una historia? El que escucha la historia, ¿se acuerda de los mismos detalles? ¿Aprende las mismas lecciones? Explica este difícil circuito de comunicación.

2. El referente de la escena es la luna de miel del matrimonio. ¿Qué debe ocurrir esa noche?

- Por lo tanto, ¿cómo interpretas esta oración: "Así pasaron la noche los dos, sin hablar la mujer, pero haciendo siempre lo que él mandaba".

3. Tradicionalmente, ¿cómo debe llegar la mujer al matrimonio?

- ¿Qué signos hay en este apólogo de que la mujer cumple con esos importantes requisitos?

4. El padre de la muchacha decide aplicar la misma técnica con su mujer para domarla. ¿Obedece la esposa?

- ¿Qué indica su respuesta respecto al papel de las mujeres en la Edad Media española?

5. Hasta ese punto en la narración, ¿qué parece ser la moraleja —elemento obligatorio— del apólogo?

- Sin embargo, ¿qué moraleja escribe el autor explícito?
- ¿Qué nos indica esta discrepancia respecto al acto comunicativo y cómo el mensaje es interpretado?

6. El apólogo contiene humor. Anota con un compañero los momentos de humor. Explica cómo la hipérbole contribuye al humor.

Cultura, comunicación y conexiones

1. El primer paso que da la narrativa europea toma la forma del apólogo o lección moral. El prototipo de esta forma en castellano es una traducción de *Calila e Dimna* que el rey Alfonso X "el Sabio" (1221-1284) mandó traducir del árabe en el siglo XIII. Pero la obra tiene raíces muy fecundas, quizá en la tradición hindú del siglo IV, de donde se transmitió sucesivamente al persa y luego al árabe. Una de las obras

maestras de la literatura árabe es una colección de cuentos —*Las mil y una noches* (siglo IX). Busca esta obra famosa por Internet. ¿De qué se trata?

2. Este apólogo trata de moros. El narrador, sin embargo, es cristiano. ¿Parece haber alguna crítica étnica en el relato?

   • ¿En qué otras obras del *Capítulo I* aparecen moros?

3. El relato pinta un cuadro de la mujer mora en la Edad Media. Tomando en cuenta lo que dice la madre del novio al final del cuento, ¿cómo son esas mujeres?

   • ¿Corresponden todas al estereotipo de la mujer sumisa?

4. ¿Crees que este relato, como en el poema de Juan Ruiz, forma parte del discurso misógino de la Edad Media? Justifica tu respuesta.

5. El tema de la mujer brava es muy común en la literatura. ¿Conoces alguna obra de Shakespeare con el mismo tema?

6. Comenta en la clase esta observación crítica de Manuel Campins, en un resumen del artículo de Laurence Looze, "*Subversion of Meaning in Part I of* El Conde Lucanor," *Revista Canadiense de Estudios Hispánicos*, 19.2 (1995): 341–355:

   Juan Manuel escribió *El Conde Lucanor* de una manera que muestra varios ejemplos de doble sentido y otras lecciones que están un poco escondidas. (Sus) personajes… en realidad son diferentes de lo que pensamos a primera vista. La verdad y la mentira pueden ser el opuesto de lo que pensamos inicialmente. Por eso (defiende el crítico) siempre nos está diciendo Don Juan Manuel que sus «intenciones fueran buenas y nobles» en escribir esta serie de ejemplos.

 ¿Cómo se ve este proceso en el apólogo que has leído?

Bernal Díaz del Castillo, *Historia verdadera de la conquista de la Nueva España* (Capítulo XXXVII)

Autor: Bernal Díaz del Castillo (¿1495?–1584)

Nacionalidad: Español (con largas residencias en México y Guatemala)

Datos biográficos: Acompañó a Cortés en la conquista de México. En 1552, cuando salió la crónica oficial de López de Gómara de la conquista, Díaz se enojó por los errores de su historia y decidió escribir una "historia verdadera".

Época y movimiento cultural: Siglo XVI (Renacimiento); Época colonial

Obra más conocida: *La historia verdadera de la conquista de la Nueva España* (escrito cerca de 1568, pero publicado póstumamente en 1632)

Importancia literaria: Aunque autodidacta y de origen humilde, alza su voz para conseguir un puesto en la historia. Esto, junto con el potente "yo" de su obra, hacen que su historia refleje la perspectiva del nuevo hombre renacentista.

La literatura y la vida

1. ¿Has estado alguna vez en un lugar donde se hablaba un idioma que no conocías? ¿Qué hacías para hacerte entender?
2. Si tu país fuera invadido por otro, ¿cooperarías con los invasores para salvarte la vida? Explica.

En contexto

La conquista de México fue facilitada por dos individuos a causa de su habilidad lingüística: Jerónimo de Aguilar, un español náufrago que había vivido entre los indios y hablaba maya, y la Malinche, una indígena que fue entregada a Cortés como premio de guerra después de la conquista de Tabasco. La Malinche sabía el idioma de los aztecas —náhuatl— así como el de los mayas, y pronto aprendió a hablar castellano.

Lo que le impulsó a Bernal Díaz a escribir su "verdadera historia" fue la crónica oficial que había escrito López de Gómara en 1551. Bernal Díaz lanza una fuerte crítica a Gómara, subrayando que Gómara no había participado activamente en la conquista como él, y por lo tanto comete muchos errores.

Cómo doña Marina era cacica e hija de grandes señores de pueblos y vasallos, y de la manera que la dicha doña Marina fue traída a Tabasco.

Antes que más meta la mano en lo del gran Moctezuma y su gran México y mexicanos, quiero decir lo de doña Marina, cómo desde su niñez fue gran señora de pueblos y vasallos, y es desta manera: que su padre y su madre eran señores y caciques de un pueblo que se dice Painala, y tenía otros pueblos sujetos a él, obra de ocho leguas de la villa de Guazacualco,[1] y murió el padre quedando muy niña, y la madre se casó con otro cacique mancebo y hubieron un hijo, y según   5
pareció, querían bien al hijo que habían habido; acordaron entre el padre y la madre de darle el cargo después de sus días, y porque en ello no hubiese estorbo, dieron de noche la niña a unos indios de Xicalango, porque no fuese vista, y echaron fama que se había muerto, y en aquella sazón murió una hija de una india esclava suya, y publicaron que era la heredera, por manera que los de Xicalango la dieron a los de Tabasco, y los de Tabasco a Cortés, y conocí a su madre y a su   10
hermano de madre, hijo de la vieja, que era ya hombre y mandaba juntamente con la madre a su pueblo, porque el marido postrero de la vieja ya era fallecido; y después de vueltos cristianos, se llamó la vieja Marta y el hijo Lázaro; y esto sélo muy bien, porque en el año de 1523, después de ganado México y otras provincias, y se había alzado Cristóbal de Olí en las Higüeras, fue Cortés allá y pasó por Guazacualco, fuimos con él a aquel viaje toda la mayor parte de los vecinos   15
de aquella villa, como diré en su tiempo y lugar; y como doña Marina en todas las guerras de Nueva-España, Tlascala y México fue tan excelente mujer y buena lengua, como adelante diré, a esta causa la traía siempre Cortés consigo. Y en aquella sazón y viaje se casó con ella un hidalgo que se decía Juan Jaramillo, en un pueblo que se decía Orizava, delante de ciertos testigos, que uno de ellos se decía Aranda, vecino que fue de Tabasco, y aquél contaba el casamiento, y no   20
como lo dice el cronista Gómara. Y la doña Marina tenía mucho ser y mandaba absolutamente entre los indios en toda la Nueva-España.

---

[1]Este pueblo, como los otros mencionados en esta crónica, se encuentran alrededor del estado mexicano de Veracruz junto al golfo de México.

Y estando Cortés en la villa de Guazacualco, envió a llamar a todos los caciques de aquella provincia para hacerles un parlamento acerca de la santa doctrina y sobre su buen tratamiento, y entonces vino la madre de doña Marina, y su hermano de madre Lázaro, con otros caciques. Días había que me había dicho la doña Marina que era de aquella provincia y señora de vasallos, y bien lo sabía el capitán Cortés, y Aguilar, la lengua; por manera que vino la madre y su hijo, el hermano, y conocieron que claramente era su hija, porque se le parecía mucho. Tuvieron miedo de ella, que creyeron que los enviaba a llamar para matarlos, y lloraban; y como así los vio llorar la doña Marina, los consoló, y dijo que no hubiesen miedo, que cuando la traspusieron con los de Xicalango que no supieron lo que se hacían, y se lo perdonaba, y les dio muchas joyas de oro y de ropa y que se volviesen a su pueblo, y que Dios le había hecho mucha merced en quitarla de adorar ídolos ahora y ser cristiana, y tener un hijo de su amo y señor Cortés, y ser casada con un caballero como era su marido Juan Jaramillo; que aunque la hiciesen cacica de todas cuantas provincias había en la Nueva-España, no lo sería; que en más tenía servir a su marido y a Cortés que cuanto en el mundo hay; y todo esto que digo se lo oí muy certificadamente, y así lo juro, amén. Y esto me parece que quiere remedar a lo que le acaeció con sus hermanos en Egipto a Josef, que vinieron a su poder cuando lo del trigo. Esto es lo que pasó, y no la relación que dieron al Gómara, y también dice otras cosas que dejo por alto. Y volviendo a nuestra materia, doña Marina sabía la lengua de Guazacualco, que es la propia de México, y sabía la de Tabasco; como Jerónimo de Aguilar, sabía la de Yucatán y Tabasco, que es toda una, entendíanse bien; y el Aguilar lo declaraba en castellano a Cortés: fue gran principio para nuestra conquista; y así se nos hacían las cosas, loado sea Dios, muy prósperamente. He querido declarar esto, porque sin doña Marina no podíamos entender la lengua de Nueva-España y México. Donde lo dejaré, y volveré a decir cómo nos desembarcamos en el puerto de San Juan de Ulúa.

Comprensión

1. ¿Por qué fue dada la Malinche a los indios de Xicalango?
2. ¿Cómo llegó ella a manos de Cortés?
   - ¿Tuvo relaciones carnales con él?
3. ¿En qué sirvió a Cortés?
   - ¿Cómo la premió por sus servicios?
4. ¿Cómo obró Malinche al conocer a su familia original?
   - ¿Cómo se explica su conducta?

Interpretación

1. ¿Cuál parece ser la actitud de Díaz del Castillo hacia México?
   - ¿y hacia la Malinche?
2. ¿Son los españoles los únicos que tratan a la Malinche como mercancía? Explica.
3. ¿Con qué acciones muestra Malinche ser una buena cristiana y buena esposa?
4. Bernal Díaz intenta escribir una "historia verdadera". ¿Qué cosas hace o escribe para justificar que lo que escribe es cierto?

Cultura, conexiones y comparaciones

1. La historia verdadera forma parte de una nutrida literatura documental referente al encuentro entre españoles e indígenas. Busca información para presentar en clase a los siguientes cronistas, considerando sobre todo sus propósitos por escribir: Cristóbal Colón (1451-1506), Pedro Mártir de Anglería (1457-1526), Gonzalo Fernández de Oviedo (1478-1557), Bartolomé de las Casas (1474-1566), Toribio de Benavente (¿1490-1565?) conocido como "Motilinía", Francisco López de Gómara (1511-1565), Álvar Núñez Cabeza de Vaca (1507-1559), Fray Bernardino de Sahagún (1500-1590), El Inca Garcilaso de la Vega (1539-1616) y Felipe Guaman Poma de Ayala (segunda mitad del siglo XVI).

2. ¿Qué semejanza hay entre el documento de Bernal Díaz y el de Cortés del *Capítulo I*?

   • ¿Menciona Cortés quién le sirvió de intérprete? En grupo trata de explicar por qué.

3. La Malinche es una figura muy debatida por los mexicanos, quienes la ven como una traidora. Octavio Paz (1914-1998), por ejemplo, tiene un capítulo en *El laberinto de la soledad* (1959) titulado "Los hijos de la Malinche", donde se lee: "El símbolo de la entrega es doña Malinche, la amante de Cortés. Es verdad que ella se da voluntariamente al Conquistador, pero éste, apenas deja de serle útil, la olvida. Doña Marina se ha convertido en una figura que representa a las indias, fascinadas, violadas o seducidas por los españoles". Sin embargo, la crítica feminista la ha visto de un modo diferente. Organiza un debate en la clase entre los que la ven como traidora y egoísta y los que la consideran una mujer fuerte pero víctima.

4. Busca bajo "Orozco, Malinche" imágenes en el Internet del mural de Clemente Orozco (1883-1949), el famoso muralista mexicano, de Cortés y la Malinche. Intenta interpretarlo.

   • ¿Quién podría ser el muchacho echado en el suelo?

   • ¿Por qué está en esa posición?

5. El hijo de Malinche y Cortés tendría que ser el primer mexicano de raza mestiza. En pareja trata de explicar por qué no sabemos nada de él o de lo que le pasó a la Malinche. ¿Qué parece indicar esta falta de datos respecto al discurso de raza, clase y género?

6. La empresa de evangelizar a los indígenas e indoctrinarlos a la fe cristiana era uno de los motivos más poderosos de la conquista, como lo muestra Salvador Dalí (1904-1989) en "El descubrimiento de América por Cristóbal Colón" (busca la imagen por Internet bajo "Dalí, descubrimiento"). Explica cómo Dalí expresa este motivo de la conquista.

   • Busca al Cristo crucificado escondido en el cuadro.

   • Luego, en clase, entabla una conversación sobre el tema de la legitimación de que un grupo convierta a otro a su religión.

7. ¿En qué se asemeja la leyenda norteamericana de Pocahontas con la de la Malinche?

   • ¿De qué modo son muy diferentes?

Tirso de Molina, *El burlador de Sevilla*

Autor: Tirso de Molina (seud. de Gabriel Téllez) (1579-1648)
Nacionalidad: Español
Datos biográficos: Se ordenó fraile de la Merced, y pasó dos años en las Indias. La iglesia consideró sus comedias demasiado profanas y no de buen ejemplo moral, por lo cual fue desterrado de la corte, aunque siguió escribiendo comedias.
Época y movimiento cultural: Siglo XVII; Comedia del Siglo de Oro; Barroco
Obras más conocidas: *El burlador de Sevilla o El convidado de piedra* (1617)
Importancia literaria: Conoció a Lope de Vega, el mayor dramaturgo de la época, y fue su mayor discípulo. Su obra se destaca por sus ingeniosos enredos, su fino sentido del humor, así como la penetración psicológica de sus personajes. Se le atribuye la creación del personaje de don Juan, una de las figuras más interpretadas de la literatura mundial.

La literatura y la vida

1. ¿Qué características asocias con el hombre denominado un 'don Juan'?
   - ¿Usas el término despectivamente?

2. ¿Conoces a hombres que solo salen con chicas para divertirse carnalmente pero nunca para comprometerse? Explica.

3. La castidad no tiene la importancia hoy día que tenía en tiempos pasados, pero la fidelidad dentro del matrimonio sigue siendo importante. ¿Tolerarías que tu pareja tuviera relaciones carnales con otra persona? Explica.

4. ¿Crees que todo individuo tiene el derecho a la redención y de ser perdonado por sus pecados si enmienda su conducta?
   - Para ti, ¿hay pecados tan infames que no tienen perdón? Discute y debate esta idea en clase.

En contexto

En la época de Tirso se debatía el acto de contrición, por el cual el individuo, si confesaba sus pecados antes de morirse, recibía automáticamente la salvación del alma. Había los que opinaban que había pecados y fechorías tan gordos que el simple acto de contrición no bastaba para la salvación. Las famosas palabras que repite don Juan a lo largo de la obra —"Tan largo me lo fiáis"— expresa que aún es joven y la muerte está muy lejos, de modo que tiene abundante tiempo para arrepentirse. La postura de Tirso respecto a este debate teológico se ve claramente en el desenlace de esta obra.

En el Siglo de Oro, tal como se refleja en las comedias, hay dos tipos de honor: el que se basa en las obras buenas y la ética personal y el que se basa en la percepción que otros tienen de la conducta del individuo. En la literatura del Siglo de Oro, el honor de una familia reside en la castidad de la mujer. La mujer engañada o forzada a participar en el coito fuera del matrimonio es severamente castigada. Y es el papel de los varones de la familia de restituir la honra, matando al culpable o forzándolo a casarse con la mujer. Si el hombre se niega al matrimonio, la mujer también es víctima, puesto que tiene que ingresar en un convento.

La honra en el Siglo de Oro también se basaba en la pureza de sangre. Según esta teoría, el campesino (villano o labrador) tiene honra porque no tiene sangre judía, puesto que los hispanohebreos constituían un grupo urbano y nunca se dedicaron a las labores del campo. Los nobles, sin embargo, se habían mezclado con judíos conversos y no tenían la misma limpieza de sangre. El honor que tienen las dos villanas de *El burlador de Sevilla*, Tisbea y Aminta, se cementa en que son cristianas viejas.

Cuando se escribió esta obra, Nápoles (Italia) y Portugal estaban bajo la protección de España, lo cual explica por qué en la obra los personajes se mueven libremente entre los tres países.

El burlador de Sevilla

Personajes principales:

Don Juan Tenorio – hijo de Diego Tenorio y sobrino de Pedro Tenorio
Pedro Tenorio – tío de don Juan y embajador de España en Nápoles
Rey de Nápoles
Don Alfonso, Rey de España
Isabela – duquesa, enamorada del duque Octavio   5
Duque Octavio – noble
Ripio – sirviente del duque Octavio
Catalinón – sirviente de don Juan (gracioso de la comedia)
Tisbea – pescadora, deshonrada por don Juan
Anfriso – pescador, enamorado de Tisbea   10
Gonzalo de Ulloa – noble, padre de doña Ana, embajador de España en Lisboa; matado por
    don Juan
Diego Tenorio – padre de don Juan y confidente del rey de España
Marqués de la Mota – amigo íntimo de don Juan y enamorado de doña Ana
Doña Ana – hija de don Gonzalo y enamorada de Mota   15
Aminta – novia aldeana quien don Juan goza
Batricio – novio de Aminta
Galeno – padre de Aminta
(*Se anotan los cambios de escena para facilitar la lectura; estas acotaciones no aparecen en la versión*
    original.)   20

JORNADA PRIMERA

(*En el palacio del rey de Nápoles.*)

(*Salen* Don Juan Tenorio *e* Isabela,
    Duquesa.)

Isabela. Duque Octavio, por aquí
5   podrás salir más seguro.

D. Juan. Duquesa, de nuevo os juro
de cumplir el dulce sí.

Isabela. Mi gloria, ¿serán verdades,
promesas y ofrecimientos,
10   regalos y cumplimientos,
voluntades y amistades?

D. Juan. Sí, mi bien.

Isabela. Quiero sacar
una luz.

D. Juan. Pues ¿para qué?
15

Isabela. Para que el alma dé fe
del bien que llego a gozar.

D. Juan. Mataréte la luz yo.

Isabela. ¡Ah, cielo! ¿Quién eres, hombre?

D. Juan. ¿Quién soy? Un hombre sin
20   nombre.

Isabela. ¿Que no eres el Duque?

D. Juan. No.

Isabela. ¡Ah, de palacio!

D. Juan. Detente.
25   Dame, Duquesa, la mano.

Isabela. No me detengas, villano.
¡Ah, del Rey: soldados, gente!

(*Sale el* Rey De Nápoles *con una vela*
30   *en un candelero.*)

Rey. ¿Qué es esto?

Isabela. ¡El Rey! ¡Ay, triste!

Rey. ¿Quién eres?

D. Juan. ¿Quién ha de ser?
35   Un hombre y una mujer.

Rey. (*Aparte.*) (Esto en prudencia
        consiste.)
¡Ah, de mi guarda! Prended
a este hombre.

40   Isabela. ¡Ah, perdido honor!

(*Vase* Isabela. *Sale* Don Pedro
    Tenorio, *Embajador de España,*
    y guarda.)

D. Ped. ¡En tu cuarto, gran señor,
45   voces! ¿Quién la causa fue?

Rey. Don Pedro Tenorio, a vos
esta prisión os encargo.
Siendo corto, andad vos largo:[1]

mirad quién son estos dos;
50   y con secreto ha de ser,
que algún mal suceso creo;
porque si yo aquí lo veo,
no me queda más que ver.

(*Vase.*)

55   D. Ped. Prendelde.

D. Juan. ¿Quién ha de osar?…
Bien puedo perder la vida;
mas ha de ir tan bien vendida,
que a alguno le ha de pesar.

60   D. Ped. ¡Matalde!

D. Juan. ¿Quién os engaña?
Resuelto a morir estoy,
porque caballero soy
del embajador de España.

65   Llegue, que solo ha de ser
a quien me rinda.

D. Ped. Apartad;
a ese cuarto os retirad
todos con esa mujer.

70   (*Vanse.*)

D. Ped. Ya estamos solos los dos;
muestra aquí tu esfuerzo y brío.

D. Juan. Aunque tengo esfuerzo, tío,
no le tengo para vos.

75   D. Ped. ¡Di quién eres!

D. Juan. Ya lo digo:
tu sobrino.

D. Ped. (*Aparte.*) (¡Ay, corazón!)
¡Que temo alguna traición!
80   ¿Qué es lo que has hecho, enemigo?
¿Cómo estás de aquesa suerte?
Dime presto lo que ha sido.
¡Desobediente, atrevido!…
Estoy por darte la muerte.

85   Acaba.

D. Juan. Tío y señor,
mozo soy y mozo fuiste;
y pues que de amor supiste,
tenga disculpa mi amor.

90   Y, pues a decir me obligas
la verdad, oye y diréla:
yo engañé y gocé a Isabela
la Duquesa.

D. Ped. No prosigas;
95   tente. ¿Cómo la engañaste?

---

[1] Hazlo pronto pero con muchas probanzas.

Habla quedo o cierra el labio.[2]
D. JUAN. Fingí ser el Duque Octavio…
D. PED. No digas más, calla, baste.
(*Aparte.*) (Perdido soy, si el Rey sabe
este caso. ¿Qué he de hacer?   100
Industria me ha de valer
en un negocio tan grave.)
Di, vil, ¿no bastó emprender,
con ira y con fuerza extraña,
tan gran traición en España   105
con otra noble mujer,
sino en Nápoles también,
y en el Palacio real,
con mujer tan principal?
¡Castíguete el cielo, amén!   110
Tu padre desde Castilla
a Nápoles te envió,
y en sus márgenes te dio
tierra la espumosa orilla
del mar de Italia, atendiendo   115
que el haberte recebido
pagaras agradecido;
¡y estás su honor ofendiendo,
y en tan principal mujer!
Pero en aquesta ocasión   120
nos daña la dilación.
Mira qué quieres hacer.
D. JUAN. No quiero daros disculpa,
que la habré de dar siniestra.[3]
Mi sangre es, señor, la vuestra;   125
sacalda, y pague la culpa.
A esos pies estoy rendido,
y esta es mi espada, señor.
D. PED. Álzate y muestra valor,
que esa humildad me ha vencido.   130
¿Atreveráste a bajar
por ese balcón?
D. JUAN. Sí atrevo,
que alas en tu favor llevo.
D. PED. Pues yo te quiero ayudar.   135
Vete a Sicilia o Milán,
donde vivas encubierto.
D. JUAN. Luego me iré.
D. PED. ¿Cierto?
D. JUAN. Cierto.   140
D. PED. Mis cartas te avisarán
en qué para este suceso
triste que causado has.

D. JUAN. (*Aparte.*) (Para mí alegre, dirás.)
Que tuve culpa, confieso.   145
D. PED. Esa mocedad te engaña.
Baja, pues, ese balcón.
D. JUAN. Con tan justa pretensión
gozoso me parto a España.
(*Vase* DON JUAN *y entra el* REY.)   150
D. PED. Ya ejecuté, gran señor,
tu justicia justa y recta
en el hombre.
REY. ¿Murió?
D. PED. Escapóse   155
de las cuchillas soberbias.
REY. ¿De qué forma?
D. PED. Desta forma:
aún no lo mandaste apenas,
cuando, sin dar más disculpa,   160
la espada en la mano aprieta,
revuelve la capa al brazo,
y con gallarda presteza,
ofendiendo a los soldados
y buscando su defensa,   165
viendo vecina la muerte,
por el balcón de la huerta
se arroja desesperado.
Siguióle con diligencia
tu gente. Cuando salieron   170
por esa vecina puerta,
le hallaron agonizando
como enroscada culebra.
Levantóse, y al decir
los soldados: ¡*muera, muera*!   175
Bañado de sangre el rostro,
con tan heroica presteza
se fue, que quedé confuso.
La mujer, que es Isabela
—que para admirarte nombro—   180
retirada en esa pieza,
dice que es el Duque Octavio
que, con engaño y cautela,
la gozó.
REY. ¿Qué dices?   185
D. PED. Digo
lo que ella propia confiesa.
REY. ¡Ah, pobre honor! Si eres alma
del hombre, ¿por qué te dejan
en la mujer inconstante,   190
si es la misma ligereza?

---

[2]Dilo en voz baja y no digas mucho.
[3]indebida

¡Hola!⁴
(*Sale un* CRIADO.)
CRIADO. ¡Gran señor!

195　REY. Traed
　　delante de mi presencia
　　esa mujer.
　　D. PED. Ya la guardia
　　viene, gran señor, con ella.
200　(*Trae la guarda a* ISABELA.)
　　ISABELA. (*Aparte.*) (¿Con qué ojos veré al
　　　　Rey?)
　　REY. Idos, y guardad la puerta
　　de esa cuadra. Di, mujer:
205　¿qué rigor, qué airada estrella
　　te incitó, que en mi palacio,
　　con hermosura y soberbia,
　　profanases sus umbrales?
　　ISABELA. Señor…
210　REY. Calla, que la lengua
　　no podrá dorar el yerro
　　que has cometido en mi ofensa.
　　¿Aquél era el Duque Octavio?
　　ISABELA. Señor…
215　REY. No importan fuerzas,
　　guardas, criados, murallas,
　　fortalecidas almenas
　　para amor, que la de un niño
　　hasta los muros penetra.
220　Don Pedro Tenorio, al punto
　　a esa mujer llevad presa
　　a una torre, y con secreto
　　haced que al Duque le prendan;
　　que quiero hacer que le cumpla
225　la palabra o la promesa.
　　ISABELA. Gran señor, volvedme el rostro.
　　REY. Ofensa a mi espalda hecha
　　es justicia y es razón
　　castigalla a espaldas vueltas.
230　(*Vase el* REY.)
　　D. PED. Vamos, Duquesa.
　　ISABELA. Mi culpa
　　no hay disculpa que la venza;
　　mas no será el yerro tanto
235　si el Duque Octavio lo enmienda.
　　(*Vanse y sale el* DUQUE OCTAVIO *y*
　　　　RIPIO, *su criado.*)

　　(*En casa del duque Octavio.*)
　　RIPIO. ¿Tan de mañana, señor,
240　te levantas?

OCTAV. No hay sosiego
que pueda apagar el fuego
que enciende en mi alma amor;
porque, como al fin es niño,
245　no apetece cama blanda,
entre regalada holanda,
cubierta de blanco armiño.
Acuéstase, no sosiega:
siempre quiere madrugar
250　por levantarse a jugar;
que, al fin, como niño juega.
Pensamientos de Isabela
me tienen amigo sin calma,
que como vive en el alma
255　anda el cuerpo siempre en vela,
guardando ausente y presente
el castillo del honor.
RIPIO. Perdóname, que tu amor
es amor impertinente.
260　OCTAV. ¿Qué dices, necio?
RIPIO. Esto digo:
impertinencia es amar
como amas; ¿quiés escuchar?
OCTAV. Ea, prosigue.
265　RIPIO. Ya prosigo.
¿Quiérete Isabela a ti?
OCTAV. Eso, necio, ¿has de dudar?
RIPIO. No; más quiero preguntar:
y tú, ¿no la quieres?
270　OCTAV. Sí.
RIPIO. Pues ¿no seré majadero,
y de solar conocido,
si pierdo yo mi sentido
por quien me quiere y la quiero?
275　Si ella a ti no te quisiera,
fuera bien el porfialla,
regalalla y adoralla
y aguardar que se rindiera;
mas si los dos os queréis
280　con una mesma igualdad,
dime: ¿hay más dificultad
de que luego os desposéis?
OCTAV. Eso fuera, necio, a ser
de lacayo o lavandera
285　la boda.
RIPIO. Pues, ¿es quienquiera
una lavandriz⁵ mujer,
lavando y fregatrizando,
defendiendo y ofendiendo,
290　los paños suyos tendiendo,

---

⁴Ven aquí.
⁵*cult.:* lavandera

regalando y remendando?
Dando dije, porque al dar
no hay cosa que se le iguale.
Y si no a Isabela dale,
a ver si sabe tomar.   295
(*Sale un* CRIADO.)
CRIADO. El Embajador de España
en este punto se apea
en el zaguán, y desea,
con ira y fiereza extraña,   300
hablarte; y si no entendí
yo mal, entiendo es prisión.
OCTAV. ¡Prisión! Pues ¿por qué
    ocasión?
Decid que entre.   305
(*Entra* DON PEDRO TENORIO, *con guardas.*)
D. PED. Quien así
con tanto descuido duerme,
limpia tiene la conciencia.
OCTAV. Cuando viene vuexcelencia   310
a honrarme y favorecerme,
no es justo que duerma yo;
velaré toda mi vida.
¿A qué y por qué es la venida?
D. PED. Porque aquí el Rey me envió.   315
OCTAV. Si el Rey, mi señor, se acuerda
de mí en aquesta ocasión,
será justicia y razón
que por él la vida pierda.
Decidme, señor, ¿qué dicha   320
o qué estrella me ha guiado,
que de mí el Rey se ha acordado?
D. PED. Fue, Duque, vuestra desdicha.
Embajador del Rey soy;
dél os traigo una embajada.   325
OCTAV. Marqués, no me inquieta nada;
decid, que aguardando estoy.
D. PED. A prenderos me ha enviado
el Rey; no os alborotéis.
OCTAV. ¡Vos por el Rey me prendéis!   330
Pues ¿en qué he sido culpado?
D. PED. Mejor lo sabéis que yo;
mas, por si acaso me engaño,
escuchad el desengaño
y a lo que el Rey me envió.   335
Cuando los negros gigantes,
plegando funestos toldos
ya del crepúsculo huían
tropezando unos con otros;

estando yo con Su Alteza   340
tratando ciertos negocios
porque antípodas del sol
son siempre los poderosos,
voces de mujer oímos,
cuyos ecos menos roncos   345
por los artesones sacros,
nos repitieron ¡socorro!
A las voces y al ruido
acudió, Duque, el Rey propio;
halló a Isabela en los brazos   350
de algún hombre poderoso...
mas quien al cielo se atreve,
sin duda es gigante o monstruo.
Mandó el Rey que los prendiera,
quedé con el hombre solo,   355
llegué y quise desarmalle;
pero pienso que el demonio
en él tomó forma humana,
pues que, vuelto en humo y polvo,
se arrojó por los balcones   360
entre los pies de esos olmos,
que coronan del palacio
los chapiteles[6] hermosos.
Hice prender la Duquesa,
y en la presencia de todos   365
dice que es el Duque Octavio
el que con mano de esposo
la gozó.
OCTAV. ¿Qué dices?
D. PED. Digo   370
lo que al mundo es ya notorio
y que tan claro se sabe:
que Isabela por mil modos...
OCTAV. Dejadme, no me digáis
tan gran traición de Isabela.   375
Mas, si fue su amor cautela
mal hacéis si lo calláis.
Mas sí, veneno me dais
que a un firme corazón toca,
y así a decir me provoca;   380
que imita a la comadreja,[7]
que concibe por la oreja
para parir por la boca.
¿Será verdad que Isabela,
alma, se olvidó de mí   385
para darme muerte? Sí,
que el bien sueña y el mal vela
ya el pecho nada recela,

---

[6]los remates de las torres
[7]mamífero nocturno

juzgando si son antojos:
390 que, por darme más enojos,
al entendimiento entró,
y por la oreja escuchó
lo que acreditan los ojos.
Señor Marqués, ¿es posible
395 que Isabela me ha engañado
y que mi amor ha burlado?
Parece cosa imposible.
¡Oh mujer!…Ley tan terrible
de honor…¿A quién me provoco
400 a emprender?[8]…Mas yo ¿no toco
en tu honor esta cautela?
¡Anoche con Isabela
hombre en palacio! ¡Estoy loco!
D. Ped. Como es verdad que en los
405   vientos
hay aves, en el mar peces,
que participan a veces
de todos cuatro elementos;
como en la gloria hay contentos,
410 lealtad en el buen amigo,
traición en el enemigo,
en la noche escuridad
y en el día claridad,
así es verdad lo que digo.
415 Octav. Marqués, yo os quiero creer.
Ya no hay cosa que me espante
que la mujer más constante
es, en efeto, mujer.
No me queda más que ver,
420 pues es patente mi agravio.
D. Ped. Pues que sois prudente y sabio,
elegid el mejor medio.
Octav. Ausentarme es mi remedio.
D. Ped. Pues sea presto, Duque Octavio.
425 Octav. Embarcarme quiero a España
y darle a mis males fin.
D. Ped. Por la puerta del jardín,
Duque, esta prisión se engaña.
Octav. ¡Ah, veleta! ¡Débil caña!
430 A más furor me provoco
y extrañas[9] provincias toco
huyendo desta cautela.
¡Patria, adiós! ¿Con Isabela

hombre en palacio? ¡Estoy loco!

435 (*En Terragona, junto al mar.*)
(*Vanse y sale* Tisbea, *pescadora, con una
caña de pescar en la mano.*)
Tisbea. Yo, de cuantas el mar,
pies de jazmín y rosa,
440 en sus riberas besa
con fugitivas olas,
sola de amor exenta,[10]
como en ventura sola,
tirana me reservo
445 de sus prisiones locas.
Aquí donde el sol pisa
soñolientas las ondas,
alegrando zafiros
los que espantaban sombras.
450 Por la menuda arena,
unas veces aljófar,[11]
y átomos otras veces
del sol, que así le dora
oyendo de las aves
455 las quejas amorosas,
y los combates dulces
del agua entre las rocas;
ya con la sutil caña,
que al débil peso dobla
460 del necio pececillo
que el mar salado azota;
o ya con la atarraya,
que en sus moradas hondas
prende cuantos habitan
465 aposentos de conchas:
segura me entretengo,
que en libertad se goza
el alma; que amor áspid[12]
no le ofende ponzoña.
470 En pequeñuelo esquife,[13]
y ya en compañía de otras,
tal vez al mar le peino
la cabeza espumosa;
y cuando más perdidas
475 querellas de amor forman,
como de todos río,
envidia soy de todas.
¡Dichosa yo mil veces,

---

[8]luchar (como en un duelo para defender su honor)
[9]extranjeras
[10]libre
[11]perlas pequeñas e irregulares
[12]serpiente venenosa (se emplea aquí como adjetivo)
[13]barco pequeño

amor, pues me perdonas,
si ya, por ser humilde,   480
no desprecias mi choza,
obelisco de paja!
Mi edificio coronan
nidos, si no hay cigarras,
o tortolillas locas.   485
Mi honor conservo en pajas
como fruta sabrosa,
vidrio guardado en ellas
para que no se rompa.
De cuantos pescadores   490
con fuego Tarragona
de piratas defiende
en la argentada costa,
desprecio, soy encanto;
a sus suspiros, sorda,   495
a sus ruegos, terrible,
a sus promesas, roca.
Anfriso, a quien el cielo
con mano poderosa,
prodigio en cuerpo y alma   500
dotó de gracias todas,
medido en las palabras,
liberal en las obras,
sufrido en los desdenes,
modesto en las congojas: 505
mis pajizos umbrales,
que heladas noches ronda,
a pesar de los tiempos,[14]
las mañanas remoza.[15]
Pues ya con ramos verdes,   510
que de los olmos corta,
mis pajas amanecen
ceñidas de lisonjas;
ya con vigüelas[16] dulces
y sutiles zampoñas[17]   515
músicas me consagra,
y todo no me importa
porque en tirano imperio
vivo, de amor señora;
que hallo gusto en sus penas   520
y en sus infiernos gloria.
Todas por él se mueren,
y yo todas las horas

le mato con desdenes;
de amor condición propia,   525
querer donde aborrecen,
despreciar donde adoran;
que si le alegran, muere,
y vive si le oprobian.
En tan alegres días   530
segura de lisonjas,
mis juveniles años
amor no los malogra;
que en edad tan florida,
amor, no es suerte poca   535
no ver tratando enredos
las tuyas amorosas.
Pero, necio discurso,
que mi ejercicio estorbas,
en él no me diviertas   540
en cosa que no importa.
Quiero entregar la caña
al viento, y a la boca
del pececillo el cebo.[18]
Pero al agua se arrojan   545
dos hombres de una nave,
antes que el mar la sorba,
que sobre el agua viene
y en un escollo[19] aborda.
Como hermoso pavón,   550
hacen las velas cola,
adonde los pilotos
todos los ojos pongan.
Las olas va escarbando.
Y ya su orgullo y pompa   555
casi la desvanece…
Agua un costado toma.
Hundióse, y dejó al viento
la gavia,[20] que la escoja
para morada suya;   560
Que un loco en gavias mora.
(*Dentro. ¡Que me ahogo!*)
Un hombre al otro aguarda,
que dice que se ahoga:
¡gallarda cortesía!   565
En los hombros le toma:
Anquises se hace Eneas,
si el mar está hecho Troya.

---

[14]las tormentas

[15]renueva (o sea, calma la tormenta)

[16]vihuela: instrumento antiguo de cuerda; especie de guitarra

[17]instrumento rústico de viento; especie de flauta

[18]artificios de pescadores para atraer y coger peces

[19]corriente peligrosa

[20]parte alta de los barcos desde donde se vigila el mar; es también una jaula donde se encerraba a los locos

Ya, nadando, las aguas
570   con valentía corta,
y en la playa no veo
quien le ampare y socorra,
daré voces: ¡Tirseo,
Anfriso, Alfredo! ¡hola!
575   Pescadores me miran,
¡plega a Dios que me oigan!
Mas milagrosamente
ya tierra los dos toman,
sin aliento el que nada,
580   con vida el que le estorba.
(*Saca en brazos* Catalinón *a* Don Juan,
        mojados.)
Catal. ¡Válgame la Cananea,
y qué salado está el mar!
585   Aquí puede bien nadar
el que salvarse desea,
que allá dentro es desatino
donde la muerte se fragua,
donde Dios juntó tanta agua,
590   no juntara tanto vino.
Agua salada: ¡estremada
cosa para quien no pesca!
Si es mala aun el agua fresca,
¿qué será el agua salada?
595   ¡Oh, quién hallara una fragua
de vino, aunque algo encendido!
Si del agua que he bebido
escapo hoy, no más agua.
Desde hoy abernuncio[21] della,
600   que la devoción me quita
tanto, que aun agua bendita
no pienso ver, por no vella.
¡Ah, señor! Helado y frío
está. ¿Si estará ya muerto?
605   Del mar fue este desconcierto
y mío este desvarío.
¡Mal haya aquel que primero
pinos en la mar sembró,[22]
y que sus rumbos midió
610   con quebradizo madero!
¡Maldito sea el vil sastre
que cosió el mar que dibuja
con astronómica aguja,[23]
causa de tanto desastre!
615   ¡Maldito sea Jasón,
y Tisis maldito sea!

Muerto está, no hay quien lo crea.
¡Mísero Catalinón¡
¿Qué he de hacer?
620   Tisbea. Hombre, ¿qué tienes
en desventuras iguales?
Catal. Pescadora, muchos males,
y falta de muchos bienes.
Veo, por librarme a mí,
625   sin vida a mi señor. Mira
si es verdad.
Tisbea. No, que aún respira.
Catal. ¿Por dónde? ¿Por aquí?
Tisbea. Sí;
630   pues ¿por dónde?
Catal. Bien podía
respirar por otra parte.
Tisbea. Necio estás.
Catal. Quiero besarte
635   las manos de nieve fría.
Tisbea. Ve a llamar los pescadores
que en aquella choza están.
Catal. Y si los llamo, ¿vendrán?
Tisbea. Vendrán presto, no lo ignores,
640   ¿quién es este caballero?
Catal. Es hijo aqueste señor
del Camarero mayor
del Rey, por quien ser espero
antes de seis días Conde
645   en Sevilla, donde va,
y adonde Su Alteza está,
si a mi amistad corresponde.
Tisbea. ¿Cómo se llama?
Catal. Don Juan
650   Tenorio.
Tisbea. Llama mi gente.
Catal. Ya voy.
(*Vase y coge en el regazo* Tisbea *a* Don
        Juan.)
655   Tisbea. Mancebo excelente,
gallardo, noble y galán.
Volved en vos, caballero.
D. Juan. ¿Dónde estoy?
Tisbea. Ya podéis ver:
660   en brazos de una mujer.
D. Juan. Vivo en vos, si en el mar
        muero.
Ya perdí todo el recelo
que me pudiera anegar,

---

[21]renuncio

[22]el que inventó los barcos de madera

[23]brújula (pero el juego de palabras consiste en la asociación de aguja y sastre)

pues del infierno del mar
salgo a vuestro claro cielo.
Un espantoso huracán
dio con mi nave al través,
para arrojarme a esos pies,
que abrigo y puerto me dan
y en vuestro divino oriente[24]
renazco, y no hay que espantar,
pues veis que hay de amar a mar
una letra solamente.

TISBEA. Muy grande aliento tenéis 675
para venir sin aliento,
y tras de tanto tormento,
mucho tormento ofrecéis.
Pero si es tormento el mar,
y son sus ondas crueles, 680
la fuerza de los cordeles
pienso que así os hace hablar.
Sin duda que habéis bebido
del mar la oración pasada,
pues, por ser de agua salada, 685
con tan grande sal ha sido.
Mucho habláis cuando no habláis;
y cuando muerto venís,
mucho al parecer sentís:
¡plega a Dios que no mintáis! 690
Parecéis caballo griego
que el mar, a mis pies desagua,
pues venís formado de agua
y estáis preñado de fuego.
Y si mojado abrasáis, 695
estando enjuto[25] ¿qué haréis?
Mucho fuego prometéis;
¡Plega a Dios que no mintáis!

D. JUAN. A Dios, zagala, pluguiera
que en el agua me anegara 700
para que cuerdo acabara
y loco en vos no muriera;
que el mar pudiera anegarme
entre sus olas de plata
que sus límites desata; 705
mas no pudiera abrasarme,
gran parte del sol mostráis,
pues que el sol os da licencia,
pues sólo con la apariencia,
siendo de nieve abrasáis. 710

TISBEA. Por más helado que estáis,
tanto fuego en vos tenéis,
que en este mío os ardéis.

670 ¡Plega a Dios que no mintáis! 665
(*Salen* CATALINÓN, CORIDÓN *y* ANFRISO, 715
pescadores.)
CATAL. Ya vienen todos aquí.
TISBEA. Y ya está tu dueño vivo.
D. JUAN. Con tu presencia recibo
el aliento que perdí. 720
CORID. ¿Qué nos mandas?
TISBEA. Coridón,
Anfriso, amigos.
CORID. Todos
buscamos por varios modos 725
esta dichosa ocasión.
Di, qué nos mandas, Tisbea;
que por labios de clavel
no lo habrás mandado a aquel
que idolatrarte desea, 730
apenas, cuando al momento,
sin cesar en llano o sierra,
surque el mar, tale la tierra,
pise el fuego, el aire, el viento.
TISBEA (*Aparte.*) (¡Oh, qué mal me 735
parecían
estas lisonjas ayer,
y hoy echo en ellas de ver
que sus labios no mentían!)
Estando, amigos, pescando 740
sobre este peñasco, vi
hundirse una nave allí,
y entre las olas nadando
dos hombres, y compasiva,
di voces que nadie oyó; 745
y en tanta aflicción, llegó
libre de la furia esquiva
del mar, sin vida a la arena,
déste en los hombros cargado,
un hidalgo, ya anegado; 750
y envuelta en tan triste pena,
a llamaros envié.
ANFRIS. Pues aquí todos estamos,
manda que tu gusto hagamos,
lo que pensado no fue. 755
TISBEA. Que a mi choza los llevemos
quiero, donde, agradecidos,
reparemos sus vestidos,
y allí los regalaremos;
que mi padre gusta mucho 760
desta debida piedad.
CATAL. ¡Extremada es su beldad!

[24]la salida del sol (se refiere a Tisbea como un sol que le da nueva vida)
[25]seco

D. Juan. Escucha aparte.

Catal. Ya escucho.

765 D. Juan. Si te pregunta quién soy,
di que no sabes.

Catal. ¡A mí…
quieres advertirme a mí
lo que he de hacer!

770 D. Juan. Muerto voy
por la hermosa pescadora.
Esta noche he de gozalla.

Catal. ¿De qué suerte?

D. Juan. Ven y calla.

775 Corid. Anfriso: dentro de un hora
los pescadores prevén
que canten y bailen.

Anfris. Vamos,
y esta noche nos hagamos

780 rajas y paños también.[26]

D. Juan. Muerto voy.

Tisbea. ¿Cómo, si andáis?

D. Juan. Ando en pena como veis.

Tisbea. Mucho habláis.

785 D. Juan. Mucho entendéis.

Tisbea. ¡Plega a Dios que no mintáis!

(*En el palacio del rey de Castilla.*)
(*Vanse. Salen* Don Gonzalo *de* Ulloa
y el Rey Don Alonso *de*
790 Castilla.[27])

Rey. ¿Cómo os ha sucedido en la
Embajada,
comendador mayor?

D. Gon. Hallé en Lisboa

795 al Rey Don Juan, tu primo,
previniendo
treinta naves de armada.

Rey. ¿Y para dónde?

D. Gon. Para Goa, me dijo, mas yo
800 entiendo
que a otra empresa más fácil apercibe:
a Ceuta o Tánger pienso que pretende
cercar este verano.

Rey. Dios le ayude,
805 y premie el cielo de aumentar su
gloria.
¿Qué es lo que concertasteis?

D. Gon. Señor, pide
a Serpa y Mora y Olivencia y Toro,

810 y por eso te vuelve a Villaverde,
al Almendral, a Mértola y Herrera
entre Castilla y Portugal.

Rey. Al punto
se firmen los conciertos, Don Gonzalo.

815 Mas decidme primero cómo ha ido
en el camino, que vendréis cansado
y alcanzado también.

D. Gon. Para serviros,
nunca, señor, me canso.

820 Rey. ¿Es buena tierra
Lisboa?

D. Gon. La mayor ciudad de España;
y si mandas que diga lo que he visto
de lo exterior y célebre, en un punto
825 en tu presencia te pondré un retrato.

Rey. Yo gustaré de oíllo. Dadme silla.

D. Gon. Es Lisboa una otava maravilla.
De las entrañas de España,
que son las tierras de Cuenca,
830 nace el caudaloso Tajo,
que media España atraviesa.
Entra en el mar Océano
en las sagradas riberas
de esta ciudad, por la parte
835 del Sur; mas antes que pierda
su curso y su claro nombre,
hace un puerto entre dos sierras,
donde están de todo el orbe
barcas, naves, carabelas.
840 Hay galeras y saetías[28]
tantas, que desde la tierra
parece una gran ciudad
adonde Neptuno reina.
A la parte del Poniente
845 guardan del puerto dos fuerzas,
de *Cascaes y San Juan*,
las más fuertes de la tierra.
Está, desta gran ciudad,
poco más de media legua,
850 Belén, convento del santo
conocido por la piedra,
y por el león de guarda,
donde los reyes y reinas
católicos y cristianos
855 tienen sus casas perpetuas.
Luego esta máquina insigne,
desde Alcántara comienza

---

[26] excederse en algo (o sea, esta noche disfrutemos a lo máximo la fiesta)

[27] Don Gonzalo es embajador de España en Portugal, que en la época de Tirso estaba bajo la protección del rey de España (aunque en la época del drama no lo estaba).

[28] especie de barcos de vela

una gran legua a tenderse
al convento de Jabregas.
En medio está el valle hermoso   860
coronado de tres cuestas,
que quedara corto Apeles
cuando pintarlas quisiera.
Porque, miradas de lejos,
parecen piñas de perlas   865
que están pendientes del cielo,
en cuya grandeza inmensa
se ven diez Romas cifradas
en conventos y en iglesias,
en edificios y calles,   870
en solares y encomiendas,
en las letras y en las armas,
en la justicia tan recta,
y en una Misericordia
que está honrando su ribera   875
y pudiera honrar a España
y aun enseñar a tenerla.
Y en lo que yo más alabo
desta máquina soberbia,
es, que del mismo castillo,   880
en distancia de seis leguas,
se ven sesenta lugares,
que llega el mar a sus puertas,
uno de los cuales es
el convento de *Olivelas*,   885
en el cual vi por mis ojos
seiscientas y treinta celdas,
y entre monjas y beatas
pasan de mil y doscientas.
Tiene desde allí a Lisboa,   890
en distancia muy pequeña,
mil y ciento y treinta quintas,
que en nuestra provincia Bética
llaman cortijos, y todas
con sus huertos y alamedas.   895
En medio de la ciudad
hay una plaza soberbia,
que se llama del *Rucío*,
grande, hermosa y bien dispuesta,
que habrá cien años, y aun más,   900
que el mar bañaba su arena,
y ahora della a la mar
hay treinta mil casas hechas;
que, perdiendo el mar su curso,
se tendió a partes diversas.   905
Tiene una calle que llaman
rua Nova o calle Nueva,

donde se cifra el Oriente
en grandezas y riquezas,
tanto, que el Rey me contó   910
que hay un mercader en ella
que, por no poder contarlo,
mide el dinero a fanegas.
El terrero, donde tiene
Portugal su casa regia,   915
tiene infinitos navíos,
varados siempre en la tierra
de sólo cebada y trigo
de Francia y Inglaterra.
Pues el Palacio Real,   920
que el Tajo sus manos besa,
es edificio de Ulises,
que basta para grandeza,
de quien toma la ciudad
nombre en la latina lengua,   925
llamándose Ulisibona,
cuyas armas son la esfera,
por pedestal de las llagas
que en la batalla sangrienta
al rey Don Alfonso Enríquez   930
dio la Majestad Inmensa.
Tiene en su gran tarazana[29]
diversas naves, y entre ellas
las naves de la conquista,
tan grandes, que de la tierra   935
miradas, juzgan los hombres
que tocan en las estrellas.
Y lo que desta ciudad
te cuento por excelencia,
es, que estando sus vecinos   940
comiendo, desde las mesas
ven los copos del pescado
que junto a sus puertas pescan,
que, bullendo entre las redes,
vienen a entrarse por ellas;   945
y sobre todo, el llegar
cada tarde a su ribera
más de mil barcos cargados
de mercancías diversas
y de sustento ordinario: 950
pan, aceite, vino y leña,
frutas de infinita suerte,
nieve de Sierra de Estrella,
que por las calles a gritos,
puestas sobre las cabezas,   955
la venden; mas ¿qué me canso?
Porque es contar las estrellas

---

[29]astillero (donde se construyen barcos)

querer contar una parte
de la ciudad opulenta.
960   Ciento y treinta mil vecinos
tiene, gran señor, por cuenta;
y por no cansarte más,
un Rey que tus manos besa.
REY. Más estimo, Don Gonzalo,
965   escuchar de vuestra lengua
esa relación sucinta,[30]
que haber visto su grandeza.
¿Tenéis hijos?
D. GON. Gran señor,
970   una hija hermosa y bella,
en cuyo rostro divino
se esmeró naturaleza.
REY. Pues yo os la quiero casar
de mi mano.
975   D. GON. Como sea
tu gusto, digo, señor,
que yo lo aceto por ella.
Pero ¿quién es el esposo?
REY. Aunque no está en esta tierra,
980   es de Sevilla, y se llama
Don Juan Tenorio.
D. GON. Las nuevas
voy a llevar a Doña Ana.
REY. Id en buen hora, y volved,
985   Gonzalo, con la respuesta.

(*En la choza de Tisbea, dentro y fuera.*)
(*Vanse y sale* DON JUAN TENORIO *y*
     CATALINÓN.)
D. JUAN. Esas dos yeguas prevén,
990   pues acomodadas son.
CATAL. Aunque soy Catalinón,
soy, señor, hombre de bien,
que no se dijo por mí:
"Catalinón es el hombre;"
995   que sabes; que aquese nombre
me asienta al revés a mí.
D. JUAN. Mientras que los pescadores
van de regocijo y fiesta,
tú las dos yeguas apresta;
1000 que de sus pies voladores
sólo nuestro engaño fío.
CATAL. Al fin, ¿pretendes gozar
a Tisbea?
D. JUAN. Si burlar

1005 es hábito antiguo mío,
¿qué me preguntas, sabiendo
mi condición?
CATAL. Ya sé que eres
castigo de las mujeres.
1010 D. JUAN. Por Tisbea estoy muriendo,
que es buena moza.
CATAL. ¡Buen pago
a su hospedaje deseas!
D. JUAN. Necio, lo mismo hizo Eneas
1015 con la reina de Cartago.
CATAL. Los que fingís y engañáis
las mujeres desa suerte
lo pagaréis en la muerte.
D. JUAN. ¡Qué largo me lo fiáis![31]
1020 Catalinón con razón
te llaman.[32]
CATAL. Tus pareceres
sigue, que en burlar mujeres
quiero ser Catalinón.
1025 Ya viene la desdichada.
D. JUAN. Vete, y las yeguas prevén.
CATAL. ¡Pobre mujer! Harto bien
te pagamos la posada.
(*Vase* CATALINÓN *y sale* TISBEA.)
1030 TISBEA. El rato que sin ti estoy
estoy ajena de mí.
D. JUAN. Por lo que finges ansí,
ningún crédito te doy.
TISBEA. ¿Por qué?
1035 D. JUAN. Porque, si me amaras,
mi alma favorecieras.
TISBEA. Tuya soy.
D. JUAN. Pues di, ¿qué esperas,
o en qué, señora, reparas?
1040 TISBEA. Reparo que fue castigo
de amor, el que he hallado en ti.
D. JUAN. Si vivo, mi bien, en ti,
a cualquier cosa me obligo.
Aunque yo sepa perder
1045 en tu servicio la vida,
la diera por bien perdida,
y te prometo de ser
tu esposo.
TISBEA. Soy desigual
1050 a tu ser.
D. JUAN. Amor es rey

---

[30]breve (dicho claramente con sarcasmo)
[31]Expresión que implica que aún le queda tiempo para enmendarse.
[32]Al parecer, el nombre Catalinón tenía connotaciones negativas que hoy no sabemos por cierto.

que iguala con justa ley
la seda con el sayal.[33]

TISBEA. Casi te quiero creer…
mas sois los hombres traidores.   1055

D. JUAN. ¿Posible es, mi bien, que
    ignores
mi amoroso proceder?
Hoy prendes por tus cabellos
mi alma.   1060

TISBEA. Yo a ti me allano
bajo la palabra y mano
de esposo.

D. JUAN. Juro, ojos bellos
que mirando me matáis,   1065
de ser vuestro esposo.

TISBEA. Advierte,
mi bien, que hay Dios y que hay
    muerte.

D. JUAN. ¡Qué largo me lo fiáis!   1070
y mientras Dios me de vida
yo vuestro esclavo seré.
Esta es mi mano y mi fe.

TISBEA. No seré en pagarte esquiva.

D. JUAN. Ya en mí mismo no sosiego.   1075

TISBEA. Ven, y será la cabaña
del amor que me acompaña
tálamo[34] de nuestro fuego.
Entre estas cañas te esconde
hasta que tenga lugar.   1080

D. JUAN. ¿Por dónde tengo de entrar?

TISBEA. Ven y te diré por dónde.

D. JUAN. Gloria al alma, mi bien, dais.

TISBEA. Esa voluntad te obligue,
y si no, Dios te castigue.   1085

D. JUAN. ¡Qué largo me lo fiáis!

(*Vanse y sale* CORIDÓN, ANFRISO, BELISA *y*
    MÚSICOS.)

CORID. Ea, llamad a Tisbea,
y los zagales llamad   1090
para que en la soledad
el huésped la corte vea.

ANFRIS. ¡Tisbea, Lucinda, Atandra!
No vi cosa más cruel.
¡Triste y mísero de aquel   1095
que su fuego es salamandra![35]
Antes que el baile empecemos
a Tisbea prevengamos.

BELISA. Vamos a llamarla.

CORID. Vamos.   1100

BELISA. A su cabaña lleguemos.

CORID. ¿No ves que estará ocupada
con los huéspedes dichosos,
de quien hay mil envidiosos?

ANFRIS. Siempre es Tisbea envidiada.   1105

BELISA. Cantad algo, mientras viene,
porque queremos bailar.

ANFRIS. (*Aparte.*) (¿Cómo podrá
    descansar
cuidado que celos tiene?)   1110

(*Cantan.*)
A pescar salió la niña
tendiendo redes,
y en lugar de peces
las almas prende.   1115

Sale TISBEA.

TISBEA. ¡Fuego, fuego! ¡que me quemo!
¡Que mi cabaña se abrasa!
Repicad a fuego, amigos,
que ya dan mis ojos agua.   1120
Mi pobre edificio queda
hecho otra Troya en las llamas;
que después que faltan Troyas,
quiere amor quemar cabañas.
Mas si amor abrasa peñas   1125
con gran ira y fuerza extraña,
mal podrán de su rigor
reservarse humildes pajas.
¡Fuego, zagales, fuego, agua, agua!
¡Amor, clemencia, que se abrasa el alma!   1130
¡Ay, choza, vil instrumento
de mi deshonra y mi infamia!
¡Cueva de ladrones fiera,
que mis agravios ampara!
Rayos de ardientes estrellas   1135
en tus cabelleras caigan,
porque abrasadas estén,
si del viento mal peinadas.
¡Ah, falso huésped, que dejas
una mujer deshonrada!   1140
Nube que del mar salió
para anegar mis entrañas.
¡Fuego, fuego, zagales, agua, agua!
¡Amor, clemencia, que se abrasa el
    alma!   1145

---

[33]tela tosca de lana
[34]lecho conyugal
[35]Se creía que este animal podía vivir en el fuego.

Yo soy la que hacía siempre
de los hombres burla tanta,
que siempre las que hacen burla,
vienen a quedar burladas.
1150 Engañóme el caballero
debajo de fe y palabra
de marido, y profanó
mi honestidad y mi cama.
Gozóme al fin, y yo propia
1155 le di a su rigor las alas
en dos yeguas que crié,
con que me burló y se escapa.
Seguilde[36] todos, seguilde.
Mas no importa que se vaya,
1160 que en la presencia del Rey
tengo de pedir venganza.
¡Fuego, fuego, zagales! ¡agua, agua!
¡Amor, clemencia, que se abrasa el
  alma!

1165 (*Vase* TISBEA.)
CORID. Seguid al vil caballero.
ANFRIS. ¡Triste del que pena y calla!
Mas ¡vive el cielo! que en él,
me he de vengar desta ingrata.
1170 Vamos tras ella nosotros,
porque va desesperada,
y podrá ser que ella vaya
buscando mayor desgracia.
CORID. Tal fin la soberbia tiene.
1175 Su locura y confianza
paró en esto.
(*Dice* TISBEA *dentro:* ¡Fuego, fuego!)
ANFRIS. Al mar se arroja.
CORID. Tisbea, detente y para.
1180 TISBEA. ¡Fuego, fuego, zagales, agua,
  agua!
¡Amor, clemencia, que se abrasa
  el alma!

Comprensión

1. ¿Qué hace Isabela al descubrir que el hombre con quien está no es su novio el Duque Octavio?
   - ¿Qué pasa al llegar el Rey?
2. ¿Qué dice y hace don Juan con su tío Pedro para ser perdonado de sus acciones?
3. ¿Cómo describirías a don Juan en esta primera escena?
   - ¿Por qué lo prende don Pedro?
   - ¿Por qué le da la oportunidad de escaparse?
4. ¿Cómo decide honrar el rey a don Gonzalo de Ulloa por sus servicios como embajador en Portugal?
5. ¿Quién es Tisbea y qué se sabe de su carácter en su primer monólogo (vv. 438–561)?
   - ¿Cómo responde Tisbea a los avances románticos de don Juan?
   - ¿Qué temor expresa?
   - ¿Es justificado su temor?
6. ¿Cómo responde Anfriso a la mala suerte de Tisbea?

Interpretación

1. La jornada primera empieza *in medias res* con Isabela mostrándole a don Juan la salida de su alcoba. Nota las primeras palabras que enuncia don Juan e interprétalas dentro del contexto de una noche de amor. ¿Qué indica la expresión "de nuevo"?
   - ¿Qué es el "dulce sí" que don Juan promete cumplir?

---

[36]seguidle

2. Explica cómo los lazos familiares y el estatus social ayudan a encubrir las infamias de don Juan.

3. En el largo diálogo en que Pedro regaña a su sobrino (vv. 99-122) se expone algo de las acciones de don Juan anterior al comienzo del drama. ¿Es la primera vez que don Juan ha engañado a una mujer noble?

   - ¿Por qué se encuentra don Juan en Nápoles?

   - Para entender estas preguntas, que dos chicos de la clase representen esta escena después de haberla ensayado.

4. ¿Por qué no dice nada Isabela cuando Pedro le miente al rey diciéndole que fue el duque Octavio el culpable cuando ella sabe muy bien que fue don Juan? Nota sus palabras en los versos 232-235.

   - ¿Qué solución ve ella a su deshonra?

5. La primera escena termina en el verso 235. Nota cuánto ha pasado en tan corto espacio de tiempo. Explica cómo se ha puesto en marcha la trama y el desenlace de la obra.

6. ¿Qué nociones expresa Octavio respecto a las mujeres en los versos 415-418?

   - ¿Cómo resuenan estas palabras a las del rey anteriormente?

7. Caracteriza la versificación del primer discurso de Tisbea (vv. 438-580), notando el número de sílabas y el patrón de la rima.

8. Explica la ironía dramática de los versos 518-521 de Tisbea.

9. El naufragio de don Juan no se puede traer al escenario. Con un compañero haz el papel de escenógrafos, y explica a la clase cómo montarías esta escena. Luego, que se escoja la mejor escenografía.

10. En las comedias del Siglo de Oro se encuentra la figura del gracioso, que normalmente es el sirviente del protagonista y que siempre proporciona el humor de la pieza. Muchas veces este humor es muy difícil de comprender para espectadores o lectores quienes no son el público para el cual se escribió la pieza. Sin embargo, intenta explicar algo cómico que hayas entendido.

11. Al volver en sí, ¿cómo reacciona don Juan al verse en los brazos de Tisbea?

    - Explica el ingenioso juego de palabras de los versos 673-674.

    - Que una pareja de la clase represente esta famosa escena ante la clase después de haberla practicado.

12. La respuesta de Tisbea a los avances amorosos de don Juan es también muy poética (vv. 675-698). Explica la oposición fónica entre "aliento" y "tormento".

    - Explica el doble significado (polisemia) del signo "tormento".

    - Explica la oposición binaria entre "nieve" y "fuego".

    - ¿Por qué se ajusta tan bien esta oposición al desenlace del resto de la primera jornada?

13. ¿Ha tenido éxito don Juan en conquistar a Tisbea?

    - Explica por qué Tisbea repite tantas veces "Pliega a Dios que no mintáis".

    - ¿Cómo responde Tisbea en los versos 1049-1050 al juramento de don Juan de casarse con ella? ¿Tiene razón?

    - ¿Qué le dice don Juan para apaciguar sus dudas? ¿Son convincentes sus palabras?

14. Catalinón, en esta escena, hace el papel de confidente más que de gracioso (vv. 1016-1019). Explica el consejo que le da a su amo.

   • La respuesta de don Juan es famosa y se repetirá varias veces en el drama. "Tan largo me lo fiáis" es una expresión que indica que uno es joven y tiene tiempo para enmendarse antes del juicio final. Por lo tanto, ¿se da cuenta don Juan de que lo que hace representa un delito grave? Explica.

15. En los versos 1076-1078 Tisbea le dice a don Juan que en la cama de su cabaña habrá fuego. ¿Qué significado tiene el signo aquí?

   • Luego, cuando don Juan la abandona, Tisbea emplea el mismo signo (v. 1117). ¿Cómo ha cambiado su significado aquí? Nota como un mismo signo en diferentes contextos cambia totalmente de sentido.

   • Busca todas las referencias al fuego en su discurso. (En la crítica estructuralista, estos usos de signos relacionados se llaman "isotopías").

16. Anfriso, el pescador que está enamorado de Tisbea pero quien es desdeñado por ella, expresa sus sentimientos en los versos 1167-1173. Nota todas las emociones que Tirso ha condensado en estos siete versos:

   • ¿Por qué siente lástima de sí mismo?

   • ¿Por qué tiene que callar?

   • ¿Por qué siente, hasta cierto punto, haberse vengado de Tisbea?

   • ¿Se alegra de lo que le ha pasado a Tisbea?

   • ¿Sigue queriéndola? ¿Cómo se sabe?

JORNADA SEGUNDA

(*En el palacio del rey de Castilla.*)

(*Sale el* REY DON ALONSO *y* DON DIEGO TENORIO, *de barba.*)

REY. ¿Qué me dices?

5　D. DIEG. Señor, la verdad digo.
　Por esta carta estoy del caso cierto,
　que es de tu embajador y de mi hermano.
　Halláronle en la cuadra del Rey mismo
10　con una hermosa dama de Palacio.
　REY. ¿Qué calidad?
　D. DIEG. Señor, es la Duquesa Isabela.
　REY. ¿Isabela?
15　D. DIEG. Por lo menos.
　REY. ¡Atrevimiento temerario! ¿Y dónde
　ahora está?
　D. DIEG. Señor, a Vuestra Alteza
20　no he de encubrille la verdad. Anoche
　a Sevilla llegó con un criado.
　REY. Ya conocéis, Tenorio, que os estimo,
　y al Rey informaré del caso luego,
25　casando a ese rapaz con Isabela,
　volviendo a su sosiego al Duque Octavio,
　que inocente padece, y luego al punto
　haced que Don Juan salga desterrado.
30　D. DIEG. ¿Adónde, mi señor?
　REY. Mi enojo vea
　en el destierro de Sevilla. Salga
　a Lebrija[1] esta noche; y agradezca
　sólo al merecimiento de su padre.
35　Pero, decid, Don Diego, ¿qué diremos
　a Gonzalo de Ulloa, sin que erremos?
　Caséle con su hija, y no sé cómo
　lo puedo ahora remediar.
　D. DIEG. Pues mira,

---

[1]población muy cercana a Sevilla

gran señor, qué mandas que yo haga
que esté bien al honor desta señora,
hija de un padre tal.
REY. Un medio tomo,
con que absolvello del enojo entiendo.
Mayordomo mayor pretendo hacelle. 45
Sale un CRIADO.
CRIADO. Un caballero llega de camino,
y dice, señor, que es el Duque Octavio.
REY. ¿El Duque Octavio?
CRIADO. Sí, señor.
REY. Sin duda 50
que supo de Don Juan el desatino,
y que viene, incitado a la venganza,
a pedir que le otorgue desafío.
D. DIEG. Gran señor, en tus heroicas
manos 55
está mi vida, que mi vida propia
es la vida de un hijo inobediente,
que, aunque mozo, es gallardo y
valeroso
y le llaman los mozos de su tiempo 60
el Héctor de Sevilla, porque ha hecho
tantas y tan extrañas mocedades.[2]
La razón puede mucho; no permitas
el desafío, si es posible.
REY. Basta. 65
Ya os entiendo, Tenorio; honor de
padre.
Entre el Duque.
D. DIEG. Señor, dame esas plantas.[3]
¿Cómo podré pagar mercedes tantas? 70
(*Sale el* DUQUE OCTAVIO *de camino.*[4])
OCTAV. A esos pies, gran señor, un
peregrino,
mísero y desterrado, ofrece el labio,
juzgando por más fácil el camino 75
en vuestra gran presencia.
REY. Duque Octavio.
OCTAV. Huyendo vengo el fiero
desatino
de una mujer, el no pensado agravio 80
de un caballero que la causa ha sido
de que así a vuestros pies haya venido.
REY. Ya, Duque Octavio, sé vuestra
inocencia.
Yo al Rey escribiré que os restituya 85

en vuestro estado, puesto que el 40
ausencia
que hicisteis algún daño os atribuya.
Yo os casaré en Sevilla, con licencia, 90
y también con perdón y gracia suya;
que puesto que Isabela un ángel sea,
mirando la que os doy, ha de ser fea.
Comendador mayor de Calatrava
es Gonzalo de Ulloa, un caballero 95
a quien el moro por temor alaba;
Que siempre es el cobarde lisonjero.
Este tiene una hija, en quien bastaba
en dote la virtud, que considero,
después de la beldad,[5] que es maravilla, 100
y el sol de las estrellas de Sevilla.
Esta quiero que sea vuestra esposa.
OCTAV: Cuando este viaje le
emprendiera
a sólo esto, mi suerte era dichosa 105
sabiendo yo que vuestro gusto fuera.
REY. Hospedaréis al Duque, sin que
cosa
en su regalo falte.
OCTAV. Quien espera 110
en vos, señor, saldrá de premios lleno.
Primero Alonso sois, siendo el onceno.
(*Vase el* REY *y* DON DIEGO *y sale* RIPIO.)
RIPIO. ¿Qué ha sucedido?
OCTAV. Que he dado 115
el trabajo recebido,
conforme me ha sucedido,
desde hoy por bien empleado.
Hablé al Rey, vióme y honróme;
César con el César fui, 120
pues vi, peleé y vencí.
Y hace que esposa tome
de su mano, y se prefiere
a desenojar al Rey
en la fulminada ley. 125
RIPIO. Con razón el nombre adquiere
de generoso en Castilla.
Al fin ¿te llegó a ofrecer
mujer?
OCTAV. Sí, amigo, mujer 130
de Sevilla, que Sevilla
da, si averiguallo quieres,
porque de oíllo te asombres,

---

[2] travesuras de jóvenes
[3] Déjeme besar sus pies. (expresión de cortesía)
[4] en ropa de viaje
[5] *poet.:* belleza

si fuertes y airosos hombres,
135 también gallardas mujeres.
Un manto tapado, un brío,
donde un puro sol se esconde,
si no es en Sevilla, ¿adónde
se admite? El contento mío
140 es tal, que ya me consuela
en mi mal.
(*Sale* DON JUAN *y* CATALINÓN.)
CATAL. Señor: detente,
que aquí está el Duque, inocente
145 sagitario[6] de Isabela,
aunque mejor le diré
capricornio.[7]
D. JUAN. Disimula.
CATAL. (*Aparte.*) (Cuando le vende le
150   adula.)
D. JUAN. Como a Nápoles dejé
por enviarme a llamar
con tanta priesa mi rey,
y como su gusto es ley,
155 no tuve, Octavio, lugar
de despedirme de vos
de ningún modo.
OCTAV. Por eso,
don Juan, amigo, os confieso:
160 Que hoy nos juntamos los dos
en Sevilla.
D. JUAN. ¡Quién pensara,
duque, que en Sevilla os viera
para que en ella os sirviera,
165 como yo lo deseara!
¿Vos Puzol,[8] vos la ribera
dejáis, mas aunque es lugar
Nápoles tan excelente,
por Sevilla solamente
170 se puede, amigo, dejar.
OCTAV. Si en Nápoles os oyera
y no en la parte que estoy,
del crédito que ahora os doy
sospecho que me riera:
175 mas llegándola a habitar,
es, por lo mucho que alcanza,
corta cualquiera alabanza

que a Sevilla queráis dar.
¿Quién es el que viene allí?
180 D. JUAN. El que viene es el Marqués
De la Mota. Descortés
es fuerza ser.[9]
OCTAV. Si de mí
algo hubiereis menester,
185 aquí espada y brazo está.
CATAL. (*Aparte.*) (Y si importa gozará
en su nombre otra mujer,
que tiene buena opinión.)
D. JUAN. De vos estoy satisfecho.
190 CATAL. Si fuere de algún provecho,
señores, Catalinón,
vuarcedes[10] continuamente
me hallarán para servillos.
RIPIO. ¿Y dónde?
195 CATAL. En Los Pajarillos,
tabernáculo excelente.

(*En la casa de doña Ana, dentro y
fuera.*)
Vase OCTAVIO *y* RIPIO *y sale el*
200   MARQUÉS DE LA MOTA.
MOTA. Todo hoy os ando buscando,
y no os he podido hallar.
¿Vos, Don Juan, en el lugar,
y vuestro amigo penando
205 en vuestra ausencia?
D. JUAN. ¡Por Dios,
amigo, que me debéis
esa merced que me hacéis!
CATAL. (*Aparte.*) (Como no le
210   entreguéis vos
moza o cosa que lo valga,
bien podéis fiaros dél,
que, cuanto en esto es cruel,
tiene condición hidalga.)
215 D. JUAN. ¿Qué hay de Sevilla?
MOTA. Está ya
toda esta corte mudada.
D. JUAN. ¿Mujeres?
MOTA. Cosa juzgada.[11]
220 D. JUAN. ¿Inés?

---

[6]Este signo del zodíaco es un arquero que tira flechas (como Cupido).
[7]Este signo del zodíaco es portador de cuernos (que representa un hombre cuya mujer le engaña con otro hombre).
 Este es uno de los muchos ingeniosos juegos de palabras de Catalinón.
[8]el puerto de Nápoles (o sea, "te marchaste de Nápoles".)
[9]O sea, siento dejarte pero tengo que hablar con el marqués.
[10]vuestras mercedes
[11]lo de siempre

MOTA. A Vejel[12] se va.

D. JUAN. Buen lugar para vivir
la que tan dama nació.

MOTA. El tiempo la desterró
a Vejel.   225

D. JUAN. Irá a morir.
¿Constanza?

MOTA. Es lástima vella
lampiña de frente y ceja.
Llámale el portugués vieja,   230
y ella imagina que bella.

D. JUAN. Sí, que *velha* en portugués
suena vieja en castellano.
¿Y Teodora?

MOTA. Este verano   235
se escapó del mal francés
por un río de sudores,
y está tan tierna y reciente,
que anteayer me arrojó un diente
envuelto entre muchas flores.   240

D. JUAN. ¿Julia, la del Candilejo?

MOTA. Ya con sus afeites[13] lucha.

D. JUAN. ¿Véndese siempre por trucha?

MOTA. Ya se da por abadejo.[14]

D. JUAN. El barrio de Cantarranas,   245
¿tiene buena población?

MOTA. Ranas las más dellas son.

D. JUAN. ¿Y viven las dos hermanas?

MOTA. Y la mona de Tolú
de su madre Celestina   250
que les enseña dotrina.

D. JUAN. ¡Oh, vieja de Bercebú!
¿Cómo la mayor está?

MOTA. Blanca, sin blanca[15] ninguna.
tiene un santo a quien ayuna.[16]   255

D. JUAN. ¿Agora en vigilias da?

MOTA. Es firme y santa mujer.

D. JUAN. ¿Y esotra?[17]

MOTA. Mejor principio
tiene; no desecha ripio.[18]   260

D. JUAN. Buen albañir quiere ser.
Marqués, ¿qué hay de perros muertos?[19]

MOTA. Yo y Don Pedro de Esquivel
dimos anoche un cruel,
y esta noche tengo ciertos   265
otros dos.

D. JUAN. Iré con vos;
que también recorreré
cierto nido que dejé
en güevos para los dos.   270
¿Qué hay de terrero?[20]

MOTA. No muero
en terrero, que en terrado
me tiene mayor cuidado.

D. JUAN. ¿Cómo?   275

MOTA. Un imposible quiero.

D. JUAN. Pues ¿no os corresponde?

MOTA. Sí,
me favorece y estima.

D. JUAN. ¿Quién es?   280

MOTA. Doña Ana, mi prima,
que es recién llegada aquí.

D. JUAN. Pues ¿dónde ha estado?

MOTA. En Lisboa,
con su padre en la embajada.   285

D. JUAN. ¿Es hermosa?

MOTA. Es estremada,
porque en Doña Ana de Ulloa
se estremó naturaleza.

D. JUAN. ¿Tan bella es esa mujer?   290
¡Vive Dios que la he de ver!

MOTA. Veréis la mayor belleza
que los ojos del sol ven.

D. JUAN. Casaos, si es tan estremada.

MOTA. El Rey la tiene casada,   295
y no se sabe con quién.

D. JUAN. ¿No os favoresce?

MOTA. Y me escribe.

CATAL. (*Aparte.*) (No prosigas, que te
engaña   300
el gran Burlador de España.)

D. JUAN. Quien tan satisfecho vive
de su amor, ¿desdichas teme?
Sacalda, solicitalda,

---

[12]ciudad en la provincia de Cádiz

[13]maquillaje

[14]pescado de menor calidad que la trucha (o sea, ya no cobra tanto)

[15]dinero

[16]o sea, un hombre a quien le da su dinero

[17]la otra (su hermana)

[18]O sea, no desprecia ningún cliente, como el albañil que no desprecia el ripio (cualquier material para rellenar huecos).

[19]Alude a las instancias cuando el cliente no paga lo que debe.

[20]terreno delante de una casa desde donde se puede cortejar damas

305   escribilda y engañalda,
       y el mundo se abrase y queme.
       Mota. Ahora estoy esperando
       la postrer[21] resolución.
       D. Juan. Pues no perdáis la ocasión,
310   que aquí os estoy aguardando.
       Mota. Ya vuelvo.
       (*Vase el* Marqués *y el* Criado.)
       Catal. Señor Cuadrado
       o señor Redondo, adiós.
315   Criado. Adiós.
       D. Juan. Pues sólos los dos,
       amigo, habemos quedado,
       síguele el paso al Marqués,
       que en el palacio se entró.
320   (*Vase* Catalinón.
       Habla por una reja una mujer.)
       Mujer. Ce, ¿a quién digo?
       D. Juan. ¿Quién llamó?
       Mujer. Pues sois prudente y cortés
       y su amigo, dalde luego
325   al Marqués este papel.
       Mirad que consiste en él
       de una señora el sosiego.
       D. Juan. Digo que se lo daré.
       Soy su amigo y caballero.
330   Mujer. Basta, señor forastero.
       Adiós.
       (*Vase.*)
       D. Juan. Y la voz se fue.
335   ¿No parece encantamento
       esto que ahora ha pasado?
       A mí el papel ha llegado
       por la estafeta del viento.
       Sin duda que es de la dama
340   que el Marqués me ha encarecido:
       Venturoso en esto he sido.
       Sevilla a voces me llama
       El Burlador, y el mayor
       gusto que en mí puede haber,
345   es burlar una mujer
       y dejalla sin honor.
       ¡Vive Dios, que le he de abrir
       pues salí de la plazuela!
       Mas ¿si hubiese otra cautela?
350   Gana me da de reír.
       Ya está abierto el papel,
       y que es suyo es cosa llana,
       porque aquí firma Doña Ana.
       Dice así: *Mi padre infiel*

355   *en secreto me ha casado,*
       sin poderme resistir:
       no sé si podré vivir,
       porque la muerte me ha dado.
       Si estimas, como es razón,
360   *mi amor y mi voluntad,*
       y si tu amor fue verdad,
       muéstralo en esta ocasión,
       por que veas que te estimo,
       ven esta noche a la puerta;
365   *que estará a las once abierta,*
       donde tu esperanza, primo,
       goces, y el fin de tu amor.
       Traerás, mi gloria, por señas
       de Leonorilla y las dueñas,
370   *una capa de color.*
       Mi amor todo de ti fío,
       y adiós. ¡Desdichado amante!
       ¿Hay suceso semejante?
       Ya de la burla me río.
375   Gozaréla, ¡vive Dios!
       con el engaño y cautela
       que en Nápoles a Isabela.
       (*Sale* Catalinón.)
       Catal. Ya el Marqués viene.
380   D. Juan. Los dos
       aquesta noche tenemos
       que hacer.
       Catal. ¿Hay engaño nuevo?
       D. Juan. Estremado.
385   Catal. No lo apruebo.
       Tú pretendes que escapemos
       una vez, señor, burlados,
       que el que vive de burlar
       burlado habrá de escapar
390   pagando tantos pecados
       de una vez.
       D. Juan. ¿Predicador
       te vuelves, impertinente?
       Catal. La razón hace al valiente.
395   D. Juan. Y al cobarde hace el temor.
       El que se pone a servir
       voluntad no ha de tener,
       y todo ha de ser hacer,
       y nada ha de ser decir.
400   Sirviendo, jugando estás,
       y si quieres ganar luego,
       haz siempre, porque en el juego
       quien más hace gana más.
       Catal. Y también quien hace y dice

---
[21]última

pierde por la mayor parte.
D. Juan. Esta vez quiero avisarte,
porque otra vez no te avise.
Catal. Digo que de aquí adelante
lo que me mandes haré,
y a tu lado forzaré 410
un tigre y un elefante.
Guárdese de mí un prior,
que si me mandas que calle
y le fuerce, he de forzalle
sin réplica, mi señor. 415
D. Juan. Calla, que viene el Marqués.
Catal. Pues, ¿ha de ser el forzado?
(*Sale el* Marqués de la Mota.)
D. Juan. Para vos, Marqués, me han
dado
un recaudo harto cortés, 420
por esa reja, sin ver
el que me lo daba allí;
sólo en la voz conocí
que me lo daba mujer.
Dícete al fin, que a las doce 425
vayas secreto a la puerta,
(que estará a las once abierta)
donde tu esperanza goce
la posesión de tu amor,
y que llevases por señas 430
de Leonorilla y las dueñas,
una capa de color.
Mota. ¿Qué dices?
D. Juan. Que este recaudo
de una ventana me dieron, 435
sin ver quién.
Mota. Con él pusieron
sosiego en tanto cuidado.
¡Ay amigo! Sólo en ti
mi esperanza renaciera. 440
Dame esos pies.
D. Juan. Considera
que no está tu prima en mí.
Eres tú quien ha de ser
quien la tiene de gozar, 445
¿y me llegas a abrazar
los pies?
Mota. Es tal el placer,
que me ha sacado de mí.
¡Oh, sol! Apresura el paso. 450
D. Juan. Ya el sol camina al ocaso.
Mota. Vamos, amigos, de aquí,
y de noche nos pondremos.[22]

¡Loco voy! 455
D. Juan (*Aparte.*) Bien se conoce;
mas yo bien sé que a las doce
harás mayores estremos.
Mota. ¡Ay, prima del alma, prima,
que quieres premiar mi fe! 460
Catal. (*Aparte.*) (¡Vive Cristo, que
no dé
una blanca por su prima!)
(*Vase el* Marqués *y sale* Don Diego.)
D. Dieg. ¿Don Juan? 465
Catal. Tu padre te llama.
D. Juan. ¿Qué manda vueseñoría?
D. Dieg. Verte más cuerdo quería,
más bueno y con mejor fama.
¿Es posible que procuras 470
todas las horas mi muerte?
D. Juan. ¿Por qué vienes desa suerte?
D. Dieg. Por tu trato y tus locuras.
Al fin, el Rey me ha mandado
que te eche de la ciudad, 475
porque está de una maldad
con justa causa indignado;
que, aunque me lo has encubierto,
ya en Sevilla el Rey lo sabe,
cuyo delito es tan grave 480
que a decírtelo no acierto.
¡En el palacio real
traición, y con un amigo!
Traidor, Dios te dé el castigo
que pide delito igual. 485
Mira que, aunque al parecer
Dios te consiente y aguarda,
su castigo no se tarda;
y ¡qué castigo ha de haber
para los que profanáis 490
su nombre!, que es jüez fuerte
Dios en la muerte.
D. Juan. ¿En la muerte?
¿Tan largo me lo fiáis?
De aquí allá hay gran jornada. 495
D. Dieg. Breve te ha de parecer.
D. Juan. Y la que tengo de hacer,
pues a Su Alteza le agrada
agora, ¿es larga también?
D. Dieg. Hasta que el injusto agravio 500
satisfaga el Duque Octavio
y apaciguados estén
en Nápoles de Isabela
los sucesos que has causado.

---

[22]Nos pondremos la ropa de noche.

505　En Lebrija retirado
　　por tu traición y cautela
　　quiere el Rey que estés agora:
　　pena a tu maldad ligera.
　　CATAL. (*Aparte.*) (Si el caso también
510　　supiera
　　de la pobre pescadora,
　　más se enojara el buen viejo.)
　　D. DIEG. Pues no te vence castigo
　　con cuanto hago y cuanto digo,
515　a Dios tu castigo dejo.
　　(*Vase.*)
　　CATAL. Fuese el viejo enternecido.
　　D. JUAN. Luego las lágrimas copia,
　　condición de viejo propia.
520　Vamos, pues ha anochecido,
　　a buscar al Marqués.
　　CATAL. Vamos,
　　y al fin gozarás su dama.
　　D. JUAN. Ha de ser burla de fama.
525　CATAL. Ruego al cielo que salgamos
　　della en paz.
　　D. JUAN. ¡Catalinón
　　al fin!
　　CATAL. Y tu, señor, eres
530　langosta[23] de las mujeres,
　　y con público pregón,
　　porque de ti se guardara,
　　cuando a noticia viniera,
　　de la que doncella fuera,
535　fuera bien se pregonara:
　　"Guárdense todos de un hombre
　　que a las mujeres engaña,
　　y es el Burlador de España".
　　D. JUAN. Tú me has dado gentil nombre.
540　(*Sale el* MARQUÉS, *de noche, con* MÚSICOS,
　　　y pasea el tablado, y se entran cantando.)
　　MÚSICOS. *El que un bien gozar espera,*
　　cuanto espera desespera.
　　MOTA. ¡Ay, noche espantosa y fría!
545　Para que yo a mi bien goce,
　　corre veloz a las doce,
　　y después no venga el día.
　　D. JUAN. ¿Qué es esto?

　　CATAL. Música es.
550　MOTA. Parece que habla conmigo
　　el poeta. ¿Quién va?
　　D. JUAN. Amigo.
　　MOTA. ¿Es Don Juan?
　　D. JUAN. ¿Es el Marqués?
555　MOTA. ¿Quién puede ser sino yo?
　　D. JUAN. Luego que la capa vi,
　　que érades vos conocí.
　　MOTA. Cantad, pues Don Juan llegó.
　　MÚSIC. (*Cantan.*) *El que un bien gozar*
560　*espera, cuanto espera desespera.*
　　D. JUAN. ¿Qué casa es la que miráis?
　　MOTA. De Don Gonzalo de Ulloa.
　　D. JUAN. ¿Dónde iremos?
　　MOTA. A Lisboa.
565　D. JUAN. ¿Cómo, si en Sevilla estáis?
　　MOTA. Pues ¿aqueso os maravilla?
　　¿No vive con gusto igual
　　lo peor de Portugal[24]
　　en lo mejor de Castilla?
570　D. JUAN. ¿Dónde viven?
　　MOTA. En la calle
　　de la Sierpe, donde ves
　　a Adán vuelto en portugués,
　　que en aqueste amargo valle
575　con bocados solicitan
　　mil Evas: que aunque dorados
　　en efeto, son bocados,
　　con que la vida nos quitan.[25]
　　CATAL. Ir de noche no quisiera
580　por esa calle cruel,
　　pues lo que de día es miel
　　entonces lo dan en cera.[26]
　　Una noche, por mi mal,
　　la vi sobre mí vertida,
585　y hallé que era corrompida
　　la cera de Portugal.
　　D. JUAN. Mientras a la calle vais,
　　yo dar un perro[27] quisiera.
　　MOTA. Pues cerca de aquí me espera
590　un bravo.[28]
　　D. JUAN. Si me dejáis
　　con él, Marqués, vos veréis

---

[23]*fig.:* lo que destruye una cosa
[24]Alude a las prostitutas portuguesas que se habían establecido en Sevilla.
[25]Esto, junto a las alusiones anteriores a Sierpe, Adán, Eva y bocado (manzana), forma parte del simbolismo bíblico del
　jardín del Edén.
[26]excremento
[27]Véase la nota 19.
[28]un perro bravo (o sea, espero llevar a cabo un gran engaño; véase la nota 19)

cómo de mí no se escapa.

MOTA. Vamos, y poneos mi capa,
para que mejor lo deis. 595

D. JUAN. Bien habéis dicho. Venid,
y me eseñaréis la casa.

MOTA. Mientras el suceso pasa,
la voz y el habla fingid.
¿Veis aquella celosía? 600

D. JUAN. Ya la veo.

MOTA. Pues llegad
y decid: "Beatriz," y entrad.

D. JUAN. ¿Qué mujer?

MOTA. Rosada y fría. 605

CATAL. Será mujer cantimplora.

MOTA. En Gradas os aguardamos.

D. JUAN. Adiós, Marqués.

CATAL. ¿Dónde vamos?

D. JUAN. Calla, necio, calla agora; 610
adonde la burla mía
ejecute.

CATAL. No se escapa
nadie de ti.

D. JUAN. El trueque adoro. 615

CATAL. ¿Echaste la capa al toro?

D. JUAN. No, el toro me echó la capa.

MOTA. La mujer ha de pensar
que soy él.

MÚSIC. ¡Qué gentil perro! 620

MOTA. Esto es acertar por yerro.

MÚSIC. Todo este mundo es errar.

*(Cantan.) El que un bien gozar espera,
cuanto espera desespera.*

(Vanse, y dice DOÑA ANA *dentro.)* 625

ANA. ¡Falso! no eres el Marqués,
que me has engañado.

D. JUAN. Digo
que lo soy.

ANA. ¡Fiero enemigo,
mientes, mientes! 630

(Sale DON GONZALO *con la espada
desnuda.)*

D. GON. La voz es
de Doña Ana la que siento.

ANA. ¿No hay quien mate este traidor, 635
homicida de mi honor?

D. GON. ¿Hay tan grande atrevimiento?
Muerto honor dijo, ¡ay de mí!
Y es su lengua tan liviana
que aquí sirve de campana. 640

ANA. Matalde.

(Sale DON JUAN *y* CATALINÓN *con las
espadas desnudas.)*

D. JUAN. ¿Quién está aquí? 645

D. GON. La barbacana[29] caída
de la torre de mi honor
echaste en tierra, traidor,
donde era alcaide la vida.

D. JUAN. Déjame pasar. 650

D. GON. ¿Pasar?
Por la punta desta espada.

D. JUAN. Morirás.

D. GON. No importa nada.

D. JUAN. Mira que te he de matar. 655

D. GON. ¡Muere, traidor!

D. JUAN. Desta suerte
muero.

CATAL. Si escapo désta,
no más burlas, no más fiesta. 660

D. GON. ¡Ay, que me has dado la
muerte!

D. JUAN. Tú la vida te quitaste.

D. GON. ¿De qué la vida servía?

D. JUAN. Huyamos. 665

(Vase DON JUAN *y* CATALINÓN.*)*

D. GON. La sangre fría
con el furor aumentaste.
Muerto soy; no hay bien que aguarde.
Seguiráte mi furor, 670
que eres traidor, y el traidor
es traidor porque es cobarde.

(Entran muerto a DON GONZALO *y salen
el* MARQUÉS DE LA MOTA *y* MÚSICOS.*)*

MOTA. Presto las doce darán, 675
y mucho Don Juan se tarda.
¡Fiera pensión del que aguarda!

(Sale DON JUAN *y* CATALINÓN.*)*

D. JUAN. ¿Es el Marqués?

MOTA. ¿Es Don Juan? 680

D. JUAN. Yo soy; tomad vuestra capa.

MOTA. ¿Y el perro?

D. JUAN. Funesto ha sido.
Al fin, Marqués, muerto ha habido.

CATAL. Señor, del muerto te escapa. 685

MOTA. ¿Burlásteisla?

D. JUAN. Sí burlé.

CATAL. *(Aparte.)* (Y aún a vos os ha
burlado.)

D. JUAN. Cara la burla ha costado. 690

---

[29]fortificación pequeña para defender puertas, puentes, etc.

Mota. Yo, Don Juan, lo pagaré,
porque estará la mujer
quejosa de mí.
D. Juan. Adiós, Marqués.

695   Catal. Muy buen lance
el desdichado hallará.
D. Juan. Huyamos.
Catal. Señor, no habrá
aguilita que me alcance.

700   (*Vanse.*)
Mota. Vosotros os podéis ir
todos a casa; que yo
he de ir solo.
Criados. Dios crió

705   las noches para dormir.
(*Vanse, queda el* Marqués de la Mota.
Dentro.) ¿Vióse desdicha mayor,
y vióse mayor desgracia?
Mota. ¡Válgame Dios! voces siento

710   en la plaza del Alcázar.
¿Qué puede ser a estas horas?
Un hielo el pecho me arraiga.
Desde aquí parece todo
una Troya que se abrasa,

715   porque tantas luces juntas
hacen gigantes de llamas.
Un grande escuadrón de antorchas
se acerca a mí; ¿por qué anda
el fuego emulando estrellas,

720   dividiéndose en escuadras?
Quiero saber la ocasión.
(*Sale* Don Diego Tenorio *y la* Guarda
con hachas.)
D. Dieg. ¿Qué gente?

725   Mota. Gente que aguarda
saber de aqueste rüido
el alboroto y la causa.
D. Dieg. Prendeldo.
Mota. ¿Prenderme a mí?

730   D. Dieg. Volved la espada a la vaina,
que la mayor valentía
es no tratar de las armas.
Mota. ¿Cómo al Marqués de la Mota
hablan ansí?

735   D. Dieg. Dad la espada,
que el Rey os manda prender.
Mota. ¡Vive Dios!
(*Sale el* Rey *y acompañamiento.*)

Rey. En toda España
740   no ha de caber, ni tampoco
en Italia, si va a Italia.
D. Dieg. Señor, aquí está el Marqués.
Mota. ¿Vuestra Alteza a mí me manda
prender?

745   Rey. Llevadle y ponedle
la cabeza en una escarpia.[30]
¿En mi presencia te pones?
Mota. ¡Ah, glorias de amor tiranas,
siempre en el pasar ligeras,

750   como en el venir pesadas!
Bien dijo un sabio que había
entre la boca y la taza
peligro; mas el enojo
del Rey me admira y me espanta.

755   No sé por lo que voy preso.
D. Dieg. ¿Quién mejor sabrá la causa
que vueseñoría?
Mota. ¿Yo?
D. Dieg. Vamos.

760   Mota. ¡Confusión extraña!
Rey. Fulmínesele[31] el proceso
al Marqués luego, y mañana
le cortarán la cabeza.
Y al Comendador, con cuanta

765   solemnidad y grandeza
se da a las personas sacras
y reales, el entierro
se haga: bronce y piedras varias
un sepulcro con un bulto

770   le ofrezcan, donde en mosaicas
labores, góticas letras
den lenguas a sus venganzas.
Y entierro, bulto y sepulcro
quiero que a mi costa se haga.

775   ¿Dónde Doña Ana se fue?
D. Dieg. Fuese al sagrado, Doña Ana,
de mi señora la Reina.
Rey. Ha de sentir esta falta
castilla; tal Capitán

780   ha de llorar Calatrava.

(*Escena campestre. Una boda de
campesinos.*)
(*Sale* Batricio *desposado con* Aminta;
Gaseno, *viejo,* Belisa *y* Pastores
785   *músicos.*)

---

[30]una especie de gancho para colgar cosas
[31]hacerle

(*Cantan.*)
Lindo sale el sol de abril,
con trébol y toronjil,
y aunque le sirve de estrella,
Aminta sale más bella.   790
BATRIC. Sobre esta alfombra florida,
a donde en campos de escarcha
el sol sin aliento marcha
con su luz recién nacida,
os sentad, pues nos convida   795
al tálamo[32] el sitio hermoso…
AMINTA. Cantalde a mi dulce esposo
favores de mil en mil.
(*Cantan.*)
Lindo sale el sol de abril   800
con trébol y toronjil,
y aunque le sirve de estrella,
Aminta sale más bella.
GASENO. Muy bien lo habéis solfeado;[33]
no hay más sones en el kyries.[34]   805
BATRIC. Cuando con sus labios tiries[35]
vuelve en púrpura los labios
saldrán, aunque vergonzosas,
afrentando el sol de abril.
AMINTA. Batricio, yo lo agradezco;   810
falso y lisonjero estás;
mas si tus rayos me das,
por ti ser luna merezco.
Tú eres el sol por quien crezco
después de salir menguante,[36]   815
para que el alba te cante
la salva[37] en tono sutil.
(*Cantan.*)
Lindo sale el sol, etc.
(*Sale* CATALINÓN, *de camino.*)   820
CATAL. Señores, el desposorio
huéspedes ha de tener.
GASENO. A todo el mundo ha de ser
este contento notorio.
¿Quién viene?   825
CATAL. Don Juan Tenorio.
GASENO. ¿El viejo?
CATAL. No ese Don Juan.
BELISA. Será su hijo galán.

BATRIC. (*Aparte.*) (Téngolo por mal   830
    agüero,
que galán y caballero
quitan gusto y celos dan.)
Pues ¿quién noticia le dio
de mis bodas?   835
CATAL. De camino
pasa a Lebrija.
BATRIC. (*Aparte*). (Imagino
que el demonio le envió.
Mas ¿de qué me aflijo yo?   840
Vengan a mis dulces bodas
del mundo las gentes todas.
Mas, con todo, ¡un caballero
en mis bodas! ¡mal agüero!)
GASENO. Venga el coloso de Rodas,   845
venga el Papa, el Preste Juan
y Don Alonso el Onceno
con su corte, que en Gaseno
animo y valor verán.
Montes en casa hay de pan,   850
guadalquivires de vino,
babilonias de tocino,
y entre ejércitos cobardes
de aves, para que las lardes[38]
el pollo y el palomino.   855
Venga tan gran caballero
a ser hoy en Dos Hermanas[39]
honra destas viejas canas.
BELISA. El hijo del Camarero
mayor.   860
BATRIC. (*Aparte*). (Todo es mal agüero
para mí, pues le han de dar
junto a mi esposa lugar.
Aún no gozo, y ya los cielos
me están condenando a celos,   865
amor, sufrir y callar.)
(*Sale* DON JUAN TENORIO.)
D. JUAN. Pasando acaso he sabido
que hay bodas en el lugar,
y dellas quise gozar,   870
pues tan venturoso he sido.
GASENO. Vuestra señoría ha venido
a honrallas y engrandecellas.

---

[32]lugar donde se celebraban bodas
[33]cantado
[34]Kirieleisón: invocación con que se llama a Dios al principio de la misa
[35]referencia al color de los labios
[36]más pequeña (o sea, no una luna llena)
[37]promesa solemne
[38]untes con grasa para asarlas
[39]pueblo cerca de Sevilla

BATRIC. (*Aparte*). (Yo que soy el dueño
875   dellas,
digo entre mí que vengáis
en hora mala.)
GASENO. ¿No dais
lugar a este caballero?
880   D. JUAN. Con vuestra licencia quiero
sentarme aquí. (*Siéntase junto a la
novia.*)
BATRIC. Si os sentáis
delante de mí, señor,
885   seréis de aquesa manera
el novio.
D. JUAN. Cuando lo fuera,
no escogiera lo peor.
GASENO. Que es el novio…
890   D. JUAN. De mi error
y ignorancia perdón pido.
CATAL. (*Aparte.*) (¡Desventurado
marido!)
D. JUAN. (*Aparte a Catalinón.*) (Corrido
895   está.)
CATAL. (*Aparte.*) (No lo ignoro;
Mas si tiene de ser toro,[40]
¿qué mucho que esté corrido?
No daré por su mujer
900   ni por su honor un cornado.[41]
¡Desdichado tú, que has dado
en manos de Lucifer!)

D. JUAN. ¿Posible es que vengo a ser,
señora, tan venturoso?
905   Envidia tengo al esposo.
AMINTA. Parecéisme lisonjero.
BATRIC. (*Aparte.*) (Bien dije que es mal
agüero en bodas un poderoso.)
GASENO. Ea, vamos a almorzar,
910   por que pueda descansar
un rato su señoría.
(*Tómale* DON JUAN *la mano a la novia.*)
D. JUAN. ¿Por qué la escondéis?
AMINTA. No es mía.
915   GASENO. Vamos.
BELISA. Volved a cantar.
D. JUAN. ¿Qué dices tú?
CATAL. ¿Yo? Que temo
muerte vil destos villanos.
920   D. JUAN. Buenos ojos, blancas manos,
en ellos me abraso y quemo.
CATAL. ¡Almagrar[42] y echar a extremo!
Con ésta cuatro serán.
D. JUAN. Ven, que mirándome están.
925   BATRIC. En mis bodas caballero.
¡mal agüero!
GASENO. Cantad.
BATRIC. Muero.
CATAL. Canten, que ellos llorarán.
930   (*Vanse todos, con que da fin la segunda
jornada.*)

Comprensión

1. ¿Qué solución propone el rey Alfonso al agravio cometido por don Juan en Nápoles?
   - ¿Cómo complica la nueva propuesta matrimonial que le había planteado en la primera jornada a don Gonzalo?
   - ¿Cómo soluciona el rey este conflicto?

2. ¿Quién es el marqués de la Mota?
   - ¿De qué hablan él y don Juan?

3. ¿Qué le confiesa el marqués de la Mota a don Juan?
   - ¿Cómo complica este detalle el nudo de la trama?
   - ¿Qué dice la carta que doña Ana le da a don Juan para entregársela a Mota?

---

[40]Se juega con el concepto de cornudo; véase v. 1154.

[41]moneda de poco valor; juega con la semejanza fónica con "cornudo"

[42]marcar los animales para poder identificarlos

- ¿Qué decide hacer don Juan cuando lee la carta?
- ¿Qué le dice a Mota sobre la hora del encuentro?
- ¿Cómo consigue don Juan la capa de Mota?

4. Cuando don Juan entra en la casa de doña Ana, ¿quién sale a defenderla?
   - ¿Qué actitud expresa don Juan ante el protector de doña Ana?
   - ¿Qué hace don Juan?
   - ¿A quién prenden por el delito?

5. ¿Con qué topa don Juan en su fuga de Sevilla después de lo sucedido en la casa de don Gonzalo?
   - ¿Cómo reacciona el novio, Batricio, a lo que hace don Juan?
   - ¿Cómo reacciona el padre de la novia, Galeno, a la presencia de don Juan?

Interpretación

1. ¿Cómo reacciona el duque Octavio cuando el rey le propone el matrimonio con doña Ana?
   - Comenta la facilidad con que Octavio pasa de querer a Isabela a aceptar otro matrimonio. ¿Cómo se puede explicar? ¿Es inconstante?
2. ¿Qué le pide don Diego, padre de don Juan, al rey?
   - ¿Reconoce Diego las faltas de su hijo?
   - ¿Hay alguna prueba textual que don Diego, hasta cierto punto, admira las hazañas de don Juan?
3. Interpreta el discurso entre Mota y don Juan sobre las prostitutas. ¿Cómo son las prostitutas?
   - ¿Merecen ellas la burla de los dos hombres? Explica.
4. Trata de explicar algunos de los ingeniosos juegos de palabras sobre las prostitutas.
5. ¿Qué piensa Catalinón en un aparte de la confesión de Mota sobre su amor de doña Ana?
   - ¿Tiene razón?
   - ¿Qué nueva traición muestra don Juan en esta escena?
6. En los versos 385–391, Catalinón deja de ser el gracioso. ¿Qué papel hace ahora?
   - ¿Cómo reacciona don Juan a este nuevo papel de su criado?
7. Explica el nuevo discurso religioso que introduce don Diego al regañar severamente a su hijo (vv. 473–515).
   - ¿Cómo responde don Juan al aviso de su padre?
   - ¿Es la primera vez que expresa esta opinión? Explica.
8. Explica el plan que forjan Mota y don Juan para engañar a la prostituta Beatriz.
   - ¿Cómo facilita este plan para que don Juan pueda entrar con mayor facilidad a la alcoba de doña Ana?

9. ¿Qué nuevo pecado comete don Juan con don Gonzalo?

- Este pecado se añade a varios otros del drama. Enuméralos en pareja para luego compartirlos con la clase.

10. ¿Qué nueva perfidia comete don Juan en las bodas de Aminta y Batricio?

- ¿Qué condición de don Juan le da el derecho de comportarse con tanta insolencia en las bodas?

11. ¿Por qué crees que Tirso insertara una escena tan ligera en las bodas de Aminta, con música y baile, después de la escena tan dramática en la casa de don Gonzalo?

JORNADA TERCERA

(*Escena campestre. Boda de campesinos.*)

(*Sale* BATRICIO *pensativo.*)
BATRIC. Celos, reloj de cuidados
que a todas las horas dais
5 tormentos con que matáis,
aunque dais desconcertados:
celos, del vivir desprecios,
con que ignorancias hacéis,
pues todo lo que tenéis
10 de ricos tenéis de necios,
dejadme de atormentar,
pues es cosa tan sabida
que, cuando amor me da vida,
la muerte me queréis dar.
15 ¿Qué me queréis, caballero,
que me atormentáis ansí?
Bien dije, cuando le vi
en mis bodas: "¡Mal agüero!"
¿No es bueno que se sentó
20 a cenar con mi mujer,
y a mí en el plato meter
la mano no me dejó?
Pues cada vez que quería
metella, la desviaba,
25 diciendo a cuanto tomaba:
"Grosería, grosería."
Pues llegándome a quejar
a algunos, me respondían
y con risa me decían:
30 "No tenéis de qué os quejar;
eso no es cosa que importe;
no tenéis de qué temer;
callad, que debe de ser
uso de allá de la Corte."
35 ¡Buen uso, trato estremado!
Mas no se usará en Sodoma

que otro con la novia coma
y que ayune el desposado.
Pues el otro bellacón
40 a cuanto comer quería,
"¿Esto no come?" decía,
"No tenéis, señor, razón."
Y de delante al momento
me lo quitaba corrido.
45 Esto sé yo bien que ha sido
culebra,[1] y no casamiento.
Ya no se puede sufrir
ni entre cristianos pasar.
Y acabando de cenar
50 con los dos… ¡mas que a dormir
se ha de ir también, si porfía,
con nosotros, y ha de ser,
el llegar yo a mi mujer,
"grosería, grosería!"
55 Ya viene, no me resisto.
Aquí me quiero esconder;
pero ya no puede ser,
que imagino que me ha visto.
Sale DON JUAN TENORIO.
60 D. JUAN. Batricio.
BATRIC. Su señoría
¿Qué manda?
D. JUAN. Haceros saber…
BATRIC. (*Aparte.*) (¿Mas que ha de venir
65 a ser
alguna desdicha mía?)
D. JUAN. …que ha muchos días,
    Batricio,
que a Aminta el alma le di
70 y he gozado…
BATRIC. ¿Su honor?

---

[1] *fig.:* burla o engaño (por ser culebra un sinónimo de chasco)

D. Juan. Sí.

Batric. (*Aparte.*) Manifiesto y claro
   indicio
de lo que he llegado a ver   75
que si bien no le quisiera,
nunca a su casa viniera.
Al fin, al fin, es mujer.

D. Juan. Al fin, Aminta celosa,
o quizá desesperada   80
de verse de mí olvidada
y de ajeno dueño esposa,
esta carta me escribió
enviándome a llamar;
y yo prometí gozar   85
lo que el alma prometió.
Esto pasa desta suerte:
dad a vuestra vida un medio;
que le daré sin remedio
a quien lo impida, la muerte.   90

Batric. Si tú en mi elección lo pones,
tu gusto pretendo hacer;
que el honor y la mujer
son malos en opiniones.
La mujer en opinión   95
siempre más pierde que gana:
que son como la campana,
que se estima por el son.
Y así es cosa averiguada
que opinión viene a perder,   100
cuando cualquiera mujer
suena a campana quebrada.
No quiero, pues me reduces
el bien que mi amor ordena,
mujer entre mala y buena,   105
que es moneda entre dos luces.
Gózala, señor, mil años;
que yo quiero resistir
desengaños, y morir,
y no vivir con engaños.   110
(*Vase.*)

D. Juan. Con el honor le vencí,
porque siempre los villanos
tienen su honor en las manos,
y siempre miran por sí.
Que por tantas variedades,   115
es bien que se entienda y crea
que el honor se fue al aldea,
huyendo de las ciudades.
Pero antes de hacer el daño,   120
le pretendo reparar.

A su padre voy a hablar
para autorizar mi engaño.
Bien lo supe negociar;   125
gozarla esta noche espero.
La noche camina, y quiero
su viejo padre llamar.
Estrellas que me alumbráis,
dadme en este engaño suerte,
si el galardón en la muerte   130
tan largo me lo guardáis.
(*Vase. Sale* Aminta *y* Belisa.)

Belisa. Mira que vendrá tu
   esposo;
entra a desnudarte, Aminta.   135

Aminta. De estas infelices bodas
no sé qué sienta, Belisa.
Todo hoy mi Batricio ha estado
bañado en melancolía;
todo es confusión y celos;   140
¡mirad qué grande desdicha!
Di, ¿qué caballero es éste
que de mi esposo me priva?
La desvergüenza en España
se ha hecho caballería.   145
Déjame, que estoy sin seso,
déjame, que estoy corrida.
¡Mal hubiese el caballero
que mis contentos me priva!

Belisa. Calla, que pienso que viene,   150
que nadie en la casa pisa
de un desposado, tan recio.

Aminta. Queda adiós, Belisa mía.

Belisa. Desenójale en los brazos.

Aminta. Plega a los cielos que sirvan   155
mis suspiros de requiebros,
mis lágrimas de caricias.
(*Vanse. Sale* Don Juan, Catalinón *y*
   Gaseno.)

D. Juan. Gaseno, quedad con Dios.   160

Gaseno. Acompañaros querría,
por dalle de esta ventura
el parabién a mi hija.

D. Juan. Tiempo mañana nos queda.

Gaseno. Bien decís. El alma mía   165
en la muchacha os ofrezco.
(*Vase.* D. Juan. Mi esposa decid. Ensilla,[2]
Catalinón.)

Catal. ¿Para cuándo?

D. Juan. Para el alba, que de risa   170
muerta, ha de salir mañana,

---

[2]Prepara los caballos (para la huida).

deste engaño.

CATAL. Allá, en Lebrija,
señor, nos está aguardando

175 otra boda. Por tu vida,
que despaches presto en ésta.

D. JUAN. La burla más escogida
de todas ha de ser ésta.

CATAL. Que saliésemos querría

180 de todas bien.

D. JUAN. Si es mi padre
el dueño de la justicia,
y es la privanza del Rey,
¿Qué temes?

185 CATAL. De los que privan
suele Dios tomar venganza
si delitos no castigan,
y se suelen en el juego
perder también los que miran.

190 Yo he sido mirón del tuyo,
y por mirón no querría
que me cogiese algún rayo
y me trocase en ceniza.

D. JUAN. Vete, ensilla, que mañana

195 he de dormir en Sevilla.

CATAL. ¿En Sevilla?

D. JUAN. Sí.

CATAL. ¿Qué dices?
Mira lo que has hecho, y mira

200 que hasta la muerte, señor,
es corta la mayor vida
y que hay tras la muerte infierno.

D. JUAN. Si tan largo me lo fiáis,
vengan engaños.

205 CATAL. Señor…

D. JUAN. Vete, que ya me amohinas[3]
con tus temores extraños.

CATAL. Fuerza al turco, fuerza
al scita,

210 al persa y al garamante,
al gallego, al troglodita,
al alemán y al Japón,
al sastre con la agujita
de oro en la mano, imitando

215 contino a la blanca niña.
(*Vase.*)

D. JUAN. La noche en negro silencio
se estiende, y ya las Cabrillas[4]
entre racimos de estrellas

220 el polo más alto pisan.
Yo quiero poner mi engaño
por obra. El amor me guía
a mi inclinación, de quien
no hay hombre que se resista.

225 Quiero llegar a la cama.
¡Aminta!
(*Sale* AMINTA *como que está acostada.*)

AMINTA. ¿Quién llama a Aminta?
¿Es mi Batricio?

230 D. JUAN. No soy
tu Batricio.

AMINTA. Pues ¿quién?

D. JUAN. Mira
de espacio,[5] Aminta, quién soy.

235 AMINTA. ¡Ay de mí! ¡yo soy perdida!
¿En mi aposento a estas horas?

D. JUAN. Estas son las horas mías.

AMINTA. Volveos, que daré voces:
no excedáis la cortesía

240 que a mi Batricio se debe.
Ved que hay romanas Emilias
en Dos Hermanas también,
y hay Lucrecias vengativas.

D. JUAN. Escúchame dos palabras,

245 y esconde de las mejillas
en el corazón la grana,
por ti más preciosa y rica.

AMINTA. Vete, que vendrá mi esposo.

D. JUAN. Yo lo soy; ¿de qué te admiras?

250 AMINTA. ¿Desde cuándo?

D. JUAN. Desde agora.

AMINTA. ¿Quién lo ha tratado?

D. JUAN. Mi dicha.

AMINTA. ¿Y quién nos casó?

255 D. JUAN. Tus ojos.

AMINTA. ¿Con qué poder?

D. JUAN. Con la vista.

AMINTA. ¿Sábelo Batricio?

D. JUAN. Sí,

260 que te olvida.

AMINTA. ¿Que me olvida?

D. JUAN. Sí, que yo te adoro.

AMINTA. ¿Cómo?

D. JUAN. Con mis dos brazos.

265 AMINTA. Desvía.

D. JUAN. ¿Cómo puedo, si es verdad
que muero?

---

[3] enfadas

[4] estrellas de la constelación de Tauro

[5] despacio; detenidamente

AMINTA. ¡Qué gran mentira!

D. JUAN. Aminta, escucha y sabrás,
si quieres que te lo diga,
la verdad; que las mujeres   270
sois de verdades amigas.
Yo soy noble caballero,
cabeza de la familia
de los Tenorios antiguos,   275
ganadores de Sevilla.
Mi padre, despúes del Rey,
se reverencia y estima,
y en la corte, de sus labios
pende la muerte o la vida.   280
Corriendo el camino acaso,
llegué a verte; que amor guía
tal vez las cosas de suerte,
que él mismo dellas se olvida.
Vite, adoréte, abraséme   285
tanto, que tu amor me anima
a que contigo me case.
Mira qué acción tan precisa.
Y aunque lo mormure el Rey
y aunque el Rey lo contradiga   290
y aunque mi padre enojado
con amenazas lo impida,
tu esposo tengo de ser.
¿Qué dices?

AMINTA. No sé qué diga,   295
que se encubren tus verdades
con retóricas mentiras;
porque si estoy desposada,
como es cosa conocida,
con Batricio, el matrimonio   300
no se absuelve, aunque él desista.

D. JUAN. En no siendo consumado,
por engaño o por malicia
puede anularse.

AMINTA. En Batricio   305
toda fue verdad sencilla.

D. JUAN. Ahora bien: dame esa mano,
y esta voluntad confirma
con ella.

AMINTA. ¿Que no me engañas?   310

D. JUAN. Mío el engaño sería.

AMINTA. Pues jura que cumplirás
la palabra prometida.

D. JUAN. Juro a esta mano, señora,
infierno de nieve fría,   315
de cumplirte la palabra.

AMINTA. Jura a Dios que te maldiga
si no la cumples.

D. JUAN. Si acaso
la palabra y la fe mía   320
te faltare, ruego a Dios
que a traición y alevosía
me dé muerte un hombre…(*Aparte.*)
    (Muerto,
que, vivo, ¡Dios no permita!)   325

AMINTA. Pues con ese juramento
soy tu esposa.

D. JUAN. El alma mía.
Entre los brazos te ofrezco.

AMINTA. Tuya es el alma y la vida.   330

D. JUAN. ¡Ay, Aminta de mis ojos!
Mañana, sobre virillas[6]
de tersa plata, estrellada
con clavos de oro de Tíbar,
pondrás los hermosos pies,   335
y en prisión de gargantillas
la alabastrina garganta,
y los dedos en sortijas,
en cuyo engaste parezcan
trasparentes perlas finas.   340

AMINTA. A tu voluntad, esposo,
la mía desde hoy se inclina:
tuya soy.

D. JUAN (*Aparte*). (¡Qué mal conoces
al Burlador de Sevilla!)   345
(*Vanse.*)

[Las afueras de Tarragona]
(*Sale* ISABELA *y* FABIO, *de camino.*)

ISABELA. ¡Que me robase una traición
    el dueño,   350
la prenda que estimaba y más quería!
¡Oh rigoroso empeño
de la verdad, oh máscara del día,
noche, al fin, tenebrosa,
antípoda del sol, del sueño esposa!   355

FABIO. ¿De qué sirve, Isabela,
la tristeza en el alma y en los ojos,
si amor todo es cautela,
y siempre da tristeza por despojos;
si el que se ríe agora   360
en breve espacio desventuras llora?
El mar está alterado
y en grave temporal, riesgo se corre.
El abrigo han tomado

---

[6]adornos en los zapatos

365   las galeras, Duquesa, de la torre
     que esta playa corona.
     ISABELA. ¿Dónde estamos ahora?
     FABIO. En Tarragona.
     De aquí a poco espacio
370   daremos en Valencia, ciudad bella,
     del mismo sol palacio.
     Divertiráste algunos días en ella,
     y después a Sevilla,
     irás a ver la octava maravilla.
375   Que si a Octavio perdiste,
     más galán es Don Juan, y de notorio
     solar. ¿De qué estás triste?
     Conde dicen que es ya Don Juan
       Tenorio:
380   el Rey con él te casa,
     y el padre es la privanza de su casa.
     ISABELA. No nace mi tristeza
     de ser esposa de Don Juan, que el
       mundo
385   conoce su nobleza:
     en la esparcida voz mi agravio fundo;
     que esta opinión perdida,
     es de llorar mientras tuviere vida.
     FABIO. Allí una pescadora
390   tiernamente suspira y se lamenta;
     y dulcemente llora.
     Acá viene, sin duda, y verte intenta.
     Mientras llamo tu gente,
     lamentaréis las dos más dulcemente.
395   (*Vase* FABIO *y sale* TISBEA.)
     TISBEA. Robusto mar de España,
     ondas de fuego, fugitivas ondas,
     Troya de mi cabaña;
     que ya el fuego en el mar es y por
400   hondas
     en sus abismos fragua,
     y el mar vomita por las llamas agua…
     ¡Maldito el leño[7] sea
     que a tu amargo cristal halló camino,
405   antojo de Medea,
     y el cáñamo primero, o primer lino,[8]
     aspado de los vientos
     para telas, de engaños instrumentos!
     ISABELA. ¿Por qué del mar te quejas
410   tan tiernamente, hermosa pescadora?
     TISBEA. Al mar formo mil quejas.
     ¡Dichosa vos que sin cuidado agora

dél os estáis riendo!
ISABELA. También quejas del mar estoy
415   haciendo.
     ¿De dónde sois?
     TISBEA. De aquellas cabañas
     que miráis del viento heridas
     tan vitorioso entre ellas,
420   cuyas pobres paredes desparcidas
     van en pedazos graves
     dando en mil grietas nidos a las aves.
     En sus pajas me dieron
     corazón de fortísimo diamante;
425   mas las obras me hicieron,
     deste monstruo que ves tan arrogante,
     ablandarme de suerte,
     que al sol la cera es más robusta y
       fuerte.
430   ¿Sois vos la Europa hermosa
     que esos toros os llevan?
     ISABELA. A Sevilla
     llévanme a ser esposa
     contra mi voluntad.
435   TISBEA. Si mi mancilla
     a lástima os provoca,
     y si injurias del mar os tienen loca,
     en vuestra compañía,
     para serviros como humilde esclava,
440   me llevad; que querría,
     si el dolor o la afrenta no me acaba,
     pedir al Rey justicia
     de un engaño crüel, de una malicia.
     Del agua derrotado,
445   a esta tierra llegó Don Juan Tenorio,
     difunto y anegado;
     amparéle, hospedéle en tan notorio
     peligro, y el vil güésped[9]
     víbora fue a mi planta en tierno césped
450   con palabra de esposo,
     la que de esta costa burla hacía
     se rindió al engañoso:
     ¡mal haya la mujer que en hombres fía!
     Fuése al fin y dejóme:
455   mira si es justo que venganza tome.
     ISABELA. Calla, mujer maldita.
     Vete de mi presencia, que me has
       muerto.
     Mas si el dolor te incita,
460   no tienes culpa tú, prosigue, ¿es cierto?

---

[7]referencia al barco que trajo a don Juan a su aldea
[8]Se refiere a las cuerdas y telas de los veleros.
[9]huésped

TISBEA. La dicha fuera mía…

ISABELA. ¡Mal haya la mujer que en
hombre fía!
¿Quién tiene de ir contigo?

TISBEA. Un pescador, Anfriso; un pobre
padre   465
de mis males testigo.

ISABELA. (*Aparte.*) (No hay venganza
que a mí tanto me cuadre.)
Ven en mi compañía.   470

TISBEA. ¡Mal haya la mujer que en
hombres fía!

(*Vanse.*)

(*En la capilla del sepulcro de don
Gonzalo.*)   475
Sale DON JUAN *y* CATALINÓN.

CATAL. Todo en mal estado está.

D. JUAN. ¿Cómo?

CATAL. Que Octavio ha sabido
la traición de Italia ya,   480
y el de la Mota ofendido
de ti justas quejas da,
y dice que fue el recaudo
que de su prima le diste
fingido y disimulado,   485
y con su capa emprendiste
la traición que le ha infamado.
Dicen que viene Isabela
a que seas su marido,
y dicen…   490

D. JUAN. ¡Calla!

CATAL. Una muela
en la boca me has rompido.

D. JUAN. Hablador, ¿quién te revela
tanto disparate junto?   495

CATAL. ¡Disparate, disparate!
Verdades son.

D. JUAN. No pregunto
si lo son. Cuando me mate
Otavio: ¿estoy yo difunto?   500
¿No tengo manos también?
¿Dónde me tienes posada?

CATAL. En la calle, oculta.

D. JUAN. Bien.

CATAL. La iglesia es tierra sagrada.   505

D. JUAN. Di que de día me den
en ella la muerte. ¿Viste
al novio de Dos Hermanas?

CATAL. También le vi ansiado y triste.

D. JUAN. Aminta, estas dos semanas   510
no ha de caer en el chiste.

CATAL. Tan bien engañada está,
que se llama Doña Aminta.

D. JUAN. ¡Graciosa burla será!

CATAL. Graciosa burla y sucinta,   515
mas siempre la llorará.

D. JUAN. ¿Qué sepulcro es éste?

CATAL. Aquí
Don Gonzalo está enterrado.

D. JUAN. Este es a quien muerte di.   520
¡Gran sepulcro le han labrado!

CATAL. Ordenólo el Rey así.
¿Cómo dice este letrero?

D. JUAN. *Aquí aguarda del Señor
el más leal caballero*   525
la venganza de un traidor.
Del mote reírme quiero.
¿Y habéisos vos de vengar,
buen viejo, barbas de piedra?

CATAL. No se las podrás pelar;   530
que en barbas muy fuertes medra.

D. JUAN. Aquesta noche a cenar
os aguardo en mi posada,
allí el desafío haremos,
si la venganza os agrada;   535
aunque mal reñir podremos,
si es de piedra vuestra espada.

CATAL. Ya, señor, ha anochecido;
vámonos a recoger.

D. JUAN. Larga esta venganza ha sido,   540
si es que vos la habéis de hacer,
importa no estar dormido;
que si a la muerte aguardáis
la venganza, la esperanza
ahora es bien que perdáis;   545
pues vuestro enojo y venganza
tan largo me lo fiáis.

(*Vanse y ponen la mesa dos* CRIADOS.)

(*En el aposento y comedor de don
Juan.*)   550
CRIADO 1. Quiero apercebir la cena,
que vendrá a cenar Don Juan.

CRIADO 2. Puestas las mesas están.
¡Qué flema[10] tiene, si empieza!
Ya tarda, como solía,   555
mi señor: no me contenta;
la bebida se calienta
y la comida se enfría.

---

[10]pereza

Mas ¿quién a Don Juan ordena
560 esta desorden?
(*Entra* DON JUAN *y* CATALINÓN.)
D. JUAN. ¿Cerraste?
CATAL. Ya cerré como mandaste.
D. JUAN. ¡Hola! Tráiganme la cena.
565 CRIADO 2. Ya está aquí.
D. JUAN. Catalinón,
siéntate.
CATAL. Yo soy amigo
de cenar de espacio.
570 D. JUAN. Digo
que te sientes.
CATAL. La razón
haré.
CRIADO 1. También es camino
éste, si come con él.
575 D. JUAN. Siéntate. (*Un golpe dentro.*)
CATAL. Golpe es aquél.
D. JUAN. Que llamaron imagino.
Mira quién es.
580 CRIADO 1. Voy volando.
CATAL. ¿Si es la justicia, señor?
D. JUAN. Sea, no tengas temor.
Vuelve el CRIADO *huyendo.*
¿Quién es? ¿De qué estás temblando?
585 CATAL. De algún mal da testimonio.
D. JUAN. Mal mi cólera resisto.
Habla, responde, ¿qué has visto?
¿Asombróte algún demonio?
Ve tú, y mira aquella puerta:
590 ¡Presto, acaba!
CATAL. ¿Yo?
D. JUAN. Tú, pues.
Acaba, menea los pies.
CATAL. A mi agüela hallaron muerta
595 como racimo colgada,
y desde entonces se suena
que anda siempre su alma en pena.
Tanto golpe no me agrada.
D. JUAN. Acaba.
600 CATAL. Señor, si sabes
que soy un Catalinón…
D. JUAN. Acaba.
CATAL. ¡Fuerte ocasión!
D. JUAN. ¿No vas?
605 CATAL. ¿Quién tiene las llaves
de la puerta?
CRIADO 2. Con la aldaba
está cerrada no más.

D. JUAN. ¿Qué tienes? ¿Por qué no vas?
610 CATAL. Hoy Catalinón acaba.
¿Mas si las forzadas vienen
a vengarse de los dos?
(*Llega* CATALINÓN *a la puerta y viene
corriendo; cae y levántase.*)
615 D. JUAN. ¿Qué es eso?
CATAL. ¡Válgame Dios!
¡Que me matan, que me tienen!
D. JUAN. ¿Quién te tiene, quién te mata?
¿Qué has visto?
620 CATAL. Señor, yo allí…
vide…cuando luego fui…
¿Quién me ase? ¿Quién me arrebata?
Llegué, cuando…después, ciego…
cuando vile, juro a Dios…
625 Habló y dijo: ¿quién sois vos?
respondió, respondí luego…
topé y vide…
D. JUAN. ¿A quién?
CATAL. No sé.
630 D. JUAN. ¡Cómo el vino desatina!
Dame la vela, gallina,
y yo a quien llama veré.
(*Toma* DON JUAN *la vela y llega a la
puerta; sale al encuentro* DON
635 GONZALO, *en la forma que estaba en el
sepulcro, y* DON JUAN *se retira atrás
turbado, empuñando la espada, y en la
otra la vela y* DON GONZALO *hacia
él con pasos menudos, y al compás* DON
640 JUAN *retirándose hasta estar en medio del
teatro.*)
D. JUAN. ¿Quién va?
D. GON. Yo soy.
D. JUAN. ¿Quién sois vos?
645 D. GON. Soy el caballero honrado
que a cenar has convidado.
D. JUAN. Cena habrá para los dos,
y si vienen más contigo,
para todos cena habrá.
650 Ya puesta la mesa está.
Siéntate.
CATAL. ¡Dios sea conmigo!
¡San Panuncio, San Antón!
Pues ¿los muertos comen, di?
655 Por señas dice que sí.
D. JUAN. Siéntate, Catalinón.
CATAL. No, señor, yo lo recibo
por cenado.[11]

---

[11] Yo ya me doy por cenado.

D. JUAN. Es desconcierto.
¡Qué temor tienes a un muerto!
¿Qué hicieras estando vivo?
Necio y villano temor.
CATAL. Cena con tu convidado,
que yo, señor, ya he cenado.
D. JUAN. ¿He de enojarme?   665
CATAL. Señor,
¡vive Dios que güelo[12] mal!
D. JUAN. Llega, que aguardando estoy.
CATAL. Yo pienso que muerto soy
y está muerto mi arrabal.   670
(Tiemblan los CRIADOS.)
D. JUAN. Y vosotros, ¿qué decís?
¿Qué hacéis? ¡Necio temblar!
CATAL. Nunca quisiera cenar
con gente de otro país.   675
¿Yo, señor, con convidado
de piedra?
D. JUAN. ¡Necio temer!
Si es piedra, ¿qué te ha de hacer?
CATAL. Dejarme descalabrado.   680
D. JUAN. Háblale con cortesía.
CATAL. ¿Está bueno? ¿Es buena tierra
la otra vida? ¿Es llano o sierra?
¿Prémiase allá la poesía?
CRIADO 1. A todo dice que sí   685
con la cabeza.
CATAL. ¿Hay allá
muchas tabernas? Sí habrá,
si Noé reside allí.
D. JUAN. ¡Hola! Dadnos de cenar.   690
CATAL. Señor muerto, ¿allá se bebe
con nieve?
Así, que hay nieve:
buen país.
D. JUAN. Si oír cantar   695
queréis, cantarán.
CRIADO 2. Sí, dijo.
D. JUAN. Cantad.
CATAL. Tiene el seor[13] muerto
buen gusto.   700
CRIADO 1. Es noble, por cierto,
y amigo de regocijo.
(Cantan dentro:)
Si de mi amor aguardáis,
señora, de aquesta suerte   705

el galardón en la muerte,
¡qué largo me lo fiáis!   660
CATAL. O es sin duda veraniego
el seor muerto, o debe ser
hombre de poco comer: 710
Temblando al plato me llego.
Poco beben por allá;
Yo beberé por los dos. (Bebe.)
Brindis de piedra, por Dios,
menos temor tengo ya.   715
(Cantan.)
Si ese plazo me convida
para que gozaros pueda,
pues larga vida me queda,
dejad que pase la vida.   720
Si de mi amor aguardáis,
señora, de aquesta suerte
el galardón en la muerte,
¡Qué largo me lo fiáis!
CATAL. ¿Con cuál de tantas mujeres   725
como has burlado, señor,
hablan?
D. JUAN. De todas me río,
amigo, en esta ocasión
en Nápoles a Isabela…   730
CATAL. Esa, señor, ya no es hoy
burlada, porque se casa
contigo, como es razón.
Burlaste a la pescadora
que del mar te redimió   735
pagándole el hospedaje
en moneda de rigor.
Burlaste a Doña Ana.
D. JUAN. Calla,
que hay parte aquí que lastó[14]   740
por ella, y vengarse aguarda.
CATAL. Hombre es de mucho valor,
que él es piedra, tú eres carne:
no es buena resolución.
(Hace señas que se quite la mesa, y queden   745
   solos.)
D. JUAN. ¡Hola! Quitad esa mesa,
que hace señas que los dos
nos quedemos, y se vayan
los demás.   750
CATAL. ¡Malo, por Dios!
No te quedes, porque hay muerto

---

[12]huelo
[13]vulg.: señor
[14]pagó

que mata de un mojicón[15]
a un gigante.

755 D. JUAN. Salíos todos,
¡a ser yo Catalinón…!
Vete, que viene.
Vanse, y quedan los dos solos, y hace señas
*   que cierre la puerta.*

760 La puerta
ya está cerrada; ya estoy
aguardando; di, ¿qué quieres,
sombra, fantasma o visión?
Si andas en pena, o si aguardas

765 alguna satisfacción
para tu remedio, dilo;
que mi palabra te doy
de hacer lo que me ordenares.
¿Estás gozando de Dios?

770 ¿Dite la muerte en pecado?
Habla, que suspenso estoy.
(Habla paso[16] como cosa del otro mundo.)
D. GON. ¿Cumplirásme una palabra
como caballero?

775 D. JUAN. Honor
tengo, y las palabras cumplo,
porque caballero soy.
D. GON. Dame esa mano; no temas.
D. JUAN. ¿Eso dices? ¿Yo temor?

780 Si fueras el mismo infierno,
la mano te diera yo. *(Dale la mano.)*
D. GON. Bajo esta palabra y mano,
mañana a las diez te estoy
para cenar aguardando.

785 ¿Irás?
D. JUAN. Empresa mayor
entendí que me pedías.
Mañana tu güésped soy.
¿Dónde he de ir?

790 D. GON. A mi capilla.
D. JUAN. ¿Iré solo?
D. GON. No, id los dos;
y cúmpleme la palabra
como la he cumplido yo.

795 D. JUAN. Digo que la cumpliré;
que soy Tenorio.
D. GON. Yo soy
Ulloa.
D. JUAN. Yo iré sin falta.

800 D. GON. Yo lo creo. Adiós. *(Va a la puerta.)*

D. JUAN. Adiós.
Aguarda, iréte alumbrando.
D. GON. No alumbres, que en gracia
estoy.[17]

805 *(Vase muy poco a poco, mirando a DON*
*   JUAN, y DON JUAN a él, hasta que*
*   desaparece y queda DON JUAN con*
*   pavor.)*
D. JUAN. ¡Válgame Dios! Todo el cuerpo

810 se ha bañado de un sudor,
y dentro de las entrañas
se me hiela el corazón.
Cuando me tomó la mano,
de suerte me la apretó,

815 que un infierno parecía
jamás vide tal calor.
Un aliento respiraba,
organizando la voz,
tan frío, que parecía

820 infernal respiración.
Pero todas son ideas
que da la imaginación:
el temor y temer muertos
es más villano temor:

825 que si un cuerpo noble, vivo,
con potencias y razón
y con alma, no se teme,
¿quién cuerpos muertos temió?
Mañana iré a la capilla

830 donde convidado soy,
porque se admire y espante
sevilla de mi valor.
(Vase)

(En el palacio del rey de Castilla.)
835 *(Sale el REY y DON DIEGO TENORIO y*
*   acompañamiento.)*
REY. ¿Llegó al fin Isabela?
D. DIEG. Y disgustada.
REY. Pues ¿no ha tomado bien el

840 casamiento?
D. DIEG. Siente, señor, el nombre de
infamada.
REY. De otra causa procede su
tormento.

845 ¿Dónde está?
D. DIEG. En el convento está alojada
de las Descalzas.

---

[15]puñetazo
[16]despacio; en voz baja
[17]en estado de gracia (o sea, en la gloria, no en el infierno)

Rey. Salga del convento
luego al punto, que quiero que en
    palacio   850
asista con la reina más de espacio.
D. Dieg. Si ha de ser con Don Juan el
    desposorio,
manda, señor, que tu presencia vea.
Rey. Véame, y galán salga, que notorio   855
quiero que este placer al mundo sea.
Conde será desde hoy Don Juan
    Tenorio
de Lebrija; él la mande y la posea,
que si Isabela a un Duque corresponde,   860
ya que ha perdido un Duque, gane un
    Conde.
D. Dieg. Y por esta merced tus pies
    besamos.
Rey. Merecéis mi favor más   865
    dignamente.
Que si aquí los servicios ponderamos,
me quedo atrás con el favor presente.
Paréceme, Don Diego, que hoy
    hagamos   870
las bodas de Doña Ana juntamente.
D. Dieg. ¿Con Octavio?
Rey. No es bien que el Duque Octavio
sea el restaurador de aqueste agravio.
Doña Ana con la Reina me ha pedido   875
que perdone al Marqués, porque Doña
    Ana,
ya que el padre murió, quiere marido,
porque si le perdió, con él le gana.
Iréis con poca gente y sin ruido   880
luego a habladle a la fuerza de Triana:
por su satisfacción y por abono
de su agraviada prima le perdono.
D. Dieg. Ya he visto lo que tanto
    deseaba.   885
Rey. Que esta noche han de ser, podéis
    decirle,
los desposorios.
D. Dieg. Todo en bien se acaba.
Fácil será al Marqués el persuadirle;   890
que de su prima amartelado[18] estaba.
Rey. También podéis a Octavio
    prevenirle.
Desdichado es el Duque con mujeres:
son todas opinión y pareceres.   895
Hanme dicho que está muy enojado

con Don Juan.
D. Dieg. No me espanto, si ha sabido
de Don Juan el delito averiguado,
que la causa de tanto daño ha sido.   900
El Duque viene.
Rey. No dejéis mi lado,
que en el delito sois comprehendido.[19]
(*Sale el* Duque Octavio.)
Octav. Los pies, invicto Rey, me dé tu   905
    alteza.
Rey. Alzad, Duque, y cubrid vuestra
    cabeza.
¿Qué pedís?
Octav. Vengo a pediros,   910
postrado ante vuestras plantas,
una merced, cosa justa,
digna de serme otorgada.
Rey. Duque, como justa sea,
digo que os doy mi palabra   915
de otorgárosla. Pedid.
Octav. Ya sabes, señor, por cartas
de tu embajador, y el mundo
por la lengua de la fama
sabe, que Don Juan Tenorio,   920
con española arrogancia,
en Nápoles una noche,
para mí noche tan mala,
con mi nombre profanó
el sagrado de una dama.   925
Rey. No pases más adelante.
Ya supe vuestra desgracia.
En efeto: ¿qué pedís?
Octav. Licencia que en la campaña
defienda como es traidor.   930
D. Dieg. Eso no. Su sangre clara
es tan honrada…
Rey. ¡Don Diego!
D. Dieg. Señor.
Octav. ¿Quién eres que hablas   935
en la presencia del Rey
de esa suerte?
D. Dieg. Soy quien calla,
porque me lo manda el Rey;
que si no, con esta espada   940
te respondiera.
Octav. Eres viejo.
D. Dieg. Ya he sido mozo en Italia,
a vuestro pesar, un tiempo:
ya conocieron mi espada   945

---

[18]enamorado en exceso
[19](por ser don Juan su hijo)

en Nápoles y en Milan.

OCTAV. Tienes ya la sangre helada:
no vale fui, sino soy.

D. DIEG. Pues fui y soy. (*Empuña.*)

950   REY. Tened, basta;
bueno está; callad, Don Diego;
que a mi persona se guarda
poco respeto: y vos, Duque,
después que las bodas se hagan,
955   más despacio hablaréis.
Gentilhombre de mi cámara
es Don Juan y hechura mía,[20]
y de aqueste tronco rama:[21]
mirad por él.

960   OCTAV. Yo lo haré,
gran señor, como lo mandas.

REY. Venid conmigo, Don Diego.

D. DIEG. (*Aparte.*) (¡Ay hijo! ¡Qué mal
me pagas
965   el amor que te he tenido!)

REY. Duque…

OCTAV. Gran señor…

REY. Mañana
vuestras bodas se han de hacer.

970   OCTAV. Háganse, pues tú lo mandas.
(*Vase el* REY *y* DON DIEGO *y sale*
GASENO *y* AMINTA.)

GASENO. Este señor nos dirá
dónde está Don Juan Tenorio.
975   Señor, ¿si está por acá
un Don Juan a quien notorio
ya su apellido será?

OCTAV. Don Juan Tenorio, diréis.

AMINTA. Sí, señor; ese Don Juan.

980   OCTAV. Aquí está; ¿qué le queréis?

AMINTA. Es mi esposo ese galán.

OCTAV. ¿Cómo?

AMINTA. Pues, ¿no lo sabéis
siendo del alcázar vos?

985   OCTAV. No me ha dicho Don Juan
nada.

GASENO. ¿Es posible?

OCTAV. Sí, por Dios.

GASENO. Doña Aminta es muy honrada.
990   Cuando se casen los dos,
que cristiana vieja[22] es
hasta los güesos,[23] y tiene

de la hacienda el interés
que en Dos Hermanas mantiene
995   más bien que un Conde un Marqués.
Casóse Don Juan con ella
y quitósela a Batricio.

AMINTA. Decid como fue doncella
a su poder.

1000   GASENO. No es jüicio
esto, ni aquesta querella.

OCTAV. (*Aparte.*) (Esta es burla de Don
Juan,
y para venganza mía
1005   estos diciéndola están.)
¿Qué pedís al fin?

GASENO. Querría,
porque los días se van,
que se hiciese el casamiento
1010   o querellarme ante el Rey.

OCTAV. Digo que es justo ese intento.

GASENO. Y razón y justa ley.

OCTAV. (*Aparte.*) (Medida a mi
pensamiento
1015   ha venido la ocasión.)
En el alcázar tenemos
bodas.

AMINTA. ¡Si las mías son!

OCTAV. (*Aparte.*) Quiero, para que
acertemos,
1020   valerme de una invención.
Venid donde os vestiréis,
señora, a lo cortesano,
y a un cuarto del Rey saldréis
1025   conmigo…

AMINTA. Vos de la mano
a Don Juan me llevaréis.

OCTAV. Que desta suerte es cautela.

GASENO. El arbitrio me consuela.

1030   OCTAV. (*Aparte.*) (Éstos venganza me
dan
de aqueste traidor Don Juan
y el agravio de Isabela.)
(*Vanse.*)

1035   **[Capilla del sepulcro de don
Gonzalo]**
(*Sale* DON JUAN *y* CATALINÓN.)

CATAL. ¿Cómo el Rey te recibió?

---

[20]bajo mi protección
[21](Debe estar apuntando a don Diego).
[22]no mezclada con judíos o moros
[23]huesos

D. JUAN. Con más amor que mi padre.

CATAL. ¿Viste a Isabela?   1040

D. JUAN. También.

CATAL. ¿Cómo viene?

D. JUAN. Como un ángel.

CATAL. ¿Recibióte bien?

D. JUAN. El rostro   1045
bañado de leche y sangre,
como la rosa que al alba
revienta la verde cárcel.

CATAL. Al fin, ¿esta noche son
las bodas?   1050

D. JUAN. Sin falta.

CATAL. Si antes
hubieran sido, no hubieras,
señor, engañado a tantas;
pero tú tomas esposa,   1055
señor, con cargas muy grandes.

D. JUAN. Di: ¿comienzas a ser necio?

CATAL. Y podrás muy bien casarte
mañana, que hoy es mal día.

D. JUAN. Pues ¿qué día es hoy?   1060

CATAL. Es martes.[24]

D. JUAN. Mil embusteros y locos
dan en esos disparates.
Sólo aquél llamo mal día,
acïago y detestable   1065
en que no tengo dineros;
que lo demás es donaire.[25]

CATAL. Vamos, si te has de vestir;
que te aguardan, y ya es tarde.

D. JUAN. Otro negocio tenemos   1070
que hacer, aunque nos aguarden.

CATAL. ¿Cuál es?

D. JUAN. Cenar con el muerto.

CATAL. Necedad de necedades.

D. JUAN. ¿No ves que di mi palabra?   1075

CATAL. Y cuando se la quebrantes,
¿que importará? ¿Ha de pedirte
una figura de jaspe
la palabra?

D. JUAN. Podrá el muerto   1080
llamarme a voces infame.

CATAL. Ya está cerrada la iglesia.

D. JUAN. Llama.

CATAL. ¿Qué importa que llame?
¿Quién tiene de abrir? Que están   1085
durmiendo los sacristanes.

D. JUAN. Llama a este postigo.

CATAL. ¡Abierto
está!

D. JUAN. Pues entra.   1090

CATAL. Entre un fraile
con su hisopo y estola.

D. JUAN. Sígueme y calla.

CATAL. ¿Que calle?

D. JUAN. Sí.   1095

CATAL. Ya callo. Dios en paz
destos convites me saque.
¡Qué escura que está la iglesia!

(Entran por una puerta y salen por otra.)

Señor, para ser tan grande…   1100
¡Ay de mí! Tenme, señor,
porque de la capa me asen.

(Sale DON GONZALO *como de antes, y*
encuéntrase con ellos.)

D. JUAN. ¿Quién va?   1105

D. GON. Yo soy.

CATAL. ¡Muerto estoy!

D. GON. El muerto soy, no te espantes.
No entendí que me cumplieras
la palabra, según haces   1110
de todos burla.

D. JUAN. ¿Me tienes
en opinión de cobarde?

D. GON. Sí, que aquella noche huiste
de mí cuando me mataste.   1115

D. JUAN. Huí de ser conocido;
mas ya me tienes delante.
Di presto lo que me quieres.

D. GON. Quiero a cenar convidarte.

CATAL. Aquí escusamos la cena,   1120
que toda ha de ser fiambre,
pues no parece cocina.

(…)

D. JUAN. Cenemos.

D. GON. Para cenar,   1125
es menester que levantes
esa tumba.

D. JUAN. Y si te importa,
levantaré estos pilares.

D. GON. Valiente estás.   1130

D. JUAN. Tengo brío
y corazón en las carnes.

CATAL. Mesa de Guinea es ésta.
Pues ¿no hay por allá quien lave?

D. GON. Siéntate.   1135

D. JUAN. ¿Adónde?

---

[24]día de mala suerte
[25]broma

CATAL. Con sillas
vienen ya dos negros pajes.
(*Entran dos enlutados con dos sillas.*)
1140 ¿También acá se usan lutos
y bayeticas de Flandes?
D. GON. Siéntate tú.
CATAL. Yo, señor,
he merendado esta tarde.
1145 D. GON. No repliques.
CATAL. No replico.
(*Aparte.*) (Dios en paz desto me saque.)
¿Qué plato es éste, señor?
D. GON. Este plato es de alacranes
1150 y víboras.
CATAL. ¡Gentil plato!
D. GON. Estos son nuestros manjares.
¿No comes tú?
D. JUAN. Comeré
1155 si me dieses áspid y áspides
cuantos el infierno tiene.
D. GON. También quiero que te canten.
CATAL. ¿Qué vino beben acá?
D. GON. Pruébalo.
1160 CATAL. Hiel y vinagre
es este vino.
D. GON. Este vino
esprimen nuestros lagares.
(*Cantan.*)
1165 *Adviertan los que de Dios*
juzgan los castigos grandes,
que no hay plazo que no llegue
ni deuda que no se pague.
CATAL. ¡Malo es esto, vive Cristo!
1170 Que he entendido este romance,
y que con nosotros habla.
D. JUAN. Un hielo el pecho me parte.
(*Cantan.*)
Mientras en el mundo viva,
1175 *no es justo que diga nadie:*
¡qué largo me lo fiáis!
siendo tan breve el cobrarse.
CATAL. ¿De qué es este guisadillo?
D. GON. De uñas.
1180 CATAL. De uñas de sastre[26]
Será, si es guisado de uñas.
D. JUAN. Ya he cenado; haz que levanten
la mesa.
D. GON. Dame esa mano;
1185 no temas la mano darme.
D. JUAN. ¿Eso dices? ¿Yo, temor?

¡Que me abraso! ¡No me abrases
con tu fuego!
D. GON. Este es poco
1190 para el fuego que buscaste.
Las maravillas de Dios
son, Don Juan, investigables,
y así quiere que tus culpas
a manos de muerto pagues.
1195 Y si pagas desta suerte,
esta es justicia de Dios:
quien tal hace que tal pague.
D. JUAN. ¡Que me abraso! No me
aprietes.
1200 Con la daga he de matarte.
Mas ¡ay, que me canso en vano
de tirar golpes al aire!
A tu hija no ofendí;
que vio mis engaños antes.
1205 D. GON. No importa, que ya pusiste
tu intento.
D. JUAN. Deja que llame
quien me confiese y absuelva.
D. GON. No hay lugar, ya acuerdas
1210 tarde.
D. JUAN. ¡Que me quemo! ¡Que me
abraso!
Muerto soy. (*Cae muerto.*)
CATAL. No hay quien se escape;
1215 que aquí tengo de morir
también por acompañarte.
D. GON. Esta es justicia de Dios:
quien tal hace, que tal pague.
(*Húndese el sepulcro con* DON JUAN *y* DON
1220 GONZALO, *con mucho ruído, y sale*
CATALINÓN *arrastrando.*)
CATAL. ¡Válgame Dios! ¿Qué es
aquesto?
Toda la capilla se arde,
1225 y con el muerto he quedado
para que le vele y guarde.
Arrastrando como pueda
iré a avisar a su padre.
¡San Jorge, San *Agnus Dei*,
1230 sacadme en paz a la calle!
(*Vase.*)

(*En el palacio del rey de Castilla.*)
(*Sale el* REY, DON DIEGO *y*
acompañamiento.)
1235 D. DIEG. Ya el Marqués, señor, espera

---

[26]Los sastres tenían mala fama de ser ladrones.

besar vuestros pies reales.

REY. Entre luego, y avisad
al Conde, por que no aguarde.

(*Sale* BATRICIO *y* GASENO.)

BATRIC. ¿Dónde, señor, se permiten,   1240
desenvolturas tan grandes,
que tus criados afrenten
a los hombres miserables?

REY. ¿Qué dices?

BATRIC. Don Juan Tenorio,   1245
alevoso y detestable,
la noche del casamiento,
antes que le consumase,
a mi mujer me quitó.
Testigos tengo delante.   1250

(*Salen* TISBEA *y* ISABELA *y*
acompañamiento.)

TISBEA. Si vuestra Alteza, señor,
de Don Juan Tenorio no hace
justicia, a Dios y a los hombres,   1255
mientras viva, he de quejarme.
Derrotado le echó el mar,
dile vida y hospedaje,
y pagóme esta amistad
con mentirme y engañarme   1260
con nombre de mi marido.

REY. ¿Qué dices?

ISABELA. Dice verdades.

(*Sale* AMINTA *y el* DUQUE OCTAVIO.)

AMINTA. ¿Adónde mi esposo está?   1265

REY. ¿Quién es?

AMINTA. Pues ¿aún no lo sabe?
El señor Don Juan Tenorio,
con quien vengo a desposarme
porque me debe el honor,   1270
y es noble y no ha de negarme.
Manda que nos desposemos.

(*Sale el* MARQUÉS DE LA MOTA.)

MOTA. Pues es tiempo, gran señor,
que a luz verdades se saquen.   1275
sabrás que Don Juan Tenorio
la culpa que me imputaste
tuvo él, pues como amigo,
pudo el crüel engañarme;
de que tengo dos testigos.   1280

REY. ¿Hay desvergüenza más grande?
Prendelde y matalde luego.

D. DIEG. En premio de mis servicios
haz que le prendan y pague

sus culpas, porque del cielo   1285
rayos contra mí no bajen,
si es mi hijo tan malo.

REY. ¡Esto mis privados hacen!

(*Sale* CATALINÓN.)

CATAL. Escuchad, oíd, señores,   1290
el suceso más notable
que en el mundo ha sucedido,
y en oyéndome, matadme.
Don Juan, del Comendador
haciendo burla, una tarde,   1295
después de haberle quitado
las dos prendas que más valen,
tirando al bulto de piedra
la barba, por ultrajarle,
a cenar le convidó: 1300
¡nunca fuera a convidarle!
Fue el bulto, y convidóle;
y agora (porque no os canse)
acabando de cenar,
entre mil presagios graves,   1305
de la mano le tomó,
y le aprieta hasta quitalle
la vida, diciendo: "Dios
me manda que así te mate,
castigando tus delitos: 1310
quien tal hace, que tal pague."

REY. ¿Qué dices?

CATAL. Lo que es verdad,
diciendo antes que acabase,
que a Doña Ana no debía   1315
honor, que lo oyeron antes
del engaño.

MOTA. Por las nuevas[27]
mil albricias pienso darte.

REY. ¡Justo castigo del cielo!   1320
Y agora es bien que se casen
todos, pues la causa es muerta,
vida de tantos desastres.

OCTAVIO. Pues ha enviudado Isabela,
quiero con ella casarme.   1325

MOTA. Yo con mi prima.

BATRIC. Y nosotros
con las nuestras, porque acabe
el *Convidado de piedra.*

REY. Y el sepulcro se traslade   1330
en San Francisco en Madrid,
para memoria más grande.

FIN DE "EL BURLADOR DE SEVILLA"

---

[27]las nuevas noticias

Comprensión

1. ¿Cómo se siente Batricio al principio del acto?
   - ¿Qué mentira le dice don Juan?

2. ¿Con qué promesas seduce don Juan a Aminta?
   - ¿Es Aminta una fácil conquista? Explica.
   - ¿Qué hace don Juan después de gozar a Aminta?

3. ¿Por qué va Isabela a Sevilla? ¿Va contenta? Explica.

4. Se encuentra en el camino con Tisbea. ¿Por qué va ella a Sevilla?

5. ¿Qué encuentran don Juan y Catalinón en el cementerio?
   - ¿Cómo reacciona don Juan ante el sepulcro?
   - ¿A qué le invita don Juan a la estatua?

6. ¿Cómo reacciona don Juan cuando la estatua acude al invite?
   - ¿Cómo reacciona Catalinón?

7. Explica, en detalle, lo que pasa en la tumba cuando don Juan va a cenar con don Gonzalo.

8. ¿Qué plan expresa el rey (vv. 837-903) para remediar las honras ofendidas de Isabela y doña Ana?

9. ¿Qué pide don Juan antes de morir?
   - ¿Por qué se lo niegan?

10. Catalinón lleva la noticia de la muerte de don Juan a la corte. ¿Cómo es que la muerte de don Juan afecta el plan de casamiento del rey?

Interpretación

1. ¿Qué opinión de la mujer expresa Batricio al enterarse de que su mujer ha tenido relaciones carnales con don Juan?
   - ¿Quiénes otros en la obra han expresado la misma noción anteriormente?
   - Explica la metáfora de la campana (vv. 91-110).

2. ¿Qué le hace Aminta prometer a don Juan antes de permitirle gozar de ella (vv. 310-327)?
   - Explica la ironía de las respuestas de don Juan.
   - ¿Es una prefiguración de lo que va a pasar al final?

3. ¿Cómo funcionan el clima y el mar en el encuentro entre Isabela y Tisbea?
   - ¿Cómo contribuye este tono al espíritu de la escena?
   - Que una pareja de dos chicas de la clase represente la escena a la clase luego de haberla practicado.

4. ¿Cuál es el segundo título de esta obra?
   - ¿En qué verso empieza esta 'segunda parte' del drama?

5. Don Juan pasa por varios cambios de temperamento en este acto. ¿Cómo reacciona cuando Catalinón le dice que todo el mundo se ha enterado de sus burlas y que lo andan buscando para vengarse?

   - ¿Qué actitud asume ante la tumba de don Gonzalo?

   - ¿Qué postura toma don Juan cuando llega el espectro de don Gonzalo a su venta?

   - Pero ¿qué confiesa don Juan después de que se marcha don Gonzalo?

   - ¿Qué parece indicar estas emociones diferentes de la personalidad de don Juan?

6. La comedia del Siglo de Oro no contiene acotaciones, de modo que el director o el lector tiene que saber lo que está pasando por medio del diálogo. ¿Qué ha hecho don Juan para que Catalinón diga "una muela / en la boca me has rompido"?

7. Explica la altercación entre el Duque Octavio y don Diego (vv. 917-970).

   - ¿Qué les dice el rey?

   - ¿Qué tiene que hacer Octavio a fin de cuentas?

8. Don Juan le da su palabra a don Gonzalo de que acudirá a su invitación de cenar con él. ¿Cómo reacciona don Juan cuando don Gonzalo pone en tela de juicio su palabra de honor? Explica la ironía.

   - Más adelante, Catalinón trata de disuadir a don Juan de ir a la cena, pero ¿por qué insiste en ir don Juan? Otra vez, explica la ironía.

9. ¿Qué dificultades en representación se presentan en esta 'segunda parte' del drama?

   - Con un compañero, haz el papel de director técnico de la obra. ¿Cómo llevarías a cabo estos retos técnicos? Luego que la clase escoja la mejor idea.

10. ¿Por qué se le niega a don Juan el acto de contrición?

    - ¿Qué parece ser la postura de Tirso respecto a este discurso teológico?

    - ¿Estás de acuerdo de que don Juan no merece el perdón?

11. La personalidad de don Juan es muy compleja. Expresa en grupo tu postura respecto a lo siguiente con ejemplos y razones:

    - ¿Crees que don Juan es malo por naturaleza?

    - ¿Es ingenuo e inmaduro?

    - ¿Es listo o no?

    - ¿De qué privilegios confía don Juan?

    - ¿Hay gente hoy día que comete barbaridades creyendo que sus privilegios le van a defender?

    - ¿Crees que don Juan es adicto al sexo?

    - ¿Es don Juan inseguro de sí mismo?

    - ¿Qué características tiene que lo hacen humano?

Que cada grupo comparta sus opiniones con la clase.

Cultura, conexiones y comparaciones

1. Lope de Vega, el mayor dramaturgo español del Siglo de Oro, escribió *El arte nuevo de hacer comedias* (1609) donde expone su teoría dramática, y Tirso sigue su fórmula

al pie de la letra. Lo más significativo de los preceptos de Lope es su rotura con las reglas clásicas del teatro. Busca por Internet las unidades clásicas de la *Poética* de Aristóteles. En grupo enumera cómo Tirso desobedece estas reglas en su obra.

2. Lope también dijo que el teatro se debe escribir para todos los públicos: para los vulgos tanto como los de clase alta. En clase comenta lo que contiene *El burlador de Sevilla* que les pueda interesar a los de clase baja y a los de clase alta.

   • Al enfrentar a labradores con nobles, Tirso ocasiona un discurso social. ¿Cómo se lleva a cabo ese discurso en esta obra?

3. El honor forma la base ideológica de muchas comedias. Don Juan burla a dos mujeres nobles y a dos labradoras. ¿Hay alguna diferencia en el sentido de honor que tiene cada grupo? Explica.

   • ¿Cómo reacciona Batricio cuando don Juan le dice que ha gozado a su novia?

   • ¿Qué dice don Juan de la honra de los villanos en los versos 112-119?

4. En *El burlador de Sevilla* se pueden observar ciertos valores y costumbres hispánicas: la significación de la familia y los lazos familiares; el respeto que se le debe a los familiares mayores y a las mujeres; la apreciación que se muestra a un anfitrión; las obligaciones que se debe a un amigo y la importancia de cumplir con la palabra. ¿Cómo se reflejan estos valores en la obra?

   • ¿Cómo infringe don Juan a estas responsabilidades sagradas?

   • ¿Cómo reaccionaría el público de Tirso ante la perfidia de don Juan?

   • ¿Son estos valores sólo de la cultura hispánica o son universales?

5. En grupo conversa sobre cómo se manifiesta el feminismo hoy en los Estados Unidos.

   • ¿Crees que hubiera en el Siglo de Oro un discurso feminista tal como se conoce hoy?

   • ¿Qué hay en *El burlador de Sevilla* que se podría considerar un discurso feminista?

6. *El burlador de Sevilla* ofrece un cuadro magnífico para entender el papel de la mujer en el Siglo de Oro. Con un compañero explica y enumera cómo se les trata a las mujeres.

   • ¿De qué instituciones, costumbres, ideas, etc. son ellas víctimas?

   • ¿Qué opinión tienen de ellas los hombres?

7. La figura de don Juan es una de las más representadas en el mundo occidental. ¿Por qué será? Que la clase se divida en cuatro grupos para hacer investigación por Internet para encontrar obras basadas en don Juan en los siguientes campos: (1) la música y la ópera; (2) la poesía; (3) el teatro; (4) el cine. Que cada grupo haga un reportaje a la clase sobre su investigación.

8. En grupo formula ideas para explicar la atracción universal de la figura de don Juan. Compártelas con la clase.

9. El pintor inglés Ford Madox Brown (1821-1893) ha realizado un cuadro de una escena del *Don Juan* de Lord Byron. Búscalo por Internet bajo "Ford Madox Brown, don Juan" para ver si reconoces la escena.

Sor Juana Inés de la Cruz, "Hombres necios que acusáis"

Autor: Sor Juana Inés de la Cruz (1651-1695)

Nacionalidad: Mexicana

Datos biográficos: Pronto se dio a conocer la inteligencia y talento de la joven Juana Inés y fue invitada a la corte virreinal donde fue protegida por la virreina. Desilusionada con la vida artificiosa de la corte, se ordenó en las Jerónimas. Su celda del convento era un centro de cultura, pero las autoridades religiosas pensaron que sus actividades eran demasiado mundanas e insistieron que se dedicara a tareas propias de las monjas. Murió de la peste atendiendo a los enfermos.

Época y movimiento cultural: Siglo XVII; Barroco; Época colonial

Obras más conocidas: Lírica: *Inundación castálida de la... Musa Décima* (1689; 1692); Prosa: "Carta atenagórica" (1690) y "Respuesta a sor Filotea de la Cruz" (1691)

Importancia literaria: Es la mayor expresión culta de la literatura colonial y una de las voces líricas más estimadas de Hispanoamérica. En poesía y en prosa abogó por la igualdad de los sexos y el derecho de las mujeres a educarse.

La literatura y la vida

1. Hoy se habla mucho de la falta de respeto que sufren las mujeres a manos de los hombres en el ámbito laboral. ¿Crees que es algo nuevo o que siempre ha existido? Explica.

2. Discute en pareja quién es el seductor en las relaciones entre hombres y mujeres.

   • ¿Qué pasa cuando la mujer resiste los avances del hombre? Que cada pareja dé su opinión.

En contexto

En el Siglo de Oro, la mujer tenía que llegar íntegra y pura al matrimonio. Ningún hombre se casaría con una mujer laxa. Sin embargo, como don Juan, los hombres constantemente intentaban seducirlas. Sor Juana critica este comportamiento severamente.

"Arguye de inconsecuencia el gusto y la censura de los hombres, que en las mujeres acusan lo que causan"

Hombres necios que acusáis
a la mujer sin razón,
sin ver que sois la ocasión
de lo mismo que culpáis:

5   si con ansia sin igual
solicitáis su desdén,
¿por qué queréis que obren bien
si las incitáis al mal?

Combatís su resistencia
10   y luego, con gravedad,
decís que fue liviandad
lo que hizo la diligencia.

Parecer quiere el denuedo[1]
de vuestro parecer loco,
15   al niño que pone el coco[2]
y luego le tiene miedo.

Queréis, con presunción necia,
hallar a la que buscáis,
para pretendida, Thais,
20   y en la posesión, Lucrecia.

¿Qué humor puede ser más raro
que el que, falto de consejo,
él mismo empaña el espejo
y siente que no esté claro?

25   Con el favor y el desdén
tenéis condición igual,
quejándoos, si os tratan mal,
burlándoos, si os quieren bien.

Opinión, ninguna gana;
30   pues la que más se recata,
si no os admite, es ingrata,
y si os admite, es liviana.

Siempre tan necios andáis
que, con desigual nivel,
35   a una culpáis por crüel
y a otra por fácil culpáis.

¿Pues cómo ha de estar templada[3]
la que vuestro amor pretende,
si la que es ingrata, ofende,
40   y la que es fácil, enfada?

Mas entre el enfado y pena
que vuestro gusto refiere,
bien haya la que no os quiere,
y quejaos en hora buena.

45   Dan vuestras amantes penas
a sus libertades alas,
y después de hacerlas malas
las queréis hallar muy buenas.

¿Cuál mayor culpa ha tenido,
50   en una pasión errada:
la que cae de rogada,
o el que ruega de caído?

¿O cuál es más de culpar,
aunque cualquiera mal haga:
55   la que peca por la paga,
o el que paga por pecar?

¿Pues para qué os espantáis
de la culpa que tenéis?
Queredlas cual las hacéis
60   o hacedlas cual las buscáis.

Dejad de solicitar,
y después, con más razón,
acusaréis la afición
de la que os fuere a rogar.

65   Bien con muchas armas fundo
que lidia vuestra arrogancia,
pues en promesa e instancia
juntáis diablo, carne[4] y mundo.[5]

---

[1] *poet.:* valor y brío al acometer una empresa
[2] un ser endemoniado de la fantasía con el cual se asusta a los niños para que obedezcan
[3] *fig.:* perfecta (ni muy fría ni muy caliente)
[4] lo físico
[5] lo material, lo no espiritual

Comprensión

1. En las tres primeras estrofas Sor Juana introduce su tesis. ¿Cuál es?
   - ¿Qué es el "mal" a que se refiere al final de la segunda estrofa?
2. ¿Qué desean los hombres de las mujeres?
   - ¿Qué característica exigen de la mujer como esposa?
   - Explica la ironía de este conflicto.
3. De los muchos ejemplos que da Sor Juana, ¿cuál es el que más te impresionó?
   - Comparte tu ejemplo favorito con la clase y explica por qué.

Interpretación

1. Sor Juana escribe este poema en redondillas. Para saber lo que son redondillas, cuenta el número de sílabas de cada verso.
   - La rima, ¿es asonante o consonante?
   - ¿Que patrón tiene?
   - Ahora, define la redondilla.
2. ¿Qué es el título de este poema? ¿Qué se hace para argüir?
   - ¿Qué hizo Juan Ruiz para probar que las mujeres chicas eran mejor?
   - Describe la estructura del argumento de Sor Juana.
3. Casi todas las estrofas contienen oposiciones binarias. Ese sistema ya se establece en la primera estrofa con "hombres / mujeres". Busca ejemplos de otras oposiciones.
4. ¿Qué cuadro pinta la poetisa del hombre?
5. Otra característica estilística es el uso de la frase preposicional como adverbio. Ese característica se emplea desde la primera estrofa con "acusáis / … sin razón". Busca otros ejemplos de este fenómeno.
6. En la estrofa que empieza en el verso 53 el referente no se menciona, pero se puede entender. ¿Cuál es el referente de "pagar" y "pecar"?
   - Ahora, ¿a qué se refiere el "mal"?
   - La oposición "pecar / pagar" contiene una forma semántica entre sustantivo y verbo: "que peca / pecar" y "que paga / pagar". Trata de explicar aún más a fondo el efecto de este juego semántico, sin dejar de mencionar su maravilloso valor fónico.
7. En la última estrofa la poetisa resume su crítica de los hombres escribiendo que son "diablo, carne y mundo". Trata de explicar "carne" dentro del referente de querer relaciones carnales.
   - Trata de explicar "mundo" pensando en su oposición.

Cultura, conexiones y comparaciones

1. El Barroco es la expresión artística más representativa del siglo XVII. Es un arte decadente, de exceso y recargado de ornamentación. Para comprobarlo, busca por imágenes en Internet de "retablos barrocos mexicanos". Comparte con la clase lo que sientes emocionalmente ante una obra barroca.

2. El Barroco literario se expresa con tropos complejos y juegos ingeniosos del idioma. Sus mayores exponentes en España fueron Luis de Góngora (1561-1627) y Francisco de Quevedo (1580-1645); Sor Juana es discípulo de este estilo. Aunque el Barroco se ve más claramente en sus sonetos, hay varios buenos ejemplos en estas redondillas, como la estrofa 13. Las expresiones adverbiales "de rogada" y "de caída" pintan un cuadro visual. ¿En qué posición se pone el hombre tradicionalmente cuando reza? ¿y cuando corteja a una mujer?

   • Pero, esos adverbios también pueden funcionar como adjetivos ("derogado" y "decaído"). Busca los sentidos de estos adjetivos en www.rae.es (para "derogado" busca el verbo "derogar"). Ahora explica cómo esas palabras funcionan tan bien como adjetivos. O sea, ¿qué sentido tiene una mujer "derogada" y un hombre "decaído"? ¿Entiendes ahora cómo funciona el estilo barroco semánticamente?

3. Se ha dicho que Sor Juana es una feminista, pero ¿qué es una feminista?

   • ¿Arguye Sor Juana por la igualdad de los sexos?

   • ¿De qué se queja en este poema?

   • ¿Por qué era ese problema tan grave durante su época?

   • En *El burlador de Sevilla* se ve netamente el tipo de hombre que critica Sor Juana. ¿Qué promete don Juan para seducir a las mujeres?

   • ¿Crees que don Juan sabía que sus acciones perjudicarían para siempre las vidas de esas mujeres?

4. ¿Cuáles son los problemas que sufren hoy día las mujeres a manos de los hombres?

5. En muchos sectores de la sociedad hispana aún es importante que la mujer se entregue virgen a su esposo. En la novela *Crónica de una muerte anunciada* de García Márquez (n. 1927), el protagonista devuelve a su familia la mujer con quien se había casado por no ser virgen. Y sus hermanos inmediatamente se ponen en busca del hombre culpable para asesinarlo. Que la clase se divida entre chicos y chicas y que cada grupo comente si creen que es justo este requisito para la mujer.

6. ¿Crees que la importancia de la reputación de la mujer solo existe en el mundo hispánico? ¿Qué ocurre en *Othello* de Shakespeare cuando Iago le hace a Otelo sospechar la fidelidad de Desdemona?

7. En el apólogo de Juan Manuel ("El hombre que se casó con una mujer brava") hay una referencia implícita respecto a la virginidad de la mujer en el subtexto del relato. Explica.

   • Sin embargo, a Lazarillo no le importa que su mujer sea la amante del arcipreste. Explica por qué.

8. Hay una película de la directora argentina María Luisa Bemberg (1922-1995), *Yo la peor de todas* (1990), sobre la vida de Sor Juana. Busca escenas de la película por YouTube en Internet.

Gertrudis Gómez de Avellaneda, "A él"

Autor: Gertrudis Gómez de Avellaneda (1814-1873)
Nacionalidad: Cubana
Datos biográficos: Herida varias veces de amor en su juventud, lleva su dolor a su poesía.
Época y movimiento cultural: Siglo XIX; Romanticismo
Obras más conocidas: *Poesías* (1841); novela: *Sab* (1841); teatro: *Guatimozín* (1846)
Importancia literaria: Fue una de las figuras más completas y típicas del Romanticismo español puesto que cultivó todos los géneros. Expresa principios modernos y atrevidos para una mujer, por lo cual fue severamente criticada.

La literatura y la vida

1. ¿Has estado alguna vez en una relación romántica en que te sentías dominado o dominada por tu pareja? Explica.
2. ¿Crees que el hombre es más fuerte que la mujer, o es un estereotipo? Comenta.

En contexto

La vida sentimental de 'la Avellaneda' fue compleja e infeliz. Además de varios amoríos, tuvo relaciones con hombres casados, tuvo un hijo natural y se casó varias veces.

"A él"

Era la edad lisonjera
en que es un sueño la vida,
era la aurora hechicera
de mi juventud florida
en su sonrisa primera,

cuando contenta vagaba
por el campo, silenciosa,
y en escuchar me gozaba
la tórtola que entonaba
su querella lastimosa.

Melancólico fulgor
blanca luna repartía,
y el aura leve mecía
con soplo murmurador
la tierna flor que se abría.

¡Y yo gozaba! El rocío,
nocturno llanto del cielo,
el bosque espeso y umbrío,
la dulce quietud del suelo,
el manso correr del río.

Y de la luna el albor,
y el aura que murmuraba
acariciando a la flor,
y el pájaro que cantaba…
25   todo me hablaba de amor.

Y trémula y palpitante,
en mi delirio extasiada,
miré una visión brillante,
como el aire perfumada,
30   como las nubes flotante.

Ante mí resplandecía
como un astro brillador,
y mi loca fantasía
al fantasma seductor
35   tributaba idolatría.

Escuchar pensé su acento
en el canto de las aves;
eran las auras su aliento
cargadas de aromas suaves,
40   y su estancia el firmamento.

¿Qué ser divino era aquél?
¿Era un ángel o era un hombre?
¿Era un dios o era Luzbel?
¿Mi visión no tiene nombre?
45   ¡Ah! nombre tiene… ¡Era Él!

El alma guardaba su imagen divina
y en ella reinabas, ignoto señor,
que instinto secreto tal vez ilumina
la vida futura que espera el amor.

50   Al sol que en el cielo de Cuba destella,
del trópico ardiente brillante fanal,[1]
tus ojos eclipsan, tu frente descuella[2]
cual se alza en la selva la palma real.

Del genio la aureola radiante, sublime,
55   ciñendo contemplo tu pálida sien,
y al verte mi pecho palpita y se oprime
dudando si formas mi mal o mi bien.

Que tú eres, no hay duda, mi sueño
        adorado,
60   el ser que vagando mi mente buscó;

mas ¡ay! que mil veces el hombre
        arrastrado
por fuerza enemiga, su mal anheló.

Así vi a la mariposa
65   inocente, fascinada,
en torno a la luz amada
revolotear con placer.

Insensata se aproxima
y la acaricia insensata,
70   hasta que la luz ingrata
devora su frágil ser.

Y es fama que allá en los bosques
que adornan mi patria ardiente,
nace y crece una serpiente
75   de prodigioso poder,

que exhala en torno su aliento
y la ardilla palpitante,
fascinada, delirante,
corre… ¡y corre a perecer!

80   ¿Hay una mano de bronce,
fuerza, poder o destino,
que nos impele al camino
que a nuestra tumba trazó?…

¿Dónde van, dónde, esas <u>nubes</u>
85   por el viento compelidas?…
¿Dónde esas hojas perdidas
que del árbol arrancó?…

Vuelan, vuelan resignadas,
y no saben dónde van,
90   pero siguen el camino
que les traza el huracán.

Vuelan, vuelan en sus alas
nubes y hojas a la par,
ya a los cielos las levante,
95   ya las sumerja en el mar.

¡Pobres nubes! ¡pobres hojas
que no saben dónde van!…
Pero siguen el camino
que les traza el huracán.

---

[1] farol de los puertos
[2] se destaca

Comprensión

1. ¿Qué período de tiempo es la "edad lisonjera" a la cual la poeta se refiere en la primera estrofa?

2. ¿Qué cosas veía, sentía y hacía en esta época de su vida?

3. ¿Qué piensas es la "visión brillante" que empieza en el verso 16?
   - ¿Con qué signos describe a esta persona?

4. ¿Qué le pasa a la mariposa del verso 64?
   - ¿Qué podría representar?

5. Hay referencias metonímicas a un huracán a partir del verso 80. ¿Qué hace el viento del huracán?

Interpretación

1. ¿Cuántos versos hay en las primeras estrofas (quintillas) del poema?
   - Después de ver el patrón de las primeras tres estrofas, explica el patrón de la rima.
   - La métrica cambia en la estrofa 10. ¿Cómo es ahora?
   - ¿A qué se refieren estos versos de arte mayor?

2. Nota las palabras con que se empiezan la mayoría de los versos. ¿Suelen ser largas o cortas?
   - Busca ejemplos de anáforas entre ellas.
   - Se da mucho el polisíndeton en este poema. Explica.

3. ¿Quién es el emisor del mensaje? ¿Cómo se sabe?
   - ¿Cuál es el referente del mensaje? ¿Cómo se sabe?
   - ¿Quién es el receptor del mensaje? ¿Cómo se sabe?

4. Los signos de las primeras nueve estrofas contienen mucho simbolismo. Teniendo en cuenta la "edad lisonjera" y el referente de los versos, trata de explicar el significante de los siguientes signos: "la tierna flor que se abría", "el bosque espeso y umbrío", y "el aurora que murmuraba / acariciando la flor".

5. ¿Son positivos o negativos los signos con los cuales describe la "visión brillante" de la sexta estrofa?
   - Pero, ¿qué pasa a finales de la novena estrofa?

6. ¿Cómo describe a "él" en las estrofas 10 a 13?
   - ¿Qué efectos producen en el yo lírico?
   - ¿Está segura el yo lírico que esta fuerza es buena para ella? Explica.

7. ¿Qué simboliza la mariposa del verso 64? ¿y la "luz amada"?
   - ¿Qué le pasa a la mariposa en la próxima estrofa cuando se acerca a la luz?

8. ¿Qué noción filosófica se expresa a partir del verso 80.

9. ¿Qué podría simbolizar el huracán que se empieza a vislumbrar a partir del verso 80.
   - ¿Qué sentimientos se expresan hacia las nubes y las hojas? ¿Por qué?

10. ¿Expresa 'la Avellaneda' rebeldía contra la situación de la mujer en este poema? Explica.

Cultura, conexiones y comparaciones

1. Tomando en cuenta que el Romanticismo, así como casi toda la literatura moderna, desobedece las reglas clásicas de la métrica, ¿cómo se ve este fenómeno en el poema?

2. Una característica de la literatura moderna —y sobre todo el Romanticismo— es la asociación personal del autor con su obra. ¿Crees que las sensaciones que expresa 'la Avellaneda' son sentimientos propios? Explica.

3. Considera en grupo lo siguiente: ¿Qué se puede concluir después de analizar este poema respecto a las relaciones entre hombres y mujeres en el siglo XIX español?

   • ¿Ha cambiado totalmente la situación en la mayor parte del mundo? Explica.

4. La situación de la mujer en este poema puede relacionarse con otras obras de otras épocas, como *El burlador de Sevilla* de Tirso, "Las medias rojas", de Pardo Bazán o "Tango" de Luisa Valenzuela. Explica cómo.

Rubén Darío, "Canción de otoño en primavera"

La literatura y la vida

1. Que la clase se divida entre varones y hembras y que cada género explique la dificultad de encontrar una pareja ideal. ¿Cómo sería una pareja ideal?

2. ¿Hay sentimientos o costumbres que son muy difíciles de controlar? Explica.

En contexto

Rubén Darío tenía fama de mujeriego, y en este poema se jacta jocosamente de su reputación.

"Canción de otoño en primavera"

Juventud, divino tesoro,
¡ya te vas para no volver!
Cuando quiero llorar, no lloro,
y a veces lloro sin querer…

Plural ha sido la celeste   5
historia de mi corazón.
Era una dulce niña, en este
mundo de duelo y aflicción.

Miraba como el alba pura;
sonreía como una flor.   10
Era su cabellera oscura
hecha de noche y de dolor.

Yo era tímido como un niño.
Ella, naturalmente, fue,
para mi amor hecho de armiño,[1]   15
Herodías y Salomé…

Juventud, divino tesoro,
¡ya te vas para no volver!
Cuando quiero llorar, no lloro,
y a veces lloro sin querer…   20

La otra fue más sensitiva
y más consoladora y más
halagadora[2] y expresiva,
cual no pensé encontrar jamás.

Pues a su continua ternura   25
una pasión violenta unía.
En un peplo[3] de gasa[4] pura
una bacante[5] se envolvía…

En brazos tomó mi ensueño
y lo arrulló como a un bebé…   30
y lo mató, triste y pequeño,
falto de luz, falto de fe…

Juventud, divino tesoro,
¡te fuiste para no volver!
Cuando quiero llorar, no lloro,
y a veces lloro sin querer…   35

Otra juzgó que era mi boca
el estuche[6] de su pasión;
y que me roería, loca,
con sus dientes el corazón,   40

poniendo en un amor de exceso
la mira de su voluntad,
mientras eran abrazo y beso
síntesis de la eternidad;

y de nuestra carne ligera   45
imaginar siempre un Edén,
sin pensar que la Primavera
y la carne acaban también…

Juventud, divino tesoro,
¡ya te vas para no volver!   50
Cuando quiero llorar, no lloro,
y a veces lloro sin querer.

¡Y las demás! En tantos climas,
en tantas tierras siempre son,
si no pretextos de mis rimas   55
fantasmas de mi corazón.

En vano busqué a la princesa
que estaba triste de esperar.
La vida es dura. Amarga y pesa.
¡Ya no hay princesa que cantar!   60

Mas a pesar del tiempo terco,[7]
mi sed de amor no tiene fin;
con el cabello gris, me acerco
a los rosales del jardín…

Juventud, divino tesoro,   65
¡ya te vas para no volver!
Cuando quiero llorar, no lloro,
y a veces lloro sin querer…

¡Mas es mía el Alba de oro!

---

[1] mamífero cuya piel blanca es muy apreciada
[2] afectuosa, aduladora
[3] túnica sin mangas usada por las antiguas griegas
[4] tela transparente
[5] persona que tomaba parte en las bacanales (fiestas celebrando a Baco, dios del vino)
[6] caja para guardar algo
[7] obstinado (o sea, que nunca se detiene)

Comprensión

1. ¿Qué quiere decir el yo lírico en la segunda estrofa cuando escribe: "Plural ha sido la celeste / historia de mi corazón".

2. El poeta menciona a tres mujeres específicas. ¿Cómo fue la primera? ¿Qué le hizo?

   - ¿Cómo era la segunda? ¿Qué le hizo?
   - ¿Cómo era la tercera? ¿Qué le hizo?

3. Explica cómo el poeta expresa su frustración y mala suerte en la estrofa que empieza en el verso 57.

   - Pero ¿qué planes tiene el poeta para el futuro?

Interpretación

1. Cuenta el número de sílabas de cada verso. ¿Has leído anteriormente un poema con este número de sílabas? ¿Cómo se llama?

   - ¿Cuál es la rima?

2. Lo primero que se tiene que comprender es la primera estrofa, que sirve de estribillo al poema. ¿Cuál es el tema implícito en la noción de que la juventud no puede volver?

   - Y el llorar, ¿es algo que se pueda controlar?
   - ¿Qué relación hay, pues, entre el paso del tiempo y la acción involuntaria de llorar?
   - Ahora, explica el estribillo.

3. El tema del poema, sin embargo, es el amor. ¿Qué está expresando el yo lírico respecto al amor, teniendo en cuenta el mensaje implícito en el estribillo?

4. En general, ¿cómo pinta a las tres mujeres con las cuales se enamoró?

   - Anota la violencia con la cual terminan las relaciones.
   - Y ¿cómo se describe a sí mismo en cada una de las tres relaciones?
   - El yo lírico controla totalmente lo que quiere comunicar a sus destinatarios. ¿En algún momento revela lo que él les hizo a las mujeres?

5. A pesar de la crítica del yo lírico hacia las mujeres, hay que notar que ellas son fuertes y dominan al poeta. Comenta sobre esta idea.

6. Aunque el yo poético dice que "ya no hay princesa que cantar", ¿piensa él abandonar su búsqueda?

   - ¿Cree él que tendrá éxito?

Cultura, conexiones y comparaciones

1. El poema contiene muchos elementos del Modernismo. El léxico, por ejemplo, es muy emotivo e impresionista. ¿Cómo describe los ojos, la boca y el cabello de la primera mujer?

   - Explica cómo esto es un ejemplo de sinestesia.
   - Nota el verbo "arrullar" de la octava estrofa. Después de buscar su sentido en www.rae.es, nota cómo varios de los sentidos se pueden aplicar.

- Pero el verbo, que connota sentimientos de amor y cariño, aquí se transforma en violento. Comenta esta transformación de signos.

- Analiza el verso "La vida es dura. Amarga y pesa". Explica como "amarga" puede ser sustantivo y adjetivo a la vez.

- Explica las metonimias de la estrofa que empieza en el verso 61.

- Dentro del sentido de significación del poema, ¿a qué se refiere "el cabello gris" y "los rosales del jardín".

2. El modernismo también emplea muchos elementos visuales, sensoriales y auditivos. Busca ejemplos de estas características. Ten en cuenta de que las figuras de repetición (anáfora, polisíndeton, etc.), la eufonía y las aliteraciones contribuyen a los efectos auditivos.

3. Parte del concepto del machismo es la envergadura de la potencia sexual del hombre. No se espera que el hombre mayor pierda su potencia. Como consecuencia, se da con alguna frecuencia en el mundo hispánico un hombre mayor casado con una mujer mucho más joven. En pareja comenta sobre esta noción.

4. Darío compara a la primera mujer con Salomé. En Mateo 14.6-10 se cuenta cómo Salomé, para vengarse de su madre Herodías, hizo que le cortaran la cabeza de Juan Bautista y que se la presentaran en una bandeja. El cuento bíblico se ha empleado mucho en el arte y la literatura para demostrar la fuerza vengativa de la mujer. Haz una búsqueda de imágenes por Internet de "*Salome in art*", y escoge tu favorita representación. Luego, comparte tu cuadro favorito con tus compañeros.

Alfonsina Storni, "Tú me quieres blanca" y "Peso ancestral"

Autor: Alfonsina Storni (1892-1938)
Nacionalidad: Argentina
Datos biográficos: Sola, hizo su camino en el mundo de las letras, y llegó a la fama en su propia vida y conoció y alternó con muchos escritores importantes hispanoamericanos. Al enterarse que tenía cáncer sin cura, se suicidó, ahogándose en el mar.
Época y movimiento cultural: Poesía del siglo XX; Modernismo tardío
Obra más conocida: *Antología poética* (1938)
Importancia literaria: Formó parte del movimiento feminista de los años 1920 que luchaba por los derechos de la mujer, y su poesía describe la angustia de la mujer moderna en todas sus facetas.

La literatura y la vida

1. Organiza un debate entre los varones y las chicas de la clase sobre esta pregunta: ¿Deben las mujeres gozar de la misma libertad sexual que los hombres?

2. ¿Crees que el hombre, por naturaleza, es más promiscuo que la mujer? Explica.

En contexto

Gran parte de la poesía de Storni contiene un discurso feminista. Su obra se cuenta entre las primeras manifestaciones de las Américas de la igualdad entre los géneros.

"Tú me quieres blanca"

Tú me quieres alba;
me quieres de espumas;
me quieres de nácar,[1]
que sea azucena,
5 sobre todas, casta.
De perfume tenue.
Corola[2] cerrada.

Ni un rayo de luna
filtrado me haya,
10 ni una margarita
se diga mi hermana.
Tú me quieres nívea;
tú me quieres blanca;[3]
tú me quieres alba.

15 Tú, que hubiste todas
las copas a mano,
de frutos y mieles
los labios morados.
Tú, que en el banquete
20 cubierto de pámpanos,[4]
dejaste las carnes
festejando a Baco.
Tú, que en los jardines
negros del Engaño,
25 vestido de rojo
corriste al Estrago.

Tú, que el esqueleto
conservas intacto,

no sé todavía
30 por cuáles milagros
(Dios te lo perdone),
me pretendes casta
(Dios te lo perdone),
me pretendes alba.

35 Huye hacia los bosques;
vete a la montaña;
límpiate la boca;
vive en las cabañas;
toca con las manos
40 la tierra mojada;
alimenta el cuerpo
con raíz amarga;
bebe de las rocas;
duerme sobre la escarcha;[5]
45 renueva tejidos
con salitre y agua;
habla con los pájaros
y lévate[6] al alba.
Y cuando las carnes
50 te sean tornadas,
y cuando hayas puesto
en ellas el alma,
que por las alcobas
se quedó enredada,
55 entonces, buen hombre,
preténdeme blanca,
preténdeme nívea,
preténdeme casta.

---

[1]sustancia blanca que se forma en el interior de las conchas
[2]los pétalos que rodean el pistilo
[3]*poét.:* relacionado con la nieve; *fig.:* blanca
[4]tallo de las hojas de la vid (planta que produce uvas)
[5]rocío congelado
[6]*ant.:* levántate

Comprensión

1. ¿A quién se dirige el yo poético en este poema? (Fíjate en el verso 55.)

2. ¿Qué quiere el hombre en una mujer?

3. ¿En qué actividades participa el hombre a partir del verso 15?

4. ¿Qué recomienda el yo poético que haga al hombre para rehabilitarse?

Interpretación

1. Cuenta el número de sílabas de cada verso. ¿Cómo se llama esta forma métrica, aunque es poco común en la literatura castellana?

   • ¿Es la rima asonante o consonante?

   • ¿Es la misma rima a lo largo del poema? Explica.

2. Enumera todos los signos de los primeros catorce versos relacionados con el color blanco.

3. Hay dos referencias a flores en esos primeros versos. ¿Cuáles son?

   • Teniendo en cuenta el referente de la pureza de la mujer, explica la metonimia de "corola cerrada".

   • ¿Son las margaritas completamente blancas?

   • ¿Por qué dice el yo lírico que no puede ser hermana de una margarita?

4. Enumera los signos de los versos 15–26 que juntos pintan una orgía bacanal.

5. Enumera los signos de los versos 35–54 que se relacionan con la naturaleza y la vida sencilla del campo.

   • ¿Cómo forman estos signos un contraste con los de la bacanal?

6. ¿Qué, exactamente, quiere decir la poeta con el verbo "pretender"?

   • ¿Puede tener más de un significado? Explica.

7. ¿Está abogando el yo lírico por la misma libertad sexual que el hombre? Explica tu postura.

Cultura, conexiones y comparaciones

1. Nota cómo la preservación de la pureza de la mujer es una obsesión que se da en todos los períodos de la literatura hispánica: Medieval con Juan Manuel; Siglo de Oro con Tirso y Sor Juana; Época moderna con Storni y Lorca (*Bernarda Alba*). ¿Qué tienen en común estas obras? ¿Cómo son diferentes?

2. En grupo haz una lista de todos los modos que se te ocurren en que el color blanco se asocia con pureza, honestidad y otras cosas positivas. Por ejemplo: la Casa Blanca. Comparte tu lista con los otros grupos. Trata, además, de dar alguna explicación por qué se asocia lo blanco con signos positivos y lo negro con signos malos.

3. La bacanal es un tema frecuente del arte renacentista. Haz una búsqueda de imágenes por Internet con "bacanal". ¿Qué actividades se encuentran en los cuadros (los de Poussin y Tiziano sobre todo) que describe Storni en su poema?

"Peso ancestral"

La literatura y la vida

1. ¿Crees que los hombres que lloran son menos masculinos? ¿Por qué?
2. ¿Quién, según tu opinión, es más sensitivo: el hombre o la mujer? ¿Por qué?

"Peso ancestral"

Tú me dijiste: no lloró mi padre;
tú me dijiste: no lloró mi abuelo;
no han llorado los hombres de mi raza,
eran de acero.

5　Así diciendo te brotó una lágrima
y me cayó en la boca…; más veneno
yo no he bebido nunca en otro vaso
así pequeño.

Débil mujer, pobre que entiende,
10　dolor de siglos conocí al beberlo.
Oh, el alma mía soportar no puede
todo su peso.

Comprensión

1. Según el yo lírico, ¿qué no hacen los hombres?
2. ¿Qué siente al probar la lágrima?
3. ¿Qué pena expresa en la última estrofa?

Interpretación

1. ¿Cuántas sílabas hay en los versos largos del poema? ¿Cómo se denomina este tipo de verso?
   - ¿Cuántas sílabas hay en los versos cortos? Busca en el *Diccionario de términos literarios* lo que significa "pie quebrado".
   - Hay un esquema de rima en los versos pares. ¿Cuál es?
2. El destinatario del poema (el "tú" a quien se dirige el yo lírico), ¿es hombre o mujer? Ojo: la respuesta a esta pregunta no es fija. El poema es muy impresionista en el sentido de que no es explícito en cuanto al "tú" ni al "peso ancestral". Cuando esto ocurre, el lector no tiene más remedio que intuir.

3. El poema contiene un discurso machista en la primera estrofa y otro sobre la mujer en la tercera. Compara los dos.

   • Al fin, ¿quién tiene que sufrir el desahogo de la persona que llora?

   • ¿Qué indica que ese peso es "ancestral"?

4. Explica el efecto poético de lo siguiente:

   • la oposición binaria de pesos

   • la lágrima y el acero

   • la transformación del signo de lágrima en veneno

   • la metáfora de la boca como vaso pequeño.

5. Comenta sobre los efectos poéticos de las siguientes figuras: La anáfora con la cual empieza el poema.

   • Los hipérbatos de la segunda y tercera estrofas.

   • La aliteración del primer verso de la tercera estrofa (ten en cuenta que los sonidos /b/, /p/ y /m/ son todos bilabiales).

Cultura, conexiones y comparaciones

1. Storni pertenece a la segunda generación de modernistas, cuya poesía sigue el formalismo del movimiento, pero incorpora una nueva temática más humana y de compromiso social. Explica cómo este poema es formal y humano a la vez.

2. Aunque Storni dice que los hombres hispanos no lloran, el concepto machista en la cultura hispánica no prohíbe del todo la muestra de sentimientos del hombre. Hay muchos boleros, rancheras y tangos, por ejemplo, que pintan al hombre sufriendo y llorando. En la epopeya de *El Cid*, del siglo XII, una de las primeras obras compuestas en castellano, vemos al gran héroe llorar cuando tiene que separarse de su mujer e hijas (ver *Capítulo IV*). ¿Cómo se puede explicar la discrepancia entre el estereotipo y la realidad?

3. En grupos haz una lista de otros ejemplos que recuerdes de la literatura hispánica donde las mujeres sufren y las causas de su sufrimiento.

4. Para comentar en grupo: ¿Crees que hay una diferencia entre el comportamiento del hombre en cuanto a la expresión de sus sentimientos en la cultura hispánica en comparación a la cultura anglosajona? ¿Y el dolor y sufrimiento que sienten las mujeres? ¿Crees que las obligaciones familiares son iguales en ambas culturas? Explica.

5. El suicidio de Alfonsina Storni es el tema de una canción muy popular, "Alfonsina y el mar", que fue interpretada por una de las grandes cantantes de la Nueva canción latinoamericana, la argentina Mercedes Sosa (1935-2009). Busca la letra por Internet y léela. ¿Qué podrían ser los "dolores viejos (que) calló tu voz"? Ahora, si quieres, escucha a Mercedes Sosa cantar la canción por YouTube.

Rosario Castellanos, *Mujer que sabe latín* (fragmento)

Autor: Rosario Castellanos (1925–1974)
Nacionalidad: Mexicana
Datos biográficos: De familia rica de terratenientes, Rosario se crió en Chiapas y llegó a conocer bien el problema indígena. Dedicó gran parte de su vida promoviendo la cultura indígena así como defendiendo sus derechos.
Época y movimiento cultural: Siglo XX; Feminismo
Obras más conocidas: Novela: *Balún Canán* (1957); Poesía: *Poesía no eres tú: Obra poética 1948-1971* (1972)
Importancia literaria: Rechazó el típico léxico poético masculino y empleó uno nuevo, feminista. Es una de las pioneras del movimiento feminista en Hispanoamérica.

La literatura y la vida

1. ¿Crees que las mujeres y los hombres deben tener los mismos derechos, inclusive en el comportamiento sexual?

2. ¿Crees que los padres demandan demasiado de sus hijos en pago por haberlos criado? Explica.

   • ¿Crees que el papel de los padres es criar a los hijos para luego emanciparlos lo más pronto posible? Explica.

En contexto

Hay un refrán mexicano que dice: "La mujer que sabe latín no encuentra hombre ni buen fin", lo cual quiere decir que los hombres no quieren casarse con mujeres inteligentes y bien educadas, y si no se encuentra marido, entonces no le espera un buen fin a la mujer. Castellanos se aprovecha de este refrán, que todo mexicano conoce, para reprochar estas y otras actitudes.

Mujer que sabe latín (fragmento)

(…) Aún queda el rabo por desollar:[1] lo más inerte, lo más inhumano, lo que se erige como depositario de valores eternos e invariables, lo sacralizado: las costumbres. La costumbre de una relación sadomasoquista entre el hombre y la mujer en cualquier contacto que establezcan. La costumbre de que el hombre tenga que ser muy macho y

---

[1]despellejar; quitar la piel

la mujer muy abnegada. La complicidad entre el verdugo y la víctima, tan vieja que es   5
imposible distinguir quién es quién.

Ante esto yo sugeriría una campaña: no arremeter contra las costumbres con la espada flamígera de la indignación ni con el trémolo lamentable de llanto sino poner en
evidencia lo que tienen de ridículas, de obsoletas, de cursis y de imbéciles. Les aseguro
que tenemos un material inagotable para la risa. ¡Y necesitamos tanto reír, porque la risa   10
es la forma más inmediata de la liberación de lo que nos oprime, del distanciamiento
de lo que nos aprisiona!

Quitémosle, por ejemplo, la aureola al padre severo e intransigente y el pedestal a la
madre dulce y tímida que se ofrece cada mañana para la ceremonia de la degollación
propiciatoria.[2] Los dos son personajes de una comedia ya irrepresentable y además han   15
olvidado sus diálogos y los sustituyen por parlamentos sin sentido. Sus actitudes son
absurdas porque el contexto en que surgieron se ha transformado y la gesticulación se
produce en el vacío.

Quitémosle, por ejemplo, al novio formal ese aroma apetitoso que lo circunda. Se
valúa muy alto y se vende muy caro. Su precio es la nulificación[3] de su pareja y quiere   20
esa nulificación porque él es una nulidad. Y dos nulidades juntas suman exactamente
cero y procrean una serie interminable de ceros.

Quitémosle al vestido blanco y a la corona de azahares ese nimbo glorioso que los
circunda. Son símbolos de algo muy tangible y que deberíamos de conocer muy bien,
puesto que tiene su alojamiento en nuestro cuerpo: la virginidad. ¿Por qué la preserva-   25
mos y cómo? ¿Interviene en ello una elección libre o es sólo para seguir la corriente
de opinión? Tengamos el valor de decir que somos vírgenes porque se nos da la real
gana, porque así nos conviene para fines ulteriores o porque no hemos encontrado la
manera de dejar de serlo. O que no lo somos porque así lo decidimos y contamos con
una colaboración adecuada. Pero, por favor, no sigamos enmascarando nuestra respon-   30
sabilidad en abstracciones que nos son absolutamente ajenas como lo que llamamos
virtud, castidad o pureza y de lo que no tenemos ninguna vivencia auténtica.

La maternidad no es, de ninguna manera, la vía rápida para la santificación. Es un
fenómeno que podemos regir a voluntad. Y sepamos, antes de tener los hijos, que no
nos pertenecen y que no tenemos derecho a convertirlos en los chivos expiatorios[4] de   35
todas nuestras frustraciones y carencias sino la obligación de emanciparlos lo más pronto
posible de nuestra tutela.

Y en cuanto a los maridos, no son ni el milagro de san Antonio[5] ni el monstruo de
la laguna negra. Son seres humanos, lo cual es mucho más difícil de admitir, de reconocer y de soportar que esos otros fantasmas que nos hacen caer de rodillas por la gratitud   40
o que nos echan a temblar por el miedo. Seres humanos a quienes nuestra inferioridad
les perjudica tanto o más que a nosotras, para quienes nuestra ignorancia o irresponsa-
bilidad es un lastre que los hunde. Y que para escapar de una condición que no aguantan
y que no modifican porque no la entienden se dan, como lo proclaman nuestras más
populares canciones, a la bebida y a la perdición… cuando no desaparecen del mapa.   45

Pero basta de color local. Quedamos en un punto: formar conciencia, despertar el
espíritu crítico, difundirlo, contagiarlo. No aceptar ningún dogma sino hasta ver si es
capaz de resistir un buen chiste.

---

[2]virtud de hacer el bien
[3]hacer a la persona nula
[4]personas a quienes se les echa la culpa
[5]En México existe la costumbre de poner una estatuilla de San Antonio cabeza abajo para conseguir marido.

50   Por lo demás, estamos apostando sobre seguro. De nada vale aferrarse a las tablas de un navío que naufragó hace muchos años. E1 nuevo mundo, en el que hemos de habitar y que legaremos a las generaciones que nos sucedan, exigirá el esfuerzo y la colaboración de todos. Y entre esos todos está la mujer, que posee una potencialidad de energía para el trabajo con la que ya cuentan los sociólogos que saben lo que traen entre manos y que planifican nuestro desarrollo. Y a quienes, naturalmente, no vamos a hacer quedar mal.

Comprensión

1. En el primer párrafo del ensayo, ¿qué término acérrimo emplea la autora para describir las relaciones entre los hombres y las mujeres?

2. ¿Qué ejemplos propone para mostrar lo obsoleto y cursi que son estas relaciones?

3. En cuanto a la maternidad, ¿qué cree Castellanos que es la obligación de los padres?

4. En cuanto a los hombres, ¿qué novedad opina Castellanos?

5. ¿A qué lucha apela la autora a todas las mujeres a emprender?

Interpretación

1. Fíjate primero en la organización rígida de este fragmento. Haz un esquema de su organización.

2. Nota la tendencia estilística de Castellanos de emplear varios sustantivos o adjetivos en una misma oración. Busca un ejemplo y explica el impacto.

3. Otra característica de su estilo es comenzar una oración con una conjunción. Busca un ejemplo y explica el efecto.

4. ¿Con qué compara la autora metafóricamente la relación entre hombre dominante y mujer sumisa en el primer párrafo?

   • ¿Qué otros ejemplos de violencia emplea en el ensayo?

5. La autora recomienda que hay que reírse de la situación. ¿Por qué es buena la risa?

   • Explica el humor del párrafo que empieza en la línea 19.

6. ¿Qué simboliza el "vestido blanco" y la "corona de azahares" del próximo párrafo?

7. Cuando habla de la maternidad, ¿qué crees es el sentido cuando dice que el tener hijos es algo que la mujer puede "regir a voluntad"?

8. ¿A qué se refiere Castellanos metonímicamente cuando escribe en el último párrafo: "De nada vale aferrarse a las tablas de un navío que naufragó hace muchos años"?

9. La convocatoria a la lucha del final del ensayo, ¿a quién o a quiénes se dirige?

   • ¿Hay algo en su invocación que indique que se dirige solo a las mujeres?

Cultura, conexiones y comparaciones

1. ¿Qué sabes de los hitos importantes del movimiento feminista y de la liberación de la mujer que se da en los Estados Unidos en los años de 1960 y 1970? Busca por Internet los nombres de Simone de Beauvoir, Betty Friedan, Germaine Greer,

Gloria Steinem y Gloria Anzaldúa. Prepara un breve reportaje de su importancia para presentar a la clase.

2. ¿De qué modo se une Rosario Castellanos a la ideología de estos líderes del feminismo?

3. ¿Qué dice Castellanos de la virginidad de la mujer?

   • ¿En qué obras que has leído de la literatura hispánica se comprueba el valor que se le da a la virginidad de la mujer en esa cultura?

4. Mucha gente hispana es supersticiosa. En este ensayo se alude a san Antonio de Padua, el santo al quien se ruega para encontrar cosas perdidas, y por extensión, se le ruega también a buscarle pareja a las mujeres solteras. En la tradición popular, sobre todo en México, la forma de conseguir el favor es poner a san Antonio con la cabeza hacia abajo hasta que aparezca el hombre ideal. ¿Conoces alguna superstición semejante en tu cultura? Compártela con la clase.

5. Castellanos habla de las canciones populares de la tradición hispánica, cuyas letras expresan la frustración del hombre al no entender a las mujeres y que a causa de ello se dan a la bebida o la perdición. ¿Conoces algunas de estas canciones? Explica.

   • Una es la ranchera "Ando muy borracho" que popularizó el cantante mexicano Pedro Infante (1917-1957). Busca la letra por Internet y escúchala por YouTube. ¿Qué es la causa de la borrachera del hombre?

Gabriel García Márquez, "La mujer que llegaba a las seis"

Autor: Gabriel García Márquez (n. 1927)
Nacionalidad: Colombiano
Datos biográficos: Fue periodista y guionista antes de escribir novelas. Mucho de su mundo ficticio tiene lugar en Macondo, una recreación de su pueblo natal en la costa caribeña colombiana. Ha usado su fama como escritor para promover sus ideas políticas de izquierdas.
Época y movimiento cultural: Narrativa del siglo XX; Boom latinoamericano; Realismo mágico
Obras más conocidas: Novelas: *Cien años de soledad* (1967), *El amor en los tiempos del cólera* (1987); Cuentos: *La increíble historia de la cándida Eréndira y de su abuela desalmada* (1977)
Importancia literaria: Premio Nobel en 1982. Posee una de las imaginaciones literarias más prodigiosas del idioma español, y se le asocia con el Realismo mágico. Es actualmente el escritor en lengua española más reconocido mundialmente.

La literatura y la vida

1. ¿Ayudarías a una persona a quien quieres mucho a encubrir un grave delito? Explica.

2. ¿Qué tipo de vida te imaginas lleva una prostituta?
   - ¿Cuáles son los peligros de ese tipo de vida?

3. ¿Conoces a parejas en que el hombre es sumiso a la mujer? ¿Conoces a parejas en que el hombre es más sensible que la mujer? Explica.
   - ¿Funcionan bien estas relaciones? Explica.

"La mujer que llegaba a las seis"

La puerta oscilante se abrió. A esa hora no había nadie en el restaurante de José. Acababan de dar las seis y el hombre sabía que sólo a las seis y media empezarían a llegar los parroquianos habituales. Tan conservadora y regular era su clientela, que no había acabado el reloj de dar la sexta campanada cuando una mujer entró, como todos los días a esa hora,
5 y se sentó sin decir nada en la alta silla giratoria. Traía un cigarrillo sin encender, apretado entre los labios.

—Hola reina —dijo José cuando la vio sentarse. Luego caminó hacia el otro extremo del mostrador, limpiando con un trapo seco la superficie vidriada.

Siempre que entraba alguien al restaurante José hacía lo mismo. Hasta con la mujer con
10 quien había llegado a adquirir un grado de casi intimidad, el gordo y rubicundo mesonero representaba su diaria comedia de hombre diligente. Habló desde el otro extremo del mostrador.

—¿Qué quieres hoy? —dijo.

—Primero que todo quiero enseñarte a ser caballero —dijo la mujer.

Estaba sentada al final de la hilera de sillas giratorias, de codos en el mostrador, con el cigar-
15 rillo apagado en los labios. Cuando habló apretó la boca para que José advirtiera el cigarrillo sin encender.

—No me había dado cuenta —dijo José.

—Todavía no te has dado cuenta de nada —dijo la mujer.

El hombre dejó el trapo en el mostrador, caminó hacia los armarios oscuros y olorosos
20 a alquitrán y a madera polvorienta, y regresó luego con las cerillas. La mujer se inclinó para alcanzar la lumbre que ardía entre las manos rústicas y velludas del hombre. José vio el abundante cabello de la mujer, empavonado[1] de vaselina gruesa y barata. Vio su hombro descubierto, por encima del corpiño floreado. Vio el nacimiento del seno crepuscular, cuando la mujer levantó la cabeza, ya con la brasa en los labios.

25   —Estás hermosa hoy, reina —dijo José.

---

[1]*colom.:* untado

—Déjate de tonterías —dijo la mujer—. No creas que eso me va a servir para pagarte.

—No quise decir eso, reina —dijo José—. Apuesto a que hoy te hizo daño el almuerzo.

La mujer tragó la primera bocanada de humo denso, se cruzó de brazos, todavía con los codos apoyados en el mostrador, y se quedó mirando hacia la calle, a través del amplio cristal del restaurante. Tenía una expresión melancólica. De una melancolía hastiada[2] y vulgar.   30

—Te voy a preparar un buen bistec —dijo José.

—Todavía no tengo plata —dijo la mujer.

—Hace tres mesas que no tienes plata y siempre te preparo algo bueno —dijo José.

—Hoy es distinto —dijo la mujer, sobriamente, todavía mirando hacia la calle.

—Todos los días son iguales —dijo José—. Todos los días el reloj marca las seis, entonces   35
entras y dices que tienes un hambre de perro y entonces yo te preparo algo bueno. La única
diferencia es ésa que hoy no dices que tienes un hambre de perro, sino que el día es distinto.

—Y es verdad —dijo la mujer. Se volvió a mirar al hombre que estaba del otro lado del
mostrador, registrando la nevera. Estuvo contemplándolo durante dos, tres, segundos.

Luego miró el reloj, arriba del armario. Eran las seis y tres minutos. «Es verdad, José, hoy es   40
distinto», dijo. Expulsó el humo y siguió hablando con palabras cortas, apasionadas: "Hoy no
vine a las seis, por eso es distinto, José".
El hombre miró el reloj.

—Me corto el brazo si ese reloj se atrasa un minuto —dijo.

—No es eso, José. Es que hoy no vine a las seis —dijo la mujer—. Vine un cuarto para las seis.   45

—Acaban de dar las seis, reina —dijo José—. Cuando tú entraste acababan de darlas.

—Tengo un cuarto de hora de estar aquí —dijo la mujer.

José se dirigió hacia donde ella estaba.
Acercó a la mujer su enorme cara congestionada, mientras tiraba con el índice de uno de
sus párpados.   50

—Sóplame aquí —dijo.

La mujer echó la cabeza hacia atrás. Estaba seria, fastidiosa, blanda; embellecida por una nube
de tristeza y cansancio.

—Déjate de tonterías, José. Tú sabes que hace más de seis meses que no bebo.

—Eso se lo vas a decir a otro —dijo—. A mí no. Te apuesto a que por lo menos se han   55
tomado un litro entre dos.

---

[2]repugnada

—Me tomé dos tragos con un amigo —dijo la mujer.

—Ah; entonces ahora me explico —dijo José.

—Nada tienes que explicarte —dijo la mujer—. Tengo un cuarto de hora de estar aquí.

60   El hombre se encogió de hombros.

—Bueno, si así lo quieres, tienes un cuarto de hora de estar aquí. Después de todo a nadie le importa nada diez minutos más o diez minutos menos.

—Sí importan, José —dijo la mujer. Y estiró los brazos por encima del mostrador, sobre la superficie vidriada, con un aire de negligente abandono. Dijo: "Y no es que yo lo quiera, es que
65   hace un cuarto de hora que estoy aquí". Volvió a mirar el reloj y rectificó: "Qué digo; ya tengo veinte minutos."

—Está bien, reina —dijo el hombre—. Un día entero con su noche te regalaría yo para verte contenta.

Durante todo este tiempo José había estado moviéndose detrás del mostrador, removiendo
70   objetos, quitando una cosa de un lugar para ponerla en otro. Estaba en su papel.

—Quiero verte contenta —repitió. Se detuvo bruscamente, volviéndose hacia donde estaba la mujer.

—¿Tú sabes que te quiero mucho? —dijo.

La mujer lo miró con frialdad.

75   —¿Siii…? ¡Qué descubrimiento, José! ¿Crees que me quedaría contigo por un millón de pesos?

—No he querido decir eso, reina —dijo José—. Vuelvo a apostar a que te hizo daño el almuerzo.

—No te lo digo por eso —dijo la mujer. Y su voz se volvió menos indolente—. Es que nin-
80   guna mujer soportaría una carga como la tuya ni por un millón de pesos.

José se ruborizó.[3] Le dio la espalda a la mujer y se puso a sacudir el polvo en las botellas del armario. Habló sin volver la cara.

—Estás insoportable hoy, reina. Creo que lo mejor es que te comas el bistec y te vayas a acostar.

85   —No tengo hambre —dijo la mujer.

Se quedó mirando otra vez la calle, viendo los transeúntes turbios de la ciudad atardecida. Durante un instante hubo un silencio turbio en el restaurante. Una quietud interrumpida apenas por el trasteo de José en el armario. De pronto la mujer dejó de mirar hacia la calle y habló con la voz apagada, tierna, diferente.

---

[3]Se puso rojo de vergüenza.

—¿Es verdad que me quieres, Pepillo?   90

—Es verdad —dijo José, en seco sin mirarla.

—¿A pesar de lo que te dije? —dijo la mujer.

—¿Qué me dijiste? —dijo José, todavía sin inflexiones en la voz, todavía sin mirarla.

—Lo del millón de pesos —dijo la mujer.

—Ya lo había olvidado —dijo José.   95

—Entonces, ¿me quieres? —dijo la mujer.

—Sí —dijo José.

Hubo una pausa. José siguió moviéndose con la cara revuelta hacia los armarios, todavía sin mirar a la mujer. Ella expulsó una nueva bocanada de humo, apoyó el busto contra el mostrador y luego, con cautela y picardía, mordiéndose la lengua antes de decirlo, como si hablara en   100 puntillas:

—¿Aunque no me acueste contigo? —dijo.

Y sólo entonces José volvió a mirarla:

—Te quiero tanto que no me acostaría contigo —dijo.

Luego caminó hacia donde ella estaba. Se quedó mirándola de frente, los poderosos brazos   105 apoyados en el mostrador, delante de ella, mirándola a los ojos. Dijo:

—Te quiero tanto que todas las tardes mataría al hombre que se va contigo.

En el primer instante la mujer pareció perpleja. Después miró al hombre con atención, con una ondulante expresión de compasión y burla. Después guardó un breve silencio, desconcertada. Y después rió, estrepitosamente.   110

—Estás celoso, José. ¡Qué rico, estás celoso!

José volvió a sonrojarse con una timidez franca, casi desvergonzada, como le habría ocurrido a un niño a quien le hubieran revelado de golpe todos los secretos. Dijo:

—Esta tarde no entiendes nada, reina.

Y se limpió el sudor con el trapo. Dijo: 115

—La mala vida te está embruteciendo.

Pero ahora la mujer había cambiado de expresión. "Entonces no", dijo. Y volvió a mirarlo a los ojos, con un extraño esplendor en la mirada, a un tiempo acongojada y desafiante.

—Entonces, no estás celoso.

120   —En cierto modo, sí —dijo José—. Pero no es como tú dices.

Se aflojó el cuello y siguió limpiándose, secándose la garganta con el trapo.

—¿Entonces? —dijo la mujer.

—Lo que pasa es que te quiero tanto que no me gusta que hagas eso —dijo José.

—¿Qué? —dijo la mujer.

125   —Eso de irte con un hombre distinto todos los días —dijo José.

—¿Es verdad que lo matarías para que no se fuera conmigo? —dijo la mujer.

—Para que no se fuera, no —dijo José—. Lo mataría porque se fuera contigo.

—Es lo mismo —dijo la mujer.

La conversación había llegado a densidad excitante. La mujer hablaba en voz baja, suave,
130   fascinada. Tenía la cara casi al rostro saludable y pacífico del hombre, que permanecía inmóvil,
como hechizado por el vapor de las palabras.

—Todo eso es verdad —dijo José.

—Entonces —dijo la mujer, y extendió la mano para acariciar el áspero brazo del hombre.
Con la otra mano arrojó la colilla—. Entonces, ¿tú eres capaz de matar a un hombre?

135   —Por lo que te dije, sí —dijo José. Y su voz tomó una acentuación casi dramática.

La mujer se echó a reír convulsivamente, con una abierta intención de burla.

—¡Qué horror!, José. ¡Qué horror! —dijo, todavía riendo—. José matando a un hombre.
¡Quién hubiera dicho que detrás del señor gordo y santurrón,[4] que nunca me cobra, que todos
los días me prepara un bistec y que se distrae hablando conmigo hasta cuando encuentro un
140   hombre, hay un asesino! ¡Qué horror, José! ¡Me das miedo!

José estaba confundido. Tal vez sintió un poco de indignación. Tal vez, cuando la mujer se
echó a reír, se sintió defraudado.

—Estás borracha, tonta —dijo—. Vete a dormir. Ni siquiera tendrás ganas de comer nada.

Pero la mujer, ahora había dejado de reír y estaba otra vez seria, pensativa, apoyada en el
145   mostrador. Vio alejarse al hombre. Lo vio abrir la nevera y cerrarla otra vez, sin extraer nada de
ella. Lo vio moverse después hacia el extremo opuesto del mostrador. Lo vio frotar el vidrio
reluciente, como al principio. Entonces la mujer habló de nuevo, con el tono enternecedor y
suave de cuando dijo:

—¿Es verdad que me quieres, Pepillo? El hombre no la miró.

150   —¡José!

_____
[4]exagerado en su religiosidad

—Vete a dormir —dijo José—. Y métete un baño antes de acostarte para que se te serene la borrachera.

—En serio, José —dijo la mujer—. No estoy borracha.

—Entonces te has vuelto bruta —dijo José.

—Ven acá, tengo que hablar contigo —dijo la mujer.   155

El hombre se acercó tambaleando entre la complacencia y la desconfianza.

—¡Acércate!

El hombre volvió a pararse frente a la mujer. Ella se inclinó hacia adelante, lo asió fuertemente por el cabello, pero con un gesto de evidente ternura.

—Repíteme lo que me dijiste al principio —dijo.   160

—¿Qué? —dijo José. Trataba de mirarla con la cabeza agachada asido por el cabello.

—Que matarías a un hombre que se acostara conmigo —dijo la mujer.

—Mataría a un hombre que se hubiera acostado contigo, reina. Es verdad —dijo José.

La mujer lo soltó.

—¿Entonces me defenderías si yo lo matara? —dijo, afirmativamente, empujando con un   165
movimiento de brutal coquetería la enorme cabeza de cerdo de José.

El hombre no respondió nada; sonrió.

—Contéstame, José —dijo la mujer—. ¿Me defenderías si yo lo matara?

—Eso depende —dijo José—. Tú sabes que eso no es tan fácil como decirlo.

—A nadie le cree más la policía que a ti —dijo la mujer.   170

José sonrió, digno, satisfecho. La mujer se inclinó de nuevo hacia él, por encima del mostrador.

—Es verdad, José. Me atrevería a apostar que nunca has dicho una mentira —dijo.

—No se saca nada con eso —dijo José.

—Por lo mismo —dijo la mujer—. La policía lo sabe y te cree cualquier cosa sin preguntártelo dos veces.   175

José se puso a dar golpecitos en el mostrador, frente a ella, sin saber qué decir. La mujer miró nuevamente hacia la calle. Miró luego el reloj y modificó el tono de su voz, como si tuviera interés en concluir el diálogo antes de que llegaran los primeros parroquianos.

—¿Por mí dirías una mentira, José? —dijo—. En serio.

180   Y entonces José se volvió a mirarla, bruscamente, a fondo, como si una idea tremenda se le hubiera agolpado dentro de la cabeza. Una idea que entró por un oído, giró por un momento, vaga, confusa, y salió luego por el otro, dejando apenas un cálido vestigio de pavor.

—¿En qué lío te has metido, reina? —dijo José.

Se inclinó hacia adelante, los brazos otra vez cruzados sobre el mostrador. La mujer sintió el
185   vaho fuerte y un poco amoniacal de su respiración, que se hacía difícil por la presión que ejercía el mostrador contra el estómago del hombre.

—Esto sí es en serio, reina. ¿En qué lío te has metido? —dijo.

La mujer hizo girar la cabeza hacia el otro lado.

—En nada —dijo—. Sólo estaba hablando por entretenerme.

190   Luego volvió a mirarlo.

—¿Sabes que quizás no tengas que matar a nadie?

—Nunca he pensado matar a nadie —dijo José desconcertado.

—No, hombre —dijo la mujer—. Digo que a nadie que se acueste conmigo.

—¡Ah! —dijo José—. Ahora sí que estás hablando claro. Siempre he creído que no tienes
195   necesidad de andar en esa vida. Te apuesto a que si te dejas de eso te doy el bistec más grande todos los días, sin cobrarte nada.

—Gracias, José —dijo la mujer—. Pero no es por eso. Es que ya no podré acostarme con nadie.

—Ya vuelves a enredar las cosas —dijo José.

200   Empezaba a parecer impaciente.

—No enredo nada —dijo la mujer.

Se estiró en el asiento y José vio sus senos aplanados y tristes debajo del corpiño.

—Mañana me voy y te prometo que no volveré a molestarte nunca. Te prometo que no volveré a acostarme con nadie.

205   —¿Y de dónde te salió esa fiebre? —dijo José.

—Lo resolví hace un rato —dijo la mujer—. Sólo hace un momento me di cuenta de que eso es una porquería.

José agarró otra vez el trapo y se puso a frotar el vidrio, cerca de ella. Habló sin mirarla. Dijo:

—Claro que como tú lo haces es una porquería. Hace tiempo que debiste darte cuenta.

210   —Hace tiempo me estaba dando cuenta —dijo la mujer—. Pero sólo hace un rato acabé de convencerme. Les tengo asco a los hombres.

José sonrió. Levantó la cabeza para mirar, todavía sonriendo, pero la vio concentrada, perpleja, hablando, y con los hombros levantados; balanceándose en la silla giratoria, con una expresión taciturna, el rostro dorado por una prematura harina otoñal.

—¿No te parece que deben dejar tranquila a una mujer que mate a un hombre porque   215
después de haber estado con él siente asco de ése y de todos los que han estado con ella?

—No hay para qué ir tan lejos —dijo José, conmovido, con un hilo de lástima en la voz.

—¿Y si la mujer le dice al hombre que le tiene asco cuando lo ve vistiéndose, porque se
acuerda que ha estado revolcándose con él toda la tarde y siente que ni el jabón ni el estropajo
podrán quitarle su olor?   220

—Eso pasa, reina —dijo José, ahora un poco indiferente, frotando el mostrador—. No hay
necesidad de matarlo. Simplemente dejarlo que se vaya.

Pero la mujer seguía hablando y su voz era una corriente uniforme, suelta, apasionada.

—¿Y si cuando la mujer le dice que le tiene asco, el hombre deja de vestirse y corre otra vez
para donde ella, a besarla otra vez, a…?   225

—Eso no lo hace ningún hombre decente —dijo José.

—¿Pero, y si lo hace? —dijo la mujer, con exasperante ansiedad—. ¿Si el hombre no es
decente y lo hace y entonces la mujer siente que le tiene tanto asco que se puede morir, y sabe
que la única manera de acabar con toda eso es dándole una cuchillada por debajo?

—Esto es una barbaridad —dijo José—. Por fortuna no hay hombre que haga lo que tú dices.   230

—Bueno —dijo la mujer, ahora completamente exasperada—. ¿Y si lo hace? Suponte que lo
hace.

—De todos modos no es para tanto —dijo José. Seguía limpiando el mostrador, sin cambiar
de lugar, ahora menos atento a la conversación.

La mujer golpeó el vidrio con los nudillos. Se volvió afirmativa, enfática.   235

—Eres un salvaje, José —dijo—. No entiendes nada.

Lo agarró con fuerza por la manga.

—Anda, di que sí debía matarlo la mujer.

—Está bien —dijo José, con un sesgo[5] conciliatorio—. Todo será como tú dices.

—¿Eso no es defensa propia? —dijo la mujer, sacudiéndole por la manga.   240

José le echó entonces una mirada tibia y complaciente. "Casi, çasi", dijo. Y le guiñó un ojo,
en un gesto que era al mismo tiempo una comprensión cordial y un pavoroso compromiso de
complicidad. Pero la mujer siguió seria; lo soltó.

---

[5]gesto de cabeza inclinada

—¿Echarías una mentira para defender a una mujer que haga eso? —dijo.

245   —Depende —dijo José.

—¿Depende de qué? —dijo la mujer.

—Depende de la mujer —dijo José.

—Suponte que es una mujer que quieres mucho —dijo la mujer—. No para estar con ella, ¿sabes?, sino como tú dices que la quieres mucho.

250   —Bueno, como tú quieras, reina —dijo José, laxo, fastidiado.

Otra vez se alejó. Había mirado el reloj. Había visto que iban a ser las seis y media. Había pensado que dentro de unos minutos el restaurante empezaría a llenarse de gente y tal vez por eso se puso a frotar el vidrio con mayor fuerza, mirando hacia la calle a través del cristal de la ventana. La mujer permanecía en la silla, silenciosa, concentrada, mirando con un aire de
255   declinante tristeza los movimientos del hombre. Viéndolo, como podría ver un hombre una lámpara que ha empezado a apagarse. De pronto, sin reaccionar, habló de nuevo, con la voz untuosa[6] de mansedumbre.

—¡José!

El hombre la miró con una ternura densa y triste, como un buey maternal. No la miró para
260   escucharla, apenas para verla, para saber que estaba ahí, esperando una mirada que no tenía por qué ser de protección o de solidaridad. Apenas una mirada de juguete.

—Te dije que mañana me voy y no me has dicho nada —dijo la mujer.

—Sí —dijo José—. Lo que no me has dicho es para donde.

—Por ahí —dijo la mujer—. Para donde no haya hombres que quieran acostarse con una.

265   José volvió a sonreír.

—¿En serio te vas? —preguntó, como dándose cuenta de la vida, modificando repentinamente la expresión del rostro.

—Eso depende de ti —dijo la mujer—. Si sabes decir a qué hora vine, mañana me iré y nunca más me pondré en estas cosas. ¿Te gusta eso?

270   José hizo un gesto afirmativo con la cabeza, sonriente y concreto. La mujer se inclinó hacia donde él estaba.

—Si algún día vuelvo por aquí, me pondré celosa cuando encuentre otra mujer hablando contigo, a esta hora y en esa misma silla.

—Si vuelves por aquí debes traerme algo —dijo José.

275   —Te prometo buscar por todas partes el osito de cuerda, para traértelo —dijo la mujer.

---

[6]o sea, una voz con una dulzura falsa

José sonrió y pasó el trapo por el aire que se interponía entre él y la mujer, como si estuviera limpiando un cristal invisible. La mujer también sonrió, ahora con un gesto de cordialidad y coquetería. Luego el hombre se alejó, frotando el vidrio hacia el otro extremo del mostrador.

—¿Qué? —dijo José, sin mirarla.

—¿Verdad que a cualquiera que te pregunta a qué hora vine le dirás que a un cuarto para las 280
seis? —dijo la mujer.

—¿Para qué? —dijo José, todavía sin mirarla y ahora como si apenas la hubiera oído.

—Eso no importa —dijo la mujer—. La cosa es que lo hagas.

José vio entonces al primer parroquiano que penetró por la puerta oscilante y caminó hasta
una mesa del rincón. Miró el reloj. Eran las seis y media en punto. 285

—Está bien, reina —dijo distraídamente—. Como tú quieras. Siempre hago las cosas como
tú quieras.

—Bueno —dijo la mujer—. Entonces, prepárame el bistec.

El hombre se dirigió a la nevera, sacó un plato con carne y lo dejó en la mesa. Luego
encendió la estufa. 290

—Te voy a preparar un buen bistec de despedida, reina —dijo.

—Gracias, Pepillo —dijo la mujer.

Se quedó pensativa como si de repente se hubiera sumergido en un submundo extraño, po-
blado de formas turbias, desconocidas. No se oyó, del otro lado del mostrador, el ruido que hizo
la carne fresca al caer en la manteca hirviente. No oyó, después, la crepitación seca y burbujeante 295
cuando José dio vuelta al lomillo en el caldero y el olor suculento de la carne sazonada fue satu-
rando, a espacios medidos, el aire del restaurante. Se quedó así, concentrada, reconcentrada hasta
cuando volvió a levantar la cabeza, pestañeando, como si regresara de una muerte momentánea.
Entonces vio al hombre que estaba junto a la estufa, iluminado por el alegre fuego ascendente.

—Pepillo. Ah. ¿En qué piensas? —dijo la mujer. 300

—Estaba pensando si podrás encontrar en alguna parte el osito de cuerda —dijo José.

—Claro que sí —dijo la mujer—. Pero lo que quiero que me digas es si me darás toda lo que
te pidiera de despedida.

José la miró desde la estufa.

—¿Hasta cuándo te lo voy a decir? —dijo—. ¿Quieres algo más que el mejor bistec? 305

—Sí —dijo la mujer.

—¿Qué? —dijo José.

—Quiero otro cuarto de hora.

310 José echó el cuerpo hacia atrás, para mirar el reloj. Miró luego al parroquiano que seguía silencioso, aguardando en el rincón, y finalmente a la carne, dorada en el caldero. Sólo entonces habló.

—En serio que no entiendo, reina —dijo.

—No seas tonto, José —dijo la mujer—. Acuérdate que estoy aquí desde las cinco y media.

Comprensión

1. Describe la personalidad de la mujer que llega al restaurante de José. ¿Cómo la trata José?

2. ¿Qué favor especial le pide a José?

3. ¿Está José enamorado de la mujer? ¿Y ella de él?

4. ¿Cuál es la profesión de la mujer? ¿Qué opina José de esa profesión?

5. ¿Qué ha hecho la mujer?

   • ¿Qué ayuda quiere de José?

   • ¿Por qué dice que la policía lo va a creer?

6. ¿Qué piensa hacer la mujer?

   • ¿Qué le pide la mujer a José como regalo de despedida? ¿Por qué?

Interpretación

1. ¿Qué predomina en este relato: el diálogo o la narración? Cuando hay narración, ¿qué tipo de información suele comunicar?

   • ¿Cómo se caracteriza la voz narrativa de este relato?

2. ¿En qué actividad está ocupado José al principio del relato?

   • ¿Qué indica esta actividad en cuanto a su personalidad y a su afán de cambiar la manera de vida de la mujer?

3. Hay en este relato una subversión de los papeles masculinos y femeninos. ¿Qué hace José que pertenece a los estereotipos de la mujer?

   • ¿Qué hace la mujer que hacen normalmente los hombres?

4. ¿Qué tipo de puerta hay para entrar en la fonda de José?

   • ¿En qué tipo de silla se sienta la mujer?

   • ¿Qué podrían indicar estos dos signos?

5. ¿Qué hace "Reina" para librarse de su vida de prostitución?

   • Con este acto, ¿logra José su deseo de transformarla? Explica.

   • Pero, al lograrlo, ¿la consigue como mujer, lo cual sería su deseo? Explica como todas estas situaciones crean una ironía trágica.

6. El osito de cuerda que Reina promete traerle a José tiene significante simbólico. Teniendo en cuenta que José expresa duda de que lo pueda conseguir, ¿qué podría representar ese osito?

Cultura, conexiones y comparaciones

1. Este es uno de los primeros cuentos de García Márquez, antes de que empezara a experimentar con el Realismo mágico. Contiene elementos de realismo, pero en su estilo y forma ¿se narra como un típico cuento realista? Explica.

2. La madre de Lazarillo tuvo que prostituirse. En grupo enumera las distintas razones por qué Reina se prostituye.

   • ¿Crees que la prostitución se hace por vicio o por necesidad? Explica. Comparte tus ideas con la clase.

3. Explica cómo en este relato vemos una visión diferente del hombre de lo que se pinta en otras obras, como los que se describen en las obras de Pardo Bazán, Storni y Valenzuela.

   • ¿Que querrá indicar el autor con esta subversión del rol?

4. Hay muy pocos ejemplos en la cultura popular del hombre dominado por su mujer. Si conoces alguno de los siguientes, cuenta en clase cómo se refleja este fenómeno:

   • el anime *Dragon Ball*
   • la película *Norbit*
   • las series de televisión *Fraser* y *Everybody Loves Raymond*
   • la canción *"The Man Song"* de Sean Morey.

   Incluye otros ejemplos que se te ocurran. ¿Por qué supones que hay tan pocos ejemplos?

Luisa Valenzuela, "Tango"

Autor: Luisa Valenzuela (n. 1938)

Nacionalidad: Argentina

Datos biográficos: Aunque radica en su ciudad natal de Buenos Aires desde 1989, residió en varias partes del mundo y pasó la década de la dictadura militar de Argentina en Nueva York.

Época y movimiento cultural: Narrativa del siglo XX; Literatura feminista; Posboom

Obra más conocida: Cuentos: *Aquí pasan cosas raras* (1975)

Importancia literaria: Julio Cortázar dijo: "leerla es participar en una búsqueda de identidad latinoamericana que contiene por adelantado su enriquecimiento". Como feminista compara la relación entre sexo y las instituciones del poder.

La literatura y la vida

1. ¿Te gusta bailar? ¿Qué tipos de bailes te gustan más?
2. En el baile, la mujer tradicionalmente sigue el compás del hombre. ¿Crees que esto es un ejemplo más de la dominación del hombre sobre la mujer? Explica.

En contexto

En Argentina hay auténticos fanáticos del tango que toman clases con regularidad y van con frecuencia a las milongas, que son los salones donde se baila el tango. Algunos de estos salones están abiertos las 24 horas, de modo que se puede bailar tango a cualquier hora.

"Tango"

Me dijeron:

En este salón te tenés que sentar cerca del mostrador, a la izquierda, no lejos de la caja registradora; tomate un vinito, no pidás algo más fuerte porque no se estila en las mujeres, no tomés cerveza porque la cerveza da ganas de hacer pis y el pis no es cosa
5   de damas, se sabe del muchacho de este barrio que abandonó a su novia al verla salir del baño: yo creí que ella era puro espíritu, un hada, parece que alegó el muchacho. La novia quedó *para vestir santos*, frase que en este barrio todavía tiene connotaciones de soledad y soltería, algo muy mal visto. En la mujer, se entiende. Me dijeron.

Yo ando sola y el resto de la semana no me importa pero los sábados me gusta estar
10   acompañada y que me aprieten fuerte. Por eso bailo el tango.

Aprendí con gran dedicación y esfuerzo, con zapatos de taco alto y pollera[1] ajustada, *de tajo*. Ahora hasta ando con los clásicos elásticos en la cartera, el equivalente a llevar siempre conmigo la raqueta si fuera tenista, pero menos molesto. Llevo los elásticos en la cartera y a veces en la cola de un banco o frente a la ventanilla cuando me hacen
15   esperar por algún trámite los acaricio, al descuido, sin pensarlo, y quizá, no sé, me consuelo con la idea de que en ese mismo momento podría estar bailando el tango en vez de esperar que un empleaducho desconsiderado se digne atenderme.

Sé que en algún lugar de la ciudad, cualquiera sea la hora, habrá un salón donde se esté bailando en la penumbra. Allí no puede saberse si es de noche o de día, a nadie le
20   importa si es de noche o de día, y los elásticos sirven para sostener alrededor del empeine[2] los zapatos de calle, estirados como están de tanto trajinar[3] en busca de trabajo.

El sábado por la noche una busca cualquier cosa menos trabajo. Y sentada a una mesa cerca del mostrador, como me recomendaron, espero. En este salón el sitio clave es el mostrador, me insistieron, así pueden ficharte[4] los hombres que pasan hacia el baño.
25   Ellos sí pueden permitirse el lujo. Empujan la puerta vaivén con toda la carga a cuestas, una ráfaga amoniacal nos golpea, y vuelven a salir aligerados dispuestos a retomar la danza.

Ahora sé cuándo me toca a mí bailar con uno de ellos. Y con cuál. Detecto ese muy leve movimiento de cabeza que me indica que soy la elegida, reconozco la invitación y
30   cuando quiero aceptarla sonrío muy quietamente. Es decir que acepto y no me muevo;

---

[1] *argen.:* falda
[2] parte superior del pie
[3] andar de un sitio a otro (es también un argentinismo que significa encontrarse burlado)
[4] *argen.:* mirar, registrar a alguien

él vendrá hacia mí, me tenderá la mano, nos pararemos enfrentados al borde de la pista y dejaremos que se tense el hilo, que el bandoneón[5] crezca hasta que ya estemos a punto de estallar y entonces, en algún insospechado acorde, él me pondrá el brazo alrededor de la cintura y zarparemos.

Con las velas infladas bogamos a pleno viento si es milonga,[6] al tango lo escoramos.[7] 35
Y los pies no se nos enredan porque él es sabio en señalarme las maniobras tecleteando[8] mi espalda. Hay algún corte nuevo, figuras que desconozco e improviso y a veces hasta salgo airosa. Dejo volar un pie, me escoro a estribor,[9] no separo las piernas más de lo estrictamente necesario, él pone los pies con elegancia y yo lo sigo. A veces me detengo, cuando con el dedo medio él me hace una leve presión en la columna. Pongo la mujer 40 en punto muerto, me decía el maestro y una debía quedar congelada en medio del paso para que él pudiera hacer sus firuletes.[10]

Lo aprendí de veras, lo mamé a fondo como quien dice. Todo un ponerse, por parte de los hombres, que alude a otra cosa. Eso es el tango. Y es tan bello que se acaba aceptando. 45

Me llamo Sandra pero en estos lugares me gusta que me digan Sonia, como para perdurar más allá de la vigilia.[11] Pocos son sin embargo los que acá preguntan o dan nombres, pocos hablan. Algunos eso sí se sonríen para sus adentros, escuchando esa música interior a la que están bailando y que no siempre está hecha de nostalgia. Nosotras también reímos, sonreímos. Yo río cuando me sacan a bailar seguido (y per- 50 manecemos callados y a veces sonrientes en medio de la pista esperando la próxima entrega), río porque esta música de tango rezuma[12] del piso y se nos cuela por la planta de los pies y nos vibra y nos arrastra.

Lo amo. Al tango. Y por ende a quien, transmitiéndome con los dedos las claves del movimiento, me baila. 55

No me importa caminar las treintipico de cuadras de vuelta hasta mi casa. Algunos sábados hasta me gasto en la milonga la plata del colectivo y no me importa. Algunos sábados un sonido de trompetas digamos celestiales traspasa los bandoneones y yo me elevo. Vuelo. Algunos sábados estoy en mis zapatos sin necesidad de elásticos, por puro derecho propio. Vale la pena. El resto de la semana transcurre banalmente y escucho los 60 idiotas piropos callejeros, esas frases directas tan mezquinas si se las compara con la lateralidad del tango.

Entonces yo, en el aquí y ahora, casi pegada al mostrador para dominar la escena, me fijo un poco detenidamente en algún galán maduro y le sonrío. Son los que mejor bailan. A ver cuál se decide. El cabeceo me llega de aquel que está a la izquierda, un 65 poco escondido detrás de la columna. Un tan delicado cabeceo que es como si estuviera apenas, levemente, poniéndole la oreja al propio hombro, escuchándolo. Me gusta. El hombre me gusta. Le sonrío con franqueza y sólo entonces él se pone de pie y se acerca. No se puede pedir un exceso de arrojo.[13] Ninguno aquí presente arriesgaría el rechazo cara a cara, ninguno está dispuesto a volver a su asiento despechado, bajo la mirada 70

---

[5]especie de acordeón
[6]baile popular semejante al tango
[7]término marítimo que describe a un buque que se inclina de costado
[8]teclear, dar golpes ligeros con los dedos (aquí, para indicar el movimiento o pase que van a hacer)
[9]término marítimo que se refiere al costado derecho del navío
[10]*argen.:* arabescos (movimientos elegantes de baile)
[11]o sea, tarde por la noche
[12]rezumar: salirse un líquido de su recipiente
[13]osadía

burlona de los otros. Este sabe que me tiene y se me va arrimando, al tranco, y ya no me gusta tanto de cerca, con sus años y con esa displicencia.[14]

La ética imperante no me permite hacerme la desentendida. Me pongo de pie, él me conduce a un ángulo de la pista un poco retirado y ahí ¡me habla! Y no como aquél,
75 tiempo atrás, que sólo habló para disculparse de no volver a dirigirme la palabra, porque yo acá vengo a bailar y no a dar charla, me dijo, y fue la última vez que abrió la boca. No. Este me hace un comentario general, es conmovedor. Me dice vio doña, cómo está la crisis, y yo digo que sí, que vi, la pucha[15] que vi aunque no lo digo con estas palabras, me hago la fina, la Sonia: Si señor, qué espanto, digo, pero él no me deja elaborar la idea
80 porque ya me está agarrando fuerte para salir a bailar al siguiente compás. Este no me va a dejar ahogar, me consuelo, entregada, enmudecida.

Resulta un tango de la pura concentración, del entendimiento cósmico. Puedo hacer los ganchos[16] como le vi hacer a la del vestido de crochet, la gordita que disfruta tanto, la que revolea tan bien sus bien torneadas pantorrillas[17] que una olvida todo el resto de
85 su opulenta anatomía. Bailo pensando en la gorda, en su vestido de crochet verde color esperanza, dicen, en su satisfacción al bailar, réplica o quizá reflejo de la satisfacción que habrá sentido al tejer; un vestido vasto para su vasto cuerpo y la felicidad de soñar con el momento en que ha de lucirlo, bailando. Yo no tejo, ni bailo tan bien como la gorda, aunque en este momento sí porque se dio el milagro.

90 Y cuando la pieza acaba y mi compañero me vuelve a comentar cómo está la crisis, yo lo escucho con unción, no contesto, le dejo espacio para añadir: ¿Y vio el precio al que se fue el telo?[18] Yo soy viudo y vivo con mis dos hijos. Antes podía pagarle a una dama el restaurante, y llevarla después al hotel. Ahora sólo puedo preguntarle a la dama si posee departamento, y en zona céntrica. Porque a mí para un pollito y una botella de
95 vino me alcanza.

Me acuerdo de esos pies que volaron los míos, de esas filigranas.[19] Pienso en la gorda tan feliz con su hombre feliz, hasta se me despierta una sincera vocación por el tejido.

Departamento no tengo, explico, pero tengo pieza en una pensión muy bien ubicada, limpia. Y tengo platos, cubiertos, y dos copas verdes de cristal, de esas bien altas. ¿Verdes?
100 Son para vino blanco. Blanco, sí. Lo siento, pero yo al vino blanco no se lo toco.

Y sin hacer ni una vuelta más, nos separamos.

Comprensión

1. ¿Qué consejos le han dado a Sandra de cómo ha de comportarse en el salón de baile?

2. Anota todos los datos que indican que Sandra es una apasionada del tango.

3. ¿Qué hace el hombre para sacar a una mujer a bailar?

    • ¿Y la mujer para aceptar?

4. ¿De qué habla el señor mayor que baila con Sandra?

5. ¿Qué le propone Sandra al señor al terminar el baile.

    • ¿Cómo responde el señor?

---

[14]indiferencia en el trato
[15]*amer.:* interjección eufemística para "prostituta"
[16]*argen.:* movimiento que llama la atención
[17]parte más abultada de la pierna, entre la corva y el tobillo
[18]*argen.:* tipo de hotel donde van las parejas por turnos
[19]*fig.:* movimientos muy delicados y pulidos

Interpretación

1. ¿Quién narra la historia? ¿Cómo se transmite el diálogo?

   • Busca en el *Diccionario de términos literarios* el "discurso indirecto libre". ¿Qué es?

   • ¿Qué efecto produce este tipo de dialogar?

2. El discurso machista se establece desde el principio del cuento. ¿Qué pueden hacer los hombres que se les prohíbe a las mujeres?

   • ¿Qué pasa cuando una mujer va al baño?

3. El tango en este relato conlleva significantes que van mucho más allá del baile. Explica, después de considerar los siguientes datos: ¿Por qué no quiere la narradora estar sola los sábados?

   • ¿Que desea?

   • ¿Qué consejos le da el maestro a Sandra?

   • ¿Quién, por lo tanto, se luce en el tango?

   • ¿Quién manda durante el baile?

   • ¿Cómo lo hace?

   • ¿Le importa a Sandra?

   • Nota la forma sintáctica de "me baila". Es "bailar" un verbo transitivo o intransitivo, o sea, ¿debe llevar un objeto directo? ¿Qué efecto produce esta rara transformación sintáctica?

4. La narradora describe al tango poéticamente en las líneas 82-89. ¿Con qué compara el baile metafóricamente?

5. ¿Por qué cambia su nombre a Sonia los sábados?

   • ¿Es uno la misma persona cuando asume otro papel? Explica.

6. En el discurso se perciben problemas económicos. ¿Qué tiene que hacer Sandra para ahorrar dinero para ir a la milonga?

   • ¿Qué podía hacer el señor mayor anteriormente que ahora no puede?

7. Explica el discurso feminista del relato después de considerar lo siguiente: ¿Es Sandra una mujer liberada? ¿Cómo no lo es?

   • ¿Qué signos hay que indican las limitaciones de la mujer en la sociedad argentina?

   • Cuando el señor se acerca a Sandra, ella empieza a sentir que no quiere bailar con él, pero no se atreve a negarlo. Sin embargo, ¿se siente restringido el hombre al despreciar el invite de la mujer? Explica.

Cultura, conexiones y comparaciones

1. El Boom de la narrativa hispanoamericana es prácticamente de hombres, pero en lo llamado Posboom, se destacan las mujeres. Además de Luisa Valenzuela e Isabel Allende se pueden incluir las mejicanas Elena Poniatowska (n. 1933) y Ángeles Mastretta (1949), la puertorriqueña Rosario Ferré (1938), la colombiana Andalucía Ángel (n. 1939), la uruguaya Cristina Peri Rossi (n. 1941) y la chilena Damiela Eltit (n. 1949). Que cada estudiante busque una de estas y otras autoras por Internet para hacer un breve reportaje a la clase.

2. Cada país latinoamericano tiene un baile con que se identifica. Además del tango en Argentina, solo hay que pensar en el bolero panhispánico, el son en Cuba, la salsa en Puerto Rico, el merengue en la República Dominicana, la cumbia en Colombia y Perú, etc. Que cada estudiante busque por Internet un ejemplo de la música de estos bailes y que toque un trocito en clase. Si hay gente que lo sabe bailar, que lo hagan.

3. El baile es muy importante en la cultura hispánica. Cuando hay reuniones de amigos no solo se escucha música, sino que también se baila. En el baile, además, participa todo el mundo, ancianos y hasta niños; no está limitado a la gente joven. ¿Crees que el baile tiene la misma importancia en los Estados Unidos? Explica.

   • ¿Hay algún baile que sea emblemático de los Estados Unidos como es el tango en Argentina?

4. ¿Has visto bailar el tango? Es un baile muy sensual. Hay escenas de tango en muchas películas. Busca una por YouTube de uno de tus actores favoritos: Marlon Brando en *Last Tango in Paris* (1972), Sean Connery en *Never Say Never Again* (1983), Al Pacino en *Scent of a Woman* (1992), Arnold Schwarzenegger en *True Lies* (1994), Madonna y Antonio Banderas en *Evita* (1996), Robert Duvall en *Assassination Tango* (2002) y Richard Gere y Jennifer López en *Shall We Dance?* (2004). Organiza una encuesta en clase sobre quién lo baila mejor.

5. Compara el trato del señor mayor de este relato con el de José hacia la mujer en "La mujer que llegaba a las seis" de García Márquez.

Isabel Allende, "Dos palabras"

Autor: Isabel Allende (n. 1942)

Nacionalidad: Chilena; residente en EE. UU.

Datos biográficos: Huye de la dictadura de Augusto Pinochet en 1975 y vive en Venezuela 13 años. Desde 1988 reside en EE. UU., mostrando que en ese país se puede mantener un contacto con el español para poder escribir en ese idioma.

Época y movimiento cultural: Narrativa del siglo XX; Literatura feminista

Obras más conocidas: Novela: *La casa de los espíritus* (1982); Cuento: *Cuentos de Eva Luna* (1989)

Importancia literaria: Quizá por su tremendo éxito comercial internacional, no ha recibido el respeto literario merecido. Practica en algunas obras el Realismo mágico.

La literatura y la vida

1. ¿Has comprado alguna vez una tarjeta de cumpleaños o de aniversario de una compañía como Hallmark? Antes de comprarla, ¿has leído los versos?

   • Cuando entregas la tarjeta, ¿piensas que los sentimientos expresados en los versos son tuyos? ¿Piensas que estás 'comprando palabras'?

2. Explica el refrán del inglés que dice: "*The pen is mightier than the sword*".

   • ¿Opinas que el refrán tiene razón? Contesta con algún ejemplo.

En contexto

Durante gran parte de los siglos XIX y XX, muchos países de Hispanoamérica fueron arrasados por guerras civiles entre grupos opuestos que querían tomar el poder. Algunas veces, un oficial del ejército pronunciaba un golpe de estado y gobernaba como dictador absoluto. Muchas veces, estos caudillos tenían muy poca experiencia para gobernar y carecían de la educación formal.

"Dos palabras"

Tenía el nombre de Belisa Crepusculario, pero no por fe de bautismo o acierto de su madre, sino porque ella misma lo buscó hasta encontrarlo y se vistió con él. Su oficio era vender palabras. Recorría el país, desde las regiones más altas y frías hasta las costas calientes, instalándose en las ferias y en los mercados, donde montaba cuatro palos con un toldo de lienzo, bajo el cual se protegía del sol y de la lluvia para atender a su clientela. No necesitaba pregonar su   5 mercadería, porque de tanto caminar por aquí y por allá, todos la conocían. Había quienes la aguardaban de un año para otro, y cuando aparecía por la aldea con su atado bajo el brazo hacían cola frente a su tenderete.[1] Vendía a precios justos. Por cinco centavos entregaba versos de memoria, por siete mejoraba la calidad de los sueños, por nueve escribía cartas de enamorados, por doce inventaba insultos para enemigos irreconciliables. También vendía cuentos, pero   10 no eran cuentos de fantasía, sino largas historias verdaderas que recitaba de corrido,[2] sin saltarse nada. Así llevaba las nuevas[3] de un pueblo a otro. La gente le pagaba por agregar una o dos líneas: nació un niño, murió fulano, se casaron nuestros hijos, se quemaron las cosechas. En cada lugar se juntaba una pequeña multitud a su alrededor para oírla cuando comenzaba a hablar y así se enteraban de las vidas de otros, de los parientes lejanos, de los pormenores de la Guerra   15 Civil. A quien le comprara cincuenta centavos, ella le regalaba una palabra secreta para espantar la melancolía. No era la misma para todos, por supuesto, porque eso habría sido un engaño colectivo. Cada uno recibía la suya con la certeza de que nadie más la empleaba para ese fin en el universo y más allá.

    Belisa Crepusculario había nacido en una familia tan mísera, que ni siquiera poseía nom-   20 bres para llamar a sus hijos. Vino al mundo y creció en la región más inhóspita, donde algunos años las lluvias se convierten en avalanchas de agua que se llevan todo, y en otros no cae ni una gota del cielo, el sol se agranda hasta ocupar el horizonte entero y el mundo se convierte en un desierto. Hasta que cumplió doce años no tuvo otra ocupación ni virtud que sobrevivir al hambre y la fatiga de siglos. Durante una interminable sequía le tocó enterrar a cuatro herma-   25 nos menores y cuando comprendió que llegaba su turno, decidió echar a andar por las llanuras en dirección al mar, a ver si en el viaje lograba burlar a la muerte. La tierra estaba erosionada,

---

[1] puesto de venta en mercados al aire libre
[2] sin parar
[3] noticias

partida en profundas grietas,[4] sembrada de piedras, fósiles de árboles y de arbustos espinudos, esqueletos de animales blanqueados por el calor. De vez en cuando tropezaba con familias que, como ella, iban hacia el sur siguiendo el espejismo del agua. Algunos habían iniciado la marcha llevando sus pertenencias al hombro o en carretillas, pero apenas podían mover sus propios huesos y a poco andar debían abandonar sus cosas. Se arrastraban penosamente, con la piel convertida en cuero de lagarto y los ojos quemados por la reverberación de la luz. Belisa los saludaba con un gesto al pasar, pero no se detenía, porque no podía gastar sus fuerzas en ejercicios de compasión. Muchos cayeron por el camino, pero ella era tan tozuda[5] que consiguió atravesar el infierno y arribó por fin a los primeros manantiales, finos hilos de agua, casi invisibles, que alimentaban una vegetación raquítica,[6] y que más adelante se convertían en riachuelos y esteros.[7]

Belisa Crepusculario salvó la vida y además descubrió por casualidad la escritura. Al llegar a una aldea en las proximidades de la costa, el viento colocó a sus pies una hoja de periódico. Ella tomó aquel papel amarillo y quebradizo[8] y estuvo largo rato observándolo sin adivinar su uso, hasta que la curiosidad pudo más que su timidez. Se acercó a un hombre que lavaba un caballo en el mismo charco turbio donde ella saciara su sed.

—¿Qué es esto? —preguntó.

—La página deportiva del periódico —replicó el hombre sin dar muestras de asombro ante su ignorancia.

La respuesta dejó atónita a la muchacha, pero no quiso parecer descarada[9] y se limitó a inquirir el significado de las patitas de mosca dibujadas sobre el papel.

—Son palabras, niña. Allí dice que Fulgencio Barba noqueó al Negro Tiznao en el tercer *round*.

Ese día Belisa Crepusculario se enteró que las palabras andan sueltas sin dueño y cualquiera con un poco de maña[10] puede apoderárselas para comerciar con ellas. Consideró su situación y concluyó que aparte de prostituirse o emplearse como sirvienta en las cocinas de los ricos, eran pocas las ocupaciones que podía desempeñar. Vender palabras le pareció una alternativa decente. A partir de ese momento ejerció esa profesión y nunca le interesó otra. Al principio ofrecía su mercancía sin sospechar que las palabras podían también escribirse fuera de los periódicos. Cuando lo supo calculó las infinitas proyecciones de su negocio, con sus ahorros le pagó veinte pesos a un cura para que le enseñara a leer y escribir y con los tres que le sobraron se compró un diccionario. Lo revisó[11] desde la A hasta la Z y luego lo lanzó al mar, porque no era su intención estafar a los clientes con palabras envasadas.[12]

Varios años después, en una mañana de agosto, se encontraba Belisa Crepusculario en el centro de una plaza, sentada bajo su toldo vendiendo argumentos de justicia a un viejo que solicitaba su pensión desde hacía diecisiete años. Era día de mercado y había mucho bullicio a su alrededor. Se escucharon de pronto galopes y gritos, ella levantó los ojos de la escritura y vio primero una nube de polvo y enseguida un grupo de jinetes que irrumpió en el

---

[4]rajaduras
[5]obstinada, testaruda
[6]mezquina, pobre
[7]*chilenismo:* arroyo, riachuelo
[8]frágil, delicado
[9]descortés
[10]destreza; astucia
[11]examinó
[12]envasar: introducir productos en recipientes para venderlos

lugar. Se trataba de los hombres del Coronel, que venían al mando del Mulato, un gigante conocido en toda la zona por la rapidez de su cuchillo y la lealtad hacia su jefe. Ambos, el Coronel y el Mulato, habían pasado sus vidas ocupados en la Guerra Civil y sus nombres estaban irremisiblemente unidos al estropicio[13] y la calamidad. Los guerreros entraron al pueblo como un rebaño en estampida, envueltos en ruido, bañados de sudor y dejando a su paso un espanto de huracán. Salieron volando las gallinas, dispararon[14] a perderse los perros, corrieron las mujeres con sus hijos y no quedó en el sitio del mercado otra alma viviente que Belisa Crepusculario, quien no había visto jamás al Mulato y por lo mismo le extrañó que se dirigiera a ella.   70

—A ti te busco —le gritó señalándola con su látigo enrollado y antes que terminara de decirlo, dos hombres cayeron encima de la mujer atropellando el toldo y rompiendo el tintero, la ataron de pies y manos y la colocaron atravesada como un bulto de marinero sobre la grupa[15] de la bestia del Mulato. Emprendieron galope en dirección a las colinas.   75

Horas más tarde, cuando Belisa Crepusculario estaba a punto de morir con el corazón convertido en arena por las sacudidas del caballo, sintió que se detenían y cuatro manos poderosas la depositaban en tierra. Intentó ponerse de pie y levantar la cabeza con dignidad, pero le fallaron las fuerzas y se desplomó[16] con un suspiro, hundiéndose en un sueño ofuscado.[17] Despertó varias horas después con el murmullo de la noche en el campo, pero no tuvo tiempo de descifrar esos sonidos, porque al abrir los ojos se encontró ante la mirada impaciente del Mulato, arrodillado a su lado.   80   85

—Por fin despiertas, mujer —dijo alcanzándole su cantimplora[18] para que bebiera un sorbo de aguardiente con pólvora y acabara de recuperar la vida.

Ella quiso saber la causa de tanto maltrato y él le explicó que el Coronel necesitaba sus servicios. Le permitió mojarse la cara y enseguida la llevó a un extremo del campamento, donde el hombre más temido del país reposaba en una hamaca colgada entre dos árboles. Ella no pudo verle el rostro, porque tenía encima la sombra incierta del follaje y la sombra imborrable de muchos años viviendo como un bandido, pero imaginó que debía ser de expresión perdularia[19] si su gigantesco ayudante se dirigía a él con tanta humildad. Le sorprendió su voz, suave y bien modulada como la de un profesor.   90

—¿Eres la que vende palabras? —preguntó.   95

—Para servirte —balbuceó ella oteando[20] en la penumbra para verlo mejor.

El Coronel se puso de pie y la luz de la antorcha que llevaba el Mulato le dio de frente. La mujer vio su piel oscura y sus fieros ojos de puma y supo al punto que estaba frente al hombre más solo de este mundo.

—Quiero ser Presidente —dijo él.   100

---

[13]destrucción

[14]huyeron corriendo

[15]parte de atrás del caballo

[16]cayó (como una pared que se tumba)

[17]turbado, confuso

[18]frasco cubierto de algún material para llevar agua y mantenerla fresca

[19]viciosa, disipada

[20]escudriñando

Estaba cansado de recorrer esa tierra maldita en guerras inútiles y derrotas que ningún subterfugio podía transformar en victorias. Llevaba muchos años durmiendo a la intemperie,[21] picado de mosquitos, alimentándose de iguanas y sopa de culebra, pero esos inconvenientes menores no constituían razón suficiente para cambiar su destino. Lo que en verdad le fasti-

105   diaba era el terror en los ojos ajenos. Deseaba entrar a los pueblos bajo arcos de triunfo, entre banderas de colores y flores, que lo aplaudieran y le dieran de regalo huevos frescos y pan recién horneado. Estaba harto de comprobar cómo a su paso huían los hombres, abortaban de susto las mujeres y temblaban las criaturas, por eso había decidido ser Presidente. El Mulato le sugirió que fueran a la capital y entraran galopando al Palacio para apoderarse del gobierno, tal como

110   tomaron tantas otras cosas sin pedir permiso, pero al Coronel no le interesaba convertirse en otro tirano, de ésos ya habían tenido bastantes por allí y, además, de ese modo no obtendría el afecto de las gentes. Su idea consistía en ser elegido por votación popular en los comicios[22] de diciembre.

—Para eso necesito hablar como un candidato. ¿Puedes venderme las palabras para un

115   discurso? —preguntó el Coronel a Belisa Crepusculario.

Ella había aceptado muchos encargos, pero ninguno como ése, sin embargo no pudo negarse, temiendo que el Mulato le metiera un tiro entre los ojos o, peor aún, que el Coronel se echara a llorar. Por otra parte, sintió el impulso de ayudarlo, porque percibió un palpitante calor en su piel, un deseo poderoso de tocar a ese hombre, de recorrerlo con sus manos, de estrecharlo

120   entre sus brazos.

Toda la noche y buena parte del día siguiente estuvo Belisa Crepusculario buscando en su repertorio las palabras apropiadas para un discurso presidencial, vigilada de cerca por el Mulato, quien no apartaba los ojos de sus firmes piernas de caminante y sus senos virginales. Descartó las palabras ásperas y secas, las demasiado floridas, las que estaban desteñidas por el abuso, las

125   que ofrecían promesas improbables, las carentes de verdad y las confusas, para quedarse sólo con aquellas capaces de tocar con certeza el pensamiento de los hombres y la intuición de las mujeres. Haciendo uso de los conocimientos comprados al cura por veinte pesos, escribió el discurso en una hoja de papel y luego hizo señas al Mulato para que desatara la cuerda con la cual la había amarrado por los tobillos a un árbol. La condujeron nuevamente donde el Coronel

130   y al verlo ella volvió a sentir la misma palpitante ansiedad del primer encuentro. Le pasó el papel y aguardó, mientras él lo miraba sujetándolo con la punta de los dedos.

—¿Qué carajo[23] dice aquí? —preguntó por último.

—¿No sabes leer?

—Lo que yo sé hacer es la guerra —replicó él.

135   Ella leyó en alta voz el discurso. Lo leyó tres veces, para que su cliente pudiera grabárselo en la memoria. Cuando terminó vio la emoción en los rostros de los hombres de la tropa que se juntaron para escucharla y notó que los ojos amarillos del Coronel brillaban de entusiasmo, seguro de que con esas palabras el sillón presidencial sería suyo.

—Si después de oírlo tres veces los muchachos siguen con la boca abierta, es que esta vaina[24]

140   sirve, Coronel —aprobó el Mulato.

---

[21]a cielo descubierto

[22]elecciones

[23]interjección grosera

[24]*fam.:* lo que carece de importancia

—¿Cuánto te debo por tu trabajo, mujer? —preguntó el jefe.

—Un peso, Coronel.

—No es caro —dijo él abriendo la bolsa que llevaba colgada del cinturón con los restos del último botín.

—Además tienes derecho a una ñapa.[25] Te corresponden dos palabras secretas —dijo Belisa Crepusculario.   145

—¿Cómo es eso?

Ella procedió a explicarle que por cada cincuenta centavos que pagaba un cliente, le obsequiaba una palabra de uso exclusivo. El jefe se encogió de hombros, pues no tenía ni el menor interés en la oferta, pero no quiso ser descortés con quien lo había servido tan bien. Ella se   150 aproximó sin prisa al taburete[26] de suela donde él esta ba sentado y se inclinó para entregarle su regalo. Entonces el hombre sintió el olor de animal montuno[27] que se desprendía de esa mujer, el calor de incendio que irradiaban sus caderas, el roce terrible de sus cabellos, el aliento de yerbabuena susurrando en su oreja las dos palabras secretas a las cuales tenía derecho.

—Son tuyas, Coronel —dijo ella al retirarse—. Puedes emplearlas cuanto quieras.   155

El Mulato acompañó a Belisa hasta el borde del camino, sin dejar de mirarla con ojos suplicantes de perro perdido, pero cuando estiró la mano para tocarla, ella lo detuvo con un chorro de palabras inventadas que tuvieron la virtud de espantarle el deseo, porque creyó que se trataba de alguna maldición irrevocable.

En los meses de setiembre, octubre y noviembre el Coronel pronunció su discurso tantas   160 veces, que de no haber sido hecho con palabras refulgentes y durables el uso lo habría vuelto ceniza. Recorrió el país en todas direcciones, entrando a las ciudades con aire triunfal y deteniéndose también en los pueblos más olvidados, allá donde sólo el rastro de basura indicaba la presencia humana, para convencer a los electores que votaran por él. Mientras hablaba sobre una tarima[28] al centro de la plaza, el Mulato y sus hombres repartían caramelos y pintaban su nombre   165 con escarcha dorada en las paredes, pero nadie prestaba atención a esos recursos de mercader, porque estaban deslumbrados por la claridad de sus proposiciones y la lucidez poética de sus argumentos, contagiados de su deseo tremendo de corregir los errores de la historia y alegres por primera vez en sus vidas. Al terminar la arenga[29] del Candidato, la tropa lanzaba pistoletazos al aire y encendía petardos[30] y cuando por fin se retiraban, quedaba atrás una estela[31] de   170 esperanza que perduraba muchos días en el aire, como el recuerdo magnífico de un cometa. Pronto el Coronel se convirtió en el político más popular. Era un fenómeno nunca visto, aquel hombre surgido de la guerra civil, lleno de cicatrices y hablando como un catedrático, cuyo prestigio se regaba por el territorio nacional conmoviendo el corazón de la patria. La prensa se ocupó de él. Viajaron de lejos los periodistas para entrevistarlo y repetir sus frases, y así creció el   175 número de sus seguidores y de sus enemigos.

—Vamos bien, Coronel —dijo el Mulato al cumplirse doce semanas de éxito.

---

[25]*amer.:* un regalito que hace el vendedor a su cliente
[26]asiento sin respaldo
[27]del monte; salvaje
[28]plataforma portátil
[29]discurso enardecedor
[30]pólvora en paquetitos que, al estallarse en el piso, hacen mucho ruido
[31]la huella que deja un astro

Pero el candidato no lo escuchó. Estaba repitiendo sus dos palabras secretas, como hacía cada vez con mayor frecuencia. Las decía cuando lo ablandaba la nostalgia, las murmuraba dormido,
180   las llevaba consigo sobre su caballo, las pensaba antes de pronunciar su célebre discurso y se sorprendía saboreándolas en sus descuidos. Y en toda ocasión en que esas dos palabras venían a su mente, evocaba la presencia de Belisa Crepusculario y se le alborotaban los sentidos con el recuerdo del olor montuno, el calor de incendio, el roce terrible y el aliento de yerbabuena, hasta que empezó a andar como un sonámbulo y sus propios hombres comprendieron que se le
185   terminaría la vida antes de alcanzar el sillón de los presidentes.

—¿Qué es lo que te pasa, Coronel? —le preguntó muchas veces el Mulato, hasta que por fin un día el jefe no pudo más y le confesó que la culpa de su ánimo eran esas dos palabras que llevaba clavadas en el vientre.

—Dímelas, a ver si pierden su poder —le pidió su fiel ayudante.

190   —No te las diré, son sólo mías —replicó el Coronel.

Cansado de ver a su jefe deteriorarse como un condenado a muerte, el Mulato se echó el fusil al hombro y partió en busca de Belisa Crepusculario. Siguió sus huellas por toda esa vasta geografía hasta encontrarla en un pueblo del sur, instalada bajo el toldo de su oficio, contando su rosario de noticias. Se le plantó delante con las piernas abiertas y el arma empuñada.[32]

195   —Tú te vienes conmigo —ordenó.

Ella lo estaba esperando. Recogió su tintero, plegó el lienzo de su tenderete, se echó el chal sobre los hombros y en silencio trepó al anca del caballo. No cruzaron ni un gesto en todo el camino, porque al Mulato el deseo por ella se le había convertido en rabia y sólo el miedo que le inspiraba su lengua le impedía destrozarla a latigazos. Tampoco estaba dispuesto a comentarle
200   que el Coronel andaba alelado,[33] y que lo que no habían logrado tantos años de batallas lo había conseguido un encantamiento susurrado al oído. Tres días después llegaron el campamento y de inmediato condujo a su prisionera hasta el candidato, delante de toda la tropa.

—Te traje a esta bruja para que le devuelvas sus palabras, Coronel, y para que ella te devuelva la hombría —dijo apuntando el cañón de su fusil a la nuca de la mujer.

205   El Coronel y Belisa Crepusculario se miraron largamente, midiéndose desde la distancia. Los hombres comprendieron entonces que ya su jefe no podía deshacerse del hechizo de esas dos palabras endemoniadas, porque todos pudieron ver los ojos carnívoros del puma tornarse mansos cuando ella avanzó y le tomó la mano.

Comprensión

1. ¿Cuál es el oficio de Belisa? ¿Cómo lo lleva a cabo?
2. ¿Cómo se salvó la vida Belisa de niña?
3. ¿Cómo descubrió la escritura?
   - ¿Por qué le atrajo tanto el oficio de las palabras?
   - ¿Cómo aprendió el oficio?

---

[32]tomada por el puño, en la mano
[33]chiflado, embobado

4. ¿Por quién y por qué fue secuestrada Belisa?

5. ¿Por qué quiere el Coronel dejar la fuerza armada y ser presidente?

6. ¿Qué quiere el Coronel de Belisa?

   • ¿Por qué tiene el coronel que memorizar el discurso?

   • ¿Cuánto le cuesta? ¿Cuál es su ñape?

7. ¿Qué efecto tiene el discurso del Coronel en los que lo escuchan?

   • ¿Qué efecto tiene en él las dos palabras secretas que le da Belisa?

   • ¿Por qué quiere el Mulato que el Coronel devuelva las dos palabras?

8. ¿Cómo termina el relato?

Interpretación

1. ¿Cómo se lleva a cabo el discurso histórico-social del relato?

   • En las líneas 108-113, ¿qué diferencia hay entre el proceso que sugiere el Mulato para conseguir el poder y el plan del Coronel?

2. Considera en grupo hasta qué punto es Belisa una heroína feminista considerando las siguientes preguntas: ¿Es una mujer sexy?

   • ¿Qué simbolismo podría haber en su apellido, "Crepusculario", que se deriva de "crepúsculo"?

   • ¿Cómo se representa el machismo?

   • ¿Qué efecto tiene lo femenino sobre lo masculino en este relato?

3. Comenta sobre el discurso metalingüístico del cuento una vez que hayas considerado los siguientes pormenores: ¿Qué descubre Belisa de las palabras la primera vez que ve un periódico?

   • ¿Qué proceso emplea Belisa con las palabras para escribir el discurso del Coronel?

   • ¿Qué efecto producen las palabras de Belisa en el Coronel y en el pueblo?

   • ¿Qué hace la autora de este relato con las palabras?

   • ¿Qué efecto desea conseguir en sus lectores?

   • Trata de descifrar la conexión ortográfica entre "Isabel" y "Belisa". ¿Cómo se puede decir que el relato es autorreferencial?

4. Aunque el poder de las palabras quizá sea el tema capital del relato, no se puede pasar por alto que "Dos palabras" es también un cuento de amor. ¿Qué relación podría haber entre estos dos temas?

5. Hay mucho humor en el relato que se encuentra a nivel de la acción, de la sintaxis y del léxico. Busca ejemplos de cada uno para compartirlos con la clase.

   • ¿Cómo funciona la hipérbole?

6. Como no sabemos lo que contiene el discurso que Belisa le escribe para el Coronel, tenemos que inferir. ¿Qué te imaginas que decía el discurso?

   • ¿Qué pruebas textuales hay para defender tu opinión?

   • Igual ocurre con las dos palabras. ¿Qué crees que eran? ¿Puedes estar cierto o cierta?

   • ¿Qué sería el propósito literario de ocultarlas al receptor?

Cultura, conexiones y comparaciones

1. En las obras del Boom se dan muchas formas narrativas como el Realismo social ("La siesta del martes" de García Márquez), el Realismo mágico ("El ahogado más hermoso del mundo" de García Márquez), lo fantástico (como "Chac Mool" de Carlos Fuentes). ¿Cómo clasificarías este relato de Allende?

2. En muchos pueblos pobres y aislados de Hispanoamérica existe el mismo oficio que ejerce Belisa: una persona letrada que llena formularios, hace trámites, lee y escribe cartas, etc. para personas analfabetas. Aunque en los países al norte del Río Grande no se suele encontrar este oficio, sí hay otros que se asemejan. ¿Has ayudado a alguien llenar un formulario?

    • ¿A quién contratan algunas personas para declarar los impuestos que le deben al gobierno?

    • ¿De quiénes se valen las grandes empresas para hacer publicidad para sus servicios y productos?

    • ¿Crees que el presidente de los Estados Unidos escribe todo lo que dice en su oratoria?

    • En grupo conversa sobre los modos que existen en nuestra sociedad de mercadear las palabras. Comparte tus ideas con la clase.

3. Belisa se inventa el oficio de vendedora de palabras porque piensa que "aparte de prostituirse o emplearse como sirvienta en las cocinas de los ricos, eran pocas las ocupaciones que podía desempeñar". Enumera las otras obras que has leído en que las mujeres han tenido que prostituirse.

    • ¿Qué nos indica este detalle respecto a la situación de la mujer?

    • ¿Qué nos dice respecto al carácter de Belisa?

4. Compara Belisa a los otros personajes femeninos de este capítulo: Malinche de Bernal Díaz, el yo lírico del poema de Avellaneda, Ildara de Pardo Bazán, la mujer de García Márquez y Sandra de Valenzuela. ¿Cómo es Belisa diferente?

5. ¿Conoces a otras heroínas fuertes en la literatura de lengua inglesa que han abierto su propio camino en la vida? Comenta.

6. Allende fue finalista para el Premio Cervantes, el mayor premio literario que otorga la nación española, pero no ganó. En una entrevista después, Allende declaró: "(Una mujer) tiene que hacer el doble o el triple de esfuerzo para obtener la mitad del reconocimiento que un hombre". Debate en clase si sus palabras son verdad o son las de una persona enojada o desilusionada.

    • Para ver quiénes han ganado el Premio Cervantes, busca por Internet "Premio Cervantes".

    • ¿Cuántos de los autores de este texto han recibido el premio?

7. Hay varias entrevistas con Isabel Allende en YouTube. Escucha alguna para llegar a conocer esta escritora encantadora. Reporta a la clase algún dato interesante de su obra o vida que aprendiste de la entrevista.

CAPÍTULO III

TIEMPO Y ESPACIO: TEMA Y TÉCNICA

■■■

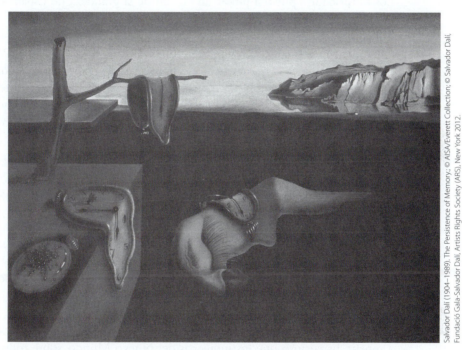

Salvador Dalí, "La persistencia de la memoria", Museum of Modern Art (New York)

Cuando se habla del tiempo y del espacio en la literatura, se refiere a tres posibilidades: (1) el momento histórico y el lugar en que se compone la obra; (2) cómo el tiempo y el espacio operan en la obra, tanto como tema así como técnica; y (3) los efectos del tiempo y del medio ambiente en los personajes.

Toda obra literaria se produce en un momento y un lugar específico, y por lo tanto refleja de un modo u otro ese período y ese ámbito. A veces el autor se propone dejar un testimonio de la época y del local, como ocurre con los documentos que se conservan del encuentro entre europeos e indígenas americanos, pero lo más común es que la obra, por ser producto de un momento específico, refleje fortuitamente esa realidad. Eso explica por qué el texto literario es un documento tan valioso para conocer el pasado. Los historiadores pueden pintar un cuadro de la grandeza de España en el siglo XVI, pero la novela *Lazarillo de Tormes* ofrece una perspectiva muy opuesta.

De un modo u otro, la obra literaria tiene que posicionarse frente al tiempo. El autor tiene que ordenar sus datos y acontecimientos con algún esquema. Por lo general, el tiempo cronológico o lineal ofrece el método más lógico. Sin embargo, aunque pensamos que vivimos cronológicamente en el tiempo, en realidad constantemente pasamos al pasado con recuerdos y nos proyectamos en el futuro con los sueños y la imaginación. Por medio de asociaciones visuales, táctiles, olfatorias, etc. unimos y confundimos unidades y tiempos desiguales. En el fluir de la conciencia enmarañamos constantemente el tiempo, las cosas y los espacios. Visto de este modo, el presente es una agrupación de lo ocurrido, lo actual y lo venidero, de las asociaciones lógicas e irracionales, de los espacios reales y los irreales, etc. La literatura moderna trasluce esta complejidad del tiempo y del espacio.

Los autores tienen que crear un ámbito en sus obras, y ese medio ambiente en que se vive define al individuo tanto como el momento histórico. Esta noción, tan aceptada hoy día, es uno de los pilares del Naturalismo literario del siglo XIX. Hoy se habla también de los efectos de la clase social, la raza y el género sexual como factores determinantes del individuo.

El tiempo ha sido una preocupación capital de la filosofía occidental. El filósofo griego Pitágoras consideró que el tiempo era cíclico; al terminar un ciclo, todo se volvía a repetir. Es curioso que los indígenas del Nuevo Mundo, sobre todo los mayas y los aztecas, quienes estaban obsesionados con el tiempo, lo concebían como fenómeno cíclico también. No debe sorprender que la famosa novela *Cien años de soledad* de García Márquez termina con Aurelio Buendía descifrando un pergamino que contenía la historia de su propia vida, dando la impresión que esa vida ya se había vivido.

El concepto del tiempo en la cultura occidental es explicado por San Agustín como algo con principio y fin: Nacemos y morimos y pasamos a la gloria, que es un concepto del infinito pero también lineal. Se debe tomar en cuenta que la Encarnación de Cristo no se da en el tiempo mítico o sagrado, como los seres divinos de otras religiones, sino en el tiempo histórico humano.

Los pensadores del siglo XVIII siguieron ese concepto del tiempo, pero lo vieron como un proceso y un progreso; al transcurrir el tiempo el mundo avanzaba y prosperaba. Kant explicó que el tiempo es lo más esencial de nuestra existencia. Concebimos nuestro ser por medio de experiencias ordenadas sucesivamente.

Pero en el siglo XX se rechaza este concepto optimista del tiempo. Se observa, en vez, un tiempo perdido, sin sentido y que retrocede y destruye. Estas nociones coinciden con la filosofía existencialista que ha predominado en el siglo XX. Después de la formulación de la teoría de la relatividad de Einstein, también se ha disputado la noción de un tiempo lineal, único y absoluto. El tiempo, como el espacio, es relativo y sujeto a la perspectiva de cada individuo. Estas ideas abrieron las puertas a un modo nuevo e inaudito de ver el tiempo y el espacio. Entre los escritores y artistas de las vanguardias, el tiempo se puede mover en direcciones diversas y hasta puede haber varios tiempos simultáneos. El espacio puede ocurrir fuera del tiempo, como en los sueños y en la imaginación, como lo comprueba el Surrealismo.

Al pensar en el tiempo, no se puede ignorar los avances tecnológicos que han influido y determinado nuestro concepto temporal. El reloj, por ejemplo, nos recuerda a cada instante el paso del tiempo, así como la fotografía capta gráficamente un momento específico. El cine ha sido de particular interés a los escritores. La cámara se mueve libremente por el tiempo y el espacio, y el ojo es capaz de captar esta libre marcha con mayor facilidad que el cerebro puede interpretarla por medio de las palabras. Los escritores modernos, como consecuencia, han aplicado con éxito las técnicas cinematográficas a la prosa.

Gran parte de la utilidad de la obra literaria es lo que revela del momento y el mundo que refleja, y gran parte de su deleite estético es descubrir cómo el tiempo y el espacio funcionan en ella.

"Romance del rey Rodrigo"

La literatura y la vida

1. Ojalá que no hayas visto nunca un campo de batalla después del combate, pero ¿qué escena horrible encontrarías? Para algunas ideas, haz una búsqueda de imágenes por Internet sobre "Goya, desastres de la guerra", y mira cada dibujo detenidamente. Luego, que cada estudiante describa el dibujo que más le conmovió.

2. ¿Cómo te sentirías si perdieras de buenas a primeras toda tu reputación y tu posición entre tus amigos por algún mal que hayas hecho?

En contexto

La invasión árabe de la Península Ibérica en 711 —acontecimiento que siempre se ha visto como determinante para la historia de España— está envuelto en leyenda y dio lugar a todo un ciclo de romances. Este cuenta lo que sentía el rey Rodrigo, el último rey godo de España, al ser derrotado por los musulmanes y haber perdido su reino a la religión islámica.

Fin de la batalla entre los ejércitos de Rodrigo y los moros

Las huestes[1] de don Rodrigo
desmayaban y huían
cuando en la octava batalla
sus enemigos vencían.
5 Rodrigo deja sus tiendas
y del real se salía;
solo va el desventurado
que no lleva compañía;
camina por donde quiere
10 que no le estorba la vía.
El rey va tan desmayado
que sentido no tenía;
muerto va de sed y hambre
que de verle era mancilla,[2]
15 iba tan tinto de sangre
que una brasa parecía.
Las armas lleva abolladas
que eran de gran pedrería[3]
la espada lleva hecha sierra
20 de los golpes que tenía;
el almete abollado
en la cabeza se le hundía;
la cara lleva hinchada
del trabajo que sufría.
25 Subióse encima de un cerro
el más alto que veía:
desde allí mira su gente
cómo iba de vencida;
de allí mira sus banderas

30 y estandartes que tendía,
cómo están todos pisados
que la tierra los cubría.
Mira por sus capitanes
que ninguno parecía;
35 mira el campo tinto en sangre
la cual arroyos corría.
El triste, de ver aquesto,
gran mancilla en sí tenía:
llorando de los sus ojos
40 de esta manera decía:
'Ayer era rey de España,
hoy no lo soy de una villa;
ayer villas y castillos,
hoy ninguno poseía;
45 ayer tenía criados,
hoy ninguno me servía;
hoy no tengo una almena
que pueda decir que es mía.
¡Desdichada fue la hora
50 desdichado fue aquel día
en que nací y heredé
la tan grande señoría,
pues lo había de perder
todo junto en un día!
55 ¡Oh, muerte! ¿Por qué no vienes
y llevas esta alma mía
de aqueste cuerpo mezquino,
pues se te agradecería?'

Comprensión

1. ¿Qué ha pasado en los primeros seis versos?
2. ¿En qué condición física y mental anda el rey Rodrigo?
3. ¿Qué ve el rey cuando sube el cerro?
4. ¿Qué sentimientos expresa el rey en su famoso lamento al final del romance?

Interpretación

1. Luego de leer el primer y segundo paso de *Interpretación* de "Romance de la pérdida de Alhama" (p. 77), verifica cómo este poema es un romance en cuanto a su versificación y qué contiene los elementos típicos de ese subgénero.

[1]soldados
[2]daba lástima
[3]con piedras preciosas

2. La descripción del campo de batalla que el rey observa desde el cerro forma el espacio en que tiene lugar el romance. ¿Cómo es?

   • ¿Hay hipérboles en la descripción? ¿Cuáles?

3. El verso 7 contiene una forma muy específica de la antonomasia llamada un "epíteto". Explica.

   • ¿Se repite de nuevo en el verso 37? ¿Cómo?

4. Explica cómo el lamento del rey al final se narra en el tiempo presente, pero vuelve al pasado y proyecta el futuro.

   • ¿Con qué palabras se lleva a cabo la anáfora?

5. En el lamento, ¿de quién siente lástima el rey?

   • ¿Expresa pena por su pueblo y su país?

   • ¿Qué implica estos datos sobre el carácter del rey?

Cultura, conexiones y comparaciones

1. Este romance se compuso mucho antes que el del "Romance de la pérdida de Alhama" del *Capítulo I*. Sin embargo, tiene la misma forma y muchos de los mismos recursos estilísticos. ¿Qué indica este dato respecto al carácter del Romancero?

2. El hombre medieval es muy fervoroso en cuanto a su religión. La vida era difícil, había mucha pobreza, la sanidad apenas existía y las pestes constantes acosaban a multitudes de gente. Ante esta inestabilidad desesperante, el hombre medieval buscaba consolación en la vida después de la muerte, donde seguramente todo sería mucho mejor. ¿Cómo se expresan estas ideas en el lamento del rey Rodrigo?

3. La rueda de la fortuna es un concepto medieval que sugiere que la vida da vueltas constantes y la fortuna de uno varía constantemente. Haz una búsqueda de imágenes por Internet con "rueda de la fortuna medieval". Observa las ruedas que contienen monarcas. ¿Quién está en la cima de la rueda? ¿Qué le pasa?

   • Explica cómo este concepto del tiempo se expresa en el "Romance del rey Rodrigo".

   • ¿Puedes nombrar alguna figura famosa (deportista, político, cantante, etc.) que haya 'caído' de la cima de la rueda? Explica.

4. Que varios estudiantes de la clase ensayen el lamento de don Rodrigo y que cada uno lo presente ante la clase como monólogo dramático. Que los estudiantes elijan la mejor declamación.

Garcilaso de la Vega, "En tanto que de rosa y azucena"

Autor: Garcilaso de la Vega (¿1501?–1536)
Nacionalidad: Español
Datos biográficos: Es el prototipo del hombre renacentista: noble, cortesano, guerrero, diplomático, músico, políglota y poeta.
Época y movimiento cultural: Poesía del Siglo de Oro; Renacimiento
Obra más conocida: Su poesía fue publicada póstumamente
Importancia literaria: Fue uno de los primeros en emplear la forma del soneto italiano en castellano, y es el mayor poeta del estilo lírico italianizante del Siglo de Oro.

La literatura y la vida

1. ¿Crees que los jóvenes tienen más derecho que la gente mayor a disfrutar de la vida? ¿Por qué?

   • Que se forme una discusión de este tema, con el profesor o la profesora tomando el lado de la gente mayor y los estudiantes el lado de los jóvenes.

2. El "disfrutar" al que se refiere en este poema incluye los placeres carnales. ¿Crees que en el mundo en que vivimos con tantas enfermedades contagiosas es buena idea dar rienda suelta a nuestros deseos carnales? Explica.

En contexto

El tema de *carpe diem* viene de la literatura romana y fue muy popular durante el Renacimiento. Aconseja que se debe aprovechar de la juventud, y casi siempre contiene un subtexto erótico.

"En tanto que de rosa y azucena"

En tanto que de rosa y azucena[1]
se muestra la color en vuestro gesto,
y que vuestro mirar ardiente, honesto,
enciende el corazón y lo refrena,

5   y en tanto el cabello, que en la vena
del oro se escogió, con vuelo presto,
por el hermoso cuello blanco, enhiesto,
el viento mueve, esparce y desordena;

coged de vuestra alegre primavera
10   el dulce fruto, antes que el tiempo airado[2]
cubra de nieve la hermosa cumbre.

Marchitará la rosa el viento helado,
todo lo mudará la edad ligera,
por no hacer mudanza en su costumbre.

---

[1]flor blanca y muy olorosa
[2]agitar; irritar

Comprensión

1. ¿De qué colores son la rosa y la azucena?

   • El poeta está describiendo la cara de una mujer. ¿A qué partes de la cara se podría asociar estos colores?

2. ¿De qué color es el cabello de la mujer? ¿Cómo se sabe?

3. En la tercera estrofa se revela el tema en forma de un consejo que le da el poeta a la mujer. ¿Cuál es el tema? ¿Cómo se llama en latín?

4. ¿Qué hará el viento helado de la última estrofa?

Interpretación

1. Para entender la forma del soneto, sigue los siguientes pasos:

   • Cuenta el número de versos. ¿Cuántos hay?

   • ¿Cuántas estrofas hay? ¿Son de la misma extensión? Explica.

   • ¿Cuántas sílabas hay en cada verso? ¿Cómo se llama este tipo de versificación?

   • ¿Cómo es la rima: asonante o consonante? ¿Qué patrón tiene?

   • Ahora, describe la forma del soneto.

2. ¿A quién se refiere el poeta con las formas posesivas de "vuestro" y el mandato "coged"?

3. Descifra los hipérbatos de las dos primeras estrofas.

   • ¿Qué efecto producen?

4. La palabra "gesto" y "mirar" de la primera estrofa son sinécdoques. ¿A qué partes del cuerpo se refieren?

5. El poema contiene una oposición entre los colores cálidos (rojo, amarillo) y la blancura. Haz una lista de las palabras y signos que se asocian con cada color.

6. La primavera se menciona explícitamente, pero se capta la idea de invierno con una metonimia. ¿Cómo?

   • ¿Cómo se relacionan los colores con las estaciones?

7. Busca en www.rae.es el sentido de la palabra "airar" para entender "airado". ¿Qué significa metonímicamente "el tiempo airado"?

8. El poema también tiene que ver con la rapidez con la cual pasa el tiempo. ¿Tiene el "tiempo airado" otro sentido?

   • ¿Cómo se relaciona con "la edad ligera" de la última estrofa?

   • ¿Cómo funciona el tiempo en este soneto?

9. El verbo "mudar" de la última estrofa se ve en la transformación de los signos del poema. ¿En qué se transforma el viento que esparce el cabello de la dama en la segunda estrofa?

   • ¿Qué le pasa al pelo rubio?

   • ¿Y a las rojas mejillas y labios de la mujer?

10. Busca en www.rae.es el significado 22 del verbo "coger", que también da sentido al vulgarismo americano en 31.

    • Busca también "cubrir" en su acepción 5.

    • Teniendo en cuenta el sentido sexual de estos signos, ¿a qué se refiere "el dulce fruto"?

11. El poema concluye con una paradoja. Explica.

    • ¿Cómo se relaciona esta paradoja con el resto del poema?

Cultura, conexiones y comparaciones

1. El soneto es una forma poética creada en Italia a finales de la Edad Media y popularizada por el poeta Petrarca (1304-1374). En España se empezó a emplear en el siglo XV, pero fue Garcilaso, a principios de siglo XVI, que aseguró su éxito en las letras hispánicas para la expresión culta. ¿Qué famoso escritor inglés cultivó el soneto también? ¿Has leído alguno? Cuenta.

2. El arte y la literatura del Renacimiento popularizaron un ideal de belleza femenina: alta, de cabello rubio, ojos azules, cuello largo y tez blanca. Este es el ideal que describe Garcilaso y el que fue captado por Sandro Botticelli (1445-1510) en su famoso cuadro "El nacimiento de Venus". Busca la imagen por Internet, y observa las semejanzas que tiene con el poema. ¿Qué hacen los ángeles a la izquierda?

    • ¿Qué efecto producen en el cabello de la mujer?

    • ¿Qué representa la concha?

    • ¿Es este un cuadro erótico? Explica.

    • Se estima que el cuadro de Botticelli se pintó en 1485 y el soneto de Garcilaso es de los años de 1530. Garcilaso estuvo en Italia en 1530, precisamente en Florencia donde se halla actualmente este cuadro. ¿Crees que Garcilaso lo vio antes de escribir su soneto?

3. ¿Conoces el poema del poeta inglés Robert Herrick (1591-1674) con el título "*To virgins, to make much of time*"? Si no, léelo:

Gather ye rosebuds while ye may,	*That age is best which is the first,*
Old Time is still a-flying:	*When youth and blood are warmer;*
And this same flower that smiles to-day 10	*But being spent, the worse, and worst*
To-morrow will be dying.	*Times still succeed the former.*
5 *The glorious lamp of heaven, the sun,*	*Then be not coy, but use your time,*
The higher he's a-getting,	*And while ye may, go marry:*
The sooner will his race be run,	*For having lost but once your prime,*
And nearer he's to setting.	15 *You may for ever tarry.*

    • ¿Qué tiene en común con el poema de Garcilaso?

    • ¿Cómo comparten el mismo sentido sexual?

    • ¿Cuál es la metáfora de la segunda estrofa del poema inglés?

    • En el poema de Garcilaso no hay metáforas. ¿Qué las sustituye?

    • ¿Cuál figura es más compleja? Explica por qué.

Luis de Góngora, "Mientras por competir con tu cabello"

Autor: Luis de Góngora (1561–1627)

Nacionalidad: Español

Datos biográficos: Era aficionado a la vida lujosa y entretenida, lo cual provocó críticas porque se había ordenado y era capellán del rey Felipe III. Fue una leyenda en su propia vida y tuvo una influencia inmensa en el arte del siglo XVII, pero también tuvo detractores, como Quevedo, quien lo satirizó en su poesía.

Época y movimiento cultural: Poesía del Siglo de Oro; Barroco (culteranismo)

Obras más conocidas: *Fábula de Polifemo y Galatea* (1612), *Soledades* (1614)

Importancia literaria: Más que ningún otro poeta, popularizó el nuevo estilo barroco en toda Europa. Su influencia se siente aún hoy.

La literatura y la vida

1. ¿Has visto envejecer a alguien en tu familia? ¿Qué cambios físicos has percibido?
2. Para ti, ¿quién es la mujer más bella físicamente que conoces? ¿Por qué?

"Mientras por competir con tu cabello"

Mientras por competir con tu cabello
oro bruñido al sol relumbra en vano,
mientras con menosprecio en medio
   el llano
mira tu blanca frente el lilio bello;

mientras a cada labio, por cogello,   5
siguen más ojos que al clavel temprano,
y mientras triunfa con desdén lozano,
del luciente cristal tu gentil cuello;

goza cuello, cabello, labio y frente,
antes que lo que fue en tu edad
   dorada   10
oro, lilio, clavel, cristal luciente,

no sólo en plata o vïola troncada[1]
se vuelva, mas tú y ello juntamente
en tierra, en humo, en polvo, en
   sombra, en nada.

---

[1] *lat.:* color violeta truncada; aquí, *fig.:* no completa (o sea, color violeta débil)

Comprensión

1. Para comprender el sentido del soneto, hay que entender algo de la estética barroca y su afán por los hipérbatos complejos. El primer verso puede ser: "Mientras el oro bruñido relumbra en vano al sol por competir con tu cabello". El segundo sería: "Mientras el lilio bello mira con menosprecio tu gentil frente". Ahora trata de descifrar los hipérbatos del segundo cuarteto.

   • Ahora, escribe en tus propias palabras lo que significan estas ideas para luego compartirlas con la clase.

2. ¿Por qué no pueden competir los elementos de la naturaleza con la mujer?

3. ¿Por qué debe la mujer gozar de su belleza?

4. ¿Qué es el tema de este soneto?

Interpretación

1. ¿Qué es la forma métrica de este poema? (Consulta el primer paso de *Interpretación* de Garcilaso en la página 253).

2. ¿Qué partes de la cabeza de la mujer se describen en el poema?

   • ¿Con qué elementos de la naturaleza se comparan?

   • ¿En la comparación, se usa la figura retórica de la metáfora o el símil? Si no, ¿qué figura se emplea?

3. Es también con la metonimia que se capta el color de las facciones. ¿De qué colores son?

4. El arte del Barroco desorienta a primera vista, pero luego se aclara. El poema tiene dos partes: los cuartetos y los tercetos. ¿Cuál parte es más fácil de comprender?

5. ¿Qué significa la sinécdoque de la "edad dorada" en el primer terceto?

6. ¿En qué colores se transforman las facciones de la mujer en el segundo terceto?

   • ¿Con qué se asocian estos colores?

7. Explica el efecto de la gradación descendente con la cual termina el poema. ¿A qué se refiere en su conjunto?

8. Enfoquémonos en el subtexto de los versos 5 y 6. ¿Qué sugieren los verbos "coger" y "gozar"?

   • El "clavel temprano" a lo mejor se refiere a la flor todavía en capullo. ¿Qué podría significar esta imagen dentro del subtexto erótico del poema?

9. Nota el modo original con que Góngora emplea la anáfora. Explica.

10. Explica los efectos de las aliteraciones de "edad dorada" y "oro, lilio, clavel, cristal luciente".

    • ¿Hay otras aliteraciones?

Cultura, conexiones y comparaciones

1. Repasa lo que se ha dicho sobre el Barroco en la *Introducción* en las páginas 8 a 9. En grupo haz una lista de los elementos del Barroco que contiene esta composición para luego compararlos con los de los otros compañeros.

2. Este soneto tiene el mismo tema del *carpe diem* que el de Garcilaso (p. 252), sin embargo el tono y el estilo de cada uno es diferente. Es la diferencia entre el espíritu del Renacimiento y el del Barroco. ¿Cuál es más pesimista?

   • ¿Qué nos indica este dato respecto a la ideología del Barroco?

3. Comparando los sonetos de *carpe diem* de Garcilaso y Góngora, Salvatore Poeta ha observado esta diferencia:

   Paradójicamente, frente al "tiempo airado" en Garcilaso, el motivo del tiempo en Góngora es apenas insinuado, con la posible excepción de "edad dorada"; su fuerza destructiva, no obstante, resulta mucho más universal, hasta metafísica, al trascender la belleza inmediata de la dama y de la naturaleza garcilasianas. Dicha actitud de desengaño metafísico concuerda perfectamente con el pesimismo ético-moral y perspectiva elegíaca del Barroco. Así la rosa meramente marchita de Garcilaso se viste de luto en Góngora al transformarla, el poeta cordobés, a la negra "viola troncada".

   En grupo explica lo que significa Poeta con este comentario.

4. Góngora fue retratado por el mayor pintor barroco de España, Diego Velázquez (1599-1660). Mira su cuadro en una búsqueda de imágenes por Internet con "Velázquez, Góngora". Con tus compañeros de clase, trata de describir la personalidad del poeta a base de este cuadro.

"De la brevedad engañosa de la vida"

La literatura y la vida

1. ¿Piensan mucho en la muerte la gente joven? ¿Y la gente mayor? ¿Por qué?

2. ¿Quieres hacer muchas cosas divertidas durante la vida? ¿Quieres hacer estas cosas en tu juventud o tu vejez? ¿Por qué?

En contexto

Los agonales eran juegos públicos que se celebraban en la antigua Roma en los coliseos. Se trataba de carros que tenían que circular la pista siete veces. A cada extremo de la pista había una meta donde el que conducía (el auriga) tenía que girar. Este ardid representaba la parte más peligrosa de la carrera, y el público mantenía el silencio cuando ocurría, temiendo que el auriga se cayera o se matara.

"De la brevedad engañosa de la vida"

Menos solicitó veloz saeta
destinada señal, que mordió aguda;
agonal carro[1] por la arena muda
no coronó con más silencio meta,

5   que presurosa corre, que secreta
a su fin nuestra edad. A quien lo duda,
fiera que sea de razón desnuda,
cada sol repetido es un cometa.

¿Confiésalo Cartago,[2] y tú lo ignoras?
10   Peligro corres, Licio, si porfías
en seguir sombras y abrazar engaños.

Mal te perdonarán a ti las horas;
las horas que limando están los días,
los días que royendo están los años.

Comprensión

1. Hay que dilucidar los hipérbatos de los dos cuartetos: "[La] saeta que presurosa corre solicitó [la] destinada señal que mordió aguda [pero] menos veloz corre a su fin nuestra edad. Un carro agonal por la arena muda no coronó [la] meta con más silencio". Para entender el léxico y las imágenes de estos versos, consulta *En contexto* más arriba.

2. ¿Con qué compara el poeta la vida?

3. ¿Por qué no se debe "seguir sombras" y "abrazar engaños"?

4. Explica cómo funciona el tiempo en el último terceto.

5. ¿Cuál es el tema de este soneto?

Interpretación

1. Confirma que la forma métrica es la del soneto.

2. Si el referente de los versos 1 y 2 es una saeta camino al blanco, ¿qué significa "mordió aguda"?
   - ¿Qué figura retórica emplea Góngora aquí?

3. Busca la palabra "saeta" en www.rae.es y, luego de verificar su segunda aceptación, explica cómo es un signo polisémico.

4. El encabalgamiento normalmente ocurre entre dos versos de la misma estrofa. Explica la originalidad de su uso entre los versos 4 y 5.
   - Anota los otros usos de esta figura en el soneto.

5. Los cometas eran ocurrencias temidas y representaban mal agüeros. Con esta idea, explica la metáfora "cada Sol repetido es un cometa".

6. ¿Qué confiesa Cartago que el destinatario del poema ignora?

---

[1]Ver *En contexto*

[2]Ciudad y luego república fundada por los fenicios en el norte de África, probablemente en el siglo VII a. C. En su apogeo era más próspera que Roma, pero en el siglo II a. C. se enfrentó con Roma por la dominación del Mediterráneo. En 126 a. C. Cartago fue destruida y arrasada por los romanos.

7. ¿Qué significan "limar" y "roer"? ¿Cuál es un acto más intenso?

8. Explica el uso de la anadiplosis en el último terceto.

Cultura, conexiones y comparaciones

1. El espíritu del Barroco es cínico y pesimista, pero a pesar del tono de decepción, nunca se llega a la desconfianza en la fe cristiana. Ligado a esa fe es la noción de que la vida terrenal es material y pasajera; se debe poner las miras en la vida después de la muerte. ¿Cómo se expresa esta noción en los versos 10 y 11?

   • ¿Cómo es esta noción contraria a la del *carpe diem*?

2. Otros temas clásicos que se observan en este poema son el *tempos fugit*, que viene del poeta romano Virgilio (70 a. C.–19 a. C.) y que significa que el tiempo vuela, y el *memento mori*, que también se refiere a la fugacidad de la vida pero que nos recuerda más explícitamente que somos mortales. ¿Cómo se reflejan estos temas en este soneto?

3. En el Barroco se da un subgénero de pintura llamado *'vanitas'*, que se asemeja mucho a los temas clásicos de este soneto de Góngora. Busca la imagen por Internet del pintor español Valdés Leal (1622-1690), "La alegoría de la muerte". Explica cómo es una representación gráfica de *memento mori* y *tempos fugit*.

4. Hay varias celebraciones en el mundo hispánico que también se relacionan con el *memento mori*. ¿Conoces la celebración mexicana del Día de los Muertos? ¿Cómo se viste la gente? ¿Por qué?

   • Observa este fenómeno mirando imágenes por Internet de José Guadalupe Posada (1852-1913), quien muchos consideran el padre del arte moderno mexicano. Busca en especial su versión del "Nacimiento de Venus" de Botticelli, que ya se ha observado en relación al soneto de Garcilaso "En tanto que de rosa y azucena". Comenta sobre esta parodia.

5. La celebración norteamericana de Halloween también tiene resonancias de este tema. Explica.

   • ¿Es tan explícito como en su variante mexicana? Explica.

6. ¿Has visto alguna vez un agonal? Hay una muy famoso en la película *Ben-Hur* (1959). Busca en YouTube bajo "*chariot race*, Ben-Hur" y fíjate en el peligro de girar en los extremos de la pista. ¿Hay algún deporte o espectáculo de nuestros días que es tan peligroso como el agonal?

Francisco de Quevedo, "Miré los muros de la patria mía"

Autor: Francisco de Quevedo (1580-1645)
Nacionalidad: Español
Datos biográficos: Pasó gran parte de su vida en la corte con cargos importantes. Poseía una personalidad estrafalaria y controvertida; así se explica sus muchos enemigos, siendo Góngora el más conocido. Finalmente, por sus escritos atrevidos, fue preso y exiliado de la corte.
Época y movimiento cultural: Siglo de Oro; Barroco (conceptismo)
Obras más conocidas: Prosa satírica: *Los sueños* (1606-1623); Novela picaresca: *La vida del Buscón* (1626); su poesía fue publicada póstumamente
Importancia literaria: Es la figura más completa y versátil del Barroco español. Si compite en importancia con Góngora en poesía, en prosa satírica barroca nadie se le acerca.

La literatura y la vida

1. ¿Qué indicios se pueden percibir en una sociedad que indiquen que está en su declinación económica, política y social?

   • Entabla una discusión respecto a si la potencia de los Estados Unidos está en declive.

2. ¿Crees que los Estados Unidos serán siempre la gran potencia militar y económica que es hoy? ¿Por qué?

En contexto

En el siglo XVII el Imperio Español estaba en claro declive. Las guerras de la Contrarreforma y de la conquista del Nuevo Mundo dejaron al país abatido y agotado. Quevedo, que vivía en la corte, conocía mejor que nadie la situación desesperante en que se encontraba el país.

"Miré los muros de la patria mía"

Miré los muros de la patria mía,
si un tiempo fuertes, ya desmoronados,
de la carrera de la edad cansados,
por quien caduca ya su valentía.

5 Salíme al campo, vi que el Sol bebía
los arroyos del hielo desatados,
y del monte quejosos los ganados,
que con sombras hurtó su luz al día.

Entré en mi casa; vi que, amancillada,[1]
de anciana habitación era despojos;
mi báculo, más corvo y menos fuerte.

Vencida de la edad sentí mi espada,
10 y no hallé cosa en que poner los ojos
que no fuese recuerdo de la muerte.

Comprensión

1. ¿En qué estado se encuentran las murallas de la patria del poeta?

   • ¿Qué implica este estado respecto al país?

2. Los hipérbatos de la segunda estrofa son muy difíciles de descifrar, pero presentan tres ideas bastante explícitas: el sol se bebe los arroyos, los ganados están desatados y quejosos, y la sombra del monte hurta al día la luz. ¿Qué impresión dan estas tres imágenes respecto al estado del país?

3. ¿Qué descubre el poeta al entrar en su casa?

4. ¿Con qué tema termina el poema?

Interpretación

1. Verifica que este poema tiene la forma de un soneto.

2. Recordando que el poema contiene un discurso histórico respecto a España, ¿qué podría ser el significado de la "valentía" que "caduca" del verso 4?

   • Siguiendo ese mismo camino de análisis, ¿qué podría significar los arroyos secos, el ganado desatado y quejoso y el día sin luz de la segunda estrofa?

3. Nota el movimiento en el espacio del yo lírico. ¿Con qué verbos en el pasado empieza cada estrofa?

   • Explica cómo el primer terceto pasa de lo nacional a lo personal.

   • ¿Qué encuentra el yo lírico dentro de su casa?

   • Explica cómo el último terceto combina lo nacional con el personal.

4. Es posible que el poema contenga un discurso religioso. Cristo lleva un báculo para cuidar a su rebaño de ovejas, las cuales representan a los cristianos. Con este dato, ¿qué podría representar el ganado desatado?

   • ¿Y el "báculo, más corvo, y menos fuerte"?

   • Trata de explicar el discurso religioso del subtexto.

5. Todos los verbos del poema están en tiempos pasados, sin embargo se proyectan al presente, y posiblemente al futuro. Explica este movimiento del tiempo.

Cultura, conexiones y comparaciones

1. ¿Cómo se conforma este soneto al Barroco, tanto en su estilo como en su ideología?

2. El ocaso de la potencia militar de España en el siglo XVII se ve también en algunos cuadros del pintor Velázquez, que era pintor de cámara al rey Felipe IV (1601-1665).

---

[1]manchada; deslucida

Observa su interpretación de Marte, dios de la guerra, a través de una búsqueda de imágenes con "Velázquez, Marte".

- ¿Es la figura joven y vigorosa como debería ser? Explica lo que podría simbolizar este cuadro.

3. En este capítulo hay tres sonetos que tratan el tema de *memento mori* (los dos de Góngora y este de Quevedo). Compáralos.

- Cada uno combina ese tema con otro. Explica.

- Esos tres sonetos también expresan claramente los tópicos barrocos de engaño/ desengaño e ilusión/desilusión. Explica.

4. Dámaso Alonso afirma lo siguiente respecto al arte de Quevedo:

En Quevedo se mezclan un pesimismo filosófico, que es producto de su cultura, un escepticismo amoroso y una hombría de español desilusionado; todo esto se le funde con el alma y constituye su concepto del mundo y de su vida, y todo se le va adensando y ennegreciendo según la misma vida pasa.

Verifica por escrito esta observación con ejemplos de "Miré los muros de la patria mía".

5. La enemistad entre Quevedo y Góngora es legendaria. Lee el siguiente poema de Quevedo burlándose de Góngora, en que le acusa de ser descendiente de judíos, crítica racista muy común en el Siglo de Oro:

Yo te untaré mis obras con tocino
porque no me las muerdas, Gongorilla,
perro de los ingenios de Castilla,
docto en pullas, cual mozo de camino;

5 apenas hombre, sacerdote indino,
que aprendiste sin cristus la cartilla;
chocarrero de Córdoba y Sevilla,
y en la Corte bufón a lo divino.

10 ¿Por qué censuras tú la lengua griega
siendo sólo rabí de la judía,
cosa que tu nariz aun no lo niega?

No escribas versos más, por vida mía;
aunque aquesto de escribas se te pega,
por tener de sayón la rebeldía.

Hoy consideramos que estos señales racistas así como los estereotipos basados en raza o religión no son de buen gusto, pero claramente así no se pensaba en el Siglo de Oro.

- Que la clase se divida en dos grupos (los que creen que estos comentarios son inofensivos y los creen lo contrario) para llevar a cabo un debate.

José María Heredia, "En una tempestad"

Autor: José María Heredia (1803–1839)
Nacionalidad: Cubano
Datos biográficos: Luchó por la liberación de Cuba y a causa de ello pasó gran parte de su vida exiliado en el extranjero, sobre todo en los Estados Unidos, Venezuela y México.
Época y movimiento cultural: Neoclasicismo tardío; Romanticismo
Obras más conocidas: Poemas: "En una tempestad", "En el Teocalli de Cholula" y "Niágara"
Importancia literaria: Es una figura de transición entre el pensamiento neoclásico del siglo XVIII y la rebeldía e inquietud del Romanticismo.

La literatura y la vida

1. ¿Has estado alguna vez en una tempestad o un huracán con truenos, mucha lluvia y viento? ¿Qué sentiste?
2. Si eres una persona creyente, ¿cómo justificas los efectos trágicos de las manifestaciones de la naturaleza, como los huracanes y los terremotos?

En contexto

En el pensamiento neoclásico del siglo XVIII, asociado sobre todo con el filósofo alemán Leibniz (1646–1716), se considera que la Tierra, como la creación del Señor, era planificada con cuidado y perfección. Por lo tanto, las manifestaciones de la naturaleza, por violentas y trágicas que sean, son parte del plan divino.

"En una tempestad"

Huracán, huracán, venir te siento,
y en tu soplo abrasado
respiro entusiasmado
del señor de los aires el aliento.
En las alas del viento suspendido   5
vedle rodar por el espacio inmenso,
silencioso, tremendo, irresistible,
en su curso veloz. La tierra en calma,
siniestra, misteriosa,

contempla con pavor su faz terrible.   10
¿Al toro no miráis? El suelo escarban
de insoportable ardor sus pies heridos:
la frente poderosa levantando,
y en la hinchada nariz fuego aspirando,
llama la tempestad con sus bramidos.   15
¡Qué nubes! ¡qué furor! El sol temblando
vela en triste vapor su faz gloriosa,
y su disco nublado sólo vierte

luz fúnebre y sombría,
20   que no es noche ni día…
¡Pavoroso color, velo de muerte!
Los pajarillos tiemblan y se esconden
al acercarse el huracán bramando,
y en los lejanos montes retumbando
25   le oyen los bosques, y a su voz responden.
Llega ya… ¿No lo veis? ¡Cuál[1] desenvuelve
su manto aterrador y majestuoso!…
¡Gigante de los aires, te saludo!…
En fiera confusión el viento agita
30   las orlas de su parda vestidura…
¡Ved!… ¡en el horizonte
los brazos rapidísimos enarca,
y con ellos abarca
cuanto alcanzo a mirar de monte a monte!
35   ¡Oscuridad universal!… ¡Su soplo
levanta en torbellinos
el polvo de los campos agitado!…
En las nubes retumba despeñado
el carro del Señor, y de sus ruedas
40   brota el rayo veloz, se precipita,
hiere y aterra[2] el suelo,

y su lívida luz inunda el cielo.
¿Qué rumor? ¿Es la lluvia?… Desatada
cae a torrentes, oscurece al mundo,
45   y todo es confusión, horror profundo.
Cielo, nubes, colinas, caro bosque,
¿Dó[3] estáis?… Os busco en vano:
desaparecisteis… La tormenta umbría
en los aires revuelve un océano
50   que todo lo sepulta…
Al fin, mundo fatal, nos separamos:
el huracán y yo solos estamos.
¡Sublime tempestad! ¡Cómo en tu seno,
de tu solemne inspiración henchido,[4]
55   al mundo vil y miserable olvido
y alzo la frente, de delicia lleno!
¿Dó está el alma cobarde
que teme tu rugir?… Yo en ti me elevo
al trono del Señor; oigo en las nubes
60   el eco de su voz; siento a la tierra
escucharle y temblar. Ferviente lloro
desciende por mis pálidas mejillas,
y su alta majestad trémulo adoro.

Comprensión

1. ¿Cómo se sitúa el yo lírico espacial y temporalmente ante el huracán?

2. ¿Con qué signos plásticos describe el poeta el espacio a lo largo de todo el poema?

3. ¿Con qué signos metafóricos compara el huracán a lo largo del poema?

4. ¿Por qué no puede el poeta ver las colinas y el bosque entre los versos 43 y 48?

5. ¿Qué cambio ocurre a partir del verso 53?

   • ¿Qué ve el yo poético en la fuerza del huracán?

Interpretación

1. Busca en el *Diccionario de términos literarios* la definición de "silva". Comprueba si este poema sigue el esquema.

2. El yo lírico se dirige a dos destinatarios distintos. ¿A qué se refiere el "te" del primer verso?

   • ¿Quiénes son los destinatarios implícitos del mandato informal del verso 6?

   • Busca el término "apóstrofe" en el *Diccionario de términos literarios*, y explica cómo funciona en este poema.

---

[1]*poet.*: cómo
[2]*doble sentido:* causa terror y cubre con tierra
[3]*poet.*: dónde
[4]henchir: llenar una cosa hasta que abulte

3. Tomando en cuenta el referente de "viento", explica el efecto que producen las comas y el asíndeton en los versos 7 a 10.

4. Anota todos los signos que se emplean para recrear la imagen visual y emotiva del toro.

   • ¿Acierta el poeta en esta metáfora? Explica.

5. En los versos 26 a 34 se personifica el huracán, pero en forma de una metonimia. ¿Qué parecen representar los signos de "manto", "vestidura" y "brazos"?

   • ¿Qué hacen los brazos?

   • ¿Qué impresión se crea en estos versos con el movimiento de los brazos y el ropaje?

6. Luego de leer *En contexto* más arriba, explica por qué el poeta termina adorando el huracán en vez de abominarlo por la destrucción que causa.

7. El poema está repleto de figuras auditivas. Que un compañero ponga en forma de columnas en la pizarra las diferentes figuras de este tipo (aliteración, onomatopeya, cacofonía, etc.) y que los compañeros vayan, uno por uno, dando ejemplos que han encontrado en el poema.

Cultura, conexiones y comparaciones

1. Heredia escribe entre el Neoclasicismo y el Romanticismo. Ideológicamente, el poema contiene nociones del siglo XVIII, pero su forma y su espíritu son románticos. Trata de explicar cómo y por qué.

2. Heredia era revolucionario y luchó por conseguir liberar a Cuba del yugo de España. Tomando en cuenta este código biográfico, ¿qué podría representar la tempestad?

3. Los poemas de Gómez de Avellaneda y Bécquer son también románticos. ¿Cómo es este poema de Heredia diferente?

4. La famosa obra *Candide* (1759), del escritor francés Voltaire (1694-1778), es una sátira acerba de la filosofía neoclásica de Leibniz. Después de investigarlo por Internet, explica cómo las ideas expresadas en *Candide* van en contra de las ideas expresadas por Heredia en este poema.

5. Para comentar entre los compañeros: Explica lo que significa "etimología". Si no sabes, búscala por Internet.

   • ¿Crees que los españoles conocían lo que era un huracán antes de llegar al Caribe? ¿Por qué?

   • La palabra "huracán" viene de una voz taína, y del español pasa al inglés. ¿Cómo se dice "huracán" en inglés?

   • Aquí hay otras palabras taínas. Explica lo que son en español y luego en inglés: barbacoa, canoa, amaca, tabacú.

6. El pintor romántico inglés William Turner (1775-1851) pintó muchos cuadros emocionantes de tempestades. Observa las imágenes por Internet bajo "Turner, *storms*". Turner y Heredia eran contemporáneos. ¿Por qué crees que la tempestad fuera un tema tan usado por los románticos?

Gustavo Adolfo Bécquer, "Volverán las oscuras golondrinas"

Autor: Gustavo Adolfo Bécquer (1836-1870)
Nacionalidad: Español
Datos biográficos: Fue entrenado como pintor y le entusiasmaba la música, y ambas pasiones se ven en su poesía. Llevó la vida típica y desordenada de un romántico, y murió joven de tuberculosis.
Época y movimiento cultural: Romanticismo tardío
Obra más conocida: *Rimas* (1871)
Importancia literaria: Es el poeta lírico más melódico y exquisito del siglo XIX e influyó mucho a los poetas del Modernismo. Ecos del discurso amoroso de su poesía se escuchan hasta hoy día en la lírica hispánica.

La literatura y la vida

1. Piensa en un momento muy especial que pasaste con algún ser querido. ¿Crees que ese momento podrá repetirse? Explica.

   • Sin embargo, ¿hay cosas en la vida o en el mundo que sí se repiten con certeza? Explica.

2. ¿Has tenido un amor que no fue correspondido? Describe lo que sentías.

"Volverán las oscuras golondrinas"

Volverán las oscuras golondrinas
en tu balcón sus nidos a colgar,
y otra vez con el ala a sus cristales
jugando llamarán;

5 pero aquellas que el vuelo refrenaban,
tu hermosura y mi dicha al contemplar;
aquellas que aprendieron nuestros nombres,
esas… ¡no volverán!

Volverán las tupidas[1] madreselvas
10 de tu jardín las tapias a escalar,
y otra vez a la tarde, aun más hermosas,
sus flores se abrirán;

pero aquellas cuajadas de rocío,
cuyas gotas mirábamos temblar
15 y caer, como lágrimas del día…
esas… ¡no volverán!

Volverán del amor en tus oídos
las palabras ardientes a sonar;
tu corazón, de su profundo sueño
20 tal vez despertará;

pero mudo y absorto y de rodillas,
como se adora a Dios ante su altar,
como yo te he querido… desengáñate:
¡así no te querrán!

---
[1]espesas

Para comprender

1. ¿En qué época del año tienen lugar las primeras cuatro estrofas del poema? ¿Cómo se sabe?

2. ¿A quién se dirige el yo lírico cuando escribe "tu balcón" y "tu jardín"?

3. ¿Cómo reaccionan el yo lírico y su amante ante las golondrinas y las madreselvas?

4. ¿Por qué son especiales algunas golondrinas y algunas madreselvas?

5. ¿De qué reprocha el yo lírico a la amante en las últimas dos estrofas?

6. ¿Qué tienen en común las palabras de amor del yo lírico, y las golondrinas y madreselvas especiales?

Para interpretar

1. ¿Cuántas sílabas hay en los primeros tres versos de cada estrofa?
   - Busca en el *Diccionario de términos literarios* lo que significa "pie quebrado". ¿Hay este tipo de verso en este poema?
   - ¿Parece haber un patrón a la rima? Fíjate en los versos pares de cada estrofa para ver si hay un patrón.

2. Hay varios elementos estructurales en el poema:
   - ¿Qué volverá cada año?
   - ¿Qué no volverá?
   - ¿Qué barreras existen en cada sección del poema?
   - ¿Qué intentan hacer las golondrinas, las madreselvas y el yo poético para sobrepasar esas barreras?

3. Bécquer es famoso por la musicalidad de sus versos. Tomando en cuenta que la /l/, la /n/, la /r/ y la /v/ son todos sonidos alveolares —o sea, la punta de la lengua toca el cielo de la boca al articularlos— explica las aliteraciones de los primeros versos.
   - Busca otros ejemplos de aliteración en el poema.
   - ¿De qué modo crean las aliteraciones musicalidad?

4. Explica cómo funciona la anadiplosis en este poema.

5. Explica el bello símil de la estrofa 4.

6. Desde un momento del presente, el poeta habla del futuro y del pasado. Explica.

7. El poema trata de un ciclo de la naturaleza. ¿Cuál es?
   - Al comparar su amor a ese ciclo, ¿qué indica el yo poético respecto a ese amor?

Cultura, conexiones y comparaciones

1. Bécquer es un romántico tardío, y como consecuencia su poesía es más formal y estructurada que la típica poesía romántica. ¿Cómo se comprueba este fenómeno en este poema?

2. Enfocándote en las últimas dos estrofas, ¿cómo se observa el tradicional discurso amoroso?
   - ¿Has oído estos sentimientos en otros lugares? Explica.

3. Las *Rimas* de Bécquer junto con los poemas de Neruda forman el corpus de poemas de amor más conocidos y admirados del mundo hispánico. ¿Se te ocurre algún poeta de lengua inglesa que tenga la misma resonancia? Cuenta. ¿Conoces el poema de Elizabeth Barrett Browning (1806-1861), poeta inglesa de la época de Bécquer, que empieza; "*How do I love thee? Let me count the ways.*"? Si no, búscalo y léelo por Internet.

4. Estos versos de Bécquer son famosísimos, y mucha gente hispana se los sabe de memoria. Busca el poema por YouTube para ver el gran número de interpretaciones que existen. Elige una que te guste para compartirla con los compañeros.

5. Para comentar en clase: El amor es el tema más común de la poesía de cualquier cultura. ¿Por qué será?

   • ¿Has escrito poesía alguna vez? ¿Ha sido poesía amorosa? Si no lo fue, ¿cuál fue el motivo?

Antonio Machado, "Yo escucho los cantos"

Autor: Antonio Machado (1875-1936)
Nacionalidad: Español
Datos biográficos: Es andaluz, pero pasa la mayor parte de su vida en Castilla, y ningún poeta ha sabido captar en verso la historia, el paisaje y los sentimientos de esa región como él.
Época y movimiento cultural: Poesía del siglo XX; Generación del 98
Obras más conocidas: Poemarios: *Soledades* (1903), *Campos de Castilla* (1912)
Importancia literaria: Su poesía es cristalina y pura, pero contiene un subtexto profundo y universal. Es uno de los poetas más estimados por los españoles.

La literatura y la vida

1. ¿Recuerdas algunas canciones que cantabas cuando eras niño o niña? ¿Cuáles eran tus favoritas?

   • ¿Pensabas mucho en lo que querían decir estas canciones? Por ejemplo, quién será "*the little boy who lives down the lane*" de "*Baa, baa black sheep*"?

2. A veces cuando se recuerda algo del pasado, no siempre se trae a la memoria los detalles del recuerdo, pero sí los sentimientos que se sintieron en ese momento. ¿Puedes dar un ejemplo concreto?

En contexto

El tiempo es un tema fundamental en toda la obra de Machado. Para él, el tiempo es algo vital, no conceptual. En este poema se observa como el tiempo pasa, pero no necesariamente cambia lo que deja en su paso.

"Yo escucho los cantos"

Yo escucho los cantos
de viejas cadencias
que los niños cantan
cuando en corro juegan,
y vierten en coro   5
sus almas, que suenan,
cual vierten sus aguas
las fuentes de piedra:
con monotonías
de risas eternas   10
que no son alegres,
con lágrimas viejas
que no son amargas
y dicen tristezas,
tristezas de amores   15
de antiguas leyendas.

En los labios niños,
las canciones llevan
confusa la historia
y clara la pena;   20
como clara el agua
lleva su conseja
de viejos amores
que nunca se cuentan.

Jugando, a la sombra   25
de una plaza vieja,
los niños cantaban…

La fuente de piedra
vertía su eterno
cristal de leyenda.   30

Cantaban los niños
canciones ingenuas,
de un algo que pasa
y que nunca llega:
la historia confusa   35
y clara la pena.

Seguía su cuento
la fuente serena;
borrada la historia,
contaba la pena.   40

Comprensión

1. ¿En qué espacio tiene lugar este poema?
2. ¿Qué hacen los niños?
3. ¿Qué relación hay entre la canción de los niños y la fuente?
4. ¿Qué crees que sea el mensaje de este poema lírico?

Interpretación

1. Cuenta el número de sílabas.
   - ¿Es la rima asonante o consonante?
   - ¿Cuál es su patrón?

2. Busca la palabra "corro" en www.rae.es, fijándote en todos sus sentidos, pero la aceptación 4 sobre todo. Explica cómo "en corro juegan" puede ser polisémico (incluye el posible sustantivo derivado del verbo "correr").

   • ¿Crees que es ingenioso comparar el "corro" del verso 4 con el "coro" del 5? ¿Por qué?

3. Explica la metáfora central que se introduce en los versos 5 a 8.

4. ¿Qué verbo de los versos 5 a 8 une la canción y el agua de la fuente?

   • Pero lo que sale de cada uno es algo diferente (vv. 9-13). ¿Qué sale de las bocas de los niños? ¿Qué emerge de la fuente?

   • ¿Qué figura retórica emplea Machado en cada instante?

5. Compara el tiempo verbal del verso 3 y el de los versos 28 y 31. ¿Qué implica este juego con el tiempo?

6. Aunque no se diga explícitamente en el poema, ¿qué podría ser la relación entre la canción de los niños y el agua que vierte la fuente? Antes de contestar, nota el uso de palabras en los versos 9, 29 y 37.

7. ¿Qué se borra con el tiempo de las canciones y leyendas? ¿Qué permanece?

   • ¿Cuáles son las implicaciones respecto al pasado, a la memoria y a los sentimientos de esta circunstancia?

Cultura, conexiones y comparaciones

1. Como miembro de la Generación del 98, Machado participa en la renovación e innovación de la literatura española. Su poesía se rebela contra la poesía empalagosa de mucha de la producción romántica y hasta con el cosmopolitismo y la afectación de algunas poesías modernistas. Sus versos parecen carecer de rima y estructura, y su mensaje parece sencillo y directo. Sin embargo, ¡es todo lo contrario! Con un compañero, trata de explicar cómo se pueden observar estas dos innovaciones en este poema.

2. El espacio que recrea Machado aquí —la plaza con su fuente y niños que juegan— no es solo una realidad en tiempos de Machado, pero aún hoy. Todos los barrios y los pueblos tienen plazas, casi siempre con una fuente o estatua en el centro, donde las madres llevan a sus hijos a jugar. En la cultura inglesa que hereda los Estados Unidos, la plaza no es tan importante, pero es sustituido por parques. ¿Crees que la costumbre de sacar a los niños a jugar es algo que pasará con el tiempo o que es algo eterno? ¿Cómo se relaciona esta noción con el poema?

3. La poesía de finales del siglo XIX y principios del XX se asemeja al arte impresionista. En este estilo pictórico se intenta captar la impresión y la conmoción de la imagen en vez de reproducir la forma exacta. Noten esta técnica en uno de los muchos cuadros que el pintor francés Claude Monet (1840-1926) pintó de la catedral de Rouen a diferentes horas del día, luego de hacer una búsqueda de imágenes por Internet con "Monet, Rouen catedral". Con un compañero, comenta la impresión que te dan estos cuadros. ¿Cómo se puede asociar este poema de Machado con el arte impresionista?

Jorge Luis Borges, "El sur"

Autor: Jorge Luis Borges (1899-1986)

Nacionalidad: Argentino

Datos biográficos: Fue un intelectual de gustos exóticos muy diversos. Su fama y éxito editorial abrió la puerta para muchos jóvenes escritores hispanoamericanos posteriores.

Época y movimiento cultural: Prosa del siglo XX; Boom de la narrativa hispanoamericana

Obras más conocidas: Relatos: *Ficciones* (1944); *El aleph* (1949)

Importancia literaria: Es el padre del Boom. En sus relatos experimenta con el tiempo, el espacio, las ideas y el mundo psíquico de un modo genial, original y cautivador.

La literatura y la vida

1. ¿Te consideras una persona intelectual o de acción?

   - ¿una persona de lógica o una de emociones?

   - ¿A veces te gustaría ser del tipo opuesto?

   - ¿Crees que las personas son siempre de un modo u otro, o que poseen ambas características? Explica.

2. En los sueños muchas veces las personas y las cosas aparecen fuera de su contexto habitual. Cuenta un ejemplo de algún sueño que hayas tenido. ¿Cómo funciona el tiempo en los sueños?

En contexto

Varias generaciones de la familia de Borges eran militares. Borges, sin embargo, era un intelectual en vez de un hombre de acción. Trabajó un tiempo como bibliotecario, y él cuenta que un día se golpeó la cabeza con el marco de una ventana recién pintada y que sufrió una septicemia que casi lo llevó a la muerte. Fue a raíz de este percance que Borges empezó a escribir relatos.

"El sur"

El hombre que desembarcó en Buenos Aires en 1871 se llamaba Johannes Dahlmann y era pastor de la iglesia evangélica; en 1939, uno de sus nietos, Juan Dahlmann, era secretario de una biblioteca municipal en la calle Córdoba y se sentía hondamente argentino. Su abuelo materno había sido aquel Francisco Flores, del 2 de infantería de línea, que murió en la frontera
5 de Buenos Aires, lanceado por indios de Catriel; en la discordia de sus dos linajes, Juan Dahlmann (tal vez a impulsos de la sangre germánica) eligió el de ese antepasado romántico, o de muerte romántica. Un estuche con el daguerrotipo de un hombre inexpresivo y barbado, una vieja espada, la dicha y el coraje de ciertas músicas, el hábito de estrofas del *Martín Fierro*,[1] los años, el desgano y la soledad, fomentaron ese criollismo algo voluntario, pero nunca ostentoso.
10 A costa de algunas privaciones, Dahlmann había logrado salvar el casco de una estancia[2] en el Sur, que fue de los Flores; una de las costumbres de su memoria era la imagen de los eucaliptos balsámicos y de la larga casa rosada que alguna vez fue carmesí. Las tareas y acaso la indolencia lo retenían en la ciudad. Verano tras verano se contentaba con la idea abstracta de posesión y con la certidumbre de que su casa estaba esperándolo, en un sitio preciso de la llanura. En los últimos
15 días de febrero de 1939, algo le aconteció.

Ciego a las culpas, el destino puede ser despiadado con las mínimas distracciones. Dahlmann había conseguido, esa tarde, un ejemplar descabalado[3] de las *Mil y una noches*,[4] de Weil; ávido de examinar ese hallazgo, no esperó que bajara el ascensor y subió con apuro las escaleras; algo en la oscuridad le rozó la frente ¿un murciélago, un pájaro? En la cara de la mujer que le abrió la puerta
20 vio grabado el horror, y la mano que se pasó por la frente salió roja de sangre. La arista[5] de un batiente[6] recién pintado que alguien se olvidó de cerrar le habría hecho esa herida. Dahlmann logró dormir, pero a la madrugada estaba despierto y desde aquella hora el sabor de todas las cosas fue atroz. La fiebre lo gastó y las ilustraciones de las *Mil y una noches* sirvieron para decorar pesadillas. Amigos y parientes lo visitaban y con exagerada sonrisa le repetían que lo hallaban
25 muy bien. Dahlmann los oía con una especie de débil estupor y le maravillaba que no supieran que estaba en el infierno. Ocho días pasaron, como ocho siglos. Una tarde, el médico habitual se presentó con un médico nuevo y lo condujeron a un sanatorio de la calle Ecuador, porque era indispensable sacarle una radiografía. Dahlmann, en el coche de plaza que los llevó, pensó que en una habitación que no fuera la suya podría, al fin, dormir. Se sintió feliz y conversador;
30 en cuanto llegó, lo desvistieron, le raparon la cabeza, lo sujetaron con metales a una camilla, lo iluminaron hasta la ceguera y el vértigo, lo auscultaron[7] y un hombre enmascarado le clavó una aguja en el brazo. Se despertó con náuseas, vendado, en una celda que tenía algo de pozo y, en los días y noches que siguieron a la operación pudo entender que apenas había estado, hasta entonces, en un arrabal del infierno. El hielo no dejaba en su boca el menor rastro de frescura. En
35 esos días, Dahlmann minuciosamente se odió; odió su identidad, sus necesidades corporales, su humillación, la barba que le erizaba la cara. Sufrió con estoicismo las curaciones, que eran muy dolorosas, pero cuando el cirujano le dijo que había estado a punto de morir de una septicemia,[8] Dahlmann se echó a llorar, condolido de su destino. Las miserias físicas y la incesante previsión de las malas noches no le habían dejado pensar en algo tan abstracto como la muerte. Otro día, el
40 cirujano le dijo que estaba reponiéndose y que, muy pronto, podría ir a convalecer a la estancia. Increíblemente, el día prometido llegó.

---

[1] famosa epopeya romántica de Miguel Hernández que cuenta la vida del gaucho
[2] hacienda de las pampas argentinas
[3] incompleto
[4] Obra clásica de la literatura árabe en que el sultán mata a una mujer cada noche. Sin embargo, una, Sheherezade, se salva la vida comenzando una historia seductora por la noche pero no terminándola hasta el próximo día.
[5] aquí, punta
[6] contrapuerta
[7] examinaron con estetoscopio
[8] infección de la sangre

A la realidad le gustan las simetrías y los leves anacronismos; Dahlmann había llegado al sanatorio en un coche de plaza y ahora un coche de plaza lo llevaba a Constitución. La primera frescura del otoño, después de la opresión del verano, era como un símbolo natural de su destino rescatado de la muerte y la fiebre. La ciudad, a las siete de la mañana, no había perdido ese aire de casa vieja que le infunde la noche; las calles eran como largos zaguanes,[9] las plazas como patios. Dahlmann la reconocía con felicidad y con un principio de vértigo; unos segundos antes de que las registraran sus ojos, recordaba las esquinas, las carteleras, las modestas diferencias de Buenos Aires. En la luz amarilla del nuevo día, todas las cosas regresaban a él.

Nadie ignora que el Sur empieza del otro lado de Rivadavia. Dahlmann solía repetir que ello no es una convención y que quien atraviesa esa calle entra en un mundo más antiguo y más firme. Desde el coche buscaba entre la nueva edificación, la ventana de rejas, el llamador, el arco de la puerta, el zaguán, el íntimo patio.

En el *hall* de la estación advirtió que faltaban treinta minutos. Recordó bruscamente que en un café de la calle Brasil (a pocos metros de la casa de Yrigoyen) había un enorme gato que se dejaba acariciar por la gente, como una divinidad desdeñosa. Entró. Ahí estaba el gato, dormido. Pidió una taza de café, la endulzó lentamente, la probó (ese placer le había sido vedado en la clínica) y pensó, mientras alisaba el negro pelaje, que aquel contacto era ilusorio y que estaban como separados por un cristal, porque el hombre vive en el tiempo, en la sucesión, y el mágico animal, en la actualidad, en la eternidad del instante.

A lo largo del penúltimo andén el tren esperaba. Dahlmann recorrió los vagones y dio con uno casi vacío. Acomodó en la red la valija; cuando los coches arrancaron, la abrió y sacó, tras alguna vacilación, el primer tomo de las *Mil y una noches.* Viajar con este libro, tan vinculado a la historia de su desdicha, era una afirmación de que esa desdicha había sido anulada y un desafío alegre y secreto a las frustradas fuerzas del mal.

A los lados del tren, la ciudad se desgarraba[10] en suburbios; esta visión y luego la de jardines y quintas demoraron el principio de la lectura. La verdad es que Dahlmann leyó poco; la montaña de piedra imán y el genio que ha jurado matar a su bienhechor eran, quién lo niega, maravillosos, pero no mucho más que la mañana y que el hecho de ser. La felicidad lo distraía de Shahrazad y de sus milagros superfluos; Dahlmann cerraba el libro y se dejaba simplemente vivir.

El almuerzo (con el caldo servido en boles de metal reluciente, como en los ya remotos veraneos de la niñez) fue otro goce tranquilo y agradecido.

Mañana me despertaré en la estancia, pensaba, y era como si a un tiempo fuera dos hombres: el que avanzaba por el día otoñal y por la geografía de la patria, y el otro, encarcelado en un sanatorio y sujeto a metódicas servidumbres. Vio casas de ladrillo sin revocar,[11] esquinadas y largas, infinitamente mirando pasar los trenes; vio jinetes en los terrosos caminos; vio zanjas y lagunas y haciendas;[12] vio largas nubes luminosas que parecían de mármol, y todas estas cosas eran casuales, como sueños de la llanura. También creyó reconocer árboles y sembrados que no hubiera podido nombrar, porque su directo conocimiento de la campaña[13] era harto inferior a su conocimiento nostálgico y literario.

Alguna vez durmió y en sus sueños estaba el ímpetu del tren. Ya el blanco sol intolerable de las doce del día era el sol amarillo que precede al anochecer y no tardaría en ser rojo. También el coche era distinto; no era el que fue en Constitución, al dejar el andén: la llanura y las horas lo habían atravesado y transfigurado. Afuera la móvil sombra del vagón se alargaba hacia el horizonte. No turbaban la tierra elemental ni poblaciones ni otros signos humanos. Todo era vasto, pero al mismo tiempo era íntimo y, de alguna manera, secreto. En el campo desaforado,[14]

---

[9]vestíbulos
[10]deshacía
[11]pintar con cal
[12]ganado
[13]campo llano
[14]interminable

a veces no había otra cosa que un toro. La soledad era perfecta y tal vez hostil, y Dahlmann pudo sospechar que viajaba al pasado y no sólo al Sur. De esa conjetura fantástica lo distrajo el inspec-
90   tor, que, al ver su boleto, le advirtió que el tren no lo dejaría en la estación de siempre sino en otra, un poco anterior y apenas conocida por Dahlmann. (El hombre añadió una explicación que Dahlmann no trató de entender ni siquiera de oír, porque el mecanismo de los hechos no le importaba.)

El tren laboriosamente se detuvo, casi en medio del campo. Del otro lado de las vías quedaba
95   la estación, que era poco más que un andén con un cobertizo. Ningún vehículo tenían, pero el jefe opinó que tal vez pudiera conseguir uno en un comercio que le indicó a unas diez, doce, cuadras.

Dahlmann aceptó la caminata como una pequeña aventura. Ya se había hundido el sol, pero un esplendor final exaltaba la viva y silenciosa llanura, antes de que la borrara la noche. Menos
100   para no fatigarse que para hacer durar esas cosas, Dahlmann caminaba despacio, aspirando con grave felicidad el olor del trébol.

El almacén, alguna vez, había sido punzó,[15] pero los años habían mitigado para su bien ese color violento. Algo en su pobre arquitectura le recordó un grabado en acero, acaso de una vieja edición de *Pablo y Virginia*. Atados al palenque[16] había unos caballos. Dahlmann, adentro, creyó
105   reconocer al patrón; luego comprendió que lo había engañado su parecido con uno de los empleados del sanatorio. El hombre, oído el caso, dijo que le haría atar la jardinera;[17] para agregar otro hecho a aquel día y para llenar ese tiempo, Dahlmann resolvió comer en el almacén.

En una mesa comían y bebían ruidosamente unos muchachones, en los que Dahlmann, al principio, no se fijó. En el suelo, apoyado en el mostrador, se acurrucaba,[18] inmóvil como una
110   cosa, un hombre muy viejo. Los muchos años lo habían reducido y pulido como las aguas a una piedra o las generaciones de los hombres a una sentencia. Era oscuro, chico y reseco, y estaba como fuera del tiempo, en una eternidad. Dahlmann registró con satisfacción la vincha,[19] el poncho de bayeta, el largo chiripá[20] y la bota de potro y se dijo, rememorando inútiles discusiones con gente de los partidos del Norte o con entrerrianos,[21] que gauchos de ésos ya no quedan
115   más que en el Sur.

Dahlmann se acomodó junto a la ventana. La oscuridad fue quedándose con el campo, pero su olor y sus rumores aún le llegaban entre los barrotes de hierro. El patrón le trajo sardinas y después carne asada; Dahlmann las empujó con unos vasos de vino tinto. Ocioso, paladeaba el áspero sabor y dejaba errar la mirada por el local, ya un poco soñolienta. La lámpara de kerosén
120   pendía de uno de los tirantes; los parroquianos de la otra mesa eran tres: dos parecían peones de chacra;[22] otro, de rasgos achinados[23] y torpes, bebía con el chambergo[24] puesto. Dahlmann, de pronto, sintió un leve roce en la cara. Junto al vaso ordinario de vidrio turbio, sobre una de las rayas del mantel, había una bolita de miga. Eso era todo, pero alguien se la había tirado.

Los de la otra mesa parecían ajenos a él. Dahlmann, perplejo, decidió que nada había ocurri-
125   do y abrió el volumen de las *Mil y una noches,* como para tapar la realidad. Otra bolita lo alcanzó a los pocos minutos, y esta vez los peones se rieron. Dahlmann se dijo que no estaba asustado, pero que sería un disparate que él, un convaleciente, se dejara arrastrar por desconocidos a una

---

[15]color rojo muy vivo
[16]*amer.:* estaca para amarrar animales
[17]*argen.:* carro ligero de dos ruedas (como los que se usan en los aeropuertos para transportar a gente incapacitada)
[18]se encogía
[19]*amer.:* cinta o pañuelo que se ciñe a la cabeza para sujetar el pelo (usado por los gauchos)
[20]prenda exterior de vestir usada por los gauchos
[21]los que provienen de la provincia argentina de Entre Ríos, al este del país
[22]finca pequeña
[23]*amer.:* de persona indígena
[24]sombrero de ala ancha

pelea confusa. Resolvió salir; ya estaba de pie cuando el patrón se le acercó y lo exhortó con voz alarmada:

—Señor Dahlmann, no les haga caso a esos mozos, que están medio alegres.[25]   130

Dahlmann no se extrañó de que el otro, ahora, lo conociera, pero sintió que estas palabras conciliadoras agravaban, de hecho, la situación. Antes, la provocación de los peones era a una cara accidental, casi a nadie; ahora iba contra él y contra su nombre y lo sabrían los vecinos. Dahlmann hizo a un lado al patrón, se enfrentó con los peones y les preguntó qué andaban buscando.

El compadrito[26] de la cara achinada se paró, tambaleándose. A un paso de Juan Dahlmann,   135 injurió a gritos, como si estuviera muy lejos. Jugaba a exagerar su borrachera y esa exageración era una ferocidad y una burla. Entre malas palabras y obscenidades, tiró al aire un largo cuchillo, lo siguió con los ojos, lo barajó,[27] e invitó a Dahlmann a pelear. El patrón objetó con trémula voz que Dahlmann estaba desarmado. En ese punto, algo imprevisible ocurrió.

Desde un rincón, el viejo gaucho extático, en el que Dahlmann vio una cifra del Sur (del Sur   140 que era suyo), le tiró una daga desnuda que vino a caer a sus pies. Era como si el Sur hubiera resuelto que Dahlmann aceptara el duelo. Dahlmann se inclinó a recoger la daga y sintió dos cosas. La primera, que ese acto casi instintivo lo comprometía a pelear. La segunda, que el arma, en su mano torpe, no serviría para defenderlo, sino para justificar que lo mataran. Alguna vez había jugado con un puñal, como todos los hombres, pero su esgrima no pasaba de una noción   145 de que los golpes deben ir hacia arriba y con el filo para adentro. *No hubieran permitido en el sanatorio que me pasaran estas cosas,* pensó.

—Vamos saliendo —dijo el otro.

Salieron, y si en Dahlmann no había esperanza, tampoco había temor. Sintió, al atravesar el umbral, que morir en una pelea a cuchillo, a cielo abierto y acometiendo, hubiera sido una lib-   150 eración para él, una felicidad y una fiesta, en la primera noche del sanatorio, cuando le clavaron la aguja. Sintió que si él, entonces, hubiera podido elegir o soñar su muerte, ésta es la muerte que hubiera elegido o soñado.

Dahlmann empuña con firmeza el cuchillo, que acaso no sabrá manejar, y sale a la llanura.

Comprensión

1. ¿Cuáles son las dos líneas de descendencia de Johannes Dahlmann? ¿Con cuál parece identificarse más su nieto Juan?

2. ¿Qué le pasa a Dahlmann un día mientras subía la escalera?
   - ¿Dónde lo llevan para curarlo?

3. Anota las extrañas sensaciones que Dahlmann siente en el sanatorio.

4. Cuando el médico le da la baja del sanatorio, Dahlmann va a recuperarse en su estancia. Durante el viaje hacia el sur, ocurre una serie de cosas extrañas. Anota algunos ejemplos.
   - ¿Qué ocurre en el almacén donde come Dahlmann?

5. ¿Por qué se siente Dahlmann obligado a luchar?

6. ¿Qué siente Dahlmann al salir al campo para pelear con el 'compadrito'?

---

[25]borrachos

[26]*argen.:* hombre del bajo pueblo de Buenos Aires, vano, engreído y pendenciero

[27]*argen.:* agarrar al vuelo

Interpretación

1. ¿Qué tipo de narrador se halla en este relato?

   • ¿Cuenta el narrador la diégesis como si ocurriera en el tiempo lineal? Sin embargo, ¿ocurren linealmente? Explica.

2. El clímax del cuento se revela muy al principio en la línea 32. Explica el posible propósito de este dato.

3. ¿Qué signos emplea el narrador a partir de la línea 32 para comunicar que Dahlmann está muy enfermo y a punto de morir?

4. El viaje en tren de Dahlmann hacia el sur, ¿es un viaje por el espacio físico o por un espacio psíquico? Explica.

   • ¿Qué detalles y elementos de la trama proveen pistas que lo indican?

   • Comenta especialmente las líneas 74–76, donde el desdoblamiento de Dahlmann se explica explícitamente.

5. Así como hay dos espacios temporales, hay otras oposiciones binarias. Enuméralas.

6. ¿Se puede saber dónde y cuándo en la narración falleció Dahlmann? ¿Se puede estar totalmente seguro?

   • ¿Qué sería el propósito artístico de demandar tanta inferencia por parte del lector?

   • Explica cómo su muerte también ocurre en dos planos temporales.

7. El tiempo funciona de muchos modos en este relato. Ya hemos observado cómo funciona el tiempo psíquico y el tiempo físico. Trata de explicar cómo se produce un tiempo circular así como un tiempo hacia el futuro y hacia el pasado a la misma vez.

Cultura, conexiones y comparaciones

1. Los escritores del Boom buscan nuevas y originales soluciones a los elementos fundamentales de la narrativa, como el punto de vista, el tiempo, el espacio, la acción, etc. Explica como "El sur" es un buen ejemplo de esos experimentos. Trabaja en pareja y luego imparte tus ideas con las otras parejas.

2. Normalmente, Borges no hablaba de cómo interpretar sus cuentos, pero nos ha dejado una pista para este cuento, ya que fue su favorito: "Todo lo que sucede después que sale Dahlmann del sanatorio puede interpretarse como una alucinación suya en el momento de morir de septicemia, como una visión fantástica de cómo hubiera querido morir". Escribe un ensayo corto explicando la cita de Borges con ejemplos concretos del cuento.

3. Argentina, como los Estados Unidos o Canadá, es un país de inmigrantes europeos, y Dahlmann, quien es mezcla de español criollo y alemán, lo refleja. ¿Qué sabes de tu herencia étnica?

   • Si tienes mezclas de dos culturas diferentes, cuenta cómo esas dos culturas de tu herencia a veces están en conflicto.

4. Organiza un debate sobre estas opiniones: Existe el estereotipo de que los habitantes del norte de Europa son más lógicos, disciplinados y trabajadores que la gente del sur, quienes son regidos más por las pasiones y a quienes les gusta disfrutar más de la vida. ¿Crees que esta dicotomía es verdad? En el debate, da ejemplos concretos.

5. El viaje de Dahlmann a la estancia del sur parece ocurrir en un plano lineal hacia el futuro, pero también puede ser un viaje hacia el pasado de la historia de Argentina. ¿Qué sabes de Argentina?

   • Con un compañero enumera todos los signos de 'argentinidad' que recoge Borges en el cuento.

   • ¿Sabes lo que es un gaucho? ¿Qué sería su equivalente en los Estados Unidos?

6. Compara el uso del tiempo en este relato con el de Cortázar en "La noche boca arriba", "Viaje a la semilla" de Carpentier o "El hijo" de Horacio Quiroga.

7. *Las mil y una noches* (siglo IX) es una obra maestra de la literatura árabe, y Borges fue un lector apasionado de la obra. Busca la obra por Internet e imparte la información con los otros compañeros. Luego, que la clase entera intente de explicar cómo funciona este intertexto en "El sur".

8. Para ver a Borges e imágenes visuales de "El sur", busca "Borges, un destino sudamericano" en YouTube.

Alejo Carpentier, "Viaje a la semilla"

Autor: Alejo Carpentier (1904-1980)
Nacionalidad: Cubano
Datos biográficos: Vivió largos períodos de su vida en Francia y Venezuela, huyéndose de las dictaduras de Machado y Batista en Cuba. Regresa en 1959 para apoyar la Revolución.
Época y movimiento cultural: Narrativa del siglo XX; Boom latinoamericano
Obras más conocidas: Novela: *El reino de este mundo* (1949), *Los pasos perdidos* (1953), *El siglo de las luces* (1962)
Importancia literaria: Influenciado por el Surrealismo, es precursor del Realismo mágico. Cultiva un estilo neobarroco e indaga en el pasado histórico hispanoamericano.

La literatura y la vida

1. Para entender alguna ocurrencia del pasado, ¿se tiene que empezar por el principio o se puede empezar con la conclusión y luego ver lo que pasó anteriormente para producir ese resultado? Explica.

2. ¿Has visto demoler alguna vez un edificio viejo? Cuenta.

En contexto

A partir de 1825 cuando la gran mayoría de las regiones de Hispanoamérica se habían independizado, Cuba seguía siendo colonia de España con muchos hacendados ricos, quienes en su mayoría eran dueños de fincas de caña de azúcar. No fue hasta 1898 cuando ese mundo colonial fue finalmente destituido. El marqués de Capellanías de este relato pertenece a esa alta clase social.

Carpentier, "El viaje a la semilla"

—¿Qué quieres, viejo?…

Varias veces cayó la pregunta de lo alto de los andamios. Pero el viejo no respondía. Andaba de un lugar a otro, fisgoneando, sacándose de la garganta un largo monólogo de frases incomprensibles. Ya habían descendido las tejas, cubriendo los canteros muertos con su mosaico de barro cocido. Arriba, los picos desprendían piedras de mampostería,[1] haciéndolas rodar por canales de
5   madera, con gran revuelo de cales y de yesos. Y por las almenas sucesivas que iban desdentando las murallas aparecían —despojados de su secreto— cielos rasos ovales o cuadrados, cornisas, guirnaldas, dentículos, astrágalos, y papeles encolados[2] que colgaban de los testeros como viejas pieles de serpiente en muda. Presenciando la demolición, una Ceres[3] con la nariz rota y el peplo desvaído, veteado de negro el tocado de mieses,[4] se erguía en el traspatio, sobre su fuente
10   de mascarones[5] borrosos. Visitados por el sol en horas de sombra, los peces grises del estanque bostezaban en agua musgosa y tibia, mirando con el ojo redondo aquellos obreros, negros sobre claro de cielo, que iban rebajando la altura secular de la casa. El viejo se había sentado, con el cayado apuntalándole la barba, al pie de la estatua. Miraba el subir y bajar de cubos en que viajaban restos apreciables. Oíanse, en sordina,[6] los rumores de la calle mientras, arriba,
15   las poleas[7] concertaban, sobre ritmos de hierro con piedra, sus gorjeos de aves desagradables y pechugonas.

Dieron las cinco. Las cornisas y entablamentos se despoblaron. Sólo quedaron escaleras de mano, preparando el salto del día siguiente. El aire se hizo más fresco, aligerado de sudores, blasfemias, chirridos de cuerdas, ejes que pedían alcuzas (instrumentos que necesitaban aceite
20   para no hacer ruido) y palmadas en torsos pringosos. Para la casa mondada[8] el crepúsculo llegaba más pronto. Se vestía de sombras en horas en que su ya caída balaustrada superior solía regalar a las fachadas algún relumbre de sol. La Ceres apretaba los labios. Por primera vez las habitaciones dormirían sin persianas, abiertas sobre un paisaje de escombros.

Contrariando sus apetencias, varios capiteles yacían entre las hierbas. Las hojas de acanto
25   descubrían su condición vegetal. Una enredadera aventuró sus tentáculos hacia la voluta jónica, atraída por un aire de familia. Cuando cayó la noche, la casa estaba más cerca de la tierra. Un marco de puerta se erguía aún, en lo alto, con tablas de sombras suspendidas de sus bisagras desorientadas.

---

[1]piedras colocadas a mano, sin cemento
[2]términos arquitectónicos o de decoración
[3]diosa romana de la agricultura y, por extensión, de la fertilidad
[4]la prenda de ropa que se usaba para cubrirse la cabeza durante la cosecha
[5]caras horripilantes que a veces se usan en la decoración arquitectónica
[6]vagamente
[7]ruedas de piedra con cuerdas para subir y bajar material
[8]limpia de decoraciones

II

Entonces el negro viejo, que no se había movido, hizo gestos extraños, volteando su cayado   30
sobre un cementerio de baldosas.

Los cuadrados de mármol, blancos y negros, volaron a los pisos, vistiendo la tierra. Las piedras
con saltos certeros, fueron a cerrar los boquetes de las murallas. Hojas de nogal claveteadas se
encajaron en sus marcos, mientras los tornillos de las charnelas[9] volvían a hundirse en sus hoyos,
con rápida rotación.   35

En los canteros muertos, levantadas por el esfuerzo de las flores, las tejas juntaron sus fragmentos,
alzando un sonoro torbellino de barro, para caer en lluvia sobre la armadura del techo.
La casa creció, traída nuevamente a sus proporciones habituales, pudorosa y vestida. La Ceres
fue menos gris. Hubo más peces en la fuente. Y el murmullo del agua llamó begonias olvidadas.

El viejo introdujo una llave en la cerradura de la puerta principal, y comenzó a abrir venta-   40
nas. Sus tacones sonaban a hueco. Cuando encendió los velones, un estremecimiento amarillo
corrió por el óleo de los retratos de familia, y gentes vestidas de negro murmuraron en todas las
galerías, al compás de cucharas movidas en jícaras de chocolate.

Don Marcial, el Marqués de Capellanías, yacía en su lecho de muerte, el pecho acorazado de
medallas, escoltado por cuatro cirios con largas barbas de cera derretida.   45

III

Los cirios crecieron lentamente, perdiendo sudores. Cuando recobraron su tamaño, los apagó la
monja apartando una lumbre. Las mechas blanquearon, arrojando el pabilo.[10] La casa se vació de
visitantes y los carruajes partieron en la noche. Don Marcial pulsó un teclado invisible y abrió
los ojos.   50

Confusas y revueltas, las vigas del techo se iban colocando en su lugar. Los pomos de medicina, las borlas de damasco, el escapulario de la cabecera, los daguerrotipos, las palmas de la
reja, salieron de sus nieblas. Cuando el médico movió la cabeza con desconsuelo profesional, el
enfermo se sintió mejor. Durmió algunas horas y despertó bajo la mirada negra y cejuda del
Padre Anastasio. De franca, detallada, poblada de pecados, la confesión se hizo reticente, penosa,   55
llena de escondrijos. ¿Y qué derecho tenía, en el fondo, aquel carmelita, a entrometerse en su
vida? Don Marcial se encontró, de pronto, tirado en medio del aposento. Aligerado de un peso
en las sienes, se levantó con sorprendente celeridad. La mujer desnuda que se desperezaba[11]
sobre el brocado del lecho buscó enaguas y corpiños, llevándose, poco después, sus rumores de
seda estrujada[12] y su perfume. Abajo, en el coche cerrado, cubriendo tachuelas del asiento, había   60
un sobre con monedas de oro.

Don Marcial no se sentía bien. Al arreglarse la corbata frente a la luna de la consola se vio
congestionado. Bajó al despacho donde lo esperaban hombres de justicia, abogados y escribientes, para disponer la venta pública de la casa. Todo había sido inútil. Sus pertenencias se irían
a manos del mejor postor, al compás de martillo golpeando una tabla. Saludó y le dejaron solo.   65
Pensaba en los misterios de la letra escrita, en esas hebras negras que se enlazan y desenlazan sobre anchas hojas afiligranadas de balanzas, enlazando y desenlazando compromisos, juramentos,
alianzas, testimonios, declaraciones, apellidos, títulos, fechas, tierras, árboles y piedras; maraña de
hilos, sacada del tintero, en que se enredaban las piernas del hombre, vedándole caminos desesti-
mados por la Ley; cordón al cuello, que apretaban su sordina al percibir el sonido temible de las   70
palabras en libertad. Su firma lo había traicionado, yendo a complicarse en nudo y enredos de
legajos. Atado por ella, el hombre de carne se hacía hombre de papel. Era el amanecer. El reloj
del comedor acababa de dar la seis de la tarde.

---

[9]*galicismo:* bisagra
[10]mecha de una vela
[11]se estiraba
[12]arrugada

IV

75 Transcurrieron meses de luto, ensombrecidos por un remordimiento cada vez mayor. Al principio, la idea de traer una mujer a aquel aposento se le hacía casi razonable. Pero, poco a poco, las apetencias de un cuerpo nuevo fueron desplazadas por escrúpulos crecientes, que llegaron al flagelo.[13] Cierta noche, Don Marcial se ensangrentó las carnes con una correa, sintiendo luego un deseo mayor, pero de corta duración. Fue entonces cuando la Marquesa volvió, una tarde, de
80 su paseo a las orillas del Almendares. Los caballos de la calesa no traían en las crines más humedad que la del propio sudor. Pero, durante todo el resto del día, dispararon coces a las tablas de la cuadra, irritados, al parecer, por la inmovilidad de nubes bajas.

Al crepúsculo, una tinaja llena de agua se rompió en el baño de la Marquesa. Luego, las lluvias de mayo rebosaron el estanque. Y aquella negra vieja, con tacha de cimarrona[14] y palomas
85 debajo de la cama, que andaba por el patio murmurando: "¡Desconfía de los ríos, niña; desconfía de lo verde que corre!" No había día en que el agua no revelara su presencia. Pero esa presencia acabó por no ser más que una jícara derramada sobre el vestido traído de París, al regreso del baile aniversario dado por el Capitán General de la Colonia.

Reaparecieron muchos parientes. Volvieron muchos amigos. Ya brillaban, muy claras, las ara-
90 ñas del gran salón. Las grietas de la fachada se iban cerrando. El piano regresó al clavicordio. Las palmas perdían anillos. Las enredaderas saltaban la primera cornisa. Blanquearon las ojeras de la Ceres y los capiteles parecieron recién tallados. Más fogoso Marcial solía pasarse tardes enteras abrazando a la Marquesa. Borrábanse patas de gallina, ceños y papadas, y las carnes tornaban a su dureza. Un día, un olor de pintura fresca llenó la casa.

95 ### V

Los rubores eran sinceros. Cada noche se abrían un poco más las hojas de los biombos, las faldas caían en rincones menos alumbrados y eran nuevas barreras de encajes. Al fin la Marquesa sopló las lámparas. Sólo él habló en la obscuridad. Partieron para el ingenio,[15] en gran tren de calesas —relumbrante de grupas alazanas, bocados de plata y charoles al sol. Pero, a la sombra de las
100 flores de Pascua que enrojecían el soportal interior de la vivienda, advirtieron que se conocían apenas. Marcial autorizó danzas y tambores de Nación, para distraerse un poco en aquellos días olientes a perfumes de Colonia, baños de benjuí,[16] cabelleras esparcidas, y sábanas sacadas de armarios que, al abrirse, dejaban caer sobre las lozas un mazo de vetiver.[17] El vaho del guarapo[18] giraba en la brisa con el toque de oración. Volando bajo, las auras anunciaban lluvias reticentes,
105 cuyas primeras gotas, anchas y sonoras, eran sorbidas por tejas tan secas que tenían diapasón[19] de cobre. Después de un amanecer alargado por un abrazo deslucido, aliviados de desconciertos y cerrada la herida, ambos regresaron a la ciudad. La Marquesa trocó su vestido de viaje por un traje de novia, y, como era costumbre, los esposos fueron a la iglesia para recobrar su libertad. Se devolvieron presentes a parientes y amigos, y, con revuelo de bronces y alardes de jaeces,[20] cada
110 cual tomó la calle de su morada. Marcial siguió visitando a María de las Mercedes por algún tiempo, hasta el día en que los anillos fueron llevados al taller del orfebre para ser desgrabados. Comenzaba, para Marcial, una vida nueva. En la casa de las rejas, la Ceres fue sustituida por una Venus italiana, y los mascarones de la fuente adelantaron casi imperceptiblemente el relieve al ver todavía encendidas, pintada ya el alba, las luces de los velones.

---

[13]latiguearse, flagelarse
[14]*amer.:* esclava escapada; *fig.:* salvaje
[15]lugar donde se muele la caña para producir azúcar
[16]bálsamo aromático
[17]planta con raíces aromáticas
[18]jugo de caña de azúcar
[19]sonidos musicales
[20]cintas para adornar los crines de los caballos

VI   115

Una noche, después de mucho beber y marearse con tufos[21] de tabaco frío, dejados por sus amigos, Marcial tuvo la sensación extraña de que los relojes de la casa daban las cinco, luego las cuatro y media, luego las cuatro, luego las tres y media… Era como la percepción remota de otras posibilidades. Como cuando se piensa, en enervamiento de vigilia, que puede andarse sobre el cielo raso con el piso por cielo raso, entre muebles firmemente asentados entre las vigas   120 del techo. Fue una impresión fugaz, que no dejó la menor huella en su espíritu, poco llevado, ahora, a la meditación.

Y hubo un gran sarao, en el salón de música, el día en que alcanzó la minoría de edad. Estaba alegre, al pensar que su firma había dejado de tener un valor legal, y que los registros y escribanías, con sus polillas, se borraban de su mundo. Llegaba al punto en que los tribunales dejan de   125 ser temibles para quienes tienen una carne desestimada por los códigos. Luego de achisparse[22] con vinos generosos, los jóvenes descolgaron de la pared una guitarra incrustada de nácar, un salterio[23] y un serpentón.[24] Alguien dio cuerda al reloj que tocaba la Tirolesa de las Vacas y la Balada de los Lagos de Escocia.

Otro embocó un cuerno de caza que dormía, enroscado en su cobre, sobre los fieltros   130 encarnados de la vitrina, al lado de la flauta traversera[25] traída de Aranjuez. Marcial, que estaba requebrando atrevidamente a la de Campoflorido, se sumó al guirigay,[26] buscando en el teclado, sobre bajos falsos, la melodía del Trípili—Trápala. Y subieron todos al desván, de pronto, recordando que allá, bajo vigas que iban recobrando el repello,[27] se guardaban los trajes y libreas de la Casa de Capellanías. En entrepaños escarchados[28] de alcanfor descansaban los vestidos   135 de corte, un espadín de Embajador, varias guerreras emplastronadas,[29] el manto de un Príncipe de la Iglesia, y largas casacas, con botones de damasco y difuminos de humedad en los pliegues. Matizáronse las penumbras con cintas de amaranto, miriñaques[30] amarillos, túnicas marchitas y flores de terciopelo. Un traje de chispero con redecilla de borlas,[31] nacido en una mascarada de carnaval, levantó aplausos.   140

La de Campoflorido redondeó los hombros empolvados bajo un rebozo de color de carne criolla, que sirviera a cierta abuela, en noche de grandes decisiones familiares, para avivar los amansados fuegos de un rico Síndico de Clarisas.[32]

Disfrazados regresaron los jóvenes al salón de música. Tocado con un tricornio de regidor, Marcial pegó tres bastonazos en el piso, y se dio comienzo a la danza de la valse, que las madres   145 hallaban terriblemente impropio de señoritas, con eso de dejarse enlazar por la cintura, recibiendo manos de hombre sobre las ballenas del corset que todas se habían hecho según el reciente patrón de "El Jardín de las Modas". Las puertas se obscurecieron de fámulas,[33] cuadrerizos,[34] sirvientes, que venían de sus lejanas dependencias y de los entresuelos sofocantes para admirarse ante fiesta de tanto alboroto. Luego se jugó a la gallina ciega y al escondite. Marcial, oculto   150 con la de Campoflorido detrás de un biombo chino, le estampó un beso en la nuca, recibiendo en respuesta un pañuelo perfumado, cuyos encajes de Bruselas guardaban suaves tibiezas de

---

[21]olores

[22]marearse

[23]instrumento de cuerda

[24]instrumento de viento

[25]flauta que se toca al través

[26]gritería

[27]yeso

[28]cubiertos, como con escarcha

[29]chaqueta militar con adornos incrustados

[30]alhajas de poco valor

[31]traje de las clases populares de Madrid de finales del siglo XVIII, como los que pinta Francisco de Goya

[32]el que cuida las limosnas de la orden de monjas Clarisas

[33]*coloq.*: criadas

[34]¿los que cuidan de los caballos?

escote.[35] Y cuando las muchachas se alejaron en las luces del crepúsculo, hacia las atalayas y torreones que se pintaban en grisnegro sobre el mar, los mozos fueron a la Casa de Baile, donde tan sabrosamente se contoneaban[36] las mulatas de grandes ajorcas,[37] sin perder nunca —así fuera de movida una guaracha[38] — sus zapatillas de alto tacón. Y como se estaba en carnavales, los del Cabildo Arará Tres Ojos levantaban un trueno de tambores tras de la pared medianera, en un patio sembrado de granados. Subidos en mesas y taburetes, Marcial y sus amigos alabaron el garbo de una negra de pasas[39] entrecanas, que volvía a ser hermosa, casi deseable, cuando miraba por sobre el hombro, bailando con altivo mohín[40] de reto.

VII

Las visitas de Don Abundio, notario y albacea de la familia, eran más frecuentes. Se sentaba gravemente a la cabecera de la cama de Marcial, dejando caer al suelo su bastón de ácana[41] para despertarlo antes de tiempo. Al abrirse, los ojos tropezaban con una levita de alpaca, cubierta de caspa, cuyas mangas lustrosas recogían títulos y rentas. Al fin sólo quedó una pensión razonable, calculada para poner coto a toda locura. Fue entonces cuando Marcial quiso ingresar en el Real Seminario de San Carlos.

Después de mediocres exámenes, frecuentó los claustros, comprendiendo cada vez menos las explicaciones de los dómines. El mundo de las ideas se iba despoblando. Lo que había sido, al principio, una ecuménica asamblea de peplos, jubones, golas y pelucas,[42] controversistas[43] y ergotantes,[44] cobraba la inmovilidad de un museo de figuras de cera. Marcial se contentaba ahora con una exposición escolástica de los sistemas, aceptando por bueno lo que se dijera en cualquier texto. "León", "Avestruz", Ballena", "Jaguar", leíase sobre los grabados en cobre de la Historia Natural. Del mismo modo, "Aristóteles", "Santo Tomás", "Bacon", "Descartes", encabezaban páginas negras, en que se catalogaban aburridamente las interpretaciones del universo, al margen de una capitular espesa. Poco a poco, Marcial dejó de estudiarlas, encontrándose librado de un gran peso. Su mente se hizo alegre y ligera, admitiendo tan sólo un concepto instintivo de las cosas. ¿Para qué pensar en el prisma, cuando la luz clara de invierno daba mayores detalles a las fortalezas del puerto? Una manzana que cae del árbol sólo es incitación para los dientes. Un pie en una bañadera no pasa de ser un pie en una bañadera. El día que abandonó el Seminario, olvidó los libros. El gnomon recobró su categoría de duende: el espectro fue sinónimo de fantasma; el octandro[45] era bicho acorazado, con púas en el lomo.[46]

Varias veces, andando pronto, inquieto el corazón, había ido a visitar a las mujeres que cuchicheaban,[47] detrás de puertas azules, al pie de las murallas. El recuerdo de la que llevaba zapatillas bordadas y hojas de albahaca en la oreja lo perseguía, en tardes de calor, como un dolor de muelas. Pero, un día, la cólera y las amenazas de un confesor le hicieron llorar de espanto. Cayó por última vez en las sábanas del infierno, renunciando para siempre a sus rodeos por calles poco concurridas, a sus cobardías de última hora que le hacían regresar con rabia a su casa, luego de dejar a sus espaldas cierta acera rajada, señal, cuando andaba con la vista baja, de la media vuelta que debía darse por hollar el umbral de los perfumes.

---

[35]memorias de pechos cálidos
[36]movían las caderas
[37]pulseras
[38]baile popular afroantillano
[39]pelo rizado de la raza negra
[40]gesto
[41]una madera cubana muy dura
[42]prendas usadas en siglos anteriores por gente letrada
[43]los que tratan de controversias (abogados)
[44]*neo.:* los que tratan de argumentación
[45]árbol que da flores con ocho estambres
[46]O sea, el niño ve la flor como un bicho largo con pinchos.
[47]hablaban en voz muy baja

Ahora vivía su crisis mística, poblada de detentes, corderos pascuales, palomas de porcelana, Vírgenes de manto azul celeste, estrellas de papel dorado, Reyes Magos, ángeles con alas de cisne, el Asno, el Buey, y un terrible San Dionisio que se le aparecía en sueños, con un gran vacío entre los hombros y el andar vacilante de quien busca un objeto perdido. Tropezaba con la cama y Marcial despertaba sobresaltado, echando mano al rosario de cuentas sordas. Las mechas, en sus pocillos de aceite, daban luz triste a imágenes que recobraban su color primero.

VIII

Los muebles crecían. Se hacía más difícil sostener los antebrazos sobre el borde de la mesa del comedor. Los armarios de cornisas labradas ensanchaban el frontis. Alargando el torso, los moros de la escalera acercaban sus antorchas a los balaustres del rellano. Las butacas eran más hondas y los sillones de mecedora tenían tendencia a irse para atrás. No había ya que doblar las piernas al recostarse en el fondo de la bañadera con anillas de mármol.

Una mañana en que leía un libro licencioso, Marcial tuvo ganas, súbitamente, de jugar con los soldados de plomo que dormían en sus cajas de madera. Volvió a ocultar el tomo bajo la jofaina[48] del lavabo, y abrió una gaveta sellada por las telarañas. La mesa de estudio era demasiado exigua[49] para dar cabida a tanta gente. Por ello, Marcial se sentó en el piso. Dispuso los granaderos[50] por filas de ocho. Luego, los oficiales a caballo, rodeando al abanderado. Detrás, los artilleros, con sus cañones, escobillones y botafuegos. Cerrando la marcha, pífanos[51] y timbales, con escolta de redoblantes.[52] Los morteros estaban dotados de un resorte que permitía lanzar bolas de vidrio a más de un metro de distancia.

—¡Pum!… ¡Pum!… ¡Pum!…

Caían caballos, caían abanderados, caían tambores. Hubo de ser llamado tres veces por el negro Eligio, para decidirse a lavarse las manos y bajar al comedor.

Desde ese día, Marcial conservó el hábito de sentarse en el enlosado. Cuando percibió las ventajas de esa costumbre, se sorprendió por no haberlo pensando antes. Afectas al terciopelo de los cojines, las personas mayores sudan demasiado. Algunas huelen a notario —como Don Abundio— por no conocer, con el cuerpo echado, la frialdad del mármol en todo tiempo. Sólo desde el suelo pueden abarcarse totalmente los ángulos y perspectivas de una habitación. Hay bellezas de la madera, misteriosos caminos de insectos, rincones de sombra, que se ignoran a altura de hombre. Cuando llovía, Marcial se ocultaba debajo del clavicordio. Cada trueno hacía temblar la caja de resonancia, poniendo todas las notas a cantar. Del cielo caían los rayos para construir aquella bóveda de calderones —órgano, pinar al viento, mandolina de grillos.

IX

Aquella mañana lo encerraron en su cuarto. Oyó murmullos en toda la casa y el almuerzo que le sirvieron fue demasiado suculento para un día de semana. Había seis pasteles de la confitería de la Alameda —cuando sólo dos podían comerse, los domingos, después de misa. Se entretuvo mirando estampas de viaje, hasta que el abejeo[53] creciente, entrando por debajo de las puertas, le hizo mirar entre persianas. Llegaban hombres vestidos de negro, portando una caja con agarraderas de bronce.

---

[48]vasija grande
[49]pequeña
[50]soldados que llevan granados
[51]flautín que usan las bandas militares
[52]tambores usados en las bandas militares
[53]sonido de las abejas

Tuvo ganas de llorar, pero en ese momento apareció el calesero[54] Melchor, luciendo sonrisa de dientes en lo alto de sus botas sonoras. Comenzaron a jugar al ajedrez. Melchor era caballo. Él, era Rey. Tomando las losas del piso por tablero, podía avanzar de una en una, mientras Melchor debía saltar una de frente y dos de lado, o viceversa. El juego se prolongó hasta más allá del crepúsculo,

235   cuando pasaron los Bomberos del Comercio.

Al levantarse, fue a besar la mano de su padre que yacía en su cama de enfermo. El Marqués se sentía mejor, y habló a su hijo con el empaque y los ejemplos usuales. Los "Sí, padre" y los "No, padre", se encajaban entre cuenta y cuenta del rosario de preguntas, como las respuestas del ayudante en una misa. Marcial respetaba al Marqués, pero era por razones que nadie hubiera

240   acertado a suponer. Lo respetaba porque era de elevada estatura y salía, en noches de baile, con el pecho rutilante de condecoraciones: porque le envidiaba el sable y los entorchados de oficial de milicias; porque, en Pascuas, había comido un pavo entero, relleno de almendras y pasas, ganando una apuesta; porque, cierta vez, sin duda con el ánimo de azotarla, agarró a una de las mulatas que barrían la rotonda, llevándola en brazos a su habitación. Marcial, oculto detrás de

245   una cortina, la vio salir poco después, llorosa y desabrochada, alegrándose del castigo, pues era la que siempre vaciaba las fuentes de compota devueltas a la alacena.

El padre era un ser terrible y magnánimo al que debía amarse después de Dios. Para Marcial era más Dios que Dios, porque sus dones eran cotidianos y tangibles. Pero prefería el Dios del cielo, porque fastidiaba menos.

250   X

Cuando los muebles crecieron un poco más y Marcial supo como nadie lo que había debajo de las camas, armarios y vargueños, ocultó a todos un gran secreto: la vida no tenía encanto fuera de la presencia del calesero Melchor. Ni Dios, ni su padre, ni el obispo dorado de las procesiones del Corpus, eran tan importantes como Melchor.

255   Melchor venía de muy lejos. Era nieto de príncipes vencidos. En su reino había elefantes, hipopótamos, tigres y jirafas. Ahí los hombres no trabajaban, como Don Abundio, en habitaciones obscuras, llenas de legajos. Vivían de ser más astutos que los animales. Uno de ellos sacó el gran cocodrilo del lago azul, ensartándolo con una pica oculta en los cuerpos apretados de doce ocas asadas. Melchor sabía canciones fáciles de aprender, porque las palabras no tenían signifi-

260   cado y se repetían mucho. Robaba dulces en las cocinas; se escapaba, de noche, por la puerta de los cuadrerizos, y, cierta vez, había apedreado a los de la guardia civil, desapareciendo luego en las sombras de la calle de la Amargura.

En días de lluvia, sus botas se ponían a secar junto al fogón de la cocina. Marcial hubiese querido tener pies que llenaran tales botas. La derecha se llamaba Calambín. La izquierda, Calambán.

265   Aquel hombre que dominaba los caballos cerreros con sólo encajarles dos dedos en los belfos; aquel señor de terciopelos y espuelas, que lucía chisteras tan altas, sabía también lo fresco que era un suelo de mármol en verano, y ocultaba debajo de los muebles una fruta o un pastel arrebatados a las bandejas destinadas al Gran Salón. Marcial y Melchor tenían en común un depósito secreto de *grageas*[55] y almendras, que llamaban el "Urí, urí, urá", con entendidas carcajadas. Ambos habían

270   explorado la casa de arriba abajo, siendo los únicos en saber que existía un pequeño sótano lleno de frascos holandeses, debajo de las cuadras, y que en desván inútil, encima de los cuartos de criadas, doce mariposas polvorientas acababan de perder las alas en caja de cristales rotos.

XI

Cuando Marcial adquirió el hábito de romper cosas, olvidó a Melchor para acercarse a los pe-

275   rros. Había varios en la casa. El atigrado[56] grande; el podenco[57] que arrastraba las tetas; el galgo,

---

[54]el que conduce los carruajes
[55]confites
[56]perro con manchas
[57]perro de caza

demasiado viejo para jugar; el lanudo[58] que los demás perseguían en épocas determinadas, y que las camareras tenían que encerrar.

Marcial prefería a Canelo porque sacaba zapatos de las habitaciones y desenterraba los rosales del patio. Siempre negro de carbón o cubierto de tierra roja, devoraba la comida de los demás, chillaba sin motivo y ocultaba huesos robados al pie de la fuente. De vez en cuando, también, vaciaba un huevo acabado de poner, arrojando la gallina al aire con brusco palancazo[59] del hocico. Todos daban de patadas al Canelo. Pero Marcial se enfermaba cuando se lo llevaban. Y el perro volvía triunfante, moviendo la cola, después de haber sido abandonado más allá de la Casa de Beneficencia, recobrando un puesto que los demás, con sus habilidades en la caza o desvelos en la guardia, nunca ocuparían.

Canelo y Marcial orinaban juntos. A veces escogían la alfombra persa del salón, para dibujar en su lana formas de nubes pardas que se ensanchaban lentamente. Eso costaba castigo de cintarazos.

Pero los cintarazos no dolían tanto como creían las personas mayores. Resultaban, en cambio, pretexto admirable para armar concertantes de aullidos, y provocar la compasión de los vecinos. Cuando la bizca del tejadillo calificaba a su padre de "bárbaro", Marcial miraba a Canelo, riendo con los ojos. Lloraban un poco más, para ganarse un bizcocho y todo quedaba olvidado. Ambos comían tierra, se revolcaban al sol, bebían en la fuente de los peces, buscaban sombra y perfume al pie de las albahacas. En horas de calor, los canteros húmedos se llenaban de gente. Ahí estaba la gansa gris, con bolsa colgante entre las patas zambas; el gallo viejo de culo pelado; la lagartija que decía "urí, urá", sacándose del cuello una corbata rosada; el triste jubo[60] nacido en ciudad sin hembras; el ratón que tapiaba su agujero con una semilla de carey.[61] Un día señalaron el perro a Marcial.

—¡Guau, guau! —dijo.

Hablaba su propio idioma. Había logrado la suprema libertad. Ya quería alcanzar, con sus manos, objetos que estaban fuera del alcance de sus manos.

XII

Hambre, sed, calor, dolor, frío. Apenas Marcial redujo su percepción a la de estas realidades esenciales, renunció a la luz que ya le era accesoria. Ignoraba su nombre. Retirado el bautismo, con su sal desagradable, no quiso ya el olfato, ni el oído, ni siquiera la vista. Sus manos rozaban formas placenteras. Era un ser totalmente sensible y táctil. El universo le entraba por todos los poros. Entonces cerró los ojos que sólo divisaban gigantes nebulosos y penetró en un cuerpo caliente, húmedo, lleno de tinieblas, que moría. El cuerpo, al sentirlo arrebozado con su propia sustancia, resbaló hacia la vida.

Pero ahora el tiempo corrió más pronto, adelgazando sus últimas horas. Los minutos sonaban a glissando[62] de naipes bajo el pulgar de un jugador.

Las aves volvieron al huevo en torbellino de plumas. Los peces cuajaron la hueva, dejando una nevada de escamas en el fondo del estanque. Las palmas doblaron las pencas, desapareciendo en la tierra como abanicos cerrados. Los tallos sorbían sus hojas y el suelo tiraba de todo lo que le perteneciera. El trueno retumbaba en los corredores. Crecían pelos en la gamuza de los guantes. Las mantas de lana se destejían, redondeando el vellón de carneros distantes. Los armarios, los vargueños, las camas, los crucifijos, las mesas, las persianas, salieron volando en la noche, buscando sus antiguas raíces al pie de las selvas.

---

[58] que tiene mucho pelo
[59] *cub.:* imponer su influencia
[60] especie de culebra
[61] *cub.:* una planta trepadora con hojas ásperas
[62] *galicismo:* sonido de notas muy rápidas

Todo lo que tuviera clavos se desmoronaba. Un bergantín, anclado no se sabía dónde, llevó
320   presurosamente a Italia los mármoles del piso y de la fuente. Las panoplias,[63] los herrajes, las
llaves, las cazuelas de cobre, los bocados de las cuadras, se derretían, engrosando un río de
metal que galerías sin techo canalizaban hacia la tierra. Todo se metamorfoseaba, regresando a la
condición primera. El barro volvió al barro, dejando un yermo en lugar de la casa.

XIII

325   Cuando los obreros vinieron con el día para proseguir la demolición, encontraron el trabajo
acabado. Alguien se había llevado la estatua de Ceres, vendida la víspera a un anticuario. Después
de quejarse al Sindicato, los hombres fueron a sentarse en los bancos de un parque municipal.
Uno recordó entonces la historia, muy difuminada, de una Marquesa de Capellanías, ahogada,
en tarde de mayo, entre las malangas del Almendares. Pero nadie prestaba atención al relato,
330   porque el sol viajaba de oriente a occidente, y las horas que crecen a la derecha de los relojes
deben alargarse por la pereza, ya que son las que más seguramente llevan a la muerte.

Comprensión

1. ¿Qué están haciendo los obreros en la sección I?

   • ¿Qué pasa en la sección XIII cuando regresan los obreros?

   • ¿Qué se cuenta dentro de este marco (secciones II a XII)?

   • ¿Cómo funciona el tiempo en estas secciones?

2. ¿Cómo es la casa y el mundo que habita el Marqués? ¿Por medio de qué signos se
   da a conocer?

3. ¿Quién está en su lecho mortuorio en la sección II?

   • ¿Por qué hay "hombres de justicia, abogados y escribientes" en la casa en la
   sección III?

   • ¿Qué tiene que ver este dato con lo que pasa al principio del relato?

4. ¿De dónde regresa la Marquesa en la sección IV?

   • En este momento no sabemos lo que hacía allí, pero se revela en la sección XIII.
   ¿Qué le pasó a la Marquesa?

   • Con esta información, trata de explicar las extrañas murmuraciones de la criada
   negra en el segundo párrafo de la sección IV.

5. Es solo en el primer párrafo de la sección VI que hay una referencia textual a lo que
   pasa con el tiempo. ¿Qué sensación extraña tiene el Marqués?

6. ¿Qué época de la vida de Marcial se describe en las secciones VI a VIII?

   • Cuenta cómo se va dando conciencia de su sexualidad.

7. En la sección IX se introduce a Melchor. ¿Quién es?

   • ¿Qué papel juega en las últimas secciones del relato? ¿Por qué abandona Marcial
   a Melchor para acercarse a Canela en la sección XI?

8. ¿Qué pasa en el último párrafo de la sección XII?

---

[63]armas

Interpretación

1. ¿Qué aire de magia se introduce con el viejo negro en la sección II?

   • ¿Qué tiene este relato de realista y qué tiene de maravilloso?

2. ¿Se sabe cuándo tiene lugar este relato? Para estar seguro, hay que ir al revés. ¿Dónde van los obreros en la última sección para quejarse de que no tienen trabajo, puesto que la casa ya está demolida?

   • ¿Cuándo empieza el sindicalismo? Si el tiempo presente es en esa época, ¿qué período histórico ocupa el relato?

3. El signo del "ingenio" que se introduce en la sección V es el único código referente a la economía que sostenía el lujo en que vivían los Marqueses de Capellanías. ¿Qué es un ingenio? Si no sabes, búscalo en www.rae.es.

4. ¿Qué códigos históricos referentes a la raza se encuentran en el relato?

5. Una de las técnicas que emplea Carpentier para expresar el tiempo revertido es la paradoja. Un ejemplo se da en la sección III en el lecho mortuorio del Marqués cuando "el médico movió la cabeza con desconsuelo profesional, [y] el enfermo se sintió mejor". Busca otros ejemplos de la paradoja en el relato.

6. El estilo de Carpentier es poético y neobarroco porque se aprovecha de muchas figuras retóricas: Explica la metáfora con la que termina la sección III (los "cirios con largas barbas de cera derretida") y luego la que introduce la sección IV ("Los cirios crecieron lentamente, perdiendo sudores").

   • ¿Cuál es el símil de la sección I?

   • Busca ejemplos de personificación en las secciones I y II.

7. Explica el discurso metaliterario en el tercer párrafo de la sección III.

   • ¿Opinas que el estilo de Carpentier también "enlazan" y "enredan" al lector? Explica.

8. El retroceso del tiempo es lo que más resalta en este relato, pero este curioso uso del tiempo no es tan obvio como parece a primera vista. ¿Cómo funciona el tiempo en las secciones I y XIII?

   • ¿Qué indica una estructura literaria que empieza y termina del mismo modo?

   • ¿Qué podría simbolizar el regreso del hombre al útero de su madre?

   • ¿Existe la posibilidad de volver a nacer y seguir el mismo rumbo? Explica.

Cultura, conexiones y comparaciones

1. "Viaje a la semilla" se publica por primera vez en 1944, el mismo año en que Borges publica su colección de relatos *Ficciones*. En ambos se ensaya un nuevo modo de narrar en Hispanoamérica en que se rebela contra el concepto tradicional del tiempo y del espacio. Algunas veces se ha llamado este nuevo acercamiento "lo real maravilloso". Intenta explicar cómo "Viaje a la semilla" es un ejemplo.

2. A Carpentier le interesaba mucho el arte barroco del siglo XVII y XVIII, tanto que escribe un libro en 1974, *Concierto barroco*, donde expone su apreciación del mestizaje cultural de Hispanoamérica. De lo que sabes del Barroco, ¿hasta qué punto se puede decir que este relato representa un estilo neobarroco?

3. La demolición del palacete de los Marqueses de Capellanías podría representar también la destrucción de un mundo y de un modo de vida. Con un compañero explica las ramificaciones históricas de esta idea.

4. La famosa novela y película *Gone with the Wind* (publicada en 1936 y filmada en 1939), también trata de la destrucción de una manera de vida. ¿Se te ocurren otras películas que tratan este tema?

5. ¿Conoces la película norteamericana *Back to the Future* (1985) con el entonces joven Michael J. Fox? ¿Qué semejanza tiene con este relato?

6. Compara este relato con otros que también incorporan material maravilloso, como "Chac Mool" de Carlos Fuentes y "El ahogado más hermoso del mundo" de García Márquez.

7. Busca "Carpentier mestizaje" por YouTube para ver y escuchar al autor. ¿Qué dice sobre el mestizaje racial?

Julio Cortázar, "La noche boca arriba"

Autor: Julio Cortázar (1914–1984)
Nacionalidad: Argentino
Datos biográficos: Formado en Argentina, pero pasó gran parte de su vida en Francia. Es un escritor de compromiso político de izquierdas.
Época y movimiento cultural: Narrativa del siglo XX; Boom latinoamericano
Obras más conocidas: Relato: *Fin de juego* (1956); Novela: *Rayuela* (1963)
Importancia literaria: Es un cuentista innovador con sus experimentos geniales con el tiempo y el espacio.

La literatura y la vida

1. ¿Has tenido un momento de *déjà vu*, o sea, la sensación de que lo que estás experimentando ya te ha ocurrido exactamente igual en otra ocasión? Explica.

2. Hay culturas que piensan que cuando uno muere vuelve a aparecer en otra vida y de otra forma. ¿Crees tú en esta posibilidad? Explica.

En contexto

Los aztecas, para aplacar a los dioses, practicaban el sacrifico humano. Para ello, cazaban a miembros de tribus enemigas, los traían vivos a Tenochtitlán donde los llevaban a la cima de una pirámide, les extraían el corazón, y luego quemaban los órganos en ofrenda a los dioses. La lucha para conseguir seres para sacrificar se llamaba la "guerra florida".

"La noche boca arriba"

Y salían en ciertas épocas a cazar enemigos; le llamaban la guerra florida.

A mitad del largo zaguán[1] del hotel pensó que debía ser tarde, y se apuró a salir a la calle y sacar la motocicleta del rincón donde el portero de al lado le permitía guardarla. En la joyería de la esquina vio que eran las nueve menos diez; llegaría con tiempo sobrado adonde iba. El sol se filtraba entre los altos edificios del centro, y él —porque para sí mismo, para ir pensando, no tenía nombre— montó en la máquina saboreando el paseo. La moto ronroneaba entre sus piernas, y un viento fresco le chicoteaba[2] los pantalones.   5

Dejó pasar los ministerios (el rosa, el blanco) y la serie de comercios con brillantes vitrinas de la calle Central. Ahora entraba en la parte más agradable del trayecto, el verdadero paseo: una calle larga, bordeada de árboles, con poco tráfico y amplias villas que dejaban venir los jardines   10
hasta las aceras, apenas demarcadas por setos[3] bajos. Quizá algo distraído, pero corriendo sobre la derecha como correspondía, se dejó llevar por la tersura,[4] por la leve crispación[5] de ese día apenas empezado. Tal vez su involuntario relajamiento le impidió prevenir el accidente. Cuando vio que la mujer parada en la esquina se lanzaba a la calzada[6] a pesar de las luces verdes, ya era tarde para las soluciones fáciles. Frenó con el pie y la mano, desviándose a la izquierda; oyó el   15
grito de la mujer, y junto con el choque perdió la visión. Fue como dormirse de golpe.

Volvió bruscamente del desmayo. Cuatro o cinco hombres jóvenes lo estaban sacando de debajo de la moto. Sentía gusto a sal y sangre, le dolía una rodilla, y cuando lo alzaron gritó, porque no podía soportar la presión en el brazo derecho. Voces que no parecían pertenecer a las caras suspendidas sobre él, lo alentaban con bromas y seguridades. Su único alivio fue oír la   20
confirmación de que había estado en su derecho al cruzar la esquina. Preguntó por la mujer, tratando de dominar la náusea que le ganaba la garganta. Mientras lo llevaban boca arriba hasta una farmacia próxima, supo que la causante del accidente no tenía más que rasguños en las piernas. "Usté la agarró apenas, pero el golpe le hizo saltar la máquina de costado…" Opiniones, recuerdos, despacio, éntrenlo de espaldas, así va bien, y alguien con guardapolvo dándole a beber   25
un trago que lo alivió en la penumbra de una pequeña farmacia de barrio.

La ambulancia policial llegó a los cinco minutos, y lo subieron a una camilla blanda donde pudo tenderse a gusto. Con toda lucidez, pero sabiendo que estaba bajo los efectos de un shock terrible, dio sus señas al policía que lo acompañaba. El brazo casi no le dolía; de una cortadura en la ceja goteaba sangre por toda la cara. Una o dos veces se lamió los labios para beberla.   30
Se sentía bien, era un accidente, mala suerte; unas semanas quieto y nada más. El vigilante le dijo que la motocicleta no parecía muy estropeada. "Natural," dijo él. "Como que me la ligué encima…" Los dos se rieron, y el vigilante le dio la mano al llegar al hospital y le deseó buena suerte. Ya la náusea volvía poco a poco; mientras lo llevaban en una camilla de ruedas hasta un pabellón del fondo, pasando bajo árboles llenos de pájaros, cerró los ojos y deseó estar dormido   35
o cloroformado. Pero lo tuvieron largo rato en una pieza con olor a hospital, llenando una ficha,

---

[1]vestíbulo
[2]*amer.:* golpeaba, como con suaves latigazos
[3]cercados de palos entretejidos
[4]pureza, limpieza
[5]repentina contracción de los músculos por alguna emoción
[6]calle o camino

quitándole la ropa y vistiéndolo con una camisa grisácea y dura. Le movían cuidadosamente el brazo, sin que le doliera. Las enfermeras bromeaban todo el tiempo, y si no hubiera sido por las contracciones del estómago se habría sentido muy bien, casi contento.

40   Lo llevaron a la sala de radio,[7] y veinte minutos después, con la placa todavía húmeda puesta sobre el pecho como una lápida negra, pasó a la sala de operaciones. Alguien de blanco, alto y delgado, se le acercó y se puso a mirar la radiografía. Manos de mujer le acomodaban la cabeza, sintió que lo pasaban de una camilla a otra. El hombre de blanco se le acercó otra vez, sonriendo, con algo que le brillaba en la mano derecha. Le palmeó la mejilla e hizo una seña a alguien

45   parado atrás.

Como sueño era curioso porque estaba lleno de olores y él nunca soñaba olores. Primero un olor a pantano,[8] ya que a la izquierda de la calzada empezaban las marismas, los tembladera-les[9] de donde no volvía nadie. Pero el olor cesó, y en cambio vino una fragancia compuesta y oscura como la noche en que se movía huyendo de los aztecas. Y todo era tan natural, tenía que

50   huir de los aztecas que andaban a caza de hombre, y su única probabilidad era la de esconderse en lo más denso de la selva, cuidando de no apartarse de la estrecha calzada que sólo ellos, los motecas,[10] conocían.

Lo que más lo torturaba era el olor, como si aun en la absoluta aceptación del sueño algo se rebelara contra eso que no era habitual, que hasta entonces no había participado del juego.

55   "Huele a guerra," pensó, tocando instintivamente el puñal de piedra atravesado en su ceñidor de lana tejida. Un sonido inesperado lo hizo agacharse y quedar inmóvil, temblando. Tener miedo no era extraño, en sus sueños abundaba el miedo. Esperó, tapado por las ramas de un arbusto y la noche sin estrellas. Muy lejos, probablemente del otro lado del gran lago, debían estar ardiendo fuegos de vivac;[11] un resplandor rojizo teñía esa parte del cielo. El sonido no se repitió. Había

60   sido como una rama quebrada. Tal vez un animal que escapaba como él del olor de la guerra. Se enderezó despacio, venteando.[12] No se oía nada, pero el miedo seguía allí como el olor, ese incienso dulzón de la guerra florida. Había que seguir, llegar al corazón de la selva evitando las ciénagas.[13] A tientas, agachándose a cada instante para tocar el suelo más duro de la calzada, dio algunos pasos. Hubiera querido echar a correr, pero los tembladerales palpitaban a su lado. En el

65   sendero en tinieblas, buscó el rumbo. Entonces sintió una bocanada horrible del olor que más temía, y saltó desesperado hacia adelante.

—Se va a caer de la cama —dijo el enfermo de al lado—. No brinque tanto, amigazo.

Abrió los ojos y era de tarde, con el sol ya bajo en los ventanales de la larga sala. Mientras trataba de sonreír a su vecino, se despegó casi físicamente de la última visión de la pesadilla. El

70   brazo, enyesado, colgaba de un aparato con pesas y poleas.[14] Sintió sed, como si hubiera estado corriendo kilómetros, pero no querían darle mucha agua, apenas para mojarse los labios y hacer un buche. La fiebre lo iba ganando despacio y hubiera podido dormirse otra vez, pero sa-boreaba el placer de quedarse despierto, entornados los ojos, escuchando el diálogo de los otros enfermos, respondiendo de cuando en cuando a alguna pregunta. Vio llegar un carrito blanco

75   que pusieron al lado de su cama, una enfermera rubia le frotó con alcohol la cara anterior del muslo y le clavó una gruesa aguja conectada con un tubo que subía hasta un frasco lleno de líquido opalino. Un médico joven vino con un aparato de metal y cuero que le ajustó al brazo sano para verificar alguna cosa. Caía la noche, y la fiebre lo iba arrastrando blandamente a un

---

[7]radiografía
[8]tierra húmeda, marismas
[9]*argen.:* tremedal, tierra patanosa que tiembla al pisarse sobre ella
[10]*neo.:* combinación de "motocicleta" y "azteca"
[11]campamento militar
[12]respirando fuertemente
[13]tierra con mucho lodo o fango
[14]ruedas y cuerdas para levantar y mover pesos

estado donde las cosas tenían un relieve como de gemelos[15] de teatro, eran reales y dulces y a la vez ligeramente repugnantes; como estar viendo una película aburrida y pensar que sin embargo en la calle es peor; y quedarse.   80

Vino una taza de maravilloso caldo de oro oliendo a puerro, a apio, a perejil. Un trocito de pan, más precioso que todo un banquete, se fue desmigajando poco a poco. El brazo no le dolía nada y solamente en la ceja, donde lo habían suturado, chirriaba a veces una punzada caliente y rápida. Cuando los ventanales de enfrente viraron[16] a manchas de un azul oscuro, pensó que   85 no le iba a ser difícil dormirse. Un poco incómodo, de espaldas, pero al pasarse la lengua por los labios resecos y calientes sintió el sabor del caldo, y suspiró de felicidad, abandonándose.

Primero fue una confusión, un atraer hacia sí todas las sensaciones por un instante embotadas[17] o confundidas. Comprendía que estaba corriendo en plena oscuridad, aunque arriba el cielo cruzado de copas de árboles era menos negro que el resto. "La calzada," pensó. "Me salí de   90 la calzada." Sus pies se hundían en un colchón de hojas y barro, y ya no podía dar un paso sin que las ramas de los arbustos le azotaran el torso y las piernas. Jadeante, sabiéndose acorralado a pesar de la oscuridad y el silencio, se agachó para escuchar. Tal vez la calzada estaba cerca, con la primera luz del día iba a verla otra vez. Nada podía ayudarlo ahora a encontrarla. La mano que sin saberlo él aferraba[18] el mango del puñal, subió como el escorpión de los pantanos hasta su   95 cuello, donde colgaba el amuleto[19] protector. Moviendo apenas los labios musitó[20] la plegaria del maíz que trae las lunas felices, y la súplica a la *Muy Alta,* a la dispensadora de los bienes motecas. Pero sentía al mismo tiempo que los tobillos se le estaban hundiendo despacio en el barro, la espera en la oscuridad del chaparral desconocido se le hacía insoportable. La guerra florida había empezado con la luna y llevaba ya tres días y tres noches. Si conseguía refugiarse   100 en lo profundo de la selva, abandonando la calzada más allá de la región de las ciénagas, quizá los guerreros no le siguieran el rastro. Pensó en los muchos prisioneros que ya habían hecho. Pero la cantidad no contaba, sino el tiempo sagrado. La caza continuaría hasta que los sacerdotes dieran la señal del regreso. Todo tenía su número y su fin, y él estaba dentro del tiempo sagrado, del otro lado de los cazadores.   105

Oyó los gritos y se enderezó de un salto, puñal en mano. Como si el cielo se incendiara en el horizonte, vio antorchas moviéndose entre las ramas, muy cerca. El olor a guerra era insoportable, y cuando el primer enemigo le saltó al cuello casi sintió placer en hundirle la hoja de piedra en pleno pecho. Ya lo rodeaban las luces, los gritos alegres. Alcanzó a cortar el aire una o dos veces, y entonces una soga lo atrapó desde atrás.   110

—Es la fiebre —dijo el de la cama de al lado—. A mí me pasaba igual cuando me operé del duodeno. Tome agua y va a ver que duerme bien.

Al lado de la noche de donde volvía, la penumbra tibia de la sala le pareció deliciosa. Una lámpara violeta velaba en lo alto de la pared del fondo como un ojo protector. Se oía toser, respirar fuerte, a veces un diálogo en voz baja. Todo era grato y seguro, sin ese acoso, sin... Pero no   115 quería seguir pensando en la pesadilla. Había tantas cosas en qué entretenerse. Se puso a mirar el yeso del brazo, las poleas que tan cómodamente se lo sostenían en el aire. Le habían puesto una botella de agua mineral en la mesa de noche. Bebió del gollete,[21] golosamente. Distinguía ahora las formas de la sala, las treinta camas, los armarios con vitrinas. Ya no debía tener tanta fiebre, sentía fresca la cara. La ceja le dolía apenas, como un recuerdo. Se vio otra vez saliendo   120

---

[15]anteojos dobles (prismáticos) para ver las cosas más de cerca

[16]cambiaron

[17]*fig.:* acumuladas

[18]agarraba fuertemente

[19]objeto que se lleva al que se atribuye alguna virtud sobrenatural

[20]murmuró

[21]cuello estrecho de algunas botellas

del hotel, sacando la moto. ¿Quién hubiera pensado que la cosa iba a acabar así? Trataba de fijar el momento del accidente, y le dio rabia advertir que había ahí como un hueco, un vacío que no alcanzaba a rellenar. Entre el choque y el momento en que lo habían levantado del suelo, un desmayo o lo que fuera no le dejaba ver nada. Y al mismo tiempo tenía la sensación de que ese
125 hueco, esa nada, había durado una eternidad. No, ni siquiera tiempo, más bien como si en ese hueco él hubiera pasado a través de algo o recorrido distancias inmensas. El choque, el golpe brutal contra el pavimento. De todas maneras al salir del pozo negro había sentido casi un alivio mientras los hombres lo alzaban del suelo. Con el dolor del brazo roto, la sangre de la ceja partida, la contusión en la rodilla; con todo eso, un alivio al volver al día y sentirse sostenido y
130 auxiliado. Y era raro. Le preguntaría alguna vez al médico de la oficina. Ahora volvía a ganarlo el sueño, a tirarlo despacio hacia abajo. La almohada era tan blanda, y en su garganta afiebrada la frescura del agua mineral. Quizá pudiera descansar de veras, sin las malditas pesadillas. La luz violeta de la lámpara en lo alto se iba apagando poco a poco.

Como dormía de espaldas, no lo sorprendió la posición en que volvía a reconocerse, pero en
135 cambio el olor a humedad, a piedra rezumante[22] de filtraciones, le cerró la garganta y lo obligó a comprender. Inútil abrir los ojos y mirar en todas direcciones; lo envolvía una oscuridad absoluta. Quiso enderezarse y sintió las sogas en las muñecas y los tobillos. Estaba estaqueado[23] en el suelo, en un piso de lajas helado y húmedo. El frío le ganaba la espalda desnuda, las piernas. Con el mentón[24] buscó torpemente el contacto con su amuleto, y supo que se lo habían arrancado.
140 Ahora estaba perdido, ninguna plegaria podía salvarlo del final. Lejanamente, como filtrándose entre las piedras del calabozo, oyó los atabales[25] de la fiesta. Lo habían traído al teocalli,[26] estaba en las mazmorras[27] del templo a la espera de su turno.

Oyó gritar, un grito ronco que rebotaba en las paredes. Otro grito, acabando en un quejido. Era él que gritaba en las tinieblas, gritaba porque estaba vivo, todo su cuerpo se defendía con
145 el grito de lo que iba a venir, del final inevitable. Pensó en sus compañeros que llenarían otras mazmorras, y en los que ascendían ya los peldaños del sacrificio. Gritó de nuevo sofocadamente, casi no podía abrir la boca, tenía las mandíbulas agarrotadas y a la vez como si fueran de goma y se abrieran lentamente, con un esfuerzo interminable. El chirriar de los cerrojos lo sacudió como un látigo. Convulso, retorciéndose, luchó por zafarse de las cuerdas que se le hundían en
150 la carne. Su brazo derecho, el más fuerte, tiraba hasta que el dolor se hizo intolerable y tuvo que ceder. Vio abrirse la doble puerta, y el olor de las antorchas le llegó antes que la luz. Apenas ceñidos con el taparrabos[28] de la ceremonia, los acólitos[29] de los sacerdotes se le acercaron mirándolo con desprecio. Las luces se reflejaban en los torsos sudados, en el pelo negro lleno de plumas. Cedieron las sogas, y en su lugar lo aferraron manos calientes, duras como bronce; se
155 sintió alzado, siempre boca arriba, tironeado[30] por los cuatro acólitos que lo llevaban por el pasadizo. Los portadores de antorchas iban adelante, alumbrando vagamente el corredor de paredes mojadas y techo tan bajo que los acólitos debían agachar la cabeza. Ahora lo llevaban, lo llevaban, era el final. Boca arriba, a un metro del techo de roca viva que por momentos se iluminaba con un reflejo de antorcha. Cuando en vez de techo nacieran las estrellas y se alzara frente a él la
160 escalinata incendiada de gritos y danzas, sería el fin. El pasadizo no acababa nunca, pero ya iba a acabar, de repente olería el aire lleno de estrellas, pero todavía no, andaban llevándolo sin fin en la penumbra roja, tironeándolo brutalmente, y él no quería, pero cómo impedirlo si le habían arrancado el amuleto que era su verdadero corazón, el centro de la vida.

---

[22]húmeda

[23]herido

[24]barbilla

[25]tambores

[26]templo azteca

[27]calabozos (cárceles) subterráneos

[28]trozo de tela que únicamente cubre las partes privadas del cuerpo

[29]asistentes de sacerdotes

[30]*amer.:* tirado, arrastrado

Salió de un brinco a la noche del hospital, al alto cielo raso dulce, a la sombra blanda que lo rodeaba. Pensó que debía haber gritado, pero sus vecinos dormían callados. En la mesa de noche, la botella de agua tenía algo de burbuja, de imagen traslúcida contra la sombra azulada de los ventanales. Jadeó, buscando el alivio de los pulmones, el olvido de esas imágenes que seguían pegadas a sus párpados. Cada vez que cerraba los ojos las veía formarse instantáneamente, y se enderezaba aterrado pero gozando a la vez del saber que ahora estaba despierto, que la vigilia lo protegía, que pronto iba a amanecer, con el buen sueño profundo que se tiene a esa hora, sin imágenes, sin nada… Le costaba mantener los ojos abiertos, la modorra[31] era más fuerte que él. Hizo un último esfuerzo, con la mano sana esbozó un gesto hacia la botella de agua; no llegó a tomarla, sus dedos se cerraron en un vacío otra vez negro, y el pasadizo seguía interminable, roca tras roca, con súbitas fulguraciones[32] rojizas, y él boca arriba gimió apagadamente porque el techo iba a acabarse, subía, abriéndose como una boca de sombra, y los acólitos se enderezaban y de la altura una luna menguante[33] le cayó en la cara donde los ojos no querían verla, desesperadamente se cerraban y abrían buscando pasar al otro lado, descubrir de nuevo el cielo raso protector de la sala. Y cada vez que se abrían era la noche y la luna mientras lo subían por la escalinata, ahora con la cabeza colgando hacia abajo, y en lo alto estaban las hogueras, las rojas columnas de humo perfumado, y de golpe vio la piedra roja, brillante de sangre que chorreaba, y el vaivén de los pies del sacrificado que arrastraban para tirarlo rodando por las escalinatas del norte. Con una última esperanza apretó los párpados, gimiendo por despertar. Durante un segundo creyó que lo lograría, porque otra vez estaba inmóvil en la cama, a salvo del balanceo cabeza abajo. Pero olía la muerte, y cuando abrió los ojos vio la figura ensangrentada del sacrificador que venía hacia él con el cuchillo de piedra en la mano. Alcanzó a cerrar otra vez los párpados, aunque ahora sabía que no iba a despertarse, que estaba despierto, que el sueño maravilloso había sido el otro, absurdo como todos los sueños; un sueño en el que había andado por extrañas avenidas de una ciudad asombrosa, con luces verdes y rojas que ardían sin llama ni humo, con un enorme insecto de metal que zumbaba bajo sus piernas. En la mentira infinita de ese sueño también lo habían alzado del suelo, también alguien se le había acercado con un cuchillo en la mano, a él tendido boca arriba, a él boca arriba con los ojos cerrados entre las hogueras.

Comprensión

1. ¿Qué le pasa al motociclista al principio de la narración?

2. ¿Adónde lo llevan y qué le hacen?

3. ¿A qué otro mundo y momento se transporta en su sueño?

4. ¿Qué pasa cuando el motociclista es un indio moteca?

5. ¿Qué voz lo hace volver varias veces a la realidad del hospital?

6. ¿Qué descubrimos al final de la narración?

7. ¿Cómo reaccionaste al entender este juego con el tiempo?

Interpretación

1. El relato se desarrolla en dos espacios y tiempos distintos. ¿Qué signos emplea el autor para indicar el mundo moderno y el mundo pasado?

---

[31]sueño pesado
[32]resplandecimientos intensos
[33]luna cuya faz resulta visible solo en parte

- ¿Qué mundo reconoce el lector?
- ¿Por qué nos sobrecoge el final del relato?
- ¿Qué indica este juego con el tiempo y el espacio respecto a la perspectiva del lector en entender la realidad?

2. El autor emplea figuras de sinécdoque y metonimia para evitar el signo explícito. Por ejemplo, ¿qué son el "hombre de blanco" y "algo que… brillaba en la mano" en el párrafo que empieza en la línea 40.

3. En el estilo de Cortázar abundan los tropos. Busca ejemplos.

4. Los sentidos hacen un papel importante. Explica.

- ¿Qué propósito importante de tiempo y espacio cumplen los sentidos en este relato?

5. Los dos mundos están unidos por datos o acciones paralelas. Busca signos y acciones del mundo azteca que forman paralelismos con los siguientes elementos del mundo moderno:

- el camino por el paseo en moto;
- el grito de la mujer que causó el accidente;
- el hombre transportado a la ambulancia en una camilla boca arriba;
- olores en el hospital;
- el brazo restringido por yeso y el aparato con pesas;
- el cirujano con el cuchillo en la mano;
- la moto ronroneando sobre las piernas del motociclista.

6. Además de los giros de espacio y tiempo, el relato parece contener un trasfondo metafísico: El hombre que sale a algún destino desconocido, sufre percances, se desvía del camino, se enfrenta con la muerte, etc. Elabora este discurso del relato.

Cultura, conexiones y comparaciones

 1. Trabajando en parejas, explica cómo "La noche boca arriba" es un cuento emblemático del Boom, tanto en su temática como en su estilo e innovaciones técnicas. Imparte tus ideas con los otros grupos para sacar una lista íntegra.

2. ¿Se podría clasificar este relato dentro del realismo mágico? Explica lo que tiene en común y cómo es diferente.

3. ¿Qué tiene este relato en común con la ciencia ficción? ¿Cómo es diferente?

4. La profesora Arenas Carrillo ha dicho lo siguiente sobre este relato:

La obra de Cortázar muestra el *carácter antitético* de la condición humana que se revela en una lucha interior… En "La noche boca arriba", nos encontramos frente a un desdoblamiento. En un primer plano tenemos la modernidad y la antigüedad prehispánica; luego la del hombre del siglo XX que sueña ser un indio perseguido de los aztecas… El hombre del hospital sabía que el moteca existía en sus pesadillas, quería evitarlo manteniéndose despierto; el moteca, cuando lo llevaban los acólitos al teocalli, luchaba por despertar apretando los párpados, gimiendo por volver al hospital, es decir que él también sabía del otro. El hombre completo era consciente de la dualidad que lo conformaba.

Escribe un corto ensayo explicando si estás o no de acuerdo que el hombre y el indígena del cuento forman dos partes antitéticas de una misma conciencia humana.

5. ¿Conoces *Las crónicas de Narnia* (1949-1954) y las novelas de Harry Potter (1997-2007)? Hay juegos temporales y espaciales en ambos. ¿Cómo son diferentes al de "La noche boca arriba"?

6. Busca imágenes de "templos aztecas" por Internet. ¿Cómo son diferentes de las pirámides egipcias? ¿Por qué crees que son planos en la parte superior?

7. Hay muchas entrevistas con Cortázar, pero escucha la titulada "entrevista al enormísimo cronopio" por YouTube. ¿Qué se aprende de la vida del autor?

   • ¿Qué se aprende de su vocación como escritor? ¿y de su proceso creativo?

   • Cortázar dice que nunca sabe cómo sus cuentos van a terminar. ¿Crees que dice la verdad?

8. La película *Blow Up* (1966), la obra maestra del director Michelangelo Antonioni, se basa en el cuento "Las babas del diablo" de Cortázar. ¿Conoces la película? Si no, vale la pena verla.

9. Tanto los españoles como los indígenas dejaron dibujos gráficos en sus códices del sacrificio humano. Haz una búsqueda de imágenes por Internet bajo "sacrificio humano, azteca" para verificarlo. ¿Qué efecto producen?

Nancy Morejón, "Mujer negra"

Autor: Nancy Morejón (n. 1944)
Nacionalidad: Cubana
Datos biográficos: Es de raíces africana y china, lo cual le ha permitido entender la transculturación. Ha sido una embajadora cultural de Cuba, dando conferencias alrededor del mundo, incluyendo los Estados Unidos.
Época y movimiento cultural: Poesía del siglo XX; Feminismo
Obra más conocida: Crítica: *Nación y mestizaje en Nicolás Guillén* (1983)
Importancia literaria: Es heredera de la tradición de Nicolás Guillén por penetrar en la identidad africana en la cultura cubana.

La literatura y la vida

1. ¿Qué sabes de los antepasados de tu familia?

   • ¿Sabes de qué países provienen?

   • ¿Te interesaría saber más? ¿Por qué?

2. ¿Cómo te imaginas que fue la vida de un esclavo?

En contexto

Los esclavos por su gran mayoría provenían de la zona oeste de África, como los actuales países de Guinea, Benín y Cabo Verde. Los europeos los trajeron a las áreas agrícolas que necesitan una labor intensa, como es la caña de azúcar en el Caribe.

Antonio Maceo (1845-1896), después de José Martí, es el más destacado revolucionario que luchó a lo largo de su vida por la independencia de Cuba. Ascendió rápidamente de rango en el ejército por su valentía y a pesar de que era mulato de origen humilde.

"Mujer negra"

Todavía huelo la espuma del mar que me hicieron atravesar.
La noche, no puedo recordarla.
Ni el mismo océano podría recordarla.
Pero no olvido el primer alcatraz que divisé.
5   Altas, las nubes, como inocentes testigos presenciales.
Acaso no he olvidado ni mi costa perdida, ni mi lengua ancestral.
Me dejaron aquí y aquí he vivido.
Y porque trabajé como una bestia,
aquí volví a nacer.
10   A cuanta epopeya *mandinga*[1] intenté recurrir.

Me rebelé.
Su Merced me compró en una plaza.
Bordé la casaca de su Merced y un hijo macho le parí.
Mi hijo no tuvo nombre.
15   Y su Merced murió a manos de un impecable *lord* inglés.

Anduve.
Esta es la tierra donde padecí bocabajos[2] y azotes.
Bogué a lo largo de todos sus ríos.
Bajo su sol sembré, recolecté y las cosechas no comí.
20   Por casa tuve un barracón.
Yo misma traje piedras para edificarlo,
pero canté al natural compás de los pájaros nacionales.

Me sublevé.
En esta tierra toqué la sangre húmeda
25   y los huesos podridos de muchos otros,
traídos a ella, o no, igual que yo.
Ya nunca más imaginé el camino a Guinea.
¿Era a Guinea? ¿A Benín? ¿Era a
Madagascar? ¿O a Cabo Verde?[3]
30   Trabajé mucho más.
Fundé mejor mi canto milenario y mi esperanza.
Aquí construí mi mundo.

---

[1] idioma de la zona oeste de África, lo que actualmente es Malí
[2] *cub.*: pegar mientras uno está boca abajo
[3] Guinea y Benín son países del oeste de África. Madagascar y Cabo Verde son archipiélagos, este en el oeste del continente y aquel al sureste.

Me fui al monte.
Mi real independencia fue el palenque[4]
y cabalgué entre las tropas de Maceo.[5]   35
Sólo un siglo más tarde,
junto a mis descendientes,
desde una azul montaña.

Bajé de la Sierra
Para acabar con capitales y usureros,   40
con generales y burgueses.
Ahora soy: sólo hoy tenemos y creamos.
Nada nos es ajeno.
Nuestra la tierra.
Nuestros el mar y el cielo.   45
Nuestras la magia y la quimera.
Iguales míos, aquí los veo bailar
alrededor del árbol que plantamos para el comunismo.
Su pródiga madera ya resuena

Comprensión

1. El yo lírico en este poema, ¿es la autora o todas las mujeres afrocubanas? Explica.
   - ¿En qué persona gramatical termina el poema? ¿Qué indica este cambio?
2. ¿Qué tiempo verbal predomina en el poema? ¿En qué tiempo verbal comienza el poema?
3. Cuenta lo que ocurrió con su amo (su Merced).
4. ¿Qué hizo en el campo?
5. ¿Qué hizo con Maceo?
6. ¿Qué hizo después de bajar de la sierra?
7. ¿Qué siente el yo lírico ahora? ¿Por qué?

Interpretación

1. ¿Qué tipo de versificación se emplea en este poema? ¿Cómo se sabe?
2. En el verso 10 hay una indicación de cómo los africanos transmitieron su cultura. ¿Cómo fue?
   - Sin embargo, llega el momento en que su 'cubanidad' borra ese pasado. ¿Cómo se expresa a partir del verso 26?
3. Así como el tiempo en el poema progresa históricamente, también se describe en cada etapa un espacio distinto. Explica.

---

[4]*cub.*: lugar retirado donde se refugiaban los esclavos
[5]guerrillero importante de la Guerra de Independencia de Cuba

4. Haz una lista de los signos vivificantes y positivos que se empiezan a expresar a partir del verso 30.

5. Según el yo lírico, ¿qué ha hecho el comunismo para Cuba en general y para la mujer negra en particular?

   • ¿Qué signo poético simboliza esta transformación en los dos últimos versos?

Cultura, conexiones y comparaciones

1. La literatura revolucionaria del comunismo y el socialismo rechaza el arte experimental y de vanguardia, prefiriendo un arte de compromiso social. ¿Cómo cumple Nancy Morejón con esas metas?

2. Se ha dicho lo siguiente de este poema:

   Morejon's "Mujer negra"… *creates two distinct time/space relationships between a mythical unknown African homeland of the past and a Cuban contemporary homeland in which she has struggled for, literally borne its children, and is deeply invested in as it determines her existence. Yet, at the same time, Morejon's* "Mujer negra" *acknowledges an ambivalence of memory and loss as related to diaspora and the concept of home… Morejon's narrator grows both more temporally and spatially distant from the home origins of Africa. She determines that she no longer dreams of homeland and self-questions which homes she actually ever belonged to.*

   Comenta por escrito este juicio crítico.

3. ¿Encuentras paralelos entre la saga que expresa la poeta sobre los afrocubanos y la odisea de los afroamericanos en los Estados Unidos?

   • ¿Has oído mencionar la mini-serie de televisión de 1977 llamada *Roots*? Si no, entérate por Internet. ¿Qué semejanza hay con el poema de Morejón?

4. Que dos grupos se formen para debatir la siguiente pregunta: ¿Crees que se ha borrado por completo el racismo en los Estados Unidos? Explica.

5. El yo lírico dice que le parió un hijo a su amo. ¿Qué indica este dato con respecto a la relación entre amos y esclavos? En parejas intenta explicar por qué muchos afroamericanos son de piel mucho más clara que los africanos autóctonos.

6. Compara el mensaje optimista y consolador de este poema con la "Balada de los dos abuelos" de Nicolás Guillén. ¿Hay algo propagandístico en ellos?

7. Morejón claramente expone su ideología comunista, sobre todo en la última estrofa. Explica. Luego de hacer investigación, que la clase se divida en dos grupos para discutir los posibles efectos positivos del comunismo en Cuba así como los negativos.

Rosa Montero, "Como la vida misma"

Autor: Rosa Montero (n. 1951)
Nacionalidad: Española
Datos biográficos: Se da a conocer como periodista y crítica del periódico *El País* de Madrid. Es una de las figuras intelectuales más destacadas de la España posfranquista.
Época y movimiento cultural: Narrativa y ensayo del siglo XX; Feminismo
Obras más conocidas: Novelas: *Te trataré como una reina* (1983); *La loca de la casa* (2003)
Importancia literaria: Es la mayor representante del "nuevo periodismo" — un subgénero entre el ensayo periodístico y la ficción.

La literatura y la vida

1. Sin duda has estado alguna vez en un atasco de tráfico y tenías prisa de llegar a tu destino. Describe lo que sentías y lo que hacías.

2. ¿Eres siempre un conductor o una conductora civil? Explica. ¿Por qué son tantas personas groseras cuando conducen?

"Como la vida misma"

Las nueve menos cuarto de la mañana. Semáforo en rojo, un rojo inconfundible. Las nueve menos trece, hoy no llego. Embotellamiento[1] de tráfico! Doscientos mil coches junto al tuyo. Tienes la mandíbula tan tensa que entre los dientes aún está el sabor del café de desayuno. Miras al vecino. Está intolerablemente cerca. La chapa de su coche casi roza la tuya. Verde. Avanza, imbécil. ¿Que hacen? No arrancan. No se mueven, los estúpidos. Están paseando, con la inmensa urgencia que tú tienes. Doscientos mil coches que salieron a pasear a la misma hora solamente para fastidiarte. ¡Rojjjjo! ¡Rojo de Nuevo! No es posible. Las nueve menos diez. Hoy desde luego que no llego-o-o-o… El vecino te mira con odio. Probablemente piensa que tú tienes la culpa de no haber pasado el semáforo (cuando es obvio que los culpables son los idiotas de delante). Tienes una premonición de catástrofe y derrota. Hoy no llego. Por el espejo ves cómo se acerca un chico en una motocicleta, zigzagueando entre los coches. Su facilidad te causa indignación, su libertad te irrita. Mueves el coche unos centímetros hacia el del detrás. Das un

5

10

---

[1] atasco

salto, casi arrancas. De pronto ves que el semáforo sigue aún en rojo. ¿Que quieres, que salga con la luz roja, imbécil? De pronto, la luz se pone verde y los de atrás pitan desesperadamente.

15   Con todo ese ruido reaccionas, tomas el volante, al fin arrancas. Las nueve menos cinco. Unos metros más allá la calle es mucho más estrecha; sólo cabrá un coche. Miras al vecino con odio. Aceleras. Él también. Comprendes de pronto que llegar antes que el otro es el objeto principal de tu existencia. Avanzas unos centímetros. Entonces, el otro coche te pasa victorioso. Corre, corre, gritas, fingiendo gran desprecio. ¿Adónde vas, idiota? Tanta prisa para adelantarme sólo

20   un metro… Pero la derrota duele. A lo lejos ves una figura negra, una vieja que cruza la calle lentamente. Casi la atropellas. "Cuidado, abuela", gritas por la ventanilla; estas viejas son un peligro, un peligro. Ya estás llegando a tu destino, y no hay posibilidades de aparcar. De pronto descubres un par de metros libres un pedacito de ciudad sin coche; frenas, el corazón te late apresuradamente. Los conductores de detrás comienzan a tocar la bocina: no me muevo. Tratas

25   de estacionar, pero los vehículos que te siguen no te lo permiten. Tú miras con angustia el espacio libre. De pronto, uno de los coches para y espera a que tú aparques. Tratas de retroceder, pero la calle es angosta y la cosa está difícil. El vecino da marcha atrás para ayudarte, aunque casi no puede moverse porque los otros coches están demasiado cerca. Al fin aparcas. Sales del coche, cierras la puerta. Sientes una alegría infinita, una enorme gratitud hacia el anónimo vecino que

30   se detuvo y te permitió aparcar. Caminas rápidamente para alcanzar al generoso conductor, y darle las gracias. Llegas a su coche; es un hombre de unos cincuenta anos, de mirada melancólica. Muchas gracias, le dices en tono exaltado. El otro se sobresalta, y te mira sorprendido. Muchas gracias, nerviosamente "Pero, ¿que quería usted? ¡No podía pasar por encima de los coches! No podía dar más marcha atrás." Tú no comprendes. "Gracias, gracias" piensas. Al fin murmuras: "Le

35   estoy dando las gracias de verdad, de verdad…" El hombre se pasa la mano por la cara, y dice: "Es que… este tráfico, estos nervios…" Sigues tu camino, sorprendido, pensando con filosófica tristeza, con genuino asombro. ¿Por qué es tan agresiva la gente? ¡No lo entiendo!

Comprensión

1. El tiempo y el espacio son muy reducidos en este artículo. ¿Cuánto tiempo pasa? ¿Dónde tiene lugar la acción?

2. ¿Qué se describe en este artículo?

3. ¿Por qué tiene tanta prisa el conductor?

4. ¿En qué estado de ánimo se encuentra?

   • ¿Cómo reaccionan los otros conductores?

5. ¿Qué cosas soeces hace o piensa el conductor emisor de este artículo?

6. ¿Qué pasa cuando finalmente ve espacio para aparcar?

7. ¿Cómo reacciona el señor cuando el emisor le da las gracias?

Interpretación

1. ¿En qué tiempo verbal se narra este incidente? ¿Qué es el efecto de narrar de este modo?

   • ¿Cómo contribuye la acumulación de tantos detalles minuciosos a este efecto?

2. Busca ejemplos en el artículo de hipérbole. ¿Es natural emplear la hipérbole cuando se cuenta este tipo de historia? Explica.

   • ¿Qué efecto produce la hipérbole?

3. El narrador emplea muchas expresiones coloquiales e insolentes. Busca ejemplos. ¿Qué efecto produce este tipo de estilo?

4. ¿A quién se dirige el narrador de este relato?

   • ¿Cómo se comunican entre sí los conductores?

   • Con la excepción del final, ¿se emplea el diálogo?

   • ¿Cómo caracterizarías la técnica narrativa del cuento?

5. ¿Qué ejemplos se pueden proponer para explicar la deshumanización del conductor narrador que le causa el tráfico?

   • ¿En qué momento se vuelve a humanizar el conductor?

6. Explica la ironía con que termina la historia.

7. El título del artículo le pide al lector interpretar lo escrito alegóricamente. En parejas comenta lo que podría tener en común cómo se vive la vida y cómo se reacciona en un atasco. Compara las opiniones.

Cultura, conexiones y comparaciones

1. Hay una larga tradición en las letras hispánicas del "artículo" o "cuadro de costumbres". Estos por lo general se publican en periódicos y revistas, e intentan usar un incidente para reflexionar sobre la naturaleza humana. El más famoso exponente de esta tradición en España es Mariano José de Larra (1809-1837), quien escribió a principios del siglo XIX. Pero el género se da en todas las culturas. Mark Twain (1835-1910), por ejemplo, escribió muchos "*sketches*". ¿Conoces alguno? Cuenta.

2. El subgénero del "cuadro de costumbres" se relaciona también con el apólogo medieval, que contenía una moraleja. Compara la moraleja de este artículo con la del apólogo de Juan Manuel.

3. Escucha una entrevista con Rosa Montero por YouTube bajo "Rosa Montero, esqueleto del escritor". ¿Qué dice de su vocación literaria y de su teoría de la creación literaria?

   • Que cada estudiante aporte algún dato de la entrevista que revele la filosofía de la vida de la escritora.

4. ¿Quién inventó el automóvil: Gottlieb Daimer, Karl Benz, Ransom Olds o Henry Ford? Busca por Internet para verificar. El automóvil es una de las invenciones que más ha afectado el modo de vida del siglo XX . Menciona cómo ha sido un cambio positivo y un cambio negativo.

   • ¿Qué otras invenciones del siglo XX han tenido un impacto transformador semejante?

CAPÍTULO IV

LAS RELACIONES INTERPERSONALES Y SOCIALES

■■■

Fernando Botero, "La familia presidencial", Museum of Modern Art (New York)

Fernando Botero. Retrato Oficial de la Junta Militar. Courtesy Marlborough Gallery, New York.

302

El ser humano es esencialmente una criatura social. Su vida depende de la interacción con otros seres en casi todos los contextos de su vida: dentro de la familia, para la diversión, en el trabajo y en otras colectividades (como en un club o un deporte), entre muchos otros. También se ha de considerar las relaciones con entidades no humanas, como la relación del individuo con su sociedad, su patria, su gobierno, su profesión, etc. La manera en que el individuo interactúa con familiares, amigos, compañeros, socios e instituciones forma la base de la vida interpersonal. Pero estas relaciones no son iguales: dependen de un número infinito de factores que determinan el carácter de la asociación.

Las relaciones interpersonales son dinámicas y únicas; dinámicas en el sentido de que evolucionan con el tiempo y única porque no hay dos relaciones que sean iguales. La relación romántica que existe entre una pareja cambia con el tiempo, y esa relación no es igual a la que existe entre padres e hijos o entre amigos. Aunque sea la misma persona en cada asociación, su interacción con su par varía. Como se puede ver, el tema de la relaciones es vasto y complejo.

La dualidad u oposición entre el amor (sexo, cariño, respeto, devoción, etc.) y el odio (aborrecimiento, celos, animosidad, venganza, etc.) forma la base de muchas de las relaciones humanas. El nivel de felicidad de una relación depende de estos factores. Obviamente, donde hay amor, compasión, respeto y fidelidad va a haber más felicidad que donde haya resentimiento, controversia, y falta de confianza. Pero en el campo de la psicología y de las relaciones interpersonales, nada es blanco o negro. Pensamos, por ejemplo, que el amor es siempre positivo, pero el amor puede conducir a los celos y a la dominación de la pareja. El amor también puede demandar obligaciones desmedidas que pueden terminar en aversión. O sea, las relaciones, por buenas que parezcan, no son siempre benéficas. Hay relaciones saludables y otras perniciosas.

Finalmente, hay que considerar que algunas relaciones se imponen y otras se escogen. En otras palabras, uno no puede elegir a sus padres o su medio ambiente, pero sí puede elegir a un amigo o una pareja. Pero en ambos casos, es posible cambiar la relación o hasta terminarla. Existen muchos factores que determinan la capacidad de alterar un nexo. Por ejemplo, la dependencia económica puede contribuir a que la mujer se quede con un esposo dominante o que un hombre permanezca en un puesto de trabajo que odia. Paradójicamente, sin embargo, estas uniones infortunadas pueden provocar una reacción violenta que conduzca a la persona a emanciparse.

El campo de la psicología nos ha ayudado a entender mejor el carácter y la naturaleza de las relaciones humanas, puesto que se dedica a estudiar, entre otras cosas, las motivaciones y el comportamiento de los individuos. Aunque es una disciplina científica que emplea métodos inductivos y empíricos en su análisis, una rama —la psicología clínica— es más especulativa y emplea en su análisis la simbología, como la que aparece en los sueños. Esta rama, asociada con el psicoanálisis de Sigmund Freud, se vale mucho de mitos y símbolos de muchas culturas para llegar a entender la subconciencia —una parte elusiva del individuo— que es responsable por mucho de nuestro comportamiento social.

Mientras que Freud se preocupaba en la subconciencia distintiva de cada individuo, Carl Jung, otro psicólogo importante, desarrolló la noción de la subconciencia colectiva —una subconciencia universal e impersonal que se encuentra en todos los miembros de la especie humana. Los arquetipos que ellos revelaron, que se expresan de casi la misma forma en la simbología de diferentes culturas, incluyen, por ejemplo, el instinto de cazar entre los hombres y los instintos maternales entre las mujeres.

La relación entre los críticos literarios y los psicólogos como Freud y Jung ha sido simbiótica. Los críticos se han valido de sus teorías para explicar las motivaciones y el comportamiento de los personajes literarios así como los psicólogos han usado a los personajes de la literatura en su análisis de la subconciencia.

La literatura representa una mina inagotable para estudiar y entender la naturaleza de estas relaciones: cómo cambian a lo largo de los siglos, cómo varían de cultura en cultura, cómo evolucionan a lo largo del tiempo en una misma cultura, etc. Así como es imposible una vida normal sin relaciones interpersonales, es imposible una obra literaria que no refleje de algún modo esas relaciones. Sin embargo, algunas obras se proponen como uno de sus principales objetivos indagar en la esencia de los vínculos que unen o separan a los individuos.

El cantar de mío Cid, Tirada 16

La literatura y la vida

1. Para ti, ¿quién es un héroe? ¿Por qué admiras a esa persona?

2. Cuando piensas en un héroe histórico como George Washington, ¿en qué se basa la admiración que se le tiene?

   • ¿Se basa en que fue buen padre y buen esposo?

En contexto

El Cid es el gran héroe castellano de la reconquista del país del dominio de los musulmanes. La primera obra extensa de la literatura castellana es un poema épico que cuenta sus hazañas. En este pasaje, muy al principio de la obra, el Cid se despide de su esposa e hijas antes de macharse a la guerra.

Cantar I (Tirada 16)

Transcripción de la versión original:

Merçed, ya Çid,—barba tan conplida!
Fem ante vos—yo e vuestras fijas,
iffantes son—e de días chicas,
5   con aquestas mis dueñas—de quien so yo servida.
Yo lo veo—que estades vos en ida
e nos de vos—partir nos hemos en vida.
¡Dadnos consejo—por amor de Santa María!
Enclinó las manos—la barba vellida,
10 a las sues fijas—en braço las prendía,
llególas al coraçón—ca mucho las quería.
Llora de los ojos,—tan fuerte mientre sospira:
Ya doña Ximena,—la mi mugier tan conplida,

commo a la mie alma—yo tanto vos quería.
Ya lo veedes—que partir nos emos en vida,   15
yo iré y vos—fincaredes remanida.
¡Plega a Dios—e a santa María,
que aún con mis manos—case estas mis fijas,
e vos, mugier onrada,—de mi seades servida!

Traducción a la ortografía moderna: 20

"¡Merced, ya Cid,—barba tan cumplida!
Heme ante vos—yo y vuestras hijas,
infantes son y de días chicas,
con estas mis dueñas—de quienes soy yo servida.
Yo lo veo—que estáis vos en ida   25
y nosotros de vos—partir nos hemos en vida.
¡Dadnos consejo—por amor de Santa María!"
Enclinó las manos—la barba vellida,[1]
a (las) sus hijas—en brazo las prendía,
llególas al corazón—que mucho las quería.   30
Llora de los ojos—tan fuertemente suspira:
"Ya doña Jimena,— (la) mi mujer tan cumplida,
como a (la) mi alma—yo tanto vos quería.
Ya lo veis—que partir nos hemos en vida,
yo iré y vos—quedaréis aquí permanecida.   35
¡Ruega a Dios—y a Santa María,
que aún con mis manos—case estas mis hijas,
y vos, mujer honrada,—de mí seréis servida!"

Comprensión

1. ¿Quiénes dialogan en este trozo del poema?

2. ¿Qué le pide Jimena a su marido?

3. ¿Qué hace el Cid con sus hijas pequeñas?

   - ¿Cómo reacciona emocionalmente?

4. ¿Cómo trata a su mujer?

5. ¿Cuál es su último deseo?

Interpretación

1. ¿Cómo caracterizarías la relación entre los esposos?

2. Busca en el *Diccionario de términos literarios* el significado de "epíteto". Explica cómo se emplea en el verso 8.

3. El la Época Medieval existía un modo de comportamiento muy cortés entre un caballero y su dama. Ella se convierte en una diosa para el caballero, y él la sirve fielmente, encomendándose a ella en todas sus hazañas. Busca en www.rae.es el significado de "caballero", sobre todo su quinta y sexta acepción. ¿Es el Cid un caballero en ambos sentidos de la palabra? Explica.

---

[1]que tiene vello (o sea, una barba muy abundante)

Cultura, conexiones y comparaciones

1. Las epopeyas castellanas se compusieron oralmente por juglares, que eran poetas ambulantes que las recitaban de memoria en las plazas de los pueblos. ¿Crees que es fácil contar sílabas cuando no se escribe una obra? Como consecuencia, la versificación de las epopeyas es irregular, sin un número fijo de sílabas; pero ¿tiene rima? ¿Qué tipo? Explica el patrón.

2. En la Época Medieval, y aún hoy día entre los católicos, existe una veneración especial por la Virgen María, la madre de Jesús. ¿Cómo se refleja esta veneración en el poema?

   • En ciertos países, la virgen es más adorada que Dios. ¿Conoces la virgen que veneran los mexicanos?

3. Normalmente se piensa que un héroe es muy fuerte y empedernido. También se piensa que el hombre español es un macho, con todas las características negativas que esa palabra connota. ¿Cómo rompe el Cid ese molde preestablecido?

4. En la cultura tradicional latina, el matrimonio de las hijas cobra mucha importancia. Hay que recordar que la mujer tenía pocas opciones, y la que no encontraba pareja a lo mejor tenía que meterse a monja. Organiza un debate en clase entre los que creen que el matrimonio es importante y los que piensan que no tiene tanta importancia.

5. ¿Cómo se refleja la actitud hacia el matrimonio en el poema? ¿Cómo se refleja en otras obras a lo largo del tiempo: Época Medieval (Juan Manuel); Siglo de Oro (*El burlador de Sevilla*) y la literatura moderna (Lorca, *La casa de Bernarda Alba*)?

6. Compara el concepto sentimental del hombre en "Peso ancestral" de Storni con el comportamiento del Cid en este poema.

Alfonso X, ("el Sabio"), *Las siete partidas* VII:24

Autor: Alfonso X, "el Sabio" (1221-1284)
Nacionalidad: Castellano (español)
Datos biográficos: En su corte se llevó a cabo la labor historiográfica y cultural más trascendente de la España medieval. En Toledo fundó una escuela de traductores que tradujeron al latín obras antiguas importantes que solo se conservaban en árabe.
Época y movimiento cultural: Época Medieval
Obras más conocidas: Historiografía: *Primera crónica general* (1260-1274); Poesía: *Cantigas de Santa María* (mediados del siglo XIII)

Importancia literaria: Fue entre los primeros de usar el idioma vulgar (el castellano), en vez del latín, para sus obras. En su poesía, sin embargo, empleó el gallego-portugués.

La literatura y la vida

1. ¿Conoces a alguna minoría en los Estados Unidos que sufre la discriminación legal?

   • ¿Crees que es justo? Explica.

2. Si eres cristiano o cristiana, ¿te casarías con un judío o musulmán practicante? Explica. ¿Si eres judío o musulmán, ¿te casarías con un cristiano o cristiana practicante? Explica.

En contexto

La España medieval tenía la colonia judía más grande de Europa. En España gozaron cierta libertad de culto y ciertos derechos que no tenían en otras partes, y así florecieron.

Las siete partidas, promulgadas (y no enteramente escritas) por, Alfonso X, "el Sabio" (1252–1284), representan uno de los textos legales más importantes de la Europa medieval. Su objetivo fue conseguir uniformidad, que no existía, de las leyes de los reinos de Alfonso X. Dichas leyes se basan en el fuero romano, pero se valen de la filosofía griega así como el Antiguo Testamento y los pensadores cristianos medievales, como San Isidoro de Sevilla (c. 560–636). *Las partidas* formaron la base de las leyes de España hasta el siglo XIX.

TÍTULO 24: De los judíos

Judíos son una manera de hombres que, aunque no creen en la fe de nuestro señor Jesucristo, sin embargo los grandes señores cristianos siempre sufrieron que viviesen en entre ellos. De donde, pues que en el título antes de este hablamos de los adivinos y de los otros hombres que tienen que saben las cosas que han de venir, que es como manera de desprecio de Dios, queremos aquí decir de los judíos que contradicen y denuestan su hecho maravilloso y santo que El hizo cuando envió a su hijo para salvar a los pecadores.   5

Ley 1: Judío es dicho aquel que cree y tiene la ley de Moisés según suena la letra de ella que se circuncida y hace las otras cosas que manda esa ley suya, y tomó este nombre de la tribu de Judá, que fue más noble y más esforzada que todas las otras tribus. Y además tenía otra mejoría, que de aquella tribu habían de elegir rey de los judíos. Y otrosí[1] en las batallas los de aquella tribu tuvieron   10 siempre las primeras heridas. Y la razón por la que la Iglesia y los emperadores y los reyes y los otros príncipes sufrieron a los judíos vivir entre los cristianos es esta: porque ellos viviesen como en cautiverio para siempre y fuesen memoria a los hombres que ellos vienen de linaje de aquellos que crucificaron a Jesucristo.

Ley 2: Mansamente y sin mal bullicio deben hacer vida los judíos entre los cristianos, guar-   15 dando su ley y no diciendo mal de la fe de nuestro señor Jesucristo que guardan los cristianos. Otrosí se deben mucho guardar de no predicar ni convertir a ningún cristiano que se torne judío alabando su ley y denostando[2] la nuestra. Y cualquiera que contra esto hiciere debe morir por ellos y perder lo que tenga. Y porque oímos decir que en algunos lugares los judíos hicieron y hacen el día del viernes santo memoria de la pasión de nuestro señor Jesucristo en manera de   20 escarnio, hurtando los niños y poniéndolos en cruz o haciendo imágenes de cera y crucificándolas cuando los niños no pueden tener, mandamos, que si fama fuere de aquí en adelante que en algún lugar de nuestro señorío tal cosa sea hecha, si se pudiere averiguar, que todos aquellos

---

[1]además
[2]infamando

que se acertaren en aquel hecho que sean presos y recaudados y conducidos hasta el rey, y
25 después que él supiere la verdad, débelos mandar matar vilmente a cuantos quiera que sean.
Otrosí prohibimos que el día del viernes santo ningún judío no sea osado de salir de su barrio,
mas que estén allí encerrados hasta el sábado en la mañana. Y si contra esto hicieren, decimos
que del daño y de la deshonra que de los cristianos recibiesen, entonces no deben tener ninguna
enmienda.

30 Ley 3: Antiguamente los judíos fueron muy honrados y tenían muy gran privilegio sobre
todas las otras gentes, pues ellos tan solamente eran llamados pueblo de Dios. Mas porque ellos
fueron desconocedores de aquel que los había honrado y privilegiado y en lugar de hacerle
honra, deshonráronlo, dándole muy vil muerte en la cruz, conveniente cosa fue y derecha que
por tan gran yerro perdiesen por ello los privilegios que tenían, de manera que ningún judío
35 nunca tuviese jamás lugar honrado ni oficio público con que el pudiese apremiar a ningún
cristiano en ninguna manera.

Ley 4: Sinagoga es lugar donde los judíos hacen oración y tal casa como esta no pueden
hacer nuevamente en ningún lugar de nuestro señorío, a menos de nuestro mandato. Pero las
que había antiguamente, si acaeciese que se derribasen, puédenlas reparar o hacer en aquel
40 mismo suelo así como antes estaban, no alargándolas más ni alzándolas ni haciéndolas pintar. Y la
sinagoga que de otro manera fuese hecha, débenla perder los judíos y ser de la iglesia mayor del
lugar donde la hicieren. Y porque la sinagoga que de otra manera fuese hecha, débenla perder
los judíos y ser de la iglesia mayor del lugar donde la hicieren. Y porque la sinagoga es casa en
donde se loa el nombre de Dios, prohibimos que ningún cristiano no sea osado de quebrantarla
45 ni de sacar de allí, ni de tomar ninguna cosa por fuerza, fuera de sí algún hombre malhechor se
acogiese a ella, pues a este tal, bien lo pueden pretender por fuerza para llevarlo delante de la justicia. Otrosí prohibimos que los cristianos no metan bestias ni posen en ellas ni hagan embargo
a los judíos mientras estuvieren haciendo oración según su ley.

Ley 5: Sábado es día en que los judíos hacen sus oraciones y están quietos en sus posadas y
50 no trabajan en hacer merca ni pleito ninguno. Y porque tal día como este son ellos obligados
a guardar según su ley, no los debe ningún hombre emplazar[3] ni traer a juicio en él. Y por ello
mandamos que ningún juez apremie ni constriña a los judíos en el día del sábado para traerlos
a juicio por razón de deudas, ni los prenda ni les haga otro agravio ninguno en tal día, pues
bastante abundan los otros días de la semana para constreñirlos y demandarles las cosas que
55 según derecho les deben demandar. Y el emplazamiento que les hiciesen para tal día no están
obligados los judíos a responder. Y otrosí sentencia que diesen contra ellos en tal día, mandamos
que no valga. Pero si algún judío hiriese o matase o hurtase o robase o hiciese algún otro yerro
semejante de estos por el que mereciese recibir pena en el cuerpo o en el haber, entonces los
jueces bien lo pueden recaudar en el día del sábado. Otrosí decimos que todas las demandas
60 que hubieren los cristianos contra los judíos y los judíos contra los cristianos, que sean libradas
y determinadas por nuestros jueces de los lugares donde moraren y no por los viejos de ellos. Y
bien así como prohibimos que los cristianos no pueda traer a juicio ni agraviar a los judíos en
el día del sábado, otrosí decimos que los judíos, ni por sí ni por sus personeros[4] no puedan traer
a juicio ni agraviar a los cristianos en ese mismo día.

65 Ley 6: Fuerza ni apremio no deben hacer en ningún modo a ningún judío por que se
torne cristiano, mas con buenos ejemplos y con los dichos de las Santas Escrituras y con
halagos los deben los cristianos convertir a la fe de Jesucristo, pues nuestro señor no quiere
ni ama servicio que le sea hecho por apremio. Otrosí decimos que si algún judío o judía
de su grado se quisiere tornar cristiano o cristiana, no se lo deben impedir ni prohibir los
70 otros judíos en ninguna manera. Y si algunos de ellos lo apedreasen o lo hiriesen o lo matase
porque se quisiere hacer cristiano, o después que fuese bautizado, si esto se pudiere averiguar,

---

[3]demandar
[4]procuradores

mandamos que todos los que lo matasen y los consejeros de tal muerte o apedreamiento sean quemados. Y si por ventura no lo matasen, mas lo hiriesen o lo deshonrasen, mandamos que los jueces del lugar donde acaeciere apremien a los que los hiriesen o hiciesen la deshonra de manera que les hagan hacer enmienda por ello. Y además, que les den pena por ello según entendieren que merecen recibirla por el yerro que hicieron. Otrosí mandamos que después que algunos judíos se tornasen cristianos, que todos los de nuestro señorío los honren, y ninguno sea osado de retraer a ellos ni a su linaje de como fueron judíos en manera de denuesto.[5] Y que tenga sus bienes y sus cosas partiendo con sus hermanos y heredando a sus padres y a los otros parientes suyos bien así como si fuesen judíos. Y que puedan tener todos los oficios y las honras que tienen los otros cristianos.

Ley 7: Tan malandante[6] siendo algún cristiano que se tornase judío, mandamos que lo maten por ello, bien así como si se tornase hereje.

Ley 8: Prohibición es que ningún judío sea osado de tener su casa cristiano ni cristiana para servirse de ellos, aunque los puedan tener para labrar y enderezar sus heredades de fuera o para guiarlos en camino cuando hubiesen de ir por algún lugar dudoso. Otrosí prohibimos que ningún cristiano ni cristiana convide a judío ni a judía ni reciba otrosí convite de ellos para comer ni beber juntos, ni beba del vino que es hecho por mano de ellos. Y aun mandamos que ningún judío sea osado de bañarse en baño junto con los cristianos. Otrosí prohibimos que ningún cristiano reciba medicina ni purga que sea hecha por mano de judío, pero bien la puede recibir por consejo de algún judío sabedor, solamente que sea hecha por mano de cristiano que conozca y entienda las cosas que hay en ella.

Ley 9: Atrevimiento y osadía muy grande hacen los judíos que yacen con las cristianas. Y por ello mandamos que todos los judíos contra quienes fuere probado de aquí en adelanta que tal cosa hayan hecho, que mueran por ello; y si los cristianos que hacen adulterio con las mujeres casadas merecen por ello muerte, mucho más la merecen los judíos que yacen con las cristianas, que son espiritualmente esposas de Jesucristo por la razón de la fe del bautismo que recibieron en nombre de él. Y la cristiana que tal yerro como este hiciere, no tenemos por bien que quede sin pena. Y por ello mandamos que si fuere virgen o casada o viuda o mujer *baldonada*[7] que se dé a todos, que tenga aquella misma pena que daré y en la postrimera ley del título de los moros que debe tener la cristiana que yaciera con moro.

Ley 10: Comprar ni tener no deben los judíos por sus siervos hombre ni mujer que fuesen cristianos. Y si alguno contra esto hiciere, debe el cristiano ser vuelto a su libertad y no debe pagar ninguna cosa del precio que fue dado por él, aunque el judío no supiese, cuando lo compró que era cristiano. Mas si supiese el judío que lo era cuando lo compró y se sirviese después de él como de siervo, debe el judío morir por ello. Otrosí prohibimos que ningún judío sea osado de tornar judío su cautivo ni su cautiva, aunque sean moros o moras u otra gente bárbara. Y si alguno contra esto hiciere, el siervo o la sierva a los que tornare judío o judía, mandamos que sea luego por ello libre y sacado del poder de aquel o de aquella cuyo era. Y si por ventura algunos moros que fuesen cautivos de judíos se tornasen cristianos, deben ser luego libres por ello.

Ley 11: Muchos yerros y cosas desaguisadas[8] acaecen entre los cristianos y las judías y las cristianas y los judíos porque viven y moran juntos en las villas y andan vestidos los unos así como los otros. Y por desviar los yerros y los males que podrían acaecer por esta razón, tenemos por bien y mandamos que todos cuantos judíos y judías vivieren en nuestro señorío, que traigan alguna señal cierta sobre sus cabezas, y que sea tal por la que conozcan las gentes manifiestamente cuál es judío o judía. Y si algún judío no llevase aquella señal, mandamos que pague por cada vez que fuese hallado sin ella diez maravedís de oro. Y si no tuviese de qué pagarlos, reciba diez azotes públicamente por ello.

---

[5]injuria
[6]desafortunado
[7]injuriada
[8]*ant.:* sin razón

Comprensión

1. ¿Por qué, según la ley primera, se les permite a los judíos vivir entre cristianos?

2. ¿Qué se les prohíbe a los judíos, a pena de muerte, en la segunda ley?

3. ¿Qué razón se da en la ley tercera por prohibir que los judíos ocupen puestos de honra o de oficio público entre los cristianos?

4. En las leyes cuarta y quinta, ¿qué protección se les da a los judíos?

5. Explica la protección que se les da a los judíos conversos al cristianismo en la ley sexta.

   • Según la ley séptima, ¿se les concede la misma protección a los cristianos que se convierten al judaísmo?

6. ¿Qué otras prohibiciones se inscriben en las leyes 8, 9 y 10?

7. ¿Qué proscribe la última ley para distinguir a los judíos entre la población?

Interpretación

1. Aunque estas leyes parecen ser muy discriminatorias, ¿de qué modo no lo son?

2. ¿Se les prohíbe a los judíos ocupar puestos en la banca, los oficios profesionales o de comercio? ¿Por qué crees que es así?

3. ¿Qué fórmula se sugiere en la ley sexta para convertir a los judíos al cristianismo? Forma una discusión en clase para ver si se cree que es una propuesta válida. ¿Crees que una religión tiene el derecho u obligación de convertir a otros a sus creencias religiosas?

4. ¿Qué revela la ley décima respecto a la esclavitud?

   • ¿Ve la esclavitud como algo desagradable?

5. La ley 11 revela un interesante dato respecto a la convivencia de cristianos y judíos. Explica.

Cultura, conexiones y comparaciones

1. Las leyes discriminatorias hacia los judíos se promulgaron para satisfacer los deseos de ciertos grupos dentro de la sociedad cristiana, sobre todo la iglesia. En realidad los judíos tenían puestos de mucha importancia en la corte de Alfonso X así como en la de otros monarcas españoles. ¿Qué dice la ley octava respecto a los médicos judíos?

   • Teniendo en cuenta que los judíos eran los mejores médicos, ¿crees que la nobleza observara esa ley?

   • Menciona otras leyes discriminatorias en este código que crees que no se podían observar fácilmente o que se ignoraran por completo.

 2. Los judíos españoles lograron gran éxito en la Península y hay varios nombres que se destacan: Hasdai ibn Shaprut, Samuel Ha-Nagid, Moisés Iben Ezra, Solomon ibn Gabirol, Judah Halevi, Moisés Maimonides, Isaac Abrevanel, Azraquel de Sevilla y

Abenezra de Calahorra. En la diáspora de los sefardíes cuando fueron expulsados se destacan otros: Baruch Spinoza, David Ricardo, Benjamín Disraeli y Benjamín Cardozo. Que cada estudiante investigue a estas figuras por Internet para hacer una pequeña presentación ante la clase.

3. ¿Sabes lo que son las leyes de "Jim Crow" en los Estados Unidos? Si no las conocen, búscalas por Internet. ¿Qué tienen en común estas leyes, que siguieron vigentes hasta 1965, con la ley sobre los judíos de Alfonso X?

4. ¿Crees que se pueden regular con leyes las relaciones entre las personas? Explica.

   • Sin embargo, hay restricciones hasta en los Estados Unidos. Por ejemplo, ¿se pueden casar los gays en todas partes?

   • ¿Se permite la poligamia para las religiones que la permiten?

5. Busca la imagen por Internet de "Alfonso X y su corte". Mira con cuidado una imagen grande de esta pintura de un manuscrito. ¿Quién está en el centro? ¿Cómo se da a saber que Alfonso era rey de Castilla y León?

   • ¿Quiénes se ven a la mano derecha?

   • ¿Qué papel parece desempeñar el hombre que está a mano izquierda del rey? (Probablemente su consejero es judío).

   • ¿Qué hace el hombre a la mano derecha del rey? ¿En qué idioma escribe?

   • ¿Qué parece indicar esta miniatura respecto a la corte de Alfonso X?

Miguel de Cervantes,
El curioso impertinente (abreviada)

Autor: Miguel de Cervantes (1547-1616)
Nacionalidad: Español
Datos biográficos: Fue soldado y hasta cautivado por corsarios berberiscos y sufrió cinco años de presidio. Pide permiso a emigrar a las Indias y es negado. Consigue fama en su tiempo pero muere pobre.
Época y movimiento cultural: Siglo de Oro; Barroco
Obras más conocidas: *Novelas ejemplares* (1613), *Don Quijote de la Mancha* (1605, 1615)
Importancia literaria: Es el mayor y más respetado escritor en lengua castellana. La novela moderna europea le debe mucho. La pureza, precisión y riqueza de su estilo es impresionante.

La literatura y la vida

1. ¿Crees que una pareja debe tener confianza absoluta en la fidelidad de cada cual? Explica.

2. ¿Harías cualquier favor que te pidiera tu mejor amigo o amiga? ¿Tiene límites?

3. ¿Te has enamorado alguna vez de la pareja de tu amigo o amiga? Si te ha pasado, ¿qué hiciste?

En contexto

Cervantes escribió varias novelas ejemplares que, como indica la expresión, contenían un mensaje provechoso. Doce de ellas fueron publicadas en un volumen titulado *Novelas ejemplares*, pero una fue incorporada directamente en *Don Quijote*, donde se leyó en voz alta ante un público reunido para la ocasión.

El curioso impertinente

En Florencia, ciudad rica y famosa de Italia, en la provincia que llaman Toscana, vivían Anselmo y Lotario, dos caballeros ricos y principales, y tan amigos, que por excelencia y antonomasia de todos los que los conocían "los dos amigos" eran llamados. Eran solteros, mozos de una misma edad y de unas mismas costumbres, todo lo cual era bastante causa a que los dos con recíproca

5   amistad se correspondiesen. Bien es verdad que el Anselmo era algo más inclinado a los pasatiempos amorosos que el Lotario, al cual llevaban tras sí los de la caza. Pero cuando se ofrecía dejaba Anselmo de acudir a sus gustos por seguir los de Lotario, y Lotario dejaba los suyos por acudir a los de Anselmo; y de esta manera andaban tan a una sus voluntades, que no había concertado reloj que así lo anduviese.

10   Andaba Anselmo perdido de amores de una doncella principal y hermosa de la misma ciudad, hija de tan buenos padres, y tan buena ella por sí, que se determinó, con el parecer de su amigo Lotario, sin el cual ninguna cosa hacía, de pedirla por esposa a sus padres; y, así, lo puso en ejecución; y el que llevó la embajada fue Lotario, y el que concluyó el negocio tan a gusto de su amigo, que en breve tiempo se vio puesto en la posesión que deseaba, y Camila tan contenta

15   de haber alcanzado a Anselmo por esposo, que no cesaba de dar gracias al cielo y a Lotario, por cuyo medio tanto bien le había venido.

Los primeros días, como todos los de boda suelen ser alegres, continuó Lotario, como solía, la casa de su amigo Anselmo, procurando honrarle, festejarle y regocijarle con todo aquello que a él le fue posible. Pero acabadas las bodas, y sosegada ya la frecuencia de las visitas y parabienes,

20   comenzó Lotario a descuidarse con cuidado de las idas en casa de Anselmo, por parecerle a él, como es razón que parezca a todos los que fueren discretos, que no se han de visitar ni continuar las casas de los amigos casados de la misma manera que cuando eran solteros; porque aunque la buena y verdadera amistad no puede ni debe de ser sospechosa en nada, con todo esto es tan delicada la honra del casado, que parece que se puede ofender aun de los mismos hermanos,

25   cuanto más de los amigos.

Notó Anselmo la remisión de Lotario, y formó de él quejas grandes, diciéndole que si él supiera que el casarse había de ser parte para no comunicarle como solía, que jamás lo hubiera hecho; y que si por la buena correspondencia que los dos tenían mientras él fue soltero habían alcanzado tan dulce nombre como el de ser llamados "los dos amigos", que no permitiese por

30   querer hacer del circunspecto, sin otra ocasión alguna, que tan famoso y tan agradable nombre se perdiese; y que, así, le suplicaba, si era lícito que tal término de hablar se usase entre ellos, que volviese a ser señor de su casa y a entrar y salir en ella como de antes, asegurándole que su esposa Camila no tenía otro gusto ni otra voluntad que la que él quería que tuviese; y que

por haber sabido ella con cuántas veras los dos se amaban, estaba confusa de ver en él tanta esquivez. 35

A todas estas y otras muchas razones que Anselmo dijo a Lotario para persuadirle volviese, como solía, a su casa, respondió Lotario con tanta prudencia, discreción y aviso, que Anselmo quedó satisfecho de la buena intención de su amigo; y quedaron de concierto que dos días en la semana y las fiestas fuese Lotario a comer con él; y aunque esto quedó así concertado entre los dos, propuso Lotario de no hacer más de aquello que viese que más convenía a la honra de su 40 amigo, cuyo crédito estimaba en más que el suyo propio. Decía él, y decía bien, que el casado a quien el cielo había concedido mujer hermosa tanto cuidado había de tener qué amigos llevaba a su casa, como en mirar con qué amigas su mujer conversaba, porque lo que no se hace ni concierta en las plazas ni en los templos ni en las fiestas públicas ni estaciones (cosas que no todas veces las han de negar los maridos a sus mujeres), se concierta y facilita en casa de la amiga o la 45 parienta de quien más satisfacción se tiene.

También decía Lotario que tenían necesidad los casados de tener cada uno algún amigo que le advirtiese de los descuidos que en su proceder hiciese, porque suele acontecer que con el mucho amor que el marido a la mujer tiene o no le advierte o no le dice, por no *enojalla*,[1] que haga o deje de hacer algunas cosas que el hacellas o no le sería de honra o de vituperio, de lo 50 cual siendo del amigo advertido, fácilmente pondría remedio en todo. […]

Sucedió, pues, que uno que los dos se andaban paseando por un prado fuera de la ciudad, Anselmo dijo a Lotario las semejantes razones:

—[…] No sé qué días a esta parte me fatiga y aprieta un deseo tan extraño y tan fuera del uso común de otros, que yo me maravillo de mí mismo, y me culpo y me riño a solas, y procuro 55 callarlo y encubrillo de mis propios pensamientos, y así me ha sido posible salir con este secreto como si de industria procurara decillo a todo el mundo. Y pues que en efecto él ha de salir a plaza, quiero que sea en la del archivo de tu secreto, confiado que con él y con la diligencia que pondrás, como mi amigo verdadero, en remediarme, yo me veré presto libre de la angustia que me causa, y llegará mi alegría por tu solicitud al grado que ha llegado mi descontento por mi 60 locura.

Suspenso tenían a Lotario las razones de Anselmo, y no sabía en qué había de parar tan larga prevención o preámbulo, y aunque iba revolviendo en su imaginación qué deseo podría ser aquel que a su amigo tanto fatigaba, dio siempre muy lejos del blanco de la verdad; y por salir presto de la agonía que le causaba aquella suspensión, le dijo que hacía notorio agravio a su 65 mucha amistad en andar buscando rodeos para decirle sus más encubiertos pensamientos, pues tenía cierto que se podía prometer de él o ya consuelo para entretenellos o ya remedio para cumplillos.

—Así es la verdad —respondió Anselmo—, y con esa confianza te hago saber, amigo Lotario, que el deseo que me fatiga es pensar si Camila, mi esposa, es tan buena y tan perfecta como yo 70 pienso, y no puedo enterarme en esta verdad si no es probándola de manera que la prueba manifieste los quilates de su bondad, como el fuego muestra los del oro. Porque yo tengo para mí, ¡oh amigo!, que no es una mujer más buena de cuanto es o no es solicitada, y que aquella sola es fuerte que no se dobla a las promesas, a las dádivas, a las lágrimas y a las continuas importunidades de los solícitos amantes. Porque ¿qué hay que agradecer —decía él— que una mujer sea buena si 75 nadie le dice que sea mala? ¿Qué mucho que esté recogida y temerosa la que no le dan ocasión para que se suelte, y la que sabe que tiene marido que en cogiéndola en la primera desenvoltura la ha de quitar la vida? Así que la que es buena por temor o por falta de lugar, yo no la quiero

---

[1] enojarla: En el Siglo de Oro, era común sustituir una "l" por la "r" final del infinitivo cuando a este le sigue un pronombre. Esta forma se verá a lo largo del texto.

tener en aquella estima en que tendré a la solicitada y perseguida que salió con la corona del
80   vencimiento. De modo que por estas razones, y por otras muchas que te pudiera decir para
acreditar y fortalecer la opinión que tengo, deseo que Camila, mi esposa, pase por estas dificultades y *se* acrisole[2] y quilate[3] en el fuego de verse requerida y solicitada, y de quien tenga valor para
poner en ella sus deseos; y si ella sale, como creo que saldrá, con la palma desta batalla, tendré yo
por sin igual mi ventura: podré yo decir que está colmo el vaso de mis deseos. […] Quiero, ¡oh
85   amigo Lotario!, que te dispongas a ser el instrumento que labre aquesta obra de mi gusto, que yo
te daré lugar para que lo hagas, sin faltarte todo aquello que yo viere ser necesario para solicitar
a una mujer honesta, honrada, recogida y desinteresada. Y muéveme, entre otras cosas, a fiar de ti
esta tan ardua empresa el ver que si de ti es vencida Camila, no ha de llegar el vencimiento a todo
trance y rigor, sino a solo a tener por hecho lo que se ha de hacer […].
90   Estas fueron las razones que Anselmo dijo a Lotario, a todas las cuales estuvo tan atento, que,
si no fueron las que quedan escritas que le dijo, no desplegó sus labios hasta que hubo acabado;
y viendo que no decía más, después que le estuvo mirando un buen espacio, como si mirara otra
cosa que jamás hubiera visto, que le causara admiración y espanto, le dijo:

        —No me puedo persuadir, ¡oh amigo Anselmo!, a que no sean burlas las cosas que me has
95   dicho, que, a pensar que de veras las decías, no consintiera que tan adelante pasaras, porque con
no escucharte previniera tu larga arenga. Sin duda imagino o que no me conoces o que yo no
te conozco. Pero no, que bien sé que eres Anselmo y tú sabes que yo soy Lotario: el daño está
en que yo pienso que no eres el Anselmo que solías y tú debes de haber pensado que tampoco
yo soy el Lotario que debía ser, porque las cosas que me has dicho, ni son de aquel Anselmo mi
100   amigo, ni las que me pides se han de pedir a aquel Lotario que tú conoces, porque los buenos
amigos han de probar a sus amigos y valerse dellos. […] Me pides, según yo entiendo, que pro-
cure y solicite quitarte la honra y la vida, y quitármela a mí juntamente, porque si yo he de
procurar quitarte la honra, claro está que te quito la vida, pues el hombre sin honra peor es que
un muerto; y siendo yo el instrumento, como tú quieres que lo sea, de tanto mal tuyo, ¿no vengo
105   a quedar deshonrado y, por el mismo consiguiente, sin vida? […] Paréceme, ¡oh Anselmo!, que
tienes tú ahora el ingenio como el que siempre tienen los moros, a los cuales no se les puede dar
a entender el error de su secta con las acotaciones de la Santa Escritura, ni con razones que
consistan en especulación del entendimiento, ni que vayan fundadas en artículos de fe, sino que
les han de traer ejemplos palpables, fáciles, inteligibles, demostrativos, indubitables, con demos-
110   traciones matemáticas que no se pueden negar, como cuando dicen: «Si de dos partes iguales
quitamos partes iguales, las que quedan también son iguales»; y cuando esto no entiendan de
palabra, como en efecto no lo entienden, háseles de mostrar con las manos y ponérselo delante
de los ojos, y aun con todo esto no basta nadie con ellos a persuadirles las verdades de nuestra
sacra religión. Y este mismo término y modo me convendrá usar contigo, porque el deseo que
115   en ti ha nacido va tan descaminado y tan fuera de todo aquello que tenga sombra de razonable,
que me parece que ha de ser tiempo gastado el que ocupare en darte a entender tu simplicidad
—que por ahora no le quiero dar otro nombre—, y aun estoy por dejarte en tu desatino, en pena
de tu mal deseo; mas no me deja usar deste rigor la amistad que te tengo, la cual no consiente
que te deje puesto en tan manifiesto peligro de perderte. Y porque claro lo veas, dime, Anselmo:
120   ¿tú no me has dicho que tengo de solicitar a una retirada,[4] persuadir a una honesta, ofrecer a
una desinteresada, servir a una prudente? Sí que me lo has dicho. Pues si tú sabes que tienes
mujer retirada, honesta, desinteresada y prudente, ¿qué buscas? Y si piensas que de todos mis
asaltos ha de salir vencedora, como saldrá sin duda, ¿qué mejores títulos piensas darle después
que los que ahora tiene, o qué será más después de lo que es ahora? O es que tú no la tienes por

---

[2]purifique
[3]examinar los quilates de las piedras preciosas
[4]modesta

la que dices, o tú no sabes lo que pides. Si no la tienes por lo que dices, ¿para qué quieres probarla,   125
sino, como a mala, hacer della lo que más te viniere en gusto? Mas si es tan buena como crees,
impertinente cosa será hacer experiencia de la misma verdad, pues después de hecha se ha de
quedar con la estimación que primero tenía. […] Estas cosas son las que suelen intentarse, y es
honra, gloria y provecho intentarlas, aunque tan llenas de inconvenientes y peligros; pero la que
tú dices que quieres intentar y poner por obra, ni te ha de alcanzar gloria de Dios, bienes de la   130
fortuna, ni fama con los hombres, porque, puesto que salgas con ella como deseas, no has de
quedar ni más ufano, ni más rico, ni más honrado que estás ahora; y si no sales, te has de ver en
la mayor miseria que imaginarse pueda, porque no te ha de aprovechar pensar entonces que no
sabe nadie la desgracia que te ha sucedido, porque bastará para afligirte y deshacerte que la sepas
tú mismo. […]   135

Dime, Anselmo, si el cielo o la suerte buena te hubiera hecho señor y legítimo posesor de un
finísimo diamante, de cuya bondad y quilates estuviesen satisfechos cuantos lapidarios le viesen
y que todos a una voz y de común parecer dijesen que llegaba en quilates, bondad y fineza a
cuanto se podía extender la naturaleza de tal piedra, y tú mismo lo creyeses así, sin saber otra
cosa en contrario, ¿sería justo que te viniese en deseo de tomar aquel diamante y ponerle entre   140
una yunque y un martillo, y allí, a pura fuerza de golpes y brazos, probar si es tan duro y tan
fino como dicen? Y más, si lo pusieses por obra; que, puesto caso que la piedra hiciese resistencia
a tan necia prueba, no por eso se le añadiría más valor ni más fama, y si se rompiese, cosa que
podría ser, ¿no se perdía todo? Sí, por cierto, dejando a su dueño en estimación de que todos le
tengan por simple. Pues haz cuenta, Anselmo amigo, que Camila es finísimo diamante, así en tu   145
estimación como en la ajena, y que no es razón ponerla en contingencia de que se quiebre, pues
aunque se quede con su entereza no puede subir a más valor del que ahora tiene; y si faltase y
no resistiese, considera desde ahora cuál quedarías sin ella y con cuánta razón te podrías quejar
de ti mismo, por haber sido causa de su perdición y la tuya. Mira que no hay joya en el mundo
que tanto valga como la mujer casta y honrada, y que todo el honor de las mujeres consiste en   150
la opinión buena que dellas se tiene; y pues la de tu esposa es tal que llega al extremo de bondad
que sabes, ¿para qué quieres poner esta verdad en duda? Mira, amigo, que la mujer es animal
imperfecto, y que no se le han de poner embarazos donde tropiece y caiga, sino quitárselos y
despejalle el camino de cualquier inconveniente, para que sin pesadumbre corra ligera a alcanzar la perfección que le falta, que consiste en el ser virtuosa. […] Es así mismo la buena mujer   155
como espejo de cristal luciente y claro, pero está sujeto a empañarse y oscurecerse con cualquier
aliento que le toque. Hase de usar con la honesta mujer el estilo que con las reliquias: adorarlas
y no tocarlas. Hase de guardar y estimar la mujer buena como se guarda y estima un hermoso
jardín que está lleno de flores y rosas, cuyo dueño no consiente que nadie le pasee ni manosee:
basta que desde lejos y por entre las verjas de hierro gocen de su fragancia y hermosura. […]   160

Cuanto hasta aquí te he dicho, ¡oh Anselmo!, ha sido por lo que a ti te toca, y ahora es bien
que se oiga algo de lo que a mí me conviene, y si fuere largo, perdóname, que todo lo requiere
el laberinto donde te has entrado y de donde quieres que yo te saque. Tú me tienes por amigo
y quieres quitarme la honra, cosa que es contra toda amistad; y aun no solo pretendes esto, sino
que procuras que yo te la quite a ti. Que me la quieres quitar a mí está claro, pues cuando Camila   165
vea que yo la solicito, como me pides, cierto está que me ha de tener por hombre sin honra y
malmirado, pues intento y hago una cosa tan fuera de aquello que el ser quien soy y tu amistad
me obliga. De que quieres que te la quite a ti no hay duda, porque viendo Camila que yo la solicito ha de pensar que yo he visto en ella alguna liviandad que me dio atrevimiento a descubrirle
mi mal deseo, y teniéndose por deshonrada te toca a ti, como a cosa suya, su misma deshonra. Y   170
de aquí nace lo que comúnmente se platica: que el marido de la mujer adúltera, puesto que él no
lo sepa, ni haya dado ocasión para que su mujer no sea la que debe, ni haya sido en su mano ni en
su descuido y poco recato estorbar su desgracia, con todo le llaman y le nombran con nombre
de vituperio y bajo, y en cierta manera le miran los que la maldad de su mujer saben con ojos
de menosprecio, en cambio de mirarle con los de lástima, viendo que no por su culpa, sino por   175
el gusto de su mala compañera está en aquella desventura. Pero quiérote decir la causa por que

con justa razón es deshonrado el marido de la mujer mala, aunque él no sepa que lo es, ni tenga culpa, ni haya sido parte, ni dado ocasión para que ella lo sea. Y no te canses de oírme, que todo ha de redundar en tu provecho. […] Mira, pues, ¡oh Anselmo!, al peligro que te pones en querer turbar el sosiego en que tu buena esposa vive; mira por cuán vana e impertinente curiosidad quieres revolver los humores que ahora están sosegados en el pecho de tu casta esposa; advierte que lo que aventuras a ganar es poco y que lo que perderás será tanto, que lo dejaré en su punto, porque me faltan palabras para encarecerlo. Pero si todo cuanto he dicho no basta a moverte de tu mal propósito, bien puedes buscar otro instrumento de tu deshonra y desventura, que yo no pienso serlo aunque por ello pierda tu amistad, que es la mayor pérdida que imaginar puedo.

Calló en diciendo esto el virtuoso y prudente Lotario, y Anselmo quedó tan confuso y pensativo, que por un buen espacio no le pudo responder palabra; pero, en fin, le dijo:

—Con la atención que has visto he escuchado, Lotario amigo, cuanto has querido decirme, y en tus razones, ejemplos y comparaciones he visto la mucha discreción que tienes y el extremo de la verdadera amistad que alcanzas, y así mismo veo y confieso que si no sigo tu parecer y me voy tras el mío, voy huyendo del bien y corriendo tras el mal. […] Es menester usar de algún artificio para que yo sane, y esto se podía hacer con facilidad solo con que comiences, aunque tibia y fingidamente, a solicitar a Camila, la cual no ha de ser tan tierna que a los primeros encuentros dé con su honestidad por tierra; y con solo este principio quedaré contento y tú habrás cumplido con lo que debes a nuestra amistad, no solamente dándome la vida, sino persuadiéndome de no verme sin honra. Y estás obligado a hacer esto por una razón sola, y es que estando yo, como estoy, determinado de poner en plática esta prueba, no has tú de consentir que yo dé cuenta de mi desatino a otra persona, con que pondría en aventura el honor que tú procuras que no pierda; y cuando el tuyo no esté en el punto que debe en la intención de Camila en tanto que la solicitares, importa poco o nada, pues con brevedad, viendo en ella la entereza que esperamos, le podrás decir la pura verdad de nuestro artificio, con que volverá tu crédito al ser primero. Y pues tan poco aventuras y tanto contento me puedes dar aventurándote, no lo dejes de hacer, aunque más inconvenientes se te pongan delante, pues, como ya he dicho, con solo que comiences daré por concluida la causa.

Viendo Lotario la resoluta voluntad de Anselmo y no sabiendo qué más ejemplos traerle ni qué más razones mostrarle para que no la siguiese, y viendo que le amenazaba que daría a otro cuenta de su mal deseo, por evitar mayor mal determinó de contentarle y hacer lo que le pedía, con propósito e intención de guiar aquel negocio de modo que sin alterar los pensamientos de Camila quedase Anselmo satisfecho; y, así, le respondió que no comunicase su pensamiento con otro alguno, que él tomaba a su cargo aquella empresa, la cual comenzaría cuando a él le diese más gusto. Abrazóle Anselmo tierna y amorosamente, y agradecióle su ofrecimiento como si alguna grande merced le hubiera hecho. […]

Fuese Lotario a su casa, y Anselmo quedó en la suya tan contento como Lotario fue pensativo, no sabiendo qué traza dar para salir bien de aquel impertinente negocio. Pero aquella noche pensó el modo que tendría para engañar a Anselmo sin ofender a Camila, y otro día vino a comer con su amigo, y fue bien recibido de Camila, la cual le recibía y regalaba con mucha voluntad, por entender la buena que su esposo le tenía.

Acabaron de comer, levantaron los manteles y Anselmo dijo a Lotario que se quedase allí con Camila en tanto que él iba a un negocio forzoso, que dentro de hora y media volvería. Rogóle Camila que no se fuese, y Lotario se ofreció a hacerle compañía, mas nada aprovechó con Anselmo, antes importunó a Lotario que se quedase y le aguardase, porque tenía que tratar con él una cosa de mucha importancia. Dijo también a Camila que no dejase solo a Lotario en tanto que él volviese. En efecto, él supo tan bien fingir la necesidad o necedad de su ausencia, que nadie pudiera entender que era fingida. Fuese Anselmo, y quedaron solos a la mesa Camila y Lotario, porque la demás gente de casa toda se había ido a comer. Viose Lotario puesto en la estacada⁵ que su amigo deseaba, y con el enemigo delante, que pudiera vencer con sola su hermosura a un escuadrón de caballeros armados: mirad si era razón que le temiera Lotario.

Pero lo que hizo fue poner el codo sobre el brazo de la silla y la mano abierta en la mejilla, y, pidiendo perdón a Camila del mal comedimiento,⁶ dijo que quería reposar un poco en tanto que Anselmo volvía. Camila le respondió que mejor reposaría en el estrado⁷ que en la silla, y, así, 230
le rogó se entrase a dormir en él. No quiso Lotario, y allí se quedó dormido hasta que volvió Anselmo, el cual, como halló a Camila en su aposento y a Lotario durmiendo, creyó que, como se había tardado tanto, ya habrían tenido los dos lugar para hablar, y aun para dormir, y no vio la hora en que Lotario despertase, para volverse con él fuera y preguntarle de su ventura.

Todo le sucedió como él quiso: Lotario despertó, y luego salieron los dos de casa, y, así, le 235
preguntó lo que deseaba, y le respondió Lotario que no le había parecido ser bien que la primera vez se descubriese del todo y, así, no había hecho otra cosa que alabar a Camila de hermosa, diciéndole que en toda la ciudad no se trataba de otra cosa que de su hermosura y discreción, y que este le había parecido buen principio para entrar ganando la voluntad y disponiéndola a que otra vez le escuchase con gusto, […] Todo esto le contentó mucho a Anselmo, y dijo que 240
cada día daría el mismo lugar, aunque no saliese de casa, porque en ella se ocuparía en cosas que Camila no pudiese venir en conocimiento de su artificio.

Sucedió, pues, que se pasaron muchos días que, sin decir Lotario palabra a Camila, respondía a Anselmo que la hablaba y jamás podía sacar della una pequeña muestra de venir en ninguna cosa que mala fuese, ni aun dar una señal de sombra de esperanza, antes decía que le amenazaba 245
que si de aquel mal pensamiento no se quitaba, que lo había de decir a su esposo.

—Bien está —dijo Anselmo—. Hasta aquí ha resistido Camila a las palabras; es menester ver cómo resiste a las obras. Yo os daré mañana dos mil escudos de oro para que se los ofrezcáis, y aun se los deis, y otros tantos para que compréis joyas con que cebarla; que las mujeres suelen ser aficionadas, y más si son hermosas, por más castas que sean, a esto de traerse bien y andar 250
galanas, y si ella resiste a esta tentación, yo quedaré satisfecho y no os daré más pesadumbre.

Lotario respondió que ya que había comenzado, que él llevaría hasta el fin aquella empresa, puesto que entendía salir della cansado y vencido. Otro día recibió los cuatro mil escudos, y con ellos cuatro mil confusiones, porque no sabía qué decirse para mentir de nuevo; pero, en efecto, determinó de decirle que Camila estaba tan entera a las dádivas y promesas como a las palabras, 255
y que no había para qué cansarse más, porque todo el tiempo se gastaba en balde.

Pero la suerte, que las cosas guiaba de otra manera, ordenó que, habiendo dejado Anselmo solos a Lotario y a Camila, como otras veces solía, él se encerró en un aposento y por los agujeros de la cerradura estuvo mirando y escuchando lo que los dos trataban, y vio que en más de media hora Lotario no habló palabra a Camila, ni se la hablara si allí estuviera un siglo, y cayó 260
en la cuenta de que cuanto su amigo le había dicho de las respuestas de Camila todo era ficción y mentira. Y para ver si esto era así, salió del aposento y, llamando a Lotario aparte, le preguntó qué nuevas había y de qué temple estaba Camila. Lotario le respondió que no pensaba más darle puntada en aquel negocio, porque respondía tan áspera y desabridamente, que no tendría ánimo para volver a decirle cosa alguna. 265

—¡Ah —dijo Anselmo—, Lotario, Lotario, y cuán mal correspondes a lo que me debes y a lo mucho que de ti confío! Ahora te he estado mirando por el lugar que concede la entrada desta llave, y he visto que no has dicho palabra a Camila, por donde me doy a entender que aun las primeras le tienes por decir; y si esto es así, como sin duda lo es, ¿para qué me engañas o por qué quieres quitarme con tu industria los medios que yo podría hallar para conseguir mi deseo? 270

⁵sitio de combate
⁶descortesía
⁷tarima; un tipo de sofá

No dijo más Anselmo, pero bastó lo que había dicho para dejar corrido y confuso a Lotario, el cual, casi como tomando por punto de honra el haber sido hallado en mentira, juró a Anselmo que desde aquel momento tomaba tan a su cargo el contentalle y no mentille cual lo vería si con curiosidad lo espiaba, cuanto más que no sería menester usar de ninguna diligencia, porque la
275   que él pensaba poner en satisfacelle le quitaría de toda sospecha. Creyóle Anselmo, y para dalle comodidad más segura y menos sobresaltada, determinó de hacer ausencia de su casa por ocho días, yéndose a la de un amigo suyo, que estaba en una aldea, no lejos de la ciudad, con el cual amigo concertó que le enviase a llamar con muchas veras, para tener ocasión con Camila de su partida. […]

280   Fuese otro día Anselmo a la aldea, dejando dicho a Camila que el tiempo que él estuviese ausente vendría Lotario a mirar por su casa y a comer con ella, que tuviese cuidado de tratalle como a su misma persona. Afligióse Camila, como mujer discreta y honrada, de la orden que su marido le dejaba, y díjole que advirtiese que no estaba bien que nadie, él ausente, ocupase la silla de su mesa, y que si lo hacía por no tener confianza que ella sabría gobernar su casa, que probase
285   por aquella vez y vería por experiencia como para mayores cuidados era bastante. Anselmo le replicó que aquel era su gusto, y que no tenía más que hacer que bajar la cabeza y obedecelle. Camila dijo que así lo haría, aunque contra su voluntad.

Partióse Anselmo, y otro día vino a su casa Lotario, donde fue recibido de Camila con amoroso y honesto acogimiento, la cual jamás se puso en parte donde Lotario la viese a solas, porque
290   siempre andaba rodeada de sus criados y criadas, especialmente de una doncella suya llamada Leonela, a quien ella mucho quería. […]

Mirábala Lotario en el lugar y espacio que había de hablarla, y consideraba cuán digna era de ser amada, y esta consideración comenzó poco a poco a dar asaltos a los respectos que a Anselmo tenía, y mil veces quiso ausentarse de la ciudad y irse donde jamás Anselmo le viese a él ni él
295   viese a Camila; mas ya le hacía impedimento y detenía el gusto que hallaba en mirarla. Hacíase fuerza y peleaba consigo mismo por desechar y no sentir el contento que le llevaba a mirar a Camila; culpábase a solas de su desatino; llamábase mal amigo, y aun mal cristiano; hacía discursos y comparaciones entre él y Anselmo, y todos paraban en decir que más había sido la locura y confianza de Anselmo que su poca fidelidad, y que si así tuviera disculpa para con Dios como
300   para con los hombres de lo que pensaba hacer, que no temiera pena por su culpa.

En efecto, la hermosura y la bondad de Camila, juntamente con la ocasión que el ignorante marido le había puesto en las manos, dieron con la lealtad de Lotario en tierra; y sin mirar a otra cosa que aquella a que su gusto le inclinaba, al cabo de tres días de la ausencia de Anselmo, en los cuales estuvo en continua batalla por resistir a sus deseos, comenzó a requebrar a Camila,
305   con tanta turbación y con tan amorosas razones, que Camila quedó suspensa y no hizo otra cosa que levantarse de donde estaba y entrarse en su aposento sin respondelle palabra alguna. Mas no por esta sequedad se desmayó en Lotario la esperanza, que siempre nace juntamente con el amor, antes tuvo en más a Camila. La cual, habiendo visto en Lotario lo que jamás pensara, no sabía qué hacerse, y, pareciéndole no ser cosa segura ni bien hecha darle ocasión ni lugar a que
310   otra vez la hablase, determinó de enviar aquella misma noche, como lo hizo, a un criado suyo con un billete a Anselmo, donde le escribió estas razones:

"Así como suele decirse que parece mal el ejército sin su general y el castillo sin su castellano, digo yo que parece muy peor la mujer casada y moza sin su marido, cuando justísimas ocasiones no lo impiden. Yo me hallo tan mal sin vos, y tan imposibilitada de no poder sufrir esta ausencia,
315   que si presto no venís me habré de ir a entretener en casa de mis padres, aunque deje sin guarda la vuestra. Porque la que me dejasteis, si es que quedó con tal título, creo que mira más por su gusto que por lo que a vos os toca, y pues sois discreto, no tengo más que deciros, ni aun es bien que más os diga."

Esta carta recibió Anselmo, y entendió por ella que Lotario había ya comenzado la empresa,
320   y que Camila debía de haber respondido como él deseaba. Y, alegre sobremanera de tales nuevas, respondió a Camila, de palabra, que no hiciese mudamiento de su casa en modo alguno,

porque él volvería con mucha brevedad. Admirada quedó Camila de la respuesta de Anselmo, que la puso en más confusión que primero, porque ni se atrevía a estar en su casa, ni menos irse a la de sus padres, porque en la quedada corría peligro su honestidad, y en la ida iba contra el mandamiento de su esposo.   325

En fin, se resolvió en lo que le estuvo peor, que fue en el quedarse, con determinación de no huir la presencia de Lotario, por no dar qué decir a sus criados; y ya le pesaba de haber escrito lo que escribió a su esposo, temerosa de que no pensase que Lotario había visto en ella alguna desenvoltura que le hubiese movido a no guardarle el decoro que debía. […]

Finalmente, a él le pareció que era menester, en el espacio y lugar que daba la ausencia de   330
Anselmo, apretar el cerco a aquella fortaleza. Y, así, acometió a su presunción con las alabanzas de su hermosura, porque no hay cosa que más presto rinda y allane las encastilladas torres de la vanidad de las hermosas que la misma vanidad, puesta en las lenguas de la adulación. En efecto, él, con toda diligencia, minó la roca de su entereza con tales pertrechos,[8] que, aunque Camila fuera toda de bronce, viniera al suelo. Lloró, rogó, ofreció, aduló, porfió y fingió Lotario con   335
tantos sentimientos, con muestras de tantas veras, que dio al través con el recato de Camila y vino a triunfar de lo que menos se pensaba y más deseaba.

Rindióse Camila; Camila se rindió; pero ¿qué mucho si la amistad de Lotario no quedó en pie? Ejemplo claro que nos muestra que sólo se vence la pasión amorosa con huirla, y que nadie se ha de poner a brazos con tan poderoso enemigo, porque es menester fuerzas divinas para   340
vencer las suyas humanas. Sólo supo Leonela la flaqueza de su señora, porque no se la pudieron encubrir los dos malos amigos y nuevos amantes. No quiso Lotario decir a Camila la pretensión de Anselmo, ni que él le había dado lugar para llegar a aquel punto, porque no tuviese en menos su amor, y pensase que así, acaso y sin pensar, y no de propósito, la había solicitado.

Volvió de allí a pocos días Anselmo a su casa, y no echó de ver lo que faltaba en ella, que   345
era lo que en menos tenía y más estimaba. Fuese luego a ver a Lotario, y hallóle en su casa; abrazáronse los dos, y el uno preguntó por las nuevas de su vida o de su muerte.

—Las nuevas que te podré dar, oh amigo Anselmo —dijo Lotario— son de que tienes una mujer que dignamente puede ser ejemplo y corona de todas las mujeres buenas. Las palabras que le he dicho se las ha llevado el aire; los ofrecimientos se han tenido en poco; las dádivas no se han   350
admitido; de algunas lágrimas fingidas mías se ha hecho burla notable. En resolución: así como Camila es cifra de toda belleza, es archivo donde asiste la honestidad y vive el comedimiento y el recato y todas las virtudes que pueden hacer loable y bien afortunada a una honrada mujer. […]

Contentísimo quedó Anselmo de las razones de Lotario, y así se las creyó como si fueran dichas por algún oráculo. Pero, con todo eso, le rogó que no dejase la empresa, aunque no fuese   355
más de por curiosidad y entretenimiento, aunque no se aprovechase de allí adelante de tan ahincadas diligencias como hasta entonces. Y que sólo quería que le escribiese algunos versos en su alabanza, debajo del nombre de Clori, porque él le daría a entender a Camila que andaba enamorado de una dama, a quien le había puesto aquel nombre, por poder celebrarla con el decoro que a su honestidad se le debía. Y que, cuando Lotario no quisiera tomar trabajo de   360
escribir los versos, que él los haría.

—No será menester eso —dijo Lotario— pues no me son tan enemigas las musas, que algunos ratos del año no me visiten. Dile tú a Camila lo que has dicho del fingimiento de mis amores; que los versos yo los haré, si no tan buenos como el sujeto merece, serán, por lo menos, los mejores que yo pudiere.   365

Quedaron de este acuerdo el impertinente y el traidor amigo. Y vuelto [Anselmo] a su casa, preguntó a Camila lo que ella ya se maravillaba que no se lo hubiese preguntado: que fue que

---

[8]tretas

le dijese la ocasión por que le había escrito el papel que le envió. Camila le respondió que le había parecido que Lotario la miraba un poco más desenvueltamente que cuando él estaba en casa; pero que ya estaba desengañada y creía que había sido imaginación suya, porque ya Lotario huía de verla y de estar con ella a solas. Díjole Anselmo que bien podía estar segura de aquella sospecha. […]

Sucedió en esto, que hallándose una vez, entre otras, sola Camila con su doncella, le dijo:

—Corrida estoy, amiga Leonela, de ver en cuán poco he sabido estimarme, pues siquiera no hice que, con el tiempo, comprara Lotario la entera posesión que le di tan presto de mi voluntad. Temo que ha de [des]estimar mi presteza o ligereza, sin que eche de ver la fuerza que él me hizo para no poder resistirle.

—No te dé pena eso, señora mía —respondió Leonela—; que no está la monta, ni es causa para menguar la estimación, darse lo que se da presto, si, en efecto, lo que se da es bueno, y ello por sí digno de estimarse. Y aun suele decirse que el que luego da, da dos veces.

—También se suele decir —dijo Camila— que lo que cuesta poco se estima en menos.

—No corre por ti esa razón —respondió Leonela— porque el amor, según he oído decir, unas veces vuela y otras anda, con éste corre y con aquél va despacio, a unos entibia y a otros abrasa, a unos hiere y a otros mata. […] Y, así, [Leonela le confesó] a Camila cómo trataba amores con un mancebo bien nacido, de la misma ciudad. De lo cual se turbó Camila, temiendo que era aquél camino por donde su honra podía correr riesgo. Apuróla si pasaban sus pláticas a más que serlo. Ella, con poca vergüenza y mucha desenvoltura, le respondió que sí pasaban. Porque es cosa ya cierta que los descuidos de las señoras quitan la vergüenza a las criadas, las cuales, cuando ven a las amas echar traspiés, no se les da nada a ellas de cojear, ni de que lo sepan.

No pudo hacer otra cosa Camila sino rogar a Leonela no dijese nada de su hecho al que decía ser su amante, y que tratase sus cosas con secreto, porque no viniesen a noticia de Anselmo ni de Lotario. Leonela respondió que así lo haría; mas cumpliólo de manera, que hizo cierto el temor de Camila de que por ella había de perder su crédito. Porque la deshonesta y atrevida Leonela, después que vio que el proceder de su ama no era el que solía, atrevióse a entrar y poner dentro de casa a su amante, confiada que, aunque su señora le viese, no había de osar descubrirle.

Que este daño acarrean, entre otros, los pecados de las señoras, que se hacen esclavas de sus mismas criadas, y se obligan a encubrirles sus deshonestidades y vilezas, como aconteció con Camila; que, aunque vio una y muchas veces que su Leonela estaba con su galán en un aposento de su casa, no sólo no la osaba reñir, mas dábale lugar a que lo encerrase, y quitábale todos los estorbos para que no fuese visto de su marido. Pero no los pudo quitar, que Lotario no le viese una vez salir, al romper del alba, el cual, sin conocer quién era, pensó primero que debía de ser alguna fantasma. Mas cuando le vio caminar, embozarse y encubrirse con cuidado y recato, cayó de su simple pensamiento y dio en otro, que fuera la perdición de todos, si Camila no lo remediara.

Pensó Lotario que aquel hombre que había visto salir tan a deshora de casa de Anselmo no había entrado en ella por Leonela, ni aun se acordó si Leonela era en el mundo. Sólo creyó que Camila, de la misma manera que había sido fácil y ligera con él, lo era para otro; que estas añadiduras trae consigo la maldad de la mujer mala, que pierde el crédito de su honra con el mismo a quien se entregó rogada y persuadida, […] y ciego de la celosa rabia, que las entrañas le roía, muriendo por vengarse de Camila, que en ninguna cosa le había ofendido, se fue a Anselmo y le dijo:

—Sábete, Anselmo, que ha muchos días que he andado peleando conmigo mismo, haciéndome fuerza a no decirte lo que ya no es posible ni justo que más te encubra. Sábete que la fortaleza de Camila está ya rendida y sujeta a todo aquello que yo quisiere hacer de ella, y si he tardado en descubrirte esta verdad, ha sido por ver si era algún liviano antojo suyo, o si lo hacía por probarme y ver si eran con propósito firme tratados los amores que, con tu licencia, con ella he comenzado. Creí asimismo que ella, si fuera la que debía y la que entrambos pensábamos, ya te hubiera dado cuenta de mi solicitud. […] Finge que te ausentas por dos o tres días, como otras veces sueles, y haz de manera que te quedes escondido en tu recámara, pues los tapices que allí hay, y otras cosas con que te puedas encubrir, te ofrecen mucha comodidad, y entonces verás por tus mismos ojos, y yo por los míos, lo que Camila quiere; y si fuere la maldad, que se puede temer antes que esperar, con silencio, sagacidad y discreción podrás ser el verdugo de tu agravio. […]

Al fin acordó de dar cuenta de todo a Camila, y como no faltaba lugar para poderlo hacer, aquel mismo día la halló sola, y [ella], así como vio que le podía hablar, le dijo:

—Sabed, amigo Lotario, que tengo una pena en el corazón, que me le aprieta de suerte, que parece que quiere reventar en el pecho, y ha de ser maravilla si no lo hace. Pues ha llegado la desvergüenza de Leonela a tanto, que cada noche encierra a un galán suyo en esta casa, y se está con él hasta el día, tan a costa de mi crédito, cuanto le quedará campo abierto de juzgarlo al que le viere salir a horas tan inusitadas de mi casa; y lo que me fatiga es que no la puedo castigar ni reñir; que el ser ella secretario de nuestros tratos me ha puesto un freno en la boca para callar los suyos, y temo que de aquí ha de nacer algún mal suceso.

Al principio que Camila esto decía creyó Lotario que era artificio para desmentirle que el hombre que había visto salir era de Leonela, y no suyo; pero viéndola llorar y afligirse y pedirle remedio, vino a creer la verdad, y, en creyéndola, acabó de estar confuso y arrepentido del todo. Pero, con todo esto, respondió a Camila que no tuviese pena, que él ordenaría remedio para atajar la insolencia de Leonela. Díjole asimismo lo que, instigado de la furiosa rabia de los celos, había dicho a Anselmo, y cómo estaba concertado de esconderse en la recámara para ver desde allí a la clara la poca lealtad que ella le guardaba. […] Luego al instante halló Camila el modo de remediar tan al parecer irremediable negocio, y dijo a Lotario que procurase que otro día se escondiese Anselmo donde decía, porque ella pensaba sacar de su escondimiento comodidad para que desde allí en adelante los dos se gozasen sin sobresalto alguno; y sin declararle del todo su pensamiento, le advirtió que tuviese cuidado que, en estando Anselmo escondido, él viniese cuando Leonela le llamase, y que a cuanto ella le dijese le respondiese como respondiera aunque no supiera que Anselmo le escuchaba. Porfió Lotario que le acabase de declarar su intención, porque con más seguridad y aviso guardase todo lo que viese ser necesario. […]

Anselmo, otro día, con la excusa de ir [a] aquella aldea de su amigo, se partió y volvió a esconderse; que lo pudo hacer con comodidad, porque de industria se la dieron Camila y Leonela. Escondido, pues, Anselmo, con aquel sobresalto que se puede imaginar que tendría el que esperaba ver por sus ojos hacer anatomía de las entrañas de su honra, íbase a pique de perder el sumo bien él pensaba que tenía en su querida Camila. Seguras ya y ciertas Camila y Leonela que Anselmo estaba escondido, entraron en la recámara, y apenas hubo puesto los pies en ella Camila, cuando, dando un grande suspiro, dijo:

—¡Ay, Leonela amiga!, ¿no sería mejor que antes que llegase a poner en ejecución lo que no quiero que sepas, porque no procures estorbarlo, que tomases la daga de Anselmo que te he pedido y pasases con ella este infame pecho mío? Pero no hagas tal; que no será razón que yo lleve la pena de la ajena culpa. Primero quiero saber qué es lo que vieron en mí los atrevidos y deshonestos ojos de Lotario que fuese causa de darle atrevimiento a descubrirme un tan mal deseo como es el que me ha descubierto en desprecio de su amigo y en deshonra mía. Ponte, Leonela, a esa ventana y llámale; que sin duda alguna él debe de estar en la calle esperando poner en efecto su mala intención. Pero primero se pondrá la cruel cuanto honrada mía.

460   —¡Ay, señora mía! —respondió la sagaz y advertida Leonela— y ¿qué es lo que quieres hacer con esta daga? ¿Quieres, por ventura, quitarte la vida o quitársela a Lotario? Que cualquiera de estas cosas que quieras ha de redundar en pérdida de tu crédito y fama. Mejor es que disimules tu agravio, y no des lugar a que este mal hombre entre ahora en esta casa y nos halle solas; mira, señora, que somos flacas mujeres, y él es hombre, y determinado, y como viene con aquel mal

465   propósito, ciego y apasionado, quizá antes que tú pongas en ejecución el tuyo, hará él lo que te estaría más mal que quitarte la vida. […]

Todo esto escuchaba Anselmo, y a cada palabra que Camila decía se le mudaban los pensamientos. Mas cuando entendió que estaba resuelta en matar a Lotario, quiso salir y descubrirse, porque tal cosa no se hiciese; pero detúvole el deseo de ver en qué paraba tanta gallardía y hon-

470   esta resolución, con propósito de salir a tiempo que la estorbase. […]

—¿Por qué no vas, Leonela, a llamar al más leal amigo de amigo que vio el sol o cubrió la noche? ¡Acaba, corre, aguija, camina, no se esfogue[9] con la tardanza el fuego de la cólera que tengo, y se pase en amenazas y maldiciones la justa venganza que espero!

—Ya voy a llamarle, señora mía —dijo Leonela—; mas hazme de dar primero esa daga, por-

475   que no hagas cosa, en tanto que falto, que dejes con ella que llorar toda la vida a todos los que bien te quieren. […]

En fin salió, y entretanto que volvía, quedó Camila diciendo, como que hablaba consigo misma:

—¡Válgame Dios! ¿No fuera más acertado haber despedido a Lotario, como otras muchas veces lo he hecho, que no ponerle en condición, como ya le he puesto, que me tenga por des-

480   honesta y mala, siquiera este tiempo que he de tardar en desengañarle? Mejor fuera, sin duda; pero no quedara yo vengada, ni la honra de mi marido satisfecha, si tan a manos lavadas y tan a paso llano se volviera a salir de donde sus malos pensamientos le entraron. Pague el traidor con la vida lo que intentó con tan lascivo deseo. Sepa el mundo, si acaso llegare a saberlo, de que Camila no sólo guardó la lealtad a su esposo, sino que le dio venganza a el que se atrevió a ofen-

485   derle. Mas, con todo, creo que fuera mejor dar cuenta de esto a Anselmo; pero ya se la apunté a dar en la carta que le escribí al aldea, y creo que el no acudir él al remedio del daño que allí le señalé, debió de ser que, de puro bueno y confiado, no quiso ni pudo creer que en el pecho de su tan firme amigo pudiese caber género de pensamiento que contra su honra fuese. […]

Y, diciendo esto, se paseaba por la sala con la daga desenvainada dando tan desconcertados y

490   desaforados pasos y haciendo tales ademanes, que no parecía sino que le faltaba el juicio y que no era mujer delicada, sino un rufián desesperado.

Todo lo miraba Anselmo, cubierto detrás de unos tapices donde se había escondido, y de todo se admiraba y ya le parecía que lo que había visto y oído era bastante satisfacción para mayores sospechas, y ya quisiera que la prueba de venir Lotario faltara, temeroso de algún mal

495   repentino suceso; y, estando ya para manifestarse y salir, para abrazar y desengañar a su esposa, se detuvo porque vio que Leonela volvía con Lotario de la mano; y así como Camila le vio, haciendo con la daga en el suelo una gran raya delante de ella, le dijo:

—Lotario, advierte lo que te digo: si a dicha te atrevieres a pasar de esta raya que ves, ni aun llegar a ella, en el punto que viere que lo intentas, en ese mismo me pasaré el pecho con esta

500   daga que en las manos tengo, y antes que a esto me respondas palabra, quiero que otras algunas me escuches; que después responderás lo que más te agradare. Lo primero, quiero, Lotario, que

---

[9] *ital.:* se debilite

me digas si conoces a Anselmo, mi marido, y en qué opinión le tienes. Y lo segundo, quiero saber también si me conoces a mí. Respóndeme a esto, y no te turbes, ni pienses mucho lo que has de responder, pues no son dificultades las que te pregunto.

No era tan ignorante Lotario, que desde el primer punto que Camila le dijo que hiciese esconder a Anselmo no hubiese dado en la cuenta de lo que ella pensaba hacer, y, así, correspondió con su intención tan discretamente y tan a tiempo, que hicieran los dos pasar aquella mentira por más que cierta verdad, y, así, respondió a Camila de esta manera:

—No pensé yo, hermosa Camila, que me llamabas para preguntarme cosas tan fuera de la intención con que yo aquí vengo; si lo haces por dilatarme la prometida merced, desde más lejos pudieras entretenerla, porque tanto más fatiga el bien deseado cuanto la esperanza está más cerca de poseerlo; pero porque no digas que no respondo a tus preguntas, digo que conozco a tu esposo Anselmo, y nos conocemos los dos desde nuestros más tiernos años, y no quiero decir lo que tú tan bien sabes de nuestra amistad, por [no] me hacer testigo del agravio que el amor hace que le haga: poderosa disculpa de mayores yerros. A ti te conozco y tengo en la misma posesión que él te tiene; que, a no ser así, por menos prendas que las tuyas no había yo de ir contra lo que debo a ser quien soy, y contra las santas leyes de la verdadera amistad, ahora por tan poderoso enemigo como el amor por mí rompidas y violadas.

—Si eso confiesas —respondió Camila— enemigo mortal de todo aquello que justamente merece ser amado, ¿con qué rostro osas parecer ante quien sabes que es el espejo donde se mira aquél en quien tú te debieras mirar, para que vieras con cuán poca ocasión le agravias? […] Torno a decir que la sospecha que tengo que algún descuido mío engendró en ti tan desvariados pensamientos es la que más me fatiga, y la que yo más deseo castigar con mis propias manos, porque, castigándome otro verdugo, quizá sería más pública mi culpa; pero antes que esto haga, quiero matar muriendo, y llevar conmigo quien me acabe de satisfacer el deseo de la venganza que espero y tengo, viendo allá, dondequiera que fuere, la pena que da la justicia desinteresada y que no se dobla al que en términos tan desesperados me ha puesto.

Y, diciendo estas razones, con una increíble fuerza y ligereza arremetió a Lotario con la daga desenvainada, con tales muestras de querer enclavársela en el pecho, que casi él estuvo en duda si aquellas demostraciones eran falsas o verdaderas, porque le fue forzoso valerse de su industria y de su fuerza para estorbar que Camila no le diese; la cual tan vivamente fingía aquel extraño embuste y fealdad, que por darle color de verdad, la quiso matizar con su misma sangre; porque viendo que no podía haber a Lotario, o fingiendo que no podía, dijo:

—Pues la suerte no quiere satisfacer del todo mi tan justo deseo, a lo menos no será tan poderosa, que, en parte, me quite que no le satisfaga.

Y, haciendo fuerza para soltar la mano de la daga que Lotario la tenía asida, la sacó, y guiando su punta por parte que pudiese herir no profundamente, se la entró y escondió por más arriba de la *islilla*[10] del lado izquierdo, junto al hombro, y luego, se dejó caer en el suelo, como desmayada.

Estaban Leonela y Lotario suspensos y atónitos de tal suceso, y todavía dudaban de la verdad de aquel hecho, viendo a Camila tendida en tierra y bañada en su sangre; acudió Lotario con mucha presteza, despavorido y sin aliento, a sacar la daga, y, en ver la pequeña herida, salió del temor que hasta entonces tenía, y de nuevo se admiró de la sagacidad, prudencia y mucha discreción de la hermosa Camila. […]

---

[10]sobaco

545   Leonela la tomó en brazos y la puso en el lecho, suplicando a Lotario fuese a buscar quien secretamente a Camila curase. Pedíale asimismo consejo y parecer de lo que dirían a Anselmo de aquella herida de su señora, si acaso viniese antes que estuviese sana. Él respondió que dijesen lo que quisiesen; que él no estaba para dar consejo que de provecho fuese; sólo le dijo que procurase tomarle la sangre, porque él se iba adonde gentes no le viesen. Y con muestras de mucho

550   dolor y sentimiento se salió de casa, y cuando se vio solo y en parte donde nadie le veía, no cesaba de hacerse cruces, maravillándose de la industria de Camila. […]

Atentísimo había estado Anselmo a escuchar y a ver representar la tragedia de la muerte de su honra; la cual con tan extraños y eficaces afectos la representaron los personajes de ella, que pareció que se habían transformado en la misma verdad de lo que fingían. Deseaba mucho la noche

555   y el tener lugar para salir de su casa, e ir a verse con su buen amigo Lotario, congratulándose con él de la margarita preciosa que había hallado en el desengaño de la bondad de su esposa. Tuvieron cuidado las dos de darle lugar y comodidad a que saliese, y él, sin perdella, salió, y luego fue a buscar a Lotario; el cual hallado, no se puede buenamente contar los abrazos que le dio, las cosas que de su contento le dijo, las alabanzas que dio a Camila. Todo lo cual escuchó Lotario sin poder

560   dar muestras de alguna alegría; porque se le representaba a la memoria cuán engañado estaba su amigo, y cuán injustamente él le agraviaba. Y aunque Anselmo veía que Lotario no se alegraba, creyó ser la causa por haber dejado a Camila herida y haber él sido la causa.

Y, así, entre otras razones, le dijo que no tuviese pena del suceso de Camila, porque, sin duda, la herida era ligera, pues quedaban de concierto de encubrírsela a él. Y que, según esto, no había

565   de qué temer, sino que de allí adelante se gozase y alegrase con él, pues por su industria y medio él se veía levantado a la más alta felicidad que acertara desearse, y quería que no fuesen otros sus entretenimientos que en hacer versos en alabanza de Camila, que la hiciesen eterna en la memoria de los siglos venideros. Lotario alabó su buena determinación, y dijo que él por su parte ayudaría a levantar tan ilustre edificio. Con esto quedó Anselmo el hombre más sabrosamente

570   engañado que pudo haber en el mundo; él mismo llevaba por la mano a su casa, creyendo que llevaba el instrumento de su gloria, toda la perdición de su fama. Recibíale Camila con rostro al parecer torcido, aunque con alma risueña. Duró este engaño algunos días, hasta que al cabo de pocos meses volvió fortuna su rueda y salió a plaza la maldad con tanto artificio hasta allí cubierta, y a Anselmo le costó la vida su impertinente curiosidad. Sucedió, pues, que por la

575   satisfacción que Anselmo tenía de la bondad de Camila, vivía una vida contenta y descuidada, y Camila, de industria, hacía mal rostro a Lotario, porque Anselmo entendiese al revés de la voluntad que le tenía, y para más confirmación de su hecho, pidió licencia Lotario para no venir a su casa, pues claramente se mostraba la pesadumbre que con su vista Camila recibía; mas el engañado Anselmo le dijo que en ninguna manera tal hiciese. Y de esta manera, por mil maneras

580   era Anselmo el fabricador de su deshonra, creyendo que lo era de su gusto.

En esto, el que tenía Leonela de verse cualificada, no de[11] con sus amores, llegó a tanto, que, sin mirar a otra cosa, se iba tras él a suelta rienda, fiada en que su señora la encubría y aun la advertía del modo que con poco recelo pudiese ponerle en ejecución.

En fin, una noche sintió Anselmo pasos en el aposento de Leonela, y, queriendo entrar a ver

585   quién los daba, sintió que le detenían la puerta, cosa que le puso más voluntad de abrirla; y tanta fuerza hizo, que la abrió, y entró dentro a tiempo que vio que un hombre saltaba por la ventana a la calle, y acudiendo con presteza a alcanzarle o conocerle, no pudo conseguir lo uno ni lo otro, porque Leonela se abrazó con él, diciéndole:

—Sosiégate, señor mío, y no te alborotes ni sigas al que de aquí saltó: es cosa mía, y tanto, que

590   es mi esposo.

---

[11]deshonesta

No lo quiso creer Anselmo; antes, ciego de enojo, sacó la daga y quiso herir a Leonela, diciéndole que le dijese la verdad; si no, que la mataría. Ella, con el miedo, sin saber lo que se decía, le dijo:

—No me mates, señor; que yo te diré cosas de más importancia de las que puedes imaginar.

—Dilas luego —dijo Anselmo—; si no, muerta eres.   595

—Por ahora será imposible —dijo Leonela— según estoy de turbada; déjame hasta mañana, que entonces sabrás de mí lo que te ha de admirar; y está seguro que el que saltó por esta ventana es un mancebo de esta ciudad, que me ha dado la mano de ser mi esposo.

Sosegóse con esto Anselmo y quiso aguardar el término que se le pedía, porque no pensaba oír cosa que contra Camila fuese, por estar de su bondad tan satisfecho y seguro; y, así, se salió   600 del aposento y dejó encerrada en él a Leonela, diciéndole que de allí no saldría hasta que le dijese lo que tenía que decirle. Fue luego a ver a Camila y a decirle, como le dijo, todo aquello que con su doncella le había pasado, y la palabra que le había dado de decirle grandes cosas y de importancia. Si se turbó Camila o no, no hay para qué decirlo, porque fue tanto el temor que cobró, creyendo verdaderamente —y era de creer— que Leonela había de decir a Anselmo   605 todo lo que sabía de su poca fe, que no tuvo ánimo para esperar si su sospecha salía falsa o no. Y aquella misma noche, cuando le pareció que Anselmo dormía, juntó las mejores joyas que tenía y algunos dineros, y, sin ser de nadie sentida, salió de casa y se fue a la de Lotario, a quien contó lo que pasaba, y le pidió que la pusiese en cobro, o que se ausentasen los dos donde de Anselmo pudiesen estar seguros. La confusión en que Camila puso a Lotario fue tal, que no le   610 sabía responder palabra, ni menos sabía resolverse en lo que haría.

En fin, acordó de llevar a Camila a un monasterio en quien era priora una su hermana. Consintió Camila en ello, y con la presteza que el caso pedía, la llevó Lotario y la dejó en el monasterio, y él asimismo se ausentó luego de la ciudad, sin dar parte a nadie de su ausencia.

Cuando amaneció, sin echar de ver Anselmo que Camila faltaba de su lado, con el deseo que   615 tenía de saber lo que Leonela quería decirle, se levantó y fue adonde la había dejado encerrada. Abrió y entró en el aposento, pero no halló en él a Leonela; sólo halló puestas unas sábanas añudadas[12] a la ventana, indicio y señal que por allí se había descolgado e ido.

Volvió luego muy triste a decírselo a Camila, y, no hallándola en la cama ni en toda la casa, quedó asombrado. Preguntó a los criados de casa por ella, pero nadie le supo dar razón de lo   620 que pedía.

Acertó acaso, andando a buscar a Camila, que vio sus cofres abiertos, y que de ellos faltaban las más de sus joyas, y con esto acabó de caer en la cuenta de su desgracia, y en que no era Leonela la causa de su desventura. Y así como estaba, sin acabarse de vestir, triste y pensativo, fue a dar cuenta de su desdicha a su amigo Lotario; mas cuando no le halló, y sus criados le dijeron   625 que aquella noche había faltado de casa, y había llevado consigo todos los dineros que tenía, pensó perder el juicio. Y para acabar de concluir con todo, volviéndose a su casa, no halló en ella ninguno de cuantos criados ni criadas tenía, sino la casa desierta y sola. No sabía qué pensar, qué decir, ni qué hacer, y poco a poco se le iba volviendo el juicio. Contemplábase y mirábase en un instante sin mujer, sin amigo y sin criados; desamparado, a su parecer, del cielo que le cubría, y,   630 sobre todo, sin honra, porque en la falta de Camila vio su perdición.

Resolvióse, en fin, a cabo de una gran pieza, de irse a la aldea de su amigo, donde había estado cuando dio lugar a que se maquinase toda aquella desventura. Cerró las puertas de su casa, subió a caballo, y con desmayado aliento se puso en camino; y apenas hubo andado la mitad, cuando, acosado de sus pensamientos, le fue forzoso apearse y arrendar su caballo a un árbol, a cuyo   635 tronco se dejó caer, dando tiernos y dolorosos suspiros; y allí se estuvo hasta casi que anochecía,

---

[12]con nudos

y aquella hora vio que venía un hombre a caballo de la ciudad, y, después de haberle saludado, le preguntó qué nuevas había en Florencia. El ciudadano respondió:

640 —Las más extrañas que muchos días ha se han oído en ella, porque se dice públicamente que Lotario, aquel grande amigo de Anselmo el rico, que vivía a San Juan, se llevó esta noche a Camila, mujer de Anselmo, el cual tampoco parece. Todo esto ha dicho una criada de Camila, que anoche la halló el gobernador descolgándose con una sábana por las ventanas de la casa de Anselmo. En efecto, no sé puntualmente cómo pasó el negocio; sólo sé que toda la ciudad está admirada de este suceso, porque no se podía esperar tal hecho de la mucha y familiar amistad de 645 los dos, que dicen que era tanta, que los llamaban "los dos amigos" […].

Con tan desdichadas nuevas casi, casi llegó a términos Anselmo no sólo de perder el juicio, sino de acabar la vida. Levantóse como pudo, y llegó a casa de su amigo, que aún no sabía su desgracia; mas como le vio llegar amarillo, consumido y seco, entendió que de algún grave mal venía fatigado. Pidió luego Anselmo que le acostasen, y que le diesen aderezo de escribir. Hízose 650 así, y dejáronle acostado y solo, porque él así lo quiso, y aun que le cerrasen la puerta. Viéndose, pues, solo, comenzó a cargar tanto la imaginación de su desventura, que claramente conoció que se le iba acabando la vida; y, así, ordenó de dejar noticia de la causa de su extraña muerte; y comenzando a escribir, antes que acabase de poner todo lo que quería, le faltó el aliento y dejó la vida en las manos del dolor que le causó su curiosidad impertinente.

655 Viendo el señor de casa que era ya tarde, y que Anselmo no llamaba, acordó de entrar a saber si pasaba adelante su indisposición, y hallóle tendido boca abajo, la mitad del cuerpo en la cama y la otra mitad sobre el bufete, sobre el cual estaba con el papel escrito y abierto, y él tenía aún la pluma en la mano.

Llegóse el huésped a él, habiéndole llamado primero, y trabándole por la mano, viendo que 660 no le respondía, y hallándole frío, vio que estaba muerto. Admiróse y congojóse en gran manera, y llamó a la gente de casa para que viesen la desgracia a Anselmo sucedida; y, finalmente, leyó el papel, que conoció que de su misma mano estaba escrito, el cual contenía estas razones:

"Un necio e impertinente deseo me quitó la vida. Si las nuevas de mi muerte llegaren a los oídos de Camila, sepa que yo la perdono, porque no estaba ella obligada a hacer milagros, ni yo 665 tenía necesidad de querer que ella los hiciese; y pues yo fui el fabricador de mi deshonra, no hay para qué…"

Hasta aquí escribió Anselmo, por donde se echó de ver que en aquel punto, sin poder acabar la razón, se le acabó la vida. Otro día dio aviso su amigo a los parientes de Anselmo de su muerte, los cuales ya sabían su desgracia y el monasterio donde Camila estaba, casi en el término 670 de acompañar a su esposo en aquel forzoso viaje, no por las nuevas del muerto esposo, mas por las que supo del ausente amigo. Dícese que, aunque se vio viuda, no quiso salir del monasterio, ni menos hacer profesión de monja, hasta que, no de allí a muchos días, le vinieron nuevas que Lotario había muerto en una batalla que en aquel tiempo dio Monsiur de Lautrec al Gran Capitán Gonzalo Fernández de Córdoba en el reino de Nápoles[13] donde había ido a parar el tarde 675 arrepentido amigo, lo cual sabido por Camila, hizo profesión y acabó en breves días la vida a las rigurosas manos de tristezas y melancolías.

Este fue el fin que tuvieron todos, nacido de un tan desatinado principio.

---

[13] La batalla de Ceriñola (1503); Cervantes, por lo tanto, quiso dar distancia de un siglo entre la escritura de su novela y el tiempo en que tiene lugar la acción.

Comprensión

1. ¿Cómo es la amistad entre Anselmo y Lotario?

2. ¿Qué gran favor le pide Anselmo a su amigo?

3. ¿Qué razones le da Lotario para disuadir a Anselmo de su deseo?

4. ¿De qué treta se vale Lotario al comienzo para satisfacer la curiosidad de Anselmo?

5. ¿Cómo descubre Anselmo la reticencia de Lotario?

6. ¿Qué le ocurre a Lotario cuando empieza a pasar tiempo solo con Camila?

7. ¿Cómo, por fin, consiguió Lotario que Camila se rindiera?

8. ¿Qué le pide Camila a Leonela?

   • ¿Qué empieza a hacer Leonela ahora que tiene tanta confianza con Camila?

9. Explica el plan dramático que conciben Lotario y Camila para asegurarle a Anselmo de la fidelidad de la esposa.

   • ¿Tienen éxito en su ejecución? Explica.

10. ¿Cómo reaccionó y qué hizo Camila cuando se enteró que Leonela podría decirle a Anselmo su falta de fidelidad conyugal?

11. ¿Cómo se entera Anselmo de lo que había pasado en realidad?

12. ¿Cómo terminan Anselmo, Camila y Lotario?

Interpretación

1. ¿Qué opinas de la necesidad de Anselmo de poner a prueba la fidelidad de su mujer?

   • ¿Qué opina Lotario del capricho de su amigo?

   • Anota la rigurosa dialéctica que emplea Lotario para disuadir a Anselmo de su locura. ¿Son convincentes sus argumentos?

2. ¿A qué compara Anselmo su empeño metafóricamente en las líneas a partir de 136? ¿Crees que tiene razón?

   • ¿De qué otros modos se podrían describir su locura?

3. Anselmo apoya su argumento en la amistad de Lotario, y que como amigo tiene la responsabilidad de ayudarlo llevar a cabo su plan. Que en clase se discuta la idea que un buen amigo tiene la obligación de ayudar a su compañero por bien o por mal.

4. Además de su belleza, ¿qué admira Lotario en Camila?

   • Explica la ironía de su admiración.

5. El autor implícito incluye en su narración muchos detalles referentes a la naturaleza humana para explicar las acciones de los personajes: ¿Qué le perturba a Camila que Leonela sepa de su relación ilícita?

   • ¿Por qué no le confiesa Lotario a Camila que Anselmo le había acordado para esta treta?

   • ¿Por qué piensa Lotario que el hombre misterioso que vio salir de la casa de Anselmo era otro amante de Camila?

   • ¿Por qué huye Camila de la casa?

6. Explica el discurso metaliterario, en este caso sobre la teatralidad que se lleva a cabo en el relato. Anota todo lo que se hace para hacer el 'drama' verosímil.

   • Explica la ironía de la catarsis que experimenta Anselmo.

   • Que tres estudiantes practiquen y pongan en escena el drama dentro de la novela.

7. ¿Es el narrador del relato omnisciente? ¿Es objetivo? Explica.

Cultura, conexiones y comparaciones

1. Cervantes cultivó la novela ejemplar, un subgénero muy popular del Siglo de Oro. Son novelas cortas que contienen un mensaje moral. *El curioso impertinente* no forma parte de las doce novelas incluidas en sus *Novelas ejemplares*. En vez, la intercaló en su famosa novela *Don Quijote*, pero contiene todas las características del género ejemplar. ¿Qué sería la moraleja de esta historia?

   • Si bien es el desatino de Anselmo, ¿cómo se explica que sus sospechas tenían fundamento?

   • ¿Es la ejemplaridad de la historia tan sencilla y obvia como parece en la superficie?

2. El personaje que lee la novela dentro de *Don Quijote* dice, al finalizarla:

   No me puedo persuadir que esto sea verdad y, si esto es fingido, fingió mal el autor, porque no se puede imaginar que haya marido tan necio que quiera hacer tan costosa experiencia como Anselmo.

   Escribe dos o tres párrafos expresando si crees que Anselmo es un necio. Ten en cuenta que su curiosidad tiene fundamento.

3. En los siglos XVI y XVII se debatía si la vida estaba predestinada o si eran los hombres, por sus acciones, que creaban su propia realidad. Organiza un debate sobre esta propuesta.

   • ¿Qué parece indicar esta novela al respecto?

4. En el código de honor, casi totalmente basado en la virginidad y honestidad de la mujer, es muy importante no publicar el delito. ¿Qué hacen al respecto Isabela en *El burlador de Sevilla*?

   • ¿Y Bernarda Alba?

   • ¿Parece preocuparle tanto a Anselmo que todo el mundo vea el ir y venir de Lotario a su casa, incluso cuando él no está? Explica.

   • ¿Qué hace Anselmo cuando se da cuenta de que todo el mundo sabe lo que ha sucedido?

5. La amistad es sagrada en la cultura tradicional hispánica. ¿Qué hace Lotario para infringir esa relación sagrada?

   • ¿Es provocado, o lo hace de su propia cuenta?

   • ¿De qué modo infringió don Juan su amistad con el marqués de la Mota en *El burlador de Sevilla*?

José Asunción Silva, "Nocturno III"

Autor: José Asunción Silva (1865-1896)
Nacionalidad: Colombiano
Datos biográficos: Se crió en el seno de una familia rica y culta, pero luego la familia perdió su fortuna. La muerte de su hermana Elvira en 1891 afectó mucho al poeta, y el poema "Nocturno III" recuerda esa relación.
Época y movimiento cultural: Modernismo
Obra más conocida: *Libro de versos* (1891-1896)
Importancia literaria: Es uno de los precursores del Modernismo y entre los primeros en emplear el verso libre.

La literatura y la vida

1. ¿Se te ha muerto algún ser muy querido? ¿Puedes recordar algunas de tus reacciones o sensaciones?

   - ¿Recuerdas a esa persona aún?

En contexto

Este poema va dedicado a la muerte de su hermana, a quien el poeta tenía una especial admiración.

"Nocturno III"

Una noche,
una noche toda llena de murmullos, de perfumes y de músicas de alas;
una noche
en que ardían en la sombra nupcial y húmeda las luciérnagas
fantásticas,   5
a mi lado lentamente, contra mí ceñida toda, muda y pálida,
como si un presentimiento de amarguras infinitas
hasta el más secreto fondo de las fibras te agitara,
por la senda florecida que atraviesa la llanura
caminabas;   10
y la luna llena

por los cielos azulosos, infinitos y profundos esparcía su luz blanca;
y tu sombra
fina y lánguida,
15   y mi sombra,
por los rayos de la luna proyectadas,
sobre las arenas tristes
de la senda se juntaban;
y eran una,
20   y eran una,
y eran una sola sombra larga,
y eran una sola sombra larga,
y eran una sola sombra larga.
Esta noche
25   solo; el alma
llena de las infinitas amarguras y agonías de tu muerte,
separado de ti misma por el tiempo, por la tumba y la distancia,
por el infinito negro
donde nuestra voz no alcanza,
30   mudo y solo
por la senda caminaba...
Y se oían los ladridos de los perros a la luna,
a la luna pálida,
y el chirrido
35   de las ranas...
Sentí frío. Era el frío que tenían en tu alcoba
tus mejillas y tus sienes y tus manos adoradas,
entre las blancuras níveas[1]
de las mortuorias sábanas.
40   Era el frío del sepulcro, era el hielo de la muerte,
era el frío de la nada.
Y mi sombra,
por los rayos de la luna proyectada,
iba sola,
45   iba sola,
iba sola por la estepa[2] solitaria;
y tu sombra esbelta y ágil,
fina y lánguida,
como en esa noche tibia de la muerta primavera,
50   como en esa noche llena de murmullos, de perfumes y de músicas de alas,
se acercó y marchó con ella,
se acercó y marchó con ella,
se acercó y marchó con ella... ¡Oh las sombras enlazadas!
¡Oh las sombras de los cuerpos que se juntan con las sombras de las almas!
55   ¡Oh las sombras que se buscan en las noches de tristezas y de lágrimas!

---

[1]*poét.:* de nieve o semejante a ello
[2]llanura extensa

Comprensión

1. ¿A quien dirige su mensaje el yo lírico? (Ver *En contexto*).

2. ¿En qué verso cambia el tiempo en este poema del pasado al presente?

3. ¿Cómo se describe el paisaje y el espacio en el pasado?

    • ¿Cómo es en el presente?

4. ¿Qué parece haber causado la transformación?

5. ¿Con qué signos expresa la voz poética su angustia?

6. ¿Qué ocurre milagrosamente al final del poema?

Interpretación

1. Verifica la cuenta silábica y el esquema de la rima de este poema. ¿Cómo se denomina este tipo de verso?

2. Este tipo de verso se vale mucho de figuras retóricas, sobre todo de índole auditiva. Busca ejemplos de anáfora, anadiplosis, encabalgamiento, polisíndeton, aliteración, onomatopeya, cacofonía, eufonía, etc.

3. Como poema modernista también abundan las sensaciones sensoriales. Divídelas en (1) visuales, (2) auditivas y (3) olfativas.

4. ¿Cómo caracterizarías el tono de este poema?

Cultura, conexiones y comparaciones

1. Silva escribe dentro del Modernismo hispanoamericano, y emplea muchas de las técnicas e innovaciones de ese movimiento. Anota algunas.

2. A finales del siglo XIX y a lo largo del siglo XX, predomina en la filosofía y literatura el escepticismo y la falta de fe en ninguna vida más allá de la biológica y terrestre (existencialismo). ¿Se observa en este poema algún espíritu religioso o de fe en una vida de ultratumba? Explica.

    • ¿En qué otras obras se observa lo mismo?

3. ¿Hay algo de anormal en la relación entre el yo poético y su hermana? Explica.

4. Compara la desilusión de este poema con el soneto "Mientras por competir con tu cabello" de Góngora y "¡Ah de la vida" de Quevedo (ver *Capítulo V*).

5. Escucha el poema por YouTube bajo "Nocturno III con imágenes". ¿Contribuyen las imágenes a la comprensión del poema?

Horacio Quiroga, "El hijo"

Autor: Horacio Quiroga (1878-1937)
Nacionalidad: Uruguayo
Datos biográficos: Llevó una vida trágica. Presenció el suicidio de su padrastro, y luego el de su esposa. Mató accidentalmente a un amigo y él mismo, al enterarse de que tenía cáncer, se suicidó.
Época y movimiento cultural: Realismo/Naturalismo; Modernismo
Obras más conocidas: *Cuentos de locura, de amor y de muerte* (1917), *Cuentos de la selva* (1918)
Importancia literaria: Alcanza la perfección formal del relato corto, dándole prestigio a ese género. Fue uno de los autores más estimados por los escritores del Boom.

La literatura y la vida

1. Piensa en algún momento en que alguien de tu familia no llegaba a tiempo y empezaste a temer que algo malo había pasado. Describe las sensaciones que sentías.

2. Tener armas siempre conlleva un peligro. ¿Qué se debe hacer para evitar una tragedia?

   • ¿Conoces de alguien que haya sufrido un percance de este tipo? Explica.

En contexto

Quiroga vivió en la provincia selvática y subtropical de Misiones, una región muy aislada e indomable en el nordeste de Argentina, cuya tierra es de un colorado intenso.

"El hijo"

Es un poderoso día de verano en Misiones[1] con todo el sol, el calor y la calma que puede deparar la estación. La naturaleza, plenamente abierta, se siente satisfecha de sí.

Como el sol, el calor y la calma del ambiente, el padre abre también su corazón a la naturaleza.

—Ten cuidado, chiquito —dice a su hijo abreviando en esa frase todas las observaciones del
5   caso y que su hijo comprende perfectamente.

---

[1]Ver *En contexto*.

—Sí, papá —responde la criatura, mientras coge la escopeta y carga de cartuchos[2] los bolsillos de su camisa, que cierra con cuidado.

—Vuelve a la hora de almorzar —observa aún el padre.

—Sí, papá —repite el chico.

Equilibra la escopeta en la mano, sonríe a su padre, lo besa en la cabeza y parte. 10

Su padre lo sigue un rato con los ojos y vuelve a su quehacer de ese día, feliz con la alegría de su pequeño.

Sabe que su hijo, educado desde su más tierna infancia en el hábito y la precaución del peligro, puede manejar un fusil y cazar no importa qué. Aunque es muy alto para su edad, no tiene sino trece años. Y parecería tener menos, a juzgar por la pureza de sus ojos azules, frescos aún 15 de sorpresa infantil.

No necesita el padre levantar los ojos de su quehacer para seguir con la mente la marcha de su hijo: Ha cruzado la picada[3] roja y se encamina rectamente al monte a través del abra[4] de espartillo.

Para cazar en el monte —caza de pelo— se requiere más paciencia de la que su cachorro 20 puede rendir. Después de atravesar esa isla de monte, su hijo costeará la linde de cactus hasta el bañado, en procura de palomas, tucanes o tal cual casal de garzas, como las que su amigo Juan ha descubierto días anteriores.

Solo ahora, el padre esboza una sonrisa al recuerdo de la pasión cinegética[5] de las dos criaturas. Cazan sólo a veces un yacútoro, un surucuá —menos aún— y regresan triunfales, Juan 25 a su rancho con el fusil de nueve milímetros que él le ha regalado, y su hijo a la meseta, con la gran escopeta Saint-Etienne[6] calibre 16, cuádruple cierre y pólvora blanca.

Él fue lo mismo. A los trece años hubiera dado la vida por poseer una escopeta. Su hijo, de aquella edad, la posee ahora; —y el padre sonríe.

No es fácil, sin embargo, para un padre viudo, sin otra fe ni esperanza que la vida de su hijo, 30 educarlo como lo ha hecho él, libre en su corto radio de acción, seguro de sus pequeños pies y manos desde que tenía cuatro años, consciente de la inmensidad de ciertos peligros y de la escasez de sus propias fuerzas.

Ese padre ha debido luchar fuertemente contra lo que él considera su egoísmo. ¡Tan fácilmente una criatura calcula mal, sienta un pie en el vacío, y se pierde un hijo! 35

El peligro subsiste siempre para el hombre en cualquier edad; pero su amenaza amengua si desde pequeño se acostumbra a no contar sino con sus propias fuerzas.

De este modo ha educado el padre a su hijo. Y para conseguirlo ha debido resistir no sólo a su corazón, sino a sus tormentos morales; porque ese padre, de estómago y vista débiles, sufre desde hace un tiempo de alucinaciones. 40

Ha visto, concretados en dolorosísima ilusión, recuerdos de una felicidad que no debía surgir más de la nada en que se recluyó.[7] La imagen de su propio hijo no ha escapado a este tormento. Lo ha visto una vez rodar envuelto en sangre cuando el chico percutía[8] en la morsa[9] del taller una bala de parabellum, siendo así que lo que hacía era limar la hebilla[10] de su cinturón de caza.

---

[2]municiones

[3]*amer.:* camino estrecho

[4]un claro en el bosque (o sea, donde no hay árboles, en este caso espartillos)

[5]*adj.:* perteneciente a la caza

[6]lugar en Francia donde se fabrican escopetas

[7]encerró

[8]*poét.:* golpeaba

[9]tornillo de banco (para sujetar algo)

[10]pieza al extremo del cinturón para ajustarlo

45   Horribles cosas… Pero hoy, con el ardiente y vital día de verano, cuyo amor su hijo parece haber heredado, el padre se siente feliz, tranquilo y seguro del porvenir.

En ese instante, no muy lejos, suena un estampido.

—La Saint-Etienne… —piensa el padre al reconocer la detonación—. Dos palomas de menos en el monte…

50   Sin prestar más atención al nimio[11] acontecimiento, el hombre se abstrae de nuevo en su tarea.

El sol, ya muy alto, continúa ascendiendo. Adonde quiera que se mire —piedras, tierra, árboles— el aire, enrarecido como un horno, vibra con el calor. Un profundo zumbido[12] que llena el ser entero e impregna el ámbito hasta donde la vista alcanza, concentra a esa hora toda
55   la vida tropical.

El padre echa una ojeada a su muñeca: las doce. Y levanta los ojos al monte.

Su hijo debía estar ya de vuelta. En la mutua confianza que depositan el uno en el otro —el padre de sienes plateadas y la criatura de trece años— no se engañan jamás. Cuando su hijo responde: —Sí, papá, haré lo que dice. Dijo que volvería antes de las doce, y el padre ha sonreído
60   al verlo partir.

Y no ha vuelto.

El hombre torna a su quehacer, esforzándose en concentrar la atención en su tarea. ¡Es tan fácil, tan fácil perder la noción de la hora dentro del monte, y sentarse un rato en el suelo mientras se descansa inmóvil…

65   Bruscamente, la luz meridiana, el zumbido tropical y el corazón del padre se detienen a compás de lo que acaba de pensar: su hijo descansa inmóvil…

El tiempo ha pasado; son las doce y media. El padre sale de su taller, y al apoyar la mano en el banco de mecánica sube del fondo de su memoria el estallido de una bala de parabellum, e instantáneamente, por primera vez en las tres horas transcurridas, piensa que tras el estampido de
70   la Saint-Etienne no ha oído nada más. No ha oído rodar el pedregullo bajo un paso conocido. Su hijo no ha vuelto, y la naturaleza se halla detenida a la vera[13] del bosque, esperándolo…

¡Oh! No son suficientes un carácter templado y una ciega confianza en la educación de un hijo para ahuyentar[14] el espectro de la fatalidad que un padre de vista enferma ve alzarse desde la línea del monte. Distracción, olvido, demora fortuita: ninguno de estos nimios motivos que
75   pueden retardar la llegada de su hijo, hallan cabida en aquel corazón.

Un tiro, un solo tiro ha sonado, y hace ya mucho. Tras él el padre no ha oído un ruido, no ha visto un pájaro, no ha cruzado el abra una sola persona a anunciarle que al cruzar un alambrado, una gran desgracia…

La cabeza al aire y sin machete, el padre va. Corta el abra de espartillo, entra en el monte,
80   costea la línea de cactus sin hallar el menor rastro de su hijo.

Pero la naturaleza prosigue detenida. Y cuando el padre ha recorrido las sendas de caza conocidas y ha explorado el bañado en vano, adquiere la seguridad de que cada paso que da en adelante lo lleva, fatal e inexorablemente, al cadáver de su hijo.

Ni un reproche que hacerse, es lamentable. Sólo la realidad fría, terrible y consumada: Ha
85   muerto su hijo al cruzar un…

¡Pero dónde, en qué parte! ¡Hay tantos alambrados allí, y es tan tan sucio el monte!… ¡Oh, muy sucio!… Por poco que no se tenga cuidado al cruzar los hilos con la escopeta en la mano…

El padre sofoca un grito. Ha visto levantarse en el aire… ¡Oh, no es su hijo, no!… Y vuelve a otro lado, y a otro y a otro…

---

[11]insignificante
[12]sonido sordo
[13]orilla
[14]hacer huir, apartar de su mente

Nada se ganaría con ver el color de su tez y la angustia de sus ojos. Ese hombre aún no   90
ha llamado a su hijo. Aunque su corazón clama por él a gritos, su boca continúa muda. Sabe
bien que el solo acto de pronunciar su nombre, de llamarlo en voz alta, será la confesión de su
muerte…

—¡Chiquito! —se le escapa de pronto.

Y si la voz de un hombre de carácter es capaz de llorar, tapémonos de misericordia los oídos   95
ante la angustia que clama en aquella voz.

Nadie ni nada ha respondido. Por las picadas rojas de sol, envejecido en diez años, va el padre
buscando a su hijo que acaba de morir.

—¡Hijito mío!… ¡Chiquito mío!… —clama en un diminutivo que se alza del fondo de sus
entrañas.   100

Ya antes, en plena dicha y paz, ese padre ha sufrido la alucinación de su hijo rodando con la
frente abierta por una bala al cromo níquel. Ahora, en cada rincón sombrío del bosque ve cen-
telleos de alambre; y al pie de un poste, con la escopeta descargada al lado, ve a su…

—¡Chiquito!… ¡Mi hijo!…

Las fuerzas que permiten entregar un pobre padre alucinado a la más atroz pesadilla tienen   105
también un límite. Y el nuestro siente que las suyas se le escapan, cuando ve bruscamente
desembocar de un pique[15] lateral a su hijo.

A un chico de trece años bástale ver desde cincuenta metros la expresión de su padre sin
machete dentro del monte, para apresurar el paso con los ojos húmedos.

—Chiquito… —murmura el hombre.   110

Y, exhausto, se deja caer sentado en la arena albeante,[16] rodeando con los brazos las piernas
de su hijo.

La criatura, así ceñida, queda de pie; y como comprende el dolor de su padre, le acaricia
despacio la cabeza:

—Pobre papá…   115

En fin, el tiempo ha pasado. Ya van a ser las tres. Juntos, ahora, padre e hijo emprenden el
regreso a la casa.

—¿Cómo no te fijaste en el sol para saber la hora?… —murmura aún el primero.

—Me fijé, papá… Pero cuando iba a volver vi las garzas de Juan y las seguí…

—¡Lo que me has hecho pasar, chiquito!…   120

—Piapiá… —murmura también el chico

Después de un largo silencio:

—Y las garzas, ¿las mataste? —pregunta el padre.

—No…

---

[15]*amer.*: camino pequeño
[16]blanca

125   Nimio detalle, después de todo. Bajo el cielo y el aire candentes, a la descubierta por el abra de espartillo, el hombre vuelve a casa con su hijo, sobre cuyos hombros, casi del alto de los suyos, lleva pasado su feliz brazo de padre. Regresa empapado de sudor, y aunque quebrantado de cuerpo y alma, sonríe de felicidad…

       Sonríe de alucinada felicidad… Pues ese padre va solo. A nadie ha encontrado, y su brazo
130   se apoya en el vacío. Porque tras él, al pie de un poste y con las piernas en alto, enredadas en el alambre de púa, su hijo bien amado yace al sol, muerto desde las diez de la mañana.

Comprensión

1. ¿Cómo reacciona el padre al enterarse de que su hijo va de caza?
   - ¿Por qué no está demasiado preocupado?
2. ¿Qué relación hay entre padre e hijo?
   - ¿Cómo lo ha educado?
   - ¿Por qué tienen una relación tan inseparable?
3. ¿Qué piensa el padre cuando oye el disparo de la escopeta?
   - ¿Qué es la primera premonición de que algo le ha pasado a su hijo?
4. ¿Qué le había pasado al hijo?
5. ¿Cómo reacciona el padre ante este suceso?

Interpretación

1. Caracteriza la voz narrativa de este relato.
2. ¿Cómo funciona el tiempo?
3. ¿Cómo indica el autor el estado psíquico de desesperación del padre mientras busca a su hijo?
4. ¿Cómo se describe el espacio en este relato? ¿Por qué es un trasfondo apropiado?
5. Hay mucha prefiguración de la muerte del hijo. Búscalas y comenta sobre ellas.
6. ¿Cómo explicarías la reacción del padre de no aceptar la muerte del hijo?
7. ¿Qué podría ser el propósito ideológico o la moraleja del relato?

Cultura, conexiones y comparaciones

1. Quiroga escribe a caballo entre el Naturalismo y el Modernismo, y sus relatos revelan esa transición. ¿Qué tiene este relato de Realismo y Naturalismo?
   - ¿Qué tiene de poético?
   - ¿Cómo funciona lo fantástico?
2. Quiroga fue un admirador de Edgar Allan Poe (1809-1849). De lo que has leído de Quiroga, ¿por qué le atraería tanto el escritor norteamericano?

3. Comenta en clase esta cita de Quiroga, y explica cómo se verifican sus palabras en "El hijo":

> Luché porque el cuento tuviera una sola línea, trazada por una sola mano sin temblor desde el principio al fin. Ningún obstáculo, ningún adorno o digresión debía acudir a aflojar la tensión de su hilo. El cuento era, para el fin que le es intrínseco, una flecha, que cuidadosamente apuntada, parte del arco para ir a dar directamente en el blanco. Cuantas mariposas trataran de posarse sobre ella para adornar su vuelo, no conseguirían sino entorpecerlo…

4. Desde un punto de vista psíquico, ¿son las acciones del padre al final razonable, o es que sufre de alucinaciones o de locura? Entabla una discusión de estas preguntas en clase.

5. Compara el amor de este padre al de Pleberio en *La Celestina*, el de Bernarda Alba y el de los padres en "Las medias rojas" de Pardo Bazán, "¿No oyes ladrar los perros?" de Juan Rulfo y "La siesta del martes" de García Márquez.

Federico García Lorca, *La casa de Bernarda Alba*

Autor: Federico García Lorca (1898-1936)

Nacionalidad: Español

Datos biográficos: Además de poeta y dramaturgo, Lorca tocaba música y pintaba. Fue amigo de todos los poetas españoles de su época, y amigo íntimo del pintor Salvador Dalí. Los falangistas lo asesinaron en los primeros días de la Guerra Civil Española (1936-1939), lo cual despertó al mundo entero a las atrocidades que ocurrían en España.

Época y movimiento cultural: Poesía y teatro del siglo XX; Vanguardismo (Surrealismo)

Obras más conocidas: Poemarios: *Romancero gitano* (1928); Teatro: *Bodas de sangre* (1933), *Yerma* (1934), *La casa de Bernarda Alba* (1936)

Importancia literaria: Tuvo una capacidad extraordinaria de captar la esencia del mundo gitano-andaluz. Adaptó con éxito la forma antigua del romance. Fue un gran practicante del teatro poético. Es posiblemente el autor español más reconocido mundialmente del siglo XX.

La literatura y la vida

1. ¿Qué harías tú si tus padres no te dejaran salir por varios meses de casa para estar con tus amigos?

2. ¿Conoces a alguien a quien le gusta controlar a todo el mundo? Explica.

3. Si tienes una hermana o un hermano, ¿te llevas bien con ellos? ¿Cuáles pueden ser las causas por las tensiones entre hermanos en una familia?

En contexto

Hay varias costumbres que se han observado por tiempo en la cultura hispánica, aunque hoy día han cambiado mucho de forma. Aún así, se siguen practicando estas costumbres tradicionales en algunos pueblos de España e Hispanoamérica: Las familias guardan el luto durante siete años después de la muerte de un familiar cercano. Durante este período, todos se visten de negro. La hija mayor debe casarse antes de que puedan casarse las más jóvenes. Los novios se cortejan desde los balcones, cuyas rejas permiten hablar pero poco más. Las mujeres de la familia preparan el ajuar de la novia, haciendo ropa de cama y mantelería que bordan a mano.

La casa de Bernarda Alba (1936)

Acto I

PERSONAJES

BERNARDA (60 años)	ADELA (hija de Bernarda, 20 años)
MARÍA JOSEFA (madre de Bernarda, 80 años)	LA PONCIA (criada, 60 años)
CRIADA (50 años)	
ANGUSTIAS (hija de Bernarda, 39 años)	PRUDENCIA (50 años)
	MENDIGA
MAGDALENA (hija de Bernarda, 30 años)	MUJER 1.ª
	MUJER 2.ª
AMELIA (hija de Bernarda, 27 años)	MUJER 3.ª
MARTIRIO (hija de Bernarda, 24 años)	MUJER 4.ª
	MUCHACHA

MUJERES DE LUTO

El poeta advierte que estos tres actos tienen la intención de un documental fotográfico.

(Habitación blanquísima del interior de la casa de BERNARDA. *Muros gruesos. Puertas en arco con cortinas de yute rematadas con madroños y volantes. Sillas de anea.[1] Cuadros con paisajes inverosímiles de ninfas o reyes de leyenda. Es verano. Un gran silencio umbroso se extiende por la escena. Al levantarse*
5 *el telón está la escena sola. Se oyen doblar las campanas. Sale la* CRIADA.*)*
CRIADA. Ya tengo el doble de esas campanas metido entre las sienes.
LA PONCIA. *(Sale comiendo chorizo y pan.)* Llevan ya más de dos horas de gori-gori.[2] Han venido curas de todos los pueblos. La iglesia está hermosa. En el primer responso se desmayó la Magdalena.
10 CRIADA. Es la que se queda más sola.
LA PONCIA. Era la única que quería al padre. ¡Ay! ¡Gracias a Dios que estamos solas un poquito! Yo he venido a comer.
CRIADA. ¡Si te viera Bernarda!…
LA PONCIA. ¡Quisiera que ahora, como no come ella, que todas nos muriéramos de hambre!
15 ¡Mandona! ¡Dominanta! ¡Pero se fastidia! Le he abierto la orza[3] de chorizos.
CRIADA. *(Con tristeza, ansiosa.)* ¿Por qué no me das para mi niña, Poncia?
LA PONCIA. Entra y llévate también un puñado de garbanzos. ¡Hoy no se dará cuenta!
VOZ. *(Dentro.)* ¡Bernarda!
LA PONCIA. La vieja. ¿Está bien cerrada?

---

[1]planta cuyas hojas fuertes se emplean para hacer asientos de silla
[2]*fam.:* cantos lúgubres de misas solemnes
[3]vasija de barro

CRIADA. Con dos vueltas de llave.   20

LA PONCIA. Pero debes poner también la tranca. Tiene unos dedos como cinco ganzúas.[4]

VOZ. ¡Bernarda!

LA PONCIA. *(A voces.)* ¡Ya viene! *(A la* CRIADA.*)* Limpia bien todo. Si Bernarda no ve
relucientes las cosas me arrancará los pocos pelos que me quedan.

CRIADA. ¡Qué mujer!   25

LA PONCIA. Tirana de todos los que la rodean. Es capaz de sentarse encima de tu corazón y
ver cómo te mueres durante un año sin que se le cierre esa sonrisa fría que lleva en su
maldita cara. ¡Limpia, limpia ese vidriado!

CRIADA. Sangre en las manos tengo de fregarlo todo.

LA PONCIA. Ella, la más aseada; ella, la más decente; ella, la más alta. ¡Buen descanso ganó su   30
pobre marido!

(Cesan las campanas.)

CRIADA. ¿Han venido todos sus parientes?

LA PONCIA. Los de ella. La gente de él la odia. Vinieron a verlo muerto y le hicieron la cruz.

CRIADA. ¿Hay bastantes sillas?   35

LA PONCIA. Sobran. Que se sienten en el suelo. Desde que murió el padre de Bernarda no
han vuelto a entrar las gentes bajo estos techos. Ella no quiere que la vean en su dominio.
¡Maldita sea!

CRIADA. Contigo se portó bien.

LA PONCIA. Treinta años lavando sus sábanas; treinta años comiendo sus sobras; noches en vela   40
cuando tose; días enteros mirando por la rendija para espiar a los vecinos y llevarle el
cuento; vida sin secretos una con otra, y sin embargo, ¡maldita sea! ¡Mal dolor de clavo le
pinche en los ojos!

CRIADA. ¡Mujer!

LA PONCIA. Pero yo soy buena perra; ladro cuando me lo dicen y muerdo los talones de los   45
que piden limosna cuando ella me azuza;[5] mis hijos trabajan en sus tierras y ya están los dos
casados, pero un día me hartaré.

CRIADA. Y ese día…

LA PONCIA. Ese día me encerraré con ella en un cuarto y le estaré escupiendo un año entero.
"Bernarda, por esto, por aquello, por lo otro", hasta ponerla como un lagarto machacado   50
por los niños, que es lo que es ella y toda su parentela. Claro es que no le envidio la vida. La
quedan cinco mujeres, cinco hijas feas, que quitando Angustias, la mayor, que es la hija del
primer marido y tiene dineros, las demás, mucha puntilla bordada, muchas camisas de hilo,
pero pan y uvas por toda herencia.

CRIADA. ¡Ya quisiera tener yo lo que ellas!   55

LA PONCIA. Nosotras tenemos nuestras manos y un hoyo en la tierra de la verdad.

CRIADA. Esa es la única tierra que nos dejan a las que no tenemos nada.

LA PONCIA. *(En la alacena.)* Este cristal tiene unas motas.

CRIADA. Ni con jabón ni con bayeta[6] se le quitan.

(Suenan las campanas.)   60

LA PONCIA. El último responso. Me voy a oírlo. A mí me gusta mucho como canta el
párroco. En el "Pater Noster" subió, subió la voz que parecía un cántaro de agua llenándose
poco a poco; claro es que al final dio un gallo[7] pero da gloria oírlo. Ahora que nadie como
el antiguo sacristán Tronchapinos. En la misa de mi madre, que esté en gloria, cantó.
Retumbaban las paredes, y cuando decía Amén era como si un lobo hubiese entrado en la   65
iglesia. *(Imitándolo.)* ¡Améééén! *(Se echa a toser.)*

---

[4]herramientas para abrir cerraduras cuando faltan llaves
[5]incita
[6]trapo para la limpieza
[7]nota chillona que a veces sale sin querer al cantar

CRIADA. Te vas a hacer el gaznate[8] polvo.

LA PONCIA. ¡Otra cosa hacía polvo yo! *(Sale riendo.)*

(La CRIADA limpia. Suenan las campanas.)

70   CRIADA. *(Llevando el canto.)*

Tin, tin, tan. Tin, tin, tan. ¡Dios lo haya perdonado!

MENDIGA. *(Con una niña.)* ¡Alabado sea Dios!

CRIADA. Tin, tin, tan. ¡Que nos espere muchos años! Tin, tin, tan.

MENDIGA. *(Fuerte y con cierta irritación.)* ¡Alabado sea Dios!

75   CRIADA. *(Irritada.)* ¡Por siempre!

MENDIGA. Vengo por las sobras.

(Cesan las campanas.)

CRIADA. Por la puerta se va a la calle. Las sobras de hoy son para mí.

MENDIGA. Mujer, tú tienes quien te gane. ¡Mi niña y yo estamos solas!

80   CRIADA. También están solos los perros y viven.

MENDIGA. Siempre me las dan.

CRIADA. Fuera de aquí. ¿Quién os dijo que entraseis? Ya me habéis dejado los pies señalados.
(Se van. Limpia.) Suelos barnizados con aceite, alacenas, pedestales, camas de acero, para que
traguemos quina las que vivimos en las chozas de tierra con un plato y una cuchara. Ojalá

85   que un día no quedáramos ni uno para contarlo. *(Vuelven a sonar las campanas.)* Sí, sí, ¡vengan
clamores! ¡Venga caja con filos dorados y toalla para llevarla! ¡Que lo mismo estarás tú que
estaré yo! Fastídiate, Antonio María Benavides, tieso con tu traje de paño y tus botas
enterizas.[9] ¡Fastídiate! ¡Ya no volverás a levantarme las enaguas detrás de la puerta de tu
corral! *(Por el fondo, de dos en dos, empiezan a entrar* MUJERES DE LUTO, *con pañuelos grandes,*

90   *faldas y abanicos negros. Entran lentamente hasta llenar la escena. La* CRIADA, *rompiendo a gritar.)*
¡Ay Antonio María Benavides, que ya no verás estas paredes ni comerás el pan de esta casa!
Yo fui la que más te quiso de las que te sirvieron. *(Tirándose del cabello.)* ¿Y he de vivir yo
después de haberte marchado? ¿Y he de vivir?

(Terminan de entrar las doscientas MUJERES *y aparece* BERNARDA *y sus cinco* HIJAS.*)*

95   BERNARDA. *(A la* CRIADA.*)* ¡Silencio!

CRIADA. *(Llorando.)* ¡Bernarda!

BERNARDA. Menos gritos y más obras. Debías haber procurado que todo esto estuviera más
limpio para recibir al duelo. Vete. No es este tu lugar. *(La* CRIADA *se va llorando.)* Los pobres
son como los animales; parece como si estuvieran hechos de otras sustancias.

100 MUJER 1.ª Los pobres sienten también sus penas.

BERNARDA. Pero las olvidan delante de un plato de garbanzos.

MUCHACHA. *(Con timidez.)* Comer es necesario para vivir.

BERNARDA. A tu edad no se habla delante de las personas mayores.

MUJER 1.ª Niña, cállate.

105 BERNARDA. No he dejado que nadie me dé lecciones. Sentarse. *(Se sientan. Pausa. Fuerte.)*
Magdalena, no llores; si quieres llorar te metes debajo de la cama. ¿Me has oído?

MUJER 2.ª *(A* BERNARDA.*)* ¿Habéis empezado los trabajos en la era?

BERNARDA. Ayer.

MUJER 3.ª Cae el sol como plomo.

110 MUJER 1.ª Hace años no he conocido calor igual.

(Pausa. Se abanican todas.)

BERNARDA. ¿Está hecha la limonada?

LA PONCIA. Sí, Bernarda. *(Sale con una gran bandeja llena de jarritas blancas, que distribuye.)*

BERNARDA. Dale a los hombres.

115 LA PONCIA. Ya están tomando en el patio.

---

[8] *fam.:* parte de la garganta donde están las cuerdas vocales
[9] altas

BERNARDA. Que salgan por donde han entrado. No quiero que pasen por aquí.

MUCHACHA. *(A* ANGUSTIAS.*)* Pepe el Romano estaba con los hombres del duelo.

ANGUSTIAS. Allí estaba.

BERNARDA. Estaba su madre. Ella ha visto a su madre. A Pepe no lo ha visto ella ni yo.

MUCHACHA. Me pareció…   120

BERNARDA. Quien sí estaba era el viudo de Darajalí. Muy cerca de tu tía. A ese lo vimos todas.

MUJER 2.ª *(Aparte, en voz baja.)* ¡Mala, más que mala!

MUJER 3.ª *(Lo mismo.)* ¡Lengua de cuchillo!

BERNARDA. Las mujeres en la iglesia no deben de mirar más hombre que al oficiante, y ese   125
porque tiene faldas. Volver la cabeza es buscar el calor de la pana.

MUJER 1.ª *(En voz baja.)* ¡Vieja lagarta recocida![10]

LA PONCIA. *(Entre dientes.)* ¡Sarmentosa[11] por calentura de varón!

BERNARDA. ¡Alabado sea Dios!

TODAS. *(Santiguándose.)* Sea por siempre bendito y alabado.   130

BERNARDA. ¡Descansa en paz con la santa
compaña de cabecera!

TODAS. ¡Descansa en paz!

BERNARDA. Con el ángel San Miguel
y su espada justiciera.   135

TODAS. ¡Descansa en paz!

BERNARDA. Con la llave que todo lo abre
y la mano que todo lo cierra.

TODAS. ¡Descansa en paz!

BERNARDA. Con los bienaventurados   140
y las lucecitas del campo.

TODAS. ¡Descansa en paz!

BERNARDA. Con nuestra santa caridad
y las almas de tierra y mar.

TODAS. ¡Descansa en paz!   145

BERNARDA. Concede el reposo a tu siervo Antonio María Benavides y dale la corona de tu
santa gloria.

TODAS. Amén.

BERNARDA. *(Se pone en pie y canta.)* "Requiem aeternam donat eis Domine."[12]

TODAS. *(De pie y cantando al modo gregoriano.)* "Et lux perpetua luceat eis."[13] *(Se santiguan.)*   150

MUJER 1.ª Salud para rogar por su alma. *(Van desfilando.)*

MUJER 3.ª No te faltará la hogaza de pan caliente.

MUJER 2.ª Ni el techo para tus hijas. *(Van desfilando todas por delante de* BERNARDA *y saliendo.)*
(Sale ANGUSTIAS *por otra puerta que da al patio.)*

MUJER 4.ª El mismo trigo de tu casamiento lo sigas disfrutando.   155

LA PONCIA. *(Entrando con una bolsa.)* De parte de los hombres esta bolsa de dineros para
responsos.

BERNARDA. Dales las gracias y échales una copa de aguardiente.

MUCHACHA. *(A* MAGDALENA.*)* Magdalena…

BERNARDA. *(A* MAGDALENA, *que inicia el llanto.)* Chiss. *(Salen todas. A las que se han ido.)* ¡Andar   160
a vuestras casas a criticar todo lo que habéis visto! ¡Ojalá tardéis muchos años en pasar el
arco de mi puerta!

LA PONCIA. No tendrás queja ninguna. Ha venido todo el pueblo.

---

[10]*fig.:* con mucha experiencia

[11]vituperio popular sin sentido claro

[12]*lat.:* "Dale, Señor, el descanso eterno".

[13]*lat.:* "Y la luz perpetua les brille".

BERNARDA. Sí; para llenar mi casa con el sudor de sus refajos y el veneno de sus lenguas.

165 AMELIA. ¡Madre, no hable usted así!

BERNARDA. Es así como se tiene que hablar en este maldito pueblo sin río, pueblo de pozos, donde siempre se bebe el agua con el miedo de que esté envenenada.

LA PONCIA. ¡Cómo han puesto la solería![14]

BERNARDA. Igual que si hubiese pasado por ella una manada de cabras. *(La* PONCIA *limpia el*

170 *suelo.)* Niña, dame el abanico.

ADELA. Tome usted. *(Le da un abanico redondo con flores rojas y verdes.)*

BERNARDA. *(Arrojando el abanico al suelo.)* ¿Es éste el abanico que se da a una viuda? Dame uno negro y aprende a respetar el luto de tu padre.

MARTIRIO. Tome usted el mío.

175 BERNARDA. ¿Y tú?

MARTIRIO. Yo no tengo calor.

BERNARDA. Pues busca otro, que te hará falta. En ocho años que dure el luto no ha de entrar en esta casa el viento de la calle. Hacemos cuenta que hemos tapiado con ladrillos puertas y ventanas. Así pasó en casa de mi padre y en casa de mi abuelo. Mientras, podéis empezar a

180 bordar el ajuar.[15] En el arca tengo veinte piezas de hilo con el que podréis cortar sábanas y embozos. Magdalena puede bordarlas.

MAGDALENA. Lo mismo me da.

ADELA. *(Agria.)* Si no quieres bordarlas, irán sin bordados. Así las tuyas lucirán más.

MAGDALENA. Ni las mías ni las vuestras. Sé que yo no me voy a casar. Prefiero llevar sacos al

185 molino. Todo menos estar sentada días y días dentro de esta sala oscura.

BERNARDA. Eso tiene ser mujer.

MAGDALENA. Malditas sean las mujeres.

BERNARDA. Aquí se hace lo que yo mando. Ya no puedes ir con el cuento a tu padre. Hilo y aguja para las hembras. Látigo y mula para el varón. Eso tiene la gente que nace con posibles.

190 *(Sale* ADELA.*)*

VOZ. ¡Bernarda! ¡Déjame salir!

BERNARDA. *(En voz alta.)* ¡Dejadla ya!

(Sale la CRIADA.*)*

CRIADA. Me ha costado mucho sujetarla. A pesar de sus ochenta años, tu madre es fuerte

195 como un roble.

BERNARDA. Tiene a quién parecerse. Mi abuelo fue igual.

CRIADA. Tuve durante el duelo que taparle varias veces la boca con un costal[16] vacío porque quería llamarte para que le dieras agua de fregar siquiera para beber, y carne de perro, que es lo que ella dice que tú le das.

200 MARTIRIO. ¡Tiene mala intención!

BERNARDA. *(A la* CRIADA.*)* Dejadla que se desahogue en el patio.

CRIADA. Ha sacado del cofre sus anillos y los pendientes de amatista; se los ha puesto, y me ha dicho que se quiere casar.

(Las HIJAS *ríen.)*

205 BERNARDA. Ve con ella y ten cuidado que no se acerque al pozo.

CRIADA. No tengas miedo que se tire.

BERNARDA. No es por eso…Pero desde aquel sitio las vecinas pueden verla desde su ventana.

(Sale la CRIADA*)*

MARTIRIO. Nos vamos a cambiar de ropa.

210 BERNARDA. Sí, pero no el pañuelo de la cabeza. *(Entra* ADELA.*)* ¿Y Angustias?

---

[14] suelo de baldosas

[15] conjunto de alhajas y prendas que aporta la mujer al matrimonio (incluye ropa de cama y manteles bordados)

[16] saco de tela

ADELA. *(Con intención.)* La he visto asomada a las rendijas del portón. Los hombres se acaban de ir.

BERNARDA. ¿Y tú a qué fuiste también al portón?

ADELA. Me llegué a ver si habían puesto las gallinas.

BERNARDA. ¡Pero el duelo de los hombres habría salido ya!   215

ADELA. *(Con intención.)* Todavía estaba un grupo parado por fuera.

BERNARDA. *(Furiosa.)* ¡Angustias! ¡Angustias!

ANGUSTIAS. *(Entrando.)* ¿Qué manda usted?

BERNARDA. ¿Qué mirabas y a quién?

ANGUSTIAS. A nadie.   220

BERNARDA. ¿Es decente que una mujer de tu clase vaya con el anzuelo detrás de un hombre el día de la misa de su padre? ¡Contesta! ¿A quién mirabas?

(Pausa.)

ANGUSTIAS. Yo…

BERNARDA. ¡Tú!   225

ANGUSTIAS. ¡A nadie!

BERNARDA. *(Avanzando y golpeándola.)* ¡Suave! ¡Dulzarrona![17]

LA PONCIA. *(Corriendo.)* ¡Bernarda, cálmate! *(La sujeta.)*

(ANGUSTIAS llora.)

BERNARDA. ¡Fuera de aquí todas! *(Salen.)*   230

LA PONCIA. Ella lo ha hecho sin dar alcance a lo que hacía, que está francamente mal. Ya me chocó a mí verla escabullirse hacia el patio. Luego estuvo detrás de una ventana oyendo la conversación que traían los hombres, que, como siempre, no se puede oír.

BERNARDA. A eso vienen a los duelos. *(Con curiosidad.)* ¿De qué hablaban?

LA PONCIA. Hablaban de Paca la Roseta. Anoche ataron a su marido a un pesebre[18] y a ella se   235 la llevaron en la grupa[19] del caballo hasta lo alto del olivar.

BERNARDA. ¿Y ella?

LA PONCIA. Ella, tan conforme. Dicen que iba con los pechos fuera y Maximiliano la llevaba cogida como si tocara la guitarra. ¡Un horror!

BERNARDA. ¿Y qué pasó?   240

LA PONCIA. Lo que tenía que pasar. Volvieron casi de día. Paca la Roseta traía el pelo suelto y una corona de flores en la cabeza.

BERNARDA. Es la única mujer mala que tenemos en el pueblo.

LA PONCIA. Porque no es de aquí. Es de muy lejos. Y los que fueron con ella son también hijos de forasteros. Los hombres de aquí no son capaces de eso.   245

BERNARDA. No; pero les gusta verlo y comentarlo y se chupan los dedos de que esto ocurra.

LA PONCIA. Contaban muchas cosas más.

BERNARDA. *(Mirando a un lado y otro con cierto temor.)* ¿Cuáles?

LA PONCIA. Me da vergüenza referirlas.

BERNARDA. ¿Y mi hija las oyó?   250

LA PONCIA. ¡Claro!

BERNARDA. Esa sale a sus tías; blancas y untuosas[20] y que ponían los ojos de carnero al piropo de cualquier barberillo. ¡Cuánto hay que sufrir y luchar para hacer que las personas sean decentes y no tiren al monte[21] demasiado!

LA PONCIA. ¡Es que tus hijas están ya en edad de merecer![22] Demasiado poca guerra te dan.   255 Angustias ya debe tener mucho más de los treinta.

---

[17]apelativo claramente despectivo
[18]cajón de madera donde comen los animales
[19]parte trasera del lomo
[20]con interés a los hombres
[21]dejarse llevar por instintos salvajes
[22]*elipsis:* de merecer marido

BERNARDA. Treinta y nueve justos.

LA PONCIA. Figúrate. Y no ha tenido nunca novio…

BERNARDA. *(Furiosa.)* ¡No ha tenido novio ninguna ni les hace falta! Pueden pasarse muy bien.

260 LA PONCIA. No he querido ofenderte.

BERNARDA. No hay en cien leguas a la redonda quien se pueda acercar a ellas. Los hombres de aquí no son de su clase. ¿Es que quieres que las entregue a cualquier gañán?[23]

LA PONCIA. Debías haberte ido a otro pueblo.

BERNARDA. Eso. ¡A venderlas!

265 LA PONCIA. No, Bernarda, a cambiar…Claro que en otros sitios ellas resultan las pobres.

BERNARDA. ¡Calla esa lengua atormentadora!

LA PONCIA. Contigo no se puede hablar. ¿Tenemos o no tenemos confianza?

BERNARDA. No tenemos. Me sirves y te pago. ¡Nada más!

CRIADA. *(Entrando.)* Ahí está don Arturo, que viene a arreglar las particiones.

270 BERNARDA. Vamos. *(A la* CRIADA.*)* Tú empieza a blanquear el patio. *(A* LA PONCIA.*)* Y tú ve guardando en el arca grande toda la ropa del muerto.

LA PONCIA. Algunas cosas las podíamos dar.

BERNARDA. Nada, ¡ni un botón! Ni el pañuelo con que le hemos tapado la cara. *(Sale lentamente y al salir vuelve la cabeza y mira a sus* CRIADAS.*)*

275 *(Las* CRIADAS *salen después. Entran* AMELIA *y* MARTIRIO.*)*

AMELIA. ¿Has tomado la medicina?

MARTIRIO. ¡Para lo que me va a servir!

AMELIA. Pero la has tomado.

MARTIRIO. Yo hago las cosas sin fe, pero como un reloj.

280 AMELIA. Desde que vino el médico nuevo estás más animada.

MARTIRIO. Yo me siento lo mismo.

AMELIA. ¿Te fijaste? Adelaida no estuvo en el duelo.

MARTIRIO. Ya lo sabía. Su novio no la deja salir ni al tranco de la calle. Antes era alegre: ahora ni polvos se echa en la cara.

285 AMELIA. Ya no sabe una si es mejor tener novio o no.

MARTIRIO. Es lo mismo.

AMELIA. De todo tiene la culpa esta crítica que no nos deja vivir. Adelaida habrá pasado mal rato.

MARTIRIO. Le tiene miedo a nuestra madre. Es la única que conoce la historia de su padre y el origen de sus tierras. Siempre que viene le tira puñaladas en el asunto. Su padre mató en Cuba al marido de su primera mujer para casarse con ella, luego aquí la abandonó y se fue con otra que tenía una hija y luego tuvo relaciones con esta muchacha, la madre de Adelaida, y se casó con ella después de haber muerto loca la segunda mujer.

AMELIA. Y ese infame, ¿por qué no está en la cárcel?

295 MARTIRIO. Porque los hombres se tapan unos a otros las cosas de esta índole y nadie es capaz de delatar.[24]

AMELIA. Pero Adelaida no tiene culpa de esto.

MARTIRIO. No. Pero las cosas se repiten. Y veo que todo es una terrible repetición. Y ella tiene el mismo sino de su madre y de su abuela, mujeres las dos del que la engendró.

300 AMELIA. ¡Qué cosa más grande!

MARTIRIO. Es preferible no ver a un hombre nunca. Desde niña les tuve miedo. Los veía en el corral uncir[25] los bueyes y levantar los costales de trigo entre voces y zapatazos y siempre tuve miedo de crecer por temor de encontrarme de pronto abrazada por ellos. Dios me ha hecho débil y fea y los ha apartado definitivamente de mí.

---

[23]campesino fuerte y tosco

[24]denunciar a uno a las autoridades

[25]atar

AMELIA. ¡Eso no digas! Enrique Humanes estuvo detrás de ti y le gustabas. 305

MARTIRIO. ¡Invenciones de la gente! Una vez estuve en camisa detrás de la ventana hasta que fue de día porque me avisó con la hija de su gañán que iba a venir y no vino. Fue todo cosa de lenguas. Luego se casó con otra que tenía más que yo.

AMELIA. ¡Y fea como un demonio!

MARTIRIO. ¡Qué les importa a ellos la fealdad! A ellos les importa la tierra, las yuntas, y una 310
perra sumisa que les dé de comer.

AMELIA. ¡Ay! *(Entra* MAGDALENA.*)*

MAGDALENA. ¿Qué hacéis?

MARTIRIO. Aquí.

AMELIA. ¿Y tú? 315

MAGDALENA. Vengo de correr las cámaras.[26] Por andar un poco. De ver los cuadros bordados de cañamazo[27] de nuestra abuela, el perrito de lanas y el negro luchando con el león, que tanto nos gustaba de niñas. Aquella era una época más alegre. Una boda duraba diez días y no se usaban las malas lenguas. Hoy hay más finura, las novias se ponen de velo blanco como en las poblaciones y se bebe vino de botella, pero nos pudrimos por el qué dirán. 320

MARTIRIO. ¡Sabe Dios lo que entonces pasaría!

AMELIA. *(A* MAGDALENA.*)* Llevas desabrochados los cordones de un zapato.

MAGDALENA. ¡Qué más da![28]

AMELIA. Te los vas a pisar y te vas a caer.

MAGDALENA. ¡Una menos! 325

MARTIRIO. ¿Y Adela?

MAGDALENA. ¡Ah! Se ha puesto el traje verde que se hizo para estrenar el día de su cumpleaños, se ha ido al corral, y ha comenzado a voces: "¡Gallinas! ¡Gallinas, miradme!" ¡Me he tenido que reír!

AMELIA. ¡Si la hubiera visto madre! 330

MAGDALENA. ¡Pobrecilla! Es la más joven de nosotras y tiene ilusión. Daría algo por verla feliz.

(Pausa. ANGUSTIAS *cruza la escena con unas toallas en la mano.)*

ANGUSTIAS. ¿Qué hora es?

MAGDALENA. Ya deben ser las doce.

ANGUSTIAS. ¿Tanto? 335

AMELIA. Estarán al caer.[29]

(Sale ANGUSTIAS.*)*

MAGDALENA. *(Con intención.)* ¿Sabéis ya la cosa? *(Señalando a* ANGUSTIAS.*)*

AMELIA. No.

MAGDALENA. ¡Vamos! 340

MARTIRIO. No sé a qué cosa te refieres…

MAGDALENA. Mejor que yo lo sabéis las dos. Siempre cabeza con cabeza como dos ovejitas, pero sin desahogarse con nadie. ¡Lo de Pepe el Romano!

MARTIRIO. ¡Ah!

MAGDALENA. *(Remedándola.)* ¡Ah! Ya se comenta por el pueblo. Pepe el Romano viene a 345
casarse con Angustias. Anoche estuvo rondando la casa y creo que pronto va a mandar un emisario.[30]

MARTIRIO. Yo me alegro. Es buen mozo.

AMELIA. Yo también. Angustias tiene buenas condiciones.

MAGDALENA. Ninguna de las dos os alegráis. 350

---

[26]cuartos (aquí, andar por la casa)
[27]tela propicia para bordar
[28]*expresión:* "No importa"
[29]*léase:* Casi lo serán (las doce).
[30]Según las costumbres de la época, alguien que declare sus intenciones de casarse.

MARTIRIO. ¡Magdalena! ¡Mujer!

MAGDALENA. Si viniera por el tipo de Angustias, por Angustias como mujer, yo me alegraría; pero viene por el dinero. Aunque Angustias es nuestra hermana, aquí estamos en familia y reconocemos que está vieja, enfermiza, y que siempre ha sido la que ha tenido menos
355   méritos de todas nosotras. Porque si con veinte años parecía un palo vestido, ¡qué será ahora que tiene cuarenta!

MARTIRIO. No hables así. La suerte viene a quien menos la aguarda.

AMELIA. ¡Después de todo dice la verdad! ¡Angustias tiene todo el dinero de su padre, es la única rica de la casa y por eso ahora que nuestro padre ha muerto y ya se harán particiones
360   viene por ella!

MAGDALENA. Pepe el Romano tiene veinticinco años y es el mejor tipo de todos estos contornos. Lo natural sería que te pretendiera a ti, Amelia, o a nuestra Adela, que tiene veinte años, pero no que venga a buscar lo más oscuro de esta casa, a una mujer que, como su padre, habla con las narices.

365   MARTIRIO. ¡Puede que a él le guste!

MAGDALENA. ¡Nunca he podido resistir tu hipocresía!

MARTIRIO. ¡Dios me valga!

(Entra ADELA.)

MAGDALENA. ¿Te han visto ya las gallinas?

370   ADELA. ¿Y qué queríais que hiciera?

AMELIA. ¡Si te ve nuestra madre te arrastra del pelo!

ADELA. Tenía mucha ilusión con el vestido. Pensaba ponérmelo el día que vamos a comer sandías a la noria. No hubiera habido otro igual.

MARTIRIO. Es un vestido precioso.

375   ADELA. Y que me está muy bien. Es lo mejor que ha cortado Magdalena.

MAGDALENA. ¿Y las gallinas qué te han dicho?

ADELA. Regalarme unas cuantas pulgas que me han acribillado las piernas. *(Ríen.)*

MARTIRIO. Lo que puedes hacer es teñirlo de negro.

MAGDALENA. Lo mejor que puedes hacer es regalárselo a Angustias para la boda con Pepe el
380   Romano.

ADELA. *(Con emoción contenida.)* Pero Pepe el Romano…

AMELIA. ¿No lo has oído decir?

ADELA. No.

MAGDALENA. ¡Pues ya lo sabes!

385   ADELA. ¡Pero si no puede ser!

MAGDALENA. ¡El dinero lo puede todo!

ADELA. ¿Por eso ha salido detrás del duelo y estuvo mirando por el portón? *(Pausa.)* Y ese hombre es capaz de…

MAGDALENA. Es capaz de todo.

390   *(Pausa.)*

MARTIRIO. ¿Qué piensas, Adela?

ADELA. Pienso que este luto me ha cogido en la peor época de mi vida para pasarlo.

MAGDALENA. Ya te acostumbrarás.

ADELA. *(Rompiendo a llorar con ira.)* No me acostumbraré. Yo no puedo estar encerrada. No
395   quiero que se me pongan las carnes como a vosotras; no quiero perder mi blancura en estas habitaciones; mañana me pondré mi vestido verde y me echaré a pasear por la calle. ¡Yo quiero salir!

(Entra la CRIADA.)

MAGDALENA. *(Autoritaria.)* ¡Adela!

400   CRIADA. ¡La pobre! Cuánto ha sentido a su padre… *(Sale.)*

MARTIRIO. ¡Calla!

AMELIA. Lo que sea de una será de todas.

(ADELA *se calma.*)

MAGDALENA. Ha estado a punto de oírte la criada.

(Aparece la CRIADA.*)*   405

CRIADA. Pepe el Romano viene por lo alto de la calle.

(AMELIA, MARTIRIO y MAGDALENA *corren presurosas.*)

MAGDALENA. ¡Vamos a verlo! *(Salen rápidas.)*

CRIADA. *(A* ADELA.*)* ¿Tú no vas?

ADELA. No me importa.   410

CRIADA. Como dará la vuelta a la esquina, desde la ventana de tu cuarto se verá mejor. *(Sale.)*

*(*ADELA *queda en escena dudando; después de un instante se va también rápida hasta su habitación. Salen* BERNARDA *y* LA PONCIA.*)*

BERNARDA. ¡Malditas particiones![31]

LA PONCIA. ¡Cuánto dinero le queda a Angustias!   415

BERNARDA. Sí.

LA PONCIA. Y a las otras, bastante menos.

BERNARDA. Ya me lo has dicho tres veces y no te he querido replicar. Bastante menos, mucho menos. No me lo recuerdes más.

(Sale ANGUSTIAS *muy compuesta de cara.*)[32]   420

BERNARDA. ¡Angustias!

ANGUSTIAS. Madre.

BERNARDA. ¿Pero has tenido valor de echarte polvos en la cara? ¿Has tenido valor de lavarte la cara el día de la muerte de tu padre?

ANGUSTIAS. No era mi padre. El mío murió hace tiempo. ¿Es que ya no lo recuerda usted?   425

BERNARDA. Más debes a este hombre, padre de tus hermanas, que al tuyo. Gracias a este hombre tienes colmada tu fortuna.

ANGUSTIAS. ¡Eso lo teníamos que ver!

BERNARDA. Aunque fuera por decencia. ¡Por respeto!

ANGUSTIAS. Madre, déjeme usted salir.   430

BERNARDA. ¿Salir? Después de que te hayas quitado esos polvos de la cara. ¡Suavona! ¡Yeyo![33] ¡Espejo de tus tías! *(Le quita violentamente con un pañuelo los polvos.)* ¡Ahora, vete!

LA PONCIA. ¡Bernarda, no seas tan inquisitiva!

BERNARDA. Aunque mi madre esté loca, yo estoy en mis cinco sentidos y sé perfectamente lo que hago.   435

(Entran todas.)

MAGDALENA. ¿Qué pasa?

BERNARDA. No pasa nada.

MAGDALENA. *(A* ANGUSTIAS.*)* Si es que discuten por las particiones, tú que eres la más rica te puedes quedar con todo.   440

ANGUSTIAS. Guárdate la lengua en la madriguera.[34]

BERNARDA. *(Golpeando en el suelo.)* No os hagáis ilusiones de que vais a poder conmigo. ¡Hasta que salga de esta casa con los pies adelante mandaré en lo mío y en lo vuestro!

(Se oyen unas voces y entra en escena MARÍA JOSEFA. *La madre de* BERNARDA, *viejísima, ataviada con flores en la cabeza y en el pecho.*)   445

MARÍA JOSEFA. Bernarda, ¿dónde está mi mantilla? Nada de lo que tengo quiero que sea para vosotras. Ni mis anillos ni mi traje negro de moaré.[35] Porque ninguna de vosotras se va a casar. ¡Ninguna! Bernarda, dame mi gargantilla de perlas.

---

[31]reparto de una herencia

[32]maquillada

[33]insultos sin claro sentido

[34]cueva estrecha de animales; aquí, *fig.:* boca

[35]tela de seda

BERNARDA. (*A la* CRIADA.) ¿Por qué la habéis dejado entrar?

450   CRIADA. (*Temblando.*) ¡Se me escapó!

MARÍA JOSEFA. Me escapé porque me quiero casar, porque quiero casarme con un varón hermoso de la orilla del mar, ya que aquí los hombres huyen de las mujeres.

BERNARDA. ¡Calle usted, madre!

MARÍA JOSEFA. No, no me callo. No quiero ver a estas mujeres solteras rabiando por la boda,

455   haciéndose polvo[36] el corazón, y yo me quiero ir a mi pueblo. Bernarda, yo quiero un varón para casarme y para tener alegría.

BERNARDA. ¡Encerradla!

MARÍA JOSEFA. ¡Déjame salir, Bernarda!

(*La* CRIADA *coge a* MARÍA JOSEFA.)

460   BERNARDA. ¡Ayudarla vosotras! (*Todas arrastran a la vieja.*)

MARÍA JOSEFA. ¡Quiero irme de aquí! ¡Bernarda! ¡A casarme a la orilla del mar, a la orilla del mar!

(*Telón rápido.*)

Comprensión

1. ¿Qué dicen las criadas respecto a Bernarda Alba antes de que ella regrese de la misa?

2. ¿Qué se percata de las palabras y acciones de Bernarda cuando finalmente llega a casa?

3. Bernarda explica el luto riguroso que se ha de llevar en la casa. ¿Qué han de hacer las mujeres durante este tiempo?

4. ¿Cómo reacciona Magdalena ante el rigor del luto?
   • ¿Qué le dice la madre en las líneas 188–189 sobre los roles masculinos y femeninos?

5. ¿Por qué le pega Bernarda a Angustias en la línea 227?
   • ¿Con quién va a casarse Angustias?
   • ¿Por qué ha elegido a ella entre las hermanas?
   • ¿Qué opinan las hermanas del matrimonio?

6. ¿Qué le cuenta la Poncia a Bernarda sobre Paca la Roseta?
   • ¿Escucha Bernarda con atención?

7. ¿Quién sale al final de la escena? ¿De dónde sale? ¿De qué habla?

Interpretación

1. La escena de la conversación entre las criadas previa a la llegada de Bernarda sirve de introducción al espectador. Explica cómo.

2. ¿Qué efecto produce la escena de 200 mujeres abanicándose y repitiendo "Que descanse en paz"? Si tú fueras el director o directora de esta pieza, ¿cómo representarías esta escena: poéticamente o con realismo? Explica por qué.

3. ¿Cómo se lleva a cabo el discurso feminista en este acto?
   • Considera las palabras de Bernarda respecto a los roles de las mujeres y los hombres;
   • las palabras de Martirio en las líneas 301–304;

---

[36]destruyéndose

- la reacción de Adela sobre el luto en las líneas 294–297;
- la razón por la cual Adelaida no fue a la misa;
- las palabras de María Josefa al final.

4. Hay ejemplos de prefiguración en este acto. ¿Cuál podría ser el propósito de la reacción de Adela a la noticia que Pepe el Romano ha de casarse con Angustias (líneas 379–386)?

5. Lorca se vale del simbolismo. Trata de explicar qué significan:
   - las manchas que intenta quitar la criada a principios del acto;
   - el bastón de Bernarda;
   - el vestido verde que se pone Adela;
   - el encierro de María Josefa.

6. Se perfila muy bien las complejas relaciones interpersonales. ¿Qué dicen las mujeres que asisten al duelo respecto a Bernarda Alba? ¿Por qué la tratan cortésmente?
   - ¿Qué relación tienen Amelia y Martirio?
   - ¿Y Magdalena y Martirio?
   - ¿Y Bernarda con sus hijas?

Acto II

(*Habitación blanca del interior de la casa de* BERNARDA. *Las puertas de la izquierda dan a los dormitorios. Las* hijas *de* BERNARDA *están sentadas en sillas bajas cosiendo.* MAGDALENA *borda. Con ellas está* LA PONCIA.)

ANGUSTIAS. Ya he cortado la tercera sábana.

MARTIRIO. Le corresponde a Amelia. 5

MAGDALENA. Angustias. ¿Pongo también las iniciales de Pepe?

ANGUSTIAS. *(Seca.)* No.

MAGDALENA. *(A voces.)* Adela, ¿no vienes?

AMELIA. Estará echada en la cama.

LA PONCIA. Esta tiene algo. La encuentro sin sosiego, temblona, asustada, como si tuviese una 10 lagartija entre los pechos.

MARTIRIO. No tiene ni más ni menos que lo que tenemos todas.

MAGDALENA. Todas, menos Angustias.

ANGUSTIAS. Yo me encuentro bien, y al que le duela, que reviente.

MAGDALENA. Desde luego hay que reconocer que lo mejor que has tenido siempre es el talle 15 y la delicadeza.

ANGUSTIAS. A fortunadamente, pronto voy a salir de este infierno.

MAGDALENA. ¡A lo mejor no sales!

MARTIRIO. Dejar esa conversación.

ANGUSTIAS. Y, además, ¡más vale onza en el arca que ojos negros en la cara! 20

MAGDALENA. Por un oído me entra y por otro me sale.

AMELIA. *(A* LA PONCIA.*)* Abre la puerta del patio a ver si nos entra un poco de fresco. *(La* CRIADA *lo hace.)*

MARTIRIO. Esta noche pasada no me podía quedar dormida por el calor.

AMELIA. Yo tampoco. 25

MAGDALENA. Yo me levanté a refrescarme. Había un nublo negro de tormenta y hasta cayeron algunas gotas.

LA PONCIA. Era la una de la madrugada y subía fuego de la tierra. También me levanté yo. Todavía estaba Angustias con Pepe en la ventana.

30   MAGDALENA. *(Con ironía.)* ¿Tan tarde? ¿A qué hora se fue?

ANGUSTIAS. Magdalena, ¿a qué preguntas, si lo viste?

AMELIA. Se iría a eso de la una y media.

ANGUSTIAS. ¿Sí? ¿Tú por qué lo sabes?

AMELIA. Lo sentí toser y oí los pasos de su jaca.

35   LA PONCIA. Pero si yo lo sentí marchar a eso de las cuatro.

ANGUSTIAS. No sería él.

LA PONCIA. Estoy segura.

AMELIA. A mí también me pareció.

MAGDALENA. ¡Qué cosa más rara!

40   *(Pausa.)*

LA PONCIA. Oye, Angustias: ¿qué fue lo que te dijo la primera vez que se acercó a tu ventana?

ANGUSTIAS. Nada. ¡Qué me iba a decir! Cosas de conversación.

MARTIRIO. Verdaderamente es raro que dos personas que no se conocen se vean de pronto en una reja y ya novios.

45   ANGUSTIAS. Pues a mí no me chocó.

AMELIA. A mí me daría no sé qué.

ANGUSTIAS. No, porque cuando un hombre se acerca a una reja ya sabe por los que van y vienen, llevan y traen, que se le va a decir que sí.

MARTIRIO. Bueno; pero él te lo tendría que decir.

50   ANGUSTIAS. ¡Claro!

AMELIA. *(Curiosa.)* ¿Y cómo te lo dijo?

ANGUSTIAS. Pues nada: "Ya sabes que ando detrás de ti, necesito una mujer buena, modosa,[37] y esa eres tú si me das la conformidad."

AMELIA. ¡A mí me da vergüenza de estas cosas!

55   ANGUSTIAS. Y a mí, pero hay que pasarlas.

LA PONCIA. ¿Y habló más?

ANGUSTIAS. Sí, siempre habló él.

MARTIRIO. ¿Y tú?

ANGUSTIAS. Yo no hubiera podido. Casi se me salió el corazón por la boca. Era la primera vez
60   que estaba sola de noche con un hombre.

MAGDALENA. Y un hombre tan guapo.

ANGUSTIAS. No tiene mal tipo.

LA PONCIA. Esas cosas pasan entre personas ya un poco instruidas que hablan y dicen y mueven la mano… La primera vez que mi marido Evaristo el Colín vino a mi ventana…
65   Ja, ja, ja.

AMELIA. ¿Qué pasó?

LA PONCIA. Era muy oscuro. Lo vi acercarse y al llegar me dijo: "Buenas noches". "Buenas noches", le dije yo, y nos quedamos callados más de media hora. Me corría el sudor por todo el cuerpo. Entonces Evaristo se acercó, se acercó que se quería meter por los hierros, y
70   dijo con voz muy baja: "¡Ven que te tiente!" *(Ríen todas.)*

(AMELIA se levanta corriendo y espía por una puerta.)

AMELIA. ¡Ay!, creí que llegaba nuestra madre.

MAGDALENA. ¡Buenas nos hubiera puesto! *(Siguen riendo.)*

AMELIA. Chissss…¡Que nos van a oír!

75   LA PONCIA. Luego se portó bien. En vez de darle por otra cosa le dio por criar colorines[38] hasta que se murió. A vosotras que sois solteras, os conviene saber de todos modos que el

---

[37]de buenos modales

[38]jilgueros (especie de pájaros)

hombre, a los quince días de boda, deja la cama por la mesa y luego la mesa por la taberni-
lla, y la que no se conforma se pudre llorando en un rincón.

AMELIA. Tú te conformaste.

LA PONCIA. ¡Yo pude con él!   80

MARTIRIO. ¿Es verdad que le pegaste algunas veces?

LA PONCIA. Sí, y por poco si le dejo tuerto.

MAGDALENA. ¡Así debían ser todas las mujeres!

LA PONCIA. Yo tengo la escuela de tu madre. Un día me dijo no sé qué cosa y le maté todos
los colorines con la mano del almirez.[39] *(Ríen.)*   85

MAGDALENA. Adela, niña, no te pierdas esto.

AMELIA. Adela.

(Pausa.)

MAGDALENA. Voy a ver. *(Entra.)*

LA PONCIA. Esa niña está mala.   90

MARTIRIO. Claro, no duerme apenas.

LA PONCIA. ¿Pues qué hace?

MARTIRIO. ¡Yo qué sé lo que hace!

LA PONCIA. Mejor lo sabrás tú que yo, que duermes pared por medio.

ANGUSTIAS. La envidia la come.   95

AMELIA. No exageres.

ANGUSTIAS. Se lo noto en los ojos. Se le está poniendo mirar de loca.

MARTIRIO. No habléis de locos. Aquí es el único sitio donde no se puede pronunciar esta
palabra.

(Sale MAGDALENA *con* ADELA.*)*   100

MAGDALENA. Pues ¿no estabas dormida?

ADELA. Tengo mal cuerpo.[40]

MARTIRIO. *(Con intención.)* ¡Es que no has dormido bien esta noche?

ADELA. Sí.

MARTIRIO. ¿Entonces?   105

ADELA. *(Fuerte.)* ¡Déjame ya! ¡Durmiendo o velando, no tienes por qué meterte en lo mío!
¡Yo hago con mi cuerpo lo que me parece!

MARTIRIO. ¡Solo es interés por ti!

ADELA. Interés o inquisición. ¿No estabais cosiendo? Pues seguir. ¡Quisiera ser invisible, pasar
por las habitaciones sin que me preguntarais dónde voy!   110

CRIADA. *(Entra.)* Bernarda os llama. Está el hombre de los encajes. *(Salen.)*

(Al salir, MARTIRIO *mira fijamente a* ADELA.*)*

ADELA. ¡No me mires más! Si quieres te daré mis ojos, que son frescos, y mis espaldas para
que te compongas la joroba que tienes, pero vuelve la cabeza cuando yo paso. *(Se va*
MARTIRIO.*)*   115

LA PONCIA. Adela, ¡que es tu hermana y además la que más te quiere!

ADELA. Me sigue a todos lados. A veces se asoma a mi cuarto para ver si duermo. No me deja
respirar. Y siempre: "¡Qué lástima de cara!", "¡Qué lástima de cuerpo que no vaya a ser para
nadie!" ¡Y eso no! Mi cuerpo será de quien yo quiera.

LA PONCIA. *(Con intención y en voz baja.)* De Pepe el Romano. ¿No es eso?   120

ADELA. *(Sobrecogida.)* ¿Qué dices?

LA PONCIA. Lo que digo, Adela.

ADELA. ¡Calla!

LA PONCIA. *(Alto.)* ¿Crees que no me he fijado?

---

[39]mortero de metal
[40]*léase:* No me siento bien.

125 ADELA. ¡Baja la voz!

LA PONCIA. ¡Mata esos pensamientos!

ADELA. ¿Qué sabes tú?

LA PONCIA. Las viejas vemos a través de las paredes. ¿Dónde vas de noche cuando te levantas?

ADELA. ¡Ciega debías estar!

130 LA PONCIA. Con la cabeza y las manos llenas de ojos cuando se trata de lo que se trata. Por mucho que pienso no sé lo que te propones. ¿Por qué te pusiste casi desnuda con la luz encendida y la ventana abierta al pasar Pepe el segundo día que vino a hablar con tu hermana?

ADELA. ¡Eso no es verdad!

135 LA PONCIA. No seas como los niños chicos. ¡Deja en paz a tu hermana, y si Pepe el Romano te gusta, te aguantas! (ADELA *llora*.) Además, ¿quién dice que no te puedes casar con él? Tu hermana Angustias es una enferma. Esa no resiste el primer parto. Es estrecha de cintura, vieja, y con mi conocimiento te digo que se morirá. Entonces Pepe hará lo que hacen todos los viudos de esta tierra: se casará con la más joven, la más hermosa, y esa serás tú.

140 Alimenta esa esperanza, olvídalo, lo que quieras, pero no vayas contra la ley de Dios.

ADELA. ¡Calla!

LA PONCIA. ¡No callo!

ADELA. Métete en tus cosas, ¡oledora!,[41] ¡pérfida!

LA PONCIA. Sombra tuya he de ser.

145 ADELA. En vez de limpiar la casa y acostarte para rezar a tus muertos, buscas como una vieja marrana asuntos de hombres y mujeres para babosear en ellos.

LA PONCIA. ¡Velo! Para que las gentes no escupan al pasar por esta puerta.

ADELA. ¡Qué cariño tan grande te ha entrado de pronto por mi hermana!

LA PONCIA. No os tengo ley a ninguna, pero quiero vivir en casa decente. ¡No quiero man-
150 charme de vieja!

ADELA. Es inútil tu consejo. Ya es tarde. No por encima de ti, que eres una criada; por encima de mi madre saltaría para apagarme este fuego que tengo levantado por piernas y boca. ¿Qué puedes decir de mí? ¿Que me encierro en mi cuarto y no abro la puerta? ¿Que no duermo? ¡Soy más lista que tú! Mira a ver si puedes agarrar la liebre con tus manos.

155 LA PONCIA. No me desafíes, Adela, no me desafíes. Porque yo puedo dar voces, encender luces y hacer que toquen las campanas.

ADELA. Trae cuatro mil bengalas[42] amarillas y ponlas en las bardas[43] del corral. Nadie podrá evitar que suceda lo que tiene que suceder.

LA PONCIA. ¡Tanto te gusta ese hombre!

160 ADELA. ¡Tanto! Mirando sus ojos me parece que bebo su sangre lentamente.

LA PONCIA. Yo no te puedo oír.

ADELA. ¡Pues me oirás! Te he tenido miedo. ¡Pero ya soy más fuerte que tú!

(*Entra* ANGUSTIAS.)

ANGUSTIAS. ¡Siempre discutiendo!

165 LA PONCIA. Claro. Se empeña que con el calor que hace vaya a traerle no sé qué de la tienda.

ANGUSTIAS. ¿Me compraste el bote de esencia?

LA PONCIA. El más caro. Y los polvos. En la mesa de tu cuarto los he puesto.

(*Sale* ANGUSTIAS.)

ADELA. ¡Y chitón!

170 LA PONCIA. ¡Lo veremos!

(*Entran* MARTIRIO, AMELIA *y* MAGDALENA.)

MAGDALENA. (*A* ADELA.) ¿Has visto los encajes?

---

[41]la que huele (o sea, la que mete las narices donde no debe)

[42]fuegos artificiales

[43]cubiertas de paja

AMELIA. Los de Angustias para sus sábanas de novia son preciosos.

ADELA. *(A* MARTIRIO *que trae unos encajes.)* ¿Y éstos?

MARTIRIO. Son para mí. Para una camisa.   175

ADELA. *(Con sarcasmo.)* Se necesita buen humor.

MARTIRIO. *(Con intención.)* Para verlo yo. No necesito lucirme ante nadie.

LA PONCIA. Nadie le ve a una en camisa.

MARTIRIO. *(Con intención y mirando a* ADELA.*)* ¡A veces! Pero me encanta la ropa interior. Si
fuera rica la tendría de holanda. Es uno de los pocos gustos que me quedan.   180

LA PONCIA. Estos encajes son preciosos para las gorras de niños, para mantehuelos de cristia-
nar. Yo nunca pude usarlos en los míos. A ver si ahora Angustias los usa en los suyos. Como
le dé por tener crías, vais a estar cosiendo mañana y tarde.

MAGDALENA. Yo no pienso dar una puntada.

AMELIA. Y mucho menos criar niños ajenos. Mira tú cómo están las vecinas del callejón,   185
sacrificadas por cuatro monigotes.[44]

LA PONCIA. Esas están mejor que vosotras. ¡Siquiera allí se ríe y se oyen porrazos!

MARTIRIO. Pues vete a servir con ellas.

LA PONCIA. No. Ya me ha tocado en suerte este convento.

(Se oyen unos campanillos lejanos como a través de varios muros.)   190

MAGDALENA. Son los hombres que vuelven del trabajo.

LA PONCIA. Hace un minuto dieron las tres.

MARTIRIO. ¡Con este sol!

ADELA. *(Sentándose.)* ¡Ay, quién pudiera salir también a los campos!

MAGDALENA. *(Sentándose.)* ¡Cada clase tiene que hacer lo suyo!   195

MARTIRIO. *(Sentándose.)* ¡Así es!

AMELIA. *(Sentándose.)* ¡Ay!

LA PONCIA. No hay alegría como la de los campos en esta época. Ayer de mañana llegaron
los segadores.[45] Cuarenta o cincuenta buenos mozos.

MAGDALENA. ¿De dónde son este año?   200

LA PONCIA. De muy lejos. Vinieron de los montes. ¡Alegres! ¡Como árboles quemados!
¡Dando voces y arrojando piedras! Anoche llegó al pueblo una mujer vestida de lentejuelas
y que bailaba con un acordeón, y quince de ellos la contrataron para llevársela al olivar. Yo
los vi de lejos. El que la contrataba era un muchacho de ojos verdes, apretado como una
gavilla de trigo.   205

AMELIA. ¿Es eso cierto?

ADELA. ¡Pero es posible!

LA PONCIA. Hace años vino otra de estas y yo misma di dinero a mi hijo mayor para que
fuera. Los hombres necesitan estas cosas.

ADELA. Se les perdona todo.   210

AMELIA. Nacer mujer es el mayor castigo.

MAGDALENA. Y ni nuestros ojos siquiera nos pertenecen.

(Se oye un cantar lejano que se va acercando.)

LA PONCIA. Son ellos. Traen unos cantos preciosos.

AMELIA. Ahora salen a segar.   215

Coro.
Ya salen los segadores
en busca de las espigas;
se llevan los corazones
de las muchachas que miran.   220

(Se oyen panderos y carrañacas. Pausa. Todas oyen en un silencio traspasado por el sol.)

---

[44] *fam.:* muñecos

[45] gente, normalmente migratoria, que va de finca en finca en la época de la cosecha, para cortar las mieses

AMELIA. ¡Y no les importa el calor!

MARTIRIO. Siegan entre llamaradas.

ADELA. Me gustaría segar para ir y venir. Así se olvida lo que nos muerde.

225 MARTIRIO. ¿Qué tienes tú que olvidar?

ADELA. Cada una sabe sus cosas.

MARTIRIO. *(Profunda.)* ¡Cada una!

LA PONCIA. ¡Callar! ¡Callar!

Coro. *(Muy lejano.)*

230 Abrir puertas y ventanas
las que vivís en el pueblo,
el segador pide rosas
para adornar su sombrero.

LA PONCIA. ¡Qué canto!

235 MARTIRIO. *(Con nostalgia.)* Abrir puertas y ventanas
las que vivís en el pueblo…

ADELA. *(Con pasión.)*… el segador pide rosas
para adornar su sombrero.

(Se va alejando el cantar.)

240 LA PONCIA. Ahora dan vuelta a la esquina.

ADELA. Vamos a verlos por la ventana de mi cuarto.

LA PONCIA. Tened cuidado con no entreabrirla mucho, porque son capaces de dar un
empujón para ver quién mira.

(Se van las tres. MARTIRIO *queda sentada en la silla baja con la cabeza entre las manos.)*

245 AMELIA. *(Acercándose.)* ¿Qué te pasa?

MARTIRIO. Me sienta mal el calor.

AMELIA. ¿No es más que eso?

MARTIRIO. Estoy deseando que llegue noviembre, los días de lluvias, la escarcha, todo lo que
no sea este verano interminable.

250 AMELIA. Ya pasará y volverá otra vez.

MARTIRIO. ¡Claro! *(Pausa.)* ¿A qué hora te dormiste anoche?

AMELIA. No sé. Yo duermo como un tronco. ¿Por qué?

MARTIRIO. Por nada, pero me pareció oír gente en el corral.

AMELIA. ¿Sí?

255 MARTIRIO. Muy tarde.

AMELIA. ¿Y no tuviste miedo?

MARTIRIO. No. Ya lo he oído otras noches.

AMELIA. Debiéramos tener cuidado. ¿No serían los gañanes?

MARTIRIO. Los gañanes llegan a las seis.

260 AMELIA. Quizá una mulilla sin desbravar.

MARTIRIO. *(Entre dientes y llena de segunda intención.)*
Eso, ¡eso!, una mulilla sin desbravar.

AMELIA. ¡Hay que prevenir!

MARTIRIO. No. No. No digas nada, puede ser un barrunto mío.

265 AMELIA. Quizá. *(Pausa.* AMELIA *inicia el mutis.)*

MARTIRIO. Amelia.

AMELIA. *(En la puerta.)* ¿Qué?

(Pausa.)

MARTIRIO. Nada.

270 *(Pausa.)*

AMELIA. ¿Por qué me llamaste?

(Pausa.)

MARTIRIO. Se me escapó. Fue sin darme cuenta.

(Pausa.)

AMELIA. Acuéstate un poco. 275

ANGUSTIAS. *(Entrando furiosa en escena, de modo que haya un gran contraste con los silencios anteriores.)* ¿Dónde está el retrato de Pepe que tenía yo debajo de mi almohada? ¿Quién de vosotras lo tiene?

MARTIRIO. Ninguna.

AMELIA. Ni que Pepe fuera un San Bartolomé de plata. 280

ANGUSTIAS. ¿Dónde está el retrato?

(Entran LA PONCIA, MAGDALENA *y* ADELA.)

ADELA. ¿Qué retrato?

ANGUSTIAS. Una de vosotras me lo ha escondido.

MAGDALENA. ¿Tienes la desvergüenza de decir esto? 285

ANGUSTIAS. Estaba en mi cuarto y ya no está.

MARTIRIO. ¿Y no se habrá escapado a medianoche al corral? A Pepe le gusta andar con la luna.

ANGUSTIAS. ¡No me gastes bromas! Cuando venga se lo contaré.

LA PONCIA. ¡Eso no, porque aparecerá! *(Mirando a* ADELA.) 290

ANGUSTIAS. ¡Me gustaría saber cuál de vosotras lo tiene!

ADELA. *(Mirando a* MARTIRIO.) ¡Alguna! ¡Todas menos yo!

MARTIRIO. *(Con intención.)* ¡Desde luego!

BERNARDA. (Entrando) ¡Qué escándalo es este en mi casa y en el silencio del peso del calor! Estarán las vecinas con el oído pegado a los tabiques. 295

ANGUSTIAS. Me han quitado el retrato de mi novio.

BERNARDA. *(Fiera.)* ¿Quién? ¿Quién?

ANGUSTIAS. ¡Éstas!

BERNARDA. ¿Cuál de vosotras? *(Silencio.)* ¡Contestarme! *(Silencio. A* LA PONCIA.) Registra los cuartos, mira por las camas. ¡Esto tiene no ataros más cortas! ¡Pero me vais a soñar! 300 *(A* ANGUSTIAS.) ¿Estás segura?

ANGUSTIAS. Sí.

BERNARDA. ¿Lo has buscado bien?

ANGUSTIAS. Sí, madre.

(Todas están de pie en medio de un embarazoso silencio.) 305

BERNARDA. Me hacéis al final de mi vida beber el veneno más amargo que una madre puede resistir. *(A* LA PONCIA.) ¿No lo encuentras?

LA PONCIA. *(Saliendo.)* Aquí está.

BERNARDA. ¿Dónde lo has encontrado?

LA PONCIA. Estaba… 310

BERNARDA. Dilo sin temor.

LA PONCIA. *(Extrañada.)* Entre las sábanas de la cama de Martirio.

BERNARDA. *(A* MARTIRIO.) ¿Es verdad?

MARTIRIO. ¡Es verdad!

BERNARDA. *(Avanzando y golpeándola.)* Mala puñalada te den, ¡mosca muerta![46] ¡Sembradura 315 de vidrios!

MARTIRIO. *(Fiera.)* ¡No me pegue usted, madre!

BERNARDA. ¡Todo lo que quiera!

MARTIRIO. ¡Si yo la dejo! ¿Lo oye? ¡Retírese usted!

LA PONCIA. No faltes a tu madre. 320

ANGUSTIAS. *(Cogiendo a* BERNARDA.) Déjala. ¡Por favor!

BERNARDA. Ni lágrimas te quedan en esos ojos.

---

[46]engañadora; hipócrita

MARTIRIO. No voy a llorar para darle gusto.

BERNARDA. ¿Por qué has cogido el retrato?

325 MARTIRIO. ¿Es que yo no puedo gastar una broma a mi hermana? ¿Para qué lo iba a querer?

ADELA. *(Saltando llena de celos.)* No ha sido broma, que tú nunca has gustado jamás de juegos. Ha sido otra cosa que te reventaba en el pecho por querer salir. Dilo ya claramente.

MARTIRIO. ¡Calla y no me hagas hablar, que si hablo se van a juntar las paredes unas con otras de vergüenza!

330 ADELA. ¡La mala lengua no tiene fin para inventar!

BERNARDA. ¡Adela!

MAGDALENA. Estáis locas.

AMELIA. Y nos apedreáis con malos pensamientos.

MARTIRIO. Otras hacen cosas más malas.

335 ADELA. Hasta que se pongan en cueros de una vez y se las lleve el río.

BERNARDA. ¡Perversa!

ANGUSTIAS. Yo no tengo la culpa de que Pepe el Romano se haya fijado en mí.

ADELA. ¡Por tus dineros!

ANGUSTIAS. ¡Madre!

340 BERNARDA. ¡Silencio!

MARTIRIO. Por tus marjales[47] y tus arboledas.

MAGDALENA. ¡Eso es lo justo!

BERNARDA. ¡Silencio digo! Yo veía la tormenta venir, pero no creía que estallara tan pronto. ¡Ay, qué pedrisco de odio habéis echado sobre mi corazón! Pero todavía no soy anciana y

345 tengo cinco cadenas para vosotras y esta casa levantada por mi padre para que ni las hierbas se enteren de mi desolación. ¡Fuera de aquí! *(Salen.* BERNARDA *se sienta desolada. La* PONCIA *está de pie arrimada a los muros.* BERNARDA *reacciona, da un golpe en el suelo y dice:)* ¡Tendré que sentarles la mano! Bernarda: acuérdate que ésta es tu obligación.

LA PONCIA. ¿Puedo hablar?

350 BERNARDA. Habla. Siento que hayas oído. Nunca está bien una extraña en el centro de la familia.

LA PONCIA. Lo visto, visto está.

BERNARDA. Angustias tiene que casarse en seguida.

LA PONCIA. Claro; hay que retirarla de aquí.

355 BERNARDA. No a ella. ¡A él!

LA PONCIA. Claro. A él hay que alejarlo de aquí. Piensas bien.

BERNARDA. No pienso. Hay cosas que no se pueden ni se deben pensar. Yo ordeno.

LA PONCIA. ¿Y tú crees que él querrá marcharse?

BERNARDA. *(Levantándose.)* ¿Qué imagina tu cabeza?

360 LA PONCIA. Él, ¡claro!, se casará con Angustias.

BERNARDA. Habla, te conozco demasiado para saber que ya me tienes preparada la cuchilla.

LA PONCIA. Nunca pensé que se llamara asesinato al aviso.

BERNARDA. ¿Me tienes que prevenir algo?

LA PONCIA. Yo no acuso, Bernarda. Yo solo te digo: abre los ojos y verás.

365 BERNARDA. ¿Y verás qué?

LA PONCIA. Siempre has sido lista. Has visto lo malo de las gentes a cien leguas; muchas veces creí que adivinabas los pensamientos. Pero los hijos son los hijos. Ahora estás ciega.

BERNARDA. ¿Te refieres a Martirio?

LA PONCIA. Bueno, a Martirio… *(Con curiosidad.)* ¿Por qué habrá escondido el retrato?

370 BERNARDA. *(Queriendo ocultar a su hija.)* Después de todo, ella dice que ha sido una broma. ¿Qué otra cosa puede ser?

---

[47]tierras bajas, bien irrigadas

LA PONCIA. *(Con sorna.)* ¿Tú lo crees así?

BERNARDA. *(Enérgica.)* No lo creo. ¡Es así!

LA PONCIA. Basta. Se trata de lo tuyo. Pero si fuera la vecina de enfrente, ¿qué sería?

BERNARDA. Ya empiezas a sacar la punta del cuchillo.   375

LA PONCIA. *(Siempre con crueldad.)* Bernarda, aquí pasa una cosa muy grande. Yo no te quiero echar la culpa, pero tú no has dejado a tus hijas libres. Martirio es enamoradiza, digas lo que tú quieras. ¿Por qué no la dejaste casar con Enrique Humanes? ¿Por qué el mismo día que iba a venir a la ventana le mandaste recado que no viniera?

BERNARDA. ¡Y lo haría mil veces! ¡Mi sangre no se junta con la de los Humanes mientras yo   380 viva! Su padre fue gañán.

LA PONCIA. ¡Y así te va a ti con esos humos!

BERNARDA. Los tengo porque puedo tenerlos. Y tú no los tienes porque sabes muy bien cuál es tu origen.

LA PONCIA. *(Con odio.)* No me lo recuerdes. Estoy ya vieja. Siempre agradecí tu protección.   385

BERNARDA. *(Crecida.)* ¡No lo parece!

LA PONCIA. *(Con odio envuelto en suavidad.)* A Martirio se le olvidará esto.

BERNARDA. Y si no lo olvida peor para ella. No creo que esta sea la "cosa muy grande" que aquí pasa. Aquí no pasa nada. ¡Eso quisieras tú! Y si pasa algún día, estate segura que no traspasará las paredes.   390

LA PONCIA. Eso no lo sé yo. En el pueblo hay gentes que leen también de lejos los pensamientos escondidos.

BERNARDA. ¡Cómo gozarías de vernos a mí y a mis hijas camino del lupanar![48]

LA PONCIA. ¡Nadie puede conocer su fin!

BERNARDA. ¡Yo sí sé mi fin! ¡Y el de mis hijas! El lupanar se queda para alguna mujer ya   395 difunta.

LA PONCIA. ¡Bernarda, respeta la memoria de mi madre!

BERNARDA. ¡No me persigas tú con tus malos pensamientos!

(Pausa.)

LA PONCIA. Mejor será que no me meta en nada.   400

BERNARDA. Eso es lo que debías hacer. Obrar y callar a todo. Es la obligación de los que viven a sueldo.

LA PONCIA. Pero no se puede. ¿A ti no te parece que Pepe estaría mejor casado con Martirio o…, ¡sí!, con Adela?

BERNARDA. No me parece.   405

LA PONCIA. Adela. ¡Esa es la verdadera novia del Romano!

BERNARDA. Las cosas no son nunca a gusto nuestro.

LA PONCIA. Pero les cuesta mucho trabajo desviarse de la verdadera inclinación. A mí me parece mal que Pepe esté con Angustias, y a las gentes, y hasta al aire. ¡Quién sabe si saldrán con la suya!   410

BERNARDA. ¡Ya estamos otra vez!… Te deslizas[49] para llenarme de malos sueños. Y no quiero entenderte, porque si llegara al alcance de todo lo que dices te tendría que arañar.

LA PONCIA. ¡No llegará la sangre al río!

BERNARDA. Afortunadamente mis hijas me respetan y jamás torcieron mi voluntad.

LA PONCIA. ¡Eso sí! Pero en cuanto las dejes sueltas se te subirán al tejado.[50]   415

BERNARDA. ¡Ya las bajaré tirándoles cantos![51]

LA PONCIA. ¡Desde luego eres la más valiente!

---

[48]prostíbulo

[49]evades

[50]se rebelarán

[51]piedras

BERNARDA. ¡Siempre gasté sabrosa pimienta!⁵²

420 LA PONCIA. ¡Pero lo que son las cosas! A su edad. ¡Hay que ver el entusiasmo de Angustias con su novio! ¡Y él también parece muy picado! Ayer me contó mi hijo mayor que a las cuatro y media de la madrugada, que pasó por la calle con la yunta, estaban hablando todavía.

BERNARDA. ¡A las cuatro y media!

ANGUSTIAS *(Saliendo.)* ¡Mentira!

LA PONCIA. Eso me contaron.

425 BERNARDA. (*A* ANGUSTIAS.) ¡Habla!

ANGUSTIAS. Pepe lleva más de una semana marchándose a la una. Que Dios me mate si miento.

MARTIRIO. *(Saliendo.)* Yo también lo sentí marcharse a las cuatro.

BERNARDA. Pero ¿lo viste con tus ojos?

430 MARTIRIO. No quise asomarme. ¿No habláis ahora por la ventana del callejón?

ANGUSTIAS. Yo hablo por la ventana de mi dormitorio.

(Aparece Adela *en la puerta.)*

MARTIRIO. Entonces…

BERNARDA. ¿Qué es lo que pasa aquí?

435 LA PONCIA. ¡Cuida de enterarte! Pero, desde luego, Pepe estaba a las cuatro de la madrugada en una reja de tu casa.

BERNARDA. ¿Lo sabes seguro?

LA PONCIA. Seguro no se sabe nada en esta vida.

ADELA. Madre, no oiga usted a quien nos quiere perder a todas.

440 BERNARDA. ¡Yo sabré enterarme! Si las gentes del pueblo quieren levantar falsos testimonios, se encontrarán con mi pedernal.⁵³ No se hable de este asunto. Hay a veces una ola de fango que levantan los demás para perdernos.

MARTIRIO. A mí no me gusta mentir.

LA PONCIA. Y algo habrá.

445 BERNARDA. No habrá nada. Nací para tener los ojos abiertos. Ahora vigilaré sin cerrarlos ya hasta que me muera.

ANGUSTIAS. Yo tengo derecho de enterarme.

BERNARDA. Tú no tienes derecho más que a obedecer. Nadie me traiga ni me lleve. (*A* LA PONCIA.) Y tú te metes en los asuntos de tu casa. ¡Aquí no se vuelve a dar un paso sin que
450 yo lo sienta!

CRIADA. *(Entrando.)* En lo alto de la calle hay un gran gentío y todos los vecinos están en sus puertas.

BERNARDA. (*A* LA PONCIA.) ¡Corre a enterarte de lo que pasa! *(Las* MUJERES *corren para salir.)* ¿Dónde vais? Siempre os supe mujeres ventaneras y rompedoras de su luto. ¡Vosotras, al
455 patio!

(Salen y sale BERNARDA. *Se oyen rumores lejanos. Entran* MARTIRIO *y* ADELA, *que se quedan escuchando y sin atreverse a dar un paso más de la puerta de salida.)*

MARTIRIO. Agradece a la casualidad que no desaté mi lengua.

ADELA. También hubiera hablado yo.

460 MARTIRIO. ¿Y qué ibas a decir? ¡Querer no es hacer!

ADELA. Hace la que puede y la que se adelanta. Tú querías, pero no has podido.

MARTIRIO. No seguirás mucho tiempo.

ADELA. ¡Lo tendré todo!

MARTIRIO. Yo romperé tus abrazos.

465 ADELA. *(Suplicante.)* ¡Martirio, déjame!

---

⁵²*léase:* Siempre fui de carácter fuerte.
⁵³dureza; mal genio

MARTIRIO. ¡De ninguna!

ADELA. ¡Él me quiere para su casa!

MARTIRIO. ¡He visto cómo te abrazaba!

ADELA. Yo no quería. He sido como arrastrada por una maroma.[54]

MARTIRIO. ¡Primero muerta!   470

(Se asoman MAGDALENA *y* ANGUSTIAS. *Se siente crecer el tumulto.)*

LA PONCIA. *(Entrando con* BERNARDA.*)* ¡Bernarda!

BERNARDA. ¿Qué ocurre?

LA PONCIA. La hija de la Librada, la soltera, tuvo un hijo no se sabe con quién.

ADELA. ¿Un hijo?   475

LA PONCIA. Y para ocultar su vergüenza lo mató y lo metió debajo de unas piedras, pero unos perros con más corazón que muchas criaturas lo sacaron, y como llevados por la mano de Dios lo han puesto en el tranco de su puerta. Ahora la quieren matar. La traen arrastrando por la calle abajo, y por las trochas[55] y los terrenos del olivar vienen los hombres corriendo, dando unas voces que estremecen los campos.   480

BERNARDA. Sí, que vengan todos con varas de olivo y mangos[56] de azadones,[57] que vengan todos para matarla.

ADELA. No, no. Para matarla, no.

MARTIRIO. Sí, y vamos a salir también nosotras.

BERNARDA. Y que pague la que pisotea la decencia.   485

(Fuera se oye un grito de mujer y un gran rumor.)

ADELA. ¡Que la dejen escapar! ¡No salgáis vosotras!

MARTIRIO. *(Mirando a* ADELA.*)* ¡Que pague lo que debe!

BERNARDA. *(Bajo el arco.)* ¡Acabad con ella antes que lleguen los guardias! ¡Carbón ardiendo en el sitio de su pecado!   490

ADELA. *(Cogiéndose el vientre.)* ¡No! ¡No!

BERNARDA. ¡Matadla! ¡Matadla!

(Telón.)

Comprensión

1. ¿Qué incongruencia hay entre la hora que dice Angustias que partió Pepe de su balcón y la hora que dicen Poncia y Amelia? ¿Qué misterio podría indicar esta diferencia de opinión?

   • ¿Qué se sabe luego de lo que está pasando?

2. ¿Qué consejos le da Poncia a Adela?

3. ¿Qué pasó con el retrato que Angustias tenía de Pepe?

   • ¿Qué razón da Martirio por llevarse el retrato?

   • ¿Cómo interpreta Poncia a Bernarda la razón por este robo?

   • ¿Cómo reacciona Bernarda?

4. ¿Qué nuevo acto escabroso ocurre en el pueblo al final del acto?

---

[54]cuerda gruesa
[55]caminos, senderos
[56]parte larga de las herramientas por donde se agarran
[57]herramienta de hierro para remover la tierra

Interpretación

1. Si el primer acto expone la problemática central del drama, el segundo la complica. ¿Qué nuevo enredo se introduce aquí?

2. ¿Qué pudiera simbolizar el trabajo de bordar con aguja?;
   - ¿el calor que sienten las mujeres?;
   - ¿los segadores y el romance que cantan?

3. ¿Cómo evoluciona el discurso feminista que empezó en el acto anterior?

4. ¿Cómo evoluciona la relación entre las hermanas?

5. Explica la ironía de la ignorancia de Bernarda respecto a lo que está pasando en su propia casa.

6. Comenta sobre las diferencias de opinión de las mujeres de la familia ante el pecado de Librada.
   - ¿Por qué crees que Lorca haya introducido esta escena al final del acto, puesto que no contribuye al desenlace.

Acto III

(Cuatro paredes blancas ligeramente azuladas del patio interior de la casa de Bernarda. *Es de noche. El decorado ha de ser de una perfecta simplicidad. Las puertas iluminadas por la luz de los interiores dan un tenue fulgor a la escena.*

En el centro, una mesa con un quinqué,[58] *donde están comiendo* Bernarda *y sus* Hijas. La
5   Poncia *las sirve.* Prudencia *está sentada aparte.*

Al levantarse el telón hay un gran silencio, interrumpido por el ruido de platos y cubiertos.)

Prudencia. Ya me voy. Os he hecho una visita larga. *(Se levanta.)*

Bernarda. Espérate, mujer. No nos vemos nunca.

Prudencia. ¿Han dado el último toque para el rosario?

10   La Poncia. Todavía no. (Prudencia *se sienta.*)

Bernarda. ¿Y tu marido cómo sigue?

Prudencia. Igual.

Bernarda. Tampoco lo vemos.

Prudencia. Ya sabes sus costumbres. Desde que se peleó con sus hermanos por la herencia
15   no ha salido por la puerta de la calle. Pone una escalera y salta las tapias y el corral.

Bernarda. Es un verdadero hombre. ¿Y con tu hija?

Prudencia. No la ha perdonado.

Bernarda. Hace bien.

Prudencia. No sé qué te diga. Yo sufro por esto.

20   Bernarda. Una hija que desobedece deja de ser hija para convertirse en una enemiga.

Prudencia. Yo dejo que el agua corra.[59] No me queda más consuelo que refugiarme en la iglesia, pero como me estoy quedando sin vista tendré que dejar de venir para que no jueguen con una los chiquillos. *(Se oye un gran golpe dado en los muros.)* ¿Qué es eso?

Bernarda. El caballo garañón,[60] que está encerrado y da coces[61] contra el muro. *(A voces.)*
25   ¡Trabadlo y que salga al corral! *(En voz baja.)* Debe tener calor.

---

[58]lámpara de petróleo
[59]que las cosas sigan su curso normal
[60]macho para la procreación
[61]patadas

PRUDENCIA. ¿Vais a echarle las potras nuevas?

BERNARDA. Al amanecer.

PRUDENCIA. Has sabido acrecentar tu ganado.

BERNARDA. A fuerza de dinero y sinsabores.

LA PONCIA. *(Interrumpiendo.)* Pero tiene la mejor manada de estos contornos. Es una lástima   30
que esté bajo de precio.

BERNARDA. ¿Quieres un poco de queso y miel?

PRUDENCIA. Estoy desganada.

(Se oye otra vez el golpe.)

LA PONCIA. ¡Por Dios!   35

PRUDENCIA. Me ha retemblado dentro del pecho.

BERNARDA. *(Levantándose furiosa.)* ¿Hay que decir las cosas dos veces? ¡Echadlo que se revuel-
que en los montones de paja! *(Pausa, y como hablando con los gañanes.)* Pues encerrad las potras en la cuadra, pero dejadlo libre, no sea que nos eche abajo las paredes. *(Se dirige a la mesa
y se sienta otra vez.)* ¡Ay, qué vida!   40

PRUDENCIA. Bregando como un hombre.

BERNARDA. Así es. (ADELA *se levanta de la mesa.*) ¿Dónde vas?

ADELA. A beber agua.

BERNARDA. *(En voz alta.)* Trae un jarro de agua fresca. (*A* ADELA.) Puedes sentarte. (ADELA *se
sienta.*)   45

PRUDENCIA. Y Angustias, ¿cuándo se casa?

BERNARDA. Vienen a pedirla dentro de tres días.

PRUDENCIA. ¡Estarás contenta!

ANGUSTIAS. ¡Claro!

AMELIA. (*A* MAGDALENA.) Ya has derramado la sal.   50

MAGDALENA. Peor suerte que tienes no vas a tener.

AMELIA. Siempre trae mala sombra.

BERNARDA. ¡Vamos!

PRUDENCIA. (*A* ANGUSTIAS.) ¿Te ha regalado ya el anillo?

ANGUSTIAS. Mírelo usted. *(Se lo alarga.)*   55

PRUDENCIA. Es precioso. Tres perlas. En mi tiempo las perlas significaban lágrimas.

ANGUSTIAS. Pero ya las cosas han cambiado.

ADELA. Yo creo que no. Las cosas significan siempre lo mismo. Los anillos de pedida deben ser
de diamantes.

PRUDENCIA. Es más propio.   60

BERNARDA. Con perlas o sin ellas, las cosas son como uno se las propone.

MARTIRIO. O como Dios dispone.

PRUDENCIA. Los muebles me han dicho que son preciosos.

BERNARDA. Dieciséis mil reales he gastado.

LA PONCIA *(Interviniendo.)* Lo mejor es el armario de luna.[62]   65

PRUDENCIA. Nunca vi un mueble de estos.

BERNARDA. Nosotras tuvimos arca.

PRUDENCIA. Lo preciso es que todo sea para bien.

ADELA. Que nunca se sabe.

BERNARDA. No hay motivo para que no lo sea.   70

(Se oyen lejanísimas unas campanas.)

PRUDENCIA. El último toque. (*A* ANGUSTIAS.) Ya vendré a que me enseñes la ropa.

ANGUSTIAS. Cuando usted quiera.

PRUDENCIA. Buenas noches nos dé Dios.

BERNARDA. Adiós, Prudencia.   75

---

[62]armario con espejos en las puertas

LAS CINCO A LA VEZ. Vaya usted con Dios.

(Pausa. Sale PRUDENCIA.*)*

BERNARDA. Ya hemos comido. *(Se levantan.)*

ADELA. Voy a llegarme hasta el portón para estirar las piernas y tomar un poco de fresco.

80 *(*MAGDALENA *se sienta en una silla baja retrepada*[63] *contra la pared.)*

AMELIA. Yo voy contigo.

MARTIRIO. Y yo.

ADELA. *(Con odio contenido.)* No me voy a perder.

AMELIA. La noche quiere compaña.[64] *(Salen.)*

85 *(*BERNARDA *se sienta y* ANGUSTIAS *está arreglando la mesa.)*

BERNARDA. Ya te he dicho que quiero que hables con tu hermana Martirio. Lo que pasó del retrato fue una broma y lo debes olvidar.

ANGUSTIAS. Usted sabe que ella no me quiere.

BERNARDA. Cada uno sabe lo que piensa por dentro. Yo no me meto en los corazones, pero

90 quiero buena fachada y armonía familiar. ¿Lo entiendes?

ANGUSTIAS. Sí.

BERNARDA. Pues ya está.

MAGDALENA. *(Casi dormida.)* Además, ¡si te vas a ir antes de nada! *(Se duerme.)*

ANGUSTIAS. Tarde me parece.

95 BERNARDA. ¿A qué hora terminaste anoche de hablar?

ANGUSTIAS. A las doce y media.

BERNARDA. ¿Qué cuenta Pepe?

ANGUSTIAS. Yo lo encuentro distraído. Me habla siempre como pensando en otra cosa. Si le pregunto qué le pasa, me contesta: "Los hombres tenemos nuestras preocupaciones."

100 BERNARDA. No le debes preguntar. Y cuando te cases, menos. Habla si él habla y míralo cuando te mire. Así no tendrás disgustos.

ANGUSTIAS. Yo creo, madre, que él me oculta muchas cosas.

BERNARDA. No procures descubrirlas, no le preguntes y, desde luego, que no te vea llorar jamás.

105 ANGUSTIAS. Debía estar contenta y no lo estoy.

BERNARDA. Eso es lo mismo.

ANGUSTIAS. Muchas veces miro a Pepe con mucha fijeza y se me borra a través de los hierros, como si lo tapara una nube de polvo de las que levantan los rebaños.

BERNARDA. Eso son cosas de debilidad.

110 ANGUSTIAS. ¡Ojalá!

BERNARDA. ¿Viene esta noche?

ANGUSTIAS. No. Fue con su madre a la capital.

BERNARDA. Así nos acostaremos antes. ¡Magdalena!

ANGUSTIAS. Está dormida.

115 *(Entran* ADELA, MARTIRIO *y* AMELIA.*)*

AMELIA. ¡Qué noche más oscura!

ADELA. No se ve a dos pasos de distancia.

MARTIRIO. Una buena noche para ladrones, para el que necesita escondrijo.

ADELA. El caballo garañón estaba en el centro del corral. ¡Blanco! Doble de grande, llenando

120 todo lo oscuro.

AMELIA. Es verdad. Daba miedo. Parecía una aparición.

ADELA. Tiene el cielo unas estrellas como puños.

---

[63]inclinada

[64]*fam.:* compañía

MARTIRIO. Esta se puso a mirarlas de modo que se iba a tronchar[65] el cuello.

ADELA. ¿Es que no te gustan a ti?

MARTIRIO. A mí las cosas de tejas arriba[66] no me importan nada. Con lo que pasa dentro de   125
las habitaciones tengo bastante.

ADELA. Así te va a ti.

BERNARDA. A ella le va en lo suyo como a ti en lo tuyo.

ANGUSTIAS. Buenas noches.

ADELA. ¿Ya te acuestas?   130

ANGUSTIAS. Sí. Esta noche no viene Pepe. *(Sale.)*

ADELA. Madre, ¿por qué cuando se corre una estrella o luce un relámpago se dice:
Santa Bárbara bendita,
que en el cielo estás escrita
con papel y agua bendita?   135

BERNARDA. Los antiguos sabían muchas cosas que hemos olvidado.

AMELIA. Yo cierro los ojos para no verlas.

ADELA. Yo, no. A mí me gusta ver correr lleno de lumbre lo que está quieto y quieto años enteros.

MARTIRIO. Pero estas cosas nada tienen que ver con nosotros.

BERNARDA. Y es mejor no pensar en ellas.   140

ADELA. ¡Qué noche más hermosa! Me gustaría quedarme hasta muy tarde para disfrutar el
fresco del campo.

BERNARDA. Pero hay que acostarse. ¡Magdalena!

AMELIA. Está en el primer sueño.

BERNARDA. ¡Magdalena!   145

MAGDALENA. *(Disgustada.)* ¡Déjame en paz!

BERNARDA. ¡A la cama!

MAGDALENA. *(Levantándose malhumorada.)* ¡No la dejáis a una tranquila! *(Se va refunfuñando.)*

AMELIA. Buenas noches. *(Se va.)*

BERNARDA. Andar vosotras también.   150

MARTIRIO. ¿Cómo es que esta noche no viene el novio de Angustias?

BERNARDA. Fue de viaje.

MARTIRIO. *(Mirando a* ADELA.*)* ¡Ah!

ADELA. Hasta mañana. *(Sale.)*

*(*MARTIRIO *bebe agua y sale lentamente, mirando hacia la puerta del corral.)*   155

LA PONCIA. *(Saliendo.)* ¿Estás todavía aquí?

BERNARDA. Disfrutando este silencio y sin lograr ver por parte alguna "la cosa tan grande"
que aquí pasa, según tú.

LA PONCIA. Bernarda, dejemos esa conversación.

BERNARDA. En esta casa no hay ni un sí ni un no. Mi vigilancia lo puede todo.   160

LA PONCIA. No pasa nada por fuera. Eso es verdad. Tus hijas están y viven como metidas en
alacenas.[67] Pero ni tú ni nadie puede vigilar por el interior de los pechos.

BERNARDA. Mis hijas tienen la respiración tranquila.

LA PONCIA. Eso te importa a ti, que eres su madre. A mí, con servir tu casa tengo bastante.

BERNARDA. Ahora te has vuelto callada.   165

LA PONCIA. Me estoy en mi sitio, y en paz.

BERNARDA. Lo que pasa es que no tienes nada que decir. Si en esta casa hubiera hierbas ya te
encargarías de traer a pastar las ovejas del vecindario.

LA PONCIA. Yo tapo más de lo que te figuras.

---

[65]partir sin herramienta
[66]del cielo; sobrenaturales
[67]pequeños armarios empotrados en la pared, normalmente para guardar comida

170 BERNARDA. ¿Sigue tu hijo viendo a Pepe a las cuatro de la mañana? ¿Siguen diciendo todavía la mala letanía[68] de esta casa?

LA PONCIA. No dicen nada.

BERNARDA. Porque no pueden. Porque no hay carne donde morder. A la vigilancia de mis ojos se debe esto.

175 LA PONCIA. Bernarda, yo no quiero hablar porque temo tus intenciones. Pero no estés segura.

BERNARDA. ¡Segurísima!

LA PONCIA. A lo mejor, de pronto, cae un rayo. A lo mejor, de pronto, un golpe te para el corazón.

BERNARDA. Aquí no pasa nada. Ya estoy alerta contra tus suposiciones.

180 LA PONCIA. Pues mejor para ti.

BERNARDA. ¡No faltaba más!

CRIADA. *(Entrando.)* Ya terminé de fregar los platos. ¿Manda usted algo, Bernarda?

BERNARDA. *(Levantándose.)* Nada. Voy a descansar.

LA PONCIA. ¿A qué hora quieres que te llame?

185 BERNARDA. A ninguna. Esta noche voy a dormir bien. *(Se va.)*

LA PONCIA. Cuando una no puede con el mar lo más fácil es volver las espaldas para no verlo.

CRIADA. Es tan orgullosa que ella misma se pone una venda en los ojos.

LA PONCIA. Yo no puedo hacer nada. Quise atajar[69] las cosas, pero ya me asustan demasiado. ¿Tú ves este silencio? Pues hay una tormenta en cada cuarto. El día que estallen nos

190 barrerán a todos. Yo he dicho lo que tenía que decir.

CRIADA. Bernarda cree que nadie puede con ella y no sabe la fuerza que tiene un hombre entre mujeres solas.

LA PONCIA. No es toda la culpa de Pepe el Romano. Es verdad que el año pasado anduvo detrás de Adela y esta estaba loca por él, pero ella debió estarse en su sitio y no provocarlo.

195 Un hombre es un hombre.

CRIADA. Hay quien cree que habló muchas veces con Adela.

LA PONCIA. Es verdad. *(En voz baja.)* Y otras cosas.

CRIADA. No sé lo que va a pasar aquí.

LA PONCIA. A mí me gustaría cruzar el mar y dejar esta casa de guerra.

200 CRIADA. Bernarda está aligerando[70] la boda y es posible que nada pase.

LA PONCIA. Las cosas se han puesto ya demasiado maduras. Adela está decidida a lo que sea y las demás vigilan sin descanso.

CRIADA. ¿Y Martirio también?

LA PONCIA. Esa es la peor. Es un pozo de veneno. Ve que el Romano no es para ella y hundi-

205 ría el mundo si estuviera en su mano.

CRIADA. ¡Es que son malas!

LA PONCIA. Son mujeres sin hombre, nada más. En estas cuestiones se olvida hasta la sangre. ¡Chisss! *(Escucha.)*

CRIADA. ¿Qué pasa?

210 LA PONCIA. *(Se levanta.)* Están ladrando los perros.

CRIADA. Debe haber pasado alguien por el portón.

(Sale ADELA en enaguas blancas y corpiño.)

LA PONCIA. ¿No te habías acostado?

ADELA. Voy a beber agua. *(Bebe en un vaso de la mesa.)*

215 LA PONCIA. Yo te suponía dormida.

ADELA. Me despertó la sed. Y vosotras, ¿no descansáis?

CRIADA. Ahora.

---

[68]aquí, *fig.*: chismes
[69]detener algo malo
[70]aquí, acelerando

(Sale ADELA.*)*

LA PONCIA. Vámonos.

CRIADA. Ganado tenemos el sueño. Bernarda no me deja descansar en todo el día.   220

LA PONCIA. Llévate la luz.

CRIADA. Los perros están como locos.

LA PONCIA. No nos van a dejar dormir. *(Salen.)*

(La escena queda casi a oscuras. Sale MARÍA JOSEFA *con una oveja en los brazos.)*

MARÍA JOSEFA. Ovejita, niño mío,   225

vámonos a la orilla del mar.

La hormiguita estará en su puerta,

yo te daré la teta y el pan.

Bernarda,

cara de leoparda.   230

Magdalena,

cara de hiena.

¡Ovejita!

Meee, meeee.

Vamos a los ramos del portal de Belén.   235

Ni tú ni yo queremos dormir;

la puerta sola se abrirá

y en la playa nos meteremos

en una choza de coral.

Bernarda,   240

cara de leoparda.

Magdalena,

cara de hiena.

¡Ovejita!

Meee, meeee.   245

Vamos a los ramos del portal de Belén. *(Se va cantando.)*

(Entra ADELA. *Mira a un lado y otro con sigilo*[71] *y desaparece por la puerta del corral. Sale* MARTIRIO *por otra puerta y queda en angustioso acecho*[72] *en el centro de la escena. También va en enaguas. Se cubre con un pequeño mantón negro de talle. Sale por enfrente de ella* MARÍA JOSEFA.*)*

MARTIRIO. Abuela, ¿dónde va usted?   250

MARÍA JOSEFA. ¿Vas a abrirme la puerta? ¿Quién eres tú?

MARTIRIO. ¿Cómo está aquí?

MARÍA JOSEFA. Me escapé. ¿Tú quién eres?

MARTIRIO. Vaya a acostarse.

MARÍA JOSEFA. Tú eres Martirio, ya te veo. Martirio, cara de Martirio. ¿Y cuándo vas a tener   255
un niño? Yo he tenido este.

MARTIRIO. ¿Dónde cogió esa oveja?

MARÍA JOSEFA. Ya sé que es una oveja. Pero ¿por qué una oveja no va a ser un niño? Mejor es
tener una oveja que no tener nada. Bernarda, cara de leoparda. Magdalena, cara
de hiena.   260

MARTIRIO. No dé voces.

MARÍA JOSEFA. Es verdad. Está todo muy oscuro. Como tengo el pelo blanco crees que no
puedo tener crías, y sí, crías y crías y crías. Este niño tendrá el pelo blanco y tendrá otro
niño y éste otro, y todos con el pelo de nieve, seremos como las olas, una y otra y otra.
Luego nos sentaremos todos y todos tendremos el cabello blanco y seremos espuma. ¿Por   265
qué aquí no hay espumas? Aquí no hay más que mantos de luto.

---

[71]disimulo

[72]espera (como para espiar)

MARTIRIO. Calle, calle.

MARÍA JOSEFA. Cuando mi vecina tenía un niño yo le llevaba chocolate y luego ella me lo traía a mí y así siempre, siempre, siempre. Tú tendrás el pelo blanco, pero no vendrán las vecinas. Yo tengo que marcharme, pero tengo miedo que los perros me muerdan. ¿Me acompañarás tú a salir al campo? Yo quiero campo. Yo quiero casas, pero casas abiertas y las vecinas acostadas en sus camas con sus niños chiquitos y los hombres fuera sentados en sus sillas. Pepe el Romano es un gigante. Todas lo queréis. Pero él os va a devorar porque vosotras sois granos de trigo. No granos de trigo. ¡Ranas sin lengua!

275   MARTIRIO. Vamos. Váyase a la cama. *(La empuja.)*

MARÍA JOSEFA. Sí, pero luego tú me abrirás, ¿verdad?

MARTIRIO. De seguro.

MARÍA JOSEFA. *(Llorando.)* Ovejita, niño mío,

vámonos a la orilla del mar.

280   La hormiguita estará en su puerta,

yo te daré la teta y el pan.

(MARTIRIO cierra la puerta por donde ha salido MARÍA JOSEFA y se dirige a la puerta del corral. Allí vacila, pero avanza dos pasos más.)

MARTIRIO. *(En voz baja.)* Adela. *(Pausa. Avanza hasta la misma puerta. En voz alta.)* ¡Adela!

285   *(Aparece ADELA. Viene un poco despeinada.)*

ADELA. ¿Por qué me buscas?

MARTIRIO. ¡Deja a ese hombre!

ADELA. ¿Quién eres tú para decírmelo?

MARTIRIO. No es ese el sitio de una mujer honrada.

290   ADELA. ¡Con qué ganas te has quedado de ocuparlo!

MARTIRIO. *(En voz alta.)* Ha llegado el momento de que yo hable. Esto no puede seguir así.

ADELA. Esto no es más que el comienzo. He tenido fuerza para adelantarme. El brío y el mérito que tú no tienes. He visto la muerte debajo de estos techos y he salido a buscar lo que era mío, lo que me pertenecía.

295   MARTIRIO. Ese hombre sin alma vino por otra. Tú te has atravesado.

ADELA. Vino por el dinero, pero sus ojos los puso siempre en mí.

MARTIRIO. Yo no permitiré que lo arrebates. Él se casará con Angustias.

ADELA. Sabes mejor que yo que no la quiere.

MARTIRIO. Lo sé.

300   ADELA. Sabes, porque lo has visto, que me quiere a mí.

MARTIRIO. *(Despechada.)* Sí.

ADELA. *(Acercándose.)* Me quiere a mí. Me quiere a mí.

MARTIRIO. Clávame un cuchillo si es tu gusto, pero no me lo digas más.

ADELA. Por eso procuras que no vaya con él. No te importa que abrace a la que no quiere; a mí, tampoco. Ya puede estar cien años con Angustias, pero que me abrace a mí se te hace terrible, porque tú lo quieres también, lo quieres.

305

MARTIRIO. *(Dramática.)* ¡Sí! Déjame decirlo con la cabeza fuera de los embozos.[73] ¡Sí! Déjame que el pecho se me rompa como una granada de amargura. ¡Le quiero!

ADELA. *(En un arranque y abrazándola.)* Martirio, Martirio, yo no tengo la culpa.

310   MARTIRIO. ¡No me abraces! No quieras ablandar mis ojos. Mi sangre ya no es la tuya. Aunque quisiera verte como hermana, no te miro ya más que como mujer. *(La rechaza.)*

ADELA. Aquí no hay ningún remedio. La que tenga que ahogarse que se ahogue. Pepe el Romano es mío. Él me lleva a los juncos[74] de la orilla.

MARTIRIO. ¡No será!

---

[73]falsedades

[74]plantas de tallos altos que crecen a las orillas del río

ADELA. Ya no aguanto el horror de estos techos después de haber probado el sabor de su   315
    boca. Seré lo que él quiera que sea. Todo el pueblo contra mí, quemándome con sus dedos
    de lumbre, perseguida por los que dicen que son decentes, y me pondré la corona de
    espinas que tienen las que son queridas de algún hombre casado.

MARTIRIO. ¡Calla!

ADELA. Sí. Sí. *(En voz baja.)* Vamos a dormir, vamos a dejar que se case con Angustias, ya no   320
    me importa, pero yo me iré a una casita sola donde él me verá cuando quiera, cuando le
    venga en gana.

MARTIRIO. Eso no pasará mientras yo tenga una gota de sangre en el cuerpo.

ADELA. No a ti, que eres débil; a un caballo encabritado[75] soy capaz de poner de rodillas con
    la fuerza de mi dedo meñique.   325

MARTIRIO. No levante esa voz que me irrita. Tengo el corazón lleno de una fuerza tan mala,
    que, sin quererlo yo, a mí misma me ahoga.

ADELA. Nos enseñan a querer a las hermanas. Dios me ha debido dejar sola en medio de la
    oscuridad, porque te veo como si no te hubiera visto nunca.

(Se oye un silbido y ADELA corre a la puerta, pero MARTIRIO se le pone delante.)   330

MARTIRIO. ¿Dónde vas?

ADELA. ¡Quítate de la puerta!

MARTIRIO. ¡Pasa si puedes!

ADELA. ¡Aparta! *(Lucha.)*

MARTIRIO. *(A voces.)* ¡Madre, madre!   335

(Aparece BERNARDA. Sale en enaguas, con un mantón negro.)

BERNARDA. Quietas, quietas. ¡Qué pobreza la mía, no poder tener un rayo entre los dedos!

MARTIRIO. *(Señalando a ADELA.)* ¡Estaba con él! ¡Mira esas enaguas llenas de paja de trigo!

BERNARDA. *(Se dirige furiosa hacia ADELA.)* ¡Esa es la cama de las mal nacidas!

ADELA. *(Haciéndole frente.)* ¡Aquí se acabaron las voces de presidio! *(ADELA arrebata un bastón a*   340
    su madre y lo parte en dos.) Esto hago yo con la vara de la dominadora. No dé usted un paso
    más. En mí no manda nadie más que Pepe.

MAGDALENA. *(Saliendo.)* ¡Adela!

(Salen LA PONCIA y ANGUSTIAS.)

ADELA. Yo soy su mujer. *(A ANGUSTIAS.)* Entérate tú y ve al corral a decírselo. El dominará   345
    toda esta casa. Ahí fuera está, respirando como si fuera un león.

ANGUSTIAS. ¡Dios mío!

BERNARDA. ¡La escopeta! ¿Dónde está la escopeta? *(Sale corriendo.)*

(Sale detrás MARTIRIO. Aparece AMELIA por el fondo, que mira aterrada con la cabeza sobre la
    pared.)   350

ADELA. ¡Nadie podrá conmigo! *(Va a salir.)*

ANGUSTIAS. *(Sujetándola.)* De aquí no sales tú con tu cuerpo en triunfo. ¡Ladrona!
    ¡Deshonra de nuestra casa!

MAGDALENA. ¡Déjala que se vaya donde no la veamos nunca más!

(Suena un disparo.)   355

BERNARDA. *(Entrando.)* Atrévete a buscarlo ahora.

MARTIRIO. *(Entrando.)* Se acabó Pepe el Romano.

ADELA. ¡Pepe! ¡Dios mío! ¡Pepe! *(Sale corriendo.)*

LA PONCIA. ¿Pero lo habéis matado?

MARTIRIO. No. Salió corriendo en su jaca.   360

BERNARDA. No fue culpa mía. Una mujer no sabe apuntar.

MAGDALENA. ¿Por qué lo has dicho entonces?

MARTIRIO. ¡Por ella! Hubiera volcado un río de sangre sobre su cabeza.

LA PONCIA. Maldita.

---

[75]empinado por rebeldía o temor

365   MAGDALENA. ¡Endemoniada!

BERNARDA. Aunque es mejor así. *(Suena un golpe.)* ¡Adela, Adela!

LA PONCIA. *(En la puerta.)* ¡Abre!

BERNARDA. Abre. No creas que los muros defienden de la vergüenza.

CRIADA. *(Entrando.)* ¡Se han levantado los vecinos!

370   BERNARDA. *(En voz baja como un rugido.)* ¡Abre, porque echaré abajo la puerta! *(Pausa. Todo queda en silencio.)* ¡Adela! *(Se retira de la puerta.)* ¡Trae un martillo! (LA PONCIA *da un empujón y entra. Al entrar da un grito y sale.)* ¿Qué?

LA PONCIA. *(Se lleva las manos al cuello.)* ¡Nunca tengamos ese fin!

(Las HERMANAS *se echan hacia atrás. La* CRIADA *se santigua.* BERNARDA *da un grito y avanza.)*

375   LA PONCIA. ¡No entres!

BERNARDA. No. ¡Yo no! Pepe, tú irás corriendo vivo por lo oscuro de las alamedas, pero otro día caerás. ¡Descolgarla! ¡Mi hija ha muerto virgen! Llevadla a su cuarto y vestirla como una doncella. ¡Nadie diga nada! Ella ha muerto virgen. Avisad que al amanecer den dos clamores las campanas.

380   MARTIRIO. Dichosa ella mil veces que lo pudo tener.

BERNARDA. Y no quiero llantos. La muerte hay que mirarla cara a cara. ¡Silencio! *(A otra* HIJA.*)* ¡A callar he dicho! *(A otra* HIJA.*)* ¡Las lágrimas cuando estés sola! Nos hundiremos todas en un mar de luto. Ella, la hija menor de Bernarda Alba, ha muerto virgen. ¿Me habéis oído? ¡Silencio, silencio he dicho! ¡Silencio!

385   *(Telón.)*

Comprensión

1. ¿Qué consejos le da Bernarda a Angustias respecto a lo que ha de esperar en un matrimonio?

2. ¿De qué hablan Bernarda y Poncia antes de acostarse?

3. María Josefa vuelve a escaparse. ¿Qué trae entre brazos?

   - ¿Qué quiere hacer?

   - ¿Sabe ella lo que está pasando en la casa?

4. ¿Qué descubre Martirio?

   - ¿Qué le dice Adela?

   - ¿Qué le confiesa Martirio?

5. Explica el clímax y el desenlace del drama.

   - ¿Qué hizo Adela al creer que Pepe había sido fusilado por Bernarda?

   - ¿Era verdad que Pepe murió?

   - ¿Qué demanda Bernarda al final del acto?

Interpretación

1. En el principio de la escena predomina un espíritu de paz y sosiego. ¿Qué sería el propósito dramático, considerando lo que pasa después?

2. ¿Qué simboliza el caballo sin desbravar que se escucha dando patadas en el corral?;

   - ¿la oveja que trae la abuela?;

   - ¿la sed que tiene Adela?;

   - ¿su acción de partir el bastón de la madre?

3. ¿Crees que Martirio miente que Pepe ha muerto para provocar la muerte de Adela? Explica.

4. ¿Qué fue la primera palabra que pronunció Bernarda en el primer acto? ¿Con qué palabra termina el drama? ¿Qué podría significar este dato?

5. Normalmente es un hombre que controla a la mujer. ¿Cómo subvierte Lorca ese arquetipo en esta pieza?

Cultura, conexiones y comparaciones

1. *La casa de Bernarda Alba* contiene elementos realistas y regionalistas, pero es también un drama poético típico del teatro de vanguardia. ¿Cómo se lleva a cabo lo poético?

2. Aunque la obra está aclimatada completamente en el mundo tradicional andaluz, es también una obra universal. Explica.

3. Lorca denominó esta pieza, junto con *Yerma* y *Bodas de sangre*, 'tragedias rurales'. Que la clase se divida en parejas y que tomen una de las características de la tragedia griega antigua luego de buscar su significado en el *Diccionario de términos literarios*, y que cada pareja explique a la clase cómo funciona en *La casa de Bernarda Alba*: hubris, hamartia, pathos, catarsis, mimeses, anagnorisis, peripeteia.

4. Si Bernarda Alba es la antagonista, ¿quién sería el protagonista del drama?

5. El drama tiene una estructura externa y otra interna. Busca en el *Diccionario de términos literarios* la diferencia.

   • En la estructura interna, existe la vida de Bernarda Alba antes de empezar la obra. Hay ecos de esa vida en la estructura externa. Trata de describir aspectos de esa vida.

6. En esta cita Lorca comenta el valor del teatro:

El teatro es uno de los más expresivos y útiles instrumentos para la edificación de un país y el barómetro que marca su grandeza o su descenso… El teatro es una escuela de llanto y de risa y una tribuna libre donde los hombres pueden poner en evidencia morales viejas equívocas y explicar con ejemplos vivos normas eternas del corazón y del sentimiento del hombre. Un pueblo que no ayuda y no fomenta su teatro, si no está muerto, está moribundo; como el teatro que no recoge el latido social, el latido histórico, el drama de sus gentes y el color genuino de su paisaje y de su espíritu, con risa o con lágrimas, no tiene derecho a llamarse teatro, sino sala de juego o sitio para hacer esa horrible cosa que se llama matar el tiempo.

En grupo, explica cómo *La casa de Bernarda Alba* cumple con los requisitos que Lorca señala como fines esenciales de un buen teatro.

7. Lee la siguiente opinión crítica sobre *La casa de Bernarda Alba*, y escribe dos o tres párrafos expresando si estás o no de acuerdo con el comentario:

La casa es protagonista de la obra, no solo por ser el único espacio escénico en el que se representa, sino por su papel simbólico. Es un lugar cuya función es aislar y encarcelar a quienes se encuentran en su interior. Se refieren a ella como *presidio* (sensación de enclaustramiento), *infierno* (por la ira y necesidad de salida) y *convento* (por ser un espacio cerrado solo para mujeres con la prohibición de actos sexuales).

8. Las costumbres españolas tradicionales y ortodoxas restringen a la mujer. ¿Qué parece indicar el autor respecto a estas viejas nociones?

   • De lo que sabes, ¿han cambiado estas costumbres en la actualidad? ¿Qué obras que has leído lo indican?

9. ¿Cómo caracterizarías la relación entre la clase alta y sus sirvientes en las películas inglesas que has visto? ¿Cómo es diferente la relación de la familia de Bernarda Alba y Poncia?

   • ¿Qué podría indicar este dato respecto a las diferencias culturales entre los ingleses y los españoles?

10. Bernarda Alba tiene un fuerte sentido del honor, sobre todo la importancia de mantener la virginidad de sus hijas. ¿Es diferente esta actitud del concepto del honor que se observa en *El burlador de Sevilla*?

    • ¿Qué indica este dato, tomando en cuenta que hay una separación de casi cuatro siglos entre las dos piezas?

    • ¿Le preocupa a Pleberio en *La Celestina* que su hija, Melibea, haya muerto deshonrada por haber tenido relaciones carnales sin casarse?

    • ¿Le importa a Lazarillo que su mujer no sea fiel?

    • Trata de explicar la diferencia.

11. Los segadores cantan un romance con la misma forma del Romancero medieval. ¿Qué significa este dato, tomando en cuenta la separación de más de 500 años entre esta pieza y la colección de los romances medievales?

12. Hay varias escenas muy dramáticas y ejes en esta pieza. Que unos estudiantes escojan una y la practiquen para representarla ante la clase. Como no hay papeles para varones, la figura de Bernarda Alba puede ser representada por un hombre. ¿Por qué?

Pablo Neruda, "Farewell"

Autor: Pablo Neruda (1904–1973)

Nacionalidad: Chileno

Datos biográficos: Ocupó varios puesto diplomáticos alrededor del mundo y conoció a muchos poetas. Se alistó a las filas del comunismo y luchó por su causa. Se le otorgó el Premio Nobel en 1971. Es posiblemente el poeta hispanoamericano mejor conocido del mundo del siglo XX.

Época y movimiento cultural: Poesía del siglo XX; Vanguardismo

Obras más conocidas: *20 poemas de amor y una canción desesperada* (1924); *Residencia en la tierra* (1935, 1947); *Canto general* (1950); *Odas elementales* (1954, 1955, 1957)

Importancia literaria: Pasa por todas las tendencias poéticas del siglo veinte; empieza con el Modernismo, pasa al Surrealismo y luego a la poesía social y comprometida. Para muchos es el mayor poeta en lengua española del siglo XX.

La literatura y la vida

1. ¿Qué piensas de un hombre que abandona a una mujer embarazada con su hijo?
2. ¿Crees que hay solo un gran amor en la vida, o que puedes tener muchos amores? Explica.

"Farewell"

Desde el fondo de ti, y arrodillado,
un niño triste como yo, nos mira.

Por esa vida que arderá en sus venas
tendrían que amarrarse nuestras vidas.

Por esas manos, hijas de tus manos,   5
tendrían que matar las manos mías.

Por sus ojos abiertos en la tierra
veré en los tuyos lágrimas un día.

Yo no lo quiero, Amada.
Para que nada nos amarre   10
que no nos una nada.

Ni la palabra que aromó tu boca,
ni lo que no dijeron tus palabras.

Ni la fiesta de amor que no tuvimos,
ni tus sollozos junto a la ventana.   15

Amo el amor de los marineros
que besan y se van.

Dejan una promesa.
No vuelven nunca más.

En cada puerto una mujer espera: 20
los marineros besan y se van.

(Una noche se acuestan con la muerte
en el lecho del mar.)

Amo el amor que se reparte
en besos, lecho y pan.   25

Amor que puede ser eterno
y puede ser fugaz.

Amor que quiere libertarse
para volver a amar.

30   Amor divinizado que se acerca
       Amor divinizado que se va.

       Ya no se encantarán mis ojos en tus ojos,
       ya no se endulzará junto a ti mi dolor.

       Pero hacia donde vaya llevaré tu mirada
35   y hacia donde camines llevarás mi dolor.

       Fui tuyo, fuiste mía. ¿Qué más? Juntos hicimos
       un recodo en la ruta donde el amor pasó.

       Fui tuyo, fuiste mía. Tú serás del que te ame,
       del que corte en tu huerto lo que he sembrado yo.

40   Yo me voy. Estoy triste: pero siempre estoy triste.
       Vengo desde tus brazos. No sé hacia dónde voy.

       … Desde tu corazón me dice adiós un niño.
       Y yo le digo adiós.

Comprensión

1. ¿Por qué no quiere el yo lírico el hijo que engendró?

2. ¿Qué tipo de amor prefiere el poeta?

3. ¿Borra por completo de su memoria el yo lírico a su hijo y a su amada? Explica.

Interpretación

1. La versificación del poema es compleja e irregular. ¿Cuántas sílabas hay en los versos 1 a 8 y 12 a 15?

   • ¿Qué patrón de rima hay en cada agrupación de versos?

   • ¿Cuántas sílabas hay en los versos 32 a 42?

   • ¿Cómo se puede decir que esta sección del poema está escrita en verso suelto o blanco?

2. ¿Crees que el yo lírico expresa un concepto lúcido y fijo del amor, o que vacila en sus sentimientos? Explica.

3. Aunque abandona a la mujer, ¿qué indicios hay en el poema que aún la quiere?

4. El hijo que abandona parece atormentar al yo lírico. Trata de explica por qué.

   • ¿Cuál es su mayor razón por abandonar a su hijo?

5. El poema abunda en anáforas. Después de señalarlas, intenta explicar el efecto que producen.

6. Abundan también las aliteraciones. Señala algunas y explica el efecto que producen.

7. ¿Cómo describirías el tono de este poema?

   • ¿Parece surgir de una experiencia vivida o inventada? Defiende tu opinión.

Cultura, conexiones y comparaciones

1. "Farewell" pertenece a *Crepusculario*, el primer poemario de Neruda, escrito en 1919 cuando él sólo tenía 16 años (aunque no fue publicado hasta 1923). Usando a Bécquer ("Volverán las oscuras golondrinas") como ejemplo de poesía amatoria tradicional, ¿cómo se ve en este primer paso de Neruda el intento de rechazar el discurso típico amoroso y de buscar una voz amatoria original?

2. Usando esta cita crítica de Hugo Montes, escribe un ensayo corto explicando lo que dice y con ejemplos concretos de "Farewell":

   El yo [en *Crepusculario*]… tiene clara correspondencia con el autor mismo… Historia y poesía se dan aquí la mano para ofrecernos la presencia de un adolescente pobre adherido a la naturaleza fuerte, al estudiante provinciano soñador y apasionado que sale de la lluvia y llega al barrio sórdido de la capital. La subjetividad prevalece. Valores objetivos de cualquier tipo —religiosos, políticos, éticos— quedan postergados. No hay intentos de establecer nada "externo": ni casa, ni hogar, ni secta, ni partido. Tampoco de criticar o elogiar a personas o instituciones. Lo que se instala es la palabra poética fundadora de una inquietud sin límites, de unos amores avasalladores que no satisfacen, de unas ansias cada vez más cósmicas y universales. Es un lirismo pleno en que el hablante se manifiesta en toda su complejidad anímica. Palabra sencilla, métrica no rebuscada, imágenes tomadas de preferencia de la gran naturaleza —cielo, estrellas, río, mar— y, sobre todo, intuiciones expresadas en síntesis admirables: "Es tan corto el amor, y es tan largo el olvido"; poesía grande y humana que gusta a muchos y que ya cuenta como clásica en el idioma.

3. El poema es modernista. ¿Cómo lo comprueba su forma y sus técnicas?

4. Neruda tenía fama de ser mujeriego. Además de sus tres esposas, tuvo varios romances, uno fue con la hermana de su última mujer, Matilde Urrutia. Sin embargo, ¿se puede decir que "Farewell" es un poema autobiográfico? Explica por qué.

5. ¿Consideras 'machista' el punto de vista del yo lírico? Explica qué contiene que es machista y qué contiene que no lo es.

6. Compara el machismo de este poema con el de Darío en "Canción de otoño en primavera".

   • En ambos casos, ¿son el yo lírico y el poeta explícito las mismas personas? Explica.

7. Hay una película italiana, *Il postino* (1994), que ganó el Oscar como mejor película extranjera, que trata de Pablo Neruda. Búscala por Internet y entérate de su argumento. Si es posible, mírala. En esta película, el cartero Mario conquista a Beatriz González leyéndole poesía de amor de Pablo Neruda. La madre de Beatriz, D.ª Rosa, también había leído a Neruda en su juventud, y conoce otros poemas de amor no tan halagadores. Para separar a los amantes y advertir a su hija, le recita "Farewell" para que Beatriz vea otra cara del hombre y del amor. Explica por qué escoge este poema.

Camilo José Cela, "El misterioso asesinato de la Rue Blanchard"

Autor: Camilo José Cela (1916-2002)

Nacionalidad: Español

Datos biográficos: Luchó por las fuerzas franquistas durante la Guerra Civil, pero después de la guerra mantuvo una relación independiente respecto al régimen político. Su novela más famosa, *La colmena*, fue prohibida en España y se publicó en Buenos Aires. Durante la democracia fue una figura pública y escandalosa.

Época y movimiento cultural: Novela del siglo XX; Prosa de la Posguerra Civil Española

Obras más conocidas: Novelas: *La familia de Pascual Duarte* (1942), *La colmena* (1951)

Importancia literaria: Es la figura más completa y emblemática de la literatura española de la segunda mitad del siglo XX. Ganó el Premio Nobel en 1989.

La literatura y la vida

1. ¿Conoces a una persona minusválida, por ejemplo alguien que haya perdido un brazo o una pierna? ¿Cómo podría afectar esto a esa persona psicológicamente?

2. Hay matrimonios felices y otros conflictivos. ¿Qué suele pasar en las familias que no se llevan bien?

3. ¿Crees que la gente homosexual es fácilmente aceptada, sobre todo en sociedades conservadoras? Explica.

4. ¿Piensas que la justicia es siempre justa? ¿Puedes citar algún ejemplo en que la justicia se haya equivocado?

En contexto

La región vasca, de donde provienen los personajes de este relato, se sitúa en el norte de España junto a la frontera francesa. Los personajes, sin embargo, viven en Toulouse, una ciudad del sur de Francia. Después de la Guerra Civil (1936-1939), muchos españoles emigraron a otros países de Europa, ya en busca de mayor libertad, ya en busca de mejores oportunidades económicas.

Es por eso que ha emigrado Fermín, un travestí que hace papeles de famosas mujeres cantantes populares de principios del siglo XX, como Raquel Meller y Mistinguette, y de bailarinas famosas como Anna Pavlova y 'la Argentina'. Además, vestido de bailarina, interpreta papeles específicos, como los de los ballets *Retablo de Maese Pedro* del español Manuel de Falla (1876-1946), *Petrushka* del ruso Igor Stravinsky (1882-1971) y *El cisne moribundo* del francés Saint-Saëns (1835-1921).

"El misterioso asesinato de la Rue Blanchard"

I

Joaquín Bonhome, con su pata de palo de pino, que sangraba resina, una resina amarillita y pegajosa como si todavía manara de un pino vivo, cerró la puerta tras sus espaldas.

—¿Hay algo?

—¡Nada!

Menchu Aguirrezabala, su mujer, que era muy bruta, con su ojo de cristal que manaba una agüilla amarillita y pegajosa como si todavía destilara del ojo de carne que perdiera en Burdeos, cuando la gripe, del golpe que le pegara su hermano Fermín, el transformista, se puso como una furia.   5

Toulouse, en el invierno, es un pueblo triste y oscuro, con sus farolitos de gas, que están encendidos desde las cinco de la tarde; con sus lejanos acordeones, que se lamentan como criaturas abandonadas; con sus cafetines pequeñitos con festones[1] de encajes de Malinas alrededor   10
de las ventanas; con sus abnegadas mujeres, esas abnegadas mujeres que se tuercen para ahorrar para el equipo de novias, ese equipo de novias que jamás han de necesitar, porque jamás han de volver a enderezarse... Toulouse era, como digo, un pueblo triste, y en los pueblos tristes —ya es sabido— los pensamientos son tristes también y acaban por agobiar a los hombres de tanto   15
como pesan.

Joaquín Bonhome había sido de todo: minero, sargento de infantería, maquillador, viajante de productos farmacéuticos, *camelot du roi*,[2] empleado de La Banque du Midi, contrabandista, recaudador de contribuciones, guardia municipal en Arcachón...Con tanta y tan variada profesión como tuvo, ahorró algunos miles de francos, y acordó casarse; lo pensó mucho antes de   20
decidirse, porque el casarse es una cosa muy seria, y después de haber cogido miedo a actuar sin más dirección que su entendimiento, pidió consejo a unos y a otros, y acabó, como vulgarmente se dice, bailando con la más fea. Menchu —¡qué bruta era!— era alta, narizota, medio calva, chupada de carnes, bermeja de color y tan ruin, que su hermano —que no era ninguna hiena[3]— hubo de cargarse[4] un día más de la cuenta, y le vació un ojo.   25

Su hermano Fermín había tenido que emigrar de Azpeitia, porque los caseros, que son muy mal pensados, empezaron a decir que había salido grilla,[5] y le hicieron la vida imposible; cuando se marchó, tenía diecinueve años, y cuando le saltó el ojo a su hermana, dos años más tarde, era imitador de estrellas en el "Musette", de Burdeos. Bebía *vodka*, esa bebida que se hace con cerillas; cantaba *L'amour et le printemps*; se depilaba las cejas...   30

Joaquín, que en su larga y azarosa[6] vida jamás hubiera tenido que lamentar ningún percance, fue a perder la pierna de la manera más tonta, al poco tiempo de casado: lo atropelló el tren un día al salir de Bayona. Él jura y perjura que fue su mujer que lo empujó; pero lo que parece

---

[1]dibujos o recortes de ondas que adornan el borde de algo
[2]partidario del partido monarquista francés
[3]*fig.:* persona feroz, cruel
[4]enojarse
[5]*fam.:* homosexual
[6]desgraciada

más cierto es que se cayó solo, animado por el mucho vino que llevaba en el vientre. Lo único
evidente es que el hombre se quedó sin pierna, y hasta que le pudieron poner el taco de pino
hubo de pasarlas moradas;[7] le echaba la culpa a la Menchu delante de todo el mundo, y no
me hubiera extrañado que, de haber podido, la moliese cualquier día a puntapiés, y una de sus
mayores congojas por entonces era la idea de que había quedado inútil.

"¡Un hombre —pensaba— que para pegarle una patada en el culo a su mujer
necesita apoyarse entre dos sillas…!"

Menchu se reía en sus propias narices de aquella cojera espectacular que le había quedado, y
Joaquín, por maldecirla, olvidaba incluso los dolores que tenía en el pie. En ese pie —¡qué cosa
más rara!— que quién sabe si a lo mejor habrían acabado por echarlo a la basura.

El hombre encontraba tan inescrutable como un arcano[8] el destino que hubiera tenido
su pie.

¿A dónde habría ido a parar?

Tiene su peligro dejar marchar un trozo de carne, así como así, en el carro de la basura. Francia es un país civilizado; pudiera ocurrir que lo encontrasen los gendarmes, que
lo llevasen, envuelto en una gabardina, como si fuera un niño enfermo, a la Prefectura[9]…
El señor comisario sonreiría lentamente, como sólo ellos saben sonreír en los momentos
culminantes de su carrera; se quitaría el palillo de la boca; se atusaría con toda parsimonia
los mostachos. Después, sacaría una lupa del cajón de la mesa y miraría el pie; los pelos del
pie, mirados con la lente, parecerían como calabrotes.[10] Después diría a los guardias, a esos
guardias viejos como barcos, pero curiosos como criadas:

—¡Está claro, muchachos, está claro!

Y los guardias se mirarían de reojo, felices de sentirse confidentes del señor comisario…¡Es
horrible! Hay ideas que acompañan como perros falderos, e ideas que desacompañan —¿cómo
diría?—, que impacientan los pensamientos como si fueran trasgos.[11] Ésta, la del pie, es de las
últimas, de las que desacompañan. Uno se siente impaciente cuando deja cavilar la imaginación
sobre estas cuestiones. Miramos con recelo a los gendarmes. Los gendarmes no son el Papa; se
pueden equivocar como cualquiera, y entonces estamos perdidos; nos llevan delante del señor
comisario; el señor comisario tampoco es el Papa; y a lo mejor acabamos en la Guayana[12]…
En la Guayana está todo infestado de malaria… A los gendarmes les está prohibido por la
conciencia pedir fuego,[13] por ejemplo, a los que pasamos por la calle, porque saben que siempre
el corazón nos da un vuelco en el pecho; les está prohibido por la conciencia; pero ellos hacen
poco caso de esta prohibición; ellos dicen que no está escrito, y no estando escrito…

Lo peor de todo lo malo que a un hombre le puede pasar es el irse convenciendo poco a
poco de que ha quedado inútil; si se convence de repente, no hay peligro: se olvidará, también
de repente, a la vuelta de cualquier mañana; lo malo es que se vaya convenciendo lentamente,
con todo cuidado, porque entonces ya no habrá quien pueda quitarle la idea de la cabeza, y
se irá quedando delgado a medida que pasa el tiempo, e irá perdiendo el color, y empezará a
padecer de insomnio, que es la enfermedad que más envenena a los criminales, y estará perdido
para siempre…

Joaquín Bonhome quería sacudirse esos pensamientos; mejor dicho: quería sacudírselos a
veces, porque otras veces se recreaba en mirar para su pata de palo, como si eso fuera muy diver-
tido, y en palparla después cariñosamente o en grabar con su navajita una J y una B, enlazadas
todo alrededor.

---

[7]pasarlo mal
[8]misterio
[9]aquí, comisaría
[10]cables gruesos
[11]duendes, espíritus
[12]país del norte de Sudamérica donde los franceses mandaban a sus prisioneros
[13]pedir que le enciendan un cigarillo

—¡Qué caramba! ¡Un hombre sin pierna es todavía un hombre! —decía constantemente como para verlo más claro.

Y después, pensaba: 80

"Ahí está Fermín, con sus dos piernas, y ¿qué?"

A Joaquín nunca le había resultado simpático el transformista. Lo encontraba, como él decía, "poco hombre para hombre, y muy delgado para mujer", y cuando aparecía por Toulouse, aunque siempre lo llevaba a parar a su casa de la rue Blanchard, lo trataba con despego y hasta con cierta dureza en ocasiones. A Fermín, cuando le decía el cuñado alguna inconveniencia, se   85
le clareaban las escamas[14] y apencaba[15] con todo lo que quisiera decirle. Su hermana, Menchu, solía decir que el ojo se lo había saltado de milagro, y no le guardaba malquerer; al contrario, lo trataba ceremoniosamente; acudía —cuando él trabajaba en el pueblo— todas las noches a contemplarlo desde su mesa del "Jo-Jo;" presumía ante las vecinas del arte de su hermano; le servía a la mesa con todo cariño grandes platos de setas;[16] que era lo que más le gustaba…   90

—¿Ha visto usted la interpretación que hizo de Raquel? ¿Ha visto usted la interpretación que hizo de la Paulowa? ¿Ha visto usted la interpretación que hizo de la "Mistinguette"? ¿Ha visto usted la interpretación que hizo de "la Argentina"?

Las vecinas no habían visto nunca nada —¡qué asco de vecinas!—, y la miraban boquiabiertas, como envidiosas; parecía que pensaban algo así como: 95

"¡Qué gusto debe dar tener un hermano artista!"

Para confesarse después íntimamente y como avergonzadas:

—Raúl no es más que bombero… Pierre es tan sólo dependiente de la tienda de M. Lafenestre… Etienne se pasó la vida acariciando con un cepillo de púas de metal las ancas de los caballos de mademoiselle D'Alaza… ¡Oh, un hermano artista!   100

Y sonreían, soñadoras, imaginándose a Raúl bailando el *Retablo de Maese Pedro*, o a Pierre girando como un torbellino en el ballet *Petruchka*, o a Etienne andando sobre las puntas de los pies como un cisne moribundo…
¡Ellos, con lo bastotes[17] que eran!
Algunas veces, las vecinas, como temerosas de ser tachadas de ignorantes, decían que sí, que   105
habían visto a Fermín —a "Garçon Basque", como se llamaba en las tablas—, y entonces estaban perdidas. Menchu las acosaba a preguntas, las arrinconaba a conjeturas, y no cejaba[18] hasta verlas, dóciles y convencidas, rendirse de admiración ante el arte de su hermano.
Joaquín, por el contrario, no sentía una exagerada simpatía por "Garçon Basque", y con frecuencia solía decir a su hermana que se había acabado eso de alojar al transformista en su desván   110
de la rue Blanchard.

—Mi casa es pobre —decía—, pero honrada, y ha de dar demasiado que hablar el traer a tu hermano a dormir a casa; no lo olvides.

Menchu porfiaba; aseguraba que la gente no se ocupaba para nada del vecino; insistía en que, después de todo, no tenía nada de malo el que una hermana llevase a dormir a casa a un   115
hermano, y acababa por vociferar, de una manera que no venía a cuento, que la casa era grande

---

[14]*fam.:* se aprehendía (o sea, se lo aguantaba)
[15]*fam.:* apechugaba (o sea, lo aceptaba)
[16]hongos muy apreciados
[17]torpes (ordinarios)
[18]*fig.:* aflojaba

y que había sitio de sobra para Fermín. Mentira, porque el cuarto era bastante angosto; pero Menchu —¡quién sabe si por cariño o por qué!— no atendía a razones y no reparaba en los argumentos de su marido, que demostraba tener más paciencia que un santo.

120   En la rue Blanchard, en realidad, no había ni un solo cuarto lo bastante amplio para alojar a un forastero. Era corta y empinada, estrecha y sucia, y las casas de sus dos aceras tenían esa pátina que sólo los años y la sangre derramada saben dar a las fachadas. La casa en cuya buhardilla vivían Joaquín Bonhome y su mujer tenía el número 17 pintado en tinta roja sobre el quicio de la puerta; tenía tres pisos divididos en izquierda y derecha y un desván, la mitad destinado a trastero

125   y la otra mitad a guarecer al mal avenido matrimonio Bonhome de las inclemencias del tiempo. En el primero vivían, en el izquierda, M. L'Epinard, funcionario de Correos retirado, y sus once hijas, que ni se casaban, ni se metían monjas, ni se fugaban con nadie, ni hacían nada útil; y en el derecha, M. Durand, gordinfloncillo y misterioso, sin profesión conocida, con mademoiselle Ivette, que escupía sangre y sonreía a los vecinos en las escaleras; en el segundo, en el izquierda,

130   M. Froitemps, rodeado de gatos y loros, que ¡quién sabe de dónde los habría sacado!, y en el derecha, M. Gaston Olive-Levy, que apestaba a azufre y que traficaba con todo lo traficable y ¡sabe Dios! si con lo no traficable también; en el tercero, en el izquierda, M. Jean-Louis López, profesor de piano, y en el derecha, madame de Bergerac-Montsouris, siempre de cofia, siempre hablando de su marido, que había sido, según ella, comandante de artillería; siempre lamentán-

135   dose del tiempo, de la carestía de la vida, de lo que robaban las criadas… En el desván, por último, y como ya hemos dicho, vivían Menchu y Joaquín, mal acondicionados en su desmantelado cuartucho, guisando en su cocinilla de serrín, que echaba tanto humo que hacía que a uno le escociesen[19] los ojos. La puerta era baja, más baja que un hombre, y para entrar en el cuarto había que agachar un poco la cabeza; Joaquín Bonhome, como era cojo, hacía una reverencia tan

140   graciosa al entrar, que daba risa verle. Entró, y, como ya sabemos, cerró la puerta tras sus espaldas.

—¿Hay algo?

—¡Nada!

Joaquín, el hombre que cuando tenía las dos piernas de carne y hueso había sido tantas cosas, se encontraba ahora, cuando de carne y hueso no tenía más que la de un lado, y cuando más lo

145   necesitaba, sin colocación alguna y a pique de ser puesto —el día menos pensado— en medio de la calle con sus cuatro bártulos y su mujer. Salía todos los días a buscar trabajo; pero, como si nada: el único que encontró, veinticinco días hacía, para llevar unos libros en la prendería de M. Barthélemy, le duró cuarenta y ocho horas, porque el amo, que, rodeado de trajes usados toda su vida, jamás se había preocupado de las cosas del espíritu, lo cogió escribiendo una poesía, y

150   lo echó.

Aquel día venía tan derrotado como todos; pero de peor humor todavía. Su mujer, ya lo sabéis, se puso como una furia…

II

El señor comisario estaba aburrido como una ostra.

155   —¡En Toulouse no pasa nada! —decía como lamentándose…

Y era verdad. En Toulouse no pasaba nada. ¿Qué suponía —a los treinta y seis años de servicio— tener que ocuparse del robo de un monedero, tener que trabajar sobre el hurto de un par de gallinas?

—¡Bah —exclamaba—, no hay aliciente![20] ¡En Toulouse no pasa nada!

---

[19]quemasen
[20]incentivo

Y se quedaba absorto, ensimismado, dibujando flores o pajaritos sobre el secante, por hacer 160
algo.

Fuera, la lluvia caía lentamente, tristemente, sobre la ciudad. La lluvia daba a Toulouse un aire
como de velatorio; en los pueblos tristes —ya es sabido— los pensamientos son tristes también,
y acaban por agobiar a los hombres de tanto como pesan.

Los guardias paseaban, rutinarios, bajo sus capotillos de hule negro, detrás de sus amplios 165
bigotes, en los que las finas gotas de lluvia dejaban temblorosas y transparentes esferitas… Hacía
ya tiempo que el señor comisario no les decía, jovial:

—¡Está claro, muchachos, está claro! —y ellos, viejos como barcos, pero curiosos como
criadas, estaban casi apagados sin aquellas palabras.

Dos bocacalles más arriba —¡el mundo es un pañuelo![21]—, en el número 17 de la rue 170
Blanchard, discutían Joaquín Bonhome, el de la pata de palo, el hombre que había sido tantas
cosas en su vida y que ahora estaba de más, y su mujer, Menchu Aguirrezabala, que tan bruta
era, con su pelambrera[22] raída y su ojo de cristal. Fermín Aguirrezabala —"Garçon Basque"—,
con su pitillo oriental entre los dedos, los miraba reñir.

—Horror al trabajo es lo que tienes, ya sé yo; por eso no encuentras empleo… 175

Joaquín aguantaba el chaparrón como mejor podía. Su mujer le increpaba de nuevo:

—Y si lo encuentras no te durará dos días. ¡Mira que a tus años y con esa pata de palo,
expulsado de un empleo, como cualquier colegial, por cazarle el jefe componiendo versos!…

Joaquín callaba por sistema; nunca decía nada. Enmudecía, y cuando se aburría de hacerlo, se
apoyaba entre dos sillas y recurría al puntapié. A su mujer le sentaba muy bien un punterazo a 180
tiempo; iba bajando la voz poco a poco, hasta que se marchaba, rezongando por lo bajo, a llorar
a cualquier rincón.

Fermín aquel día pensó intervenir, para evitar quizá que su cuñado llegase al puntapié, pero
acabó por no decidirse a meter baza.[23] Sería más prudente.

Quien estaba gritando todavía era su hermana; Joaquín aún no había empezado. Ella estaba 185
excitada como una arpía, y la agüilla —amarillita y pegajosa— que manaba de su ojo de cristal,
como si todavía destilara el ojo de carne que perdiera en Burdeos, cuando la gripe, parecía
como de color de rosa, ¡quién sabe si teñida por alguna gota de sangre!…Iba sobresaltándose
poco a poco, poniéndose roja de ira, despidiendo llamas de furor, llamas de furor a las que no
conseguía amortiguar la lluvia, que repiqueteaba, dulce, contra los cristales; aquella lluvia que 190
caía lentamente, tristemente, sobre la ciudad… Fermín estaba asustadito, sentado en su baúl y
veía desarrollarse la escena sin decidirse —tal era el aspecto de la Menchu— a intervenir; estaba
tembloroso, pálido, azorado, y en aquel momento hubiera dado cualquier cosa por no haber
estado allí. ¡Dios sabe si el pobre sospechaba lo que iba a pasar, lo que iban a acabar haciendo
con él!… 195

¡Qué lejano estaba el señor comisario de que en aquellos momentos faltaban pocos minutos
para que apareciese aquel asunto, que no acababa de producirse en Toulouse y que tan entretenido lo había de tener! Estaría a lo mejor bebiendo cerveza, o jugando al ajedrez, o hablando
de política con monsieur le docteur Sainte-Rosalie, y no se acordaría de que —¡a los treinta y

---

[21]expresión que se emplea para expresar sorpresa por alguna casualidad (como por ejemplo, cuando dos conocidos se
encuentran estando muy lejos de sus respectivas residencias)
[22]cabellera
[23]intervenir

200   seis años de servico!— en Toulouse, donde no había aliciente, donde nunca pasaba nada, iba a surgir un caso digno de él.

Joaquín había aguantado ya demasiado. Se levantó con unos andares de lobo herido que daba grima verle; arrimó dos sillas para apoyarse, se balanceó y, ¡zas!, le soltó el punterazo a su mujer. Fue cosa de un segundo: Menchu se fue, de la patada, contra la pared… Se debió de meter algún
205   gancho por el ojo de cristal… ¡Quién sabe si se le habría atragantado en la garganta!…

A Joaquín, con el susto que se llevó con la pirueta de su mujer, se conoce que se le escurrió la silla, que perdió pie; el caso es que se fue de espaldas y se desnucó.

"Garçon Basque" corría de un lado para otro, presa del pánico; cuando encontró la puerta, se echó escaleras abajo como alma que lleva el diablo. Al pasar por el primero, Ivette le sonrió
210   con su voz cantarina:

—Au revoir, "Garçon Basque"…

Al cruzar el portal, las dos hijas pequeñas de M. L'Epinard, que ni se casaban ni se metían monjas, ni se fugaban con nadie, ni hacían nada útil, le saludaron a coro:

—Au revoir, "Garçon Basque"…

215   "Garçon Basque" corría, sin saber por qué, ni hacia dónde, sin rumbo, jadeante. La lluvia seguía cayendo cuando lo detuvieron los gendarmes; esos gendarmes que no son el Papa, que se pueden equivocar como cualquiera…

"La Poste de Toulouse" apareció aquella noche con un llamativo rótulo. Los vendedores voceaban hasta enronquecer:

220   —¡El misterioso asesinato de la rue Blanchard!

El señor comisario, que tampoco es el Papa, que también se podía equivocar como cualquiera, sonreía:

—¡El misterioso asesinato de la rue Blanchard!… ¡Bah —añadía despectivo—, esos periodistas!…

225   Los guardias estaban gozosos, radiantes de alegría; el señor comisario les había vuelto a decir:

—¡Está claro, muchachos, está claro! ¡Esos transformistas! ¡Yo los encerraba a todos, como medida de precaución, para que no volviesen a ocurrir estas cosas!

.....

La Guayana está infestada de malaria: "Garçon Basque", no conseguía aclimatarse…
230   Sentado en su baúl, veía pasar las horas, los días, las semanas, los meses… No llegó a ver pasar ningún año…

Comprensión

1. ¿Por qué tuvo que irse Fermín de España? ¿Cuál es su profesión?

2. ¿Cómo perdió Joaquín su pierna?

   • Según Joaquín, ¿quién tuvo la culpa?

3. ¿Cómo perdió el ojo Menchu?

   • ¿Le tiene rencor Menchu a su hermano Fermín?

4. ¿Qué opinión tiene Joaquín de su cuñado?

5. ¿Qué les cuenta Menchu a sus vecinas de Fermín?

   • ¿Cómo reaccionan ellas?

6. ¿Por qué razón discutían Joaquín y Menchu el día que esta murió?

7. ¿Qué le hizo Joaquín a su esposa que le causó la muerte?

8. ¿Cómo murió Joaquín?

9. ¿Qué hizo Fermín al presenciar el accidente?

10. ¿A quién culpó la policía por los asesinatos? ¿Por qué?

11. ¿Qué le pasó a Fermín al final del relato?

Interpretación

1. ¿Por qué no se puede entender el corto diálogo de las líneas 3 y 4?

   • ¿Se entiende mejor en las líneas 141–142?

   • ¿Por qué se entiende el diálogo solo después de leer la línea 146 en adelante?

2. Algo semejante ocurre en el párrafo sobre los gendarmes que comienza en la línea 55. Explica cómo representa una prefiguración.

3. Explica la repetición de la cita del comisario "está claro". ¿Por qué es irónico?

4. Describe el punto de vista narrativo.

   • ¿Qué se espera de un narrador de este tipo?

5. Enumera los detalles grotescos que emplea el narrador respecto a la pata de palo de Joaquín y el ojo de cristal de Menchu.

   • ¿Por qué se podría decir que funcionan como un tipo de epíteto en el relato?

6. ¿Encuentras humor en el relato? Caracteriza el tipo de humor.

7. Describe el ambiente que sirve de trasfondo al relato. ¿Es apropiado? Explica.

8. ¿Se juega con el tiempo en el relato? Identifica ejemplos de tiempo lineal, tiempo circular y tiempo fragmentado (cinematográfico).

   • ¿Cómo son los *flash-backs* parte del juego con el tiempo?

Cultura, conexiones y comparaciones

1. Cela, en sus primeras obras después de la Guerra Civil Española, inició un estilo neonaturalista denominado "tremendismo" en que se destacaban los elementos más sórdidos y grotescos del ser humano, así como las acciones más violentas y horripilantes. Este estilo capta la desesperación del pueblo español después de la guerra. ¿Cómo se ve el tremendismo en este relato?

2. "Las medias rojas" de Bardo Bazán está escrito en el estilo naturalista. ¿Qué tienen en común el relato de Pardo Bazán y el de Cela?

   • Pero también son muy diferentes, especialmente en su estructura. Explica cómo este relato de Cela es más experimental e innovador que el de Pardo Bazán.

   • ¿Qué nos indica este dato respecto a la producción artística del siglo XX?

3. Compara las razones por emigrar de Menchu y de Fermín con las de la madre de Lazarillo, Ildara en "Las medias rojas" o los personajes de los relatos de Tomás Rivera. ¿Puedes enumerar otras razones que compelen a ciertas personas a dejar sus países?

   • ¿Siempre consiguen los inmigrantes la felicidad o bienestar que buscaban?

   • ¿Encuentra Fermín su sueño en Francia?

   • ¿Qué parece indicar el autor con este dato irónico?

4. ¿Qué otros personajes —especialmente de las obras del *Capítulo I*— sufren la marginación social como Fermín?

   • ¿Qué personas de la sociedad actual son marginados?

 5. La homosexualidad se observa muy poco en la literatura anterior al siglo XX. ¿Qué razones se podrían aportar para explicar el fenómeno?

   • ¿Qué ha pasado en la sociedad contemporánea para que esto haya cambiado?

   • Con un compañero, cita algunos ejemplos en que se observa el mundo gay en producciones artísticas actuales (cine, televisión, novelas, letras de canciones, etc.).

6. Para comentar en clase: La justicia es un discurso central de este cuento, pero hay también otros relatos donde se percibe la misma preocupación, como en el primer tratado de *Lazarillo* y el romance de Lorca. Compara la justicia en estas tres obras.

   • ¿A qué conclusión nos parece conducir los tres autores respecto a la culpabilidad?

   • En contraste, ¿cómo funciona la justicia en *El burlador de Sevilla*?

Juan Rulfo, "¿No oyes ladrar los perros?"

Autor: Juan Rulfo (1917-1986)
Nacionalidad: Mexicano
Datos biográficos: Hombre humilde que se dedicó primero al guión cinematográfico y la fotografía. Escribió muy poco, y la fama lo cogió de sorpresa. Pasó las dos últimas décadas de su vida trabajando en el Instituto Nacional Indigenista de México.
Época y movimiento cultural: Prosa del siglo XX; Boom
Obras más conocidas: Cuento: *El llano en llamas* (1953); Novela: *Pedro Páramo* (1955)
Importancia literaria: Su reducida obra capta lo universal del carácter mexicano con un estilo puro y poético. Se le considera uno de los mayores cuentistas del idioma español.

La literatura y la vida

1. ¿Cuentas con el amor y apoyo total de tus padres? ¿Hay algo terrible qué podrías hacer para perder ese patrocinio?
2. ¿Crees que las madres son más compasivas y capaces de perdonar que los padres? Explica.

En contexto

Rulfo es de la región de Jalisco en México. La parte del estado donde nació es árida, rocosa, sobria y bastante despoblada, como en este relato. Tonaya es un pueblo en el sur del estado, y su nombre proviene de una palabra indígena que significa "sol".

"¿No oyes ladrar los perros?"

—Tú que vas allá arriba, Ignacio, dime si no oyes alguna señal de algo o si ves alguna luz en alguna parte.

—No se ve nada.

—Ya debemos estar cerca.

—Sí, pero no se oye nada.   5

—Mira bien.

—No se ve nada.

—Pobre de ti, Ignacio.

La sombra larga y negra de los hombres siguió moviéndose de arriba abajo, trepándose a las piedras, disminuyendo y creciendo según avanzaba por la orilla del arroyo. Era una sola sombra,   10
tambaleante.
La luna venía saliendo de la tierra, como una llamarada redonda.

—Ya debemos estar llegando a ese pueblo, Ignacio. Tú que llevas las orejas de fuera, fíjate a ver si no oyes ladrar los perros. Acuérdate que nos dijeron que Tonaya estaba detrasito[1] del monte. Y desde qué horas que hemos dejado el monte. Acuérdate, Ignacio.   15

—Sí, pero no veo rastro de nada.

—Me estoy cansando.

—Bájame.

El viejo se fue reculando[2] hasta encontrarse con el paredón y se recargó[3] allí, sin soltar la carga de sus hombros. Aunque se le doblaban las piernas, no quería sentarse, porque después no   20
hubiera podido levantar el cuerpo de su hijo, al que allá atrás, horas antes, le habían ayudado a echárselo a la espalda. Y así lo había traído desde entonces.

---

[1]Es común del habla mexicana hacer diminutivos de las palabras (detrás → detrasito).
[2]retrocediendo
[3]acomodó mejor la carga

—¿Cómo te sientes?

—Mal.

25   Hablaba poco. Cada vez menos. En ratos parecía dormir. En ratos parecía tener frío. Temblaba. Sabía cuándo le agarraba a su hijo el temblor por las sacudidas que le daba, y porque los pies se le encajaban en los ijares como espuelas. Luego las manos del hijo, que traía trabadas en su pescuezo, le zarandeaban[4] la cabeza como si fuera una sonaja.[5]

Él apretaba los dientes para no morderse la lengua y cuando acababa aquello le preguntaba:

30   —¿Te duele mucho?

—Algo —contestaba él.

Primero le había dicho: "Apéame aquí… Déjame aquí… Vete tú solo. Yo te alcanzaré mañana o en cuanto me reponga un poco". Se lo había dicho como cincuenta veces. Ahora ni siquiera eso decía.

35   Allí estaba la luna. Enfrente de ellos. Una luna grande y colorada que les llenaba de luz los ojos y que estiraba y oscurecía más su sombra sobre la tierra.

—No veo ya por dónde voy —decía él.

Pero nadie le contestaba.

El otro iba allá arriba, todo iluminado por la luna, con su cara descolorida, sin sangre, refle-
40   jando una luz opaca. Y él acá abajo.

—¿Me oíste, Ignacio? Te digo que no veo bien.

Y el otro se quedaba callado.

Siguió caminando, a tropezones. Encogía el cuerpo y luego se enderezaba para volver a tropezar de nuevo.

45   —Éste no es ningún camino. Nos dijeron que detrás del cerro estaba Tonaya. Ya hemos pasado el cerro. Y Tonaya no se ve, ni se oye ningún ruido que nos diga que está cerca. ¿Por qué no quieres decirme qué ves, tú que vas allá arriba, Ignacio?

—Bájame, padre.

—¿Te sientes mal?

50   —Sí.

—Te llevaré a Tonaya a como dé lugar.[6] Allí encontraré quien te cuide. Dicen que allí hay un doctor. Yo te llevaré con él. Te he traído cargando desde hace horas y no te dejaré tirado aquí para que acaben contigo quienes sean.

Se tambaleó un poco. Dio dos o tres pasos de lado y volvió a enderezarse.

---

[4]movía mucho
[5]juguete que al agitarlo hace ruido
[6]sea como sea

—Te llevaré a Tonaya.   55

—Bájame.

Su voz se hizo quedita, apenas murmurada:

—Quiero acostarme un rato.

—Duérmete allí arriba. Al cabo te llevo bien agarrado.

La luna iba subiendo, casi azul, sobre un cielo claro. La cara del viejo, mojada en sudor, se   60
llenó de luz. Escondió los ojos para no mirar de frente, ya que no podía agachar la cabeza agar-
rotada entre las manos de su hijo.

—Todo esto que hago, no lo hago por usted. Lo hago por su difunta madre. Porque usted fue
su hijo. Por eso lo hago. Ella me reconvendría[7] si yo lo hubiera dejado tirado allí, donde lo encontré, y no lo hubiera recogido para llevarlo a que lo curen, como estoy haciéndolo. Es ella la   65
que me da ánimos, no usted. Comenzando porque a usted no le debo más que puras dificultades,
puras mortificaciones, puras vergüenzas.

Sudaba al hablar. Pero el viento de la noche le secaba el sudor. Y sobre el sudor seco, volvía
a sudar.

—Me derrengaré,[8] pero llegaré con usted a Tonaya, para que le alivien esas heridas que le han   70
hecho. Y estoy seguro de que, en cuanto se sienta usted bien, volverá a sus malos pasos. Eso ya
no me importa. Con tal que se vaya lejos, donde yo no vuelva a saber de usted. Con tal de eso…
Porque para mí usted ya no es mi hijo. He maldecido la sangre que usted tiene de mí. La parte
que a mí me tocaba la he maldecido. He dicho: "¡Que se le pudra en los riñones la sangre que
yo le di!" Lo dije desde que supe que usted andaba trajinando[9] por los caminos, viviendo del   75
robo y matando gente… Y gente buena. Y si no, allí está mi compadre Tranquilino. El que lo
bautizó a usted. El que le dio su nombre. A él también le tocó la mala suerte de encontrarse con
usted. Desde entonces dije: "Ése no puede ser mi hijo".

—Mira a ver si ya ves algo. O si oyes algo. Tú que puedes hacerlo desde allá arriba, porque yo
me siento sordo.   80

—No veo nada.

—Peor para ti, Ignacio.

—Tengo sed.

—¡Aguántate! Ya debemos estar cerca. Lo que pasa es que ya es muy noche y han de haber
apagado la luz en el pueblo. Pero al menos debías de oír si ladran los perros. Haz por oír.   85

—Dame agua.

—Aquí no hay agua. No hay más que piedras. Aguántate. Y aunque la hubiera, no te bajaría
a tomar agua. Nadie me ayudaría a subirte otra vez y yo solo no puedo.

---

[7]reprocharía
[8]lastimaré el espinazo
[9]andado mucho

—Tengo mucha sed y mucho sueño.

90 —Me acuerdo cuando naciste. Así eras entonces. Despertabas con hambre y comías para volver a dormirte. Y tu madre te daba agua, porque ya te habías acabado la leche de ella. No tenías llenadero.[10] Y eras muy rabioso. Nunca pensé que con el tiempo se te fuera a subir aquella rabia a la cabeza… Pero así fue. Tu madre, que descanse en paz, quería que te criaras fuerte. Creía que cuando tú crecieras irías a ser su sostén. No te tuvo más que a ti. El otro hijo que iba
95 a tener la mató. Y tú la hubieras matado otra vez si ella estuviera viva a estas alturas.

Sintió que el hombre aquel que llevaba sobre sus hombros dejó de apretar las rodillas y comenzó a soltar los pies, balanceándolos de un lado para otro. Y le pareció que la cabeza, allá arriba, se sacudía como si sollozara.

Sobre su cabello sintió que caían gruesas gotas, como de lágrimas.

100 —¿Lloras, Ignacio? Lo hace llorar a usted el recuerdo de su madre, ¿verdad? Pero nunca hizo usted nada por ella. Nos pagó siempre mal. Parece que, en lugar de cariño, le hubiéramos retacado[11] el cuerpo de maldad. ¿Y ya ve? Ahora lo han herido. ¿Qué pasó con sus amigos? Los mataron a todos. Pero ellos no tenían a nadie. Ellos bien hubieran podido decir: "No tenemos a quién darle nuestra lástima". ¿Pero usted, Ignacio?

105 Allí estaba ya el pueblo. Vio brillar los tejados bajo la luz de la luna. Tuvo la impresión de que lo aplastaba el peso de su hijo al sentir que las corvas[12] se le doblaban en el último esfuerzo. Al llegar al primer tejabán,[13] se recostó sobre el pretil de la acera y soltó el cuerpo, flojo, como si lo hubieran descoyuntado.

Destrabó difícilmente los dedos con que su hijo había venido sosteniéndose de su cuello y, al
110 quedar libre, oyó cómo por todas partes ladraban los perros.

—¿Y tú no los oías, Ignacio? —dijo—. No me ayudaste ni siquiera con esta esperanza.

Comprensión

1. ¿Cómo lleva el padre a su hijo?
   - ¿En qué condición se encuentra Ignacio?
2. ¿Qué le pide el padre al hijo? ¿Por qué?
3. ¿Por qué buscan Tonaya?
4. ¿Qué ha hecho Ignacio para que su padre le reproche tan severamente?
5. ¿Qué pasa al final del relato cuando el padre por fin baja a su hijo?

Interpretación

1. ¿Cómo funciona la voz narrativa en este relato? ¿Interpreta el narrador las acciones?
2. ¿Cómo clasificarías el estilo del diálogo en este relato?
   - ¿Qué relación podría haber entre el estilo dialogal y el espacio que atraviesan?

---

[10]*léase:* Nunca te llenabas.
[11]*mex.:* llenado mucho
[12]parte de las piernas detrás de las rodillas
[13]*mex.:* casa rústica

3. La luna es un signo constante en el relato. ¿Qué podría significar?

   • Tomando en cuenta la etimología del nombre "Tonaya", (ver *En contexto*), ¿qué podría representar la oposición entre la luna y el pueblo?

4. Aunque la madre no aparece en el relato, ¿cómo se hace sentir su presencia?

   • ¿Qué relación parece haber existido entre los dos padres de Ignacio?

5. ¿Por qué pasa el padre de usar la forma familiar a la forma formal?

   • ¿Qué efecto produce?

   • ¿En qué forma pronuncia las últimas palabras a su hijo?

6. ¿Cuáles son las últimas palabras del padre?

   • ¿Por qué termina el relato con la palabra "esperanza"?

   • ¿Crees que el padre dice la verdad cuando le dice a su hijo: "Que se le pudra en los riñones la sangre que yo le di"?

   • ¿Qué signos existen en el relato que indican el fuerte amor del padre al hijo? ¿Y del hijo al padre?

7. La parquedad de la voz narrativa no permite que se sepa con exactitud lo que ha pasado o lo que pasará en el relato. ¿Es cierto lo que dice el padre sobre las barbaridades que ha cometido Ignacio? Explica por qué.

   • ¿Podría ser sangre la gota que le cae en la frente del padre en vez de lágrima como cree?

   • ¿Por qué prefiere el padre que sea lágrima?

   • ¿Ha muerto el hijo al final?

Cultura, conexiones y comparaciones

1. Rulfo es una de las grandes figuras del Boom de la narrativa hispanoamericana, que normalmente asociamos con la experimentación con el género narrativo. Sin embargo, "¿No oyes ladrar los perros?" parece ser un ejemplo de realismo. ¿Qué tiene de experimental que podría indicar una nueva forma de narrar?

2. Ignacio parece haber sido criado en el seno de una familia que lo amaba y lo apoyaba. Sin embargo, el relato sugiere que, así y todo, salió mal, lo cual introduce un discurso sobre las fuerzas externas que determinan al individuo. En grupo, que se discuta qué es más importante en el desarrollo del individuo: los genes, la crianza, el medio ambiente, la suerte, etc.

3. Por escrito, toma una posición crítica a esta observación de William Katra:

   Cuando se analiza "No oyes ladrar los perros" ... se ... asemeja a la dramatización conmovedora de la redención cristiana. Física y simbólicamente, el padre sufre bajo el peso del hijo. Es como Cristo, que cargó la cruz como demostración de su deseo de asumir los pecados de una humanidad débil.

4. El hombre que mató Ignacio era su padrino, y hay fuertes lazos familiares entre los padres y los padrinos de los hijos en el mundo hispánico. Esta relación de 'compadrazgo' llega a ser como la de hermanos, y se llaman entre sí 'compadres'. ¿Hay algo semejante en la cultura norteamericana? Explica.

5. ¿Cómo resalta la diferencia entre el padre de Ildara en "Las medias rojas" y este de Rulfo?

   • ¿Y el padre en "El hijo" de Quiroga?

 6. Escucha el cuento leído por el propio autor en YouTube bajo "Rulfo, No oyes ladrar los perros leído por el autor". ¿Qué piensas del sonido y la cadencia del habla mexicano que emplea Rulfo?

7. Rulfo también era fotógrafo. Busca imágenes de sus fotografías por Internet, y observa en particular los paisajes de Jalisco, la región donde nació y el trasfondo de "¿No oyes ladrar los perros?". Describe cómo estos paisajes se pueden relacionar con el medio ambiente del relato.

8. Rulfo era guionista, y el cuento contiene mucho diálogo, de modo que se podría dramatizar. Que dos estudiantes practiquen la escena y la presenten a la clase.

Mario Vargas Llosa, "Día domingo"

Autor: Mario Vargas Llosa (n. 1936)
Nacionalidad: Peruano
Datos biográficos: Ha tomado una parte activa en la política de Perú, pero sus ideas neoliberales lo ubican más a la derecha que sus compañeros del Boom, con quienes ha mantenido polémicas.
Época y movimiento cultural: Novela del siglo XX; Boom
Obras más conocidas: Novela: *La ciudad y los perros* (1966), *La tía Julia y el escribidor* (1982), *La fiesta del chivo* (2000)
Importancia literaria: Es uno de los escritores del Boom con mayor fama internacional y uno de los más versátiles. Empieza escribiendo una crítica impía de la burguesía peruana y sus estructuras de poder, pero luego ensancha su mundo a incluir toda Hispanoamérica. Ganó el Premio Nobel en 2010.

La literatura y la vida

1. ¿Has tenido un interés romántico en una persona a la misma vez que un amigo o amiga tenía el mismo interés? Cuenta lo que pasó.

2. ¿Hay algunas rencillas o conflictos entre los miembros de tu círculo de amigos? Sin embargo, ¿se apoyan unos a otros en momentos difíciles? Explica.

En contexto

Este relato, como muchas de las novelas de Vargas Llosa, tiene lugar en el tradicional barrio burgués de Miraflores en Lima. Los nombres de las calles, plazas y parques son auténticos, así como la descripción de la topología de la playa.

"Día domingo"

Contuvo un instante la respiración, clavó las uñas en la palma de sus manos y dijo muy rápido: "Estoy enamorado de ti". Vio que ella enrojecía bruscamente, como si alguien hubiera golpeado sus mejillas, que eran de una palidez resplandeciente y muy suaves. Aterrado, sintió que la confusión ascendía por él y petrificaba su lengua. Deseó salir corriendo, acabar: en la taciturna mañana de invierno había surgido ese desaliento íntimo que lo abatían siempre en los momentos decisivos. Unos minutos antes, entre la multitud animada y sonriente que circulaba por el Parque Central de Miraflores,[1] Miguel se repetía aún: "Ahora. Al llegar a la Avenida Pardo. Me atreveré. ¡Ah, Rubén, si supieras como te odio!". Y antes todavía, en la iglesia, mientras buscaba a Flora con los ojos, la divisaba al pie de una columna y, abriéndose paso con los codos sin pedir permiso a las señoras que empujaba, conseguía acercársele y saludarla en voz baja, volvía a decidirme, tercamente, como esa madrugada, tendido en su lecho, vigilando la aparición de la luz: "No hay más remedio. Tengo que hacerlo hoy día. En la mañana. Ya me las pagarás, Rubén". Y la noche anterior había llorado, por primera vez en muchos años, al saber que se preparaba esa innoble emboscada. La gente seguía en el Parque y la Avenida Pardo desierta; caminaban por la alameda, bajo los ficus de cabelleras altas y tupidas. "Tengo que apurarme, pensaba Miguel, si no me friego". Miró de soslayo alrededor: no había nadie, podía intentarlo. Lentamente fue estirando su mano izquierda hasta tocar la de ella: el contacto le reveló que transpiraba. Imploró que ocurriera un milagro, que cesara aquella humillación. "Qué le digo, pensaba, qué le digo". Ella acababa de retirar su mano y él se sentía desamparado y ridículo. Todas las frases radiantes, preparadas febrilmente la víspera, se habían disuelto como globos de espuma.

—Flora —balbuceó—, he esperado mucho tiempo este momento. Desde que te conozco sólo pienso en ti. Estoy enamorado por primera vez, créeme, nunca había conocido una muchacha como tú.

Otra vez una compacta mancha blanca en su cerebro, el vacío. Ya no podía aumentar la presión: la piel cedía como jebe y las uñas alcanzaban el hueso. Sin embargo, siguió hablando, dificultosamente, con grandes intervalos, venciendo el bochornoso tartamudeo, tratando de describir una pasión irreflexiva y total, hasta descubrir, con alivio, que llegaban al primer óvalo de la Avenida Pardo, y entonces calló. Entre el segundo y tercer ficus, pasando el óvalo, vivía Flora. Se detuvieron, se miraron: Flora estaba aún encendida y la turbación había colmado sus ojos de un brillo húmedo. Desolado, Miguel se dijo que nunca le había parecido tan hermosa: una cinta azul recogía sus cabellos y él podía ver el nacimiento de su cuello, y sus orejas, dos signos de interrogación, pequeñitos y perfectos.

—Mira Miguel —dijo Flora; su voz era suave, llena de música, segura—. No puedo contestarte ahora. Pero mi mamá no quiere que ande con chicos hasta que termine el colegio.

—Todas las mamás dicen lo mismo, Flora —insistió Miguel—. ¿Cómo iba a saber ella? Nos veremos cuando tú digas, aunque sea sólo los domingos.

5

10

15

20

25

30

35

---

[1]tradicional barrio burgués de Lima

—Ya te contestaré, primero tengo que pensarlo —dijo Flora, bajando los ojos. Y después de unos segundos, añadió—: Perdona, pero ahora tengo que irme, se hace tarde.

Miguel sintió una profunda lasitud,[2] algo que se expandía por todo su cuerpo y lo
40   ablandaba.

—¿No estás enojada conmigo, Flora, no? —dijo humildemente.

—No seas sonso[3] —replicó ella, con vivacidad—. No estoy enojada.

—Esperaré todo lo que quieras —dijo Miguel. Pero nos seguiremos viendo, ¿no? ¿Iremos al cine esta tarde, no?

45   —Esta tarde no puedo —dijo ella, dulcemente—. Me ha invitado a su casa Martha.

Una correntada[4] cálida y violenta, lo invadió y se sintió herido, atontado, ante esa respuesta que esperaba y ahora parecía una crueldad. Era cierto lo que el Melanés había murmurado, torvamente,[5] a su oído, el sábado en la tarde. Martha los dejaría solos, era la táctica habitual. Después, Rubén relataría a los pajarracos cómo él y su hermana habían planeado las circunstan-
50   cias, el sitio y la hora. Martha habría reclamado, en pago de servicios, el derecho a espiar detrás de la cortina. La cólera empapó sus manos de golpe.

—No seas así, Flora. Vamos a la matinée como quedamos. No te hablaré de esto. Te prometo.

—No puedo, de veras —dijo Flora—. Tengo que ir donde Martha. Vino ayer a mi casa para
55   invitarme. Pero después iré con ella al Parque Salazar.

Ni siquiera en esas últimas palabras una esperanza. Un rato después contemplaba el lugar donde había desaparecido la frágil figurita celeste, bajo el arco majestuoso de los ficus de la avenida. Era simple competir con un simple adversario, pero no con Rubén. Recordó los nombres de las muchachas invitadas por Martha, una tarde de domingo. Ya no podía hacer nada, estaba
60   derrotado. Una vez más surgió entonces esa imagen que lo salvaba siempre que sufría una frustración: desde un lejano fondo de nubes infladas de humo negro se aproximaba él, al frente de una compañía de cadetes de la Escuela Naval, a una tribuna levantada en el Parque; personajes vestidos de etiqueta, el sombrero de copa en la mano y señoras de joyas relampagueantes lo aplaudían. Aglomerada en las veredas, una multitud en la que sobresalían los rostros de sus ami
65   gos y enemigos, lo observaba maravillada murmurando su nombre. Vestido de paño azul, una amplia capa flotando a sus espaldas, Miguel desfilaba delante, mirando al horizonte. Levantada la espada, su cabeza describía media esfera en el aire: allí, en el corazón de la tribuna estaba Flora, sonriendo. En una esquina, haraposo, avergonzado, descubría a Rubén: se limitaba a echarle una brevísima ojeada despectiva. Seguía marchando, desaparecía entre vítores.
70   Como el vaho de un espejo que se frota, la imagen desapareció. Estaba en la puerta de su casa, odiaba a todo el mundo, se odiaba. Entró y subió directamente a su cuarto. Se echó de bruces en la cama: y luego Rubén, con su mandíbula insolente, y su sonrisa hostil: estaban uno al lado del otro, se acercaban, los ojos de Rubén se torcían para mirarlo burlonamente, mientras su boca avanzaba hacia Flora.

---

[2]falta de fuerzas
[3]tonto
[4]sudor fuerte
[5]con una mirada espantosa

Saltó de la cama. El espejo del armario le mostró un rostro ojeroso, lívido. "No la verá; 75
decidió. No me hará esto, no permitiré que me haga esa perrada".

La Avenida Pardo continuaba solitaria. Acelerando el paso sin cesar, caminó hasta el cruce de
la Avenida Grau; allí vaciló. Sintió frío: había olvidado el saco en su cuarto y la sola camisa no
bastaba para protegerlo del viento que venía del mar y se enredaba en el denso ramaje de los
ficus con un suave murmullo. La temida imagen de Flora y Rubén juntos le dio valor, y siguió 80
andando. Desde la puerta del bar vecino al cine Montecarlo, los vio en la mesa de costumbre,
dueños del ángulo que formaban las paredes del fondo y de la izquierda. Francisco, el Melanés,
Tobías, el Escolar lo descubrían y, después de un instante de sorpresa, se volvían hacia Rubén,
los rostros maliciosos, excitados. Recuperó el aplomo de inmediato: frente a los hombres sí sabía
comportarse.   85

—Hola —les dijo acercándose—. ¿Qué hay de nuevo?

—Siéntate —le alcanzó una silla el Escolar—. ¿Qué milagro te ha traído por aquí?

—Hace siglos que no venías —dijo Francisco.

—Me provocó verlos —dijo Miguel, cordialmente—. Ya sabía que estaba aquí. ¿De qué se
asombran? ¿O ya no soy un pajarraco?   90

Tomó asiento entre el Melanés y Tobías. Rubén estaba al frente.

—¡Cuncho! —gritó el Escolar—. Trae un vaso. Que no esté muy mugriento.

Cuncho trajo el vaso y el Escolar lo llenó de cerveza. Miguel dijo "por los pajarracos" y
bebió.

—Por poco te tomas el vaso también —dijo Francisco—. ¡Qué ímpetus!   95

—Apuesto a que fuiste a misa de una —dijo el Melanés, un párpado plegado por la satisfacción, como siempre que iniciaba algún enredo—. ¿O no?

—Fui —dijo Miguel imperturbable—. Pero sólo para ver a una hembrita, nada más.

Miró a Rubén con ojos desafiantes, pero él no se dio por aludido; jugueteaba con los dedos
sobre la mesa y, bajito, la punta de la lengua entre los dientes, silbaba "La niña Popof", de Pérez 100
Prado.[6]

—¡Buena! —aplaudió el Melanés—. Buena, don Juan. Cuéntanos, ¿a qué hembrita?

—Eso es un secreto.

—Entre pajarracos no hay secretos —recordó Tobías—. ¿Ya te has olvidado? Anda, ¿quién
era?   105

---

[6]Pérez Prado (1916-1989), músico cubano conocido como el "Rey del mambo". Fue popularísimo en toda
Hispanoamérica.

—Qué importa —dijo Miguel.

—Muchísimo —dijo Tobías. Tengo que saber con quién andas para saber quién eres.

—Toma mientras —dijo el Melanés a Miguel— … Una a cero.

—¿A que adivino quién es? —dijo Francisco—. ¿Ustedes no?

110   —Yo ya sé —dijo Tobías.

—Y yo —dijo el Melanés. Se volvió a Rubén con ojos y voz muy inocentes—: Y tú, cuñado, ¿adivinas quién es?

—No —dijo Rubén, con frialdad—. Y tampoco me importa.

—Tengo llamitas en el estómago —dijo el Escolar—. ¿Nadie va a pedir una cerveza?

115   El Melanés se pasó un patético por la garganta:

—*I haven't money, darling* —dijo.

—Pago una botella —anunció Tobías, con ademán solemne—. A ver quién me sigue, hay que apagarle las llamitas a este baboso.

—Cuncho, bájate media docena de Cristal[7] —dijo Miguel.

120   Hubo gritos de júbilo, exclamaciones.

—Eres un verdadero pajarraco —afirmó Francisco.

—Sucio, pulguiento —agregó el Melanés—, sí señor, un pajarraco de la pitri-mitri.[8]

Cuncho trajo las cervezas. Bebieron. Escucharon al Melanés referir historias sexuales, crudas, extravagantes y afiebradas y se entabló entre Tobías y Francisco una recia polémica sobre fútbol.
125   El Escolar contó una anécdota. Venía de Lima a Miraflores en un colectivo; los demás pasajeros bajaron en la Avenida Arequipa. A la altura de Javier Prado subió el cachalote[9] Tomaso, ese albino de dos metros que sigue en primaria, vive por la Quebrada,[10] ¿ya captan?; simulando gran interés por el automóvil comenzó a hacer preguntas al chofer, inclinado hacia el asiento de adelante, mientras rasgaba con una navaja, suavemente, el tapiz del espaldar.

130   —Lo hacía porque yo estaba ahí —afirmó el Escolar—. Quería lucirse.

—Es un retrasado mental —dijo Francisco—. Esas cosas se hacen a los diez años. A su edad no tiene gracia.

—Tiene gracia lo que pasó después —rió el Escolar—. Oiga chofer, ¿no ve que este cachalote está destrozando su carro?

135   —¿Qué? —dijo el chofer, frenando en seco. Las orejas encarnadas, los ojos espantados, el cachalote Tomaso forcejeaba con la puerta.

---

[7]marca muy conocida de cerveza peruana
[8]*peru.*: de lo mejor
[9]inmensa ballena; aquí, un apodo
[10]barrio humilde de Lima

—Con su navaja —dijo el Escolar—. Fíjese como le ha dejado el asiento.

El cachalote logró salir por fin. Echó a correr por la Avenida Arequipa; el chofer iba tras él, gritando: "Agarren a ese desgraciado".

—¿Lo agarró? —preguntó el Melanés.   140

—No sé. Yo desaparecí. Y me robé la llave del motor, de recuerdo. Aquí la tengo.

Sacó de su bolsillo una pequeña llave plateada y la arrojó sobre la mesa. Las botellas estaban vacías. Rubén miró su reloj y se puso de pie.

—Me voy —dijo—. Ya nos vemos.

—No te vayas —dijo Miguel—. Estoy rico hoy día. Los invito a almorzar a todos.   145

Un remolino de palmadas cayó sobre él, los pajarracos le agradecieron con estruendo, lo alabaron.

—No puedo —dijo Rubén—. Tengo que hacer.

—Anda vete no más, buen mozo —dijo Tobías—. Y salúdame a Marthita.

—Pensaremos mucho en ti, cuñado —dijo el Melanés.   150

—No —exclamó Miguel. Invito a todos o a ninguno. Si se va Rubén, nada.

—Ya has oído, pajarraco Rubén —dijo Francisco—, tienes que quedarte.

—Tienes que quedarte —dijo el Melanés—, no hay tutías.[11]

—Me voy —dijo Rubén.

—Lo que pasa es que está borracho —dijo Miguel—. Te vas porque tienes miedo de quedar   155
en ridículo delante de nosotros, eso es lo que pasa.

—¿Cuántas veces te he llevado a tu casa boqueando?[12] —dijo Rubén—. ¿Cuántas te he ayudado a subir la reja para que no te pesque tu papá? Resisto diez veces más que tú.

—Resistías —dijo Miguel—. Ahora está difícil. ¿Quieres ver?

—Con mucho gusto —dijo Rubén—. ¿Nos vemos a la noche, aquí mismo?   160

—No. En este momento. —Miguel se volvió hacia los demás, abriendo los brazos—: Pajarracos, estoy haciendo un desafío.

Dichoso, comprobó que la antigua fórmula conservaba intacto su poder. En medio de la ruidosa alegría que había provocado, vio a Rubén sentarse, pálido.

---

[11]*léase*: No hay esperanza de salir con la tuya.
[12]*peru.*: hablando sin discreción

165   —¡Cuncho! —gritó Tobías—. El menú. Y dos piscinas de cerveza. Un pajarraco acaba de lanzar un desafío.

Pidieron bistecs a la chorrillana[13] y una docena de cerveza. Tobías dispuso tres botellas para cada uno de los competidores y las demás para el resto. Comieron hablando apenas. Miguel bebía después de cada bocado y procuraba mostrar animación, pero el temor de no resistir lo
170   suficiente crecía a medida que la cerveza depositaba en su garganta un sabor ácido. Cuando alcanzaron las seis botellas, hacía rato que Cuncho había retirado los platos.

—Ordena tú —dijo Miguel a Rubén.

—Otras tres por cabeza.

Después del primer vaso de la nueva tanda, Miguel sintió que los oídos le zumbaban; su
175   cabeza era una lentísima ruleta, todo se movía.

—Me hago pis —dijo—. Voy al baño.

Los pajarracos rieron.

—¿Te rindes? —preguntó Rubén.

—Voy a hacer pis —gritó Miguel—. Si quieres que traigan más.

180   En el baño, vomitó. Luego se lavó la cara, detenidamente, procurando borrar toda señal reveladora. Su reloj marcaba las cuatro y media. Pese al denso malestar, se sintió feliz. Rubén ya no podía hacer nada. Regresó donde ellos.

—Salud —dijo Rubén, levantando el vaso.

"Está furioso", pensó Miguel. "Pero ya lo fregué".

185   —Huele a cadáver —dijo el Melanés—. Alguien se nos muere por aquí.

—Estoy nuevecito —aseguró Miguel, tratando de dominar el asco y el mareo.

—Salud —repetía Rubén.

Cuando hubieron terminado la última cerveza, su estómago parecía de plomo, las voces de los otros llegaban a sus oídos como una confusa mezcla de ruidos. Una mano apareció de pronto
190   bajo sus ojos, era blanca y de largos dedos, lo cogía del mentón, lo obligaba a alzar la cabeza: la cara de Rubén había crecido. Estaba chistoso, tan despeinado y colérico.

—¿Te rindes, mocoso?[14]

---

[13]al estilo de Chorrillos, barrio de Lima
[14]*despect.*: comportándose como un niño majadero

Miguel se incorporó de golpe y empujó a Rubén, pero antes que el simulacro prosperara, intervino el Escolar.

—Los pajarracos no pelean nunca —dijo obligándolos a sentarse—. Los dos están borrachos.   195
Se acabó. Votación.

El Melanés, Francisco y Tobías accedieron a otorgar el empate, de mala gana.

—Yo ya había ganado —dijo Rubén—. Este no puede ni hablar. Mírenlo.

Efectivamente, los ojos de Miguel estaban vidriosos, tenía la boca abierta y de su lengua
chorreaba un hilo de saliva.   200

—Cállate —dijo el Escolar—. Tú no eres un campeón, que digamos, tomando cerveza.

—No eres un campeón tomando cerveza —subrayó el Melanés—. Sólo eres un campeón de
natación, el trome[15] de las piscinas.

—Mejor tú no hables —dijo Rubén—; ¿no ves que la envidia te corroe?

—Viva la Esther Williams de Miraflores —dijo el Melanés.   205

—Tremendo vejete y ni siquiera sabes nadar —dijo Rubén—. ¿No quieres que te de unas
clases?

—Ya sabemos, maravilla —dijo el Escolar—. Has ganado un campeonato de natación. Y
todas las chicas se mueren por ti. Eres un campeoncito.

—Este no es campeón de nada —dijo Miguel con dificultad—. Es pura pose.[16]   210

—Te estás muriendo —dijo Rubén—. ¿Te llevo a tu casa, niñita?

—No estoy borracho —aseguró Miguel—. Y tú eres pura pose.

—Estás picado porque le voy a caer[17] a Flora —dijo Rubén—. Te mueres de celos. ¿Crees
que no capto las cosas?

—Pura pose —dijo Miguel—. Ganaste porque tu padre es Presidente de la Federación, todo   215
el mundo sabe que hizo trampa, sólo por eso ganaste.

—Por lo menos nado mejor que tú —dijo Rubén—, que ni siquiera sabes correr olas.

—Tú no nadas mejor que nadie —dijo Miguel—. Cualquiera te deja botado.

—Cualquiera —dijo el Melanés—. Hasta Miguel que es una madre.

—Permítanme que me sonría —dijo Rubén.   220

—Te permitimos —dijo Tobías—. No faltaba más.

—Se me sobran porque estamos en invierno —dijo Rubén—. Si no, los desafiaba a ir a la
playa, a ver si en el agua también son tan sobrados.[18]

---

[15]*peru.:* diestro, experto
[16]artificio, afectación
[17]*peru.:* declararle el amor
[18]*peru.:* vanidosos, confiados

—Ganaste el campeonato por tu padre —dijo Miguel—. Eres pura pose. Cuando quieras
225   nadar conmigo, me avisas no más, con toda confianza. En la playa, en el Terrazas, donde quieras.

—En la playa —dijo Rubén—. Ahora mismo.

—Eres pura pose —dijo Miguel.

El rostro de Rubén se iluminó de pronto y sus ojos, además de rencorosos, se volvieron
arrogantes.

230   —Te apuesto a ver quién llega primero a la reventazón —dijo.

—Pura pose —dijo Miguel.

—Si ganas —dijo Rubén—, te prometo que no le caigo a Flora. Y si yo gano, tú te vas con
la música a otra parte.

—¿Qué te has creído? —balbuceó Miguel—. Maldita sea, ¿qué es lo que te has creído?

235   —Pajarracos —dijo Rubén, abriendo los brazos—, estoy haciendo un desafío.

—Miguel no está en forma ahora —dijo el Escolar—. ¿Por qué no se juegan a Flora a cara
o sello.[19]

—Y tú por qué te metes —dijo Miguel—. Acepto. Vamos a la playa.

—Están locos —dijo Francisco—. Yo no bajo a la playa con este frío. Hagan otra apuesta.

240   —He aceptado —dijo Rubén—. Vamos.

—Cuando un pajarraco hace un desafío, todos se meten la lengua al bolsillo —dijo
Melanés—. Vamos a la playa. Y si no se atreven a entrar al agua, los tiramos nosotros.

—Los dos están borrachos —insistió el Escollar—. El desafío no vale.

—Cállate, Escolar —rugió Miguel—. Ya estoy grande, no necesito que me cuides.

245   —Bueno —dijo el Escolar, encogiendo los hombros—. Friégate, no más.

Salieron. Afuera los esperaba una atmósfera quieta, gris. Miguel respiró hondo; se sintió mejor.
Caminaban adelante Francisco, el Melanés y Rubén. Atrás, Miguel y el Escolar. En la Avenida
Grau había transeúntes; la mayoría sirvientas de trajes chillones, en su día de salida. Hombres
cenicientos, de gruesos cabellos lacios, merodeaban a su alrededor y las miraban con codicia;
250   ellas reían mostrando sus dientes de oro. Los pajarracos no les prestaban atención. Avanzaban a
grandes trancos y la excitación los iba ganando, poco a poco.

—¿Ya te pasó? —dijo el Escolar.

—Sí —respondió Miguel—. El aire me ha hecho bien.

---

[19]cuando se lanza una moneda para ver quién gana

En la esquina de la Avenida Pardo, doblaron. Marchaban desplegados como una escuadra, en una misma línea, bajo los ficus de la alameda, sobre las losetas hinchadas a trechos por las enormes raíces de los árboles que irrumpían a veces en la superficie como garfios. Al bajar por la Diagonal, cruzaron a dos muchachas. Rubén se inclinó, ceremonioso.   255

—Hola, Rubén —cantaron ellas, a dúo.

Tobías las imitó, aflautando la voz: —Hola, Rubén, príncipe.

La Avenida Diagonal desemboca en una pequeña quebrada que se bifurca: por un lado, serpentea el Malecón, asfaltado y lustroso; por el otro, hay una pendiente que contornea el cerro y llega hasta el mar. Se llama "la bajada a los baños", su empedrado es parejo y brilla por el repaso de las llantas de los automóviles y los pies de los bañistas de muchísimos veranos.   260

—Entremos en calor, campeones —gritó el Melanés, echándose a correr. Los demás lo imitaron.   265

Corrían contra el viento y la delgada bruma que subía desde la playa, sumidos en un emocionante torbellino; por sus oídos, su boca y sus narices penetraba el aire a sus pulmones y una sensación de alivio y desintoxicación se expandía por su cuerpo a medida que el declive se acentuaba y en un momento sus pies no obedecían ya sino a una fuerza misteriosa que provenía de lo más profundo de la tierra. Los brazos como hélices, en sus lenguas un aliento salado, los pajarracos descendieron la bajada a toda carrera, hasta la plataforma circular, suspendida sobre el edificio de las casetas.   270

El mar se desvanecía a unos cincuenta metros de la orilla, en una espesa nube que parecía próxima a arremeter contra los acantilados, altas moles oscuras plantadas a lo largo de toda la bahía.

—Regresemos —dijo Francisco—. Tengo frío…   275

Al borde de la plataforma hay un cerco manchado a pedazos por el musgo. Una abertura señala el comienzo de la escalerilla, casi vertical, que baja hasta la playa. Los pajarracos contemplaban desde allí, a sus pies, una breve cinta de agua libre, y la superficie inusitada, gaseosa, donde la neblina se confundía con la espuma de las olas.

—Me voy si éste se rinde —dijo Rubén.   280

—¿Quién habla de rendirse? —repuso Miguel—. ¿Pero qué te has creído?

Rubén bajó la escalerilla de tres en tres escalones, a la vez que desabotonaba la camisa.

—¡Rubén! —gritó el Escolar—. ¿Estás loco? ¡Regresa!

Pero Miguel y los otros también bajaban y el Escolar los siguió.

En el verano, desde la baranda del largo y angosto edificio recostado contra el cerro, donde   285
se hallan los cuartos de los bañistas, hasta el límite curvo del mar, había un declive de piedras plomizas donde la gente se asoleaba. La pequeña playa hervía de animación desde la mañana hasta el crepúsculo. Ahora el agua ocupaba el declive y no había sombrillas de colores vivísimos, ni muchachas elásticas de cuerpos tostados, no resonaban los gritos melodramáticos de los niños y de las mujeres cuando una ola conseguía salpicarlos, antes de regresar arrastrando rumorosas   290
piedras y guijarros, no se veía ni un hilo de playa pues la corriente inundaba hasta el espacio limitado por las sombrías columnas que mantienen el edificio en vilo y, en el momento de la

resaca, apenas se descubrían los escalones de madera y los soportes de cemento, decorados por estalactitas y algas.

295   —La reventazón[20] no se ve —dijo Rubén—. ¿Cómo hacemos?

Estaban en la galería de la izquierda, en el sector correspondiente a las mujeres; tenían los rostros serios.

—Esperen hasta mañana —dijo el Escolar—. Al medio día estará despejado. Así podremos controlarlos.

300   —Ya que hemos venido hasta aquí, que sea ahora —dijo el Melanés—. Pueden controlarse ellos mismos.

—Me parece bien —dijo Rubén—. ¿Y a ti?

—También —dijo Miguel.

Cuando estuvieron desnudos, Tobías bromeó acerca de las venas azules que escalaban el
305   vientre liso de Miguel. Descendieron. La madera de los escalones, lamida incesantemente por el agua desde hacía meses, estaba resbaladiza y muy suave. Prendido al pasamanos de hierro para no caer, Miguel sintió un estremecimiento que subía desde la planta de sus pies al cerebro. Pensó que, en cierta forma, la neblina y el frío lo favorecían, el éxito ya no dependía de la destreza, sino sobre todo de la resistencia, y la piel de Rubén estaba también cárdena, replegada en millones
310   de capas pequeñísimas. Un escalón más abajo, el cuerpo armonioso de Rubén se inclinó: tenso, aguardaba el final de la resaca y la llegada de la próxima ola, que venía sin bulla, airosamente, despidiendo por delante una bandada de trocitos de espuma. Cuando la cresta de la ola estuvo a dos metros de la escalera, Rubén se arrojó; los brazos como lanzas, los cabellos alborotados por la fuerza del impulso, su cuerpo cortó el aire rectamente y cayó sin doblarse, sin bajar la cabeza
315   ni plegar las piernas, rebotó en la espuma, se hundió apenas y, de inmediato, aprovechando la marea, se deslizó hacia adentro; sus brazos aparecían y se hundían entre un burbujeo frenético y sus pies iban trazando una estela cuidadosa y muy veloz. A su vez, Miguel bajó otro escalón y esperó la próxima ola. Sabía que el fondo era allí escaso, que debía arrojarse como una tabla, duro y rígido, sin mover un músculo, o chocaría contra las piedras. Cerró los ojos y saltó y no
320   encontró el fondo, pero su cuerpo fue azotado desde la frente hasta las rodillas, y surgió un vivísimo escozor mientras braceaba con todas sus fuerzas para devolver a sus miembros el calor que el agua les había arrebatado de golpe. Estaba en esa extraña sección del mar de Miraflores vecina a la orilla, donde se encuentran la resaca y las olas, y hay remolinos y corrientes encontradas, y el último verano distaba tanto que Miguel había olvidado cómo franquearla sin esfuerzo.
325   No recordaba que es preciso aflojar el cuerpo y abandonarse, dejarse llevar sumisamente a la deriva, bracear sólo cuando se salva una ola y se está sobre la cresta, en esa plancha líquida que escolta a la espuma y flota encima de las corrientes. No recordaba que conviene soportar con paciencia y cierta malicia ese primer contacto con el mar exasperado de la orilla que tironea los miembros y avienta chorros a la boca y los ojos, no ofrecer resistencia, ser un corcho, limitarse
330   a tomar aire cada vez que una ola se avecina, sumergirse —apenas, si reventó lejos y viene sin ímpetu, o hasta el mismo fondo, si el estallido es cercano—, aferrarse a alguna piedra y esperar atento el estruendo sordo de su paso, para emerger de un solo impulso y continuar avanzando, disimuladamente, con las manos, hasta encontrar un nuevo obstáculo y entonces ablandarse, no combatir contra los remolinos, girar voluntariamente en la espiral lentísima y escapar de pronto,

---

[20]donde las olas dan con fuerza en los peñascos

en el momento oportuno, de un solo manotazo. Luego, surge de improviso una superficie calma, 335
conmovida por tumbos inofensivos; el agua es clara, llana y en algunos puntos se divisan las
opacas piedras submarinas.

Después de atravesar la zona encrespada, Miguel se detuvo, exhausto, y tomó aire. Vio a
Rubén a poca distancia, mirándolo. El pelo le caía sobre la frente en cerquillo; tenía los dientes
apretados. 340

—¿Vamos?

—Vamos.

A los pocos minutos de estar nadando, Miguel sintió que el frío, momentáneamente desaparecido, lo invadía de nuevo, y apuró el pataleo porque era en las piernas, en las pantorrillas
sobre todo, donde el agua actuaba con mayor eficacia, insensibilizándolas primero, luego endure- 345
ciéndolas. Nadaba con la cara sumergida y, cada vez que el brazo derecho se hallaba afuera,
volvía la cabeza para arrojar el aire retenido y tomar otra provisión, con la que hundió una vez
más la frente y la barbilla, apenas, para no frenar su propio avance y, al contrario, hendir el agua
como una proa y facilitar el desliz. A cada brazada veía con un ojo a Rubén, nadando sobre la
superficie, suavemente, sin esfuerzo, sin levantar espuma ahora, con la delicadeza y la facilidad 350
de una gaviota que planea. Miguel trataba de olvidar a Rubén y al mar y a la reventazón (que
debía estar lejos aún, pues el agua era limpia, sosegada y sólo atravesaban tumbos recién iniciados),
quería recordar únicamente el rostro de Flora, el vello de sus brazos que los días de sol centel-
leaba como un diminuto bosque de hilos de oro, pero no podía evitar que, a la imagen de la
muchacha, sucediera otra, brumosa, excluyente, atronadora, que caía sobre Flora y la ocultaba, 355
la imagen de una montaña de agua embravecida, no precisamente la reventazón (a la que había
llegado una vez, hacía dos veranos, y cuyo oleaje era intenso, de espuma verbosa y negruzca,
porque en ese lugar, más o menos, terminaban las piedras y empezaba el fango que las olas
extraían a la superficie y entreveraban con los nidos de algas y malaguas, tiñendo el mar), sino,
más bien, en un verdadero océano removido por cataclismos interiores, en el que se elevaban 360
olas descomunales, que hubieran podido abrazar a un barco entero y lo hubieran revuelto con
asombrosa rapidez, despidiendo por los aires a pasajeros, lanchas, mástiles, velas, boyas, marineros,
ojos de buey y banderas.

Dejó de nadar, su cuerpo se hundió hasta quedar vertical, alzó la cabeza y vio a Rubén que
se alejaba. Pensó en llamarlo con cualquier pretexto, decirle por ejemplo "por qué no des- 365
cansamos un momento", pero no lo hizo. Todo el frío de su cuerpo parecía concentrarse en las
pantorrillas, sentía los músculos agarrotados, la piel tirante, el corazón acelerado. Movió los pies
febrilmente. Estaba en el centro de un círculo de agua oscura, amurallado por la neblina. Trató
de distinguir la playa, cuando menos la sombra de los acantilados, pero esa gasa equívoca que se
iba disolviendo a su paso, no era transparente. Sólo veía una superficie breve, verde negruzco y 370
un manto de nubes, a ras del agua. Entonces, sintió miedo. Lo asaltó el recuerdo de la cerveza
que había bebido, y pensó "fijo que eso me ha debilitado". Al instante preciso que sus brazos y
piernas desaparecían, decidió regresar, pero después de unas brazadas en dirección a la playa, dio
media vuelta y nadó lo más ligero que pudo. "No llego a la orilla solo, se decía, mejor estar cerca
de Rubén, si me agoto le diré me ganaste pero regresemos". Ahora nadaba sin estilo, la cabeza 375
en alto, golpeando el agua con los brazos tiesos, la vista clavada en el cuerpo imperturbable que
lo precedía.

La agitación y el esfuerzo desentumieron[21] sus piernas, su cuerpo recobró algo de calor, la
distancia que lo separaba de Rubén había disminuido y eso lo serenó. Poco después lo alcanzaba;

---

[21]prohibieron la agilidad

380   estiró un brazo, cogió uno de sus pies. Instantáneamente el otro se detuvo. Rubén tenía muy
enrojecidas las pupilas y la boca abierta.

—Creo que nos hemos torcido —dijo Miguel—. Me parece que estamos nadando de
costado a la playa.

Sus dientes castañearon, pero su voz era segura. Rubén miró a todos lados. Miguel lo
385   observaba, tenso.

—Ya no se ve la playa —dijo Rubén.

—Hace mucho rato que no se ve —dijo Miguel—. Hay mucha neblina.

—No nos hemos torcido —dijo Rubén—. Ya se ve la espuma.

En efecto, hasta ellos llegaban unos tumbos condecorados por una orla de espuma que se
390   disolvía y, repentinamente, rehacía. Se miraron, en silencio.

—Ya estamos cerca de la reventazón, entonces —dijo, al fin, Miguel.

—Sí, hemos nadado rápido.

—Nunca había visto tanta neblina.

—¿Estás muy cansado? —preguntó Rubén.

395   —¿Yo? Estás loco. Sigamos.

Inmediatamente lamentó esa frase, pero ya era tarde, Rubén había dicho "bueno, sigamos".
Llegó a contar veinte brazadas antes de decirse que no podía más: casi no avanzaba, tenía la pierna derecha semi-inmovilizada por el frío, sentía los brazos torpes y pesados. Acezando[22] gritó
"¡Rubén!". Este seguía nadando. "¡Rubén, Rubén!". Giró y comenzó a nadar hacia la playa, a
400   chapotear más bien, con desesperación, y de pronto rogaba a Dios que lo salvara, sería bueno en
el futuro, obedecería a sus padres, no faltaría a la misa del domingo y, entonces, recordó haber
confesado a los pajarracos "voy a la iglesia sólo a ver una hembrita" y tuvo una certidumbre
como una puñalada, Dios iba a castigarlo ahogándolo en esas aguas turbias que golpeaba frenético, aguas bajo las cuales lo aguardaba una muerte atroz y, después, quizá, el infierno. En su
405   angustia surgió entonces como un eco, cierta frase pronunciada alguna vez por el padre Alberto
en la clase de religión, sobre la bondad divina que no conoce límites, y mientras azotaba el mar
con los brazos —sus piernas colgaban como plomadas transversales—, moviendo los labios rogó
a Dios que fuera bueno con él, que era tan joven, y juró que iría al seminario si se salvaba, pero
un segundo después rectificó, asustado, y prometió que en vez de hacerse sacerdote haría sacri-
410   ficios y otras cosas, daría limosnas y ahí descubrió que la vacilación y el regateo en ese instante
crítico podían ser fatales y entonces sintió los gritos enloquecidos de Rubén, muy próximos, y
volvió la cabeza y lo vio, a unos diez metros, media cara hundida en el agua, agitando un brazo,
implorando:

"¡Miguel, hermanito, ven, me ahogo, no te vayas!"

---

[22]jadeando

Quedó perplejo, inmóvil, y fue de pronto como si la desesperación de Rubén fulminara la 415
suya, sintió que recobraba el coraje, la rigidez de sus piernas se atenuaba.

—Tengo calambre en el estómago —chillaba Rubén—. No puedo más, Miguel. Sálvame, por
lo que más quieras, no me dejes, hermanito.

Flotaba hacia Rubén y ya iba a acercársele cuando recordó, los náufragos sólo atinan a
prenderse como tenazas de sus salvadores, y los hunden con ellos, y se alejó, pero los gritos lo 420
aterraban y presintió que si Rubén se ahogaba él tampoco llegaría a la playa, y regresó. A dos
metros de Rubén, algo blanco y encogido que se hundía y emergía, gritó:

"No te muevas, Rubén, te voy a jalar pero no trates de agarrarme, si me agarras nos hundimos,
Rubén, te vas a quedar quieto, hermanito, yo te voy a jalar de la cabeza, pero no me toques".

Se detuvo a una distancia prudente, alargó una mano hasta alcanzar los cabellos de Rubén. 425
Principió a nadar con el brazo libre, esforzándose todo lo posible para ayudarse con las piernas.
El desliz era lento, muy penoso, acaparaba[23] todos sus sentidos, apenas escuchaba a Rubén quejarse monótonamente, lanzar de pronto terribles alaridos, "me voy a morir, sálvame Miguel",
o estremecerse por las arcadas. Estaba exhausto cuando se detuvo. Sostenía a Rubén con una
mano, con la otra trazaba círculos en la superficie. Respiró hondo por la boca. Rubén tenía la 430
cara contraída por el dolor, los labios plegados en una mueca insólita.

—Hermanito —susurró Miguel—, ya falta poco, haz un esfuerzo. Contesta, Rubén. Grita.
No te quedes así.

Lo abofeteó con fuerza y Rubén abrió los ojos; movió la cabeza débilmente.

—Grita, hermanito —repitió Miguel—. Trata de estirarte. Voy a sobarte el estómago. Ya falta 435
poco, no te dejes vencer.

Su mano buscó bajo el agua, encontró una bola dura que nacía en el ombligo de Rubén y
ocupaba gran parte del vientre. La repasó, muchas veces, primero despacio, luego fuertemente,
y Rubén gritó:

"¡No quiero morirme, Miguel, sálvame!" 440

Comenzó a nadar de nuevo, arrastrando a Rubén esta vez de la barbilla. Cada vez que un
tumbo los sorprendía, Rubén se atragantaba, Miguel le indicaba a gritos que escupiera. Y siguió
nadando, sin detenerse un momento, cerrando los ojos a veces, animado porque en su corazón
había brotado una especie de confianza, algo caliente y orgulloso, estimulante, que lo protegía
contra el frío y la fatiga. Una piedra raspó uno de sus pies y él dio un grito y apuró. Un mo- 445
mento después podía pararse y pasaba los brazos en torno a Rubén. Teniéndolo apretado contra
él, sintiendo su cabeza apoyada en uno de sus hombros, descansó largo rato. Luego ayudó a
Rubén a extenderse de espaldas, y soportándolo en el antebrazo, lo obligó a estirar las rodillas: le
hizo masajes en el vientre hasta que la dureza fue cediendo. Rubén ya no gritaba, hacía grandes
esfuerzos por estirarse del todo y con sus dos manos se frotaba también. 450

—¿Estás mejor?

—Sí, hermanito, ya estoy bien. Salgamos.

---

[23]consumía

Una alegría inexpresable los colmaba mientras avanzaban sobre las piedras, inclinados hacia adelante para enfrentar la resaca, insensibles a los erizos. Al poco rato vieron las aristas de los
455   acantilados, el edificio de los baños y, finalmente, ya cerca de la orilla, a los pajarracos, de pie en la galería de las mujeres, mirándolos.

—Oye —dijo Rubén.

—Sí.

—No les digas nada. Por favor, no les digas que he gritado. Hemos sido siempre muy amigos,
460   Miguel. No me hagas eso.

—¿Crees qué soy un desgraciado? —dijo Miguel—. No diré nada, no te preocupes.

Salieron tiritando. Se sentaron en la escalerilla, entre el alboroto de los pajarracos.

—Ya nos íbamos a dar el pésame a las familias —decía Tobías.

—Hace más de una hora que están adentro —dijo el Escolar—. Cuenten, ¿cómo ha sido la
465   cosa?

Hablando con calma, mientras se secaba el cuerpo con la camiseta, Rubén explicó:

—Nada. Llegamos a la reventazón y volvimos. Así somos los pajarracos. Miguel me ganó. Apenas, por una puesta de mano. Claro que si hubiera sido en una piscina, habría quedado en ridículo.

470   Sobre la espalda de Miguel, que se había vestido sin secarse, llovieron las palmadas de felicitación.

—Te estás haciendo un hombre —le decía el Melanés.

Miguel no respondió. Sonriendo, pensaba que esa misma noche iría al Parque Salazar; todo Miraflores sabría ya, por boca del Melanés, que había vencido esa prueba heroica y Flora lo
475   estaría esperando con los ojos brillantes. Se abría, frente a él, un porvenir dorado.

Comprensión

1. ¿Por qué está Miguel tan nervioso al principio del relato?
2. ¿Por qué no quiere Miguel que Rubén vaya a la casa de Martha?
   - ¿Qué hace para que Rubén no vaya?
3. ¿Por qué beben tanta cerveza? ¿Qué les pasa a los dos chicos como resultado?
4. ¿Por qué deciden competir en la natación?
   - ¿Quién de los dos parece tener la ventaja? ¿Por qué?
5. ¿Por qué intentan los amigos a disuadirlos de hacer la carrera?
   - ¿Por qué no les hacen caso Miguel y Rubén?
6. ¿Por qué no se rinde Miguel a pesar del miedo que tiene?

7. ¿Qué le pasó a Rubén?

   • ¿Qué hizo Miguel?

8. ¿Qué le pide Rubén a Miguel al final?

   • ¿Cumple Miguel con la súplica? ¿Por qué?

Interpretación

1. El relato empieza *in medias res*. Hay una situación que ha ocurrido antes de empezar la acción que el narrador no cuenta directamente, pero que da abundantes indicios para que el lector pueda reconstruirla. ¿Qué está pasando con Miguel, Rubén y Flora?

2. Caracteriza el papel del narrador. ¿Es alguien que conoce bien el medio ambiente del relato? ¿Cómo se sabe?

   • ¿Es objetivo? Explica.

3. ¿Quiénes son los 'pajarracos'? Describe en detalle la relación entre ellos y las reglas que definen su comportamiento.

4. ¿Qué papel hace Flora? ¿Es un personaje importante?

   • ¿Hasta qué punto se puede decir que Flora es únicamente un trofeo?

5. ¿Cómo capta el autor la borrachera de los dos muchachos en el diálogo?

6. ¿Qué podría ser el propósito de la anécdota que cuenta Escolar sobre lo que hizo Tomaso en el colectivo?

   • ¿Se burla de Tomaso solo por lo que hizo o por otras cosas? (Pista: La Quebrada es un barrio pobre de Lima).

   • ¿Qué ironía se percibe al final de la anécdota cuando el Escolar muestra la llave que le robó al chofer?

7. ¿A quiénes describe el narrador en las líneas 246–249?

   • ¿Les presta atención la pandilla de amigos?

   • ¿Por qué incluir este detalle?

8. ¿Cómo ambienta el autor la escena junto al mar?

   • ¿Cómo describe la carrera en alta mar?

   • ¿Por qué emplea tanto detalle?

   • ¿Crees que la carrera pudiera contener un subtexto relativo a otra cosa? Explica.

9. ¿Por qué salva Miguel a su rival?

   • ¿Qué indica su abnegación?

   • ¿Es la acción de Miguel un reflejo de su carácter personal o de su obligación al grupo? Explica.

10. ¿Vacila en algún momento Miguel ante la súplica de Rubén al final del relato? ¿Qué indica este dato?

   • Se hace la misma pregunta que en la pregunta anterior: ¿Es la acción de Miguel un reflejo de su carácter personal o de su obligación al grupo? Explica.

11. "Día domingo" es esencialmente una pequeña viñeta de los adolescentes de la clase burguesa limeña. Caracteriza ese mundillo. Incluye sus nociones de las mujeres, el machismo, la fidelidad, su preocupación social, su egoísmo, etc.

- ¿Crees que se pinta un cuadro positivo o negativo de la burguesía limeña? Explica.

Cultura, conexiones y comparaciones

1. Aunque Vargas Llosa forma parte del Boom, cuando hubo mucha experimentación con las formas narrativas, este relato es bastante tradicional. ¿Qué comparte con otras narraciones realistas?

- ¿Cómo podría ser diferente?

2. "Día domingo" se basa en un arquetipo muy común: dos hombres enamorados de la misma mujer. Se ve este arquetipo en el mito de Helena de Troya, el drama de Shakespeare *Two gentlemen of Verona* (1590), la novela *Wuthering Heights* de Emily Bronte (1818-1848), la película *Casablanca* (1942), etc. ¿Se te ocurren otros ejemplos de películas, canciones o series de televisión populares con la misma trama?

- ¿Por qué escogería Vargas Llosa una trama tan común?

3. El relato también juega con el arquetipo del héroe. ¿Qué es, comúnmente, el héroe en un desafío como el que se presenta en este cuento?

- Sin embargo, ¿cómo se distingue el héroe en este relato?

4. El relato se escribe en los años 50 del siglo XX. Se mencionan dos figuras de la cultura popular: Pérez Prado (1916-1989) y Esther Williams (n. 1921). Si no los conoces, búscalos por Internet. Es la época de Elvis Presley y *rock and roll*. ¿Conoces algunas películas norteamericanas que captan ese período de tiempo?

- ¿Ves algunas semejanzas entre el comportamiento de los 'pajarracos' y los jóvenes norteamericanos reflejados en esas películas?

5. ¿Cómo se refleja el modo en que los chicos cortejaban las chicas en esa época?

- ¿Era diferente en los Estados Unidos?
- ¿Cómo es diferente hoy día?

6. A pesar de ser un cuadro de adolescentes burgueses limeños, ¿qué contiene el relato que es típico de todos los adolescentes?

- ¿Reconoces en el cuento cosas que te pasaron a ti a esa edad?

Gabriel García Márquez, "La siesta del martes"

Autor: Gabriel García Márquez (n. 1927)

Nacionalidad: Colombiano

Datos biográficos: Fue periodista y guionista antes de escribir novelas. Mucho de su mundo ficticio tiene lugar en Macondo, una recreación de su pueblo natal en la costa caribeña colombiana. Ha usado su fama como escritor para promover sus ideas políticas de izquierdas.

Época y movimiento cultural: Narrativa del siglo XX; Boom latinoamericano; Realismo mágico

Obras más conocidas: Novelas: *Cien años de soledad* (1967), *El amor en los tiempos del cólera* (1987); Cuentos: *La increíble historia de la cándida Eréndira y de su abuela desalmada* (1977)

Importancia literaria: Premio Nobel en 1982. Posee una de las imaginaciones literarias más prodigiosas del idioma español, y se le asocia con el Realismo mágico. Es actualmente el escritor en lengua española más reconocido mundialmente.

La literatura y la vida

1. ¿Son la pobreza y la dignidad incompatible? Explica.
2. ¿Hay situaciones en que el robo puede ser justificado y perdonado? Explica.

En contexto

El relato tiene de trasfondo la industria bananera de la costa norte de Colombia. Estas empresas eran conocidas por la explotación de sus trabajadores. (Véase Pablo Neruda, "United Fruit Co." en el *Capítulo I*.) Ese código de injusticia se ve repetido en muchos de los temas del relato.

"La siesta del martes"

El tren salió del trepidante[1] corredor de rocas bermejas, penetró en las plantaciones de banano, simétricas e interminables, y el aire se hizo húmedo y no se volvió a sentir la brisa del mar. Una humareda sofocante entró por la ventanilla del vagón. En el estrecho camino paralelo a la vía férrea había carretas de bueyes cargadas de racimos verdes. Al otro lado del camino, en intempestivos espacios sin sembrar, había oficinas con ventiladores eléctricos, campamentos de ladrillos rojos y residencias con sillas y mesitas blancas en las terrazas entre palmeras y rosales polvorientos. Eran las once de la mañana y aún no había empezado el calor.

5

—Es mejor que subas el vidrio —dijo la mujer—. El pelo se te va a llenar de carbón.

---

[1] que tiembla suavemente como en un terremoto

La niña trató de hacerlo pero la persiana estaba bloqueada por óxido.

10   Eran los únicos pasajeros en el escueto[2] vagón de tercera clase. Como el humo de la locomotora siguió entrando por la ventanilla, la niña abandonó el puesto y puso en su lugar dos únicos objetos que llevaban; una bolsa de material plástico con cosas de comer y un ramo de flores envuelto en papel de periódicos. Se sentó en el asiento opuesto, alejada de la ventanilla, de frente a su madre. Ambas guardaban un luto riguroso y pobre.

15   La niña tenía doce años y era la primera vez que viajaba. La mujer parecía demasiado vieja para ser su madre, a causa de las venas azules en los párpados y del cuerpo pequeño, blando y sin formas, en un traje cortado como una sotana. Viajaba con la columna vertebral firmemente apoyada contra el espaldar del asiento, sosteniendo en el regazo[3] con ambas manos una cartera de charol[4] desconchado.[5] Tenía la serenidad escrupulosa de la gente acostumbrada a la pobreza.

20   A las doce había empezado el calor. El tren se detuvo diez minutos en una estación sin pueblo para abastecerse[6] de agua. Afuera, en el misterioso silencio de las plantaciones, la sombra tenía un aspecto limpio. Pero el aire estancado dentro del vagón olía a cuero sin curtir.[7] El tren no volvió a acelerar. Se detuvo en dos pueblos iguales, con casas de madera pintadas de colores vivos. La mujer inclinó la cabeza y se hundió en el sopor.[8] La niña se quitó los zapatos. Después

25   fue a los servicios sanitarios a poner en agua el ramo de flores muertas.

Cuando volvió al asiento la madre la esperaba para comer. Le dio un pedazo de queso, medio bollo[9] de maíz y una galleta dulce, y sacó para ella de la bolsa de material plástico una ración igual. Mientras comían, el tren atravesó muy despacio un puente de hierro y pasó de largo por un pueblo igual a los anteriores, sólo que en éste había una multitud en la plaza. Una banda de

30   músicos tocaba una pieza alegre bajo el sol aplastante.[10] Al otro lado del pueblo, en una llanura cuarteada[11] por la aridez, terminaban las plantaciones.

La mujer dejó de comer.

—Ponte los zapatos —dijo.

La niña miró hacia el exterior. No vio nada más que la llanura desierta por donde el tren

35   empezaba a correr de nuevo, pero metió en la bolsa el último pedazo de galleta y se puso rápidamente los zapatos. La mujer le dio la peineta.

—Péinate —dijo.

El tren empezó a pitar mientras la niña se peinaba. La mujer se secó el sudor del cuello y se limpió la grasa de la cara con los dedos. Cuando la niña acabó de peinarse el tren pasó frente a

40   las primeras casas de un pueblo más grande pero más triste que los anteriores.

—Si tienes ganas de hacer algo, hazlo ahora —dijo la mujer—. Después, aunque te estés muriendo de sed no tomes agua en ninguna parte. Sobre todo, no vayas a llorar.

La niña aprobó con la cabeza. Por la ventanilla entraba un viento ardiente y seco, mezclado con el pito de la locomotora y el estrépito de los viejos vagones. La mujer enrolló la bolsa con

45   el resto de los alimentos y la metió en la cartera. Por un instante, la imagen total del pueblo, en el luminoso martes de agosto, resplandeció en la ventanilla. La niña envolvió las flores en los

---

[2]austero, sin adornos
[3]la parte del cuerpo entre la cintura y las rodillas
[4]cuero con un barniz muy brillante
[5]gastado
[6]proveerse
[7]curar o procesar
[8]sueño profundo
[9]*colomb.:* tamal
[10]agobiante, opresivo
[11]hendida, rajada con grietas

periódicos empapados, se apartó un poco más de la ventanilla y miró fijamente a su madre. Ella le devolvió una expresión apacible. El tren acabó de pitar y disminuyó la marcha. Un momento después se detuvo.

No había nadie en la estación. Del otro lado de la calle, en la acera sombreada por los almen- 50
dros, sólo estaba abierto el salón de billar. El pueblo flotaba en el calor. La mujer y la niña descendieron del tren, atravesaron la estación abandonada cuyas baldosas[12] empezaban a cuartearse
por la presión de la hierba, y cruzaron la calle hasta la acera de sombra.

Eran casi las dos. A esa hora, agobiado por el sopor, el pueblo hacía la siesta. Los almacenes,
las oficinas públicas, la escuela municipal, se cerraban desde las once y no volvían a abrirse hasta 55
un poco antes de las cuatro, cuando pasaba el tren de regreso. Sólo permanecían abiertos el
hotel frente a la estación, su cantina y su salón de billar, y la oficina del telégrafo a un lado de la
plaza. Las casas, en su mayoría construidas sobre el modelo de la compañía bananera, tenían las
puertas cerradas por dentro y las persianas bajas. En algunas hacía tanto calor que sus habitantes
almorzaban en el patio. Otros recostaban un asiento a la sombra de los almendros y hacían la 60
siesta sentados en plena calle.

Buscando siempre la protección de los almendros la mujer y la niña penetraron en el pueblo
sin perturbar la siesta. Fueron directamente a la casa cural.[13] La mujer raspó con la uña la red
metálica de la puerta, esperó un instante y volvió a llamar. En el interior zumbaba un ventilador
eléctrico. No se oyeron los pasos. Se oyó apenas el leve crujido de una puerta y en seguida una 65
voz cautelosa muy cerca de la red metálica: "¿Quién es?" La mujer trató de ver a través de la
red metálica.

—Necesito al padre —dijo.

—Ahora está durmiendo.

—Es urgente —insistió la mujer. 70

Su voz tenía una tenacidad reposada.

La puerta se entreabrió sin ruido y apareció una mujer madura y regordeta, de cutis muy
pálido y cabellos color hierro. Los ojos parecían demasiado pequeños detrás de los gruesos cristales de los lentes.

—Sigan —dijo, y acabó de abrir la puerta. 75

Entraron en una sala impregnada de un viejo olor de flores. La mujer de la casa las condujo
hasta un escaño[14] de madera y les hizo señas de que se sentaran. La niña lo hizo, pero su madre
permaneció de pie, absorta, con la cartera apretada en las dos manos. No se percibía ningún
ruido detrás del ventilador eléctrico.

La mujer de la casa apareció en la puerta del fondo. 80

—Dice que vuelvan después de las tres —dijo en voz muy baja—. Se acostó hace cinco
minutos.

—El tren se va a las tres y media —dijo la mujer.

Fue una réplica breve y segura, pero la voz seguía siendo apacible, con muchos matices. La
mujer de la casa sonrió por primera vez. 85

—Bueno —dijo.

---

[12]ladrillos que se emplean para cubrir el piso
[13]*colomb.:* del cura
[14]banco con respaldo donde caben varias personas

Cuando la puerta del fondo volvió a cerrarse la mujer se sentó junto a su hija. La angosta sala de espera era pobre, ordenada y limpia. Al otro lado de una baranda de madera que dividía la habitación, había una mesa de trabajo, sencilla, con un tapete de hule,[15] y encima de la mesa una máquina de escribir primitiva junto a un vaso con flores. Detrás estaban los archivos parroquiales. Se notaba que era un despacho arreglado por una mujer soltera.

La puerta del fondo se abrió y esta vez apareció el sacerdote limpiando los lentes con un pañuelo. Sólo cuando se los puso pareció evidente que era hermano de la mujer que había abierto la puerta.

—¿Qué se le ofrece? —preguntó.

—Las llaves del cementerio —dijo la mujer.

La niña estaba sentada con las flores en el regazo y los pies cruzados bajo el escaño. El sacerdote la miró, después miró a la mujer y después, a través de la red metálica de la ventana, el cielo brillante y sin nubes.

—Con este calor —dijo—. Han podido esperar a que bajara el sol.

La mujer movió la cabeza en silencio. El sacerdote pasó del otro lado de la baranda, extrajo del armario un cuaderno forrado de hule, un plumero de palo y un tintero, y se sentó a la mesa. El pelo que le faltaba en la cabeza le sobraba en las manos.

—¿Qué tumba van a visitar? —preguntó.

—La de Carlos Centeno —dijo la mujer.

—¿Quién?

—Carlos Centeno —repitió la mujer.

El padre siguió sin entender.

—Es el ladrón que mataron aquí la semana pasada —dijo la mujer en el mismo tono—. Yo soy su madre.

El sacerdote la escrutó.[16] Ella lo miró fijamente, con un dominio reposado, y el padre se ruborizó.[17] Bajó la cabeza para escribir. A medida que llenaba la hoja pedía a la mujer los datos de su identidad, y ella respondía sin vacilación, con detalles precisos, como si estuviera leyendo. El padre empezó a sudar. La niña se desabotonó la trabilla[18] del zapato izquierdo, se descalzó el talón[19] y lo apoyó en el contrafuerte.[20] Hizo lo mismo con el derecho.

Todo había empezado el lunes de la semana anterior, a las tres de la madrugada y a pocas cuadras de allí. La señora Rebeca, una viuda solitaria que vivía en una casa llena de cachivaches,[21] sintió a través del rumor de la llovizna que alguien trataba de forzar desde afuera la puerta de la

---

[15]material impermeable
[16]examinó detenidamente
[17]enrojeció, se avergonzó
[18]tira que sujeta el zapato al pie
[19]parte posterior del calzado
[20]parte interior en la parte posterior del zapato que lo refuerza
[21]trastos inútiles

calle. Se levantó, buscó a tientas en el ropero un revólver arcaico que nadie había disparado desde los tiempos del coronel Aureliano Buendía, y fue a la sala sin encender las luces. Orientándose no tanto por el ruido de la cerradura como por un terror desarrollado en ella por 28 años de soledad, localizó en la imaginación no sólo el sitio donde estaba la puerta sino la altura exacta de la cerradura. Agarró el arma con las dos manos, cerró los ojos y apretó el gatillo. Era la primera vez en su vida que disparaba un revólver. Inmediatamente después de la detonación no sintió nada más que el murmullo de la llovizna en el techo de cinc. Después percibió un golpecito metálico en el andén de cemento y una voz muy baja, apacible, pero terriblemente fatigada: "Ay, mi madre." El hombre que amaneció muerto frente a la casa, con la nariz despedazada, vestía una franela[22] a rayas de colores, un pantalón ordinario con una soga en lugar de cinturón, y estaba descalzo. Nadie lo conocía en el pueblo.

—De manera que se llamaba Carlos Centeno —murmuró el padre cuando acabó de escribir.

—Centeno Ayala —dijo la mujer—. Era el único varón.

El sacerdote volvió al armario. Colgadas de un clavo en el interior de la puerta había dos llaves grandes y oxidadas, como la niña imaginaba y como imaginaba la madre cuando era niña y como debió imaginar el propio sacerdote alguna vez que eran las llaves de san Pedro. Las descolgó, las puso en el cuaderno abierto sobre la baranda y mostró con el índice un lugar en la página escrita, mirando a la mujer.

—Firme aquí.

La mujer garabateó su nombre, sosteniendo la cartera bajo la axila.[23] La niña recogió las flores, se dirigió a la baranda arrastrando los zapatos y observó atentamente a su madre.
El párroco suspiró.

—¿Nunca trató de hacerlo entrar por el buen camino?

La mujer contestó cuando acabó de firmar.

—Era un hombre muy bueno.

El sacerdote miró alternativamente a la mujer y a la niña y comprobó con una especie de piadoso estupor que no estaban a punto de llorar. La mujer continuó inalterable:[24]

—Yo le decía que nunca robara nada que le hiciera falta a alguien para comer, y él me hacía caso. En cambio, antes, cuando boxeaba, pasaba hasta tres días en la cama postrado por los golpes.

—Se tuvo que sacar todos los dientes —intervino la niña.

—Así es —confirmó la mujer—. Cada bocado que me comía en ese tiempo me sabía a los porrazos[25] que le daban a mi hijo los sábados a la noche.

—La voluntad de Dios es inescrutable —dijo el padre.

---

[22]*amer.:* camiseta
[23]sobaco (o sea, bajo el brazo)
[24]sin cambiar su ademán
[25]golpes fuertes

Pero lo dijo sin mucha convicción, en parte porque la experiencia lo había vuelto un poco escéptico, y en parte por el calor. Les recomendó que se protegieran la cabeza para evitar la insolación.[26] Les indicó bostezando y ya casi completamente dormido, cómo debían hacer para

155 encontrar la tumba de Carlos Centeno. Al regreso no tenían que tocar. Debían meter la llave por debajo de la puerta, y poner allí mismo, si tenían, una limosna para la Iglesia. La mujer escuchó las explicaciones con mucha atención, pero dio las gracias sin sonreír.

Desde antes de abrir la puerta de la calle el padre se dio cuenta de que había alguien mirando hacia dentro, las narices aplastadas contra la red metálica. Era un grupo de niños. Cuando la

160 puerta se abrió por completo los niños se dispersaron. A esa hora, de ordinario, no había nadie en la calle. Ahora no sólo estaban los niños. Había grupos bajo los almendros. El padre examinó la calle distorsionada por la reverberación, y entonces comprendió. Suavemente volvió a cerrar la puerta.

—Esperen un minuto —dijo, sin mirar a la mujer.

165 Su hermana apareció en la puerta del fondo, con una chaqueta negra sobre la camisa de dormir y el cabello suelto en los hombros. Miró al padre en silencio.

—¿Qué fue? —preguntó él.

—La gente se ha dado cuenta —murmuró su hermana.

—Es mejor que salgan por la puerta del patio —dijo el padre.

170 —Es lo mismo —dijo su hermana—. Todo el mundo está en las ventanas.

La mujer parecía no haber comprendido hasta entonces. Trató de ver la calle a través de la red metálica. Luego le quitó el ramo de flores a la niña y empezó a moverse hacia la puerta. La niña la siguió.

—Esperen a que baje el sol —dijo el padre.

175 —Se van a derretir —dijo su hermana, inmóvil en el fondo de la sala—. Espérense y les presto una sombrilla.

—Gracias —replicó la mujer—. Así vamos bien.

Tomó a la niña de la mano y salió a la calle.

Comprensión

1. ¿Adónde van la madre y la hija?
2. Explica lo que le pasó a su hijo Carlos.
3. ¿Cuál era la profesión de Carlos cuando era más joven? ¿Por qué la abandonó?
4. ¿Qué sentimientos despectivos expresa el cura respecto a Carlos?
   - ¿Y cómo responde la madre?

---

[26]la fuerza de los rayos de sol

5. ¿Por qué no quieren el cura y su hermana que la madre salga a esa hora al camposanto?

   • ¿Les hace caso la madre? ¿Por qué no le importa?

Interpretación

1. Describe cómo funciona la voz narrativa en este relato.

2. En una narración de este tipo, el destinatario tiene que interpretar muchos signos y motivaciones para entender lo que pasa. Por ejemplo, ¿por medio de cuáles signos se da a conocer el estado económico de la madre e hija?

   • ¿El carácter de la madre?

   • ¿Y el carácter del cura?

3. Respecto al carácter del cura, ¿crees que el narrador introduce aquí un discurso anticlerical? Explica.

4. El narrador es sumamente puntilloso y detallista. Da algunos ejemplos.

   • ¿Qué es el propósito de este estilo de narrar?

5. El autor crea un denso ambiente. ¿Cómo crea el sentido agobiante del calor?

6. El camino que va paralelo a las vías del tren hace un papel importante. ¿Qué dos mundos divide el camino?

   • ¿Qué indica esta oposición?

7. ¿Se puede estar cien por cien seguro que Carlos había ido a la casa de Rebeca para robar?

   • ¿Qué tiempo hacía la noche de su muerte?

   • ¿Cómo estaba Carlos vestido?

   • ¿Cómo pueden estos detalles influir en si robó o no?

8. ¿Cuáles fueron las palabras de Carlos antes de expirar (líneas 126–127)? Es una expresión muy común, pero aquí, dentro de otro contexto, podría tener otro significado. Explica.

9. Si Carlos es ladrón, ¿por qué robaba?

   • ¿Siente Rebeca o el cura remordimiento alguno por el asesinato del chico? ¿Por qué?

Cultura, conexiones y comparaciones

1. Aunque se asocia a García Márquez con el Realismo mágico, aquí solo hay realismo. ¿Qué técnicas comparte este relato con otros de estilo realista del Boom como los de Juan Rulfo y Vargas Llosa?

2. ¿A qué hora se observa la siesta en muchos países latinos? ¿Por qué se observa?

   • ¿Tomas una siesta de vez en cuando?

   • ¿Crees que la siesta es una buena costumbre?

   • ¿Crees que se podría instituir el sistema de la siesta en los Estados Unidos? Explica.

3. En el mundo hispánico, el día martes se asocia con la mala suerte. Hay un refrán que dice: "Los martes, ni te cases ni te embarques". ¿Qué cosas hay en la cultura popular norteamericana que connota mala suerte?

4. ¿En qué otros relatos que hayas leído se observa la pobreza?

   • ¿Qué tienen que hacer estos pobres para sobrevivir?

 5. La pobreza es un problema universal. Saca una lista con un compañero de las posibles causas por la pobreza en el mundo.

6. En el primer tratado del *Lazarillo de Tormes* se percata el robo. ¿Qué dos personajes roban?

   • ¿Qué comenta el narrador sobre estos robos?

   • ¿Se puede decir lo mismo del robo en este relato?

 7. Comenta por escrito esta cita crítica de Manuel Antonio Arango:

   Por medio de un contrapunto entre el rico y el pobre, el autor presenta una protesta social. Aquí García Márquez se ha realizado como cuentista de lo social. La señora Rebeca… representa la familia burguesa, solitaria, histérica y con delirios de persecución, pues vivía bajo "un terror desarrollado en ella por 28 años de soledad". Era la primera vez que la señora disparaba un revólver. Ella vivía en una casa de aspecto burgués llena de cachivaches. La víctima del disparo, Carlos Centeno, por el contrario, representa al marginado social que tiene que robar por necesidad para comer él, su madre y su hermana… La voz narrativa nos hace intuir un conflicto de mayor profundidad, de mayor trascendencia, y es el de carácter moral que se manifiesta a través del diálogo entre el párroco y la madre de Carlos.

8. Hoy día se debate mucho el derecho y el peligro de llevar armas. Intercambia tu opinión con el resto de la clase. En grupo, comenta si creen que fue justo que Rebeca matara a Carlos.

   • ¿Tú matarías a alguien si sospecharas que te quiere robar? ¿Por qué?

CAPÍTULO V

LA DUALIDAD DEL SER Y EL ENIGMA
DE LA EXISTENCIA

■■■

Pablo Picasso, "Niña ante un espejo", Museum of Modern Art (New York)

413

Todas las culturas se han hecho la pregunta: ¿De dónde venimos? De esa preocupación han evolucionado los múltiples mitos de la creación. Los chinos, por ejemplo, cuentan que el mundo empezó con un huevo dentro del cual concurrían en armonía el yin y el yang, hasta que el dragón Pangu salió del huevo y separó el uno del otro. El ser humano contiene estas dos fuerzas contrarias, y es esa dualidad del ser lo que caracteriza la vida. Para los hindúes, una gran serpiente llevaba dentro de sí al dios Vishnu y su sirviente Brahma; Vishnu le pidió a Brahma que creara el mundo. Los hebreos acreditan a Dios con la creación de la tierra, labor que duró seis días, y el séptimo descansó. Una vez que los hombres tenían una respuesta al origen de su existencia, se preguntaron: ¿A dónde vamos? Los antiguos egipcios enterraban a sus muertos momificados y con comida para el largo viaje al 'otro mundo'. Los hindúes y los budistas creen en la reencarnación. En la tradición cristiana, el cuerpo se corrompe pero el alma trasciende. Entre el origen y 'el fin' (la muerte) acontece la existencia, y las culturas han buscado el sentido de esa vida.

En la Edad Media occidental se consideraba que la vida no era más que un corto espacio de tiempo en que uno se preparaba para la vida eterna. La vida era hostil y dura, pero en la muerte el alma podía escaparse de la agonía de la existencia y hallar paz en la gloria. Además, se pensaba que la vida estaba predestinada por un gran diseño divino y que cualquier esfuerzo de dominarlo o cambiarlo sería inútil. En el Renacimiento el hombre empieza a sentirse en dominio de su propia existencia, y reina un espíritu de egoísmo y ambición; la vida terrenal cobra mayor importancia. El sufrimiento no se acepta tan fácilmente y se busca la felicidad, como en el tema del *carpe diem*, que invoca al ser humano a gozar de la vida. Con el Barroco se inyecta un sentido de desilusión y desengaño en la vida: Si el hombre es responsable por su propio destino, si fracasa en sus intenciones solo puede culparse a sí mismo. Esta inquietud contribuye a la desesperanza y el sentido de pesimismo. Sin embargo, el hombre del siglo XVII no pierde su fe en la posibilidad de la resurrección del alma.

Todo cambia en la época moderna. Los descubrimientos científicos ofrecieron explicaciones irrefutables respecto a la vida y al origen del hombre. Newton describió las leyes de los movimientos de los astros como resultado de leyes naturales y no divinas, y Darwin concibió la procedencia del hombre de una fuente común a través de la selección natural. La explicación positivista invalidó la intercepción divina, y estas teorías llevaron al filósofo alemán Nietzsche a proclamar que "Dios ha muerto", con lo cual quería decir que la creencia en un ser supremo ya no era necesario o viable para el hombre moderno. El materialismo y la complacencia del ser moderno indican una falta de fe; si se creyera en realidad en Dios, no habría tanta preocupación en adquirir bienes, prestigio y gratificación, puesto que la vida es solo una etapa hacia la gloria.

De estas nociones nace el movimiento filosófico más representativo del siglo XX —el Existencialismo— que arguye que si no hay existencia después de la muerte, la existencia que vivimos es la única y máxima existencia. Y de esa realización surge lo que el filósofo español Unamuno llamaría el "sentimiento trágico de la vida".

Los trastornos políticos, sociales y económicos del siglo XX —guerras mundiales, conflictos sindicales, genocidios, depresión económica— contribuyeron a la acentuación del espíritu de decepción. Los experimentos artísticos de vanguardia, que destruyeron por completo las bases artísticas tradicionales, se deben en gran medida a un mundo violento, sin sentido y de tremenda desigualdad económica.

Hay varios modos en que el hombre moderno ha afrontado el dilema de su existencia. Uno ha sido la retirada total de la sociedad a un recogimiento en la intimidad de sí mismo —una condición psicopática que a veces toma formas trágicas y violentas. Otra forma mucho más común es asumir otra identidad para desafiar un mundo social hostil. Los psicólogos hablan de las máscaras que el individuo se pone y se quita a su disposición para el desafío. Ocurre una bifurcación entre la verdadera persona y la otra persona que se asume para existir. También se puede observar la separación entre el ser de carne y hueso que no tiene inmortalidad y el ser creativo que, por medio de sus creaciones, puede trascender.

Sem Tob, *Proverbios morales* (selección)

Autor: Sem Tob (primera mitad del siglo XIV)
Nacionalidad: Español
Datos biográficos: Fue rabino de Carrión y tuvo cargos en la corte del rey Pedro I, gran protector de los hispanohebreos. Vivió durante el momento en que la comunidad judía empezaba a perder su influencia.
Época y movimiento cultural: Época Medieval
Obra más conocida: *Proverbios morales* (¿1355?)
Importancia literaria: Es el mayor ejemplo de la voz judía en el castellano medieval.

La literatura y la vida

1. ¿Se te ocurre alguna pasión o un sentimiento que puedan ser a veces placenteros y otras veces dolorosos? Piensa en el amor, por ejemplo. Explica.

2. ¿Conoces a alguien que te gusta pero que tus otros amigos o familiares detestan? ¿Por qué ocurren estas diferencias de opinión?

Proverbios morales (selección)

Castellano antiguo:	**Castellano moderno libre:**
Quiero dezir del mundo	Quiero decir del mundo
e de las sus maneras,	y de sus maneras,
e cómmo de él dubdo,	y cómo de él dudo,
palabras muy çerteras;	palabras muy certeras.
que non sé tomar tiento 5	Que no me gusta tomar ningún partido 5
nin fazer pleitesía:	ni traer pleitos contra nadie:
d' acuerdos más de çiento	de acuerdos más de ciento

me torno cada día.
Lo que uno denuesta,
10   veo otro loarlo;
lo que éste apuesta,
el otro afearlo.
La vara que menguada
la diz' el conprador,
15   éssa mesma sobrada
la diz' el vendedor;
el que lança la lança,
seméjal' vagarosa,
pero que al qu' alcança
20   tién'la por pressurosa.
Farían dos amigos
çinta de un anillo
en que dos enemigos
non metrien un dedillo.
25   Por lo que éste faze
cosa, otro la dexa;
con lo que a mí plaze
mucho, otro se quexa;
en lo que Lope gana,
30   Rodrigo enpobreçe;
con lo que Sancho sana,
Domingo adoleçe.
Quien, a fazer senblante,
de su vezino tiene
35   ojo, sin catar ante
lo que a él conviene,
en muy grant yerro puede
caer muy de rafez;
ca una cosa pide
40   la sal, otra la pez:
el sol la sal atiesta
e la pez enblandeçe;
la mexilla faz' prieta,
el lienço enblanqueçe.
45   E él es esso mesmo
assí en su altura
quando faz' frío cuemo
quando faze calura;
con frío fázel' fiesta
50   e le sal' al encuentro
el que dend' a la siesta
échal' puerta en ruestro.
Quando viento s' levanta,
ya apello, ya viengo:
55   la candela amata,
ençiende el grant fuego:
do luego por sentençia
que es bien el creçer,
e tomo grant acuçia

me reniego cada día.
Lo que uno critica,
10   veo que otro lo alaba;
lo que éste embellece,
el otro lo afea.
La vara está corta
dice el comprador,
15   esa misma mide de más
dice el vendedor;
el que lanza la lanza,
le parece que vuela lenta,
pero al que alcanza
20   la tiene por presurosa.
Harían dos amigos
cinturón de un anillo
en que dos enemigos
no metieran ni un dedillo.
25   Por lo que éste hace
este otro deja de hacerlo;
con lo que a mí complace
a otro le da disgusto;
en lo que Lope gana,
30   Rodrigo empobrece;
con lo que a Sancho sana,
a Domingo enferma.
Quien, para poner buena cara,
mira hacia su vecino,
35   sin considerar antes
lo que a él le conviene,
en muy gran error puede
uno caer fácilmente;
que una cosa pide
40   la sal y otra el pez:
el sol la sal endurece
y el pez la ablanda;
la mejilla la pone prieta,
pero el lienzo emblanquece.
45   Y el sol está igual
en la misma altura
que cuando hace frío
como cuando hace calor;
con frío le hace fiestas
50   y le sale al encuentro
el mismo que en la hora de la siesta
le tira la puerta en el rostro.
Cuando el viento se levanta,
voy para un lado, luego para otro:
55   el viento la candela mata,
pero da vida a un gran fuego:
doy luego por sentencia
que es bueno el crecer,
y pongo gran diligencia

pora ir bolleçer;	60	en no perecer;	60
ca por la su flaqueza		que por su flaqueza	
la candela murió		la candela murió	
e por su fortaleza		y por su fortaleza	
el grant fuego bivió;		el gran fuego vivió;	
mas apelo a poco	65	mas cambio a poco	65
rato deste juicio		rato de este juicio:	
ca vi escapar flaco		pues he visto ganar a flacos	
e pereçer el rezio;		y perecer a los fuertes;	
que esse mesmo viento		porque ese mismo viento	
que éssas dos fazía	70	que esos dos efectos produjo	70
fizo çoçobra desto		también cambió mi opinión	
en esse mesmo día:		ese mismo día:	
el mesmo menuzó		él mismo destrozó	
el árbol muy granado,		el árbol robusto,	
e non s' espeluzó	75	y no se despeluzó	75
dél la yerva del prado.		por él la hierba del prado.	
Quien sus casas se l' queman,		A quienes las casas se les queman,	
grant pesar ha del viento,		gran pesar tiene del viento,	
quando sus eras toman		pero el beneficio que les hace a sus eras	
con él gran pagamiento.	80	lo toma de buen pagamiento.	80
Nin fea nin fermosa,		Ni fea ni hermosa,	
en el mundo avés		en el mundo hay;	
pued' omr' alcançar cosa		el hombre no puede alcanzar cosa	
si non con su revés.		si no la acompaña su revés.	
Quien ante non esparze	85	Quien antes no esparce	85
trigo, non lo allega;		trigo, no lo cosecha;	
si so tierra non yaze,		si bajo la tierra no yace,	
a espiga non llega;		a espiga no llega;	
non se pued' coger rosa		no se puede coger la rosa	
sin pisar las espinas;	90	sin pisar las espinas;	90
la miel es dulçe cosa,		la miel es dulce cosa,	
mas tien' agras vezinas.		pero tiene agrias vecinas.	
La paz non se alcança		La paz no se alcanza	
si non con guerrear;		sino con guerrear;	
non se gana folgança	95	no se consigue el ocio	95
si non con el lazrar;		sino con el laborar.	
el que quisier' folgar		el que quisiera descansar	
ha de lazrar primero;		ha de trabajar primero;	
si quier' a paz llegar,		si quiere a la paz llegar,	
sea antes guerrero;	100	que sea antes guerrero;	100
....		....	
La bondat de la cosa		Lo bueno de una cosa	
sábes' por su revés,		se sabe por su revés,	
por agra la sabrosa,		por amarga la sabrosa,	
la faz por el envés:		el anverso por su reverso:	
si noche non oviéssemos,	105	si noche no tuviésemos	105
ninguna mejoría		ninguna mejora	
conoçer non sabriemos		percibir no sabríamos	
a la lumre del día.		la lumbre del día.	
Por la gran mansedat		Por la mucha bondad	
a omre follarán,	110	al hombre maltratarán,	110

e por la crueldat
todos l' aborreçrán;
por la gran escasseza
tenerlo han en poco,
115 e por mucha franqueza
razonarl' han por loco.
usando la franqueza,
non se pued' escusar
de venir a pobreza
120 quien la mucho usar';
ca, toda vía dando,
non fincará qué dar;
assí que, franqueando,
mengua el franquear.
125 Com' la candela mesma,
cosa tal es el omre
franco: que s' ella quema
por dar a otro lumre.

y por la crueldad
todos le aborrecerán;
por la mucha mezquindad
lo han de tener en poco,
115 y por mucha generosidad
lo han de tomar por loco.
Siendo uno generoso,
no puede evitar
de llegar a la pobreza
120 el que la practica mucho;
que constantemente dando,
no quedará cosa que dar;
así que siendo generoso,
destruye la generosidad.
125 Como la candela misma,
es el hombre
generoso: que ella se quema
por dar a otro lumbre.

Comprensión

1. Las primeras dos estrofas introducen el mensaje. ¿Qué dice el yo poético?

2. En los versos 101–108 expone su mensaje explícitamente. Explica.

3. Lo sigue muchos ejemplos para apoyar su tesis. Menciona tres que más te impresionaron.

Interpretación

1. Esta es una traducción de los versos del castellano antiguo, los cuales no siguen la versificación regular del original. He aquí los versos originales de la primera estrofa:

   Quiero dezir del mundo
   e de las sus maneras,
   e cómmo de él dubdo,
   palabras muy çerteras.

   ¿Cuántas sílabas hay en cada verso?

   • ¿Es esta métrica típica de las otras obras medievales que has leído? Explica.

2. Los ejemplos que da Sem Tob se basan en oposiciones binarias. Explica.

3. Explica la antanaclasis del verso 17.

4. Los versos 25 al 32 tienen mucha trascendencia. Con un compañero conversa sobre ejemplos concretos de la vida o la política moderna que beneficien a unos pero desfavorezcan a otros. Imparte tus ejemplos con los otros grupos.

5. ¿Qué dos signos de la naturaleza forman la base de los versos 45 al 76?

6. ¿Con qué símil termina la selección? ¿Qué había dicho el poeta en los versos anteriores sobre la generosidad (vv. 109–124)?

7. ¿Cómo describirías la actitud de la voz poética hacia la existencia humana: optimista o pesimista, de certeza o incertidumbre, etc.?

Cultura, conexiones y comparaciones

1. Los judíos españoles (sefarditas) alcanzaron mucho poder y prosperidad en la Edad Media hispánica. Sus talentos administrativos, científicos y comerciales fueron muy apreciados por la nobleza española. Pero con el tiempo, las masas cristianas empezaron a sentir resentimiento por el éxito de los hebreos, y así empezaron las persecuciones antisemitas. Sem Tob vivo durante este período conflictivo; ¿crees que este dato explica su escepticismo de la existencia que expresa en su obra?

2. En la selección de Alfonso X del *Capítulo 4*, se les pide a los estudiantes que investiguen por Internet a varios judíos sefarditas importantes para reportar a la clase. Si no se hizo en ese momento, ahora sería otra oportunidad.

3. Sem Tob vive durante el reinado del rey Pedro I (1334-1369), quien, a pesar de su apodo "el Cruel", fue gran protector de la comunidad judía en el momento en que empezaba un espíritu antisemita en la Península. Fue el benefactor de la construcción de la sinagoga más lujosa de cualquier comunidad judía de la Edad Media: la Sinagoga del Tránsito en Toledo. Busca imágenes de esta obra arquitectónica por Internet bajo "Sinagoga del Tránsito". Fijándote en las imágenes del interior, describe sus características arquitectónicas.

4. Las ideas de Sem Tob vienen de los griegos, sobre todo Platón (428 a. C.-348 a. C.). ¿Qué sabes de estas ideas?

   • ¿Por qué se llama a un amor que no tiene fines sexuales un amor 'platónico'?

5. La epistemología es la rama de la filosofía que se dedica a entender cómo los seres adquieren conocimiento. Según Sem Tob, ¿cómo se conoce que algo es amargo?

   • Explica, pues, la filosofía epistemológica de Sem Tob.

6. Compara la forma de razonar de Sem Tob con la de Juan Ruiz en "Elogio de la mujer chiquita"?

Fernando de Rojas, *La Celestina* (Lamento de Pleberio)

Autor: Fernando de Rojas (1470-1541)
Nacionalidad: Español
Datos biográficos: Fue de familia de judíos conversos durante la época más difícil de esa comunidad, puesto que los judíos fueron expulsados en plena vida de Rojas.
Época y movimiento cultural: Siglo de Oro; Renacimiento
Obra más conocida: *La Celestina* (1499)
Importancia literaria: *La Celestina* es la obra más original, refinada y profunda de su época en Europa. Presenta una visión recelosa de la existencia, postura poco común en los primeros años del Renacimiento.

La literatura y la vida

1. ¿Se te ha fallecido algún ser querido? Si es posible, ¿puedes describir algunos de los sentimientos que sentiste?

2. ¿Es normal tratar de explicar la causa de la muerte de alguien buscando claves en su pasado? Explica.

En contexto

La Celestina es una de las obras maestras de la literatura renacentista europea. Está compuesta en prosa dialogada y trata de los amores secretos entre dos jóvenes, Calixto y Melibea. Para lograr su deseo, Calixto emplea los servicios de la alcahueta Celestina, quien le consigue entrada a la casa de su amante. Una noche, cuando Calixto bajaba la escalera por la cual llegaba a la alcoba de Melibea, se cayó y murió. Melibea, al ver la tragedia, sube a una torre para suicidarse. Pero antes de arrojarse, le cuenta a su padre todos los detalles de su amor ilícito con Calixto. La obra termina con el lamento de su padre, Pleberio, ante la pérdida de su hija.

La Celestina (Lamento de Pleberio)

PLEBERIO. ¡Ay, ay, noble mujer! Nuestro gozo en el pozo. Nuestro bien todo es perdido. ¡No queramos más vivir! Y porque el incogitado[1] dolor te dé más pena, todo junto sin pensarle, porque más presto vayas al sepulcro, porque no llore yo solo la pérdida dolorida de entrams, ves allí a la que tú pariste y yo engendré, hecha pedazos. La causa supe de ella; más la he sabido por
5   extenso de esta su triste sirvienta. Ayúdame a llorar nuestra llagada postrimería.[2]

¡O gentes, que venís a mi dolor! ¡O amigos y señores, ayúdame a sentir mi pena! ¡O mi hija y mi bien todo! Crueldad sería que viva yo sobre ti. Más dignos eran mis sesenta años, de la sepultura, que tus veinte. Turbose la orden del morir con la tristeza, que te aquejaba. ¡O mis canas, salidas para haber pesar! Mejor gozara de vosotras la tierra, que de aquellos rubios cabel-
10   los, que presentes veo. Fuertes días me sobran para vivir; ¿quejarme he de la muerte? ¿Incusarle[3] he su dilación? Cuanto tiempo me dejare solo después de ti, fálteme la vida, pues me faltó tu agradable compañía. ¡O mujer mía! Levántate de sobre ella y, si alguna vida te queda, gástala conmigo en tristes gemidos, en quebrantamiento y suspirar. Y si por caso tu espíritu reposa con el suyo, si ya has dejado esta vida de dolor, ¿por qué quisiste que lo pase yo todo? En esto tenéis
15   ventaja las hembras a los varones, que puede un gran dolor sacaros del mundo sin lo sentir o a lo menos perdéis el sentido, que es parte de descanso. ¡O duro corazón de padre! ¿Cómo no te quiebras de dolor, que ya quedas sin tu amada heredera? ¿Para quien edifiqué torres? ¿Para quien adquirí honras? ¿Para quien planté árboles? ¿Para quien fabriqué navíos? ¡O tierra dura!, ¿cómo me sostienes? ¿Adonde hallará abrigo mi desconsolada vejez? ¡O fortuna variable, ministra y
20   mayordoma de los temporales bienes!, ¿por qué no ejecutaste tu cruel ira, tus mudables ondas, en aquello que a ti es sujeto? ¿Por qué no destruiste mi patrimonio? ¿Por qué no quemaste mi morada? ¿Por qué no asolaste mis grandes heredamientos?[4] Dejárasme aquella florida planta, en quien tú poder no tenías; diérasme, fortuna fluctuosa, triste la mocedad con vejez alegre, no pervirtieras la orden. Mejor sufriera persecuciones de tus engaños en la recia e robusta edad, que
25   no en la flaca postremería.

---

[1] No pensado o imaginado

[2] vejez

[3] culparle

[4] *ant.:* herencia

¡O vida de congojas llena, de miserias acompañada! ¡O mundo, mundo! Muchos mucho de ti dijeron, muchos en tus cualidades metieron la mano, a diversas cosas por oídas te compararon; yo por triste experiencia lo contaré, como a quien las ventas y compras de tu engañosa feria no prósperamente sucedieron, como aquel, que mucho ha hasta ahora callado tus falsas propiedades, por no encender con odio tu ira, porque no me secases sin tiempo esta flor, que este día echaste de tu poder. Pues ahora sin temor, como quien no tiene qué perder, como aquel a quien tu compañía es ya enojosa, como caminante pobre que sin temor de los crueles salteadores va cantando en alta voz. Yo pensaba en mi más tierna edad que eras y eran tus hechos regidos por alguna orden; ahora visto el pro y la contra de tus bienandanzas, me pareces un laberinto de errores, un desierto espantable, una morada de fieras, juego de hombres que andan en corro, laguna llena de cieno, región llena de espinas, monte alto, campo pedregoso, prado lleno de serpientes, huerto florido y sin fruto, fuente de cuidados, río de lágrimas, mar de miserias, trabajo sin provecho, dulce ponzoña,[5] vana esperanza, falsa alegría, verdadero dolor. Cébasnos mundo falso, con el manjar de tus deleites; al mejor sabor nos descubres el anzuelo: no lo podemos huir, que nos tiene ya cazadas las voluntades. Prometes mucho, nada cumples; échasnos de ti, porque no te podamos pedir que mantengas tus vanos prometimientos.[6] Corremos por los prados de tus viciosos vicios, muy descuidados, a rienda suelta; descúbresnos la celada, cuando ya no hay lugar de volver. Muchos te dejaron con temor de tu arrebatado dejar; bienaventurados se llamarán, cuando vean el galardón, que a este triste viejo has dado en pago de tan largo servicio. Quiébrasnos el ojo y untasnos con consuelos el casco. Haces mal a todos, porque ningún triste se halle solo en ninguna adversidad, diciendo que es alivio a los míseros, como yo, tener compañeros en la pena. Pues desconsolado viejo, ¡qué solo estoy!

Yo fui lastimado sin haber igual compañero de semejante dolor; aunque más en mi fatigada memoria revuelvo presentes y pasados. Que si aquella severidad y paciencia de Paulo Emilio me viniere a consolar con pérdida de dos hijos muertos en siete días, diciendo que su animosidad obró que consolase él al pueblo romano y no el pueblo a él, no me satisface, que otros dos le quedaban dados en adopción. ¿Qué compañía me tendrán en mi dolor aquel Pericles, capitán ateniense, ni el fuerte Xenofón, pues sus pérdidas fueron de hijos ausentes de sus tierras? Ni fue mucho no mudar su frente y tenerla serena y el otro responder al mensajero, que las tristes albricias de la muerte de su hijo le venía a pedir, que no recibiese él pena, que él no sentía pesar. Que todo esto bien diferente es a mi mal.

Pues menos podrás decir, mundo lleno de males, que fuimos semejantes en pérdida aquel Anaxágoras y yo, que seamos iguales en sentir y que responda yo, muerta mi amada hija, lo que él su único hijo, que dijo: como yo fuese mortal, sabía que había de morir el que yo engendraba. Porque mi Melibea mató a sí misma de su voluntad a mis ojos con la gran fatiga de amor, que la aquejaba; el otro matáronle en muy lícita batalla. ¡O incomparable pérdida! ¡O lastimado viejo! Que cuanto más busco consuelos, menos razón hallo para me consolar. Que, si el profeta y rey David al hijo, que enfermo lloraba, muerto no quiso llorar, diciendo que era casi locura llorar lo irrecuperable, quedábanle otros muchos con que soldase su llaga; y yo no lloro triste a ella muerta, pero la causa desastrada de su morir. Ahora perderé contigo, mi desdichada hija, los miedos y temores, que cada día me espavorecían:[7] sola tu muerte es la que a mí me hace seguro de sospecha.

¿Qué haré, cuando entre en tu cámara e retraimiento y la halle sola? ¿Qué haré de que no me respondas, si te llamo? ¿Quién me podrá cubrir la gran falta, que tú me haces? Ninguno perdió lo que yo el día de hoy, aunque algo conforme parecía la fuerte animosidad de Lambas de Auria duque de los genoveses, que a su hijo herido con sus brazos desde la nao echó en la mar. Porque todas estas son muertes que, si roban la vida, es forzado de cumplir con la fama. Pero ¿quién forjó a mi hija a morir, sino la fuerte fuerza de amor? Pues, mundo, halaguero, ¿qué remedio

---

[5]veneno
[6]*ant.:* promesas
[7]*ant.:* daban miedo

das a mi fatigada vejez? ¿Cómo me mandas quedar en ti, conociendo tus falacias, tus lazos, tus
75   cadenas y redes, con que pescas nuestras flacas voluntades? ¿A dó[8] me pones mi hija? ¿Quién
acompañará mi desacompañada morada? ¿Quién tendrá en regalos mis años, que caducan? ¡O
amor, amor! ¡Que no pensé que tenías fuerza ni poder de matar a tus subjectos! Herida fue de ti
mi juventud, por medio de tus brasas pasé: ¿cómo me soltaste, para me dar la paga de la huida en
mi vejez? Bien pensé que de tus lazos me había librado, cuando los cuarenta años toqué, cuando
80   fui contento con mi conyugal compañera, cuando me vi con el fruto, que me cortaste el día de
hoy. No pensé que tomabas en los hijos la venganza de los padres. Ni sé si hieres con hierro ni
si quemas con fuego. Sana dejas la ropa; lastimas el corazón. Haces que feo amen y hermoso les
parezca. ¿Quién te dio tanto poder? ¿Quién te puso nombre, que no te conviene? Si amor fue-
ses, amarías a tus sirvientes. Si los amases, no les darías pena. Si alegres viviesen, no se matarían,
85   como ahora mi amada hija. ¿En qué pararon tus sirvientes e sus ministros? La falsa alcahueta
Celestina murió a manos de los más fieles compañeros, que ella para su servicio emponzoñado,[9]
jamás halló. Ellos murieron degollados. Calisto, despeñado. Mi triste hija quiso tomar la misma
muerte por seguirle. Esto todo causas. Dulce nombre te dieron; amargos hechos haces. No das
iguales galardones. Inicua es la ley, que a todos igual no es. Alegra tu sonido; entristece tu trato.
90   Bienaventurados los que no conociste o de los que no te curaste. Dios te llamaron otros, no sé
con qué error de su sentido traídos. Cata que Dios mata los que crió; tú matas los que te siguen.
Enemigo de toda razón a los que menos te sirven das mayores dones, hasta tenerlos metidos
en tu congojosa danza. Enemigo de amigos, amigo de enemigos ¿por qué te riges sin orden ni
concierto? Ciego te pintan, pobre y mozo. Pónente un arco en la mano, con que tiras a tiento;
95   más ciegos son tus ministros, que jamás sienten ni ven el desabrido galardón, que saca de tu servicio. Tu fuego es de ardiente rayo, que jamás hace señal dó llega. La leña, que gasta tu llama, son
almas y vidas de humanas criaturas. Las cuales son tantas, que de quien comenzar pueda, apenas
me ocurre. No solo de cristianos; mas de gentiles y judíos y todo en pago de buenos servicios.
¿Qué me dirás de aquel Macías de nuestro tiempo, cómo acabó amando, cuyo triste fin tú fuiste
100   la causa? ¿Qué hizo por ti Paris? ¿Qué Elena? ¿Qué hizo Ypermestra? ¿Qué Egisto? Todo el
mundo lo sabe. Pues a Sapho, Ariadna, Leandro, ¿qué pago les diste? Hasta David y Salomón no
quisiste dejar sin pena. Por tu amistad Sansón pagó lo que mereció, por creerse de quien tú le
forzaste a darle fe. Otros muchos, que callo, porque tengo harto que contar en mi mal.

Del mundo me quejo, porque en sí me crió, porque no me dando vida, no engendrara en él
105   a Melibea, no nacida no amara, no amando cesara mi quejosa y desconsolada postrimería. ¡O
mi compañera buena! ¡O mi hija despedazada! ¿Por qué no quisiste que estorbase tu muerte?
¿Por qué no hubiste lástima de tu querida y amada madre? ¿Por qué te mostraste tan cruel con
tu viejo padre? ¿Por qué me dejaste, cuando yo te había de dejar? ¿Por qué me dejaste penado?
¿Por qué me dejaste triste y solo *in hac lachrymarum valle*?[10]

Comprensión

1. ¿Por qué dice Pleberio que con la muerte de su hija "turbóse el orden de
morir"?

2. Entre las líneas 17 y 18 Pleberio implica que todo lo que había hecho él, lo hizo
por su hija. ¿Qué actividades enumera?
   - ¿A qué parece que se dedicaba Pleberio?

3. En la línea 33 Pleberio dice que antes creía que el mundo era regido "por alguna
orden". ¿Qué es ahora la vida para Pleberio?

---

[8]*ant.:* dónde
[9]vil
[10]*lat.:* en este valle de lágrimas

4. Pleberio cita a muchas figuras históricas, bíblicas y mitológicas que perdieron a sus hijos, pero ¿le consuela que otros han sentido semejante dolor? ¿Qué cree Pleberio de su dolor en comparación a los otros? ¿Es humana su reacción?

5. ¿A qué o a quién culpa Pleberio por la muerte de su hija?

   • ¿Con qué argumentos reprende esta fuerza?

6. ¿De qué regaña Pleberio a su hija al final de su lamento?

7. No se puede pasar por alto la humanidad del lamento. Anota algunos ejemplos que te tocaron el corazón.

Interpretación

1. Intenta identificar la figura retórica que se emplea en estas expresiones, y explica el efecto que producen:

   • "Nuestro gozo en el pozo";

   • "fortuna fluctuosa";

   • "Enemigo de amigos, amigo de enemigos";

   • "Haces que feo amen y hermoso les parezca".

2. Enumera los apóstrofes del lamento de Pleberio. ¿Qué función tienen en esta obra?

   • ¿A quién se dirige cuando dice "¡O gentes que venís a mi dolor!"?

3. En el lamento, Pleberio se vale mucho de la forma interrogativa. ¿Hay respuesta a las preguntas que plantea? Explica por qué el uso del interrogativo es eficaz en este tipo de obra.

4. El amor se describe con metáforas y metonimias. Da algunos ejemplos.

   • ¿A qué figura mitológica se refiere Pleberio cuando dice "Pónente un arco en la mano, con que tiras a tiento"?

5. ¿A qué o a quién habría apelado un cristiano para consolarse de la muerte de su hija?

   • ¿Te parece curioso que Pleberio no lo apele?

6. Explica cómo se logra el pathos en este lamento.

Cultura, conexiones y comparaciones

1. *La Celestina* es la primera gran obra del Siglo de Oro. ¿Cómo se nota una ruptura con el pensamiento de la Edad Media, y cómo expresa esta obra una actitud moderna hacia la existencia?

2. Fernando de Rojas era judío converso a quien le tocó vivir durante ese período conflictivo de la expulsión de los judíos de España en 1492. Seguramente muchos de sus parientes y amigos fueron gravemente afectados. ¿Qué vínculo pudiera haber entre este lamento y lo que sentían los judíos en ese momento?

3. Haz una investigación por Internet bajo "Inquisición española", que fue la institución que se creó para vigilar a los judíos y a los moros conversos. En clase, que cada estudiante diga lo que aprendió y que se discuta esta institución.

4. Melibea no muere virgen, lo cual deja una mancha en el honor de Pleberio. ¿Qué pide Bernarda Alba cuando se suicida su hija?

   • ¿Por qué no se preocupa Pleberio de esas cosas?

5. La elegía es una forma poética muy establecida en la literatura. Hay muchas en lengua inglesa. ¿Conoces alguna de las siguientes obras norteamericanas?: "Thanatopsis" de William Cullen Bryant; "O Captain! My Captain!" de Walt Whitman; "For the Union Dead" de Robert Lowell.

   • ¿Cómo es la elegía diferente del lamento de Pleberio?

6. Mira por YouTube "La muerte de Melibea", interpretada por Penélope Cruz. ¿Crees que Lluís Homar, el actor que hace el papel de Pleberio, interpreta bien el lamento? Explica.

Santa Teresa de Ávila, "Muero porque no muero"

Autor: Santa Teresa de Ávila (1515–1582)
Nacionalidad: Española
Datos biográficos: Fue reformadora de la iglesia y fundó la Orden de las Carmelitas Descalzas así como muchos conventos. Fue la mística más importante del catolicismo y fue canonizada solo 40 años después de su muerte.
Época y movimiento cultural: Siglo de Oro; Misticismo
Obras más conocidas: Prosa: *Camino de perfección* (1562–1564); *La vida de Santa Teresa de Jesús* (1562–1565)
Importancia literaria: Junto con su discípulo San Juan de la Cruz forman el pináculo de la literatura mística del Siglo de Oro. Su obra forma parte del canon clásico de la literatura católica.

La literatura y la vida

1. Según el concepto cristiano de la muerte, ¿qué le pasa a un buen cristiano cuando fallece?

2. ¿Crees en la vida eterna? Si crees en ella, ¿cómo te la imaginas?

3. ¿Qué piensas de una persona que quiere morirse?

"Muero porque no muero"

Vivo sin vivir en mí,
y tan alta vida espero,
que muero porque no muero.

Aquesta divina unión
del amor con que yo vivo,   5
hace a Dios ser mi cautivo
y libre mi corazón.
Mas causa en mí tal pasión
ver a Dios mi prisionero,
que muero porque no muero.   10

¡Ay! ¡Qué larga es esta vida,
que duros estos destierros,
esta cárcel y estos hierros,
en que el alma está metida!
Sólo esperar la salida   15
me causa un dolor tan fiero,
que muero porque no muero.

¡Ay! ¡Qué vida tan amarga
do no se goza el Señor!
Y si es dulce el amor,   20
no lo es la esperanza larga;
quíteme Dios esta carga,
más pesada que de acero
que muero porque no muero.

Sólo con la confianza   25
vivo de que he de morir;
porque muriendo, el vivir
me asegura mi esperanza;
muerte, do[1] el vivir se alcanza,
no te tardes, que te espero,   30
que muero porque no muero.

Mira que el amor es fuerte;
vida, no me seas molesta,
mira que sólo te resta,
para ganarte, perderte: 35
venga ya la dulce muerte,
venga el morir muy ligero,
que muero porque no muero.

Aquella vida de arriba
es la vida verdadera;   40
hasta que esta vida muera,
no se goza estando viva;
muerte, no seas esquiva;
vivo muriendo primero,
que muero porque no muero.   45

Vida ¿qué puedo yo darle
a mi Dios, que vive en mí,
si no es perderte a ti
para mejor a él gozarle?
Quiero muriendo alcanzarle,   50
pues a Él sólo es el que quiero,
que muero porque no muero.

Estando ausente de ti
¿qué vida puedo tener,
sino muerte padecer   55
la mayor que nunca vi?
Lástima tengo de mí,
por ser mi mal tan entero,
que muero porque no muero.

El pez que del agua sale   60
aún de alivio no carece;
a quien la muerte padece,
al fin la muerte le vale.
¿Qué muerte habrá que se iguale
a mi vivir lastimero?   65
Que muero porque no muero.

Cuando me empieza a aliviar
viéndote en el sacramento,
me hace más sentimiento
el no poderte gozar;   70
todo es para más penar
por no verte como quiero,
que muero porque no muero.

Cuando me gozo, Señor,
con esperanza de verte,   75
viendo que puedo perderte,
se me dobla mi dolor;
viviendo en tanto pavor
y esperando como espero,
que muero porque no muero.   80

Sácame de aquesta muerte,
mi Dios, y dame la vida;
no me tengas impedida
en este lazo tan fuerte,
mira que muero por verte,   85
y vivir sin ti no puedo,
que muero porque no muero.

---

[1]donde

Comprensión

1. Explica por qué Teresa quiere morir y por qué dice que "muero porque no muero".
   - Explica también cómo la séptima estrofa sintetiza esta noción explícitamente.
2. Describe el tono de la tercera estrofa.
   - ¿Con qué signos expresa ese tono?
3. En la estrofa que empieza con el verso 60 la santa compara su deseo de morir con el del pez fuera del agua. ¿Por qué?
4. ¿Qué temor invade a la santa en la estrofa que empieza con el verso 74?

Interpretación

1. Resume la forma poética de esta obra, sin dejar de mencionar el número de sílabas y el patrón de la rima.
2. Explica la paradoja del estribillo. Anota otras paradojas del poema.
3. El poema se basa en la oposición binaria "vida / muerte". ¿Qué opinión tenemos normalmente de estos conceptos?
   - Explica cómo la santa transforma estos signos de su connotación normal.
4. El verbo "esperar" y el sustantivo "esperanza" son ejemplos de antanaclasis y polisemia. Explica este fenómeno lingüístico de la estrofa que empieza con el verso 74.
5. ¿A qué se dirige la santa con el apóstrofe que empieza en la estrofa que comienza con el verso 32?
   - ¿y en el apóstrofe de la estrofa que comienza con el verso 39?
   - ¿Qué registro lingüístico emplea en estos apóstrofes?
6. ¿Quién es el receptor o destinatario de las últimas cinco estrofas (9-13)?
   - ¿Qué registro usa aquí?
   - ¿Qué tono produce este tipo de registro?

Cultura, conexiones y comparaciones

1. La poesía religiosa y mística es una manifestación muy importante de la poesía española del Siglo de Oro. El misticismo es la capacidad de unirse espiritualmente con un ser divino, y la obra de Santa Teresa y la de su discípulo San Juan de la Cruz forman el pináculo de la poesía mística del catolicismo. Busca por Internet "San Juan de la Cruz" y trae información para compartir con la clase.
2. Aunque el misticismo se da durante la Contrarreforma, no contiene nada del espíritu combatiente y fanático que se esperaría en esa época turbulenta. ¿Cómo se puede comprobar este dato con ejemplos de este poema?
3. La pasión mística de Santa Teresa se representa en una de las obras escultóricas más emblemáticas de Barroco: "El éxtasis de Santa Teresa" de Gian Lorenzo Bernini (1598-1680). Busca la imagen por Internet bajo "Éxtasis de Santa Teresa". ¿Crees que Bernini tuvo éxito en captar el éxtasis místico de la santa? Explica. ¿Por qué es esta obra barroca?

4. El misticismo se da en todas las religiones. La figura más conocida en los Estados Unidos del misticismo oriental es el Dalai Lama (Tenzin Gyatso). ¿Qué sabes de él?

5. ¿Cómo se asemejan en tono este poema con los existencialistas de Darío o Vallejo?

   • Sin embargo, la razón por su agonía es completamente opuesta. Explica.

Francisco de Quevedo, "¡Ah de la vida!"

Autor: Francisco de Quevedo (1580-1645)
Nacionalidad: Español
Datos biográficos: Pasó gran parte de su vida en la corte con cargos importantes. Poseía una personalidad estrafalaria y controvertida; así se explica sus muchos enemigos, siendo Góngora el más conocido. Finalmente, por sus escritos atrevidos, fue preso y exiliado de la corte.
Época y movimiento cultural: Siglo de Oro; Barroco (conceptismo)
Obras más conocidas: Prosa satírica: *Los sueños* (1606-1623); Novela picaresca: *La vida del Buscón* (1626); su poesía fue publicada póstumamente
Importancia literaria: Es la figura más completa y versátil del Barroco español. Si compite en importancia con Góngora en poesía, en prosa satírica barroca nadie se le acerca.

La literatura y la vida

1. ¿Qué sientes cuando estás deprimido/a o desilusionado/a?

2. ¿Crees que la suerte y la fortuna juegan un papel importante en el éxito en la vida, o es todo el esfuerzo personal? Explica.

"¡Ah de la vida!"

"¡Ah de la vida!"… ¿Nadie me responde?
¡Aquí de los antaños que he vivido!
La Fortuna mis tiempos ha mordido;
las Horas mi locura las esconde.

¡Que sin poder saber cómo ni adónde,   5
la salud y la edad se hayan huido!
Falta la vida, asiste lo vivido,
y no hay calamidad que no me ronde.

Ayer se fue; mañana no ha llegado;
hoy se está yendo sin parar un punto;   10
soy un fue, y un será y un es cansado.

En el hoy y mañana y ayer, junto
pañales y mortaja, y he quedado
presentes sucesiones de difunto

Comprensión

1. ¿A quién parece dirigirse el yo lírico? ¿Le escuchan? ¿Cómo se sabe?

2. ¿Qué le ronda al poeta?

3. ¿Qué es la causa de que "la salud y la edad" se le han ido al yo lírico?

4. Además del paso rápido del tiempo, ¿qué otras cosas deprimen al yo lírico?

Interpretación

1. ¿Qué forma poética usa Quevedo en esta composición? Enumera sus características.

2. ¿En qué tiempo se posiciona el yo lírico? ¿Qué palabra del primer cuarteto lo indica?

3. ¿A qué tiempo se transporta? ¿Con qué tiempo verbal lo implica?

4. ¿Qué efecto produce la personificación de la fortuna, el tiempo, la salud y la edad?

   • ¿Con qué signo se describe normalmente la fortuna?

   • Trata de explicar la potencia del verbo "morder" del tercer verso.

5. Explica cómo el asíndeton y el polisíndeton se emplean y cómo contribuyen al mensaje del poema.

6. Explica la eficacia del uso de la forma progresiva en el verso 10.

7. Explica la sustantivación de los verbos del verso 11 e intenta revelar el efecto poético.

8. ¿A qué se refiere la metonimia "pañales y mortaja"?

   • ¿Cómo se vinculan estos signos con los otros del poema?

9. ¿Con qué palabra termina el poema? ¿Se ha mencionado la muerte explícitamente anteriormente?

Cultura, conexiones y comparaciones

1. Este soneto es un ejemplo perfecto del desengaño y pesimismo del Barroco. Enumera todos los signos y palabras que contribuyen a ese tono de desesperación.

2. El tema del poema es el *tempo fugit*. ¿Qué poema del otro gran representante del Barroco, Góngora, trata el mismo tema?

   • Hay una pequeña diferencia entre el conceptismo de Quevedo y el culteranismo de Góngora. El conceptismo enfoca más en las ideas mientras que al culteranismo le interesa más la consecución del efecto estético con la explotación del lenguaje. O sea, uno enfoca más en el mensaje y el otro en la forma. Verifica esta diferencia comparando los poemas de Góngora con los de Quevedo.

Rubén Darío, "Lo fatal"

Autor: Rubén Darío (1867-1916)

Nacionalidad: Nicaragüense

Datos biográficos: En su *Autobiografía*, Darío dice que aprendió a leer a los 3 años, y publicó sus primeros poemas a los 13. Era viajero incansable y viajó por casi toda América Latina así como Francia y España, siempre entablando amistad con los escritores más importantes y propagando el Modernismo.

Época y movimiento cultural: Poesía del siglo XIX; Modernismo

Obras más conocidas: *Azul* (1888); *Prosas profanas* (1896); *Cantos de vida y esperanza* (1905)

Importancia literaria: Fue un genio poético y padre del Modernismo. Renovó la poesía castellana introduciendo conceptos del *Symbolisme* francés. Introdujo muchas nuevas formas métricas. Ningún poeta de lengua española del siglo XX pudo escapar su influencia.

La literatura y la vida

1. ¿Qué crees que pasa después de que alguien se muere? ¿Estás completamente seguro?

2. No se puede conocer el futuro. ¿Te preocupa esta incertidumbre? Explica.

"Lo fatal"

Dichoso el árbol que es apenas sensitivo,
y más la piedra dura porque ésa ya no siente,
pues no hay dolor más grande que el dolor
   de ser vivo,
ni mayor pesadumbre que la vida consciente.
Ser, y no saber nada, y ser sin rumbo cierto, 5
y el temor de haber sido y un futuro terror…
Y el espanto seguro de estar mañana muerto,
y sufrir por la vida y por la sombra y por
lo que no conocemos y apenas sospechamos,
y la carne que tienta con sus frescos racimos, 10
y la tumba que aguarda con sus fúnebres
   ramos,
¡y no saber adónde vamos,
ni de dónde venimos!…

Comprensión

1. ¿Por qué considera el yo lírico que el árbol y la piedra son dichosos?

2. Explica de dónde proviene el gran dolor y pesadumbre que afecta al yo lírico.

3. ¿Qué nueva preocupación sobre la existencia se introduce en el último verso?

Interpretación

1. Aunque no todos los versos contienen el mismo número de sílabas, sí predomina el alejandrino. ¿Cuántas sílabas contiene el alejandrino?

- Explica el sistema de rima del poema.

2. A pesar de tener un sistema de rima fijo, el poema, al leerse, parece estar escrito en prosa o verso libre. ¿Cómo contribuye el encabalgamiento a lograr este efecto?

3. Explica cómo las aliteraciones del sonido /s/ en el verso 5 sintetiza el tema central del poema. Busca otros ejemplos de aliteración en el poema.

4. Además de mucha aliteración, el poema contiene mucha rima interna y repetición de las mismas palabras. Busca ejemplos, e intenta explicar el efecto.

5. Explica los efectos del polisíndeton y de la anáfora, sobre todo en los versos 8-12.

6. ¿Cuál es el único verso con una imagen positiva?

   • ¿En qué se convierte esa imagen en el siguiente verso para formar una oposición?

Cultura, conexiones y comparaciones

1. Una de las características del Modernismo es la experimentación con la forma poética. Explica cómo "Lo fatal" es un buen ejemplo.

2. Explica por qué "Lo fatal" expresa sentimientos existencialistas.

   • Pero, hasta cierto punto, no es existencialista. ¿Está seguro el yo lírico de un porvenir vacío? ¿Cuál es la causa de su pesadumbre?

3. Compara la desesperación de este poema con el "sentimiento trágico" que siente don Manuel en la obra de Unamuno.

4. El Modernismo se da al mismo tiempo que el Impresionismo en el arte. Observa la imagen por Internet de "Cezanne, *tete mort*" del pintor impresionista francés Paul Cézanne (1839-1906) y describe lo que pudiera tener en común con el poema de Darío.

Miguel de Unamuno, *San Manuel Bueno, mártir*

Autor: Miguel de Unamuno (1864–1936)
Nacionalidad: Español
Datos biográficos: Fue la figura más destacada de su generación, tanto por su labor como filósofo, poeta y novelista como por su papel público como rector de la Universidad de Salamanca y diputado en las Cortes.
Época y movimiento cultural: Generación del 98
Obras más conocidas: Novela: *Niebla* (1914); Ensayo: *Del sentimiento trágico de la vida* (1913)
Importancia literaria: Renovó la vida intelectual española y escribió novelas de ideas en vez de sociales. Fue entre los primeros en Europa de llevar preocupaciones existencialistas a la novela.

La literatura y la vida

1. Si practicas alguna religión, ¿alguna vez has tenido dudas de alguna práctica o creencia de esa religión? Explica.

2. Para ti, ¿qué es más importante, practicar los ritos de una religión al pie de la letra o hacer buenas obras? ¿Por qué?

3. ¿Has mentido alguna vez? ¿Se te ocurre alguna circunstancia en que la mentira es necesaria y benéfica? Cuenta.

En contexto

En el cristianismo, se le asegura a los creyentes sinceros una vida eterna junto a Dios después de morirse. Por la razón de salvar las almas de los creyentes, Jesús dio su vida. Esa base fundamental del cristianismo la repiten los católicos en el credo que citan en cada misa cuando dicen: "creo en la resurrección de la carne y la vida perdurable". El que no abraza estas ideas no es cristiano.

San Manuel Bueno, mártir

Ahora que el obispo de la diócesis de Renada, a la que pertenece esta mi querida aldea de Valverde de Lucerna, anda, a lo que se dice, promoviendo el proceso para la beatificación de nuestro Don Manuel, o mejor San Manuel Bueno, que fue en ésta párroco, quiero dejar aquí consignado, a modo de confesión y sólo Dios sabe, que no yo, con qué destino, todo lo que sé y recuerdo de aquel varón matriarcal que llenó toda la más entrañada vida de mi   5
alma, que fue mi verdadero padre espiritual, el padre de mi espíritu, del mío, el de Ángela Carballino.

Al otro, a mi padre carnal y temporal, apenas si le conocí, pues se me murió siendo yo muy niña. Sé que había llegado de forastero a nuestra Valverde de Lucerna, que aquí arraigó al casarse aquí con mi madre. Trajo consigo unos cuantos libros, el *Quijote*, obras de teatro clásico,   10
algunas novelas, historias, el *Bertoldo*, todo revuelto, y de esos libros, los únicos casi que había en toda la aldea, devoré yo ensueños siendo niña. Mi buena madre apenas si me contaba hechos o dichos de mi padre. Los de Don Manuel, a quien, como todo el pueblo, adoraba, de quien estaba enamorada —claro que castísimamente—, le habían borrado el recuerdo de los de su marido. A quien encomendaba a Dios, y fervorosamente, cada día al rezar el rosario.   15

De nuestro Don Manuel me acuerdo como si fuese de cosa de ayer, siendo yo niña, a mis diez años, antes de que me llevaran al Colegio de Religiosas de la ciudad catedralicia de Renada. Tendría él, nuestro santo, entonces unos treinta y siete años. Era alto, delgado, erguido, llevaba la cabeza como nuestra Peña del Buitre lleva su cresta, y había en sus ojos toda la hondura azul de nuestro lago. Se llevaba las miradas de todos y tras ellas, los corazones, y él, al mirarnos, parecía,   20
traspasando la carne como un cristal, mirarnos al corazón. Todos le queríamos, pero sobre todo los niños. ¡Qué cosas nos decía! Eran cosas, no palabras. Empezaba el pueblo a olerle la santidad; se sentía lleno y embriagado de su aroma.

Entonces fue cuando mi hermano Lázaro, que estaba en América, de donde nos mandaba regularmente dinero con que vivíamos en decorosa holgura,[1] hizo que mi madre me mandase   25
al Colegio de Religiosas, a que se completara fuera de la aldea mi educación, y esto aunque a él, a Lázaro, no le hiciesen mucha gracia las monjas. "Pero como ahí —nos escribía— hay hasta ahora, que yo sepa, colegios laicos[2] y progresivos, y menos para señoritas, hay que atenerse a

---

[1]vida sin estrechez económica
[2]seglares

30 lo que haya. Lo importante es que Angelita se pula[3] y que no siga entre esas zafias[4] aldeanas".
Y entré en el colegio, pensando en un principio hacerme en él maestra, pero luego se me atragantó[5] la pedagogía.

En el colegio conocí a niñas de la ciudad e intimé con algunas de ellas. Pero seguía atenta a las cosas y la gente de nuestra aldea, de la que recibía frecuentes noticias y tal vez alguna visita.
Y hasta al colegio llegaba la fama de nuestro párroco, de quien empezaba a hablarse en la ciudad
35 episcopal. Las monjas no hacían sino interrogarme respecto a él.

Desde muy niña alimenté, no sé bien cómo, curiosidades, preocupaciones e inquietudes, debidas, en parte al menos, a aquel revoltijo de libros de mi padre, y todo ello se me medró[6] en el colegio, en el trato, sobre todo, con una compañera que se me aficionó desmedidamente y que unas veces me proponía que entrásemos juntas a la vez en un mismo convento, jurándonos, y
40 hasta firmando el juramento con nuestra sangre, hermandad perpetua, y otras veces me hablaba, con los ojos semicerrados, de novios y de aventuras matrimoniales. Por cierto que no he vuelto a saber de ella ni de su suerte. Y eso que cuando se hablaba de nuestro Don Manuel, o cuando mi madre me decía algo de él en sus cartas —y era en casi todas—, que yo leía a mi amiga, ésta exclamaba como en arrobo:[7] "¡Qué suerte, chica, la de poder vivir cerca de un santo así, de un
45 santo vivo, de carne y hueso, y poder besarle la mano! Cuando vuelvas a tu pueblo escríbeme mucho, mucho y cuéntame de él".

Pasé en el colegio unos cinco años, que ahora se me pierden como un sueño de madrugada en la lejanía del recuerdo, y a los quince volví a mi Valverde de Lucerna. Ya toda ella era Don Manuel; Don Manuel con el lago y con la montaña. Llegué ansiosa de conocerle, de ponerme
50 bajo su protección, de que él me marcara el sendero de mi vida.

Decíase que había entrado en el Seminario para hacerse cura, con el fin de atender a los hijos de una su hermana recién viuda, de servirles de padre; que en el Seminario se había distinguido por su agudeza mental y su talento y que había rechazado ofertas de brillante carrera eclesiástica porque él no quería ser sino de su Valverde de Lucerna, de su aldea prendida[8] como un broche
55 entre el lago y la montaña que se mira en él.

¡Y cómo quería a los suyos! Su vida era arreglar matrimonios desavenidos,[9] reducir[10] a sus padres hijos indómitos o reducir los padres a sus hijos, y, sobre todo, consolar a los amargados y atediados[11] y ayudar a todos a bien morir.

Me acuerdo, entre otras cosas, de que al volver de la ciudad la desgraciada hija de la tía
60 Rabona, que se había perdido y volvió, soltera y desahuciada,[12] trayendo un hijito consigo, Don Manuel no paró hasta que hizo que se casase con ella su antiguo novio Perote y reconociese como suya a la criaturita, diciéndole:

—Mira, da padre a este pobre crío que no le tiene más que en el cielo.

—¡Pero, Don Manuel, si no es mía la culpa…!

65 —¡Quién lo sabe, hijo, quién lo sabe…!, y sobre todo, no se trata de culpa.

Y hoy el pobre Perote, inválido, paralítico, tiene como báculo y consuelo de su vida al hijo aquel que, contagiado por la santidad de Don Manuel, reconoció por suyo no siéndolo.

---

[3]pulir: dar lustre (o sea, educarse)
[4]*neo.:* groseros (zafio es un adjetivo, no un sustantivo)
[5]*fig.:* causó fastidio
[6]se aumentó
[7]éxtasis
[8]sujetada (con un alfiler)
[9]en discordia
[10]convencer con argumentos que se cambie de opinión
[11]los que sienten tedio (o sea, que han perdido interés en la vida)
[12]sin esperanza

En la noche de San Juan, la más breve del año, solían y suelen acudir a nuestro lago todas las pobres mujerucas, y no pocos hombrecillos, que se creen poseídos, endemoniados, y que parece no son sino histéricos y a las veces epilépticos, y Don Manuel emprendió la tarea de hacer él de   70
lago, de piscina probática,[13] y de tratar de aliviarles y si era posible de curarles. Y era tal la acción de su presencia, de sus miradas, y tal sobre todo la dulcísima autoridad de sus palabras y sobre todo de su voz —¡qué milagro de voz!—, que consiguió curaciones sorprendentes. Con lo que creció su fama, que atraía a nuestro lago y a él a todos los enfermos del contorno. Y alguna vez llegó una madre pidiéndole que hiciese un milagro en su hijo, a lo que contestó sonriendo tristemente: 75

—No tengo licencia del señor obispo para hacer milagros.

Le preocupaba, sobre todo, que anduviesen todos limpios. Si alguno llevaba un roto[14] en su vestidura, le decía: "Anda a ver al sacristán, y que te remiende eso". El sacristán era sastre. Y cuando el día primero de año iban a felicitarle por ser el de su santo —su santo patrono era el mismo Jesús Nuestro Señor—, quería Don Manuel que todos se le presentasen con camisa   80
nueva, y al que no la tenía se la regalaba él mismo.

Por todos mostraba el mismo afecto, y si algunos distinguía más con él era a los más desgraciados y a los que aparecían como más díscolos.[15] Y como hubiera en el pueblo un pobre idiota de nacimiento, Blasillo el bobo, a éste es a quien más acariciaba y hasta llegó a enseñarle cosas que parecía milagro que las hubiese podido aprender. Y es que el pequeño rescoldo[16] de   85
inteligencia que aún quedaba en el bobo se le encendía en imitar, como un pobre mono, a su Don Manuel.

Su maravilla era la voz, una voz divina que hacía llorar. Cuando al oficiar en misa mayor o solemne entonaba el prefacio, estremecíase la iglesia y todos los que le oían sentíanse conmovidos en sus entrañas. Su canto, saliendo del templo, iba a quedarse dormido sobre el lago y al pie de la   90
montaña. Y cuando en el sermón de Viernes Santo clamaba aquello de: "¡Dios mío, Dios mío!, ¡por qué me has abandonado?" pasaba por el pueblo todo un temblor hondo como por sobre las aguas del lago en días de cierzo de hostigo.[17] Y era como si oyesen a Nuestro Señor Jesucristo mismo, como si la voz brotara de aquel viejo crucifijo a cuyos pies tantas generaciones de madres habían depositado sus congojas. Como que una vez, al oírlo su madre, la de Don Manuel, no   95
pudo contenerse, y desde el suelo del templo, en que se sentaba, gritó: "¡Hijo mío!" Y fue un chaparrón[18] de lágrimas entre todos. Creeríase que el grito maternal había brotado de la boca entreabierta de aquella Dolorosa —el corazón traspasado por siete espadas— que había en una de las capillas del templo. Luego Blasillo el tonto iba repitiendo en tono patético por las callejas, y como un eco el "¡Dios mío, Dios mío!, ¿por qué me has abandonado?", y de tal manera que   100
al oírselo se les saltaban a todos las lágrimas, con gran regocijo del bobo por su triunfo imitativo.

Su acción sobre las gentes era tal, que nadie se atrevía a mentir ante él, y todos, sin tener que ir al confesionario, se le confesaban. A tal punto que como hubiese una vez ocurrido un repugnante crimen en una aldea próxima, el juez, un insensato que conocía mal a Don Manuel, le llamó y le dijo: 105

—A ver si usted, Don Manuel, consigue que este bandido declare la verdad.

—¿Para que luego pueda castigársele? —replicó el santo varón—. No, señor juez, no; yo no saco a nadie una verdad que le lleve acaso a la muerte. Allá entre él y Dios… La justicia humana no me concierne. "No juzguéis para no ser juzgados", dijo Nuestro Señor…

---

[13]donde se lavaban los enfermos para curarse
[14]*neo.*: desgarrón (roto es un participio pasado usado como adjetivo, no sustantivo)
[15]rebeldes
[16]leña o carbón extinguido, pero todavía caliente
[17]viento fuerte y frío del norte
[18]lluvia

110   —Pero es que yo, señor cura…

—Comprendido; dé usted, señor juez, al César lo que es del César, que yo daré a Dios lo que es de Dios.

Y al salir, mirando fijamente al presunto reo, le dijo:

—Mira bien si Dios te ha perdonado, que es lo único que importa.

115   En el pueblo todos acudían a misa, aunque sólo fuese por oírle y por verle en el altar, donde parecía transfigurarse, encendiéndosele el rostro. Había un santo ejercicio que introdujo en el culto popular y es que, reuniendo en el templo a todo el pueblo, hombres y mujeres, viejos y niños, unas mil personas, recitábamos al unísono, en una sola voz, el Credo: "Creo en Dios Padre Todopoderoso, Creador del Cielo y de la Tierra…" y lo que sigue. Y no era un coro, sino una

120   sola voz, una voz simple y unida, fundidas todas en una y haciendo como una montaña, cuya cumbre, perdida a las veces en nubes, era Don Manuel. Y al llegar a lo de "creo en la resurrección de la carne y la vida perdurable", la voz de Don Manuel se zambullía,[19] como en un lago, en la del pueblo todo, y era que él se callaba. Y yo oía las campanadas de la villa que se dice aquí está sumergida en el lecho del lago —campanadas que se dice también se oyen la noche de

125   San Juan— y eran las de la villa sumergida en el lago espiritual de nuestro pueblo; oía la voz de nuestros muertos que en nosotros resucitaban en la comunión de los santos. Después, al llegar a conocer el secreto de nuestro santo, he comprendido que era como si una caravana en marcha por el desierto, desfallecido el caudillo al acercarse al término de su carrera, le tomaran en hombros los suyos para meter su cuerpo sin vida en la tierra de promisión. Los más no querían

130   morirse sino cogidos de su mano como de un ancla.

Jamás en sus sermones se ponía a declamar contra impíos, masones,[20] liberales o herejes. ¿Para qué, si no los había en la aldea? Ni menos contra la mala prensa. En cambio, uno de los más frecuentes temas de sus sermones era contra la mala lengua. Porque él lo disculpaba todo y a todos disculpaba. No quería creer en la mala intención de nadie.

135   —La envidia —gustaba repetir— la mantienen los que se empeñan en creerse envidiados, y las más de las persecuciones son efecto más de la manía persecutoria que no de la perseguidora.

—Pero fíjese, Don Manuel, en lo que me ha querido decir… Y él:

—No debe importarnos tanto lo que uno quiera decir como lo que diga sin querer…

Su vida era activa y no contemplativa, huyendo cuanto podía de no tener nada que hacer.

140   Cuando oía eso de que la ociosidad es la madre de todos los vicios, contestaba: "Y del peor de todos, que es el pensar ocioso". Y como yo le preguntara una vez qué es lo que con eso quería decir, me contestó: "Pensar ocioso es pensar para no hacer nada o pensar demasiado en lo que se ha hecho y no en lo que hay que hacer. A lo hecho pecho,[21] y a otra cosa, que no hay peor que remordimiento sin enmienda". ¡Hacer!, ¡hacer! Bien comprendí yo ya desde entonces

145   que Don Manuel huía de pensar ocioso y a solas, que algún pensamiento le perseguía.

Así es que estaba siempre ocupado, y no pocas veces en inventar ocupaciones. Escribía muy poco para sí, de tal modo que apenas nos ha dejado escritos o notas; mas, en cambio, hacía de memorialista para los demás, y a las madres, sobre todo, les redactaba las cartas para sus hijos ausentes.

---

[19]*fig.*: escondía
[20]sociedad secreta anticatólica
[21]refrán que indica que no se ha de gastar tiempo lamentando los errores ya cometidos

Trabajaba también manualmente, ayudando con sus brazos a ciertas labores del pueblo. En la 150
temporada de trilla[22] íbase a la era a trillar y aventar, y en tanto les aleccionaba o les distraía. Sus-
tituía a las veces a algún enfermo en su tarea. Un día del más crudo invierno se encontró con un
niño, muertito de frío, a quien su padre le enviaba a recoger una res a larga distancia, en el monte.

—Mira —le dijo al niño—, vuélvete a casa, a calentarte, y dile a tu padre que yo voy a hacer
el encargo. 155

Y al volver con la res se encontró con el padre, todo confuso, que iba a su encuentro.
En invierno partía leña para los pobres. Cuando se secó aquel magnífico nogal — "un nogal
matriarcal" le llamaba—, a cuya sombra había jugado de niño y con cuyas nueces se había
durante tantos años regalado, pidió el tronco, se lo llevó a su casa y después de labrar en él seis
tablas, que guardaba al pie de su lecho, hizo del resto leña para calentar a los pobres. Solía hacer 160
también las pelotas para que jugaran los mozos y no pocos juguetes para los niños.

Solía acompañar al médico en su visita, y recalcaba las prescripciones de éste. Se interesaba
sobre todo en los embarazos y en la crianza de los niños, y estimaba como una de las mayores
blasfemias aquello de: "¡teta y gloria!",[23] y lo otro de: "angelitos al cielo". Le conmovía profundamente la muerte de los niños. 165

—Un niño que nace muerto o que se muere recién nacido y un suicidio —me dijo una
vez— son para mí de los más terribles misterios: ¡un niño en cruz!

Y como una vez, por haberse quitado uno la vida le preguntara el padre del suicida, un
forastero, si le daría tierra sagrada, le contestó:

—Seguramente, pues en el último momento, en el segundo de la agonía, se arrepintió sin 170
duda alguna.

Iba también a menudo a la escuela a ayudar al maestro, a enseñar con él, y no sólo el catecismo. Y es que huía de la ociosidad y de la soledad. De tal modo que por estar con el pueblo,
y sobre todo con el mocerío y la chiquillería, solía ir al baile. Y más de una vez se puso en él a
tocar el tamboril para que los mozos y las mozas bailasen, y esto, que en otro hubiera parecido 175
grotesca profanación del sacerdocio, en él tomaba un sagrado carácter y como de rito religioso.
Sonaba el Angelus, dejaba el tamboril y el palillo, se descubría, y todos con él, y rezaba: "El ángel
del Señor anunció a María: Ave María..." Y luego:

—Y ahora, a descansar para mañana.

—Lo primero —decía— es que el pueblo esté contento, que estén todos contentos de vivir. 180
El contentamiento de vivir es lo primero de todo. Nadie debe querer morirse hasta que Dios
quiera.

—Pues yo sí —le dijo una vez una recién viuda—, yo quiero seguir a mi marido...

—¿Y para qué? —le respondió—. Quédate aquí para encomendar su alma a Dios.

En una boda dijo una vez: "¡Ay, si pudiese cambiar el agua toda de nuestro lago en vino, en un 185
vinillo que por mucho que de él se bebiera alegrara sin emborrachar nunca... o por lo menos
con una borrachera alegre!"

---

[22]separación del grano de la paja
[23]expresión popular, como "angelitos al cielo", que indica que los bebés, si mueren, van directamente al cielo

Una vez pasó por el pueblo una banda de pobres titiriteros. El jefe de ella, que llegó con la mujer gravemente enferma y embarazada, y con tres hijos que le ayudaban, hacía de payaso.
190 Mientras él estaba, en la plaza del pueblo, haciendo reír a los niños y aun a los grandes, ella, sintiéndose de pronto gravemente indispuesta, se tuvo que retirar y se retiró escoltada por una mirada de congoja del payaso y una risotada de los niños. Y escoltada por Don Manuel, que luego, en un rincón de la cuadra[24] de la posada, le ayudó a bien morir. Y cuando, acabada la fiesta, supo el pueblo y supo el payaso la tragedia, fuéronse todos a la posada y el pobre hombre,
195 diciendo con llanto en la voz: "Bien se dice, señor cura, que es usted todo un santo", se acercó a éste queriendo tomarle la mano para besársela, pero Don Manuel se adelantó y tomándosela al payaso pronunció ante todos:

—El santo eres tú, honrado payaso; te vi trabajar y comprendí que no sólo lo haces para dar pan a tus hijos, sino también para dar alegría a los de los otros, y yo te digo que tu mujer, la
200 madre de tus hijos, a quien he despedido a Dios mientras trabajabas y alegrabas, descansa en el Señor, y que tú irás a juntarte con ella y a que te paguen riendo los ángeles a los que haces reír en el cielo de contento.

Y todos, niños y grandes, lloraban y lloraban tanto de pena como de un misterioso contento en que la pena se ahogaba. Y más tarde, recordando aquel solemne rato, he comprendido que
205 la alegría imperturbable de Don Manuel era la forma temporal y terrena de una infinita tristeza que con heroica santidad recataba a los ojos y los oídos de los demás.

Con aquella su constante actividad, con aquel mezclarse en las tareas y las diversiones de todos, parecía querer huir de sí mismo, querer huir de su soledad. "Le temo a la soledad", repetía. Mas, aun así, de vez en cuando se iba solo, orilla del lago, a las ruinas de aquella vieja abadía
210 donde aún parecen reposar las almas de los piadosos cistercienses a quienes ha sepultado en el olvido la Historia. Allí está la celda del llamado Padre Capitán, y en sus paredes se dice que aún quedan señales de las gotas de sangre con que las salpicó al mortificarse. ¿Qué pensaría allí nuestro Don Manuel? Lo que sí recuerdo es que como una vez, hablando de la abadía, le preguntase yo cómo era que no se le había ocurrido ir al claustro, me contestó:

215 —No es sobre todo porque tenga, como tengo, mi hermana viuda y mis sobrinos a quienes sostener, que Dios ayuda a sus pobres, sino porque yo no nací para ermitaño, para anacoreta;[25] la soledad me mataría el alma, y en cuanto a un monasterio, mi monasterio es Valverde de Lucerna. Yo no debo vivir solo; yo no debo morir solo. Debo vivir para mi pueblo, morir para mi pueblo. ¿Cómo voy a salvar mi alma si no salvo la de mi pueblo?

220 —Pero es que ha habido santos ermitaños, solitarios… —le dije.

—Sí, a ellos les dio el Señor la gracia de soledad que a mí me ha negado, y tengo que resignarme. Yo no puedo perder a mi pueblo para ganarme el alma. Así me ha hecho Dios. Yo no podría soportar las tentaciones del desierto. Yo no podría llevar solo la cruz del nacimiento.

He querido con estos recuerdos, de los que vive mi fe, retratar a nuestro Don Manuel tal
225 como era cuando yo, mocita de cerca de dieciséis años, volví del colegio de religiosas de Renada a nuestro monasterio de Valverde de Lucerna. Y volví a ponerme a los pies de su abad.

—¡Hola, la hija de la Simona —me dijo en cuanto me vio—, y hecha ya toda una moza, y sabiendo francés y bordar y tocar el piano y qué sé yo qué más! Ahora a prepararte para darnos otra familia. Y tu hermano Lázaro, ¿cuándo vuelve? Sigue en el Nuevo Mundo, ¿no es así?

---

[24]salón espacioso
[25]religioso que vive apartado de la sociedad para dedicarse a la contemplación

—Sí, señor, sigue en América…

—¡El Nuevo Mundo! Y nosotros en el Viejo. Pues bueno, cuando le escribas, dile de mi parte, de parte del cura, que estoy deseando saber cuándo vuelve del Nuevo Mundo a este Viejo, trayéndonos las novedades de por allá. Y dile que encontrará al lago y a la montaña como les dejó.

Cuando me fui a confesar con él, mi turbación era tanta que no acertaba a articular palabra. Recé el "yo pecadora" balbuciendo casi sollozando. Y él, que lo observó, me dijo:

—Pero ¿qué te pasa, corderilla? ¿De qué o de quién tienes miedo? Porque tú no tiemblas ahora al peso de tus pecados ni por temor de Dios, no; tú tiemblas de mí, ¿no es eso?

Me eché a llorar.

—Pero ¿qué es lo que te han dicho de mí? ¿Qué leyendas son ésas? ¿Acaso tu madre? Vamos, vamos, cálmate y haz cuenta que estás hablando con tu hermano…

Me animé y empecé a confiarle mis inquietudes, mis dudas, mis tristezas.

—¡Bah, bah, bah! ¿Y dónde has leído eso, marisabidilla?[26] Todo eso es literatura. No te des demasiado a ella, ni siquiera a Santa Teresa. Y si quieres distraerte, lee al *Bertoldo*, que leía tu padre.

Salí de aquella mi primera confesión con el santo hombre profundamente consolada. Y aquel mi temor primero, aquel más que respeto miedo, con que me acerqué a él trocóse en una lástima profunda. Era yo entonces una mocita, una niña casi; pero empezaba a ser mujer, sentía en mis entrañas el jugo de la maternidad, y al encontrarme en el confesionario junto al santo varón, sentí como una callada confesión suya en el susurro sumiso de su voz y recordé cómo cuando, al clamar él en la iglesia las palabras de Jesucristo: "¡Dios mío, Dios mío!, ¿por qué me has abandonado?", su madre, la de Don Manuel, respondió desde el suelo: "¡Hijo mío!", y oí este grito que desgarraba la quietud del templo. Y volví a confesarme con él para consolarle.

Una vez que en el confesionario le expuse una de aquellas dudas, me contestó:

—A eso, ya sabes, lo del Catecismo: "eso no me lo preguntéis a mí, que soy ignorante; doctores tiene la Santa Madre Iglesia que os sabrán responder".

—¡Pero si el doctor aquí es usted, Don Manuel…!

—¿Yo, yo doctor?, ¿doctor yo? ¡Ni por pienso! Yo, doctorcilla, no soy más que un pobre cura de aldea. Y esas preguntas, ¿sabes quién te las insinúa, quién te las dirige? Pues… ¡el Demonio!

Y entonces, envalentonándome, le espeté[27] a boca de jarro:[28]

—¿Y si se las dirigiese a usted, Don Manuel?

—¿A quién? ¿A mí? ¿Y el Demonio? No nos conocemos, hija, no nos conocemos.

—¿Y si se las dirigiera?

—No le haría caso. Y basta, ¿eh?, despachemos,[29] que me están esperando unos enfermos de verdad.

---

[26]mujer que presume de sabia (término despectivo, pero no aquí)
[27]*fig.*: decir algo que causa sorpresa
[28]bruscamente
[29]concluyamos

Me retiré, pensando, no sé por qué que nuestro Don Manuel, tan afamado curandero de
265   endemoniados, no creía en el Demonio. Y al irme hacia mi casa topé con Blasillo el bobo, que
acaso rondaba el templo, y al verme, para agasajarme con sus habilidades, repitió: —¡y de qué
modo!— lo de "¡Dios mío, Dios mío!, ¿por qué me has abandonado?". Llegué a casa acongo-
jadísima y me encerré en mi cuarto para llorar, hasta que llegó mi madre.

—Me parece, Angelita, con tantas confesiones, que tú te me vas a ir monja.

270   —No lo tema, madre —le contesté—, pues tengo harto[30] que hacer aquí, en el pueblo, que
es mi convento.

—Hasta que te cases.

—No pienso en ello —le repliqué.

Y otra vez que me encontré con Don Manuel, le pregunté, mirándole derechamente a
275   los ojos:

—¿Es que hay Infierno, Don Manuel?

Y él, sin inmutarse:

—¿Para ti, hija? No.

—¿Y para los otros, le hay?

280   —¿Y a ti qué te importa, si no has de ir a él?

—Me importa por los otros. ¿Le hay?

—Cree en el cielo, en el cielo que vemos. Míralo —y me lo mostraba sobre la montaña y
abajo, reflejado en el lago.

—Pero hay que creer en el Infierno, como en el cielo —le repliqué.

285   —Sí, hay que creer todo lo que cree y enseña a creer la Santa Madre Iglesia Católica,
Apostólica, Romana. ¡Y basta!

Leí no sé qué honda tristeza en sus ojos, azules como las aguas del lago.
Aquellos años pasaron como un sueño. La imagen de Don Manuel iba creciendo en mí sin
que yo de ello me diese cuenta, pues era un varón tan cotidiano, tan de cada día como el pan
290   que a diario pedimos en el padrenuestro. Yo le ayudaba cuanto podía en sus menesteres, visitaba
a sus enfermos, a nuestros enfermos, a las niñas de la escuela, arreglaba el ropero de la iglesia, le
hacía, como me llamaba él, de diaconisa.[31] Fui unos días invitada por una compañera de colegio
a la ciudad, y tuve que volverme, pues en la ciudad me ahogaba, me faltaba algo, sentía sed de
la vista de las aguas del lago, hambre de la vista de las peñas de la montaña; sentía, sobre todo, la
295   falta de mi Don Manuel y como si su ausencia me llamara, como si corriese un peligro lejos de
mí, como si me necesitara. Empezaba yo a sentir una especie de afecto maternal hacia mi padre
espiritual; quería aliviarle del peso de su cruz del nacimiento.

---

[30]bastante (uso no frecuente)
[31]mujeres que en los primeros siglos del cristianismo se dedicaban a servir a la Iglesia

Así fui llegando a mis veinticuatro años, que es cuando volvió de América, con un cau-
dalillo[32] ahorrado, mi hermano Lázaro. Llegó acá, a Valverde de Lucerna, con el propósito de
llevarnos a mí y a nuestra madre a vivir a la ciudad, acaso a Madrid.   300

—En la aldea —decía— se entontece, se embrutece y se empobrece uno.

Y añadía:

—Civilización es lo contrario de ruralización; ¡aldeanerías, no!, que no hice que fueras al
colegio para que te pudras luego aquí, entre estos zafios patanes.[33]

Yo callaba, aun dispuesta a resistir la emigración; pero nuestra madre, que pasaba ya de la se-   305
sentena, se opuso desde un principio. "¡A mi edad, cambiar de aguas!", dijo primero; mas luego
dio a conocer claramente que ella no podría vivir fuera de la vista de su lago, de su montaña y
sobre todo de su Don Manuel.

—¡Sois como las gatas, que os apegáis a la casa! —repetía mi hermano.

Cuando se percató de todo el imperio que sobre el pueblo todo y en especial sobre nosotras,   310
sobre mi madre y sobre mí, ejercía el santo varón evangélico, se irritó contra éste. Le pareció un
ejemplo de la oscura teocracia en que él suponía hundida a España. Y empezó a barbotar[34] sin
descanso todos los viejos lugares comunes anticlericales y hasta antirreligiosos y progresistas que
había traído renovados del Nuevo Mundo.

—En esta España de calzonazos[35] —decía— los curas manejan a las mujeres y las mujeres a   315
los hombres… ¡y luego el campo!, ¡el campo!, este campo feudal…

Para él feudal era un término pavoroso; feudal y medieval eran los dos calificativos que prod-
igaba cuando quería condenar algo.

Le desconcertaba el ningún efecto que sobre nosotras hacían sus diatribas y el casi ningún
efecto que hacían en el pueblo, donde se le oía con respetuosa indiferencia. "A estos patanes no   320
hay quien les conmueva". Pero como era bueno por ser inteligente, pronto se dio cuenta de la
clase de imperio que Don Manuel ejercía sobre el pueblo, pronto se enteró de la obra del cura
de su aldea.

—¡No, no es como los otros —decía—, es un santo!

—¿Pero tú sabes cómo son los otros curas? —le decía yo, y él: 325

—Me lo figuro.

Mas aun así ni entraba en la iglesia ni dejaba de hacer alarde[36] en todas partes de su in-
credulidad, aunque procurando siempre dejar a salvo a Don Manuel. Y ya en el pueblo se fue
formando, no sé cómo, una expectativa, la de una especie de duelo entre mi hermano Lázaro
y Don Manuel, o más bien se esperaba la conversión de aquél por éste. Nadie dudaba de que   330
al cabo el párroco le llevaría a su parroquia. Lázaro, por su parte, ardía en deseos —me lo dijo
luego— de oír a Don Manuel, de verle y oírle en la iglesia, de acercarse a él y con él conversar,

---

[32]caudal; dinero
[33]asticos; groseros
[34]hablar entre dientes
[35]hombres que se dejan dominar, normalmente por la mujer
[36]ostentar (aquí, *fig.*: decirle a todo el mundo)

de conocer el secreto de aquel su imperio espiritual sobre las almas. Y se hacía rogar para ello hasta que al fin, por curiosidad —decía—, fue a oírle.

335   —Sí, esto es otra cosa —me dijo luego de haberle oído—; no es como los otros, pero a mí no me la da; es demasiado inteligente para creer todo lo que tiene que enseñar.

—¿Pero es que le crees un hipócrita? —le dije.

—¡Hipócrita… no!, pero es el oficio del que tiene que vivir.

En cuanto a mí, mi hermano se empeñaba en que yo leyese de libros que él trajo y de otros
340   que me incitaba a comprar.

—Conque, ¿tu hermano Lázaro —me decía Don Manuel— se empeña en que leas? Pues lee, hija mía, lee y dale así gusto. Sé que no has de leer sino cosa buena; lee aunque sea novelas. No son mejores las historias que llaman verdaderas. Vale más que leas que no el que te alimentes de chismes y comadrerías[37] del pueblo. Pero lee sobre todo libros de piedad que te den contento
345   de vivir, un contento apacible y silencioso.

¿Le tenía él?
Por entonces enfermó de muerte y se nos murió nuestra madre, y en sus últimos días todo su hipo[38] era que Don Manuel convirtiese a Lázaro, a quien esperaba volver a ver un día en el cielo, en un rincón de las estrellas desde donde se viese el lago y la montaña de Valverde de
350   Lucerna. Ella se iba ya, a ver a Dios.

—Usted no se va —le decía Don Manuel—, usted se queda. Su cuerpo aquí, en esta tierra, y su alma también aquí, en esta casa viendo y oyendo a sus hijos, aunque éstos ni le vean ni le oigan.

—Pero yo, padre —dijo—, voy a ver a Dios.

355   —Dios, hija mía, está aquí como en todas partes, y le verá usted desde aquí, desde aquí. Y a todos nosotros en Él, y a Él en nosotros.

—Dios se lo pague —le dije.

—El contento con que tu madre se muera —me dijo— será su eterna vida.

Y volviéndose a mi hermano Lázaro:

360   —Su cielo es seguir viéndote, y ahora es cuando hay que salvarla. Dile que rezarás por ella.

—Pero…

—¿Pero…? Dile que rezarás por ella, a quien debes la vida, y sé que una vez que se lo prometas rezarás y sé que luego que reces…

Mi hermano, acercándose, arrasados[39] sus ojos en lágrimas, a nuestra madre agonizante, le
365   prometió solemnemente rezar por ella.

---

[37]*fam.*: chismes (un comadrero es una persona holgazana y chismosa)
[38]*fig.*: deseo vehemente
[39]llenos

—Y yo en el cielo por ti, por vosotros —respondió mi madre, y besando el crucifijo y puestos sus ojos en los de Don Manuel, entregó su alma a Dios.

—"¡En tus manos encomiendo mi espíritu!" —rezó el santo varón.

Quedamos mi hermano y yo solos en la casa. Lo que pasó en la muerte de nuestra madre puso a Lázaro en relación con Don Manuel, que pareció descuidar algo a sus demás pacientes, a sus demás menesterosos, para atender a mi hermano. Íbanse por las tardes de paseo, orilla del lago, o hacia las ruinas, vestidas de hiedra, de la vieja abadía de cistercienses. $\quad$ 370

—Es un hombre maravilloso —me decía Lázaro—. Ya sabes que dicen que en el fondo de este lago hay una villa sumergida y que en la noche de San Juan, a las doce, se oyen las campanadas de su iglesia. $\quad$ 375

—Sí —le contestaba yo—, una villa feudal y medieval…

—Y creo —añadía él— que en el fondo del alma de nuestro Don Manuel hay también sumergida, ahogada, una villa y que alguna vez se oyen sus campanadas.

—Sí —le dije—, esa villa sumergida en el alma de Don Manuel, ¿y por qué no también en la tuya?, es el cementerio de las almas de nuestros abuelos, los de esta nuestra Valverde de Lucerna…¡feudal y medieval! $\quad$ 380

Acabó mi hermano por ir a misa siempre, a oír a Don Manuel, y cuando se dijo que cumpliría con la parroquia, que comulgaría cuando los demás comulgasen, recorrió un íntimo regocijo al pueblo todo, que creyó haberle recobrado. Pero fue un regocijo tal, tan limpio, que Lázaro no se sintió ni vencido ni disminuido. $\quad$ 385

Y llegó el día de su comunión, ante el pueblo todo, con el pueblo todo. Cuando llegó la vez[40] a mi hermano pude ver que Don Manuel, tan blanco como la nieve de enero en la montaña y temblando como tiembla el lago cuando le hostiga el cierzo, se le acercó con la sagrada forma en la mano, y de tal modo le temblaba ésta al arrimarla a la boca de Lázaro, que se le cayó la forma a tiempo que le daba un vahído.[41] Y fue mi hermano mismo quien recogió la hostia y se la llevó a la boca. Y el pueblo al ver llorar a Don Manuel, lloró diciéndose: "¡Cómo le quiere!" Y entonces, pues era la madrugada, cantó un gallo. $\quad$ 390

Al volver a casa y encerrarme en ella con mi hermano, le eché los brazos al cuello y besándole, le dije:

—Ay, Lázaro, Lázaro, qué alegría nos has dado a todos, a todos, a todo el pueblo, a todo, a los vivos y a los muertos, y sobre todo a mamá, a nuestra madre. ¿Viste? El pobre Don Manuel lloraba de alegría. ¡Qué alegría nos has dado a todos! $\quad$ 395

—Por eso lo he hecho —me contestó.

—¿Por eso? ¿Por darnos alegría? Lo habrás hecho ante todo por ti mismo, por conversión.

Y entonces Lázaro, mi hermano, tan pálido y tan tembloroso como Don Manuel cuando le dio la comunión, me hizo sentarme, en el sillón mismo donde solía sentarse nuestra madre, tomó huelgo,[42] y luego, como en íntima confesión doméstica y familiar, me dijo: $\quad$ 400

---

[40]el turno
[41]turbación breve del sentido
[42]aliento

—Mira, Angelita, ha llegado la hora de decirte la verdad, toda la verdad, y te la voy a decir, porque debo decírtela, porque a ti no puedo, no debo callártela y porque además habrías de adivinarla y a medias, que es lo peor, más tarde o más temprano.

405

Y entonces, serena y tranquilamente, a media voz, me contó una historia que me sumergió en un lago de tristeza. Cómo Don Manuel le había venido trabajando, sobre todo en aquellos paseos a las ruinas de la vieja abadía cisterciense, para que no escandalizase, para que diese buen ejemplo, para que se incorporase a la vida religiosa del pueblo, para que fingiese creer si no creía, para que ocultase sus ideas al respecto, mas sin intentar siquiera catequizarle, convertirle de otra manera.

410

—¿Pero es eso posible? —exclamé, consternada.

—¡Y tan posible, hermana, y tan posible! Y cuando yo le decía: "¿Pero es usted, usted, el sacerdote el que me aconseja que finja?", él, balbuciente: "¿Fingir?, ¡fingir no!, ¡eso no es fingir! Toma agua bendita, que dijo alguien, y acabarás creyendo". Y como yo, mirándole a los ojos, le dijese: "¿Y usted celebrando misa ha acabado por creer?", él bajó la mirada al lago y se le llenaron los ojos de lágrimas. Y así es cómo le arranqué su secreto.

415

—¡Lázaro! —gemí.

Y en aquel momento pasó por la calle Blasillo el bobo, clamando su: "¡Dios mío, Dios mío!, ¿por qué me has abandonado?". Y Lázaro se estremeció creyendo oír la voz de Don Manuel, acaso la de Nuestro Señor Jesucristo.

420

—Entonces —prosiguió mi hermano— comprendí sus móviles y con esto comprendí su santidad; porque es un santo, hermana, todo un santo. No trataba al emprender ganarme para su santa causa —porque es una causa santa, santísima—, arrogarse un triunfo, sino que lo hacía por la paz, por la felicidad, por la ilusión si quieres, de los que le están encomendados; comprendí que si les engaña así —si es que esto es engaño— no es por medrar.[43] Me rendí a sus razones, y he aquí mi conversión. Y no me olvidaré jamás del día en que diciéndole yo: "Pero, Don Manuel, la verdad, la verdad ante todo", él, temblando, me susurró al oído —y eso que estábamos solos en medio del campo—: "¿La verdad? La verdad, Lázaro, es acaso algo terrible, algo intolerable, algo mortal; la gente sencilla no podría vivir con ella". "¿Y por qué me la deja entrever ahora aquí, como en confesión?", le dije. Y él: "Porque si no, me atormentaría tanto, tanto, que acabaría gritándola en medio de la plaza, y eso jamás, jamás, jamás. Yo estoy para hacer vivir a las almas de mis feligreses, para hacerles felices, para hacerles que se sueñen inmortales y no para matarles. Lo que aquí hace falta es que vivan sanamente, que vivan en unanimidad de sentido, y con la verdad, con mi verdad, no vivirían. Que vivan. Y esto hace la Iglesia, hacerles vivir. ¿Religión verdadera? Todas las religiones son verdaderas, en cuanto hacen vivir espiritualmente a los pueblos que las profesan, en cuanto les consuelan de haber tenido que nacer para morir, y para cada pueblo la religión más verdadera es la suya, la que le ha hecho. ¿Y la mía? La mía es consolarme en consolar a los demás, aunque el consuelo que les doy no sea el mío". Jamás olvidaré estas sus palabras.

425

430

435

—¡Pero esa comunión tuya ha sido un sacrilegio! —me atreví a insinuar, arrepintiéndome al punto de haberlo insinuado.

440

—¿Sacrilegio? ¿Y él que me la dio? ¿Y sus misas?

—¡Qué martirio! —exclamé.

---

[43] *fig.*: mejorar su propia fortuna

—Y ahora —añadió mi hermano— hay otro más para consolar al pueblo.

—¿Para engañarle? —dije.   445

—Para engañarle, no —me replicó—, sino para corroborarle en su fe.

—Y él, el pueblo —dije—, ¿cree de veras?

—¡Qué sé yo…! Cree sin querer, por hábito, por tradición. Y lo que hace falta es no despertarle. Y que viva en su pobreza de sentimientos para que no adquiera torturas de lujo. ¡Bienaventurados los pobres de espíritu!   450

—Eso, hermano, lo has aprendido de Don Manuel. Y ahora, dime, ¿has cumplido aquello que
le prometiste a nuestra madre cuando ella se nos iba a morir, aquello de que rezarías por ella?

—¡Pues no se lo había de cumplir! Pero, ¿por quién me has tomado, hermana? ¿Me crees
capaz de faltar a mi palabra, a una promesa solemne, y a una promesa hecha, y en el lecho de
muerte, a una madre?   455

—¡Qué sé yo…! Pudiste querer engañarla para que muriese consolada.

—Es que si yo no hubiese cumplido la promesa viviría sin consuelo.

—¿Entonces?

—Cumplí la promesa y no he dejado de rezar ni un solo día por ella.

—¿Sólo por ella?   460

—Pues, ¿por quién más?

—¡Por ti mismo! Y de ahora en adelante, por Don Manuel.

Nos separamos para irnos cada uno a su cuarto, yo a llorar toda la noche, a pedir por la conversión de mi hermano y de Don Manuel, y él, Lázaro, no sé bien a qué.

Después de aquel día temblaba yo de encontrarme a solas con Don Manuel, a quien seguía   465
asistiendo en sus piadosos menesteres. Y él pareció percatarse de mi estado íntimo y adivinar su
causa. Y cuando al fin me acerqué a él en el tribunal de la penitencia —¿quién era el juez y quién el
reo?—, los dos, él y yo, doblamos en silencio la cabeza y nos pusimos a llorar. Y fue él, Don Manuel,
quien rompió el tremendo silencio para decirme con voz que parecía salir de una huesa:[44]

—Pero tú, Angelina, tú crees como a los diez años, ¿no es así? ¿Tú crees?   470

—Sí creo, padre.

—Pues sigue creyendo. Y si se te ocurren dudas, cállatelas a ti misma. Hay que vivir.

Me atreví, y toda temblorosa le dije:

—Pero usted, padre, ¿cree usted?

----

[44]tumba

475   Vaciló un momento y reponiéndose me dijo:

—¡Creo!

—¿Pero en qué, padre, en qué? ¿Cree usted en la otra vida?, ¿cree usted que al morir no nos morimos del todo?, ¿cree que volveremos a vernos, a querernos en otro mundo venidero?, ¿cree en la otra vida?

480   El pobre santo sollozaba.

—¡Mira, hija, dejemos eso!

Y ahora, al escribir esta memoria, me digo: ¿Por qué no me engañó?, ¿por qué no me engañó entonces como engañaba a los demás? ¿Por qué se acongojó?, ¿porque no podía engañarse a sí mismo, o porque no podía engañarme? Y quiero creer que se acongojaba porque no podía
485   engañarse para engañarme.

—Y ahora —añadió—, reza por mí, por tu hermano, por ti misma, por todos. Hay que vivir. Y hay que dar vida.

Y después de una pausa:

—¿Y por qué no te casas, Angelina?

490   —Ya sabe usted, padre mío, por qué.

—Pero no, no; tienes que casarte. Entre Lázaro y yo te buscaremos un novio. Porque a ti te conviene casarte para que se te curen esas preocupaciones.

—¿Preocupaciones, Don Manuel?

—Yo sé bien lo que me digo. Y no te acongojes demasiado por los demás, que harto tiene
495   cada cual con tener que responder de sí mismo.

—¡Y que sea usted, Don Manuel, el que me diga eso!, ¡que sea usted el que me aconseje que me case para responder de mí y no acuitarme[45] por los demás!, ¡que sea usted!

—Tienes razón, Angelina, no sé ya lo que me digo; no sé ya lo que me digo desde que estoy confesándome contigo. Y sí, sí hay que vivir, hay que vivir.

500   Y cuando yo iba a levantarme para salir del templo, me dijo:

—Y ahora, Angelina, en nombre del pueblo, ¿me absuelves?

Me sentí como penetrada de un misterioso sacerdocio y le dije:

—En nombre de Dios Padre, Hijo y Espíritu Santo, le absuelvo, padre.

Y salimos de la iglesia, y al salir se me estremecían las entrañas maternales.

---

[45]afligirme

Mi hermano, puesto ya del todo al servicio de la obra de Don Manuel, era su más asiduo   505
colaborador y compañero. Les anudaba, además, el común secreto. Le acompañaba en sus visitas
a los enfermos, a las escuelas, y ponía su dinero a disposición del santo varón. Y poco faltó para
que no aprendiera a ayudarle a misa. E iba entrando cada vez más en el alma insondable de Don
Manuel.

—¡Qué hombre! —me decía—. Mira, ayer, paseando a orillas del lago, me dijo: "He aquí mi   510
tentación mayor". Y como yo le interrogase con la mirada, añadió: "Mi pobre padre, que murió
de cerca de noventa años, se pasó la vida, según me lo confesó él mismo, torturado por la tentación del suicidio, que le venía no recordaba desde cuándo, de nación,[46] decía, y defendiéndose
de ella. Y esa defensa fue su vida. Para no sucumbir a tal tentación extremaba los cuidados por
conservar la vida. Me contó escenas terribles. Me parecía como una locura. Y yo la he heredado.   515
¡Y cómo me llama esa agua que con su aparente quietud —la corriente va por dentro— espeja
al cielo! ¡Mi vida, Lázaro, es una especie de suicidio continuo, un combate contra el suicidio, que
es igual; pero que vivan ellos, que vivan los nuestros!" Y luego añadió: "Aquí se remansa el río
en lago, para luego, bajando a la meseta, precipitarse en cascadas, saltos y torrenteras por las ho-
ces[47] y encañadas,[48] junto a la ciudad, y así se remansa la vida, aquí, en la aldea. Pero la tentación   520
del suicidio es mayor aquí, junto al remanso que espeja de noche las estrellas, que no junto a las
cascadas que dan miedo. Mira, Lázaro, he asistido a bien morir a pobres aldeanos, ignorantes,
analfabetos, que apenas si habían salido de la aldea, y he podido saber de sus labios, y cuando no
adivinarlo, la verdadera causa de su enfermedad de muerte, y he podido mirar, allí, a la cabecera
de su lecho de muerte, toda la negrura de la sima del tedio de vivir. ¡Mil veces peor que el   525
hambre! Sigamos, pues, Lázaro, suicidándonos en nuestra obra y en nuestro pueblo, y que sueñe
éste su vida como el lago sueña el cielo".

—Otra vez —me decía también mi hermano—, cuando volvíamos acá vimos a una zagala,[49]
una cabrera, que enhiesta sobre un picacho[50] de la falda de la montaña, a la vista del lago, estaba
cantando con una voz más fresca que las aguas de éste. Don Manuel me detuvo, y señalándomela,   530
dijo: "Mira, parece como si se hubiera acabado el tiempo, como si esa zagala hubiese estado ahí
siempre, y como está, y cantando como está, y como si hubiera de seguir estando así siempre,
como estuvo cuando no empezó mi conciencia, como estará cuando se me acabe. Esa zagala
forma parte, con las rocas, las nubes, los árboles, las aguas, de la naturaleza y no de la historia".
¡Cómo siente, cómo anima Don Manuel a la naturaleza! Nunca olvidaré el día de la nevada en   535
que me dijo: "¿Has visto, Lázaro, misterio mayor que el de la nieve cayendo en el lago y
muriendo en él mientras cubre con su toca a la montaña?".

Don Manuel tenía que contener a mi hermano en su celo[51] y en su inexperiencia de neófito.
Y como supiese que éste andaba predicando contra ciertas supersticiones populares, hubo de
decirle: 540

—¡Déjalos! ¡Es tan difícil hacerles comprender dónde acaba la creencia ortodoxa y dónde
empieza la superstición! Y más para nosotros. Déjalos, pues, mientras se consuelen. Vale más
que lo crean todo, aun cosas contradictorias entre sí, a no que no crean nada. Eso de que el que
cree demasiado acaba por no creer nada, es cosa de protestantes. No protestemos. La protesta
mata el contento.   545

---

[46]de nacimiento
[47]angusturas de un valle
[48]pasos entre dos montañas
[49]moza (aquí, pastora de cabras)
[50]punta aguda de la sima de una montaña
[51]interés ardiente

Una noche de plenilunio —me contaba también mi hermano— volvían a la aldea por la orilla del lago, a cuyo sobrehaz[52] rizaba[53] entonces la brisa montañesa y en el rizo cabrilleaban[54] las razas[55] de la luna llena, y Don Manuel le dijo a Lázaro:

550   —¡Mira, el agua está rezando la letanía y ahora dice: *ianua caeli, ora pro nobis,* "puerta del cielo, ruega por nosotros!"

Y cayeron temblando de sus pestañas a la yerba del suelo dos huideras lágrimas en que también, como en rocío, se bañó temblorosa la lumbre de la luna llena.

E iba corriendo el tiempo y observábamos mi hermano y yo que las fuerzas de Don Manuel empezaban a decaer, que ya no lograba contener del todo la insondable tristeza que le consumía,
555   que acaso una enfermedad traidora le iba minando[56] el cuerpo y el alma. Y Lázaro, acaso para distraerle más, le propuso si no estaría bien que fundasen en la iglesia algo así como un sindicato católico agrario.

—¿Sindicato? —respondió tristemente Don Manuel—. ¿Sindicato? ¿Y qué es eso? Yo no conozco más sindicato que la Iglesia, y ya sabes aquello de "mi reino no es de este mundo".
560   Nuestro reino, Lázaro, no es de este mundo…

—¿Y del otro?

Don Manuel bajó la cabeza:

—El otro, Lázaro, está aquí también, porque hay dos reinos en este mundo. O mejor, el otro mundo…vamos, que no sé lo que me digo. Y en cuanto a eso del sindicato es en ti un resabio[57]
565   de tu época de progresismo. No, Lázaro, no; la religión no es para resolver los conflictos económicos o políticos de este mundo que Dios entregó a las disputas de los hombres. Piensen los hombres y obren los hombres como pensaren y como obraren, que se consuelen de haber nacido, que vivan lo más contentos que puedan en la ilusión de que todo esto tiene una finalidad. Yo no he venido a someter los pobres a los ricos, ni a predicar a éstos que se sometan a aquéllos.
570   Resignación y caridad en todos y para todos. Porque también el rico tiene que resignarse a su riqueza, y a la vida, y también el pobre tiene que tener caridad para con el rico. ¿Cuestión social? Deja eso, eso no nos concierne. Que traen una nueva sociedad, en que no haya ya ricos ni pobres, en que esté justamente repartida la riqueza, en que todo sea de todos, ¿y qué? ¿Y no crees que del bienestar general surgirá más fuerte el tedio a la vida? Sí, ya sé que uno de esos caudillos de
575   la que llaman la revolución social ha dicho que la religión es el opio del pueblo. Opio… Opio… Opio, sí. Démosle opio, y que duerma y que sueñe. Yo mismo con esta mi loca actividad me estoy administrando opio. Y no logro dormir bien y menos soñar bien… ¡Esta terrible pesadilla! Y yo también puedo decir con el Divino Maestro: "Mi alma está triste hasta la muerte". No, Lázaro, no; nada de sindicatos por nuestra parte. Si lo forman ellos me parecerá bien, pues que
580   así se distraen. Que jueguen al sindicato, si eso les contenta.

El pueblo todo observó que a Don Manuel le menguaban las fuerzas, que se fatigaba. Su voz misma, aquella voz que era un milagro, adquirió un cierto temblor íntimo. Se le asomaban las lágrimas con cualquier motivo. Y sobre todo cuando hablaba al pueblo del otro mundo, de la otra vida, tenía que detenerse a ratos cerrando los ojos. "Es que lo está viendo", decían. Y en

---

[52]superficie
[53]movía el viento formando olas
[54]se formaban olitas blancas y espumosas
[55]rayos de luz
[56]*fig.:* consumiendo
[57]mala costumbre

aquellos momentos era Blasillo el bobo el que con más cuajo[58] lloraba. Porque ya Blasillo lloraba 585
más que reía, y hasta sus risas sonaban a lloros.

Al llegar la última Semana de Pasión que con nosotros, en nuestro mundo, en nuestra aldea,
celebró Don Manuel, el pueblo todo presintió el fin de la tragedia. ¡Y cómo sonó entonces
aquel "¡Dios mío, Dios mío!, ¿por qué me has abandonado?", el último que en público sollozó
Don Manuel! Y cuando dijo lo del Divino Maestro al buen bandolero[59] —"todos los bando- 590
leros son buenos", solía decir nuestro Don Manuel—, aquello de: "mañana estarás conmigo en
el paraíso". ¡Y la última comunión general que repartió nuestro santo! Cuando llegó a dársela a
mi hermano, esta vez con mano segura, después del litúrgico: "… *in vitam aeternam*," se le inclinó
al oído y le dijo: "No hay más vida eterna que ésta…que la sueñen eterna…eterna de unos
pocos años…" Y cuando me la dio a mí me dijo: "Reza, hija mía, reza por nosotros". Y luego, 595
algo tan extraordinario que lo llevo en el corazón como el más grande misterio, y fue que me
dijo con voz que parecía de otro mundo: "y reza también por Nuestro Señor Jesucristo…"

Me levanté sin fuerzas y como sonámbula. Y todo en torno me pareció un sueño. Y pensé:
"Habré de rezar también por el lago y por la montaña". Y luego: "¿Es que estaré endemoniada?". Y en casa ya, cogí el crucifijo con el cual en las manos había entregado a Dios su alma 600
mi madre, y mirándolo a través de mis lágrimas y recordando el "¡Dios mío, Dios mío!, ¿por qué
me has abandonado?" de nuestros dos Cristos, el de esta tierra y el de esta aldea, recé: "hágase
tu voluntad así en la tierra como en el cielo", primero, y después: "y no nos dejes caer en la
tentación, amén". Luego me volví a aquella imagen de la Dolorosa, con su corazón traspasado
por siete espadas, que había sido el más doloroso consuelo de mi pobre madre, y recé: "Santa 605
María, madre de Dios, ruega por nosotros pecadores, ahora y en la hora de nuestra muerte,
amén". Y apenas lo había rezado cuando me dije: "¿pecadores?, ¿nosotros pecadores?, ¿y cuál es
nuestro pecado, cuál?". Y anduve todo el día acongojada por esta pregunta.

Al día siguiente acudí a Don Manuel, que iba adquiriendo una solemnidad de religioso
ocaso, y le dije: 610

—¿Recuerda, padre mío, cuando hace ya años, al dirigirle yo una pregunta me contestó: "Eso
no me lo preguntéis a mí, que soy ignorante; doctores tiene la Santa Madre Iglesia que os sabrán
responder"?

—¡Que si me acuerdo!… y me acuerdo que te dije que ésas eran preguntas que te dictaba el
Demonio. 615

—Pues bien, padre, hoy vuelvo yo, la endemoniada, a dirigirle otra pregunta que me dicta mi
demonio de la guarda.

—Pregunta.

—Ayer, al darme de comulgar, me pidió que rezara por todos nosotros y hasta por…

—Bien, cállalo y sigue. 620

—Llegué a casa y me puse a rezar, y al llegar a aquello de "ruega por nosotros, pecadores,
ahora y en la hora de nuestra muerte", una voz íntima me dijo: "¿pecadores nosotros?, ¿y cuál es
nuestro pecado?". ¿Cuál es nuestro pecado, padre?

—¿Cuál? —me respondió—. Ya lo dijo un gran doctor de la Iglesia Católica Apostólica
Española, ya lo dijo el gran doctor de *La vida es sueño*, ya dijo que "el delito mayor del hombre 625
es haber nacido". Ese es, hija, nuestro pecado: el de haber nacido.

---

[58]calma
[59]uno de los dos hombres que fue crucificado con Cristo (San Lucas, 24:13)

—¿Y se cura, padre?

—¡Vete y vuelve a rezar! ¡Vuelve a rezar por nosotros, pecadores, ahora y en la hora de nuestra muerte... Sí, al fin se cura el sueño... al fin se cura la vida... al fin se acaba la cruz del naci-
630   miento... Y como dijo Calderón, el hacer bien, y el engañar bien, ni aun en sueños se pierde...

Y la hora de su muerte llegó por fin. Todo el pueblo la veía llegar. Y fue su más grande lec-ción. No quiso morirse ni solo ni ocioso. Se murió predicando al pueblo, en el templo. Primero, antes de mandar que le llevasen a él, pues no podía ya moverse por la perlesía,[60] nos llamó a su casa a Lázaro y a mí. Y allí, los tres a solas, nos dijo:

635   —Oíd: cuidad de estas pobres ovejas, que se consuelen de vivir, que crean lo que yo no he podido creer. Y tú, Lázaro, cuando hayas de morir, muere como yo, como morirá nuestra Ángela, en el seno de la Santa Madre Católica Apostólica Romana, de la Santa Madre Iglesia de Valverde de Lucerna, bien entendido. Y hasta nunca más ver, pues se acaba este sueño de la vida...

—¡Padre, padre! —gemí yo.

640   —No te aflijas, Ángela, y sigue rezando por todos los pecadores, por todos los nacidos. Y que sueñen, que sueñen. ¡Qué ganas tengo de dormir, dormir, dormir sin fin, dormir por toda una eternidad y sin soñar!, ¡olvidando el sueño! Cuando me entierren, que sea en una caja hecha con aquellas seis tablas que tallé del viejo nogal, ¡pobrecito!, a cuya sombra jugué de niño, cuando empezaba a soñar... ¡Y entonces sí que creía en la vida perdurable! Es decir, me figuro ahora
645   que creía entonces. Para un niño creer no es más que soñar. Y para un pueblo. Esas seis tablas que tallé con mis propias manos, las encontraréis al pie de mi cama.

Le dio un ahogo y, repuesto de él, prosiguió:

—Recordaréis que cuando rezábamos todos en uno, en unanimidad de sentido, hechos pueblo, el Credo, al llegar al final yo me callaba. Cuando los israelitas iban llegando al fin de su
650   peregrinación por el desierto, el Señor les dijo a Aarón y a Moisés que por no haberle creído no meterían a su pueblo en la tierra prometida, y les hizo subir al monte de Hor, donde Moisés hizo desnudar a Aarón, que allí murió, y luego subió Moisés desde las llanuras de Moab al monte Nebo, a la cumbre del Fasga, enfrente de Jericó, y el Señor le mostró toda la tierra prometida a su pueblo, pero diciéndole a él: "¡No pasarás allá!", y allí murió Moisés y nadie supo su sepultura.
655   Y dejó por caudillo a Josué. Sé, tú, Lázaro, mi Josué, y si puedes detener al sol detenle y no te importe del progreso. Como Moisés, he conocido al Señor, nuestro supremo ensueño, cara a cara y ya sabes que dice la Escritura que el que le ve la cara a Dios, que el que le ve al sueño los ojos de la cara con que nos mira, se muere sin remedio y para siempre. Que no le vea, pues, la cara a Dios este nuestro pueblo mientras viva, que después de muerto ya no hay cuidado, pues no verá
660   nada...

—¡Padre, padre, padre! —volví a gemir.

Y él:

—Tú, Ángela, reza siempre, sigue rezando para que los pecadores todos sueñen hasta morir la resurrección de la carne y la vida perdurable...

665   Yo esperaba un "¿y quién sabe...?" cuando le dio otro ahogo a Don Manuel.

---

[60]parálisis

—Y ahora —añadió—, ahora, en la hora de mi muerte, es hora de que hagáis que se me lleve, en este mismo sillón, a la iglesia, para despedirme allí de mi pueblo, que me espera.

Se le llevó a la iglesia y se le puso, en el sillón, en el presbiterio, al pie del altar. Tenía entre sus manos un crucifijo. Mi hermano y yo nos pusimos junto a él, pero fue Blasillo el bobo quien más se arrimó. Quería coger de la mano a Don Manuel, besársela. Y como algunos trataran de 670 impedírselo, Don Manuel les reprendió diciéndoles:

—Dejadle que se me acerque. Ven, Blasillo, dame la mano. El bobo lloraba de alegría.

Y luego Don Manuel dijo:

—Muy pocas palabras, hijos míos, pues apenas me siento con fuerzas sino para morir. Y nada nuevo tengo que deciros. Ya os lo dije todo. Vivid en paz y contentos y esperando que todos nos 675 veamos un día, en la Valverde de Lucerna que hay allí, entre las estrellas de la noche que se reflejan en el lago, sobre la montaña. Y rezad, rezad a María Santísima, rezad a Nuestro Señor. Sed buenos, que esto basta. Perdonadme el mal que haya podido haceros sin quererlo y sin saberlo. Y ahora, después de que os dé mi bendición, rezad todos a una el Padrenuestro, el Avemaría, la 680 Salve y por último el Credo.

Luego, con el crucifijo que tenía en la mano dio la bendición al pueblo, llorando las mujeres y los niños y no pocos hombres, y en seguida empezaron las oraciones, que Don Manuel oía en silencio y cogido de la mano por Blasillo, que al son del ruego se iba durmiendo. Primero el Padrenuestro con su "hágase tu voluntad así en la tierra como en el cielo", luego el Santa María con su "ruega por nosotros, pecadores, ahora y en la hora de nuestra muerte", a seguida 685 la Salve con su "gimiendo y llorando en este valle de lágrimas", y por último el Credo. Y al llegar a la "resurrección de la carne y la vida perdurable", todo el pueblo sintió que su santo había entregado su alma a Dios. Y no hubo que cerrarle los ojos, porque se murió con ellos cerrados. Y al ir a despertar a Blasillo nos encontramos con que se había dormido en el Señor para siempre. Así que hubo luego que enterrar dos cuerpos. 690

El pueblo todo se fue en seguida a la casa del santo a recoger reliquias, a repartirse retazos de sus vestiduras, a llevarse lo que pudieran como reliquia y recuerdo del bendito mártir. Mi hermano guardó su breviario, entre cuyas hojas encontró, desecada y como en un herbario, una clavellina pegada a un papel y en éste una cruz con una fecha.

Nadie en el pueblo quiso creer en la muerte de Don Manuel; todos esperaban verle a diario, 695 y acaso le veían, pasar a lo largo del lago y espejado en él o teniendo por fondo la montaña; todos seguían oyendo su voz, y todos acudían a su sepultura, en torno a la cual surgió todo un culto. Las endemoniadas venían ahora a tocar la cruz de nogal, hecha también por sus manos y sacada del mismo árbol de donde sacó las seis tablas en que fue enterrado. Y los que menos queríamos creer que se hubiese muerto éramos mi hermano y yo. 700

Él, Lázaro, continuaba la tradición del santo y empezó a redactar lo que le había oído, notas de que me he servido para esta mi memoria.

—Él me hizo un hombre nuevo, un verdadero Lázaro, un resucitado —me decía—. Él me dio fe.

—¿Fe? —le interrumpía yo.

—Sí, fe, fe en el consuelo de la vida, fe en el contento de la vida. Él me curó de mi progre- 705 sismo. Porque hay, Ángela, dos clases de hombres peligrosos y nocivos: los que convencidos de la vida de ultratumba, de la resurrección de la carne, atormentan, como inquisidores que son, a los demás para que, despreciando esta vida como transitoria, se ganen la otra, y los que no creyendo más que en este…

710   —Como acaso tú… —le decía yo.

—Y sí, y como Don Manuel. Pero no creyendo más que en este mundo esperan no sé qué sociedad futura y se esfuerzan en negarle al pueblo el consuelo de creer en otro…

—De modo que…

—De modo que hay que hacer que vivan de la ilusión.

715   El pobre cura que llegó a sustituir a Don Manuel en el curato entró en Valverde de Lucerna abrumado por el recuerdo del santo y se entregó a mi hermano y a mí para que le guiásemos. No quería sino seguir las huellas del santo. Y mi hermano le decía: "Poca teología, ¿eh?, poca teología; religión, religión". Y yo al oírselo me sonreía pensando si es que no era también teología lo nuestro.

720   Yo empecé entonces a temer por mi pobre hermano. Desde que se nos murió Don Manuel no cabía decir que viviese. Visitaba a diario su tumba y se pasaba horas muertas contemplando el lago. Sentía morriña[61] de la paz verdadera.

—No mires tanto al lago —le decía yo.

—No, hermana, no temas. Es otro el lago que me llama; es otra la montaña. No puedo vivir
725   sin él.

—¿Y el contento de vivir, Lázaro, el contento de vivir?

—Eso para otros pecadores, no para nosotros, que le hemos visto la cara a Dios, a quienes nos ha mirado con sus ojos el sueño de la vida.

—Qué, ¿te preparas a ir a ver a Don Manuel?

730   —No, hermana, no; ahora y aquí en casa, entre nosotros solos, toda la verdad, por amarga que sea, amarga como el mar a que van a parar las aguas de este dulce lago, toda la verdad para ti, que estás abroquelada[62] contra ella…

—¡No, no, Lázaro; ésa no es la verdad!

—La mía, sí.

735   —La tuya, ¿pero y la de…?

—También la de él.

—¡Ahora, no, Lázaro; ahora, no! Ahora cree otra cosa, ahora cree…

—Mira, Ángela, una de las veces en que al decirme Don Manuel que hay cosas que aunque se las diga uno a sí mismo debe callárselas a los demás, le repliqué que me decía eso por decír-
740   selas a él, esas mismas, a sí mismo, acabó confesándome que creía que más de uno de los más grandes santos, acaso el mayor, había muerto sin creer en la otra vida.

—¿Es posible?

---

[61]*gallego*: tristeza, melancolía
[62]*fig.*: firme; en postura de defensa

—¡Y tan posible! Y ahora, hermana, cuida que no sospechen siquiera aquí en el pueblo, nuestro secreto…

—¿Sospecharlo? —le dije—. Si intentase, por locura, explicárselo, no lo entenderían. El pueblo no entiende de palabras; el pueblo no ha entendido más que vuestras obras. Querer exponerles eso sería como leer a unos niños de ocho años unas páginas de Santo Tomás de Aquino… en latín.   745

—Bueno, pues cuando yo me vaya, reza por mí y por él y por todos.

Y por fin le llegó también su hora. Una enfermedad que iba minando su robusta naturaleza pareció exacerbársele con la muerte de Don Manuel.   750

—No siento tanto tener que morir —me decía en sus últimos días—, como que conmigo se muere otro pedazo del alma de Don Manuel. Pero lo demás de él vivirá contigo. Hasta que un día hasta los muertos nos moriremos del todo.

Cuando se hallaba agonizando entraron, como se acostumbra en nuestras aldeas, los del pueblo a verle agonizar, y encomendaban su alma a Don Manuel, a San Manuel Bueno, el mártir. Mi hermano no les dijo nada, no tenía ya nada que decirles; les dejaba dicho todo, todo lo que queda dicho. Era otra laña[63] más entre las dos Valverdes de Lucerna, la del fondo del lago y la que en su sobrehaz se mira; era ya uno de nuestros muertos de vida, uno también, a su modo, de nuestros santos.   755

Quedé más que desolada, pero en mi pueblo, y con mi pueblo. Y ahora, al haber perdido a mi San Manuel, al padre de mi alma, y a mi Lázaro, mi hermano aún más que carnal, espiritual, ahora es cuando me doy cuenta de que he envejecido y de cómo he envejecido. Pero ¿es que los he perdido?, ¿es que he envejecido?, ¿es que me acerco a mi muerte?   760

¡Hay que vivir! Y él me enseñó a vivir, él nos enseñó a vivir, a sentir la vida, a sentir el sentido de la vida, a sumergirnos en el alma de la montaña, en el alma del lago, en el alma del pueblo de la aldea, a perdernos en ellas para quedar en ellas. El me enseñó con su vida a perderme en la vida del pueblo de mi aldea, y no sentía yo más pasar las horas, y los días y los años, que no sentía pasar el agua del lago. Me parecía como si mi vida hubiese de ser siempre igual. No me sentía envejecer. No vivía yo ya en mí, sino que vivía en mi pueblo y mi pueblo vivía en mí. Yo quería decir lo que ellos, los míos, me decían sin querer. Salía a la calle, que era la carretera, y como conocía a todos, vivía en ellos y me olvidaba de mí, mientras que en Madrid, donde estuve alguna vez con mi hermano, como a nadie conocía, sentíame en terrible soledad y torturada por tantos desconocidos.   765   770

Y ahora, al escribir esta memoria, esta confesión íntima de mi experiencia de la santidad ajena, creo que Don Manuel Bueno, que mi San Manuel, y que mi hermano Lázaro se murieron creyendo no creer lo que más nos interesa, pero sin creer creerlo, creyéndolo en una desolación activa y resignada.   775

Pero ¿por qué —me he preguntado muchas veces— no trató Don Manuel de convertir a mi hermano también con un engaño, con una mentira, fingiéndose creyente sin serlo? Y he comprendido que fue porque comprendió que no le engañaría, que para con él no le serviría el engaño, que sólo con la verdad, con su verdad, le convertiría; que no habría conseguido nada si hubiese pretendido representar para con él una comedia —tragedia más bien—, la que representaba para salvar al pueblo. Y así le ganó, en efecto, para su piadoso fraude; así le ganó con la verdad de muerte a la razón de vida. Y así me ganó a mí, que nunca dejé trasparentar a los otros su divino, su santísimo juego. Y es que creía y creo que Dios Nuestro Señor, por no sé qué sagrados y no escudriñaderos designios, les hizo creerse incrédulos. Y que acaso en el acabamiento de su tránsito se les cayó la venda. ¿Y yo, creo?   780   785

---

[63] *fig.:* lazo

Y al escribir esto ahora, aquí, en mi vieja casa materna, a mis más que cincuenta años, cuando empiezan a blanquear con mi cabeza mis recuerdos, está nevando, nevando sobre el lago,
790   nevando sobre la montaña, nevando sobre las memorias de mi padre, el forastero; de mi madre, de mi hermano Lázaro, de mi pueblo, de mi San Manuel, y también sobre la memoria del pobre Blasillo, de mi San Blasillo, y que él me ampare desde el cielo. Y esta nieve borra esquinas y borra sombras, pues hasta de noche la nieve alumbra. Y yo no sé lo que es verdad y lo que es mentira, ni lo que vi y lo que soñé —o mejor lo que soñé y lo que sólo vi—, ni lo que supe ni
795   lo que creí. Ni sé si estoy traspasando a este papel, tan blanco como la nieve, mi conciencia que en él se ha de quedar, quedándome yo sin ella. ¿Para qué tenerla ya...?

¿Es que sé algo?, ¿es que creo algo? ¿Es que esto que estoy aquí contando ha pasado y ha pasado tal y como lo cuento? ¿Es que pueden pasar estas cosas? ¿Es que todo esto es más que un sueño soñado dentro de otro sueño? ¿Seré yo, Ángela Carballino, hoy cincuentona, la única per-
800   sona que en esta aldea se ve acometida de estos pensamientos extraños para los demás? ¿Y éstos, los otros, los que me rodean, creen? ¿Qué es eso de creer? Por lo menos, viven. Y ahora creen en San Manuel Bueno, mártir, que sin esperar inmortalidad les mantuvo en la esperanza de ella.

Parece que el ilustrísimo señor obispo, el que ha promovido el proceso de beatificación de nuestro santo de Valverde de Lucerna, se propone escribir su vida, una especie de manual del
805   perfecto párroco, y recoje para ello toda clase de noticias. A mí me las ha pedido con insistencia, ha tenido entrevistas conmigo, le he dado toda clase de datos, pero me he callado siempre el secreto trágico de Don Manuel y de mi hermano. Y es curioso que él no lo haya sospechado. Y confío en que no llegue a su conocimiento todo lo que en esta memoria dejo consignado. Les temo a las autoridades de la tierra, a las autoridades temporales aunque sean las de la Iglesia.
810   Pero aquí queda esto, y sea de su suerte lo que fuere.

¿Cómo vino a parar a mis manos este documento, esta memoria de Ángela Carballino? He aquí algo, lector, algo que debo guardar en secreto. Te la doy tal y como a mí ha llegado, sin más que corregir pocas, muy pocas particularidades de redacción. ¿Que se parece mucho a otras cosas que yo he escrito? Esto nada prueba contra su objetividad, su originalidad. ¿Y sé yo, además,
815   si no he creado fuera de mí seres reales y efectivos, de alma[64] inmortalidad*?* ¿Sé yo si aquel Augusto Pérez, el de mi novela *Niebla*, no tenía razón al pretender ser más real, más objetivo que yo mismo, que creía haberle inventado? De la realidad de este San Manuel Bueno, mártir, tal como me le ha revelado su discípula e hija espiritual Ángela Carballino, de esta realidad no se me ocurre dudar. Creo en ella más que creía el mismo santo; creo en ella más que creo en
820   mi propia realidad.

Y ahora, antes de cerrar este epílogo, quiero recordarte, lector paciente, el versillo noveno de la Epístola del olvidado apóstol San Judas —¡lo que hace un nombre!—, donde se nos dice cómo mi celestial patrono, San Miguel Arcángel —Miguel quiere decir "¿Quién como Dios?", y arcángel archimensajero—, disputó con el Diablo —Diablo quiere decir acusador, fiscal—,[65]
825   por el cuerpo de Moisés y no toleró que se lo llevase en juicio de maldición, sino que le dijo al Diablo: "El Señor te reprenda". Y el que quiera entender, que entienda.

Quiero también, ya que Ángela Carballino mezcló a su relato sus propios sentimientos, ni sé qué otra cosa quepa, comentar yo aquí lo que ella dejó dicho de que si Don Manuel y su discípulo Lázaro hubiesen confesado al pueblo su estado de creencia, éste, el pueblo, no les habría
830   entendido. Ni les habría creído, añado yo. Habrían creído a sus obras y no a sus palabras, porque las palabras no sirven para apoyar las obras, sino que las obras se bastan. Y para un pueblo como el de Valverde de Lucerna no hay más confesión que la conducta. Ni sabe el pueblo qué cosa es fe, ni acaso le importa mucho.

Bien sé que en lo que se cuenta en este relato, si se quiere novelesco —y la novela es la más
835   íntima historia, la más verdadera, por lo que no me explico que haya quien se indigne de que se llame novela al Evangelio, lo que es elevarle, en realidad, sobre un cronicón cualquiera—, bien

---

[64]*adj. poét.:* vivificadora
[65]juez

sé que en lo que se cuenta en este relato no pasa nada; mas espero que sea porque en ello todo se queda, como se quedan los lagos y las montañas, y las santas almas sencillas asentadas más allá de la fe y de la desesperación, que en ellos, en los lagos y las montañas, fuera de la historia, en divina novela, se cobijaron.[66]

840

Comprensión

1. ¿Quién es Ángela?

2. ¿Quién es Manuel y que efecto tiene en la gente del pueblo?

3. ¿Es Manuel un cura ortodoxo? Enumera algunas de sus acciones que van en contra de las doctrinas católicas.

4. Cuando Ángela regresa del colegio y tiene contacto más directo con Manuel, ¿de qué hablan en el confesionario?

   • ¿Qué recomienda Manuel que haga Ángela?

5. ¿Quién es Lázaro?

   • Antes de su contacto con Manuel, ¿cuáles eran sus creencias?

6. ¿Qué hace don Manuel que transforma a Lázaro?

7. ¿Qué le confiesa don Manuel a Lázaro respecto a sus creencias?

   • ¿Cómo reacciona Ángela al escucharlas?

8. ¿Por qué no comparte Manuel sus dudas con los otros feligreses?

9. Describe la reacción del pueblo a la muerte de don Manuel.

Interpretación

1. ¿Quién narra esta historia? ¿Qué tipo de narradora es?

   • ¿Qué se sabe de la veracidad de este tipo de narración?

   • ¿Qué fuentes de información utiliza Ángela para sus memorias?

   • ¿Cómo funciona la técnica del *flash-back*?

   • Luego de leer las líneas 788–789, ¿piensas que está completamente segura Ángela de lo que recuerda?

   • Ángela dice que escribe "a modo de confesión". ¿A quién se confiesa? ¿Quiénes son sus destinatarios?

   • ¿Quién va a escribir una biografía de don Manuel? ¿Por qué?

   • ¿Cómo llega el manuscrito a las manos del autor explícito?

   • ¿Qué sería el efecto de la publicación del manuscrito de Ángela en la beatificación de don Manuel?

2. Después de considerar estas preguntas, que la clase hable de un modo coherente el complejo punto de vista de este relato así como su juego narratológico.

3. Algunas cosas que hace o dice don Manuel no se explican explícitamente. Por ejemplo: ¿Por qué lleva una vida tan activa y no contemplativa?

   • ¿Por qué considera tan triste la muerte de un bebé?

   • ¿Por qué se niega a abrazar una agenda política?

---

[66]*fig.:* abrigaron; cubrieron; unieron

4. ¿Por qué quiere Manuel convertir el lago en vino para el pueblo?

- ¿Por que está de acuerdo con Karl Marx (1818-1883) de que la religión es el opio del pueblo? Explica cómo el autor subvierte aquí la intención del mensaje de Marx.

5. Explica cómo la montaña y el lago y la leyenda del pueblo sumergido en el lago son un *Leitmotiv* del relato y qué podría ser su simbolismo.

6. Una cita memorable de la novela es cuando Ángela dice que don Manuel y Lázaro murieron "creyendo no creer… pero sin creer creerlo". Analiza la cita por su valor fónico, su ironía y como epífora.

7. La línea 774 comienza con el adverbio "ahora", palabra con la cual Ángela trae la narración al presente. Pero, ¿a qué presente? ¿Tiene la historia un marco temporal?

- ¿Contiene referencias históricas que la vinculen a un período histórico particular?

- Si no las hay, ¿cuál sería el propósito del autor implícito de omitirlas?

Cultura, conexiones y comparaciones

1. Unamuno, como escritor de principios del siglo XX y parte de la Generación del 98, cuyos miembros intentaron renovar los géneros literarios y ponerlos al día con el resto de la cultura europea, se opone al Realismo tradicional. ¿Hay problemas políticos y sociales en el pueblo de Renada?

- ¿Se pinta un cuadro realista de la vida del campo español?

- ¿Qué parece ser el propósito estético de la novela? ¿Que tipo de novela es?

2. Unamuno es un novelista existencialista cuya obra anticipa a otros escritos en lengua alemana como los de Franz Kafka (1883-1924) y Hermann Hesse (1877-1962); los de los franceses Andre Malraux (1901-1976), Jean-Paul Sartre (1905-1980) y Albert Camus (1913-1960); y los del irlandés Samuel Beckett (1906-1989). Que cada estudiante busque a estos autores por Internet para hacer un breve reportaje a la clase.

- ¿Cómo se puede decir que *San Manuel Bueno, mártir* es una novela existencialista?

3. Manuel hace el papel de dos seres: la fachada de cura creyente que se proyecta al pueblo y el hombre que duda y agoniza en lo más íntimo de su alma. Entabla una conversación en clase acerca de si esta dualidad del ser es sana y normal o equivale a una forma de hipocresía.

4. España es un país muy católico y creyente, sobre todo en la época en que escribió Unamuno. ¿Qué habrá pensado algunos sectores de la población española del tipo de religiosidad de don Manuel?

- Y tú, ¿qué opinas?

5. La falta de fe y una actitud de desesperación ante la vida se expresa también en obras como "Las medias rojas", "El hombre que se convirtió en perro", "Walking around" y "Los heraldos negros". Explica.

6. Joaquín Sorolla (1863-1923), el mayor pintor español de la época de Unamuno, retrató al autor. Busca la imagen por Internet bajo "Unamuno, Sorolla". ¿Lo capta como tú te lo imaginas? Explica.

7. Expon por escrito este comentario que hizo Gregorio Marañón de *San Manuel Bueno, mártir* en el diario *El Sol* poco después de aparecer la obra en 1931:

> Personajes, lo que se dice personajes de carne y hueso, ninguno. Almas, cuatro: un cura, una muchacha, un hombre y un idiota. Almas que pasan sin vestimenta humana. No nos dice el autor si sus cuerpos eran altos o bajos, fuertes o débiles. Pueden ser como se quiera. Apenas nos dice tampoco el sexo, porque en esta ficción de Unamuno, como en casi todas las suyas, las personas no son hombres y mujeres, sino padres e hijos; y ésta es una de las características de su obra.

Antonio Machado, "He andado muchos caminos"

Autor: Antonio Machado (1875-1936)

Nacionalidad: Español

Datos biográficos: Es andaluz, pero pasa la mayor parte de su vida en Castilla, y ningún poeta ha sabido captar en verso la historia, el paisaje y los sentimientos de esa región como él.

Época y movimiento cultural: Poesía del siglo XX; Generación del 98

Obras más conocidas: Poemarios: *Soledades* (1903), *Campos de Castilla* (1912)

Importancia literaria: Su poesía es cristalina y pura, pero contiene un subtexto profundo y universal. Es uno de los poetas más estimados por los españoles.

La literatura y la vida

1. ¿Quiénes gozan más de la vida: los ricos y pudientes o los con pocos recursos o influencia? Explica.

2. Para ti, ¿qué es gozar de la vida?

"He andado muchos caminos"

He andado muchos caminos,
he abierto muchas veredas;
he navegado en cien mares,
y atracado[1] en cien riberas.

En todas partes he visto   5
caravanas de tristeza,
soberbios y melancólicos
borrachos de sombra negra,

y pedantones[2] al paño[3]
que miran, callan, y piensan   10
que saben, porque no beben
el vino de las tabernas.

Mala gente que camina
y va apestando la tierra…

---

[1] atracar: arrimarse un barco a la tierra
[2] gente pedante (presuntuosa)
[3] término de teatro que describe al actor que interviene en la presentación, pero oculto, sin que el público lo vea

15   Y en todas partes he visto
     gentes que danzan o juegan,
     cuando pueden, y laboran
     sus cuatro palmos de tierra.

20   Nunca, si llegan a un sitio,
     preguntan adónde llegan.
     Cuando caminan, cabalgan
     a lomos de mula vieja,

     y no conocen la prisa
     ni aun en los días de fiesta.
25   Donde hay vino, beben vino;
     donde no hay vino, agua fresca.

     Son buenas gentes que viven,
     laboran, pasan y sueñan.
     Y en un día como tantos,
30   descansan bajo la tierra.

Comprensión

1. ¿Cómo expresa el yo lírico en la primera estrofa su experiencia en la vida? Nota no solo los lugares pero los verbos que emplea.

2. ¿Quiénes podrían ser la "mala gente" de las estrofas 2 a 4?
   • Enumera sus particularidades.

3. ¿Cómo se sabe que el otro grupo es gente pobre?
   • Enumera sus características.

4. ¿Cómo expresa el yo lírico su preferencia por la gente común?

5. ¿Qué actitud frente a la vida mundanal y la vida después de la muerte parece expresar el yo lírico en los dos últimos versos?

Interpretación

1. ¿Cuántas sílabas contienen los versos? ¿Cómo se llama este tipo de versificación?
   • ¿Cómo es la rima: consonante o asonante?
   • ¿Cuál es el patrón de la rima?

2. El poema, al leerlo, suena más a prosa que poesía. Explica cómo el encabalgamiento y falta de hipérbatos contribuyen a este efecto, sobre todo en la tercera estrofa.

3. El poema contrasta a dos grupos de gente. Explica cómo esa dualidad u oposición se expresa ya en la primera estrofa.

4. A pesar de la admiración que Machado expresa por el pueblo común, no deja de incluir signos que revelan su triste realidad. Enuméralos.

Cultura, conexiones y comparaciones

1. Ya que la forma del romance viene de una tradición popular medieval, trata de explicar por qué Machado elige esa versificación para este poema.

2. Normalmente, el escepticismo se expresa con un tono de depresión y angustia. ¿Se percibe ese tono en este poema? Explica.
   • Compáralo con los poemas de Darío y Vallejo de este capítulo.

3. En muchos poemas de Machado aparece el signo del camino, como en este poema famoso:

Caminante, son tus huellas	y al volver la vista atrás
el camino, y nada más;	se ve la senda que nunca
caminante, no hay camino,	se ha de pisar.
se hace camino al andar.	Caminante, no hay camino,
Al andar se hace camino, 5	sino estelas en la mar. 10

¿Conoces algún poema del poeta norteamericano Robert Frost (1884-1963) que también emplea ese signo? Comenta.

4. Los dos grupos descritos en este poema beben vino: unos beben vinos finos ("no beben el vino de las tabernas") y los otros beben cualquier vino. El vino forma una parte vital de la cultura de España. España junto con Italia y Francia son entre los mayores productores y consumidores de vino del mundo. ¿Crees que en estos países se bebe vino para embriagarse? ¿Para qué sirve el vino?

   • ¿Observas alguna diferencia entre el uso del vino en los Estados Unidos y en los países mediterráneos?

5. Machado contrasta dos tipos de gente. En pareja, haz una lista para compartir con las otras parejas los tipos de personas en la sociedad de hoy a las que se refiere Machado.

6. Juan Manuel Serrat (n. 1943) es uno de los principales compositores de la 'Nueva Canción' española. En 1969 grabó un disco de su música con las letras de la poesía de Machado, y fue ese álbum que lo lanzó a la fama en el mundo hispánico. Escucha este poema por YouTube bajo "Serrat, He andado muchos caminos". ¿Por qué crees que esta grabación ha conseguido tanta fama?

7. Juan Antonio del Barrio ha señalado el tema de este poema así:

   El tema … es el transcurso imparable de la vida; y la diversidad de modos de afrontarla. La búsqueda de la propia identidad y felicidad.

   Escribe un corto ensayo refutando este comentario y proponiendo otro tema que tú creas es más esencial al poema.

César Vallejo, "Los heraldos negros"

Autor: César Vallejo (1892-1938)
Nacionalidad: Peruano
Datos biográficos: De familia andina humilde, se apuntó a causas de justicia social en su país y para evitar encarcelamiento emigró a París donde vivió hasta su muerte.
Época y movimiento cultural: Poesía del siglo XX; Vanguardismo
Obras más conocidas: Poesía: *Los heraldos negros* (1919), *Trilce* (1922)
Importancia literaria: Inicia la poesía surrealista en Hispanoamérica, y es uno de sus mayores practicantes.

La literatura y la vida

1. ¿Te ha ocurrido algo en la vida que te ha hecho sufrir mucho y que se podría comparar con un "golpe"? Explícalo si puedes.

2. Si eres un creyente, ¿ha habido momentos en que tu fe se haya debilitado? Explica.

"Los heraldos negros"

Hay golpes en la vida, tan fuertes… ¡Yo no sé!
Golpes como del odio de Dios, como si ante ellos,
la resaca de todo lo sufrido
se empozara en el alma… ¡Yo no sé!

5   Son pocos; pero son… Abren zanjas oscuras
en el rostro más fiero y en el lomo más fuerte.
Serán tal vez los potros de bárbaros atilas;
o los heraldos negros que nos manda la Muerte.

Son las caídas hondas de los Cristos del alma,
10   de alguna fe adorable que el Destino blasfema.
Esos golpes sangrientos son las crepitaciones[1]
de algún pan que en la puerta del horno se nos quema.

Y el hombre… ¡Pobre… pobre! Vuelve los ojos, como
cuando por sobre el hombro nos llama una palmada;
15   vuelve los ojos locos, y todo lo vivido
se empoza como charco de culpa en la mirada.

Hay golpes en la vida, tan fuertes… ¡Yo no sé!

Comprensión

1. Según el yo lírico, ¿cómo son los golpes de la vida?

2. ¿Cómo se sabe que el mismo poeta no puede explicar estos golpes?

3. ¿Qué producen estos golpes en el yo lírico?

4. ¿Qué signos hay en el poema que indican que la angustia de la vida está relacionada con la fe?

5. La imagen del último cuarteto es muy visual. Explica.

Interpretación

1. Predominan los versos alejandrinos, pero ¿hay una rima fija? ¿Cómo se llama este tipo de poema?

2. El poeta, al no poder explicar lo que son los golpes de la vida, se vale de símiles y metáforas. Haz una lista completa de ellos.

---

[1]sonidos semejantes a los chasquidos de la leña cuando arde

- Explica el símil del golpe como "resaca de todo lo sufrido".
- Varios de ellos están relacionados con la falta de fe. Algunos son explícitos, pero otros no. ¿Cómo explicarías el símil de los golpes descrito como "crepitaciones / de algún pan que en la puerta del horno se nos quema"?

3. Según la religión cristiana, ¿por qué fue Cristo crucificado?
   - Por lo tanto, ¿qué podría ser la metáfora de un Cristo caído?

4. Así como el poeta subvierte el signo de Cristo crucificado, lo hace también con los heraldos. Dentro del sistema de significación religioso, ¿qué representa un heraldo? O sea, ¿qué vienen a anunciar y cómo se visten?
   - Sin embargo, ¿cómo son los heraldos en este poema?

5. Parece haber una relación entre el símil de la primera estrofa ("la resaca de todo lo sufrido / se empozara en el alma") y el de la última estrofa ("todo lo vivido / se empoza como charco de culpa"). Explica la semejanza.
   - ¿Cuál sería el propósito de empezar y terminar el poema con la misma imagen?

6. El poema contiene un léxico muy intenso, tétrico y deprimente. Busca ejemplos e intenta explicar por qué estas palabras crean ese efecto.

Cultura, conexiones y comparaciones

1. Se asocia la poesía de Vallejo con las corrientes de vanguardia que se dan a principios del siglo XX, los cuales destruyen por completo las formas y las estructuras del arte clásico. La originalidad de este poema es su falta completa de un léxico poético. ¿Qué elementos se encuentran en el poema que se asemejan más a un discurso hablado que a un poema?
   - Explica cómo el encabalgamiento contribuye a este efecto.

2. El tono desesperante de este y otros poemas de vanguardia surge de la falta de fe en Dios. En clase discute si la gente que tiene fe es más feliz que la gente que no la tiene, y por qué.

3. Compara este poema con "Lo fatal" de Darío, notando en particular la diferencia de intensidad y de tono.

4. Oswaldo Guayasamín (1919-1999) es un famoso pintor ecuatoriano cuya obra expresa el mismo desconsuelo, terror y aprensión ante la vida que la poesía de Vallejo. Compruébalo buscando imágenes por Internet bajo "Guayasamín, las manos". Después de mirar estos cuadros, intenta ver los vínculos con la poesía de Vallejo.

Julia de Burgos, "A Julia de Burgos"

Autor: Julia de Burgos (1917–1953)
Nacionalidad: Puertorriqueña
Datos biográficos: De una familia muy pobre, llegó a asistir a la universidad. Después de una carrera docente en Puerto Rico, emigró a Nueva York donde sufrió una serie de crisis emocionales que la condujeron al alcoholismo. Murió a los 39 años en la pobreza.
Época y movimiento cultural: Poesía del siglo XX; Feminismo; Posmodernismo
Obra más conocida: *Canción de la vida sencilla* (1938)
Importancia literaria: Forma parte de la generación de escritoras posmodernistas de la primera mitad del siglo XX cuya obra empieza a abordar temas feministas.

La literatura y la vida

1. ¿Crees que la persona que tú proyectas a tus amigos es tu verdadero ser, o te escondes detrás de una máscara? Explica.

2. ¿Qué cosas haces para ser aceptado/a por tus amigos o para coexistir en la sociedad que quizá no te guste hacer?

"A Julia de Burgos"

Ya las gentes murmuran que yo soy tu enemiga
porque dicen que en verso doy al mundo tu yo.

Mienten, Julia de Burgos. Mienten, Julia de Burgos.
La que se alza en mis versos no es tu voz: es mi voz;
5   porque tú eres ropaje y la esencia soy yo;
y el más profundo abismo se tiende entre las dos.

Tú eres fría muñeca de mentira social,
y yo, viril destello[1] de la humana verdad.

Tú, miel de cortesanas hipocresías; yo no;
10   que en todos mis poemas desnudo el corazón.

---

[1]resplandor intenso

Tú eres como tu mundo, egoísta; yo no;
que todo me lo juego a ser lo que soy yo.

Tú eres sólo la grave señora señorona;[2]
yo no, yo soy la vida, la fuerza, la mujer.

Tú eres de tu marido, de tu amo; yo no;   15
yo de nadie, o de todos, porque a todos, a todos,
en mi limpio sentir y en mi pensar me doy.

Tú te rizas el pelo y te pintas; yo no;
a mí me riza el viento; a mí me pinta el sol.

Tú eres dama casera, resignada, sumisa,   20
atada a los prejuicios de los hombres; yo no;
que yo soy Rocinante corriendo desbocado
olfateando horizontes de justicia de Dios.

Tú en ti misma no mandas; a ti todos te mandan;
en ti mandan tu esposo, tus padres, tus parientes,   25
el cura, la modista, el teatro, el casino,
el auto, las alhajas, el banquete, el champán,
el cielo y el infierno, y el qué dirán social.

En mí no, que en mí manda mi solo corazón,
mi solo pensamiento; quien manda en mí soy yo.   30

Tú, flor de aristocracia; y yo la flor del pueblo.
Tú en ti lo tienes todo y a todos se lo debes,
mientras que yo, mi nada a nadie se la debo.

Tú, clavada al estático dividendo ancestral,
y yo, un uno en la cifra del divisor social,   35
somos el duelo a muerte que se acerca fatal.

Cuando las multitudes corran alborotadas
dejando atrás cenizas de injusticias quemadas,
y cuando con la tea[3] de las siete virtudes,[4]
tras los siete pecados,[5] corran las multitudes,   40
contra ti, y contra todo lo injusto y lo inhumano,
yo iré en medio de ellas con la tea en la mano.

Comprensión

1. Explica la diferencia entre el "yo" y el "tú" del poema. ¿Son facetas de la misma persona?

2. Haz una lista de las diferencias que separan las dos 'personas'.

---

[2]señora de importancia
[3]antorcha
[4]humildad, generosidad, castidad, paciencia, templanza, caridad y diligencia
[5]soberbia, avaricia, lujuria, ira, gula, envidia y pereza

3. ¿Qué caracteriza a Julia de Burgos, mujer social?

4. ¿Qué caracteriza a Julia de Burgos, poeta?

5. ¿Hay alguna semejanza entre las dos? Explica.

6. Explica la oposición teológica de la última estrofa.

7. ¿Quién triunfa al final: Julia mujer social o Julia poeta?

Interpretación

1. ¿Cuántas sílabas hay en cada verso? ¿Hay un patrón de rima? ¿Cómo se denomina esta forma poética?

2. Explica cómo se lleva a cabo el discurso feminista, enumerando todas las características que la poeta parece criticar del papel tradicional de la mujer que destaca en su álter ego.

3. El contraste "yo / tú" forma una oposición binaria que se repite en otras partes del poema. Por ejemplo, en la segunda estrofa se contrasta el verbo "alzar" con el sustantivo "abismo". Busca otros ejemplos.

4. El poema termina con un tono moralista y profético. Explica.

   • ¿Crees que la poeta Julia de Burgos es buena representante de todas las virtudes cristianas? Explica.

5. El poema se vale mucho de las repeticiones. Busca ejemplos de repeticiones internas.

   • Busca anáforas.

   • ¿Ves otras formas de repetición en los comienzos de muchas estrofas?

   • ¿Qué propósito podría tener tanta repetición?

Cultura, conexiones y comparaciones

1. Julia de Burgos pertenece a la generación de poetas que sigue al Modernismo. Mientras que en el Modernismo no se destaca ninguna mujer, en el Posmodernismo sí. Otras poetas de la época son Gabriela Mistral (1889-1957), chilena y ganadora del Premio Nobel en 1945, la argentina Alfonsina Storni, y las uruguayas Juana de Ibarbouru (1922-1979) y Delmira Agustini (1886-1914). En todas estas poetas se detecta un grito de liberación de la mujer. Comprueba este dato comparando la poesía de Storni y la de Burgos.

 2. Para comentar en clase: El poema implica que la poesía no necesariamente refleja la realidad de la persona que lo escribe —que puede haber un "profundo abismo… entre las dos." ¿Crees que esto es cierto la mayoría de las veces? Justifica tu respuesta.

   • ¿Por qué se usa el término de "yo poético" o "yo lírico" para describir la voz de un poema?

   • ¿Hay alguna relación entre el término "narrador" de la narrativa con estos términos poéticos? Explica.

3. En "Borges y yo" se ve la bifurcación del ser como en este poema. Compáralos.

4. ¿Qué indicas cuando usas el término "Jekyll and Hyde"? Viene de una novela famosa del escocés Robert Lewis Stevenson (1850-1894), y se refiere a una personalidad doble.

- ¿Crees que es un caso patológico o una característica normal de todos los seres humanos?

- Explica la relación con este poema.

5. Escucha a la cubana Marilyn Pupo, famosa actriz de telenovelas, declamar este poema, buscando por YouTube "Marilyn Pupo, Julia de Burgos". Después de escucharlo, ¿crees que una buena declamación ayuda a entender un poema? Explica.

Pablo Neruda, "Walking around"

Autor: Pablo Neruda (1904-1973)

Nacionalidad: Chileno

Datos biográficos: Ocupó varios puesto diplomáticos alrededor del mundo y conoció a muchos poetas. Se alistó a las filas del comunismo y luchó por su causa. Se le otorgó el Premio Nobel en 1971. Es posiblemente el poeta hispanoamericano mejor conocido del mundo del siglo XX.

Época y movimiento cultural: Poesía del siglo XX; Vanguardismo

Obras más conocidas: *20 poemas de amor y una canción desesperada* (1924); *Residencia en la tierra* (1935, 1947); *Canto general* (1950); *Odas elementales* (1954, 1955, 1957)

Importancia literaria: Pasa por todas las tendencias poéticas del siglo veinte; empieza con el Modernismo, pasa al Surrealismo y luego a la poesía social y comprometida. Para muchos es el mayor poeta en lengua española del siglo XX.

La literatura y la vida

1. ¿Has tenido un sueño en que cosas o personas incongruentes aparecen en contextos extraños? Cuéntalo.

2. ¿Te has sentido alguna vez angustiado/a de la vida? ¿Cuáles han sido las causas de la angustia?

En contexto

Aunque el arte surrealista intenta captar una super realidad, en sus obras este ambiente se expresa con elementos de sorpresa y signos yuxtapuestos de un modo ilógico que lo alejan de la realidad reconocible. Es como la realidad de los sueños, los cuales a veces no tienen sentido y, sin embargo, revelan secretos importantes de nuestra subconciencia.

"Walking around"

Sucede que me canso de ser hombre.
Sucede que entro en las sastrerías y en los cines
marchito, impenetrable, como un cisne de fieltro
navegando en un agua de origen y ceniza.

5   El olor de las peluquerías me hace llorar a gritos.
Sólo quiero un descanso de piedras o de lana,
sólo quiero no ver establecimientos ni jardines,
ni mercaderías, ni anteojos, ni ascensores.

Sucede que me canso de mis pies y mis uñas
10   y mi pelo y mi sombra.
Sucede que me canso de ser hombre.

Sin embargo sería delicioso
asustar a un notario con un lirio cortado
o dar muerte a una monja con un golpe de oreja.

15   Sería bello
ir por las calles con un cuchillo verde
y dando gritos hasta morir de frío.

No quiero seguir siendo raíz en las tinieblas,
vacilante, extendido, tiritando de sueño,
20   hacia abajo, en las tripas mojadas de la tierra,
absorbiendo y pensando, comiendo cada día.

No quiero para mí tantas desgracias.
No quiero continuar de raíz y de tumba,
de subterráneo solo, de bodega con muertos
25   ateridos, muriéndome de pena.

Por eso el día lunes arde como el petróleo
cuando me ve llegar con mi cara de cárcel,
y aúlla en su transcurso como una rueda herida,
y da pasos de sangre caliente hacia la noche.

30   Y me empuja a ciertos rincones, a ciertas casas húmedas,
a hospitales donde los huesos salen por la ventana,
a ciertas zapaterías con olor a vinagre,
a calles espantosas como grietas.

Hay pájaros de color de azufre y horribles intestinos
35   colgando de las puertas de las casas que odio,
hay dentaduras olvidadas en una cafetera,
hay espejos
que debieran haber llorado de vergüenza y espanto,
hay paraguas en todas partes, y venenos, y ombligos.

Yo paseo con calma, con ojos, con zapatos,   40
con furia, con olvido,
paso, cruzo oficinas y tiendas de ortopedia,
y patios donde hay ropas colgadas de un alambre:
calzoncillos, toallas y camisas que lloran
lentas lágrimas sucias.   45

Comprensión

1. En las primeras tres estrofas, ¿de qué se cansa el yo lírico?

2. En las estrofas 4 y 5 se le ocurren cosas más divertidas. ¿Cuáles son?

   • ¿Son acciones bellas o grotescas?

3. En las estrofas 6 y 7 (vv 18–25) haz un inventario de los signos relacionados con lo subterráneo.

4. La estrofa 7 nos brinde algunas razones por la angustia del yo lírico. ¿Por qué?

5. Describe algunas imágenes surrealistas de los versos 9 y 10.

6. En el poema, a partir del verso 30, el yo lírico sí parece que está *"walking around"* por un centro urbano. ¿Con qué signos podemos discernir este dato?

   • ¿Qué cosas grotescas observa?

Interpretación

1. Explica por qué este poema está compuesto en verso libre.

   • ¿Es una forma adecuada para el mensaje? Explica.

2. Caracteriza el tono de este poema. ¿Con qué signos se consigue ese tono?

3. Nota la desintegración del ser. El hombre se desasocia de las partes de su cuerpo así como de las apetencias y necesidades humanas. Justifica esta característica con ejemplos de las estrofas 3.

   • ¿Cómo contribuye esta quebradura al tono y mensaje del poema?

4. La metáfora del hombre como raíz se puede entender. ¿Para qué sirven las raíces de una planta?

   • ¿Por qué no quiere el yo lírico ser esa raíz?

5. El poema se vale de muchas figuras retóricas. Identifica las siguientes y trata de explicar su propósito: anáforas, aliteraciones, onomatopeya (v 28), polisíndeton (vv 28–33).

   • Comenta también el efecto del ritmo de los últimos versos del poema.

6. Explica por qué la personificación con que termina el poema es tan magistral.

Cultura, conexiones y comparaciones

1. En los años entre 1920 y 1940, Neruda abandonó su original estilo modernista y abrazó las vanguardias, sobre todo el Surrealismo. Este movimiento cultural fue influenciado por el Existencialismo y las teorías psicológicas de Sigmund Freud (1856-1939), quien abrió un campo nuevo de investigación: el análisis de la

subconciencia principalmente por medio de la simbología de los sueños. Así como en los sueños aparecen signos e imágenes incongruentes, la poesía también puede penetrar la subconciencia humana con los mismos signos. En "Walking around", no siempre hay eslabones que conectan un signo con el otro. Explica.

- Sin embargo, sí se puede 'sentir' el tono y la emoción del verso, así como el impacto total de la obra. Explica.

2. El Surrealismo se dio también en las artes plásticas, y España produjo su mayor exponente, Salvador Dalí. Mira bien el cuadro de Dalí titulado "Cisnes reflejando elefantes" por medio de una búsqueda de imágenes por Internet bajo *Dali, swans and elephants*", y trata de explicar cómo se relacionan los signos y el impacto total de la obra.

- ¿Ves alguna semejanza estética entre el cuadro de Dalí y este poema de Neruda? Explica.

3. Compara el tono existencialista de este poema con "Los heraldos negros" de Vallejo. ¿Cómo son diferentes estilísticamente?

4. Lee por Internet el artículo "Cómo leer a las vanguardias" de Alberto Julián Pérez, donde se hace un análisis a fondo de "Walking around". Luego, que cada estudiante traiga a clase una cita del artículo que ellos crean le ayudó a aprender a analizar textos vanguardistas.

5. Miguel Bosé (n. 1956), uno de los cantantes en lengua española de mayor fama internacional, ha interpretado este poema. Búscalo y escúchalo en YouTube bajo "Bose, *Walking around*". ¿Crees que la canción de Bosé se ajusta adecuadamente al tono del poema de Neruda?

CAPÍTULO VI

LA IMAGINACIÓN Y LA CREACIÓN LITERARIA

■■■

Pablo Picasso, "Las meninas", Museu Picasso (Barcelona)

La imaginación es la facultad por la cual el cerebro forma imágenes, sensaciones y conceptos basados en la realidad pero reconstruidos por el individuo. Cuando esas imágenes, sensaciones y conceptos se comunican a otros individuos, sea por vía oral, escrita, gráfica o musical, se crea arte. Esa creación puede o no ser entendida por el oidor, lector u observador; la capacidad de comprender una obra artística depende en una serie compleja de códigos que el creador y su destinatario tienen que compartir. De estos códigos, el más fundamental para las comunicaciones habladas o escritas es el código lingüístico; sin entender el idioma de la comunicación, no puede haber transmisión. Los artes gráficos y musicales tienen la ventaja de ser más universales.

Asombra la creatividad artística del ser humano. Desde los comienzos de la especie de *Homo sapiens* hace unos 2 500 000 años, hay muestras de la capacidad de creación artística. Se especula que las primeras formas de arte fueron ritmos creados por percusión, a los cuales se les fueron añadiendo movimientos corporales y finalmente sonidos; estos, sin embargo, no constituyen un idioma. El habla tardó miles de siglos para desarrollarse y lleva solo 50 000 años de existencia. Para tener idea de lo antiguo que es el espíritu artístico del hombre, solo hay que considerar que las pinturas policromadas de las cuevas prehistóricas, como las de Altamira en el norte de España, predatan la invención de la agricultura.

La escritura es prácticamente moderna, pues empieza hace solo unos 3500 años con los jeroglíficos egipcios. Pero la escritura y la literatura son muy diferentes, puesto que hay literatura mucho antes de que hubiera escritura. Aunque nunca se podrá llegar a un acuerdo de lo que constituye una obra literaria, sí podemos decir que una lista de nombres o de cifras no lo califica como creación artística. Pero ¿es el análisis de esos nombres y esas cifras literario? Los críticos del siglo XX distinguieron entre dos tipos de lenguaje, uno denotativo que busca un léxico conciso y claro para informar y otro connotativo que busca un léxico más abierto capaz de producir una reacción emocional en el público.

No se debe dejar de anotar que las primeras manifestaciones de creación literaria no son cultas ni escritas, sino populares y orales. Aunque hoy pensamos que la literatura es el dominio de las academias cultas, la verdad es muy diferente. Los primeros versos europeos datan del siglo X y son unos pequeños versos líricos populares en castellano, compuestos y conservados oralmente, llamados *jarchas*. Estas luego se incorporaron en composiciones escritas en árabe o hebreo llamadas *muwashaha*, y es así que se conservaron. Las canciones de gesta de la Época Medieval que los juglares cantaban de pueblo en pueblo para entretener eran compuestas oralmente y memorizadas. Y los primeros romances medievales son trocitos de las epopeyas que el pueblo aprendía de memoria y transmitía oralmente. Luego se fueron componiendo romances originales y hasta líricos, pero siempre a base de la memoria.

La imaginación literaria y artística ha tomado esencialmente dos direcciones divergentes a lo largo del tiempo: una clásica y la otra romántica. El arte clásico sigue modelos y fórmulas ya establecidas e intenta mejorarlas o darles un nuevo giro o enfoque. Este arte suele ser más equilibrado e impersonal. La romántica, por otro lado, rompe el molde tradicional por completo y siempre busca una forma nueva y original de expresión. Y en comparación al arte clásico, se expresa en términos subjetivos y se propone conmover al lector. La mayoría de las expresiones artísticas desde el comienzo del siglo XIX han sido románticas; se ha dado rienda suelta a la imaginación, la fantasía, lo mágico y lo irreal, y así se han ensanchado los límites de todos los géneros. Pero esto no quiere decir que no había un espíritu romántico y experimental antes de la época moderna. La comedia del Siglo de Oro, por ejemplo, rompe casi todas las reglas del teatro clásico. Y la imaginación y originalidad de Cervantes, que con *Don Quijote* crea la novela moderna, está claramente dentro de lo romántico.

Finalmente, hay que mencionar las obras artísticas y literarias que llaman la atención a su propia creación. Estas obras 'metaliterarias' son sumamente interesantes porque ofrecen al lector un vistazo a la creación. Juan Ruiz, por ejemplo, orienta a su lector en cómo ha de leer su obra. Cervantes, en *Don Quijote*, enlaza la ficción a la realidad, y cuando el narrador agota sus fuentes de información, la obra se trunca hasta que se descubre el manuscrito de Benengeli. Juan Ramón Jiménez apela a su inteligencia para que le dé el léxico óptimo para expresarse. Carlos Fuentes basa su relato "Chac Mool" en una agenda escrita por uno de los personajes que, al escribir para sí mismo, deja un documento poco inteligible para el lector. Y el lector moderno tiene que apelar no solo a su inteligencia pero a sus experiencias e intuiciones para entender su mensaje.

"Romance del conde Arnaldos"

La literatura y la vida

1. ¿Crees que la música puede tener un efecto positivo y transformador en el oyente? Explica.

2. ¿Crees que para entender algo a fondo hay que haberlo experimentado previamente? Por ejemplo, ¿crees que para sentir la verdadera pobreza y sufrimiento hay que haberla pasado personalmente? Explica tu opinión.

"Romance del conde Arnaldos"

¡Quién hubiese tal ventura
sobre las aguas del mar,
como hubo el conde Arnaldos
la mañana de San Juan!
5 Con un falcón en la mano
la caza iba a cazar,
vió venir una galera
que a tierra quiere llegar.
Las velas traía de seda,
10 la jarcia[1] de un cendal,[2]
marinero que la manda
diciendo viene un cantar
que la mar facía en calma,

los vientos hace amainar,
15 las peces que andan n'el hondo
arriba los hace andar,
las aves que andan volando
n'el mástil las faz' posar;
allí fabló el conde Arnaldos,
20 bien oiréis lo que dirá:
"Por Dios te ruego, marinero,
dígasme ora ese cantar".
Respondióle el marinero,
tal respuesta le fué a dar:
25 "Yo no digo esa canción
sino a quien conmigo va".

Comprensión

1. ¿Qué va a hacer el conde Arnaldos y qué lleva con él?

2. ¿Cómo es la barca del marinero? ¿Es una barca típica?

3. ¿Qué efecto produce la canción en los oyentes?

4. ¿Qué le pide el conde al marinero y cómo le responde este?

Interpretación

1. ¿Cómo se sabe que este poema es un romance?

2. Como muchos romances, este también es polifónico. Identifica las tres voces del poema.

3. Trata de construir la oposición binaria del poema. Pista: ¿Dónde está el conde? ¿Y, el marinero?

4. La música es un emblema literario. ¿Qué representa normalmente? Pista: ¿Qué se necesita en la música para que las notas no sean discordantes?

   • ¿Cómo se conforma la canción del marinero a este emblema?

5. La oposición incluye las diferencias entre las actividades de los dos personajes. ¿A qué actividad se dedica el conde?

   • Y el marinero, ¿se dedica a la pesca?

   • A base de esta idea, explica cómo las actividades de los dos hombres se conforman a la oposición.

6. Tomando esta idea en cuenta, ¿por qué no comparte el marinero su canción con el conde?

---

[1] jarcia: conjunto de aparejos y cabos de un velero
[2] tela fina de seda o lino

Cultura, conexiones y comparaciones

1. Los romances son por lo general históricos o legendarios. ¿Cómo es este diferente?

   • Sin embargo, ¿qué tiene en común este romance con los otros que has leído (por ejemplo, el "Romance del rey moro que perdió Alhama")?

2. La imaginación y la fantasía juegan un papel importante en este poema. Explica.

3. En todo el mundo hispánico se cree que en la Noche de San Juan, que se observa el 21 de junio (y es el día más largo del año), pasan cosas mágicas y sobrenaturales. ¿Qué cosa mágica ocurre en este romance?

   • ¿Se te ocurre algún día semejante en la cultura popular norteamericana?

4. Algunos críticos modernos han visto en este romance un discurso respecto a los derechos de los animales, puesto que el conde va a cazar para cebar a su halcón y el marinero se niega a aceptar al conde a su mundo porque se opone a esa actividad. Discute en clase la validez de esta teoría.

   • ¿Crees que hubiera en la Edad Media una conciencia de los derechos de los animales? Explica.

5. Los romances son cantados. Escucha una versión en YouTube del musicólogo Amancio Prada bajo "Conde Arnaldos, Amancio Prada". ¿Crees que la música contribuye a la belleza del romance? Explica.

El libro de buen amor
("El arcipreste explica cómo se ha de entender su obra")

La literatura y la vida

1. Hay muchas formas de comunicación que no requieren palabras orales o escritas. Da algunos ejemplos de ellos.

2. ¿Crees que el mismo mensaje es entendido de modos diferentes por diversos destinatarios? Explica.

   • ¿Has dicho algo alguna vez que fue mal entendido o interpretado? Cuéntalo.

"El arcipreste explica cómo se ha de entender su obra"

Como de cosas serias nadie puede reír,
algunos chistecillos tendré que introducir;
cada vez que los oigas no quieras discutir
a no ser en manera de trovar y decir.

5   Entiende bien mis dichos y medita su esencia
no me pase contigo lo que al doctor de Grecia
con el truhán romano de tan poca sapiencia,[1]
cuando Roma pidió a los griegos su ciencia.

Así ocurrió que Roma de leyes carecía;
10   pidióselas a Grecia, que buenas las tenía.
Respondieron los griegos que no las merecía
ni había de entenderlas, ya que nada sabía.

Pero, si las quería para de ellas usar,
con los sabios de Grecia debería tratar,
15   mostrar si las comprende y merece lograr;
esta respuesta hermosa daban por se excusar.

Los romanos mostraron en seguida su agrado;
la disputa aceptaron en contrato firmado,
mas, como no entendían idioma desusado,
20   pidieron dialogar por señas de letrado.

Fijaron una fecha para ir a contender;
los romanos se afligen, no sabiendo qué hacer,
pues, al no ser letrados, no podrán entender
a los griegos doctores y su mucho saber.

25   Estando en esta cuita, sugirió un ciudadano
tomar para el certamen a un bellaco romano
que, como Dios quisiera, señales con la mano
hiciese en la disputa y fue consejo sano.

A un gran bellaco astuto se apresuran a ir
30   y le dicen: —"Con Grecia hemos de discutir;
por disputar por señas, lo que quieras pedir
te daremos, si sabes de este trance salir".

Vistiéronle muy ricos paños de gran valía
cual si fuese doctor en la filosofía.
35   Dijo desde un sitial, con bravuconería:[2]
—"Ya pueden venir griegos con su sabiduría".

Entonces llegó un griego, doctor muy esmerado,
famoso entre los griegos, entre todos loado;
subió en otro sitial, todo el pueblo juntado.
40   Comenzaron sus señas, como era lo tratado.

El griego, reposado, se levantó a mostrar
un dedo, el que tenemos más cerca del pulgar,
y luego se sentó en el mismo lugar.
Levantóse el bigardo,[3] frunce el ceño al mirar.

---

[1] sabiduría
[2] bravucón: el que presume de valiente sin serlo
[3] término despectivo que puede referirse a una persona vaga o viciosa

Mostró luego tres dedos hacia el griego tendidos,   45
el pulgar y otros dos con aquél recogidos
a manera de arpón, los otros encogidos.
Sentóse luego el necio, mirando sus vestidos.

Levantándose el griego, tendió la palma llana
y volvióse a sentar, tranquila su alma sana;   50
levantóse el bellaco con fantasía vana,
mostró el puño cerrado, de pelea con gana.

Ante todos los suyos opina el sabio griego:
— "Merecen los romanos la ley, no se la niego".
Levantáronse todos con paz y con sosiego,   55
¡gran honra tuvo Roma por un vil andariego!

Preguntaron al griego qué fue lo discutido
y lo que aquel romano le había respondido:
— "Afirmé que hay un Dios y el romano entendido,
tres en uno, me dijo, con su signo seguido.   60

"Yo: que en la mano tiene todo a su voluntad;
él: que domina al mundo su poder, y es verdad.
Si saben comprender la Santa Trinidad,
de las leyes merecen tener seguridad".

Preguntan al bellaco por su interpretación: 65
—"Echarme un ojo fuera, tal era su intención
al enseñar un dedo, y con indignación
le respondí airado, con determinación,

"que yo le quebraría, delante de las gentes,
con dos dedos los ojos, con el pulgar los dientes.   70
Dijo él que si yo no le paraba mientes,
a palmadas pondría mis orejas calientes.

"Entonces hice seña de darle una puñada
que ni en toda su vida la vería vengada;
cuando vio la pelea tan mal aparejada   75
no siguió amenazando a quien no teme nada."

Por eso afirma el dicho de aquella vieja ardida[4]
que no hay mala palabra si no es a mal tenida,
toda frase es bien dicha cuando es bien entendida.
Entiende bien mi libro, tendrás buena guarida.   80

La burla que escuchares no la tengas por vil,
la idea de este libro entiéndela, sutil;
pues del bien y del mal, ni un poeta entre mil
hallarás que hablar sepa con decoro gentil.

---

[4]ardid (se le añadió la "a" para conseguir la rima)

85   Hallarás muchas garzas, sin encontrar un huevo,
     remendar bien no es cosa de cualquier sastre nuevo:
     a trovar locamente no creas que me muevo,
     lo que Buen Amor dice, con razones te pruebo.

     En general, a todos dedico mi escritura;
90   los cuerdos, con buen seso, encontrarán cordura;
     los mancebos livianos guárdense de locura;
     escoja lo mejor el de buena ventura.

     Son, las de Buen Amor, razones encubiertas;
     medita donde hallares señal y lección ciertas,
95   si la razón entiendes y la intención aciertas,
     donde ahora maldades, quizá consejo adviertas.

     Donde creas que miente, dice mayor verdad,
     en las coplas pulidas yace gran fealdad;
     si el libro es bueno o malo por las notas juzgad,
100 las coplas y las notas load o denostad.[5]

     De músico instrumento yo, libro, soy pariente;
     si tocas bien o mal te diré ciertamente;
     en lo que te interese, con sosiego detente
     y si sabes pulsarme, me tendrás en la mente.

Comprensión

1. ¿Por qué se niegan los griegos a compartir sus leyes y sabiduría con los romanos?
2. ¿A quién escogen los romanos para representarlos?
3. ¿Qué forma de comunicación se usa en la reunión entre los dos pueblos?
4. Explica detenidamente los signos que cada representante empleó y cómo fueron interpretados.
5. ¿Qué consejos le da el arcipreste a sus lectores para que entiendan su mensaje?

Interpretación

1. Confirma que este poema es un ejemplo de la cuaderna vía de la Época Medieval.
2. Explica la moraleja de la fábula entre los romanos y los griegos.
3. En la estrofa que comienza en el verso 77 Juan Ruiz sugiere que la comunicación se entiende cuando está bien y claramente escrita. Sin embargo, en las subsiguientes estrofas escribe de la dificultad de comprender su mensaje. Verifica esta opinión con ejemplos de los versos 85 al 105.
4. Hay varias oposiciones binarias en el poema, empezando con la sabiduría griega y la ruindad romana. Busca otras oposiciones, sobre todo en las estrofas a partir del verso 77.

---

[5]injuriar gravemente

5. El poema contiene un anacronismo. ¿Cuándo empieza el cristianismo? ¿Cuándo floreció la civilización griega? Ahora, explica el anacronismo.

6. El poema termina con una metáfora. Explica cómo es tan atinada al mensaje del poema.

7. ¿Por qué se puede decir que este poema contiene un discurso metaliterario?

   • Según este discurso, ¿es fácil el análisis literario? Justifica tu respuesta con citas directas del texto.

Cultura, conexiones y comparaciones

1. El mester de clerecía, al que pertenece este poema, suele ser una forma didáctica de la Época Medieval. En las últimas estrofas se ve claramente este propósito. ¿Cuál es?

2. A pesar de ser obra del siglo XIV, en ella se elabora la teoría moderna de la comunicación, en que hay un emisor, un mensaje y un destinatario. Para que el mensaje sea entendido, el emisor y el destinatario tienen que entender los mismos códigos. ¿Dónde y cómo expresa Juan Ruiz esta teoría fundamental para el análisis literario?

3. Juan Ruiz sugiere que su mensaje es difícil de vislumbrar, pero su obra contiene "razones encubiertas". ¿Crees que la gran literatura 'encubre' su mensaje o que la dice directamente? Explica.

4. ¿Es posible encubrir un objeto en el arte plástico? Antes de contestar, mira detenidamente el cuadro *Venus de Milo* de Dalí por Internet bajo "Venus, Dalí". ¿Ves escondido en el cuadro un torero y un toro?

   • ¿Qué podría ser el mensaje de Dalí con este juego visual?

Miguel de Cervantes, *Don Quijote* (selecciones)

Autor: Miguel de Cervantes (1547-1616)
Nacionalidad: Español
Datos biográficos: Fue soldado y hasta cautivado por corsarios berberiscos y sufrió cinco años de presidio. Pide permiso a emigrar a las Indias y es negado. Consigue fama en su tiempo pero muere pobre.
Época y movimiento cultural: Siglo de Oro; Barroco
Obras más conocidas: *Novelas ejemplares* (1613), *Don Quijote de la Mancha* (1605, 1615)
Importancia literaria: Es el mayor y más respetado escritor en lengua castellana. La novela moderna europea le debe mucho. La pureza, precisión y riqueza de su estilo es impresionante.

La literatura y la vida

1. ¿Tienes una gran pasión por algo en la vida? Puede ser cualquier cosa (un deporte, una colección, un pasatiempo, etc.). Explica.

2. ¿Crees que si lees mucho te puedes volver loco/a? Explica.

En contexto

Las novelas de caballería eran largas obras de entretenimiento escritas en prosa florida que se empezaron a divulgar en la segunda mitad del siglo XV y cuya popularidad duró prácticamente un siglo. Contaban las historias inverosímiles de caballeros andantes y sus fantásticas aventuras y hazañas. Estos caballeros, sin embargo, eran cristianos ejemplares: bondadosos, virtuosos y caritativos. Algunos de los héroes famosos de estas novelas se citan en *Don Quijote*, como Amadís de Gaula y su hermano Galaor, Palmerín de Inglaterra y el Caballero del Febo. Se dedicaban a luchar contra la maldad del mundo y a proteger a los menesterosos. Don Quijote sigue estas leyes de comportamiento al pie de la letra. Pero don Quijote también admira a caballeros de carne y hueso, como el Cid y Bernardo del Carpio.

Capítulo I

Que trata de la condición y ejercicio del famoso hidalgo don Quijote de La Mancha

En un lugar de la Mancha, de cuyo nombre no quiero acordarme, no ha mucho tiempo que vivía un hidalgo de los de lanza en astillero, adarga[1] antigua, rocín flaco y galgo corredor. Una olla de algo más vaca que carnero, salpicón las más noches, duelos y quebrantos[2] los sábados, lantejas los viernes, algún palomino de añadidura los domingos, consumían las tres partes de
5   su hacienda. El resto della concluían sayo de velarte,[3] calzas de velludo para las fiestas, con sus pantuflos[4] de lo mesmo, y los días de entresemana se honraba con su vellorí[5] de lo más fino. Tenía en su casa una ama que pasaba de los cuarenta, y una sobrina que no llegaba a los veinte, y un mozo de campo y plaza, que así ensillaba el rocín como tomaba la podadera. Frisaba la edad de nuestro hidalgo con los cincuenta años; era de complexión recia, seco de carnes, enjuto
10   de rostro, gran madrugador y amigo de la caza. Quieren decir que tenía el sobrenombre de Quijada, o Quesada, que en esto hay alguna diferencia en los autores que deste caso escriben; aunque por conjeturas verosímiles se deja entender que se llamaba Quejana. Pero esto importa poco a nuestro cuento; hasta que en la narración dél no se salga un punto de la verdad.

Es, pues, de saber, que este sobredicho hidalgo, los ratos que estaba ocioso —que eran los más
15   del año—, se daba a leer libros de caballerías con tanta afición y gusto, que olvidó casi de todo punto el ejercicio de la caza, y aun la administración de su hacienda; y llegó a tanto su curiosidad y desatino en esto, que vendió muchas hanegas[6] de tierra de sembradura para comprar libros de caballerías en que leer, y así, llevó a su casa todos cuantos pudo haber dellos; y de todos, ningunos le parecían tan bien como los que compuso el famoso Feliciano de Silva, porque la claridad

---

[1]escudo de cuero
[2]huevos con tocino
[3]falda para hombres
[4]calzas de velludo y pantuflas: Se refiere a prendas de vestir y calzar que indican su estado. cómodo de hidalguía.
[5]paño
[6]más o menos una hectárea

de su prosa y aquellas entricadas razones suyas le parecían de perlas, y más cuando llegaba a leer 20
aquellos requiebros y cartas de desafíos, donde en muchas partes hallaba escrito: *La razón de la*
sinrazón que a mi razón se hace, de tal manera mi razón enflaquece, que con razón me quejo de la vuestra
fermosura. Y también cuando leía: *... los altos cielos que de vuestra divinidad divinamente con las estrellas*
os fortifican, y os hacen merecedora del merecimiento que merece la vuestra grandeza.

Con estas razones perdía el pobre caballero el juicio, y desvelábase por entenderlas y de- 25
sentrañarles el sentido, que no se lo sacara ni las entendiera el mesmo Aristóteles, si resucitara
para sólo ello. No estaba muy bien con las heridas que don Belianís daba y recebía, porque se
imaginaba que, por grandes maestros que le hubiesen curado, no dejaría de tener el rostro y
todo el cuerpo lleno de cicatrices y señales. Pero, con todo, alababa en su autor aquel acabar su
libro con la promesa de aquella inacabable aventura, y muchas veces le vino deseo de tomar la 30
pluma y dalle fin al pie de la letra, como allí se promete; y sin duda alguna lo hiciera, y aun saliera con ello, si otros mayores y continuos pensamientos no se lo estorbaran. Tuvo muchas veces
competencia con el cura de su lugar —que era hombre docto, graduado en Sigüenza—, sobre
cuál había sido mejor caballero: Palmerín de Inglaterra o Amadís de Gaula; mas maese Nicolás,
barbero del mismo pueblo, decía que ninguno llegaba al Caballero del Febo, y que si alguno se 35
le podía comparar era don Galaor, hermano de Amadís de Gaula, porque tenía muy acomodada
condición para todo; que no era caballero melindroso, ni tan llorón como su hermano, y que en
lo de la valentía no le iba en zaga.[7]

En resolución, él se enfrascó tanto en su lectura, que se le pasaban las noches leyendo de
claro en claro, y los días de turbio en turbio; y así, del poco dormir y del mucho leer se le secó 40
el cerebro, de manera que vino a perder el juicio. Llenósele la fantasía de todo aquello que leía
en los libros, así de encantamentos como de pendencias, batallas, desafíos, heridas, requiebros,
amores, tormentas y disparates imposibles; y asentósele de tal modo en la imaginación que era
verdad toda aquella máquina de aquellas soñadas invenciones que leía, que para él no había otra
historia más cierta en el mundo. Decía él que el Cid Ruy Díaz había sido muy buen caballero, 45
pero que no tenía que ver con el Caballero de la Ardiente Espada, que de solo un revés había
partido por medio dos fieros y descomunales gigantes. Mejor estaba con Bernardo del Carpio,
porque en Roncesvalles había muerto a Roldán el encantado, valiéndose de la industria de
Hércules, cuando ahogó a Anteo, el hijo de la Tierra, entre los brazos. Decía mucho bien del
gigante Morgante, porque, con ser de aquella generación gigantea, que todos son soberbios y 50
descomedidos, él solo era afable y bien criado. Pero, sobre todos, estaba bien con Reinaldos de
Montalbán, y más cuando le veía salir de su castillo y robar cuantos topaba, y cuando en allende[8]
robó aquel ídolo de Mahoma que era todo de oro, según dice su historia. Diera él por dar una
mano de coces al traidor de Galalón, al ama que tenía y aun a su sobrina de añadidura.

En efeto, rematado ya su juicio, vino a dar en el más estraño pensamiento que jamás dio 55
loco en el mundo, y fue que le pareció convenible y necesario, así para el aumento de su honra
como para el servicio de su república, hacerse caballero andante, y irse por todo el mundo con
sus armas y caballo a buscar las aventuras y a ejercitarse en todo aquello que él había leído que
los caballeros andantes se ejercitaban, deshaciendo todo género de agravio, y poniéndose en
ocasiones y peligros donde, acabándolos, cobrase eterno nombre y fama. Imaginábase el pobre 60
ya coronado por el valor de su brazo, por lo menos, del imperio de Trapisonda; y así, con estos
tan agradables pensamientos, llevado del estraño gusto que en ellos sentía, se dio priesa a poner
en efeto lo que deseaba. Y lo primero que hizo fue limpiar unas armas que habían sido de sus
bisabuelos, que, tomadas de orín y llenas de moho, luengos siglos había que estaban puestas y
olvidadas en un rincón. Limpiólas y aderezólas lo mejor que pudo; pero vio que tenían una gran 65
falta, y era que no tenían celada de encaje, sino morrión simple;[9] mas a esto suplió su industria,
porque de cartones hizo un modo de media celada, que, encajada con el morrión, hacían una

---

[7]atrás
[8]*poet.:* al otro lado del mar
[9]Se refiere a un casco de armadura para proteger la cabeza pero con la pieza que protege la cara rota.

apariencia de celada entera. Es verdad que para probar si era fuerte y podía estar al riesgo de una cuchillada, sacó su espada y le dio dos golpes, y con el primero y en un punto deshizo lo
70   que había hecho en una semana; y no dejó de parecerle mal la facilidad con que la había hecho pedazos, y, por asegurarse deste peligro, la tornó a hacer de nuevo, poniéndole unas barras de hierro por de dentro, de tal manera, que él quedó satisfecho de su fortaleza y, sin querer hacer nueva experiencia della, la diputó y tuvo por celada finísima de encaje.

        Fue luego a ver su rocín, y aunque tenía más cuartos que un real y más tachas que el caballo
75   de Gonela, que *tamtum pellis et ossa fuit*,[10] le pareció que ni el Bucéfalo de Alejandro ni Babieca el del Cid con él se igualaban. Cuatro días se le pasaron en imaginar qué nombre le pondría; porque —según se decía él a sí mesmo— no era razón que caballo de caballero tan famoso, y tan bueno él por sí, estuviese sin nombre conocido; y ansí, procuraba acomodársele de manera, que declarase quién había sido antes que fuese de caballero andante, y lo que era entonces; pues
80   estaba muy puesto en razón que, mudando su señor estado, mudase él también el nombre, y le cobrase famoso y de estruendo, como convenía a su nueva orden y al nuevo ejercicio que ya profesaba; y así, después de muchos nombres que formó, borró y quitó, añadió, deshizo y tornó a hacer en su memoria e imaginación, al fin le vino a llamar *Rocinante*, nombre, a su parecer, alto, sonoro y significativo de lo que había sido cuando fue rocín, antes de lo que ahora era, que era
85   antes y primero de todos los rocines del mundo.

        Puesto nombre, y tan a su gusto, a su caballo, quiso ponérsele a sí mismo, y en este pensamiento duró otros ocho días, y al cabo se vino a llamar *don Quijote*; de donde, como queda dicho, tomaron ocasión los autores desta tan verdadera historia que, sin duda, se debía de llamar Quijada, y no Quesada, como otros quisieron decir. Pero, acordándose que el valeroso Amadís
90   no sólo se había contentado con llamarse Amadís a secas, sino que añadió el nombre de su reino y patria, por hacerla famosa, y se llamó Amadís de Gaula, así quiso, como buen caballero, añadir al suyo el nombre de la suya y llamarse *don Quijote de la Mancha*, con que, a su parecer, declaraba muy al vivo su linaje y patria, y la honraba con tomar el sobrenombre della.

        Limpias, pues, sus armas, hecho del morrión celada, puesto nombre a su rocín y confirmán-
95   dose a sí mismo, se dio a entender que no le faltaba otra cosa sino buscar una dama de quien enamorarse; porque el caballero andante sin amores era árbol sin hojas y sin fruto y cuerpo sin alma. Decíase él a sí:

        —Si yo, por malos de mis pecados, o por mi buena suerte, me encuentro por ahí con algún gigante, como de ordinario les acontece a los caballeros andantes, y le derribo de un encuentro,
100   o le parto por mitad del cuerpo, o, finalmente, le venzo y le rindo, ¿no será bien tener a quien enviarle presentado y que entre y se hinque de rodillas ante mi dulce señora, y diga con voz humilde y rendido: "Yo, señora, soy el gigante Caraculiambro, señor de la ínsula Malindrania, a quien venció en singular batalla el jamás como se debe alabado caballero don Quijote de la Mancha, el cual me mandó que me presentase ante vuestra merced, para que la vuestra grandeza
105   disponga de mí a su talante?".

        ¡Oh, cómo se holgó nuestro buen caballero cuando hubo hecho este discurso, y más cuando halló a quien dar nombre de su dama! Y fue, a lo que se cree, que en un lugar cerca del suyo había una moza labradora de muy buen parecer, de quien él un tiempo anduvo enamorado, aunque, según se entiende, ella jamás lo supo ni se dio cata[11] dello. Llamábase Aldonza Lorenzo,
110   y a ésta le pareció ser bien darle título de señora de sus pensamientos, y, buscándole nombre que no desdijese mucho del suyo y que tirase y se encaminase al de princesa y gran señora, vino a llamarla *Dulcinea del Toboso*, porque era natural del Toboso; nombre, a su parecer, músico y peregrino y significativo, como todos los demás que a él y a sus cosas había puesto.

---

[10]*lat.:* era todo piel y hueso
[11]vista (cuenta)

Comprensión

1. ¿Qué pasión tiene el hidalgo?

   • Según el narrador, ¿qué le pasa como resultado de esta pasión?

2. ¿Qué decidió hacer el hidalgo para satisfacer su pasión?

   • ¿Qué cosas hizo para cumplir al pie de la letra con esa profesión?

3. ¿Qué nombre se pone a sí mismo? ¿Y a su caballo? ¿Y a su dama?

Interpretación

1. A finales del primer párrafo, el narrador entra en la narración. ¿Qué les dice a sus lectores?

   • ¿Es el autor implícito el único que ha escrito sobre este hidalgo?

   • ¿Qué implica este punto de vista narrativo?

2. El narrador dice que don Quijote "del mucho leer se le secó el cerebro". Comenta sobre la ironía de este enunciado.

3. ¿Qué hace don Quijote para verificar la fortaleza de la celada de protección que construye para su morrón?

   • ¿Qué hace después de modificar la celada?

   • Trata de explicar el mensaje profundo de sus acciones —desde lo más obvio (la naturaleza humana) hasta lo más rebuscado (ciertos dogmas teológicos).

   • ¿Vuelve a repetir la prueba?

4. El capítulo termina con un largo discurso sobre los nombres. ¿Qué pasa cuando las cosas no se nombran?; ¿y cuando reciben nombre?

5. En el primer párrafo el narrador escribe que "por conjeturas verosímiles" se llamaba el hidalgo Quejana. Sin embargo, en la línea 88 escribe que "sin duda se debía de llamar Quijada". ¿Qué sería el propósito de Cervantes en este discurso de nombrar?

Capítulo II

La literatura y la vida

1. En tu vida, ¿intentas imitar a alguna persona que admiras o seguir los pasos y consejos de algún libro sagrado? Explica.

2. Si necesitas subirte para alcanzar algo al que no llegas, y si no tienes escalera, ¿que usas para subirte?

   • Si una silla, por ejemplo, se usa para escalera, ¿es silla o escalera?

   • ¿Estás de acuerdo que las cosas pueden variar dependiendo de su utilidad o la perspectiva del individuo? Explica, con ejemplos.

Capítulo II

Que trata de la primera salida que de su tierra hizo el ingenioso don Quijote

Hechas, pues, estas prevenciones, no quiso aguardar más tiempo a poner en efeto su pensamiento, apretándole a ello la falta que él pensaba que hacía en el mundo su tardanza, según eran los agravios que pensaba deshacer, tuertos que enderezar, sinrazones que enmendar, y abusos que mejorar, y deudas que satisfacer. Y así, sin dar parte a persona alguna de su intención, y sin que nadie le viese, una mañana, antes del día, que era uno de los calurosos del mes de julio, se armó de todas sus armas, subió sobre Rocinante, puesta su mal compuesta celada, embrazó su adarga, tomó su lanza, y por la puerta falsa de un corral salió al campo, con grandísimo contento y alborozo de ver con cuánta facilidad había dado principio a su buen deseo. Mas apenas se vio en el campo, cuando le asaltó un pensamiento terrible, y tal, que por poco le hiciera dejar la comenzada empresa; y fue que le vino a la memoria que no era armado caballero,[1] y que, conforme a ley de caballería, no podía ni debía tomar armas con ningún caballero; y puesto que lo fuera, había de llevar armas blancas, como novel caballero, sin empresa en el escudo, hasta que por su esfuerzo la ganase. Estos pensamientos le hicieron titubear en su propósito; mas, pudiendo más su locura que otra razón alguna, propuso de hacerse armar caballero del primero que topase, a imitación de otros muchos que así lo hicieron, según él había leído en los libros que tal le tenían. En lo de las armas blancas, pensaba limpiarlas de manera, en teniendo lugar, que lo fuesen más que un armiño; y con esto se quietó y prosiguió su camino, sin llevar otro que aquel que su caballo quería, creyendo que en aquello consistía la fuerza de las aventuras.

Yendo, pues, caminando nuestro flamante aventurero, iba hablando consigo mesmo y diciendo:

—¿Quién duda sino que en los venideros tiempos, cuando salga a luz la verdadera historia de mis famosos hechos, que el sabio que los escribiere no ponga, cuando llegue a contar esta mi primera salida tan de mañana, desta manera?: "Apenas había el rubicundo Apolo tendido por la faz de la ancha y espaciosa tierra las doradas hebras de sus hermosos cabellos, y apenas los pequeños y pintados pajarillos con sus harpadas lenguas habían saludado con dulce y meliflua[2] armonía la venida de la rosada aurora, que, dejando la blanda cama del celoso marido, por las puertas y balcones del manchego horizonte a los mortales se mostraba, cuando el famoso caballero don Quijote de la Mancha, dejando las ociosas plumas, subió sobre su famoso caballo Rocinante, y comenzó a caminar por el antiguo y conocido campo de Montiel".

Y era la verdad que por él caminaba. Y añadió diciendo:

—Dichosa edad y siglo dichoso aquel adonde saldrán a luz las famosas hazañas mías, dignas de entallarse en bronce, esculpirse en mármoles y pintarse en tablas para memoria en lo futuro. ¡Oh tú, sabio encantador, quienquiera que seas, a quien ha de tocar el ser coronista desta peregrina historia! Ruégote que no te olvides de mi buen Rocinante, compañero eterno mío en todos mis caminos y carreras.

Luego volvía diciendo, como si verdaderamente fuera enamorado:

—¡Oh princesa Dulcinea, señora deste cautivo corazón. Mucho agravio me habedes fecho en despedirme y reprocharme con el riguroso afincamiento[3] de mandarme no parecer ante la vuestra fermosura. Plégaos,[4] señora, de membraros[5] deste vuestro sujeto corazón, que tantas cuitas por vuestro amor padece.

---

[1] O sea, no había sido oficialmente admitido a las filas de los caballeros andantes según las reglas de la Edad Media.
[2] dulce, suave y delicado
[3] *ant.:* ahínco; empeño
[4] que os complazca
[5] recordar

Con éstos iba ensartando otros disparates, todos al modo de los que sus libros le habían ense- 40
ñado, imitando en cuanto podía su lenguaje. Con esto, caminaba tan despacio, y el sol entraba
tan apriesa y con tanto ardor, que fuera bastante a derretirle los sesos, si algunos tuviera.

Casi todo aquel día caminó sin acontecerle cosa que de contar fuese, de lo cual se deses-
peraba, porque quisiera topar luego con quien hacer experiencia del valor de su fuerte brazo.
Autores hay que dicen que la primera aventura que le avino fue la del Puerto Lápice; otros 45
dicen que la de los molinos de viento; pero lo que yo he podido averiguar en este caso, y lo que
he hallado escrito en los anales de la Mancha, es que él anduvo todo aquel día, y, al anochecer,
su rocín y él se hallaron cansados y muertos de hambre; y que, mirando a todas partes por ver
si descubriría algún castillo o alguna majada de pastores donde recogerse y adonde pudiese
remediar su mucha hambre y necesidad, vio, no lejos del camino por donde iba, una venta,[6] 50
que fue como si viera una estrella que, no a los portales, sino a los alcázares de su redención le
encaminaba. Diose priesa a caminar, y llegó a ella a tiempo que anochecía.

Estaban acaso a la puerta dos mujeres mozas, destas que llaman del partido,[7] las cuales iban
a Sevilla con unos harrieros[8] que en la venta aquella noche acertaron a hacer jornada y como
a nuestro aventurero todo cuanto pensaba, veía o imaginaba le parecía ser hecho y pasar al 55
modo de lo que había leído, luego que vio la venta se le representó que era un castillo con sus
cuatro torres y chapiteles de luciente plata, sin faltarle su puente levadiza y honda cava, con
todos aquellos adherentes que semejantes castillos se pintan. Fuese llegado a la venta que a él
le parecía castillo, y a poco trecho della detuvo las riendas a Rocinante, esperando que algún
enano se pusiese entre las almenas[9] a dar señal con alguna trompeta de que llegaba caballero 60
al castillo. Pero como vio que se tardaban y que Rocinante se daba priesa por llegar a la
caballeriza, se llegó a la puerta de la venta, y vio a las dos destraídas mozas que allí estaban, que
a él le parecieron dos hermosas doncellas o dos graciosas damas que delante de la puerta del
castillo se estaban solazando. En esto sucedió acaso que un porquero que andaba recogiendo
de unos rastrojos una manada de puercos —que, sin perdón, así se llaman— tocó un cuerno,
a cuya señal ellos se recogen, y al instante se le representó a don Quijote lo que deseaba, que 65
era que algún enano hacía señal de su venida, y así, con estraño contento llegó a la venta y a las
damas, las cuales, como vieron venir un hombre de aquella suerte armado, y con lanza y adarga,
llenas de miedo se iban a entrar en la venta; pero don Quijote, coligiendo[10] por su huida su
miedo, alzándose la visera de papelón y descubriendo su seco y polvoroso rostro, con gentil
talante y voz reposada les dijo: 70

—No fuyan las vuestras mercedes ni teman desaguisado alguno; ca a la orden de caballería
que profeso non toca ni atañe facerle a ninguno, cuanto más a tan altas doncellas como vuestras
presencias demuestran.

Mirábanle las mozas, y andaban con los ojos buscándole el rostro, que la mala visera le encu- 75
bría; mas como se oyeron llamar doncellas, cosa tan fuera de su profesión, no pudieron tener la
risa, y fue de manera que don Quijote vino a correrse[11] y a decirles:

—Bien parece la mesura en las fermosas, y es mucha sandez además la risa que de leve causa
procede; pero non vos lo digo porque os acuitedes ni mostredes mal talante; que el mío non es
de ál[12] que de serviros. 80

---

[6]un mesón o albergue
[7]prostitutas
[8]hombres que transportaban cargas sobre bestias (eran generalmente moriscos)
[9]los prismas que coronan los muros de las antiguas fortalezas
[10]intuyendo
[11]sentirse ofendido
[12]otra cosa

El lenguaje, no entendido de las señoras, y el mal talle de nuestro caballero acrecentaba en ellas la risa y en él el enojo, y pasara muy adelante si a aquel punto no saliera el ventero, hombre que, por ser muy gordo, era muy pacífico, el cual, viendo aquella figura contrahecha, armada de armas tan desiguales como eran la brida, lanza, adarga y coselete, no estuvo en nada en acompa-
85   ñar a las doncellas en las muestras de su contento. Mas, en efecto, temiendo la máquina de tantos estrechos, determinó de hablarle comedidamente, y así le dijo:

—Si vuestra merced, señor caballero, busca posada, amén[13] de lecho (porque en esta venta no hay ninguno), todo lo demás se hallará en ella en mucha abundancia.

Viendo don Quijote la humildad del alcaide de la fortaleza, que tal le pareció a él el ventero
90   y la venta, respondió:

—Para mí, señor castellano, cualquiera cosa basta, porque

mis arreos son las armas,

mi descanso el pelear, etc.

Pensó el huésped que el haberle llamado castellano había sido por haberle parecido de los
95   sanos de Castilla, aunque él era andaluz, y de los de la playa de Sanlúcar, no menos ladrón que Caco, ni menos maleante que estudiantado paje, y así le respondió:

—Según eso, las camas de vuestra merced serán duras peñas, y su dormir, siempre velar; y siendo así, bien se puede apear, con seguridad de hallar en esta choza ocasión y ocasiones para no dormir en todo un año, cuanto más en una noche.

100   Y diciendo esto, fue a tener el estribo a don Quijote, el cual se apeó con mucha dificultad y trabajo, como aquel que en todo aquel día no se había desayunado.

Dijo luego al huésped que le tuviese mucho cuidado de su caballo, porque era la mejor pieza que comía pan en el mundo. Miróle el ventero, y no le pareció tan bueno como don Quijote decía, ni aun la mitad; y acomodándole en la caballeriza, volvió a ver lo que su huésped mandaba,
105   al cual estaban desarmando las doncellas, que ya se habían reconciliado con él; las cuales, aunque le habían quitado el peto y el espaldar, jamás supieron ni pudieron desencajarle la gola[14] ni quitalle la contrahecha celada, que traía atada con unas cintas verdes, y era menester cortarlas, por no poderse quitar los ñudos; mas él no lo quiso consentir en ninguna manera, y así, se quedó toda aquella noche con la celada puesta, que era la más graciosa y estraña figura que se pudiera pensar; y al
110   desarmarle, como él se imaginaba que aquellas traídas y llevadas que le desarmaban eran algunas principales señoras y damas de aquel castillo, les dijo con mucho donaire:

—Nunca fuera caballero
de damas tan bien servido
como fuera don Quijote
115   cuando de su aldea vino:
doncellas curaban dél;
princesas, del su rocino,

---

[13]además de
[14]pieza de amargura que defiende la garganta

o Rocinante, que éste es el nombre, señoras mías, de mi caballo, y don Quijote de la Mancha el mío; que, puesto que no quisiera descubrirme fasta que las fazañas fechas en vuestro servicio y pro[15] me descubrieran, la fuerza de acomodar al propósito presente este romance viejo de Lanzarote ha sido causa que sepáis mi nombre antes de toda sazón; pero tiempo vendrá en que las vuestras señorías me manden y yo obedezca, y el valor de mi brazo descubra el deseo que tengo de serviros.

Las mozas, que no estaban hechas a oír semejantes retóricas, no respondían palabra; sólo le preguntaron si quería comer alguna cosa.

—Cualquiera yantaría[16] yo —respondió don Quijote—, porque, a lo que entiendo, me haría mucho al caso.

A dicha, acertó a ser viernes aquel día, y no había en toda la venta sino unas raciones de un pescado que en Castilla llaman abadejo, y en Andalucía bacallao, y en otras partes curadillo, y en otros truchuela. Preguntáronle si por ventura comería su merced truchuela, que no había otro pescado que dalle a comer.

—Como haya muchas truchuelas —respondió don Quijote—, podrán servir de una trucha, porque eso se me da[17] que me den ocho reales en sencillos que en una pieza de a ocho. Cuanto más, que podría ser que fuesen estas truchuelas como la ternera, que es mejor que la vaca, y el cabrito que el cabrón. Pero, sea lo que fuere, venga luego; que el trabajo y peso de las armas no se puede llevar sin el gobierno de las tripas.

Pusiéronle la mesa a la puerta de la venta, por el fresco, y trújole el huésped una porción de mal remojado y peor cocido bacallao y un pan tan negro y mugriento como sus armas; pero era materia de grande risa verle comer, porque, como tenía puesta la celada y alzada la visera, no podía poner nada en la boca con sus manos si otro no se lo daba y ponía, y ansí, una de aquellas señoras servía deste menester. Mas al darle de beber, no fue posible, ni lo fuera si el ventero no horadara una caña, y puesto el un cabo en la boca, por el otro le iba echando el vino; y todo esto lo recebía en paciencia, a trueco de no romper las cintas de la celada. Estando en esto, llegó acaso a la venta un castrador de puercos, y así como llegó, sonó su silbato de cañas cuatro o cinco veces, con lo cual acabó de confirmar don Quijote que estaba en algún famoso castillo, y que le servían con música, y que el abadejo eran truchas, el pan candeal y las rameras[18] damas, y el ventero castellano del castillo, y con esto daba por bien empleada su determinación y salida. Mas lo que más le fatigaba era el no verse armado caballero, por parecerle que no se podría poner legítimamente en aventura alguna sin recibir la orden de caballería.

Comprensión

1. ¿Cuáles son los propósitos de don Quijote en su papel como caballero?
2. ¿Qué preocupación le asaltó a don Quijote luego de abandonar su lugar?
3. ¿Qué vio don Quijote que confundió con un castillo?
   - Una vez convertida en castillo, para don Quijote ¿quién es el ventero?;
   - ¿y las mujeres que estaban allí?;
   - ¿y el que cuida los cerdos?

---

[15]provecho
[16]cualquier cosa comería
[17]me da lo mismo
[18]prostitutas

4. ¿Por qué no entienden las mujeres lo que les dice don Quijote?

5. ¿Qué pasa durante la cena que es humorístico?

Interpretación

1. ¿Qué implica el hecho de que don Quijote, al andar por los campos, va escribiendo la novela de su propia vida?

2. ¿Qué se vuelve a enfatizar respecto a la voz narrativa de esta obra en la línea 45?

3. ¿Qué podría indicar que las mujeres se ríen de don Quijote al principio, pero luego le atienden con cariño, ofreciéndole de comer?

4. El capítulo termina con un discurso metalingüístico. El pescado que le ofrecen a don Quijote se conoce de diferentes nombres en diferentes partes de España. ¿Entiende don Quijote qué tipo de pescado es?

   • ¿Cómo se relaciona este discurso con la confusión de don Quijote entre una venta y un castillo?

Capítulo III

La literatura y la vida

1. ¿Has sido iniciado/a en alguna sociedad o fraternidad honorífica o social? ¿Hubo un rito de iniciación? Descríbelo.

Capítulo III

Donde se cuenta la graciosa manera que tuvo don Quijote en armarse caballero

Y así, fatigado deste pensamiento, abrevió su venteril[1] y limitada cena; la cual acabada, llamó al ventero y, encerrándose con él en la caballeriza, se hincó de rodillas ante él, diciéndole:

—No me levantaré jamás de donde estoy, valeroso caballero, fasta que la vuestra cortesía me otorgue un don que pedirle quiero, el cual redundará en alabanza vuestra y en pro del género 5 humano.

El ventero, que vio a su huésped a sus pies y oyó semejantes razones, estaba confuso mirándole, sin saber qué hacerse ni decirle, y porfiaba con él que se levantase, y jamás quiso, hasta que le hubo de decir que él le otorgaba el don que le pedía.

_____
[1](cena) de la venta

—No esperaba yo menos de la gran magnificencia vuestra, señor mío —respondió don
Quijote—; y así, os digo que el don que os he pedido y de vuestra liberalidad me ha sido otor-   10
gado, es que mañana en aquel día me habéis de armar caballero, y esta noche en la capilla deste
vuestro castillo velaré las armas;[2] y mañana, como tengo dicho, se cumplirá lo que tanto deseo,
para poder, como se debe, ir por todas las cuatro partes del mundo buscando las aventuras, en
pro de los menesterosos, como está a cargo de la caballería y de los caballeros andantes, como
yo soy, cuyo deseo a semejantes fazañas es inclinado.   15

El ventero, que como está dicho, era un poco socarrón y ya tenía algunos barruntos[3] de la
falta de juicio de su huésped, acabó de creerlo cuando acabó de oírle semejantes razones, y, por
tener que reír aquella noche, determinó de seguirle el humor; y así, le dijo que andaba muy
acertado en lo que deseaba y pedía, y que tal prosupuesto[4] era propio y natural de los caballeros
tan principales como él parecía y como su gallarda presencia mostraba; y que él, ansimesmo,   20
en los años de su mocedad, se había dado a aquel honroso ejercicio, andando por diversas
partes del mundo, buscando sus aventuras, sin que hubiese dejado los Percheles de Málaga,
Islas de Riarán, Compás de Sevilla, Azoguejo de Segovia, la Olivera de Valencia, Rondilla de
Granada, playa de Sanlúcar, Potro de Córdoba y las Ventillas de Toledo y otras diversas partes,[5]
donde había ejercitado la ligereza de sus pies, sutileza de sus manos, haciendo muchos tuertos,   25
recuestando muchas viudas, deshaciendo algunas doncellas y engañando a algunos pupilos, y,
finalmente, dándose a conocer por cuantas audiencias y tribunales hay casi en toda España; y
que, a lo último, se había venido a recoger a aquel castillo, donde vivía con su hacienda y con
las ajenas, recogiendo en él a todos los caballeros andantes, de cualquier calidad y condición
que fuesen, sólo por la mucha afición que les tenía y porque partiesen con él de sus haberes,   30
en pago de su buen deseo.

Díjole también que en aquel castillo no había capilla alguna donde poder velar las armas,
porque estaba derribada para hacerla de nuevo; pero que en caso de necesidad él sabía que se
podían velar dondequiera, y que aquella noche las podría velar en un patio del castillo; que a
la mañana, siendo Dios servido, se harían las debidas ceremonias, de manera que él quedase   35
armado caballero, y tan caballero, que no pudiese ser más en el mundo.

Preguntóle si traía dineros; respondió don Quijote que no traía blanca,[6] porque él nunca
había leído en las historias de los caballeros andantes que ninguno los hubiese traído. A esto dijo
el ventero que se engañaba: que, puesto caso que en las historias no se escribía, por haberles
parecido a los autores dellas que no era menester escribir una cosa tan clara y tan necesaria de   40
traerse como eran dineros y camisas limpias, no por eso se había de creer que no los trujeron;
y así, tuviese por cierto y averiguado que todos los caballeros andantes, de que tantos libros
están llenos y atestados, llevaban bien herradas[7] las bolsas, por lo que pudiese sucederles; y que
asimismo llevaban camisas y una arqueta pequeña llena de ungüentos[8] para curar las heridas que
recebían, porque no todas veces en los campos y desiertos donde se combatían y salían heridos   45
había quien los curase, si ya no era que tenían algún sabio encantador por amigo, que luego los
socorría, trayendo por el aire, en alguna nube, alguna doncella o enano con alguna redoma de
agua de tal virtud, que, en gustando alguna gota della, luego al punto quedaban sanos de sus
llagas y heridas, como si mal alguno hubiesen tenido. Mas que en tanto que esto no hubiese,
tuvieron los pasados caballeros por cosa acertada que sus escuderos fuesen proveídos de dineros   50
y de otras cosas necesarias, como eran hilas y ungüentos para curarse; y cuando sucedía que los

---

[2]costumbre de las leyes de caballería según la cual los caballeros vigilaban sus armas toda la noche antes de ser
armados caballeros
[3]presentimientos
[4]*ant.:* propósito
[5]todos son barrios de rufianes y de mala vida
[6]denominación de dinero de la época
[7]provistas (con metales; o sea, con dinero)
[8]medicamentos

tales caballeros no tenían escuderos—que eran pocas y raras veces—, ellos mesmos lo llevaban todo en unas alforjas muy sutiles, que casi no se parecían, a las ancas del caballo, como que era otra cosa de más importancia; porque, no siendo por ocasión semejante, esto de llevar alforjas[9]

55   no fue muy admitido entre los caballeros andantes; y por esto le daba por consejo, pues aún se lo podía mandar como a su ahijado, que tan presto lo había de ser, que no caminase de allí adelante sin dineros y sin las prevenciones referidas, y que vería cuán bien se hallaba con ellas, cuando menos se pensase.

Prometióle don Quijote de hacer lo que se le aconsejaba, con toda puntualidad, y así, se

60   dio luego orden como velase las armas en un corral grande que a un lado de la venta estaba; y recogiéndolas don Quijote todas, las puso sobre una pila que junto a un pozo estaba y, embrazando su adarga, asió de su lanza, y con gentil continente se comenzó a pasear delante de la pila; y cuando comenzó el paseo comenzaba a cerrar la noche.

Contó el ventero a todos cuantos estaban en la venta la locura de su huésped, la vela de sus

65   armas y la armazón de caballería que esperaba. Admiráronse de tan estraño género de locura y fuéronselo a mirar desde lejos, y vieron que, con sosegado ademán, unas veces se paseaba; otras, arrimado a su lanza, ponía los ojos en las armas, sin quitarlos por un buen espacio dellas. Acabó de cerrar la noche; pero con tanta claridad de la luna, que podía competir con el que se la prestaba; de manera, que cuanto el novel caballero hacía era bien visto de todos. Antojósele en esto

70   a uno de los harrieros que estaban en la venta ir a dar agua a su recua,[10] y fue menester quitar las armas de don Quijote, que estaban sobre la pila; el cual, viéndole llegar, en voz alta le dijo:

—¡Oh tú, quienquiera que seas, atrevido caballero, que llegas a tocar las armas del más valeroso andante que jamás se ciñó espada! Mira lo que haces y no las toques, si no quieres dejar la vida en pago de tu atrevimiento.

75   No se curó[11] el harriero destas razones —y fuera mejor que se curara, porque fuera curarse en salud—; antes, trabando de las correas, las arrojó gran trecho de sí. Lo cual, visto por don Quijote, alzó los ojos al cielo y, puesto el pensamiento —a lo que pareció— en su señora Dulcinea, dijo:

—Acorredme,[12] señora mía, en esta primera afrenta que a este vuestro avasallado pecho se le

80   ofrece; no me desfallezca en este primer trance vuestro favor y amparo.

Y diciendo estas y otras semejantes razones, soltando la adarga, alzó la lanza a dos manos y dio con ella tan gran golpe al harriero en la cabeza, que le derribó en el suelo tan maltrecho, que si segundara con otro, no tuviera necesidad de maestro que le curara. Hecho esto, recogió sus armas y tornó a pasearse con el mismo reposo que primero. Desde allí a poco, sin saberse lo

85   que había pasado —porque aún estaba aturdido el harriero—, llegó otro con la misma intención de dar agua a sus mulos y, llegando a quitar las armas para desembarazar[13] la pila, sin hablar don Quijote palabra y sin pedir favor a nadie, soltó otra vez la adarga y alzó otra vez la lanza, y, sin hacerla pedazos, hizo más de tres la cabeza del segundo harriero, porque se la abrió por cuatro. Al ruido acudió toda la gente de la venta, y entre ellos el ventero. Viendo esto don Quijote,

90   embrazó su adarga y, puesta mano a su espada, dijo:

—¡Oh señora de la fermosura, esfuerzo y vigor del debilitado corazón mío! Ahora es tiempo que vuelvas los ojos de tu grandeza a este tu cautivo caballero, que tamaña aventura está atendiendo.

---

[9]sacos para provisiones para los que van a caballo
[10]manada de animales de carga
[11]No le hizo caso (pero luego, se juega con su sentido de "curar").
[12]socorredme
[13]dejar libre

Con esto cobró, a su parecer, tanto ánimo, que si le acometieran todos los harrieros del mundo, no volviera el pie atrás. Los compañeros de los heridos, que tales los vieron, comenzaron desde lejos a llover piedras sobre don Quijote, el cual, lo mejor que podía, se reparaba con su adarga, y no se osaba apartar de la pila por no desamparar las armas. El ventero daba voces que le dejasen, porque ya les había dicho como era loco, y que por loco se libraría aunque los matase a todos. También don Quijote las daba mayores, llamándolos de alevosos y traidores, y que el señor del castillo era un follón[14] y mal nacido caballero, pues de tal manera consentía que se tratasen los andantes caballeros, y que si él hubiera recebido la orden de caballería, que él le diera a entender su alevosía:

—Pero de vosotros, soez y baja canalla, no hago caso alguno; tirad, llegad, venid y ofendedme en cuanto pudiéredes; que vosotros veréis el pago que lleváis de vuestra sandez y demasía.

Decía esto con tanto brío y denuedo, que infundió un terrible temor en los que le acometían; y así por esto como por las persuasiones del ventero, le dejaron de tirar, y él dejó retirar a los heridos y tornó a la vela de sus armas con la misma quietud y sosiego que primero.

No le parecieron bien al ventero las burlas de su huésped, y determinó abreviar y darle la negra orden de caballería luego, antes que otra desgracia sucediese. Y así, llegándose a él, se disculpó de la insolencia que aquella gente baja con él había usado, sin que él supiese cosa alguna; pero que bien castigados quedaban de su atrevimiento. Díjole cómo ya le había dicho que en aquel castillo no había capilla, y para lo que restaba de hacer tampoco era necesaria; que todo el toque de quedar armado caballero consistía en la pescozada[15] y en el espaldarazo,[16] según él tenía noticia del ceremonial de la orden, y que aquello en mitad de un campo se podía hacer, y que ya había cumplido con lo que tocaba al velar de las armas, que con solas dos horas de vela se cumplía, cuanto más que él había estado más de cuatro. Todo se lo creyó don Quijote, y dijo que él estaba allí pronto para obedecerle, y que concluyese con la mayor brevedad que pudiese; porque si fuese otra vez acometido y se viese armado caballero, no pensaba dejar persona viva en el castillo, eceto aquellas que él le mandase, a quien por su respeto dejaría.

Advertido y medroso desto el castellano, trujo luego un libro donde asentaba la paja y cebada que daba a los harrieros, y con un cabo de vela que le traía un muchacho, y con las dos ya dichas doncellas, se vino adonde don Quijote estaba, al cual mandó hincar de rodillas; y, leyendo en su manual—como que decía alguna devota oración—, en mitad de la leyenda alzó la mano y diole sobre el cuello un buen golpe, y tras él, con su misma espada, un gentil espaldarazo, siempre murmurando entre dientes, como que rezaba. Hecho esto, mandó a una de aquellas damas que le ciñese la espada, la cual lo hizo con mucha desenvoltura y discreción, porque no fue menester poca para no reventar de risa a cada punto de las ceremonias; pero las proezas que ya habían visto del novel caballero les tenía la risa a raya. Al ceñirle la espada dijo la buena señora:

—Dios haga a vuestra merced muy venturoso caballero y le dé ventura en lides.

Don Quijote le preguntó cómo se llamaba, porque él supiese de allí adelante a quién quedaba obligado por la merced recebida, porque pensaba darle alguna parte de la honra que alcanzase por el valor de su brazo. Ella respondió con mucha humildad que se llamaba la Tolosa, y que era hija de un remendón[17] natural de Toledo, que vivía a las tendillas de Sancho Bienaya, y que dondequiera que ella estuviese le serviría y le tendría por señor. Don Quijote le replicó que, por su amor, le hiciese merced que de allí adelante se pusiese *don* y se llamase doña Tolosa. Ella se lo prometió, y la otra le calzó la espuela, con la cual le pasó casi el mismo coloquio que con

---

[14]ruin

[15]tocar el cuello o cabeza

[16]tocar la espalda

[17]uno que repara zapatos o ropa

la de la espada. Preguntóle su nombre, y dijo que se llamaba la Molinera, y que era hija de un honrado molinero de Antequera; a la cual también rogó don Quijote que se pusiese *don*, y se llamase doña Molinera, ofreciéndole nuevos servicios y mercedes.

140   Hechas, pues, de galope y aprisa las hasta allí nunca vistas ceremonias, no vio la hora don Quijote de verse a caballo y salir buscando las aventuras, y, ensillando luego a Rocinante, subió en él, y abrazando a su huésped, le dijo cosas tan estrañas, agradeciéndole la merced de haberle armado caballero, que no es posible acertar a referirlas. El ventero, por verle ya fuera de la venta, con no menos retóricas, aunque con más breves palabras, respondió a las suyas y, sin pedirle la costa de la posada, le dejó ir a la buen hora.

Comprensión

1. ¿Qué le pide don Quijote al ventero/castellano?
   - ¿Por qué es tan importante para don Quijote que se lleve a cabo este rito?

2. Cuenta lo que pasa en el patio junto a la fuente entre don Quijote y los arrieros.
   - ¿Cómo se soluciona la contienda?

3. ¿Cómo se despide don Quijote de las dos prostitutas al marchase?
   - ¿Cómo responden ellas?

Interpretación

1. Al no haber capilla, el sitio requerido para velar las armas, el ventero dice que se puede hacer en cualquier lugar. Los protestantes de la Reforma se habían quejado de la opulencia de las iglesias, diciendo que se podía honrar al Señor en cualquier lugar. ¿Crees que este detallito del capítulo pudiera contener una crítica a favor de los reformadores? Explica.

2. El ventero le pregunta a don Quijote si trae dinero para pagar el hospedaje. ¿Por qué no lleva don Quijote dinero? Explica el humor.
   - Pero el humor contiene también un discurso metaliterario. ¿Crees que las novelas lo cuentan todo, o dejan a la imaginación del lector muchos detalles? Explica.

Capítulo IV

La literatura y la vida

1. ¿Has hecho algún acto de caridad que no resultó tan bien como esperabas? Explica.
2. ¿Qué cosas hay en la vida en que se tiene que creer sin poder verlas físicamente?

Capítulo IV

De lo que le sucedió a nuestro caballero cuando salió de la venta

La del alba sería cuando don Quijote salió de la venta tan contento, tan gallardo, tan alborozado por verse ya armado caballero, que el gozo le reventaba por las cinchas del caballo. Mas viniéndole a la memoria los consejos de su huésped cerca de las prevenciones tan necesarias que había de llevar consigo, especial la de los dineros y camisas, determinó volver a su casa y acomodarse de todo, y de un escudero, haciendo cuenta de recebir a un labrador vecino suyo, que era pobre   5
y con hijos, pero muy a propósito para el oficio escuderil de la caballería. Con este pensamiento guió a Rocinante hacia su aldea, el cual, casi conociendo la querencia,[1] con tanta gana comenzó a caminar, que parecía que no ponía los pies en el suelo.

No había andado mucho, cuando le pareció que a su diestra mano, de la espesura de un bosque que allí estaba, salían unas voces delicadas, como de persona que se quejaba, y apenas las   10
hubo oído, cuando dijo:

—Gracias doy al cielo por la merced que me hace, pues tan presto me pone ocasiones delante donde yo pueda cumplir con lo que debo a mi profesión, y donde pueda coger el fruto de mis buenos deseos. Estas voces, sin duda, son de algún menesteroso o menesterosa, que ha menester mi favor y ayuda.   15

Y, volviendo las riendas, encaminó a Rocinante hacia donde le pareció que las voces salían. Y a pocos pasos que entró por el bosque, vio atada una yegua a una encina, y atado en otra a un muchacho, desnudo de medio cuerpo arriba, hasta de edad de quince años, que era el que las voces daba, y no sin causa, porque le estaba dando con una pretina[2] muchos azotes un labrador de buen talle, y cada azote le acompañaba con una reprehensión y consejo. Porque decía: 20

—La lengua, queda y los ojos, listos.

Y el muchacho respondía:

—No lo haré otra vez, señor mío; por la pasión de Dios que no lo haré otra vez, y yo prometo de tener de aquí adelante más cuidado con el hato.[3]

Y viendo don Quijote lo que pasaba, con voz airada dijo: 25

—Descortés caballero, mal parece tomaros con quien defender no se puede; subid sobre vuestro caballo y tomad vuestra lanza —que también tenía una lanza arrimada a la encina adonde estaba arrimada la yegua—, que yo os haré conocer ser de cobardes lo que estás haciendo.

El labrador, que vio sobre sí aquella figura llena de armas blandiendo la lanza sobre su rostro, túvose por muerto, y con buenas palabras respondió: 30

—Señor caballero, este muchacho que estoy castigando es un mi criado, que me sirve de guardar una manada de ovejas que tengo en estos contornos, el cual es tan descuidado, que cada día me falta una; y porque castigo su descuido, o bellaquería, dice que lo hago de miserable, por no pagalle la soldada[4] que le debo, y en Dios y en mí ánima que miente.

---

[1]el lugar adonde debía ir
[2]cinturón de cuero
[3]manada de animales
[4]sueldo

35   —¿"Miente" delante de mí, ruin villano? —dijo don Quijote—. Por el sol que nos alumbra que estoy por pasaros de parte a parte con esta lanza. Pagadle luego sin más réplica; si no, por el Dios que nos rige que os concluya y aniquile en este punto. Desatadlo luego.

El labrador bajó la cabeza y, sin responder palabra, desató a su criado, al cual preguntó don Quijote que cuánto le debía su amo. Él dijo que nueve meses, a siete reales cada mes. Hizo la
40   cuenta don Quijote y halló que montaban setenta y tres reales, y díjole al labrador que al momento los desembolsase, si no quería morir por ello. Respondió el medroso villano que para el paso en que estaba y juramento que había hecho —y aún no había jurado nada—, que no eran tantos; porque se le habían de descontar y recebir en cuenta tres pares de zapatos que le había dado, y un real de dos sangrías[5] que le habían hecho estando enfermo.

45   —Bien está todo eso —replicó don Quijote—; pero quédense los zapatos y las sangrías por los azotes que sin culpa le habéis dado; que si él rompió el cuero de los zapatos que vos pagastes, vos le habéis rompido el de su cuerpo; y si le sacó el barbero sangre estando enfermo, vos en sanidad se la habéis sacado: ansí que, por esta parte, no os debe nada.

—El daño está, señor caballero, en que no tengo aquí dineros: véngase Andrés conmigo a mi
50   casa, que yo se los pagaré un real sobre otro.

—¿Irme yo con él —dijo el muchacho— más? ¡Mal año! No, señor, ni por pienso; porque en viéndose solo, me desuelle como a un San Bartolomé.

—No hará tal —replicó don Quijote—: basta que yo se lo mande para que me tenga respeto; y con que él me lo jure por la ley de caballería que ha recebido, le dejaré ir libre y aseguraré la
55   paga.

—Mire vuestra merced, señor, lo que dice —dijo el muchacho—; que este mi amo no es caballero ni ha recibido orden de caballería alguna; que es Juan Haldudo el rico, el vecino del Quintanar.

—Importa poco eso —respondió don Quijote—; que Haldudos puede haber caballeros;
60   cuanto más que cada uno es hijo de sus obras.

—Así es verdad —dijo Andrés—; pero este mi amo, ¿de qué obras es hijo, pues me niega mi soldada y mi sudor y trabajo?

—No niego, hermano Andrés —respondió el labrador—; y hacedme placer de veniros conmigo; que yo juro por todas las órdenes que de caballerías hay en el mundo de pagaros, como
65   tengo dicho, un real sobre otro, y aun sahumados.[6]

—Del sahumerio os hago gracia —dijo don Quijote—; dádselos en reales, que con esos me contento; y mirad que lo cumpláis como lo habéis jurado; si no, por el mismo juramento os juro de volver a buscaros y a castigaros, y que os tengo de hallar, aunque os escondáis más que una lagartija. Y si queréis saber quién os manda esto, para quedar con más veras obligado a
70   cumplirlo, sabed que yo soy el valeroso don Quijote de la Mancha, el desfacedor de agravios y sinrazones, y a Dios quedad, y no se os parta de las mientes lo prometido y jurado, so pena de la pena pronunciada.

---

[5]procedimiento curativo que consistía en cortar las venas para extraer la sangre mala
[6]perfumados (o sea, quizá un poco más)

Y en diciendo esto, picó a su Rocinante, y en breve espacio se apartó dellos. Siguióle el labrador con los ojos, y cuando vio que había traspuesto del bosque y que ya no parecía, volvióse a su criado Andrés y díjole: 75

—Venid acá, hijo mío; que os quiero pagar lo que os debo, como aquel deshacedor de agravios me dejó mandado.

—Eso juro yo —dijo Andrés—; y ¡cómo que andará vuestra merced acertado en cumplir el mandamiento de aquel buen caballero, que mil años viva; que, según es de valeroso y de buen juez, vive Roque, que si no me paga, que vuelva y ejecute lo que dijo!   80

—También lo juro yo —dijo el labrador—; pero, por lo mucho que os quiero, quiero acrecentar la deuda por acrecentar la paga.

Y asiéndole del brazo le tornó a atar a la encina, donde le dio tantos azotes, que le dejó por muerto.

—Llamad, señor Andrés, ahora —decía el labrador— al desfacedor de agravios; veréis cómo   85
no desface aquéste. Aunque creo que no está acabado de hacer, porque me viene gana de desollaros vivo, como vos temíades.

Pero, al fin, le desató y le dio licencia que fuese a buscar su juez, para que ejecutase la pronunciada sentencia. Andrés se partió algo mohíno,[7] jurando de ir a buscar al valeroso don Quijote de la Mancha y contalle punto por punto lo que había pasado, y que se lo había de pagar con las   90
setenas.[8] Pero con todo esto, él se partió llorando y su amo se quedó riendo.

Y desta manera deshizo el agravio el valeroso don Quijote; el cual, contentísimo de lo sucedido, pareciéndole que había dado felicísimo y alto principio a sus caballerías, con gran satisfacción de sí mismo iba caminando hacia su aldea, diciendo a media voz:

—Bien te puedes llamar dichosa sobre cuantas hoy viven en la tierra, ¡oh sobre las bellas   95
bella Dulcinea del Toboso!, pues te cupo en suerte tener sujeto y rendido a toda tu voluntad e talante a un tan valiente y tan nombrado caballero como lo es y será don Quijote de la Mancha, el cual, como todo el mundo sabe, ayer rescibió la orden de caballería, y hoy ha desfecho el mayor entuerto y agravio que formó la sinrazón y cometió la crueldad: hoy quitó el látigo de la mano a aquel despiadado enemigo que tan sin ocasión vapulaba a aquel delicado infante.   100

En esto, llegó a un camino que en cuatro se dividía, y luego se le vino a la imaginación las encrucejadas donde los caballeros andantes se ponían a pensar cuál camino de aquéllos tomarían, y, por imitarlos, estuvo un rato quedo; y al cabo de haberlo muy bien pensado, soltó la rienda a Rocinante, dejando a la voluntad del rocín la suya, el cual siguió su primer intento, que fue el irse camino de su caballeriza.   105

Y habiendo andado como dos millas, descubrió don Quijote un grande tropel de gente, que, como después se supo, eran unos mercaderes toledanos que iban a comprar seda a Murcia.[9] Eran seis, y venían con sus quitasoles, con otros cuatro criados a caballo y tres mozos de mulas a pie. Apenas los divisó don Quijote, cuando se imaginó ser cosa de nueva aventura; y, por imitar en todo cuanto a él le parecía posible los pasos que había leído en sus libros, le pareció venir allí de   110
molde uno que pensaba hacer. Y así, con gentil continente y denuedo, se afirmó bien en los estribos, apretó la lanza, llegó la adarga al pecho y, puesto en la mitad del camino, estuvo esperando

---

[7]disgustado; frustado
[8]multa multiplicada siete veces
[9]A lo mejor judíos conversos, quienes dominaban ese oficio.

que aquellos caballeros andantes llegasen, que ya él por tales los tenía y juzgaba; y cuando llegaron a trecho que se pudieron ver y oír, levantó don Quijote la voz, y con ademán arrogante dijo:

115   —Todo el mundo se tenga, si todo el mundo no confiesa que no hay en el mundo todo doncella más hermosa que la emperatriz de la Mancha, la sin par Dulcinea del Toboso.

Paráronse los mercaderes al son destas razones y a ver la estraña figura del que las decía; y por la figura y por las razones luego echaron de ver la locura de su dueño; mas quisieron ver despacio en qué paraba aquella confesión que se les pedía, y uno dellos, que era un poco burlón
120   y muy mucho discreto, le dijo:

—Señor caballero, nosotros no conocemos quién sea esa buena señora que decís; mostrádnosla: que si ella fuere de tanta hermosura como significáis, de buena gana y sin apremio alguno confesaremos la verdad que por parte vuestra nos es pedida.

—Si os la mostrara —replicó don Quijote—, ¿qué hiciérades vosotros en confesar una verdad
125   tan notoria? La importancia está en que sin verla lo habéis de creer, confesar, afirmar, jurar y defender; donde no, conmigo sois en batalla, gente descomunal[10] y soberbia. Que, ahora vengáis uno a uno, como pide la orden de caballería, ora todos juntos, como es costumbre y mala usanza de los de vuestra ralea,[11] aquí os aguardo y espero, confiado en la razón que de mi parte tengo.

—Señor caballero —replicó el mercader—, suplico a vuestra merced, en nombre de todos
130   estos príncipes que aquí estamos, que, porque no encarguemos nuestras conciencias confesando una cosa por nosotros jamás vista ni oída, y más siendo tan en perjuicio de las emperatrices y reinas del Alcarria y Estremadura, que vuestra merced sea servido de mostrarnos algún retrato de esa señora, aunque sea tamaño como un grano de trigo; que por el hilo se sacará el ovillo, y quedaremos con esto satisfechos y seguros, y vuestra merced quedará contento y pagado; y aun
135   creo que estamos ya tan de su parte que, aunque su retrato nos muestre que es tuerta de un ojo y que del otro le mana bermellón y piedra azufre,[12] con todo eso, por complacer a vuestra merced, diremos en su favor todo lo que quisiere.

—No le mana, canalla infame —respondió don Quijote, encendido en cólera—; no le mana, digo, eso que decís, sino ámbar y algalia entre algodones; y no es tuerta ni corcovada, sino mas
140   derecha que un huso de Guadarrama. Pero ¡vosotros pagaréis la grande blasfemia que habéis dicho contra tamaña beldad[13] como es la de mi señora!

Y en diciendo esto, arremetió con la lanza baja contra el que lo había dicho, con tanta furia y enojo, que si la buena suerte no hiciera que en la mitad del camino tropezara y cayera Rocinante, lo pasara mal el atrevido mercader. Cayó Rocinante, y fue rodando su amo una
145   buena pieza por el campo; y queriéndose levantar, jamás pudo: tal embarazo le causaban la lanza, adarga, espuelas y celada, con el peso de las antiguas armas. Y entretanto que pugnaba[14] por levantarse y no podía, estaba diciendo:

—Non fuyáis, gente cobarde; gente cautiva, atended; que no por culpa mía, sino de mi caballo, estoy aquí tendido.

---

[10]fuera de lo común
[11]tipo
[12]le salga un líquido rojo y amarillo (como el azufre)
[13]belleza
[14]se esforzaba

Un mozo de mulas de los que allí venían, que no debía de ser muy bien intencionado, oyen-   150
do decir al pobre caído tantas arrogancias, no lo pudo sufrir sin darle la respuesta en las costillas.
Y llegándose a él, tomó la lanza y, después de haberla hecho pedazos, con uno dellos comenzó
a dar a nuestro don Quijote tantos palos, que, a despecho y pesar de sus armas, le molió como
cibera.[15] Dábanle voces sus amos que no le diese tanto y que le dejase; pero estaba ya el mozo
picado y no quiso dejar el juego hasta envidar[16] todo el resto de su cólera, y acudiendo por los   155
demás trozos de la lanza, los acabó de deshacer sobre el miserable caído, que, con toda aquella
tempestad de palos que sobre él vía, no cerraba la boca, amenazando al cielo y a la tierra, y a los
malandrines, que tal le parecían.

Cansóse el mozo, y los mercaderes siguieron su camino, llevando que contar en todo él del
pobre apaleado. El cual, después que se vio solo, tornó a probar si podía levantarse; pero si no lo   160
pudo hacer cuando sano y bueno, ¿cómo lo haría molido y casi deshecho? Y aún se tenía por
dichoso, pareciéndole que aquélla era propia desgracia de caballeros andantes, y toda la atribuía
a la falta de su caballo, y no era posible levantarse, según tenía brumado[17] todo el cuerpo.

Comprensión

1. Cuenta la contienda entre el mozo Andrés y el labrador Juan Haldudo.
   - ¿Qué solución encuentra don Quijote?
   - ¿Qué pasa cuando don Quijote se marcha?

2. ¿Qué les pide don Quijote a los mercaderes de Toledo?
   - ¿Por qué no pueden cumplir con la súplica de don Quijote?

3. ¿Qué le hizo un mozo de mulas a don Quijote para castigarlo?

Interpretación

1. El narrador no les revela a sus lectores si Andrés ha robado ovejas, como dice su amo, o si dice la verdad que su amo no le ha pagado. Sin embargo, don Quijote cree a Andrés. ¿Por qué?

2. Aunque Andrés le dice a don Quijote que su amo no seguirá las demandas de don Quijote, este confía en la palabra del labrador. ¿Por qué?
   - Explica la ironía desconsoladora de este episodio.

3. ¿Cómo elige don Quijote el camino que ha de tomar en una encrucijada?
   - ¿Qué implica su decisión respecto a la vida en general?

4. ¿Por qué se niega rotundamente don Quijote a darles pruebas a los mercaderes respecto a la belleza de Dulcinea?
   - Explica el significado profundo de lo que dice don Quijote.

5. Compara el estado de ánimo de don Quijote al principio del *Capítulo IV* a cómo se siente al final.

---

[15]grano para cebar a los animales
[16]apostar todo (término de jugadores de naipes)
[17]abatido

Capítulo V

■□■

La literatura y la vida

1. ¿Qué haces para distraerte en momentos en que te encuentras afligido/a?

Capítulo V

Donde se prosigue la narración de la desgracia de nuestro caballero

Viendo, pues, que, en efeto, no podía menearse, acordó de acogerse a su ordinario remedio, que era pensar en algún paso de sus libros, y trújole su locura a la memoria aquel de Valdovinos y del marqués de Mantua, cuando Carloto le dejó herido en la montiña,[1] historia sabida de los niños, no ignorada de los mozos, celebrada y aun creída de los viejos, y, con todo esto, no más
5   verdadera que los milagros de Mahoma. Ésta, pues, le pareció a él que le venía de molde para el paso en que se hallaba; y así, con muestras de grande sentimiento, se comenzó a volcar por la tierra, y a decir con debilitado aliento lo mesmo que dicen decía el herido caballero del bosque:

—¿Dónde estás, señora mía,

que no te duele mi mal?

10   O no lo sabes, señora,

o eres falsa y desleal.

Y desta manera fue prosiguiendo el romance, hasta aquellos versos que dicen:

—¡Oh noble marqués de Mantua,

mi tío y señor carnal!

15   Y quiso la suerte que, cuando llegó a este verso, acertó a pasar por allí un labrador de su mesmo lugar y vecino suyo, que venía de llevar una carga de trigo al molino; el cual, viendo aquel hombre allí tendido, se llegó a él y le preguntó que quién era y qué mal sentía, que tan tristemente se quejaba. Don Quijote creyó, sin duda, que aquél era el marqués de Mantua, su tío, y así, no le respondió otra cosa si no fue proseguir en su romance, donde le daba cuenta de su desgracia y de
20   los amores del hijo del Emperante con su esposa, todo de la misma manera que el romance lo canta.

El labrador estaba admirado oyendo aquellos disparates; y quitándole la visera, que ya estaba hecha pedazos, de los palos, le limpió el rostro, que le tenía cubierto de polvo, y apenas le hubo limpiado, cuando le conoció y le dijo:

—Señor Quijana —que así se debía de llamar cuando él tenía juicio y no había pasado de
25   hidalgo sosegado a caballero andante—, ¿quién ha puesto a vuestra merced desta suerte?

---

[1] referencias a romances famosos del ciclo carolino

Pero él seguía con su romance a cuanto le preguntaba. Viendo esto el buen hombre, lo mejor que pudo le quitó el peto y espaldar, para ver si tenía alguna. Procuró levantarle del suelo, y no con poco trabajo le subió sobre su jumento por parecer caballería más sosegada. Recogió las armas, hasta las astillas de la lanza, y liólas sobre Rocinante, al cual tomó de la rienda, y del cabestro al asno, y se encaminó hacia su pueblo, bien pensativo de oír los disparates que   30 don Quijote decía; y no menos iba don Quijote, que, de puro molido y quebrantado, no se podía tener sobre el borrico, y de cuando en cuando daba unos suspiros que los ponía en el cielo; de modo que de nuevo obligó a que el labrador le preguntase le dijese qué mal sentía; y no parece sino que el diablo le traía a la memoria los cuentos acomodados a sus sucesos: porque en aquel punto, olvidándose de Valdovinos, se acordó del moro Abindarráez, cuando el   35 alcaide de Antequera, Rodrigo de Narváez, le prendió y llevó cautivo a su alcaidía.[2] De suerte que, cuando el labrador le volvió a preguntar que cómo estaba y qué sentía, le respondió las mismas palabras y razones que el cautivo abencerraje respondía a Rodrigo de Narváez, del mesmo modo que él había leído la historia en *La Diana*, de Jorge de Montemayor, donde se escribe; aprovechándose della tan a propósito, que el labrador se iba dando al diablo de oír   40 tanta máquina de necedades; por donde conoció que su vecino estaba loco, y dábale priesa a llegar al pueblo, por escusar el enfado que don Quijote le causaba con su larga arenga. Al cabo de lo cual dijo:

—Sepa vuestra merced, señor don Rodrigo de Narváez, que esta hermosa Jarifa que he dicho es ahora la linda Dulcinea del Toboso, por quien yo he hecho, hago y haré los más famosos he-   45 chos de caballerías que se han visto, vean y verán en el mundo.

A esto respondió el labrador:

—Mire vuestra merced, señor, pecador de mí, que yo no soy don Rodrigo de Narváez, ni el marqués de Mantua, sino Pedro Alonso, su vecino; ni vuestra merced es Valdovinos, ni Abindarráez, sino el honrado hidalgo del señor Quijana.   50

—Yo sé quién soy —respondió don Quijote—, y sé que puedo ser no sólo los que he dicho, sino todos los doce Pares de Francia,[3] y aun todos los nueve de la Fama, pues a todas las hazañas que ellos todos juntos y cada uno de por sí hicieron se aventajarán las mías.

En estas pláticas y en otras semejantes llegaron al lugar, a la hora que anochecía; pero el labrador aguardó a que fuese algo más noche, porque no viesen al molido hidalgo tan mal caballero.   55 Llegada, pues, la hora que le pareció, entró en el pueblo, y en la casa de don Quijote, la cual halló toda alborotada; y estaban en ella el cura y el barbero del lugar, que eran grandes amigos de don Quijote, que estaba diciéndoles su ama a voces:

—¿Qué le parece a vuestra merced, señor licenciado Pero Pérez —que así se llamaba el cura— de la desgracia de mi señor? Tres días ha que no parecen él, ni el rocín, ni la adarga, ni la   60 lanza, ni las armas. ¡Desventurada de mí!, que me doy a entender, y así es ello la verdad como nací para morir, que estos malditos libros de caballerías que él tiene y suele leer tan de ordinario le han vuelto el juicio; que ahora me acuerdo haberle oído decir muchas veces, hablando entre si, que quería hacerse caballero andante, e irse a buscar las aventuras por esos mundos. Encomendados sean a Satanás y a Barrabás tales libros, que así han echado a perder el más   65 delicado entendimiento que había en toda la Mancha.

---

[2]personajes de la novela morisca *El Abencerraje*, popular en aquella época
[3]los doce paladines que acompañaban a Carlomagno

La sobrina decía lo mesmo, y aún decía más:

—Sepa, señor maese Nicolás —que éste era el nombre del barbero—, que muchas veces le aconteció a mi señor tío estarse leyendo en estos desalmados libros de aventuras dos días con sus noches, al cabo de los cuales arrojaba el libro de las manos, y ponía mano a la espada, y andaba a cuchilladas con las paredes, y cuando estaba muy cansado decía que había muerto a cuatro gigantes como cuatro torres, y el sudor que sudaba del cansancio decía que era sangre de las feridas que había recebido en la batalla, y bebíase luego un gran jarro de agua fría, y quedaba sano y sosegado, diciendo que aquella agua era una preciosísima bebida que le había traído el sabio Esquife, un grande encantador y amigo suyo. Mas yo me tengo la culpa de todo, que no avisé a vuestras mercedes de los disparates de mi señor tío, para que lo remediaran antes de llegar a lo que ha llegado, y quemaran todos estos descomulgados libros, que tiene muchos, que bien merecen ser abrasados, como si fuesen de herejes.

—Esto digo yo también —dijo el cura—, y a fe que no se pase el día de mañana sin que dellos no se haga acto público, y sean condenados al fuego, porque no den ocasión a quien los leyere de hacer lo que mi buen amigo debe de haber hecho.

Todo esto estaban oyendo el labrador y don Quijote, con que acabó de entender el labrador la enfermedad de su vecino, y así, comenzó a decir a voces:

—Abran vuestras mercedes al señor Valdovinos y al señor marqués de Mantua, que viene mal ferido, y al señor moro Abindarráez, que trae cautivo el valeroso Rodrigo de Narváez, alcaide de Antequera.

A estas voces salieron todos, y como conocieron los unos a su amigo, las otras a su amo y tío, que aún no se había apeado del jumento, porque no podía, corrieron a abrazarle. Él dijo:

— Ténganse todos, que vengo malferido por la culpa de mi caballo. Llévenme a mi lecho y llámese, si fuere posible, a la sabia Urganda, que cure y cate de mis feridas.

—¡Mirá, en hora maza[4] —dijo a este punto el ama—, si me decía a mí bien mi corazón del pie que cojeaba mi señor! Suba vuestra merced en buen hora, que, sin que venga esa hurgada, le sabremos aquí curar. ¡Malditos, digo, sean otra vez y otras ciento estos libros de caballerías, que tal han parado a vuestra merced!

Lleváronle luego a la cama, y, catándole las feridas, no le hallaron ninguna; y él dijo que todo era molimiento, por haber dado una gran caída con Rocinante, su caballo, combatiéndose con diez jayanes,[5] los más desaforados y atrevidos que se pudieran fallar en gran parte de la tierra.

—¡Ta, ta! —dijo el cura—. ¿Jayanes hay en la danza? Para mi santiguada que yo los queme mañana antes que llegue la noche.

Hiciéronle a don Quijote mil preguntas, y a ninguna quiso responder otra cosa sino que le diesen de comer y le dejasen dormir, que era lo que más le importaba. Hízose así, y el cura se informó muy a la larga del labrador del modo que había hallado a don Quijote. Éste se lo contó todo, con los disparates que al hallarle y al traerle había dicho, que fue poner más deseo en el licenciado de hacer lo que otro día hizo, que fue llamar a su amigo el barbero maese Nicolás, con el cual se vino a casa de don Quijote.

---

[4] En hora mala
[5] gigantes

Comprensión

1. ¿En qué género literario está pensando don Quijote cuando pasa su vecino?

   • ¿Qué hace el vecino?

2. ¿De qué están hablando la sobrina, el ama, el cura y el barbero cuando el vecino llega con don Quijote?

Interpretación

1. ¿Para qué le sirve la literatura a don Quijote?

   • ¿Es sano y normal perderse en su imaginación y en lo que le apasiona en un momento de aflicción? Explica.

2. ¿Qué significación pudieran tener estas palabras de don Quijote: "Yo sé quien soy, y sé que puedo ser no solo los que he dicho, sino todos los doce Pares de Francia"? ¿Estás de acuerdo con don Quijote?

3. El cura sugiere que se deben quemar todos los libros de caballería por lo perniciosos que son, y en el próximo capítulo (que no se reproduce aquí) se lleva a cabo su idea. ¿Qué podría significar este acto de destrucción dentro de la realidad histórica española del momento? (Por ejemplo, ¿había Inquisición?; ¿había censura?; ¿se quemaban libros heréticos?)

Capítulo VIII

La literatura y la vida

1. ¿Has hecho algo delante de un chico o una chica solo para impresionar o seducirlo/la?

   • ¿Son normales estas exhibiciones para impresionar?

2. ¿Has oído alguna vez el comienzo de una historia de algún amigo, pero que no supiste cómo terminó? ¿Qué haces para enterarte?

En contexto

En el capítulo VII don Quijote contrata los servicios de un vecino labrador suyo, Sancho Panza, para que le sirva de escudero. Aunque Sancho cree que su vecino debe estar algo loco, se deja convencer cuando don Quijote promete hacerle gobernador de una isla en el futuro, puesto que en la vida caballeresca cualquier cosa es posible. Los dos salen una mañana temprano, cuando se encuentran con unos molinos de viento.

Para entender esta aventura, hay que saber algo de las ideas filosóficas de Platón (427-347 a. C.), las cuales encontraron resonancia en el humanismo del Renacimiento. Esencialmente, Platón explicó cómo las cosas físicas y materiales no son permanentes puesto que están sujetas a las ideas y los conceptos; cuando estos cambian, las cosas físicas cambian también. Siguiendo estas nociones, las cosas físicas varían de persona en persona, dependiendo de las ideas que cada individuo tiene de los objetos físicos. Por ejemplo, un perro puede ser un acompañante y amigo para un anciano pero una amenaza para alguien que ha sido atacado.

Capítulo VIII

Del buen suceso que el valeroso don Quijote tuvo en la espantable y jamás imaginada aventura de los molinos de viento, con otros sucesos dignos de felice recordación

En esto, descubrieron treinta o cuarenta molinos de viento que hay en aquel campo, y así como don Quijote los vio, dijo a su escudero:

—La ventura va guiando nuestras cosas mejor de lo que acertáramos a desear; porque ves allí, amigo Sancho Panza, donde se descubren treinta o pocos más desaforados gigantes, con quien
5   pienso hacer batalla y quitarles a todos las vidas, con cuyos despojos comenzaremos a enriquecer; que ésta es buena guerra, y es gran servicio de Dios quitar tan mala simiente de sobre la faz de la tierra.

—¿Qué gigantes? —dijo Sancho Panza.

—Aquellos que allí ves —respondió su amo— de los brazos largos, que los suelen tener al-
10   gunos de casi dos leguas.

—Mire vuestra merced —respondió Sancho— que aquellos que allí se parecen no son gigantes, sino molinos de viento, y lo que en ellos parecen brazos son las aspas,[1] que, volteadas del viento, hacen andar la piedra del molino.

—Bien parece —respondió don Quijote— que no estás cursado en esto de las aventuras: ellos
15   son gigantes; y si tienes miedo, quítate de ahí, y ponte en oración en el espacio que yo voy a entrar con ellos en fiera y desigual batalla.

Y diciendo esto, dio de espuelas a su caballo Rocinante, sin atender a las voces que su escudero Sancho le daba, advirtiéndole que, sin duda alguna, eran molinos de viento, y no gigantes, aquellos que iba a acometer. Pero él iba tan puesto en que eran gigantes, que ni oía las voces
20   de su escudero Sancho, ni echaba de ver, aunque estaba ya bien cerca, lo que eran; antes iba diciendo en voces altas:

—Non fuyades,[2] cobardes y viles criaturas, que un solo caballero es el que os acomete.

Levantóse en esto un poco de viento, y las grandes aspas comenzaron a moverse, lo cual visto por don Quijote, dijo:

25   —Pues aunque mováis más brazos que los del gigante Briareo, me lo habéis de pagar.

---

[1] palas de un molino de viento
[2] *ant.*: No huyáis.

Y en diciendo esto, y encomendándose de todo corazón a su señora Dulcinea, pidiéndole que en tal trance le socorriese, bien cubierto de su rodela, con la lanza en el ristre, arremetió a todo galope de Rocinante y embistió con el primer molino que estaba delante; y dándole una lanzada en el aspa, la volvió el viento con tanta furia, que hizo la lanza pedazos, llevándose tras sí al caballo y al caballero, que fue rodando muy maltrecho por el campo. Acudió Sancho Panza a socorrerle, a todo el correr de su asno, y cuando llegó halló que no se podía menear: tal fue el golpe que dio con él Rocinante.

    —¡Válame Dios! —dijo Sancho—. ¿No le dije yo a vuestra merced que mirase bien lo que hacía, que no eran sino molinos de viento, y no lo podía ignorar sino quien llevase otros tales en la cabeza?

    —Calla, amigo Sancho —respondió don Quijote —; que las cosas de la guerra, más que otras, están sujetas a continua mudanza; cuanto más, que yo pienso, y es así verdad, que aquel sabio Frestón que me robó el aposento y los libros ha vuelto estos gigantes en molinos por quitarme la gloria de su vencimiento: tal es la enemistad que me tiene; mas al cabo al cabo, han de poder poco sus malas artes contra la bondad de mi espada.

    —Dios lo haga como puede —respondió Sancho Panza.

Y, ayudándole a levantar, tornó a subir sobre Rocinante, que medio despaldado[3] estaba. Y, hablando en la pasada aventura, siguieron el camino del Puerto Lápice, porque allí decía don Quijote que no era posible dejar de hallarse muchas y diversas aventuras, por ser lugar muy pasajero; sino que iba muy pesaroso por haberle faltado la lanza; y, diciéndoselo a su escudero, le dijo:

    —Yo me acuerdo haber leído que un caballero español llamado Diego Pérez de Vargas, habiéndosele en una batalla roto la espada, desgajó de una encina un pesado ramo o tronco, y con él hizo tales cosas aquel día y machacó tantos moros, que le quedó por sobrenombre Machuca, y así él como sus descendientes se llamaron desde aquel día en adelante Vargas y Machuca. Hete dicho esto, porque de la primera encina o roble que se me depare pienso desgajar otro tronco tal y tan bueno como aquel que me imagino, y pienso hacer con él tales hazañas, que tú te tengas por bien afortunado de haber merecido venir a vellas y a ser testigo de cosas que apenas podrán ser creídas.

    —A la mano de Dios —dijo Sancho—; yo lo creo todo así como vuestra merced lo dice; pero enderécese un poco, que parece que va de medio lado, y debe de ser del molimiento de la caída.

    —Así es la verdad —respondió don Quijote —; y si no me quejo del dolor es porque no es dado a los caballeros andantes quejarse de herida alguna, aunque se le salgan las tripas por ella.

    —Si eso es así, no tengo yo que replicar —respondió Sancho—; pero sabe Dios si yo me holgara que vuestra merced se quejara cuando alguna cosa le doliera. De mí sé decir que me he de quejar del más pequeño dolor que tenga, si ya no se entiende también con los escuderos de los caballeros andantes eso del no quejarse.

No se dejó de reír don Quijote de la simplicidad de su escudero; y así, le declaró que podía muy bien quejarse como y cuando quisiese, sin gana o con ella; que hasta entonces no había leído cosa en contrario en la orden de caballería. Díjole Sancho que mirase que era hora de comer. Respondióle su amo que por entonces no le hacía menester; que comiese él cuando se le antojase. Con esta licencia se acomodó Sancho lo mejor que pudo sobre su jumento, y, sacando de las alforjas lo que en ellas había puesto, iba caminando y comiendo detrás de su amo muy de

---

[3]lastimado la espalda

su espacio, y de cuando en cuando empinaba la bota, con tanto gusto que le pudiera envidiar el más regalado bodegonero de Málaga. Y en tanto que él iba de aquella manera menudeando tragos, no se le acordaba de ninguna promesa que su amo le hubiese hecho, ni tenía por ningún trabajo, sino por mucho descanso, andar buscando las aventuras, por peligrosas que fuesen.

En resolución, aquella noche la pasaron entre unos árboles, y del uno dellos desgajó don Quijote un ramo seco que le podía servir de lanza, y puso en él el hierro que quitó de la que se le había quebrado. Toda aquella noche no durmió don Quijote, pensando en su señora Dulcinea, por acomodarse a lo que había leído en sus libros, cuando los caballeros pasaban sin dormir muchas noches en las florestas y despoblados, entretenidos con las memorias de sus señoras. No la pasó ansí Sancho Panza; que, como tenía el estómago lleno, y no de agua de chicoria,[4] de un sueño se la llevó toda, y no fueran parte para despertarle, si su amo no lo llamara, los rayos del sol, que le daban en el rostro, ni el canto de las aves, que, muchas y muy regocijadamente, la venida del nuevo día saludaban. Al levantarse dio un tiento a la bota, y hallóla algo más flaca que la noche antes; y afligiósele el corazón, por parecerle que no llevaban camino de remediar tan presto su falta. No quiso desayunarse don Quijote, porque, como está dicho, dio en sustentarse de sabrosas memorias. Tornaron a su comenzado camino del Puerto Lápice, y a obra de las tres del día le descubrieron.

—Aquí —dijo en viéndole don Quijote— podemos, hermano Sancho Panza, meter las manos hasta los codos en esto que llaman aventuras. Mas advierte que, aunque me veas en los mayores peligros del mundo, no has de poner mano a tu espada para defenderme, si ya no vieres que los que me ofenden es canalla y gente baja, que en tal caso bien puedes ayudarme; pero si fueren caballeros, en ninguna manera te es lícito ni concedido por las leyes de caballería que me ayudes, hasta que seas armado caballero.

—Por cierto, señor —respondió Sancho—, que vuestra merced sea muy bien obedecido en esto; y más, que yo de mío me soy pacífico y enemigo de meterme en ruidos ni pendencias. Bien es verdad que en lo que tocare a defender mi persona no tendré mucha cuenta con esas leyes, pues las divinas y humanas permiten que cada uno se defienda de quien quisiere agraviarle.

—No digo yo menos —respondió don Quijote—; pero en esto de ayudarme contra caballeros has de tener a raya tus naturales ímpetus.

—Digo que así lo haré —respondió Sancho—, y que guardaré ese preceto tan bien como el día del domingo.

Estando en estas razones, asomaron por el camino dos frailes de la orden de San Benito, caballeros sobre dos dromedarios: que no eran más pequeñas dos mulas en que venían. Traían sus antojos de camino y sus quitasoles. Detrás dellos venía un coche, con cuatro o cinco de a caballo que le acompañaban y dos mozos de mulas a pie. Venía en el coche, como después se supo, una señora vizcaína, que iba a Sevilla, donde estaba su marido, que pasaba a las Indias con un muy honroso cargo. No venían los frailes con ella, aunque iban el mesmo camino; mas apenas los divisó don Quijote, cuando dijo a su escudero:

—O yo me engaño, o ésta ha de ser la más famosa aventura que se haya visto; porque aquellos bultos negros que allí parecen deben de ser, y son, sin duda, algunos encantadores que llevan hurtada alguna princesa en aquel coche, y es menester deshacer este tuerto a todo mi poderío.

—Peor será esto que los molinos de viento —dijo Sancho—. Mire, señor, que aquéllos son frailes de San Benito, y el coche debe de ser de alguna gente pasajera. Mire que digo que mire bien lo que hace, no sea el diablo que le engañe.

---

[4] una infusión de esa planta

—Ya te he dicho, Sancho —respondió don Quijote—, que sabes poco de achaque[5] de aven-   110
turas; lo que yo digo es verdad, y ahora lo verás.

Y diciendo esto, se adelantó y se puso en la mitad del camino por donde los frailes venían, y,
en llegando tan cerca que a él le pareció que le podrían oír lo que dijese, en alta voz dijo:

—Gente endiablada y descomunal, dejad luego al punto las altas princesas que en ese coche
lleváis forzadas; si no, aparejaos a recebir presta muerte, por justo castigo de vuestras malas obras.   115

Detuvieron los frailes las riendas, y quedaron admirados, así de la figura de don Quijote
como de sus razones, a las cuales respondieron:

—Señor caballero, nosotros no somos endiablados ni descomunales, sino dos religiosos de San
Benito que vamos nuestro camino, y no sabemos si en este coche vienen, o no, ningunas forzadas princesas.   120

—Para conmigo no hay palabras blandas; que ya yo os conozco, fementida canalla —dijo don
Quijote.

Y sin esperar más respuesta, picó a Rocinante y, la lanza baja, arremetió contra el primero
fraile, con tanta furia y denuedo,[6] que si el fraile no se dejara caer de la mula, él le hiciera venir
al suelo mal de su grado, y aun mal ferido, si no cayera muerto. El segundo religioso, que vio   125
del modo que trataban a su compañero, puso piernas al castillo de su buena mula, y comenzó a
correr por aquella campaña, más ligero que el mesmo viento.

Sancho Panza, que vio en el suelo al fraile, apeándose ligeramente de su asno, arremetió a
él y le comenzó a quitar los hábitos. Llegaron en esto dos mozos de los frailes y preguntáronle
que por qué le desnudaba. Respondióles Sancho que aquello le tocaba a él ligítimamente, como   130
despojos de la batalla que su señor don Quijote había ganado. Los mozos, que no sabían de
burlas, ni entendían aquello de despojos ni batallas, viendo que ya don Quijote estaba desviado
de allí, hablando con las que en el coche venían, arremetieron con Sancho y dieron con él en
el suelo, y, sin dejarle pelo en las barbas, le molieron a coces y le dejaron tendido en el suelo, sin
aliento ni sentido. Y, sin detenerse un punto, tornó a subir el fraile, todo temeroso y acobardado   135
y sin color en el rostro; y cuando se vio a caballo, picó tras su compañero, que un buen espacio
de allí le estaba aguardando, y esperando en qué paraba aquel sobresalto, y, sin querer aguardar el
fin de todo aquel comenzado suceso, siguieron su camino, haciéndose más cruces que si llevaran
al diablo a las espaldas.

Don Quijote estaba, como se ha dicho, hablando con la señora del coche, diciéndole: 140

—La vuestra fermosura, señora mía, puede facer de su persona lo que más le viniere en talante,[7] porque ya la soberbia de vuestros robadores yace por el suelo, derribada por este mi fuerte
brazo; y porque no penéis por saber el nombre de vuestro libertador, sabed que yo me llamo
don Quijote de la Mancha, caballero andante y aventurero, y cautivo de la sin par y hermosa
doña Dulcinea del Toboso, y en pago del beneficio que de mí habéis recebido, no quiero otra   145
cosa sino que volváis al Toboso, y que de mi parte os presentéis ante esta señora y le digáis lo que
por vuestra libertad he fecho.

Todo esto que don Quijote decía escuchaba un escudero de los que el coche acompañaban,
que era vizcaíno;[8] el cual, viendo que no quería dejar pasar el coche adelante, sino que decía

---

[5]asunto
[6]brío, intrepidez
[7]*ant.:* de gusto
[8]vasco

150   que luego había de dar la vuelta al Toboso, se fue para don Quijote y, asiéndole de la lanza, le dijo, en mala lengua castellana y peor vizcaína, desta manera:

—Anda, caballero que mal andes; que el Dios que crióme, que, si no dejas coche, así te matas como estás ahí vizcaíno.

Entendióle muy bien don Quijote, y con mucho sosiego le respondió:

155   —Si fueras caballero, como no lo eres, ya yo hubiera castigado tu sandez y atrevimiento, cautiva[9] criatura.

A lo cual replicó el vizcaíno:

—¿Yo no caballero? Juro a Dios tan mientes como cristiano. Si lanza arrojas y espada sacas, ¡el agua cuán presto verás que al gato llevas![10] Vizcaíno por tierra, hidalgo por mar, hidalgo por
160   el diablo, y mientes que mira si otra dices cosa.

—Ahora lo veredes, dijo Agrajes —respondió don Quijote.

Y arrojando la lanza en el suelo, sacó su espada y embrazó su rodela, y arremetió al vizcaíno, con determinación de quitarle la vida. El vizcaíno, que así le vio venir, aunque quisiera apearse de la mula, que, por ser de las malas de alquiler, no había que fiar en ella, no pudo hacer otra cosa
165   sino sacar su espada; pero avínole bien que se halló junto al coche, de donde pudo tomar una almohada que le sirvió de escudo, y luego se fueron el uno para el otro, como si fueran dos mortales enemigos. La demás gente quisiera ponerlos en paz; mas no pudo, porque decía el vizcaíno en sus mal trabadas razones que si no le dejaban acabar su batalla, que él mismo había de matar a su ama y a toda la gente que se lo estorbase. La señora del coche, admirada y temerosa de lo que
170   veía, hizo al cochero que se desviase de allí algún poco, y desde lejos se puso a mirar la rigurosa contienda, en el discurso de la cual dio el vizcaíno una gran cuchillada a don Quijote encima de un hombro, por encima de la rodela, que, a dársela sin defensa, le abriera hasta la cintura. Don Quijote, que sintió la pesadumbre de aquel desaforado golpe, dio una gran voz, diciendo:

—¡Oh señora de mi alma, Dulcinea, flor de la fermosura, socorred a este vuestro caballero,
175   que, por satisfacer a la vuestra mucha bondad, en este riguroso trance se halla!

El decir esto, y el apretar la espada, y el cubrirse bien de su rodela, y el arremeter al vizcaíno, todo fue en un tiempo llevando determinación de aventurarlo todo a la de un golpe solo.
El vizcaíno, que así le vio venir contra él, bien entendió por su denuedo su coraje, y determinó de hacer lo mesmo que don Quijote. Y así, le aguardó bien cubierto de su almohada, sin
180   poder rodear la mula a una ni a otra parte; que ya, de puro cansada y no hecha a semejantes niñerías, no podía dar un paso.
Venía, pues, como se ha dicho, don Quijote contra el cauto vizcaíno, con la espada en alto, con determinación de abrirle por medio, y el vizcaíno le aguardaba ansimesmo levantada la espada y aforrado con su almohada, y todos los circunstantes estaban temerosos y colgados de lo
185   que había de suceder de aquellos tamaños golpes con que se amenazaban; y la señora del coche y las demás criadas suyas estaban haciendo mil votos y ofrecimientos a todas las imágenes y casas de devoción de España, porque Dios librase a su escudero y a ellas de aquel tan grande peligro en que se hallaban.
Pero está el daño de todo esto que en este punto y término deja pendiente el autor desta
190   historia esta batalla, disculpándose que no halló más escrito, destas hazañas de don Quijote, de las

---

[9] *ant.*: desgraciada
[10] O sea, veremos quien sale con la suya.

que deja referidas. Bien es verdad que el segundo autor desta obra no quiso creer que tan curiosa historia estuviese entregada a las leyes del olvido, ni que hubiesen sido tan poco curiosos los ingenios de la Mancha, que no tuviesen en sus archivos o en sus escritorios algunos papeles que deste famoso caballero tratasen; y así, con esta imaginación, no se desesperó de hallar el fin desta apacible historia, el cual, siéndole el cielo favorable, le halló del modo que se contará en la segunda parte.   195

Comprensión

1. ¿Qué le pasa a don Quijote cuando arremete contra los molinos que él cree son gigantes?

2. ¿Cómo se justifica el caballero cuando Sancho le recuerda que le había dicho que eran molinos y no gigantes?

3. ¿Qué les hace don Quijote a dos frailes que acompañan a una dama a Sevilla?

   • ¿Por qué defiende don Quijote a la mujer?

Interpretación

1. La aventura de los molinos de viento es muy famosa porque va al grano de uno de los mensajes capitales de *Don Quijote*: ¿qué es la realidad y cómo se interpreta? Luego de consultar *En contexto*, explica el significado del mensaje de este episodio.

   • ¿Por qué es importante para don Quijote tener una aventura precisamente en este momento?

2. Explica el efecto cinematográfico de los detalles escrupulosos de la batalla entre don Quijote y el vizcaíno.

3. ¿Por qué no puede el narrador completar la historia?

   • ¿Qué significa esta circunstancia desde la perspectiva de la narratología?

Capítulo IX

La literatura y la vida

1. ¿Qué pasa cuando un amigo le cuenta un incidente a otro amigo, y ese amigo te lo cuenta a ti, y tú se lo cuentas a otro? ¿Se puede confiar en este tipo de información? ¿Por qué?

Capítulo IX

Donde se concluye y da fin a la estupenda batalla que el gallardo vizcaíno y el valiente manchego tuvieron

Dejamos en el anterior capítulo al valeroso vizcaíno y al famoso Don Quijote con las espadas altas y desnudas, en guisa de descargar dos furibundos fendientes,[1] tales que si en lleno se acertaban, por lo menos se dividirían y henderían de arriba abajo, y abrirían como una granada, y que en aquel punto tan dudoso paró y quedó destroncada tan sabrosa historia, sin que nos diese
5 noticia su autor dónde se podría hallar lo que de ella faltaba. Causóme esto mucha pesadumbre, porque el gusto de haber leído tan poco, se volvía en disgustos de pensar el mal camino que se ofrecía para hallar lo mucho que a mi parecer faltaba de tan sabroso cuento. Parecióme cosa imposible y fuera de toda buena costumbre, que a tan buen caballero le hubiese faltado algún sabio que tomara a cargo en escribir sus nunca vistas hazañas; cosa que no faltó a ninguno de los
10 caballeros andantes, de los que dicen las gentes que van a sus aventuras: porque cada uno de ellos tenía uno o dos sabios como de molde, que no solamente escribían sus hechos, sino que pintaban sus más mínimos pensamientos y niñerías por más escondidas que fuesen; y no había de ser tan desdichado tan buen caballero, que le faltase a él lo que sobró a Platir y a otros semejantes. Y así no podía inclinarme a creer que tan gallarda historia hubiese quedado manca y estropeada,
15 y echada la culpa a la malignidad del tiempo, devorador y consumidor de todas las cosas, el cual o la tenía oculta o consumida. Por otra parte, me parecía que pues entre sus libros se habían hallado tan modernos como *Desengaño de celos*, y *Ninfas y pastores de Henares*, que también su historia debía de ser moderna, y que ya que no estuviese escrita, estaría en la memoria de la gente de su aldea y de las a ellas circunvecinas. Esta imaginación me traía confuso y deseoso de saber
20 real y verdaderamente toda la vida y milagros de nuestro famoso español Don Quijote de la Mancha, luz y espejo de la caballería manchega, y el primero que en nuestra edad y en estos tan calamitosos tiempos se puso al trabajo y ejercicio de las andantes armas, y el de desfacer agravios, socorrer viudas, amparar doncellas, de aquellas que andaban con sus azotes y palafrenes, y con toda su virginidad a cuestas, de monte en monte y de valle en valle; que si no era que algún
25 follón,[2] o algún villano de hacha y capellina, o algún descomunal gigante las forzaba, doncella hubo en los pasados tiempos que al cabo de ochenta años, que en todos ellos no durmió un día debajo de tejado, se fue tan entera a la sepultura como la madre que la había parido. Digo, pues, que por estos y otros muchos respetos es digno nuestro gallardo Don Quijote de continuas y memorables alabanzas, y aun a mí no se me deben negar, por el trabajo y diligencia que puse en
30 buscar el fin de esta agradable historia; aunque bien sé que si el cielo, el caso y la fortuna no me ayudaran, el mundo quedará (accent on last 'a' falto y sin el pasatiempo y gusto, que bien casi dos horas podrá tener el que con atención la leyere. Pasó, pues, el hallarla en esta manera: estando yo un día en el Alcaná de Toledo, llegó un muchacho a vender unos cartapacios[3] y papeles viejos a un sedero; y como soy aficionado a leer, aunque sean los papeles rotos de las calles, llevado
35 de esta mi natural inclinación tomé un cartapacio de los que el muchacho vendía; vile con caracteres que conocí ser arábigos, y puesto que, aunque los conocía, no los sabía leer, anduve mirando si parecía por allí algún morisco aljamiado[4] que los leyese; y no fue muy dificultoso hallar intérprete semejante, pues aunque le buscara de otra mejor y más antigua lengua le hallara. En fin, la suerte me deparó uno, que diciéndole mi deseo, y poniéndole el libro en las manos le
40 abrió por medio, y leyendo un poco en él se comenzó a reír: preguntéle que de qué se reía, y respondióme que de una cosa que tenía aquel libro escrita en la margen por anotación. Díjele que me la dijese, y él sin dejar la risa dijo: está, como he dicho, aquí en el margen escrito esto: *esta Dulcinea del Toboso, tantas veces, en esta historia referida, dicen que tuvo la mejor mano para salar*

---

[1] golpes de espada
[2] persona ruin
[3] cuadernos
[4] moro bilingüe

puercos que otra mujer de toda la Mancha. Cuando yo oí decir Dulcinea del Toboso, quedé atónito y
suspenso, porque luego se me representó que aquellos cartapacios contenían la historia de Don   45
Quijote. Con esta imaginación le di prisa que leyese el principio; y haciéndolo así, volviendo de
improviso el arábigo en castellano, dijo que decía: *Historia de Don Quijote de la Mancha, escrita por*
Cide Hamete Benengeli, historiador arábigo.

Mucha discreción fue menester para disimular el contento que recibí cuando llegó a mis
oídos el título del libro; y salteándosele al sedero, compré al muchacho todos los papeles y carta-   50
pacios por medio real, que si él tuviera discreción, y supiera que yo los deseaba, bien se pudiera
prometer y llevar más de seis reales de la compra. Apartéme luego con el morisco por el claustro
de la iglesia mayor, y roguéle me volviese aquellos cartapacios, todos los que trataban de Don
Quijote, en lengua castellana, sin quitarles ni añadirles nada, ofreciéndole la paga que él quisiese.
Contentóse con dos arrobas de pasas y dos fanegas de trigo, y prometió de traducirlos bien y   55
fielmente, y con mucha brevedad, pero yo, por facilitar más el negocio y por no dejar de la mano
tan buen hallazgo, le traje a mi casa, donde en poco más de mes y medio la tradujo toda del
mismo modo que aquí se refiere. Estaba en el primer cartapacio pintada muy al natural la batalla
de Don Quijote con el vizcaíno, puestos en la misma postura que la historia cuenta, levantadas
las espadas, el uno cubierto de su rodela,[5] el otro de la almohada, y la mula del vizcaíno tan al   60
vivo, que estaba mostrando ser de alquiler a tiro de ballesta. Tenía a los pies el vizcaíno un título
que decía: *Don Sancho de Azpeitia* que sin duda debía de ser su nombre, y a los pies de Rocinante estaba otro, que decía: *Don Quijote.* Estaba Rocinante maravillosamente pintado, tan largo
y tendido, tan atenuado y flaco, con tanto espinazo, tan hético[6] confirmado, que mostraba bien
al descubierto con cuánta advertencia y propiedad se le había puesto el nombre de Rocinante.   65
Junto a él estaba Sancho Panza, que tenía del cabestro a su asno, a los pies del cual estaba otro
rótulo, que decía: *Sancho Zancas;* y debía de ser que tenía, a lo que mostraba la pintura, la barriga grande, el talle corto, y las zancas[7] largas, y por esto se le debió de poner nombre de Panza
y Zancas, que con estos dos sobrenombres se le llama algunas veces la historia. Otras algunas
menudencias había que advertir; pero todas son de poca importancia y que no hacen al caso a   70
la verdadera relación de la historia, que ninguna es mala como sea verdadera.

Si a esta se le puede poner alguna objeción acerca de su verdad, no podrá ser otra sino haber
sido su autor arábigo, siendo muy propio de los de aquella nación ser mentirosos aunque por ser
tan nuestros enemigos, antes se puede entender haber quedado falto en ella que demasiado: y así
me parece a mí, pues cuando pudiera y debiera extender la pluma en las alabanzas de tan buen   75
caballero, parece que de industria las pasa en silencio; cosa mal hecha y peor pensada, habiendo
y debiendo ser los historiadores puntuales, verdaderos y no nada apasionados, y que ni el interés
ni el miedo, el rencor ni la afición, no les haga torcer del camino de la verdad, cuya madre es la
historia, émula del tiempo, depósito de las acciones, testigo de lo pasado, ejemplo y aviso de lo
presente, advertencia de lo porvenir. En esta sé que se hallará todo lo que se acertare a desear en   80
la más apacible; y si algo bueno en ella faltare, para mí tengo que fue por culpa del galgo[8] de su
autor, antes que por falta del sujeto.

En fin, su segunda parte siguiendo la traducción, continuaba de esta manera: puestas y levantadas en alto las cortadoras espadas de los dos valerosos y enojados combatientes, no parecía
sino que estaban amenazando al cielo, a la tierra y al abismo: tal era el denuedo y continente   85
que tenían. Y el primero que fue a descargar el golpe fue el colérico vizcaíno, el cual fue dado
con tanta fuerza y tanta furia, que a no volvérsele la espada en el camino, aquel solo golpe fuera
bastante para dar fin a su rigurosa contienda, y a todas las aventuras de nuestro caballero; mas
la buena suerte, que para mayores cosas le tenía guardado, torció la espada de su contrario, de
modo que aunque le acertó en el hombro izquierdo, no le hizo otro daño que desarmarle todo   90

---

[5]escudo redondo
[6]flaco
[7]piernas
[8]tipo de perro; término despectivo y racista de la época

aquel lado, llevándole de camino gran parte de la celada con la mitad de la oreja, que todo ello con espantosa ruina vino al suelo, dejándole muy maltrecho.

¡Válame Dios, y quién será aquel que buenamente pueda contar ahora la rabia que entró en el corazón de nuestro manchego, viéndose parar de aquella manera! No se diga más, sino que fue
95   de manera que se alzó de nuevo en los estribos, y apretando más la espada en las dos manos, con tal furia descargó sobre el vizcaíno, acertándole de lleno sobre la almohada y sobre la cabeza, que sin ser parte tan buena defensa, como si cayera sobre él una montaña, comenzó a echar sangre por las narices, y por la boca, y por los oídos, y a dar muestras de caer de la mula abajo, de donde cayera sin duda, si no se abrazara con el cuello; pero con todo eso sacó los pies de los estribos, y
100   luego soltó los brazos, y la mula espantada del terrible golpe dio a correr por el campo, y a pocos corcovos dio con su dueño en tierra. Estábaselo con mucho sosiego mirando Don Quijote, y como lo vio caer, saltó de su caballo y con mucha ligereza se llegó a él, y poniéndole la punta de la espada en los ojos, le dijo que se rindiese; si no, que le cortaría la cabeza.

Estaba el vizcaíno tan turbado que no podía responder palabra, y él lo pasara mal, según es-
105   taba ciego Don Quijote, si las señoras del coche, que hasta entonces con gran desmayo habían mirado la pendencia, no fueran adonde estaba y le pidieran con mucho encarecimiento les hiciera tan grande merced y favor de perdonar la vida a aquel su escudero; a lo cual Don Quijote respondió con mucho entono y gravedad: por cierto, fermosas señoras, yo soy muy contento de hacer lo que me pedís; mas ha de ser con una condición y concierto, y es que este caballero me
110   ha de prometer de ir al lugar del Toboso, y presentarse de mi parte ante la sin par doña Dulcinea, para que ella haga de él lo que más fuere de su voluntad. Las temerosas y desconsoladas señoras, sin entrar en cuenta de lo que Don Quijote pedía, y sin preguntar quién Dulcinea fuese, le prometieron que el escudero haría todo aquello que de su parte le fuese mandado: pues en fe de esa palabra, yo no le haré más daño, puesto que me lo tenía bien merecido.

Comprensión

1. ¿Por qué desea el autor implícito encontrar información sobre la vida de don Quijote?

2. ¿Dónde y de quién por fin lo halló?

3. ¿En qué lengua estaba escrito? ¿Quién se lo tradujo al castellano?

4. En las líneas a partir de la 72 el autor implícito nos cuenta las características de una buen historiador. ¿Cuáles son?

5. ¿Qué le hizo don Quijote al vizcaíno?
   • ¿Por qué no terminó don Quijote de matarle?

Interpretación

1. El carácter metaliterario de don Quijote, que se ve tan claramente en este capítulo, se analizará a fondo en *Cultura, conexiones y comparaciones*. Por ahora, considera que la nueva fuente de información está escrita en árabe y traducida al castellano por una persona no profesional. Además, nos dice el narrador que todos los árabes son mentirosos y, por ser enemigos, no cuentan las hazañas buenas de un caballero cristiano. Explica el juego literario que se planea en este circuito de comunicación.

2. Según el narrador, ¿hay alguna diferencia entre un novelista y un historiador?
   • Considera lo que esta asociación tuvo para la naciente novela europea.

Capítulo LXXIV
(Segunda parte)

La literatura y la vida

1. ¿Crees que la gente loca puede, en cualquier momento, reconocer su locura y repudiarla? Explica.

2. ¿Qué hace un buen amigo si su compañero está agonizando y a punto de morir?

En contexto

En los capítulos previos al último (74), Sansón Carrasco, el bachiller amigo de don Quijote, se disfraza de caballero con el nombre de Caballero de la Media Luna con el propósito de vencer a don Quijote en una batalla para obligarlo a volver a su aldea. Para provocar a don Quijote, Sansón le dice que su dama es más bella que Dulcinea, y los dos se enfrentan para resolver la contienda. Don Quijote es vencido, pero se niega a confesar que haya alguien en el mundo más bella que su dama, así que el Caballero de la Media Luna le dice que por ser vencido tiene que volver a su aldea y no salir de ella por un año, a lo cual don Quijote accede.

Un género novelesco muy popular en el Renacimiento era la novela de pastores. A diferencia de las de caballería, aquí los nobles de la corte se vestían de pastores e iban al campo a filosofar sobre el amor y a quejarse de sus dolores amorosos. Mientras que los caballeros andantes tenían un propósito cristiano y altruista, el de los pastores era completamente egoísta.

Después de la publicación de la primera parte del *Quijote*, salió una segunda parte apócrifa escrita por un tal Avellaneda. Como la primera parte había gozado de mucha popularidad, la apócrifa segunda parte también se vendió bien, lo cual enojó mucho a Cervantes, quien se apresuró para terminar la auténtica segunda parte.

Capítulo LXXIV
De cómo don Quijote cayó malo y del testamento que hizo y su muerte

Como las cosas humanas no sean eternas, yendo siempre en declinación de sus principios hasta llegar a su último fin, especialmente las vidas de los hombres, y como la de don Quijote no tuviese privilegio del cielo para detener el curso de la suya, llegó su fin y acabamiento cuando él menos lo pensaba; porque, o ya fuese de la melancolía que le causaba el verse vencido, o ya por la disposición del cielo, que así lo ordenaba, se le arraigó una calentura que le tuvo seis días en   5
la cama, en los cuales fue visitado muchas veces del cura, del bachiller y del barbero, sus amigos, sin quitársele de la cabecera Sancho Panza, su buen escudero.

Éstos, creyendo que la pesadumbre de verse vencido y de no ver cumplido su deseo en la libertad y desencanto de Dulcinea le tenía de aquella suerte, por todas las vías posibles procuraban alegrarle, diciéndole el bachiller que se animase y levantase, para comenzar su pastoral   10
ejercicio, para el cual tenía ya compuesta una égloga, que mal año para cuantas Sanazaro[1] había

compuesto, y que ya tenía comprados de su propio dinero dos famosos perros para guardar el ganado: el uno llamado Barcino, y el otro Butrón, que se los había vendido un ganadero del Quintanar. Pero no por esto dejaba don Quijote sus tristezas.

15   Llamaron sus amigos al médico, tomóle el pulso, y no le contentó mucho, y dijo que, por sí o por no, atendiese a la salud de su alma, porque la del cuerpo corría peligro. Oyólo don Quijote con ánimo sosegado, pero no lo oyeron así su ama, su sobrina y su escudero, los cuales comenzaron a llorar tiernamente, como si ya le tuvieran muerto delante. Fue el parecer del médico que melancolías y desabrimientos le acababan. Rogó don Quijote que le dejasen solo, porque quería

20   dormir un poco. Hiciéronlo así y durmió de un tirón, como dicen, más de seis horas; tanto, que pensaron el ama y la sobrina que se había de quedar en el sueño. Despertó al cabo del tiempo dicho, y, dando una gran voz, dijo:

—¡Bendito sea el poderoso Dios, que tanto bien me ha hecho! En fin, sus misericordias no tienen límite, ni las abrevian ni impiden los pecados de los hombres.

25   Estuvo atenta la sobrina a las razones del tío, y pareciéronle más concertadas que él solía decirlas, a lo menos, en aquella enfermedad, y preguntóle:

—¿Qué es lo que vuestra merced dice, señor? ¿Tenemos algo de nuevo? ¿Qué misericordias son éstas, o qué pecados de los hombres?

—Las misericordias —respondió don Quijote—, sobrina, son las que en este instante ha

30   usado Dios conmigo, a quien, como dije, no las impiden mis pecados. Yo tengo juicio ya, libre y claro, sin las sombras caliginosas[2] de la ignorancia, que sobre él me pusieron mi amarga y continua leyenda de los detestables libros de las caballerías. Ya conozco sus disparates y sus embelecos, y no me pesa sino que este desengaño ha llegado tan tarde, que no me deja tiempo para hacer alguna recompensa, leyendo otros que sean luz del alma. Yo me siento, sobrina, a punto de

35   muerte; querría hacerla de tal modo, que diese a entender que no había sido mi vida tan mala que dejase renombre de loco, que, puesto que lo he sido, no querría confirmar esta verdad en mi muerte. Llámame, amiga, a mis buenos amigos: el cura, al bachiller Sansón Carrasco y a maese Nicolás, el barbero, que quiero confesarme y hacer mi testamento.

Pero de este trabajo se excusó la sobrina con la entrada de los tres. Apenas los vio don

40   Quijote, cuando dijo:

—Dadme albricias, buenos señores, de que ya yo no soy don Quijote de la Mancha, sino Alonso Quijano,[3] a quien mis costumbres me dieron renombre de Bueno. Ya soy enemigo de Amadís de Gaula y de toda la infinita caterva de su linaje, ya me son odiosas todas las historias profanas del andante caballería, ya conozco mi necedad y el peligro en que me pusieron haber-

45   las leído, ya, por misericordia de Dios, escarmentando en cabeza propia, las abomino.

Cuando esto le oyeron decir los tres, creyeron, sin duda, que alguna nueva locura le había tomado. Y Sansón le dijo:

---

[1]Jacobo Sannazaro (1458-1530) fue poeta napolitano del Renacimiento que popularizó el género pastoril, obras de cortesanos que se vestían de pastores e iban al campo para filosofar y dialogar sobre sus penas de amor. El género fue muy popular en la época de Cervantes, quien hasta escribió una novela pastoril, *La Galatea* (1585).

[2]oscuras

[3]En el primer párrafo de la novela, el narrador había dicho: "tenía el sobrenombre de Quijada, o Quesada, que en esto hay alguna diferencia en los autores que deste caso escriben; aunque por conjeturas verosímiles se deja entender que se llamaba Quejana".

—¿Ahora, señor don Quijote, que tenemos nueva que está desencantada la señora Dulcinea, sale vuestra merced con eso? Y ¿agora que estamos tan a pique de ser pastores, para pasar cantando la vida, como unos príncipes, quiere vuesa merced hacerse ermitaño? Calle, por su vida, 50
vuelva en sí, y déjese de cuentos.

—Los de hasta aquí —replicó don Quijote—, que han sido verdaderos en mi daño, los ha de volver mi muerte, con ayuda del cielo, en mi provecho. Yo, señores, siento que me voy muriendo a toda prisa; déjense burlas aparte, y traiganme un confesor que me confiese y un escribano que haga mi testamento, que en tales trances como éste no se ha de burlar el hombre con el alma; y 55
así, suplico que, en tanto que el señor cura me confiesa, vayan por el escribano.

Miráronse unos a otros, admirados de las razones de don Quijote, y, aunque en duda, le quisieron creer; y una de las señales por donde conjeturaron se moría fue el haber vuelto con tanta facilidad de loco a cuerdo, porque a las ya dichas razones añadió otras muchas tan bien dichas, tan cristianas y con tanto concierto, que del todo les vino a quitar la duda, y a creer que 60
estaba cuerdo.

Hizo salir la gente el cura, y quedóse solo con él, y confesóle.

El bachiller fue por el escribano, y de allí a poco volvió con él y con Sancho Panza; el cual Sancho, que ya sabía por nuevas del bachiller en qué estado estaba su señor, hallando a la ama y a la sobrina llorosas, comenzó a hacer pucheros y a derramar lágrimas. Acabóse la confesión, y 65
salió el cura, diciendo:

—Verdaderamente se muere, y verdaderamente está cuerdo Alonso Quijano el Bueno; bien podemos entrar para que haga su testamento.

Estas nuevas dieron un terrible empujón a los ojos preñados de ama, sobrina y de Sancho Panza, su buen escudero, de tal manera, que los hizo reventar las lágrimas de los ojos y mil pro- 70
fundos suspiros del pecho; porque, verdaderamente, como alguna vez se ha dicho, en tanto que don Quijote fue Alonso Quijano el Bueno, a secas, y en tanto que fue don Quijote de la Mancha, fue siempre de apacible condición y de agradable trato, y por esto no sólo era bien querido de los de su casa, sino de todos cuantos le conocían.

Entró el escribano con los demás, y, después de haber hecho la cabeza del testamento y 75
ordenado su alma don Quijote, con todas aquellas circunstancias cristianas que se requieren, llegando a las mandas, dijo:

—Ítem, es mi voluntad que de ciertos dineros que Sancho Panza, a quien en mi locura hice mi escudero, tiene, que, porque ha habido entre él y mí ciertas cuentas, y dares y tomares, quiero que no se le haga cargo dellos, ni se le pida cuenta alguna, sino que si sobrare alguno, después 80
de haberse pagado de lo que le debo, el restante sea suyo, que será bien poco, y buen provecho le haga; y, si como estando yo loco fui parte para darle el gobierno de la ínsula, pudiera agora, estando cuerdo, darle el de un reino, se le diera, porque la sencillez de su condición y fidelidad de su trato lo merece.

Y, volviéndose a Sancho, le dijo: 85

—Perdóname, amigo, de la ocasión que te he dado de parecer loco como yo, haciéndote caer en el error en que yo he caído, de que hubo y hay caballeros andantes en el mundo.

—¡Ay! —respondió Sancho, llorando—: no se muera vuestra merced, señor mío, sino tome mi consejo y viva muchos años, porque la mayor locura que puede hacer un hombre en esta vida es dejarse morir, sin más ni más, sin que nadie le mate, ni otras manos le acaben que las de 90 la melancolía. Mire no sea perezoso, sino levántese desa cama, y vámonos al campo vestidos de pastores, como tenemos concertado: quizá tras de alguna mata hallaremos a la señora doña Dulcinea desencantada, que no haya más que ver. Si es que se muere de pesar de verse vencido, écheme a mí la culpa, diciendo que por haber yo cinchado mal a Rocinante le derribaron;

95   cuanto más, que vuestra merced habrá visto en sus libros de caballerías ser cosa ordinaria derribarse unos caballeros a otros, y el que es vencido hoy ser vencedor mañana.

—Así es —dijo Sansón—, y el buen Sancho Panza está muy en la verdad destos casos.

—Señores —dijo don Quijote—, vámonos poco a poco, pues ya en los nidos de antaño no hay pájaros hogaño: yo fui loco, y ya soy cuerdo; fui don Quijote de la Mancha, y soy agora,

100   como he dicho, Alonso Quijano el Bueno. Pueda con vuestras mercedes mi arrepentimiento y mi verdad volverme a la estimación que de mí se tenía, y prosiga adelante el señor escribano.

»Ítem, mando toda mi hacienda, a puerta cerrada, a Antonia Quijana, mi sobrina, que está presente, habiendo sacado primero de lo más bien parado della lo que fuere menester para cumplir las mandas que dejo hechas; y la primera satisfacción que se haga quiero que sea pagar el

105   salario que debo del tiempo que mi ama me ha servido, y más veinte ducados para un vestido. Dejo por mis albaceas[4] al señor cura y al señor bachiller Sansón Carrasco, que están presentes.

»Ítem, es mi voluntad que si Antonia Quijana, mi sobrina, quisiere casarse, se case con hombre de quien primero se haya hecho información que no sabe qué cosas sean libros de caballerías; y, en caso que se averiguare que lo sabe, y, con todo eso, mi sobrina quisiere casarse con él, y se

110   casare, pierda todo lo que le he mandado, lo cual puedan mis albaceas distribuir en obras pías a su voluntad.

»Ítem, suplico a los dichos señores mis albaceas que si la buena suerte les trujere a conocer al autor que dicen que compuso una historia que anda por ahí con el título de *Segunda parte de las hazañas de don Quijote de la Mancha*, de mi parte le pidan, cuan encarecidamente ser pueda, per-

115   done la ocasión que sin yo pensarlo le di de haber escrito tantos y tan grandes disparates como en ella escribe, porque parto desta vida con escrúpulo de haberle dado motivo para escribirlos.»

Cerró con esto el testamento, y, tomándole un desmayo, se tendió de largo a largo en la cama. Alborotáronse todos y acudieron a su remedio, y en tres días que vivió después deste donde hizo el testamento, se desmayaba muy a menudo. Andaba la casa alborotada; pero, con todo, comía la

120   sobrina, brindaba el ama, y se regocijaba Sancho Panza; que esto del heredar algo borra o templa en el heredero la memoria de la pena que es razón que deje el muerto.

En fin, llegó el último de don Quijote, después de recibidos todos los sacramentos, y después de haber abominado con muchas y eficaces razones de los libros de caballerías. Hallóse el escribano presente, y dijo que nunca había leído en ningún libro de caballerías que algún caballero

125   andante hubiese muerto en su lecho tan sosegadamente y tan cristiano como don Quijote; el cual, entre compasiones y lágrimas de los que allí se hallaron, dio su espíritu: quiero decir que se murió.

Viendo lo cual el cura, pidió al escribano le diese por testimonio como Alonso Quijano el Bueno, llamado comúnmente don Quijote de la Mancha, había pasado desta presente vida

130   y muerto naturalmente; y que el tal testimonio pedía para quitar la ocasión de algún otro autor que Cide Hamete Benengeli le resucitase falsamente, y hiciese inacabables historias de sus hazañas.

---

[4]personas encargadas de llevar a cabo el testamento

Este fin tuvo el Ingenioso Hidalgo de la Mancha, cuyo lugar no quiso poner Cide Hamete puntualmente, por dejar que todas las villas y lugares de la Mancha contendiesen entre sí por ahijársele[5] y tenérsele por suyo, como contendieron las siete ciudades de Grecia por Homero. 135

Déjanse de poner aquí los llantos de Sancho, sobrina y ama de don Quijote, los nuevos epitafios de su sepultura, aunque Sansón Carrasco le puso éste:

Yace aquí el Hidalgo fuerte
que a tanto extremo llegó
de valiente, que se advierte 140
que la muerte no triunfó
de su vida con su muerte.
Tuvo a todo el mundo en poco;
fue el espantajo y el coco
del mundo, en tal coyuntura, 145
que acreditó su ventura
morir cuerdo y vivir loco.

Y el prudentísimo Cide Hamete dijo a su pluma:

—Aquí quedarás, colgada desta espetera[6] y deste hilo de alambre, ni sé si bien cortada o mal tajada péñola mía, adonde vivirás luengos siglos, si presuntuosos y malandrines historiadores no 150 te descuelgan para profanarte. Pero, antes que a ti lleguen, les puedes advertir, y decirles en el mejor modo que pudieres:

«¡Tate, tate, folloncicos![7]
De ninguno sea tocada;
porque esta impresa, buen rey, 155
para mí estaba guardada».

Para mí sola nació don Quijote, y yo para él; él supo obrar y yo escribir; solos los dos somos para en uno, a despecho y pesar del escritor fingido y tordesillesco[8] que se atrevió, o se ha de atrever, a escribir con pluma de avestruz grosera y mal deliñada[9] las hazañas de mi valeroso caballero, porque no es carga de sus hombros ni asunto de su resfriado ingenio; a quien advertirás, si acaso 160 llegas a conocerle, que deje reposar en la sepultura los cansados y ya podridos huesos de don Quijote, y no le quiera llevar, contra todos los fueros de la muerte, a Castilla la Vieja, haciéndole

---

[5]hacerle su hijo; adoptarlo
[6]gancho de cocina para colgar utensilios
[7]*léase:* No se apresuren, sinvergüenzas.
[8]Se refiere aquí a Alonso Fernández de Avellaneda, nacido en Tordesillas (municipio de Valladolid), quien publicó una apócrifa segunda parte de *Don Quijote*, aprovechándose de la fama de la novela de Cervantes, lo cual enfureció al autor original.
[9]compuesta

salir de la fuesa[10] donde real y verdaderamente yace tendido de largo a largo, imposibilitado de hacer tercera jornada y salida nueva; que, para hacer burla de tantas como hicieron tantos
165 andantes caballeros, bastan las dos que él hizo, tan a gusto y beneplácito de las gentes a cuya noticia llegaron, así en éstos como en los extraños reinos". Y con esto cumplirás con tu cristiana profesión, aconsejando bien a quien mal te quiere, y yo quedaré satisfecho y ufano de haber sido el primero que gozó el fruto de sus escritos enteramente, como deseaba, pues no ha sido otro mi deseo que poner en aborrecimiento de los hombres las fingidas y disparatadas historias de
170 los libros de caballerías, que, por las de mi verdadero don Quijote, van ya tropezando, y han de caer del todo, sin duda alguna. Vale.

Comprensión

1. ¿Qué reniega don Quijote en su lecho mortal?

2. ¿A qué le echa la culpa don Quijote por su locura?

3. ¿Qué quieren Sansón Carrasco y luego Sancho que haga don Quijote en vez de morirse?

4. ¿Qué incluye Alonso Quijano en su testamento?

5. Según el autor implícito en el último párrafo, ¿por qué hizo que don Quijote muriera?

   • Según él, ¿cuál fue su principal propósito en escribir la novela?

Interpretación

1. Explica la ironía de lo que hizo Sansón Carrasco con don Quijote (ver *En contexto*) y lo que quiere que don Quijote haga ahora.

2. ¿Cómo reacciona Sancho a que su amo está a punto de morir?

   • ¿Qué quiere Sancho que haga don Quijote?

   • ¿Quién sufre de locura ahora? Explica el significado de su reacción.

3. ¿Quién parece ser el que narra el último párrafo de la novela: el narrador, Cide Hamete o el autor implícito? ¿Por qué?

4. ¿Qué parece ser la relación que este narrador tenía con su personaje inventado?

5. ¿Qué insiste el narrador al final de la novela?

   • ¿Crees que es verdad? Si no lo es, ¿por qué insiste tanto el narrador en ello?

Cultura, conexiones y comparaciones

1. *Don Quijote* es una obra barroca. Tomando en cuenta el espíritu barroco de los sonetos de Góngora y Quevedo y de lo que sabes de esa corriente artística, ¿qué tiene de barroco esta obra?

2. Cervantes llevó una vida bastante inquieta e interesante. Valdría la pena que cada estudiante estudiara por Internet un período de su vida para presentarlo muy brevemente a la clase. Se podría incluir las siguientes etapas: infancia, educación, vida

---

[10]*ant.:* fosa, sepulcro

militar (Lepanto), cautiverio, matrimonio, encarcelamiento, vida en Madrid, residencia en Valladolid, su relación con otros autores del Siglo de Oro, la apócrifa segunda parte del *Quijote* de Avellaneda, muerte, fama en vida, fama posterior, etc.

3. El juego metaliterario del *Quijote* es complejo y extraordinario. Para entenderlo, considera lo siguiente: ¿qué actividad hace don Quijote que lo lleva a la locura?

   - ¿Y que hacemos nosotros los lectores? Explica el juego metaliterario.

   - ¿Quién es Cide Hamete Benengeli?

   - ¿Qué pasa cuando alguien te cuenta algo y tú se lo cuentas a otra persona? Explica el juego metaliterario.

   - Al final, el autor implícito habla de don Quijote como una persona de verdad. Explica el juego metaliterario.

4. La deconstrucción es una teoría posmoderna de Jacques Derrida (1930-2004) que presupone que toda gran obra literaria contiene contradicciones, ambigüedades y oposiciones que hacen que su interpretación sea inestable y hasta imposible de determinar. En otras palabras, el autor construye una idea, y luego la deconstruye en otro lugar. *Don Quijote* es un ejemplo clásico de este proceso. Considera con toda la clase las siguientes preguntas:

   - ¿Es don Quijote loco o cuerdo?

   - ¿Es la obra cómica o seria?

   - ¿Tienen las acciones de don Quijote efectos positivos o negativos?

5. ¿Es el *Quijote* una novela humorística o seria? Lee la siguiente cita de Daniel Eisenberg:

   Es posible que Cervantes escogiera esta estrategia, la composición de un libro cómico, porque a él le gustaban los libros cómicos y pensó que el mundo necesitaba más. Hay motivos para creer que Cervantes apreciaba el humor en general —las historias graciosas en sus obras muestran su interés por el humor oral— y los libros cómicos en particular.

   Escribe tres párrafos expresando tu opinión de esta teoría con ejemplos específicos de los capítulos que has leído.

6. *Don Quijote* es la primera gran novela moderna de la historia literaria europea. Para entender por qué, considera lo siguiente:

   - ¿Qué implicación tiene para la novela moderna el hecho de que el narrador basa su novela en fuentes históricas?

   - ¿Vemos un desarrollo de los personajes principales? ¿Es este desarrollo un elemento unificador de la novela? ¿Y en otras novelas que conoces?

   - ¿Qué otros elementos ves en el *Quijote* que se encuentran en otras novelas que hayas leído?

7. La sociedad española de la época de Cervantes está muy bien representada en la obra. ¿De qué clase social es don Quijote? ¿Y Sancho Panza?

   - ¿Qué religiosos se encuentran en el texto? ¿Crees que había muchos religiosos en la España de Cervantes? ¿Por qué?

   - También hay moriscos (musulmanes convertidos al cristianismo) y conversos (judíos convertidos al cristianismo). Trata de inferir quiénes eran los arrieros y quiénes eran los mercaderes.

- ¿Adónde iba la dama que acompañaba el vizcaíno en el capítulo VIII? ¿De qué clase social era? ¿Crees que había mucha emigración a esa parte del mundo? Explica.

8. Unamuno, en su *Vida de don Quijote y Sancho* propone una interpretación 'impresionista' de la novela en vez de un estudio erudito:

   [...] dejando a eruditos, críticos e historiadores la meritoria y utilísima tarea de investigar lo que el *Quijote* pudo significar en su tiempo y en el ámbito en que se produjo y lo que Cervantes quiso en él expresar y expresó, debe quedarnos a otros libre al tomar su obra inmortal como algo eterno, fuera de época y aun de país, y exponer lo que su lectura nos sugiere. [...] Cada uno de sus lectores... debe... darle una interpretación [propia].

   Escribe un ensayo corto comentando esta cita en el que expresas tu opinión personal sobre si la literatura contiene un mensaje específico o que cada cual puede darle el sentido que quiera.

9. Se ha dicho que nadie ha dominado la lengua castellana como Cervantes, y una sinécdoque para "castellano" es "la lengua cervantina". En pareja anota algo especial del estilo de Cervantes para luego impartirlo con la clase. Considera, entre muchas otras cosas, la adjetivación múltiple, la extensión de las oraciones, las cláusulas coordinadas, etc.

10. La inseguridad de lo que representa la realidad —preocupación capital del *Quijote*— se ve en otras obras. Compara este tema del *Quijote* con el de "El sur" de Borges y "La noche boca arriba" de Cortázar.

11. La iconografía de don Quijote es una de las más vastas que existen de un personaje literario. Compruébalo haciendo una búsqueda de imágenes por Internet. Una de la más famosas es de Picasso. Trata de explicar por qué esta imagen es tan genial y reproducida.

12. La versión musical de Broadway, *Man of La Mancha* (1965), de Mitch Leigh y Joe Darion, capta muy bien el espíritu del *Quijote* sin seguir la trama de la novela. Escucha por YouTube las siguientes canciones de la obra, y explica cómo están relacionadas con la obra cervantina: "I, Don Quixote", "Dulcinea", "I Really Like Him" y "The Impossible Dream".

13. Entabla una conversación en clase sobre esta cita de Carlos Fuentes: "¿No es más real Don Quijote que la mayor parte de los seres de carne y hueso?".

Lope de Vega, "Soneto de repente"

Autor: Lope de Vega (1562–1635)
Nacionalidad: Español
Datos biográficos: Sobresaltan sus muchos lances amorosos, algunos de los cuales le causaron destierro de la corte. Fue leyenda en su propia época por su prolijidad y calidad literaria, lo cual llevó a Cervantes a llamarle el "monstruo de la naturaleza".
Época y movimiento cultural: Comedia del Siglo de Oro; Barroco
Obras más conocidas: Comedias: *El perro del hortelano* (1618), *Fuenteovejuna* (1619), *El caballero de Olmedo* (1920), *El castigo sin venganza* (1631)
Importancia literaria: Cultivó todos los géneros, y creó el teatro nacional del Siglo de Oro; todos los dramaturgos del siglo XVII siguieron su fórmula. Es uno de los grandes líricos de su época.

La literatura y la vida

1. ¿Has intentado alguna vez escribir un poema estructurado, con cuenta de sílabas y con rima? ¿Crees que es difícil? Explica.

"Soneto de repente"

Un soneto me manda hacer Violante,
que en mi vida me he visto en tanto aprieto;
catorce versos dicen que es soneto,
burla burlando van los tres delante.

Yo pensé que no hallara consonante   5
y estoy a la mitad de otro cuarteto,
mas si me veo en el primer terceto,
no hay cosa en los cuartetos que me espante.

Por el primer terceto voy entrando,
y parece que entré con pie derecho   10
pues fin con este verso le voy dando.

Ya estoy en el segundo y aun sospecho
que voy los trece versos acabando:
contad si son catorce y está hecho.

Comprensión

1. ¿Por qué se encuentra el poeta en un apuro?

2. Pero en el verso octavo parece contradecirse. ¿Por qué?

3. ¿Cuáles partes de un soneto se mencionan en este poema?

4. ¿Cómo describirías el tono de este poema?

Interpretación

1. Explica por qué este soneto es un metapoema.

2. ¿Es una parodia? ¿Por qué?

3. Trata de explicar el efecto que produce la epístrofe del cuarto verso ("burla bur-lando"). ¿Por qué es una frase tan acertada?

4. Hay pocos hipérbatos en comparación a otros sonetos del Siglo de Oro, sin embargo hay algunos. Encuentra uno.

5. Este poema parece indicar que la creación literaria es fácil y elaborada por fórmulas. ¿Crees que es cierto?

Cultura, conexiones y comparaciones

1. Lope de Vega es el mayor dramaturgo del Siglo de Oro, y se le atribuyen 426 comedias, ¡aunque él mismo dijo que había escrito alrededor de 1500! De las 426, unas 314 se han confirmado que son de su pluma. Ese volumen de producción es inmenso, y hacen que Lope sea uno de los autores más prolíficos de la historia literaria universal. (Para comparar, considera que Shakespeare, contemporáneo de Lope, ¡escribió solo 37 piezas!) Su vasta producción y la aparente facilidad con que escribía hizo que Cervantes le llamara el "monstruo de la naturaleza". Explica cómo el "Soneto de repente" contribuye a este estereotipo de Lope.

Juan Ramón Jiménez, "Intelijencia"

Autor: Juan Ramón Jiménez (1881–1958)

Nacionalidad: Español

Datos biográficos: Se dedicó enteramente a la poesía; la empezó a escribir desde joven, y la siguió escribiendo hasta su muerte. Se exilió en Puerto Rico después de la Guerra Civil Española.

Época y movimiento cultural: Poesía del siglo XX; Modernismo; Vanguardismo

Obras más conocidas: Prosa: *Platero y yo* (1917); Poesía: *Segunda antolojía poética* (1922)

Importancia literaria: Es el mayor exponente de la 'poesía pura' o, como él la llamó, 'desnuda'. Consiste en depurar la poesía de sus excesos así como de su carácter poético superficial. En 1956 recibió el Premio Nobel.

La literatura y la vida

1. ¿Quién de tus amigos sabe contar los mejores cuentos? ¿Por qué son buenos?

2. ¿Usas un diccionario de sinónimos cuando escribes un ensayo? ¿Por qué?

"Intelijencia"

¡Intelijencia, dame
el nombre esacto de las cosas!
Que mi palabra sea
la cosa misma,
creada por mi alma nuevamente.   5
Que por mí vayan todos
los que no las conocen, a las cosas;
que por mí vayan todos
los que ya las olvidan a las cosas;
que por mí vayan todos   10
los mismos que las aman, a las cosas…
¡Intelijencia, dame
el nombre esacto, y tuyo,
y suyo, y mío, de las cosas!

Comprensión

1. ¿A qué apela el yo lírico para ayudarlo? ¿Qué le pide?

2. ¿Cuáles son los tres grupos de personas con quienes quiere el poeta comunicarse mejor?

3. En los últimos dos versos, ¿qué quiere el poeta que hagan sus versos?

Interpretación

1. Describe el tipo de versificación del poema.

2. En el apóstrofe, ¿a qué otras fuerzas o habilidades pudiera haberse dirigido el poeta? ¿Por qué elige la inteligencia?

3. El yo lírico pide que sus palabras cumplan muchos requerimientos. Menciona cinco de ellos.

   • ¿Es posible encontrar palabras tan ajustadas?

4. Se sabe que un signo puede significar diferentes cosas a diferentes destinatarios. A base de esta noción, explica los dos últimos versos del poema.

5. ¿Qué recurso retórico emplea el poeta en los dos últimos versos para dar fin a su composición? Explica su eficacia.

6. Busca otras formas de repetición en el poema, como anáforas y estribillos.

7. ¿Hay palabras difíciles en el poema?

   • ¿Hay tropos?

   • ¿Hay otros elementos, como hipérbatos o encabalgamiento como en otros poemas?

   • ¿Qué parece indicar esta escasez respecto al carácter poético de la composición?

8. ¿Es la palabra "cosas", repetida cinco veces, un signo concreto? ¿Por qué emplea el poeta esa palabra en lugar de otra más ceñida?

9. ¿Se puede decir que este es un poema metaliterario? ¿Por qué?

Cultura, conexiones y comparaciones

1. Juan Ramón Jiménez empieza su carrera poética como modernista, pero a partir de 1916 abraza otro concepto lírico que él denominó 'poesía pura', en el cual intenta depurar la poesía de todos sus artificios poéticos —'desnudarla', como diría en uno de sus metapoemas más famosos— para llegar a la pura esencia de la palabra. Este afán suyo encuadra bien entre los experimentos de vanguardia que se ensayaban en esos años. Explica cómo este poema es un buen ejemplo de poesía pura.

2. La poesía de Jiménez se fue purificando y concentrándose más y más hasta ser a veces solo unas cuantas palabras pero llenas de significación. Lee el siguiente poema, que es una obra maestra del epístrofe, para ver cuántos sentidos tiene la palabra "solo":

   La soledad está sola.
   Y sólo el solo la encuentra
   que encuentra la ola sola
   al mar solo que se adentra.

3. La Real Academia Española fue fundada en 1713 con el propósito de "fijar las voces y vocablos de la lengua castellana en su mayor propiedad, elegancia y pureza". Su *Diccionario de la lengua española* es la mayor autoridad léxica del castellano. Su lema es "Limpia, fija y da esplendor". Explica lo que significa este lema y cómo se relaciona con el poema de Jiménez.

José Ortega y Gasset, *La deshumanización del arte* (selección)

Autor: José Ortega y Gasset (1883-1955)
Nacionalidad: Español
Datos biográficos: De familia burguesa y culta, se educó primero en España y luego en Alemania. Dedicó su vida a la promoción de sus teorías e ideas.
Época y movimiento cultural: Ensayo del siglo XX
Obra más conocida: Filosofía: *La rebelión de las masas* (1929)
Importancia literaria: Es el filósofo español de más renombre del siglo XX. Entre sus teorías más conocidas se encuentran las nociones de que la razón pura puede interferir con lo vital y el peligro de que las masas populares e incultas puedan tomar el poder político.

La literatura y la vida

1. ¿Te gusta el arte abstracto, como el del norteamericano Jackson Pollock o el del español Juan Miró? ¿Por qué te gusta o no te gusta?

2. ¿Has oído a alguien decir que los pintores del siglo XX, como Picasso, no saben pintar? ¿Crees que es verdad? Explica.

   • ¿Crees que es fácil pintar algo que deforma la realidad? Explica.

En contexto

A principios del siglo XX se empezó una experimentación con el arte como nunca jamás se había hecho en la cultura occidental. Aunque se habían ensayado nuevas técnicas y diferentes maneras de pintar, el arte siempre mantuvo algún vínculo con el objeto que representaba. Con la llegada de los movimientos de las vanguardias (Cubismo, Dadaísmo, Futurismo, Ultraísmo, Surrealismo, etc.), el arte se volvió cada vez más abstracto. En este famoso ensayo, Ortega, hombre muy afincado a la cultura occidental tradicional, intenta entender las nuevas corrientes.

La deshumanización del arte

Con rapidez vertiginosa el arte joven se ha disociado en una muchedumbre de direcciones e intentos divergentes. Nada es más fácil que subrayar las diferencias entre unas producciones y otras. Pero esta acentuación de lo diferencial y específico resultará vacía si antes no se determina el fondo común que variamente, a veces contradictoriamente, en todas se afirma. Ya enseñaba

5   nuestro buen viejo Aristóteles que las cosas diferentes se diferencian en lo que se asemejan, es decir, en cierto carácter común. Por que los cuerpos tienen todos color, advertimos que los unos tienen color diferente de los otros. Las especies son precisamente especificaciones de un género y sólo las entendemos cuando las vemos modular en formas diversas su común patrimonio.

Las diferencias particulares del arte joven me interesan mediocremente, y salvando algunas ex-
10   cepciones, me interesa todavía menos cada obra en singular. Pero a su vez, esta valoración mía de los nuevos productos artísticos no debe interesar a nadie. Los escritores que reducen su inspiración a expresar su estima o desestima por las obras de arte no debían escribir. No sirven para este arduo menester. Como Clarín decía de unos torpes dramaturgos, fuera mejor que dedicasen su esfuerzo a otras faenas: por ejemplo, a fundar una familia. ¿Que la tienen? Pues que funden otra.

15   Lo importante es que existe en el mundo el hecho indubitable de una nueva sensibilidad estética. Frente a la pluralidad de direcciones especiales y de obras individuales, esa sensibilidad representa lo genérico y como el manantial de aquéllas. Esto es lo que parece de algún interés definir.

Y buscando la nota más genérica y característica de la nueva producción encuentro la tendencia a deshumanizar el arte. El párrafo anterior proporciona a esta fórmula cierta precisión.

20   Si al comparar un cuadro a la manera nueva con otros de 1860 seguimos el orden más sencillo, empezaremos por confrontar los objetos que en uno y otro están representados, tal vez un hombre, una casa, una montaña. Pronto se advierte que el artista de 1860 se ha propuesto ante todo que los objetos en su cuadro tengan el mismo aire y aspecto que tienen fuera de él, cuando forman parte de la realidad vivida o humana. Es posible que, además de esto, el artista de 1860 se
25   proponga muchas otras complicaciones estéticas; pero lo importante es notar que ha comenzado por asegurar ese parecido. Hombre, casa, montaña son, al punto, reconocidos: son nuestros viejos amigos habituales. Por el contrario, en el cuadro reciente nos cuesta trabajo reconocerlos. El espectador piensa que tal vez el pintor no ha sabido conseguir el parecido. Mas también el cuadro de 1860 puede estar «mal pintado», es decir, que entre los objetos del cuadro y esos mismos
30   objetos fuera de él exista una gran distancia, una importante divergencia. Sin embargo, cualquiera que sea la distancia, los errores del artista tradicional señalan hacia el objeto «humano», son caídas en el camino hacia él y equivalen al «Esto es un gallo» con que el Orbaneja cervantino orientaba a su público.[1] En el cuadro reciente acaece todo lo contrario: no es que el pintor yerre y que sus desviaciones del «natural» (natural = humano) no alcancen a éste, es que señalan hacia
35   un camino opuesto al que puede conducirnos hasta el objeto humano.

Lejos de ir el pintor más o menos torpemente hacia la realidad, se ve que ha ido contra ella. Se ha propuesto denodadamente deformarla, romper su aspecto humano, deshumanizarla. Con las cosas representadas en el cuadro tradicional podríamos ilusoriamente convivir. De la *Gioconda*[2] se han enamorado muchos ingleses. Con las cosas representadas en el cuadro nuevo
40   es imposible la convivencia: al extirparles su aspecto de realidad vivida, el pintor ha cortado el puente y quemado las naves que podían transportarnos a nuestro mundo habitual. Nos deja encerrados en un universo abstruso, nos fuerza a tratar con objetos con los que no cabe tratar humanamente. Tenemos, pues, que improvisar otra forma de trato por completo distinto del usual vivir las cosas; hemos de crear e inventar actos inéditos qué sean adecuados a aquellas
45   figuras insólitas. Esta nueva vida, esta vida inventada previa anulación de la espontánea, es pre-
cisamente la comprensión y el goce artísticos. No faltan en ella sentimientos y pasiones, pero evidentemente estas pasiones y sentimientos pertenecen a una flora psíquica muy distinta de la que cubre los paisajes de nuestra vida primaria y humana. Son emociones secundarias que en nuestro artista interior provocan esos ultra-objetos. Son sentimientos específicamente estéticos.

50   Se dirá que para tal resultado fuera más simple prescindir totalmente de esas formas humanas —hombre, casa, montaña— y construir figuras del todo originales. Pero esto es, en primer lugar,

---

[1]En *Don Quixote*, Cervantes escribe de un pintor de Orbaneja que pintaba tan mal que nadie reconocía lo que pintaba. Por lo tanto, si pintaba un gallo, escribía en el cuadro "Esto es un gallo".
[2]la *Mona Lisa* de Leonardo da Vinci

impracticable. Tal vez en la más abstracta línea ornamental vibra larvada[3] una tenaz reminiscencia de ciertas formas «naturales». En segundo lugar —y esta es la razón más importante—, el arte de que hablamos no es sólo inhumano por no contener cosas humanas, sino que consiste activamente en esa operación de deshumanizar. En su fuga de lo humano no le importa tanto el término *ad quem*,[4] la fauna heteróclita[5] a que llega, como el término *a quo*,[6] el aspecto humano que destruye. No se trata de pintar algo que sea por completo distinto de un hombre, o casa, o montaña, sino de pintar un hombre que se parezca lo menos posible a un hombre, una casa que conserve de tal lo estrictamente necesario para que asistamos a su metamorfosis, un cono que ha salido milagrosamente de lo que era antes una montaña, como la serpiente sale de su camisa. El placer estético para el artista nuevo emana de ese triunfo sobre lo humano; por eso es preciso concretar la victoria y presentar en cada caso la víctima estrangulada.

Cree el vulgo que es cosa fácil huir de la realidad, cuando es lo más difícil del mundo. Es fácil decir o pintar una cosa que carezca por completo de sentido, que sea ininteligible o nula: bastará con enfilar palabras sin nexo, o trazar rayas al azar. Pero lograr construir algo que no sea copia de lo «natural» y que, sin embargo, posea alguna substantividad, implica el don más sublime.

La «realidad» acecha[7] constantemente al artista para impedir su evasión. ¡Cuánta astucia supone la fuga genial! Ha de ser un Ulises al revés, que se liberta de su Penélope cuotidiana y entre escollos navega hacia el brujerío de Circe.[8] Cuando logra escapar un momento a la perpetua asechanza no llevemos a mal en el artista un gesto de soberbia, un breve gesto a lo san Jorge, con el dragón yugulado a los pies.

Comprensión

1. A pesar de que el arte moderno, según Ortega, ha tomado muchas direcciones divergentes, ¿qué, para Ortega, tienen en común todas esas corrientes?

2. ¿Qué es la nota que caracteriza a esa producción?
   • ¿Por qué lo determina así Ortega?

3. ¿Qué diferencias hay entre el arte tradicional (lo que Ortega llama "el artista de 1860") y la producción moderna (la de su propia época)?

4. Según Ortega, ¿qué se debe hacer para apreciar el arte nuevo?

5. ¿Es fácil o difícil pintar al nuevo modo? Explica.

Interpretación

1. Ortega hace referencia explícita o implícitamente a unas importantes figuras de la cultura occidental, como Aristóteles, Homero, Leonardo da Vinci y Cervantes. ¿Por qué es irónico que Ortega solo cite a figuras 'clásicas' de la cultura?

2. Explica cómo funciona la metáfora en esta frase: "estas pasiones y sentimientos pertenecen a una flora psíquica muy distinta de la que cubre los paisajes de nuestra vida primaria y humana".

---

[3] oculto

[4] *lat.:* al cual

[5] extraña

[6] *lat.:* desde cual

[7] persigue

[8] En la *Odisea* de Homero, Ulises, después de la guerra de Troya, emprende su camino hacia su reino y a su esposa, Penélope, pero en el viaje se le interpone la bruja Circe, quien le causa muchos problemas.

Cultura, conexiones y comparaciones

1. El Vanguardismo es una de las notas más distintivas de la cultura del siglo XX. Como en el arte, en la literatura también se experimentó mucho. Con obras como "Walking around" de Neruda, *El hombre que se convirtió en perro* de Dragún, "Danza negra" de Palés Matos y ciertas obras del Boom como las de Carpentier, Borges o Cortázar, ¿intenta caracterizar las vanguardias en la literatura?

2. En el arte plástico, el mundo hispánico ha producido muchos pintores de primera fila dentro del Vanguardismo. Busca por Internet un cuadro emblemático de los siguientes pintores: los españoles Picasso, Miró y Dalí; los mexicanos Frida Kahlo y Rufino Tamayo; el cubano Wilfredo Lam; el uruguayo Joaquín Torres García; el chileno Roberto Matta; y el ecuatoriano Oswaldo Guayasamín. Explica lo que tienen estos cuadros de experimental e intenta analizar su mensaje.

Luis Palés Matos, "Danza negra"

Autor: Luis Palés Matos (1898–1959)

Nacionalidad: Puertorriqueño

Datos biográficos: En la década de 1920 se alió a los movimientos independistas de Puerto Rico y de ahí surgió su intento de crear una nueva y original expresión puertorriqueña en la forma de poesía afroantillana.

Época y movimiento cultural: Poesía del siglo XX; Vanguardismo; Negritud

Obra más conocida: Poesía: *Tuntún de pasa y grifería* (1937)

Importancia literaria: Uno de los iniciadores de la poesía afroantillana, aunque también escribe una impresionante poética "blanca", denominada así por abordar temas líricos no relacionados con gentes de herencia africana.

La literatura y la vida

1. ¿Sabes bailar la música caribeña, como la salsa, el merengue, la bachata?
   • ¿Qué te atrae de esa música?

2. ¿Puedes nombrar algunos instrumentos de percusión que se emplean en esa música?
   • ¿De dónde crees que provienen esos instrumentos?

En contexto

En este tipo de poesía se emplean muchas voces onomatopéyicas por su valor rítmico y fónico. Existen palabras exóticas, tal como "bambú" y "calabó", ambos nombres de maderas africanas, o sitios geográficos como Tombuctú y Fernando Poo, la primera una isla de la costa de África y la segunda una ciudad de Malí. Otras palabras apenas se conocen, pero llegan al Caribe por medio de los africanos: junjunes y gongos son instrumentos africanos, y el mariyandá es un baile; los cocorocos y los botucos son jefes de tribus africanas. Hay además neologismos, como 'papiamentoso' o 'patualeso', que son adjetivos derivados de papiamento y patuá, idiomas que se hablan en el Caribe. Las palabras de pura invención en este tipo de poesía se llaman jitanjáforas, así como "pru-pru-prú" o "cro-cro-cró".

"Danza negra"

Calabó y bambú.
Bambú y calabó.
El Gran Cocoroco dice: tu-cu-tú.
La Gran Cocoroca dice: to-co-tó.
Es el sol de hierro que arde en   5
Tombuctú.
Es la danza negra de Fernando Poo.
El cerdo en el fango gruñe: pru-pru-prú.
El sapo en la charca sueña: cro-cro-cró.
Calabó y bambú.   10
Bambú y calabó.
Rompen los junjunes en furiosa u.
Los gongos trepidan con profunda o.
Es la raza negra que ondulando va
en el ritmo gordo del mariyandá.   15
Llegan los botucos a la fiesta ya.
Danza que te danza la negra se da.

Calabó y bambú.
Bambú y calabó.
El Gran Cocoroco dice: tu-cu-tú.   20
La Gran Cocoroca dice: to-co-tó.

Pasan tierras rojas, islas de betún[1]
Haití, Martinica, Congo, Camerún;
las papiamentosas antillas del ron
y las patualesas islas del volcán,   25
que en el grave son
del canto se dan.

Calabó y bambú.
Bambú y calabó.
Es el sol de hierro que arde en Tombuctú.   30
Es la danza negra de Fernando Poo.
El alma africana que vibrando está
en el ritmo gordo del mariyandá.

Calabó y bambú.
Bambú y calabó.   35
El Gran Cocoroco dice: tu-cu-tú.
La Gran Cocoroca dice: to-co-tó.

Comprensión

1. ¿Cuál es el título del poema? ¿Qué contiene el poema de danza? (Considera la acción que ocurre, los ritmos y las voces.)

2. ¿Qué elementos africanos se observan en el poema?
   - ¿Y elementos caribeños? ¿Por qué mezcla geografía africana con la caribeña?

3. ¿Qué parece ser el propósito de esta composición?

---

[1]pasta oscura para dar lustre a los zapatos (o sea, islas de gente negra)

Interpretación

1. Aunque los dos primeros versos se refieren a tipos de maderas, ¿qué representan en el sistema de significación de este poema?

2. ¿En qué tipo de sonido termina cada verso de este poema? ¿Cuál es el efecto?
   - ¿Qué otros elementos rítmicos se encuentran?

3. Nota los cambios en el ritmo del poema. ¿Cómo son diferentes rítmicamente los dos primeros versos a los dos siguientes?
   - ¿Y los versos 5 y 6 de los versos 7 y 8?
   - ¿Qué efecto produce esta variedad rítmica?

4. Explica por qué se emplean las siguientes sinécdoques: "islas de betún", "Antillas del ron" e "islas del volcán"?

5. Analiza el uso de las siguientes figuras: anáfora, anadiplosis, onomatopeya, aliteración.

Cultura, conexiones y comparaciones

1. Una de las corrientes más logradas de las vanguardias hispanoamericanas es la Poesía negra o antillana, y sus dos grandes intérpretes son Nicolás Guillén de Cuba y Luis Palés Matos de Puerto Rico. A base de este poema de Palés, enumera las características de este tipo de poesía.

2. La poesía negra forma parte del movimiento cultural de Negritud de las décadas de 1920 y 1930. Este movimiento incluye el Harlem Renaissance de los Estados Unidos, cuyas filas cuentan con escritores como James Weldon Johnson (1871-1938), Zora Neale Hurston (1891-1960) y Langston Hughes (1902-1967). ¿Conoces a alguno de estos escritores? Búscalos por Internet y comparte la información con los compañeros. Una nota curiosa: Langston Hughes fue a Cuba para conocer a Nicolás Guillén.

3. El reconocimiento de las raíces africanas de la música caribeña, así como la del *jazz* norteamericano, se dio durante este período. Aquí se destacan las figuras de los antropólogos cubanos Fernando Ortiz (1881-1969) y Lydia Cabrera (1899-1991), que fueron entre los primeros de estudiar científicamente la influencia africana en la cultura cubana, sobre todo la música. Que algunos estudiantes presenten un reportaje sobre estas figuras importantes.

4. Los ritmos afroantillanos de este poema lo hace ideal para la música. Escucha por YouTube la Orquesta Sinfónica de Puerto Rico tocar una versión de la obra bajo "Lucecita Benítez, Danza Negra". ¿Qué contribuye la música a la apreciación del poema?

Jorge Luis Borges, "Borges y yo"

Autor: Jorge Luis Borges (1899-1986)
Nacionalidad: Argentino
Datos biográficos: Fue un intelectual de gustos exóticos muy diversos. Su fama y éxito editorial abrió la puerta para muchos jóvenes escritores hispanoamericanos posteriores.
Época y movimiento cultural: Prosa del siglo XX; Boom de la narrativa hispanoamericana
Obras más conocidas: Relatos: *Ficciones* (1944); *El aleph* (1949)

Importancia literaria: Es el padre del Boom. En sus relatos experimenta con el tiempo, el espacio, las ideas y el mundo psíquico de un modo genial, original y cautivador.

La literatura y la vida

1. ¿Sabes quiénes son Jerry Siegel y Joe Shuster? Ellos crearon la figura de Superman en 1932. ¿Quién es más famoso: la figura o sus creadores? Explica la paradoja de esta realidad.

2. ¿Crees que lo que lees en una novela es siempre lo que piensa el autor? ¿Por qué?

"Borges y yo"

Al otro, a Borges, es a quien le ocurren las cosas. Yo camino por Buenos Aires y me demoro, acaso ya mecánicamente, para mirar el arco de un zaguán[1] y la puerta cancel;[2] de Borges tengo noticias por el correo y veo su nombre en una terna[3] de profesores o en un diccionario biográfico. Me gustan los relojes de arena, los mapas, la tipografía del siglo XVIII, las etimologías, el sabor del café y la prosa de Stevenson; el otro comparte esas preferencias, pero de un modo vanidoso que las   5
convierte en atributos de un actor. Sería exagerado afirmar que nuestra relación es hostil; yo vivo, yo me dejo vivir, para que Borges pueda tramar su literatura y esa literatura me justifica. Nada me cuesta confesar que ha logrado ciertas páginas válidas, pero esas páginas no me pueden salvar, quizá porque lo bueno ya no es de nadie, ni siquiera del otro, sino del lenguaje o la tradición. Por lo demás, yo estoy destinado a perderme, definitivamente, y sólo algún instante de mí podrá   10
sobrevivir en el otro. Poco a poco voy cediéndole todo, aunque me consta su perversa costumbre de falsear y magnificar. Spinoza entendió que todas las cosas quieren perseverar en su ser; la piedra eternamente quiere ser piedra y el tigre un tigre. Yo he de quedar en Borges, no en mí (si es que

---
[1]cubierto de la casa por la cual se entra
[2]*arg.:* la que da al patio del zaguán
[3]lista de tres personas

15   alguien soy), pero me reconozco menos en sus libros que en muchos otros o que en el laborioso rasgueo de una guitarra. Hace años yo traté de librarme de él y pasé de las mitologías del arrabal a los juegos con el tiempo y con lo infinito, pero esos juegos son de Borges ahora y tendré que idear otras cosas. Así mi vida es una fuga y todo lo pierdo y todo es del olvido, o del otro.

No sé cuál de los dos escribe esta página.

Comprensión

1. ¿Quiénes son los dos personajes de esta escritura? ¿Quién es "yo"?
   • ¿Quién es "Borges"?
2. ¿Cómo se entera el "yo" de la existencia de "Borges"?
3. Aunque los dos comparten ciertos intereses, ¿cómo usa "Borges" esos intereses?
4. Según el narrador, ¿cuál de los dos va a sobrevivir? ¿Por qué?

Interpretación

1. Explica la ironía metaliteraria de que el narrador en primera persona (el autor implícito) de este relato hace el papel de escritor, y a la misma vez escribe sobre el escritor "Borges".
2. Hay otra ironía. El narrador crea una distinción entre el hombre de carne y hueso y el hombre público que escribe. Sin embargo, hacia el final confiesa que el "yo" ha intentado escaparse de "Borges" y ha fracasado. ¿Qué indica este fracaso en cuanto a la dualidad del ser?
3. El relato contiene un subtexto metafísico que se basa en los verbos "sobrevivir" y "perderse". Trata de explicar este discurso del relato.

Cultura, conexiones y comparaciones

1. Borges es el más importante precursor del Boom de la narrativa latinoamericana. Sus ingeniosos juegos con el tiempo, el espacio y lo infinito influenciaron a la próxima generación de escritores, sobre todo a su compatriota Julio Cortázar. A base de lo que sabes de Borges después de haber leído "El sur" y "Borges y yo", trata de revelar su influencia en las obras que conoces de Cortázar, como "La noche boca arriba" y "Continuidad de los parques".
2. La bifurcación del ser se observa también en "A Julia de Burgos". Compara las dos obras, mencionando lo que tienen en común y cómo son diferentes.
3. Otras obras muestran cómo los protagonistas asumen dos identidades. Explica cómo esto se lleva a cabo en las obras de Unamuno, Rulfo, Vargas Llosa y Valenzuela.
4. El cubismo de Pablo Picasso muchas veces muestra una persona con dos caras. Busca imágenes por Internet bajo "Picasso, *two faces*". ¿Cómo se pueden interpretar estos cuadros a base del relato de Borges?
5. Un usuario de Internet ha comentado: "¿Pobre Borges? No estoy de acuerdo. Él sólo tiene esa doble identidad: La de Jorge Luis y la del escritor, Borges, reconocido mundialmente. Pero… ¿y nosotros? Los ciudadanos de a pie lo tenemos muy mal porque en el conjunto de las interacciones que hacemos diariamente con nuestra

sociedad, representamos tantos roles como número de personas interaccionamos. Tantos papeles a representar que llega un momento que tienes que hacer un acto de fe para asegurarte quien eres en realidad". Conversa sobre este concepto de que en realidad tenemos más de dos identidades.

6. Escucha a Borges leer este microrrelato por YouTube bajo "Borges y yo leído por el mismo autor".

Carlos Fuentes, "Chac Mool"

Autor: Carlos Fuentes (1929–2012)

Nacionalidad: Mexicano

Datos biográficos: De joven vivió en muchas capitales de Latinoamérica así como en Washington D.C. ya que su padre era diplomático. Es un hombre carismático que ha forjado relaciones personales con figuras de importancia mundial. Actualmente es el escritor e intelectual mexicano más reconocido del mundo.

Época y movimiento cultural: Narrativa del siglo XX; Boom

Obras más conocidas: Narrativa: *La muerte de Artemio Cruz* (1962); Ensayo: *El espejo enterrado* (1992)

Importancia literaria: Su obra, siempre de índole experimental, ha indagado profundamente en el carácter de México y de los mexicanos. Es uno de los grande innovadores del Boom.

La literatura y la vida

1. ¿Tienes tú una gran pasión por algo o conoces a alguien que la tenga? ¿Ha ocurrido que esa pasión llegue a dominar su vida? Explica.

2. ¿Has intentado alguna vez escaparte de algo o de alguien que te hacía daño, como una relación dañina? ¿Tuviste éxito? Explica.

En contexto

La Revolución Mexicana (1910), la primera en Hispanoamérica, puso fin a la dictadura de Porfirio Díaz (presidente entre 1877 y 1911), quien, entre otras cosas, había abierto las puertas de México a mucha inversión e influencia extranjera. La Revolución logró derrocar la dictadura, pero no logró su fin de crear una sociedad más equitativa racial y económicamente. Entre sus logros, sin embargo, fue la reforma de la educación llevada a cabo por José Vasconcelos (1882-1959), la cual hizo que se enseñara en el colegio la riqueza de las culturas amerindias para darles a los estudiantes orgullo en su pasado histórico. El héroe de este relato es un producto de la Revolución, y por lo tanto le apasionan las esculturas prehispánicas. Un día se compra una estatua de Chac Mool, que es el dios maya de la lluvia —elemento importante para el cultivo del maíz, alimento esencial de esa cultura.

"Chac Mool"

Hace poco tiempo, Filiberto murió ahogado en Acapulco. Sucedió en Semana Santa. Aunque despedido de su empleo en la Secretaría,[1] Filiberto no pudo resistir la tentación burocrática de ir, como todos los años, a la pensión alemana, comer el *choucrout*[2] endulzado por el sudor de la cocina tropical, bailar el sábado de gloria en La Quebrada, y sentirse "gente conocida" en
5   el oscuro anonimato vespertino[3] de la playa de Hornos. Claro, sabíamos que en su juventud había nadado bien, pero ahora, a los cuarenta, y tan desmejorado como se le veía, ¡intentar salvar, y a medianoche, un trecho tan largo! Frau Müller no permitió que se velara —cliente tan antiguo— en la pensión; por el contrario, esa noche organizó un baile en la terracita sofocada, mientras Filiberto esperaba, muy pálido en su caja,[4] a que saliera el camión matutino de la ter-
10 minal, y pasó acompañado de huacales[5] y fardos[6] la primera noche de su nueva vida. Cuando llegué, temprano, a vigilar el embarque del féretro,[7] Filiberto estaba bajo un túmulo[8] de cocos; el chófer dijo que lo acomodáramos rápidamente en el toldo y lo cubriéramos de lonas, para que no se espantaran los pasajeros, y a ver si no le habíamos echado la sal al viaje.

Salimos de Acapulco, todavía en la brisa. Hasta Tierra Colorada nacieron el calor y la luz.
15 Con el desayuno de huevos y chorizo, abrí el cartapacio[9] de Filiberto, recogido el día anterior, junto con sus otras pertenencias, en la pensión de los Müller. Doscientos pesos. Un periódico viejo; cachos de la lotería; el pasaje de ida —¿sólo de ida?—, y el cuaderno barato, de hojas cuadriculadas y tapas de papel mármol.

Me aventuré a leerlo, a pesar de las curvas, el hedor a vómito, y cierto sentimiento natural
20 de respeto a la vida privada de mi difunto amigo. Recordaría —sí, empezaba con eso— nuestra cotidiana labor en la oficina; quizá, sabría por qué fue declinando, olvidando sus deberes, por qué dictaba oficios sin sentido, ni número, ni "sufragio efectivo".[10] Por qué, en fin, fue corrido,[11] olvidada la pensión, sin respetar los escalafones.[12]

"Hoy fui a arreglar lo de mi pensión. El licenciado, amabilísimo. Salí tan contento que de-
25 cidí gastar cinco pesos en un café. Es el mismo al que íbamos de jóvenes y al que ahora nunca concurro, porque me recuerda que a los veinte años podía darme más lujos que a los cuarenta. Entonces todos estábamos en un mismo plano, hubiéramos rechazado con energía cualquier opinión peyorativa hacia los compañeros; de hecho librábamos la batalla por aquellos a quienes en la casa discutían la baja extracción o falta de elegancia. Yo sabía que muchos (quizás los más
30 humildes) llegarían muy alto, y aquí, en la escuela, se iban a forjar las amistades duraderas en cuya compañía cursaríamos el mar bravío. No, no fue así. No hubo reglas. Muchos de los humildes quedaron allí, muchos llegaron más arriba de lo que pudimos pronosticar en aquellas fogosas,

---

[1] organismo del gobierno

[2] *francés:* un plato de col en escabeche

[3] atardecer

[4] aquí, ataúd

[5] *mex.:* jaula o caja para transportar fruta, loza o animales

[6] bultos grandes

[7] ataúd

[8] montecillo (como un sepulcro levantado en la tierra)

[9] funda donde se guardan papeles

[10] derecho a votar de todos (como lema del Partido Revolucionario Institucional, se estampaba en todos los documentos del gobierno; aquí se emplea sarcásticamente)

[11] *mex.:* despedido del trabajo

[12] los rangos de los empleados

amables tertulias. Otros, que parecíamos prometerlo todo, quedamos a la mitad del camino, destripados en un examen extracurricular, aislados por una zanja invisible de los que triunfaron y de los que nada alcanzaron. En fin, hoy volví a sentarme en las sillas, modernizadas —también, como barricada de una invasión, la fuente de sodas—, y pretendí leer expedientes. Vi a muchos, cambiados, amnésicos, retocados de luz neón, prósperos. Con el café que casi no reconocía, con la ciudad misma, habían ido cincelándose[13] a ritmo distinto del mío. No, ya no me reconocían, o no me querían reconocer. A lo sumo —uno o dos— una mano gorda y rápida en el hombro. *Adiós, viejo, qué tal.* Entre ellos y yo, mediaban los dieciocho agujeros del Country Club. Me disfracé en los expedientes. Desfilaron los años de las grandes ilusiones, de los pronósticos felices, y, también, todas las omisiones que impidieron su realización. Sentí la angustia de no poder meter los dedos en el pasado y pegar los trozos de algún rompecabezas abandonado; pero el arcón de los juguetes se va olvidando, y al cabo, quién sabrá a dónde fueron a dar los soldados de plomo, los cascos, las espadas de madera. Los disfraces tan queridos, no fueron más que eso. Y, sin embargo, había habido constancia, disciplina, apego al deber. ¿No era suficiente, o sobraba? No dejaba, en ocasiones, de asaltarme el recuerdo de Rilke. La gran recompensa de la aventura de juventud debe ser la muerte; jóvenes, debemos partir con todos nuestros secretos. Hoy, no tendría que volver la vista a las ciudades de sal. ¿Cinco pesos? Dos de propina."

"Pepe, aparte de su pasión por el derecho mercantil, gusta de teorizar. Me vio salir de Catedral, y juntos nos encaminamos a Palacio. Él es descreído,[14] pero no le basta: en media cuadra tuvo que fabricar una teoría. Que si no fuera mexicano, no adoraría a Cristo, y —No, mira, parece evidente. Llegan los españoles y te proponen adores a un Dios, muerto hecho un coágulo, con el costado herido, clavado en una cruz. Sacrificado. Ofrendado. ¿Qué cosa más natural que aceptar un sentimiento tan cercano a todo tu ceremonial, a toda tu vida…? Figúrate, en cambio, que México hubiera sido conquistado por budistas o mahometanos. No es concebible que nuestros indios veneraran a un individuo que murió de indigestión. Pero un Dios al que no le basta que se sacrifiquen por él, sino que incluso va a que le arranquen el corazón, ¡caramba, jaque mate a Huitzilopochtli! El cristianismo, en su sentido cálido, sangriento, de sacrificio y liturgia, se vuelve una prolongación natural y novedosa de la religión indígena. Los aspectos de caridad, amor, y la otra mejilla, en cambio, son rechazados. Y todo en México es eso: hay que matar a los hombres para poder creer en ellos.

"Pepe conocía mi afición, desde joven, por ciertas formas del arte indígena mexicano. Yo colecciono estatuillas, ídolos, cacharros. Mis fines de semana los paso en Tlaxcala, o en Teotihuacán. Acaso por esto le guste relacionar todas las teorías que elabora para mi consumo con estos temas. Por cierto que busco una réplica razonable del Chac Mool desde hace tiempo, y hoy Pepe me informa de un lugar en la Lagunilla[15] donde venden uno de piedra, y parece que barato. Voy a ir el domingo.

"Un guasón[16] pintó de rojo el agua del garrafón en la oficina, con la consiguiente perturbación de las labores. He debido consignarlo al director, a quien sólo le dio mucha risa. El culpable se ha valido de esta circunstancia para hacer sarcasmos a mis costillas el día entero, todo en torno al agua. ¡Ch…!"[17]

"Hoy, domingo, aproveché para ir a la Lagunilla. Encontré el Chac Mool en la tienducha que me señaló Pepe. Es una pieza preciosa, de tamaño natural, y aunque el marchante asegura su originalidad, lo dudo. La piedra es corriente, pero ello no aminora la elegancia de la postura o lo macizo del bloque. El desleal vendedor le ha embarrado salsa de tomate en la barriga para convencer a los turistas de la autenticidad sangrienta de la escultura.

"El traslado a la casa me costó más que la adquisición. Pero ya está aquí, por el momento en el sótano mientras reorganizo mi cuarto de trofeos a fin de darle cabida. Estas figuras necesitan

---

[13]*fig.*: desarrollándose; saliendo adelante

[14]sin fe

[15]famoso mercado de México

[16]burlón

[17]elipsis de una interjección grosera

80 sol, vertical y fogoso; ése fue su elemento y condición. Pierde mucho en la oscuridad del sótano, como simple bulto agónico, y su mueca parece reprocharme que le niegue la luz. El comerciante tenía un foco exactamente vertical a la escultura, que recortaba todas las aristas,[18] y le daba una expresión más amable a mi Chac Mool. Habrá que seguir su ejemplo."

"Amanecí con la tubería descompuesta. Incauto, dejé correr el agua de la cocina, y se desbordó,
85 corrió por el suelo y llegó hasta el sótano, sin que me percatara. El Chac Mool resiste la humedad, pero mis maletas sufrieron; y todo esto, en día de labores, me ha obligado a llegar tarde a la oficina."

"Vinieron, por fin, a arreglar la tubería. Las maletas, torcidas. Y el Chac Mool, con lama[19] en la base."

"Desperté a la una: había escuchado un quejido terrible. Pensé en ladrones. Pura imaginación."
90 "Los lamentos nocturnos han seguido. No sé a qué atribuirlo, pero estoy nervioso. Para colmo de males, la tubería volvió a descomponerse, y las lluvias se han colado, inundando el sótano."

"El plomero no viene, estoy desesperado. Del Departamento del Distrito Federal, más vale no hablar. Es la primera vez que el agua de las lluvias no obedece a las coladeras y viene a dar a mi sótano. Los quejidos han cesado: vaya una cosa por otra."
95 "Secaron el sótano, y el Chac Mool está cubierto de lama. Le da un aspecto grotesco, porque toda la masa de la escultura parece padecer de una erisipela[20] verde, salvo los ojos, que han permanecido de piedra. Voy a aprovechar el domingo para raspar el musgo. Pepe me ha recomendado cambiarme a un apartamiento, y en el último piso, para evitar estas tragedias acuáticas. Pero no puedo dejar este caserón, ciertamente muy grande para mí solo, un poco lúgubre en su arqui-
100 tectura porfiriana, pero que es la única herencia y recuerdo de mis padres. No sé qué me daría ver una fuente de sodas con sinfonola[21] en el sótano y una casa de decoración en la planta baja."

"Fui a raspar la lama del Chac Mool con una espátula. El musgo parecía ya parte de la piedra; fue labor de más de una hora, y sólo a las seis de la tarde pude terminar. No era posible distinguir en la penumbra, y al dar fin al trabajo, con la mano seguí los contornos de la piedra. Cada
105 vez que raspaba el bloque parecía reblandecerse. No quise creerlo: era ya casi una pasta. Este mercader de la Lagunilla me ha timado.[22] Su escultura precolombina es puro yeso, y la humedad acabará por arruinarla. Le he puesto encima unos trapos, y mañana la pasaré a la pieza de arriba, antes de que sufra un deterioro total."

"Los trapos están en el suelo. Increíble. Volví a palpar el Chac Mool. Se ha endurecido, pero
110 no vuelve a la piedra. No quiero escribirlo: hay en el torso algo de la textura de la carne, lo aprieto como goma, siento que algo corre por esa figura recostada... Volví a bajar en la noche. No cabe duda: el Chac Mool tiene vello en los brazos."

"Esto nunca me había sucedido. Tergiversé[23] los asuntos en la oficina: giré una orden de pago que no estaba autorizada, y el director tuvo que llamarme la atención. Quizá me mostré hasta
115 descortés con los compañeros. Tendré que ver a un médico, saber si es imaginación, o delirio, o qué, y deshacerme de ese maldito Chac Mool."

Hasta aquí, la escritura de Filiberto era la vieja, la que tantas veces vi en memoranda y formas, ancha y ovalada. La entrada del 25 de agosto, parecía escrita por otra persona. A veces como niño, separando trabajosamente cada letra; otras, nerviosa, hasta diluirse en lo ininteligible. Hay
120 tres días vacíos, y el relato continúa:

"Todo es tan natural; y luego, se cree en lo real..., pero esto lo es, más que lo creído por mí. Si es real un garrafón, y más, porque nos damos mejor cuenta de su existencia, o estar, si un bromista pinta de rojo el agua..., real bocanada de cigarro efímera, real imagen monstruosa es un espejo de circo, reales, ¿no lo son todos los muertos, presentes y olvidados...? Si un hombre atravesara el
125 Paraíso en un sueño, y le dieran una flor como prueba de que había estado allí, y si al despertar

---

[18]asperezas
[19]*amer.:* musgo
[20]enfermedad caracterizada por una inflamación de la piel
[21]tocadiscos que, al introducir una moneda, tocaba la canción elegida
[22]estafado; engañado
[23]enrevesé, confundí

encontrara esa flor en su mano…, ¿entonces qué…? Realidad: cierto día la quebraron en mil pedazos, la cabeza fue a dar allá, la cola aquí, y nosotros no conocemos más que uno de los trozos desprendidos de su gran cuerpo. Océano libre y ficticio, sólo real cuando se le aprisiona en un caracol. Hasta hace tres días, mi realidad lo era al grado de haberse borrado hoy: era movimiento reflejo, rutina, memoria, cartapacio. Y luego, como la tierra que un día tiembla para que recor-demos su poder, o la muerte que llegará, recriminando mi olvido de toda la vida, se presenta otra realidad que sabíamos estaba allí, mostrenca,[24] y que debe sacudirnos para hacerse viva y presente. Creía, nuevamente, que era imaginación: el Chac Mool, blando y elegante, había cambiado de color en una noche; amarillo, casi dorado, parecía indicarme que era un Dios, por ahora laxo, con las rodillas menos tensas que antes, con la sonrisa más benévola. Y ayer, por fin, un despertar sobresaltado, con esa seguridad espantosa de que hay dos respiraciones en la noche, de que en la oscuridad laten más pulsos que el propio. Sí, se escuchaban pasos en la escalera. Pesadilla. Vuelta a dormir… No sé cuánto tiempo pretendí dormir. Cuando volví a abrir los ojos, aún no aman-ecía. El cuarto olía a horror, a incienso y sangre. Con la mirada negra, recorrí la recámara, hasta detenerme en dos orificios de luz parpadeante, en dos flámulas[25] crueles y amarillas.

   ”Casi sin aliento encendí la luz.

   ”Allí estaba Chac Mool, erguido, sonriente, ocre, con su barriga encarnada. Me paralizaban los dos ojillos, casi bizcos, muy pegados a la nariz triangular. Los dientes inferiores, mordiendo el labio superior, inmóviles; sólo el brillo del casquetón[26] cuadrado sobre la cabeza anormalmente voluminosa, delataba vida. Chac Mool avanzó hacia la cama; entonces empezó a llover.”

   Recuerdo que a fines de agosto, Filiberto fue despedido de la Secretaría, con una recrimi-nación pública del director, y rumores de locura y aun robo. Esto no lo creía. Sí vi unos oficios descabellados,[27] preguntando al Oficial Mayor si el agua podía olerse, ofreciendo sus servicios al Secretario de Recursos Hidráulicos para hacer llover en el desierto. No supe qué explicación darme; pensé que las lluvias excepcionalmente fuertes, de ese verano, lo habían enervado. O que alguna depresión moral debía producir la vida en aquel caserón antiguo, con la mitad de los cuartos bajo llave y empolvados, sin criados ni vida de familia. Los apuntes siguientes son de fines de septiembre:

   “Chac Mool puede ser simpático cuando quiere…, un gluglu de agua embelesada… Sabe historias fantásticas sobre los monzones,[28] las lluvias ecuatoriales, el castigo de los desiertos; cada planta arranca de su paternidad mítica: el sauce, su hija descarriada;[29] los lotos, sus mimados; su suegra: el cacto. Lo que no puedo tolerar es el olor, extrahumano, que emana de esa carne que no lo es, de las chanclas flameantes de ancianidad. Con risa estridente, el Chac Mool revela cómo fue descubierto por Le Plongeon, y puesto, físicamente, en contacto con hombres de otros símbolos. Su espíritu ha vivido en el cántaro y la tempestad, natural; otra cosa es su pie-dra, y haberla arrancado al escondite es artificial y cruel. Creo que nunca lo perdonará el Chac Mool. Él sabe de la inminencia del hecho estético.

   ”He debido proporcionarle sapolio[30] para que se lave el estómago que el mercader le untó de *ketchup* al creerlo azteca. No pareció gustarle mi pregunta sobre su parentesco con Tláloc, y, cuando se enoja, sus dientes, de por sí repulsivos, se afilan y brillan. Los primeros días, bajó a dormir al sótano; desde ayer, en mi cama.”

   ”Ha empezado la temporada seca. Ayer, desde la sala en la que duermo ahora, comencé a oír los mismos lamentos roncos del principio, seguidos de ruidos terribles. Subí y entreabrí la puerta de la recámara: el Chac Mool estaba rompiendo las lámparas, los muebles; saltó hacia la puerta con las manos arañadas, y apenas pude cerrar e irme a esconder al baño… Luego, bajó jadeante

---

[24]*fig.:* sin dueño conocido
[25]especie de flores
[26]casco
[27]*fig.:* desordenados, disparatados
[28]vientos periódicos de los mares de Asia
[29]desmandada, desobediente
[30]una marca de líquido para limpiar

130
135
140
145
150
155
160
165
170

y pidió agua; todo el día tiene corriendo las llaves,[31] no queda un centímetro seco en la casa. Tengo que dormir muy abrigado, y le he pedido no empapar la sala más."

"El Chac Mool inundó hoy la sala. Exasperado, dije que lo iba a devolver a la Lagunilla. Tan terrible como su risilla —horrorosamente distinta a cualquier risa de hombre o animal— fue la bofetada que me dio, con ese brazo cargado de brazaletes pesados. Debo reconocerlo: soy su prisionero. Mi idea original era distinta: yo dominaría al Chac Mool, como se domina a un juguete; era, acaso, una prolongación de mi seguridad infantil; pero la niñez —¿quién lo dijo?— es fruto comido por los años, y yo no me he dado cuenta… Ha tomado mi ropa, y se pone las batas cuando empieza a brotarle musgo verde. El Chac Mool está acostumbrado a que se le obedezca, por siempre; yo, que nunca he debido mandar, sólo puedo doblegarme.[32] Mientras no llueva—¿y su poder mágico? —vivirá colérico o irritable."

"Hoy descubrí que en las noches el Chac Mool sale de la casa. Siempre, al obscurecer, canta una canción chirriona[33] y anciana, más vieja que el canto mismo. Luego, cesa. Toqué varias veces a su puerta, y cuando no me contestó, me atreví a entrar. La recámara, que no había vuelto a ver desde el día en que intentó atacarme la estatua, está en ruinas, y allí se concentra ese olor a incienso y sangre que ha permeado la casa. Pero, detrás de la puerta, hay huesos: huesos de perros, de ratones y gatos. Esto es lo que roba en la noche el Chac Mool para sustentarse. Esto explica los ladridos espantosos de todas las madrugadas."

"Febrero, seco. Chac Mool vigila cada paso mío; ha hecho que telefonee a una fonda para que me traigan diariamente arroz con pollo. Pero lo sustraído[34] de la oficina ya se va a acabar. Sucedió lo inevitable: desde el día primero, cortaron el agua y la luz por falta de pago. Pero Chac ha descubierto una fuente pública a dos cuadras de aquí; todos los días hago diez o doce viajes por agua, y él me observa desde la azotea. Dice que si intento huir me fulminará;[35] también es Dios del Rayo. Lo que él no sabe es que estoy al tanto de sus correrías nocturnas… Como no hay luz, debo acostarme a las ocho. Ya debería estar acostumbrado al Chac Mool, pero hace poco, en la obscuridad, me topé con él en la escalera, sentí sus brazos helados, las escamas de su piel renovada, y quise gritar."

"Si no llueve pronto, el Chac Mool va a convertirse en piedra otra vez. He notado su dificultad reciente para moverse; a veces se reclina durante horas, paralizado, y parece ser de nuevo un ídolo. Pero estos reposos sólo le dan nuevas fuerzas para vejarme,[36] arañarme, como si pudiera arrancar algún líquido de mi carne. Ya no tienen lugar aquellos intermedios amables en que relataba viejos cuentos; creo notar un resentimiento concentrado. Ha habido otros indicios que me han puesto a pensar: se está acabando mi bodega; acaricia la seda de las batas; quiere que traiga una criada a la casa; me ha hecho enseñarle a usar jabón y lociones. Creo que el Chac Mool está cayendo en tentaciones humanas; incluso hay algo viejo en su cara que antes parecía eterna. Aquí puede estar mi salvación: si el Chac se humaniza, posiblemente todos sus siglos de vida se acumulen en un instante y caiga fulminado. Pero también, aquí, puede germinar mi muerte: el Chac no querrá que asista a su derrumbe, es posible que desee matarme."

"Hoy aprovecharé la excursión nocturna de Chac para huir. Me iré a Acapulco; veremos qué puede hacerse para adquirir trabajo, y esperar la muerte del Chac Mool: sí, se avecina; está canoso, abotagado.[37] Necesito asolearme, nadar, recuperar fuerza. Me quedan cuatrocientos pesos. Iré a la Pensión Müller, que es barata y cómoda. Que se adueñe de todo el Chac Mool: a ver cuánto dura sin mis baldes[38] de agua."

Aquí termina el diario de Filiberto. No quise volver a pensar en su relato; dormí hasta Cuernavaca. De ahí a México pretendí dar coherencia al escrito, relacionarlo con exceso de trabajo,

---

[31]los grifos
[32]ceder
[33]estridente
[34]robado
[35]matará con rayos
[36]molestarme
[37]hinchado
[38]cubos

con algún motivo sicológico. Cuando a las nueve de la noche llegamos a la terminal, aún no podía concebir la locura de mi amigo. Contraté una camioneta para llevar el féretro a casa de Filiberto y desde allí ordenar su entierro.

Antes de que pudiera introducir la llave en la cerradura, la puerta se abrió. Apareció un indio amarillo, en bata de casa, con bufanda. Su aspecto no podía ser más repulsivo; despedía un olor a loción barata; su cara, polveada, quería cubrir las arrugas; tenía la boca embarrada de lápiz labial mal aplicado, y el pelo daba la impresión de estar teñido.

220

—Perdone… no sabía que Filiberto hubiera…

—No importa; lo sé todo. Dígales a los hombres que lleven el cadáver al sótano.

Comprensión

1. ¿Por qué ha ido el amigo de Filiberto a Acapulco?
   - ¿Qué lee camino de regreso a México D.F.?
2. ¿Qué se había comprado Filiberto?
   - ¿Dónde la puso?
   - ¿Qué empezó a ocurrir después de la compra?
3. ¿Cómo se va transformando la estatua?
   - ¿Qué travesuras le hace Chac Mool a Filiberto?
4. ¿Cómo le afectó la vida y el trabajo a Filiberto las travesuras de Chac Mool?
5. ¿Por qué se huye Filiberto a Acapulco?
6. ¿Qué descubre el amigo al llegar con el féretro a la casa de Filiberto?

Interpretación

1. Hay dos narradores: ¿Quiénes son?
2. El relato comienza *in medias res*, y no se puede entender del todo lo que escribe el primer narrador. Por ejemplo:
   - ¿Por qué fue despedido Filiberto de la Secretaría donde trabajaba?
   - ¿Por qué iba siempre a una pensión alemana en Acapulco y no a otra?
   - ¿Por qué intentó salvar a una persona que se ahogaba a medianoche?
   - ¿Qué es la razón narratológico por no poder contestar estas preguntas?
3. El episodio que Filiberto narra en el párrafo que empieza en la línea 24. es muy importante. ¿Por qué va Filiberto a un café?
   - ¿Qué ideas sociales compartía Filiberto con sus compañeros universitarios?
   - ¿Qué dice de la suerte que tuvieron los compañeros de diferentes estradas sociales en su carrera profesional?
   - ¿En que grupo se encuentra Filiberto (nota cuando emplea la primera persona plural)? ¿A qué clase social crees que pertenecía Filiberto?
   - Este párrafo parece indicar que Filiberto abrazó los ideales de la Revolución mexicana. ¿Por qué?

4. ¿Qué se aprende en la conversación con Pepe respecto a la pasión de Filiberto?

   • ¿Cómo contribuye esta pasión a las metas de la Revolución? (Ver *En contexto*).

5. ¿Qué le hicieron los compañeros al agua del garrafón? ¿Por qué lo hicieron?

   • Para contestar, piensa en la igualdad que quería la Revolución. ¿Qué otra Revolución famosa se llevó a cabo en 1917? ¿Qué tipo de gobierno y sistema económico creó esa Revolución?

   • ¿Con qué color se asocia ese tipo de gobierno?

   • ¿Crees que Filiberto concordara con los fines de esa Revolución? ¿Por qué?

6. A partir de la línea 121, Filiberto abre el discurso de la realidad y lo fantástico. ¿Qué escribe?

   • ¿Son sus ideas del todo coherentes?

   • ¿Son estas ideas parte de la causa de que lo despidieran de su trabajo?

7. ¿Qué hace Filiberto cuando Chac Mool se impone completamente y lo domina?

   • ¿Por qué crees que escoge una pensión alemana a la cual había ido toda su vida?

   • Trata de explicar el aspecto simbólico del relato a base de esta línea de investigación.

8. ¿Cómo está vestido Chac Mool al final cuando el amigo llega con el cadáver?

   • ¿Explica el humor?

   • ¿Explica el intento simbólico?

9. Fuentes juega con lo real y lo fantástico de un modo genial y original. ¿Cree el amigo que Filiberto está loco?

   • ¿Qué descubre el amigo al final?

   • Si piensan los lectores que la voz del narrador amigo es el de la 'realidad', ¿qué parece indicar lo que cuenta al final?

Cultura, conexiones y comparaciones

1. ¿Qué innovaciones narrativas se observan en "Chac Mool" que indican que pertenece al Boom?

2. "Chac Mool" muestra la dualidad del ser hispanoamericano igual que "El sur" de Borges y "La noche boca arriba" de Cortázar. Comenta en clase sobre estas relaciones, tanto en sus temas como es sus técnicas narrativas.

3. La teoría de la religión que expone Pepe vale la pena explorar. Dice, respecto a la religión que trajeron los españoles y que les obligaron seguir a los indígenas: "El cristianismo, en su sentido cálido, sangriento, de sacrificio y liturgia, se vuelve una prolongación natural y novedosa de la religión indígena". ¿Era el sacrificio parte de la religión azteca? (Pista: piensa en el sacrificio en "La noche boca arriba" de Cortázar.) Desarrolla esta idea en clase.

4. Respecto a este relato, Gustavo Martínez ha escrito lo siguiente:

   Las actitudes de Filiberto y su amigo Pepe respecto del pasado indígena resultan representativas de cómo México y, en definitiva, Hispanoamérica, han encarado [y] eludido, dicho pasado. Filiberto siente "**afición** desde joven, por **ciertas** formas del arte indígena mexicano". No es una pasión ni tampoco interés por conocer el mundo indígena. La vaguedad del adjetivo "ciertas" refuerza la impresión de que se trata de una simple inclinación o gusto, que lo gratifica sin comprometerlo, y que lo mismo podría coleccionar sellos que armas de fuego antiguas. No sale de sí, no se proyecta hacia un posible "otro" ni busca encontrarlo en los objetos que colecciona. La mejor prueba de ello es que compra la estatua de Chac Mool aun cuando tiene serias dudas acerca de su autenticidad. [...] No es casualidad que la estatua de Chac Mool vaya a parar [...] al sótano de su casa, símbolo de otros sótanos: los del desinterés, la exaltación hipócrita, la Historia y el inconsciente colectivo, a los que la cultura indígena fue relegada en México y otras partes de Hispanoamérica.

Escribe un ensayo corto con ejemplos concretos explicando esta postura crítica de que Hispanoamérica no se haya enfrentado con su pasado indígena; solo lo ha visto como objeto de interés o curiosidad.

5. La representación más reconocida de Chac Mool proviene de Chichén Itzá en el estado de Yucatán en México, no lejos del *resort* de Cancún. Fue el centro político de los territorios norteños de los mayas y floreció entre los siglos V y X. Busca la imagen de Chac Mool por Internet bajo "chac mool, chichén itzá". ¿Es la figura como te la imaginabas? La próxima vez que estés en Cancún tienes que ir a ver estas impresionantes ruinas mayas, pero no verás a Chac Mool porque la han trasladado al Museo Nacional de Antropología en México, DF.

6. Una misión de la conquista fue la evangelización de los indígenas —misión que los españoles llevaron a cabo con suma destreza, puesto que Hispanoamérica es hoy la región católica más grande del mundo—. Busca la imagen por Internet de "El descubrimiento de América por Cristobal Colón" de Dalí e intenta interpretarlo a base de esta idea. ¿Ves a un Cristo crucificado en alguna parte?

7. La pasión de Filiberto llega a dominarlo. ¿Se te ocurre una obra del Siglo de Oro donde el héroe se volvió loco a causa de una pasión? Explica la relación.

8. La fábula de una estatua que cobra vida se da bastante en el arte y la literatura. Por ejemplo, en el famoso mito de Pygmaleón y Galatea, el escultor crea una estatua con la cual se enamora y ella cobra vida. El mito famoso forma la base del drama del irlandés George Bernard Shaw (1856-1950), *Pygmalion*, que fue la inspiración del musical de Broadway *My Fair Lady* (1956). ¿Viste la versión cinematográfica con Audrey Hepburn? Cuenta.

Gabriel García Márquez, "El ahogado más hermoso del mundo"

Autor: Gabriel García Márquez (n. 1927)

Nacionalidad: Colombiano

Datos biográficos: Fue periodista y guionista antes de escribir novelas. Mucho de su mundo ficticio tiene lugar en Macondo, una recreación de su pueblo natal en la costa caribeña colombiana. Ha usado su fama como escritor para promover sus ideas políticas de izquierdas.

Época y movimiento cultural: Narrativa del siglo XX; Boom latinoamericano; Realismo mágico

Obras más conocidas: Novelas: *Cien años de soledad* (1967), *El amor en los tiempos del cólera* (1987); Cuentos: *La increíble historia de la cándida Eréndira y de su abuela desalmada* (1977)

Importancia literaria: Premio Nobel en 1982. Posee una de las imaginaciones literarias más prodigiosas del idioma español, y se le asocia con el Realismo mágico. Es actualmente el escritor en lengua española más reconocido mundialmente.

La literatura y la vida

1. ¿Cuáles podrían ser algunas de las fuerzas con el potencial de alterar una entera sociedad y su modo de pensar?

2. ¿Crees que hay momentos o hechos transformadores en la vida? Cuenta algo que te haya ocurrido que te transformó de alguna manera.

"El ahogado más hermoso del mundo"

Los primeros niños que vieron el promontorio[1] oscuro y sigiloso[2] que se acercaba por el mar, se hicieron la ilusión de que era un barco enemigo. Después vieron que no llevaba banderas ni arboladura,[3] y pensaron que fuera una ballena. Pero cuando quedó varado[4] en la playa le quitaron los matorrales de sargazos,[5] los filamentos de medusas[6] y los restos de cardúmenes[7] y naufragios que llevaba encima, y sólo entonces descubrieron que era un ahogado.

5

---

[1]gran bulto

[2]silencioso

[3]los postes verticales que llevan los barcos

[4]ubicado, estancado

[5]algas

[6]organismo marítimo

[7]peces

Habían jugado con él toda la tarde, enterrándolo y desenterrándolo en la arena, cuando alguien los vio por casualidad y dio la voz de alarma en el pueblo. Los hombres que lo cargaron hasta la casa más próxima notaron que pesaba más que todos los muertos conocidos, casi tanto como un caballo, y se dijeron que tal vez había estado demasiado tiempo a la deriva y el agua se le había metido dentro de los huesos. Cuando lo tendieron en el suelo vieron que había sido   10
mucho más grande que todos los hombres, pues apenas si cabía en la casa, pero pensaron que tal vez la facultad de seguir creciendo después de la muerte estaba en la naturaleza de ciertos ahogados. Tenía el olor del mar, y sólo la forma permitía suponer que era el cadáver de un ser humano, porque su piel estaba revestida de una coraza de rémora[8] y de lodo.

No tuvieron que limpiarle la cara para saber que era un muerto ajeno. El pueblo tenía apenas   15
unas veinte casas de tablas, con patios de piedras sin flores, desperdigadas en el extremo de un cabo desértico. La tierra era tan escasa, que las madres andaban siempre con el temor de que el viento se llevara a los niños, y a los muertos que les iban causando los años tenían que tirarlos en los acantilados. Pero el mar era manso y pródigo, y todos los hombres cabían en siete botes. Así que cuando se encontraron el ahogado les bastó con mirarse los unos a los otros para darse   20
cuenta de que estaban completos.

Aquella noche no salieron a trabajar en el mar. Mientras los hombres averiguaban si no faltaba alguien en los pueblos vecinos, las mujeres se quedaron cuidando al ahogado. Le quitaron el lodo con tapones de esparto,[9] le desenredaron del cabello los abrojos submarinos y le rasparon la rémora con fierros de desescamar pescados. A medida que lo hacían, notaron que su vegetación   25
era de océanos remotos y de aguas profundas, y que sus ropas estaban en piltrafas,[10] como si hubiera navegado por entre laberintos de corales. Notaron también que sobrellevaba la muerte con altivez, pues no tenía el semblante solitario de los otros ahogados del mar, ni tampoco la catadura[11] sórdida y menesteroso de los ahogados fluviales. Pero solamente cuando acabaron de limpiarlo tuvieron conciencia de la clase de hombre que era, y entonces se quedaron sin aliento.   30
No sólo era el más alto, el más fuerte, el más viril y el mejor armado que habían visto jamás, sino que todavía cuando lo estaban viendo no les cabía en la imaginación.

No encontraron en el pueblo una cama bastante grande para tenderlo ni una mesa bastante sólida para velarlo. No le vinieron los pantalones de fiesta de los hombres más altos, ni las camisas dominicales de los más corpulentos, ni los zapatos del mejor plantado. Fascinadas por   35
su desproporción y su hermosura, las mujeres decidieron entonces hacerle unos pantalones con un pedazo de vela cangreja, y una camisa de bramante de novia, para que pudiera continuar su muerte con dignidad. Mientras cosían sentadas en círculo, contemplando el cadáver entre puntada y puntada, les parecía que el viento no había sido nunca tan tenaz ni el Caribe había estado nunca tan ansioso como aquella noche, y suponían que esos cambios tenían algo que   40
ver con el muerto. Pensaban que si aquel hombre magnífico hubiera vivido en el pueblo, su casa habría tenido las puertas más anchas, el techo más alto y el piso más firme, y el bastidor de su cama habría sido de cuadernas maestras con pernos de hierro, y su mujer habría sido la más feliz. Pensaban que habría tenido tanta autoridad que hubiera sacado los peces del mar con sólo llamarlos por sus nombres, y habría puesto tanto empeño en el trabajo que hubiera hecho brotar   45
manantiales de entre las piedras más áridas y hubiera podido sembrar flores en los acantilados. Lo compararon en secreto con sus propios hombres, pensando que no serían capaces de hacer en toda una vida lo que aquél era capaz de hacer en una noche, y terminaron por repudiarlos en el fondo de sus corazones como los seres más escuálidos y mezquinos de la tierra. Andaban extraviadas por esos dédalos de fantasía, cuando la más vieja de las mujeres, que por ser la más   50
vieja había contemplado al ahogado con menos pasión que compasión, suspiró:

—Tiene cara de llamarse Esteban.

---

[8]ciertos peces que se adhieren a objetos flotantes
[9]tipo de esponja
[10]tiras de pellejo
[11]aquí, mirada

Era verdad. A la mayoría le bastó con mirarlo otra vez para comprender que no podía tener otro nombre. Las más porfiadas, que eran las más jóvenes, se mantuvieron con la ilusión de que

55 al ponerle la ropa, tendido entre flores y con unos zapatos de charol, pudiera llamarse Lautaro. Pero fue una ilusión vana. El lienzo resultó escaso, los pantalones mal cortados y peor cosidos le quedaron estrechos, y las fuerzas ocultas de su corazón hacían saltar los botones de la camisa. Después de la media noche se adelgazaron los silbidos del viento y el mar cayó en el sopor del miércoles. El silencio acabó con las últimas dudas: era Esteban. Las mujeres que lo habían vestido,

60 las que lo habían peinado, las que le habían cortado las uñas y raspado la barba no pudieron reprimir un estremecimiento de compasión cuando tuvieron que resignarse a dejarlo tirado por los suelos. Fue entonces cuando comprendieron cuánto debió haber sido de infeliz con aquel cuerpo descomunal, si hasta después de muerto le estorbaba. Lo vieron condenado en vida a pasar de medio lado por las puertas, a descalabrarse con los travesaños, a permanecer de pie en las

65 visitas sin saber qué hacer con sus tiernas y rosadas manos de buey de mar, mientras la dueña de casa buscaba la silla más resistente y le suplicaba muerta de miedo siéntese aquí Esteban, hágame el favor, y él recostado contra las paredes, sonriendo, no se preocupe señora, así estoy bien, con los talones en carne viva y las espaldas escaldadas de tanto repetir lo mismo en todas las visitas, no se preocupe señora, así estoy bien, sólo para no pasar vergüenza de desbaratar la silla, y acaso

70 sin haber sabido nunca que quienes le decían no te vayas Esteban, espérate siquiera hasta que hierva el café, eran los mismos que después susurraban ya se fue el bobo grande, qué bueno, ya se fue el tonto hermoso. Esto pensaban las mujeres frente al cadáver un poco antes del amanecer. Más tarde, cuando le taparon la cara con un pañuelo para que no le molestara la luz, lo vieron tan muerto para siempre, tan indefenso, tan parecido a sus hombres, que se les abrieron las prime-

75 ras grietas de lágrimas en el corazón. Fue una de las más jóvenes la que empezó a sollozar. Las otras, asentándose entre sí, pasaron de los suspiros a los lamentos, y mientras más sollozaban más deseos sentían de llorar, porque el ahogado se les iba volviendo cada vez más Esteban, hasta que lo lloraron tanto que fue el hombre más desvalido de la tierra, el más manso y el más servicial, el pobre Esteban. Así que cuando los hombres volvieron con la noticia de que el ahogado no era

80 tampoco de los pueblos vecinos, ellas sintieron un vacío de júbilo entre las lágrimas.

—¡Bendito sea Dios —suspiraron—: es nuestro!

Los hombres creyeron que aquellos aspavientos no eran más que frivolidades de mujer. Cansa- dos de las tortuosas averiguaciones de la noche, lo único que querían era quitarse de una vez el estorbo del intruso antes de que prendiera el sol bravo de aquel día árido y sin viento. Impro-

85 visaron unas angarillas[12] con restos de trinquetes y botavaras,[13] y las amarraron con carlingas de altura[14] para que resistieran el peso del cuerpo hasta los acantilados. Quisieron encadenarle a los tobillos un ancla de buque mercante para que fondeara sin tropiezos en los mares más profundos donde los peces son ciegos y los buzos se mueren de nostalgia, de manera que las malas corrientes no fueran a devolverlo a la orilla, como había sucedido con otros cuerpos. Pero mientras más se

90 apresuraban, más cosas se les ocurrían a las mujeres para perder el tiempo. Andaban como gallinas asustadas picoteando amuletos de mar en los arcones, unas estorbando aquí porque querían pon- erle al ahogado los escapularios del buen viento, otras estorbando allá para abrocharse una pulsera de orientación, y al cabo de tanto quítate de ahí mujer, ponte donde no estorbes, mira que casi me haces caer sobre el difunto, a los hombres se les subieron al hígado las suspicacias y empezaron

95 a rezongar que con qué objeto tanta ferretería de altar mayor para un forastero, si por muchos estoperoles y calderetas que llevara encima se lo iban a masticar los tiburones, pero ellas seguían tripotando[15] sus reliquias de pacotilla,[16] llevando y trayendo, tropezando, mientras se les iba en

---

[12]cama para transportar enfermos y difuntos
[13]palos del barco
[14]soga gruesa marítima
[15]recargándolo con
[16]lo que el marinero puede llevar sin impuestos

suspiros lo que no se les iba en lágrimas, así que los hombres terminaron por despotricar[17] que de cuándo acá semejante alboroto por un muerto al garete,[18] un ahogado de nadie, un fiambre de mierda. Una de las mujeres, mortificada por tanta insolencia, le quitó entonces al cadáver el pañuelo de la cara, y también los hombres se quedaron sin aliento.

Era Esteban. No hubo que repetirlo para que lo reconocieran. Si les hubieran dicho Sir Walter Raleigh, quizás, hasta ellos se habrían impresionado con su acento de gringo, con su guacamayo[19] en el hombro, con su arcabuz de matar caníbales, pero Esteban solamente podía ser uno en el mundo, y allí estaba tirado como un sábalo, sin botines, con unos pantalones de sietemesino y esas uñas rocallosas[20] que sólo podían cortarse a cuchillo. Bastó con que le quitaran el pañuelo de la cara para darse cuenta de que estaba avergonzado, de que no tenía la culpa de ser tan grande, ni tan pesado ni tan hermoso, y si hubiera sabido que aquello iba a suceder habría buscado un lugar más discreto para ahogarse, en serio, me hubiera amarrado yo mismo un áncora de galón en el cuello y hubiera trastabillado[21] como quien no quiere la cosa en los acantilados, para no andar ahora estorbando con este muerto de miércoles, como ustedes dicen, para no molestar a nadie con esta porquería de fiambre que no tiene nada que ver conmigo. Había tanta verdad en su modo de estar, que hasta los hombres más suspicaces, los que sentían amargas las minuciosas noches del mar temiendo que sus mujeres se cansaran de soñar con ellos para soñar con los ahogados, hasta ésos, y otros más duros, se estremecieron en los tuétanos con la sinceridad de Esteban.

Fue así como le hicieron los funerales más espléndidos que podían concebirse para un ahogado expósito. Algunas mujeres que habían ido a buscar flores en los pueblos vecinos regresaron con otras que no creían lo que les contaban, y éstas se fueron por más flores cuando vieron al muerto, y llevaron más y más, hasta que hubo tantas flores y tanta gente que apenas si se podía caminar. A última hora les dolió devolverlo huérfano a las aguas, y le eligieron un padre y una madre entre los mejores, y otros se le hicieron hermanos, tíos y primos, así que a través de él todos los habitantes del pueblo terminaron por ser parientes entre sí. Algunos marineros que oyeron el llanto a distancia perdieron la certeza del rumbo, y se supo de uno que se hizo amarrar al palo mayor, recordando antiguas fábulas de sirenas. Mientras se disputaban el privilegio de llevarlo en hombros por la pendiente escarpada de los acantilados, hombres y mujeres tuvieron conciencia por primera vez de la desolación de sus calles, la aridez de sus patios, la estrechez de sus sueños, frente al esplendor y la hermosura de su ahogado. Lo soltaron sin ancla, para que volviera si quería, y cuando lo quisiera, y todos retuvieron el aliento durante la fracción de siglos que demoró la caída del cuerpo hasta el abismo. No tuvieron necesidad de mirarse los unos a los otros para darse cuenta de que ya no estaban completos, ni volverían a estarlo jamás. Pero también sabían que todo sería diferente desde entonces, que sus casas iban a tener las puertas más anchas, los techos más altos, los pisos más firmes, para que el recuerdo de Esteban pudiera andar por todas partes sin tropezar con los travesaños, y que nadie se atreviera a susurrar en el futuro ya murió el bobo grande, qué lástima, ya murió el tonto hermoso, porque ellos iban a pintar las fachadas de colores alegres para eternizar la memoria de Esteban, y se iban a romper el espinazo excavando manantiales en las piedras y sembrando flores en los acantilados, para que los amaneceres de los años venturos los pasajeros de los grandes barcos despertaran sofocados por un olor de jardines en altamar, y el capitán tuviera que bajar de su alcázar con su uniforme de gala, con su astrolabio,[22] su estrella polar y su ristra de medallas de guerra, y señalando el promontorio de rosas en el horizonte del Caribe dijera en catorce idiomas: miren allá, donde el viento es ahora tan manso que se queda a dormir debajo de las camas, allá, donde el sol brilla tanto que no saben hacia dónde girar los girasoles, sí, allá, es el pueblo de Esteban.

---

[17]criticar
[18]a la deriva
[19]tipo de papagayo
[20]duro como piedra
[21]dado tropezones
[22]tipo de telescopio antiguo

Comprensión

1. ¿Qué descubren los niños al comienzo del relato?
   - ¿Qué hacen los hombres con el cadáver?
   - ¿Qué hacen las mujeres?

2. ¿Cómo es el ahogado físicamente? Y aunque está muerto, va cobrando personalidad también. ¿Cómo es su persona?

3. ¿Qué cosas hacen las mujeres con el ahogado para prepararlo para el entierro?

4. ¿Cómo reaccionan los hombres ante el ahogado hermoso?
   - ¿Por qué tienen motivo de reaccionar de ese modo?

5. Describe los funerales de Esteban.
   - ¿Por qué no le pusieron un ancla como habían pensado hacer anteriormente?

Interpretación

1. ¿Qué tipo de narrador cuenta el relato? ¿Cómo se sabe?
   - ¿Expresa el narrador algún asombro ante los hechos poco probables y 'mágicos' del relato?
   - ¿Cómo incluye el narrador los comentarios de los del pueblo? (Busca en el *Diccionario de términos literarios* "discurso indirecto libre".)

2. Describe el espacio que se describe en el relato.
   - ¿Cómo es la vida de los habitantes del pueblo?
   - ¿Qué sería el propósito de crear un ambiente de este tipo?

3. En el primer párrafo, ¿qué creen los niños que es el bulto que ven a la distancia?
   - Explica la transformación del hombre desconocido en figura milagrosa.
   - ¿Qué indica que le hayan puesto un nombre propio?
   - Trata de explicar el discurso que estos datos presenta.

4. Fuera de la anciana que le da nombre de Esteban al cadáver, ¿hay personajes específicos en el relato? ¿Qué podría ser el propósito de tener un protagonista colectivo?

5. Un aspecto del estilo de García Márquez es el uso de la hipérbole. Busca un ejemplo y coméntalo. ¿Qué función tiene la hipérbole en este tipo de narración?

6. ¿Es el ahogado un signo concreto o uno indeterminado? Explica.
   - ¿Qué efecto tiene el ahogado en el pueblo?
   - ¿Qué podría representar el ahogado?
   - ¿Es explícito en el relato? ¿Por qué?

Cultura, conexiones y comparaciones

1. Una innovación importante del Boom es el Realismo mágico, y este relato es un buen ejemplo. ¿Qué hace que sea realismo mágico y no un relato fantástico?
   - ¿Qué papel juega la imaginación en este tipo de relato?

2. Compara este relato con otros que contienen material sobrenatural como "Dos palabras" de Allende, "Chac Mool" de Fuentes y los relatos de Borges y Cortázar. ¿Cómo es "El ahogado más hermoso del mundo" diferente?

3. Que se comente en clase esta observación: En los otros relatos de García Márquez de esta antología —"La mujer que llegaba a las seis" y "La siesta del martes"— se llevan a cabo discursos de índole moral y social. ¿Se observa la misma preocupación en "El ahogado más hermoso del mundo"? Si la transformación que trae Esteban no es de carácter social, ¿de qué es? Por ejemplo, interpreta el significado de que a partir del contacto con el ahogado "sus casas iban a tener las puertas más anchas, los techos más altos, los pisos más firmes".

4. Hay un refrán muy popular en castellano que dice "No hay mal que por bien no venga". Explica el sentido y el uso de este refrán.

   • ¿Cómo se podría aplicar a este relato?

5. En la literatura hay mucho 'reciclaje'. Los autores toman cuentos y tramas ya usados y los vuelven a contar. Como los recuentan en otro período histórico, los cuentos cambian. "El ahogado más hermoso del mundo" puede ser una reelaboración del mito de Ulises y los Feacios, el de San Esteban de la Biblia, y hasta de *Gulliver's Travels* (1726) del escritor irlandés Jonathan Swift (1667–1745). Entérate de estos posibles intertextos por Internet y trae a clase puntos de contacto entre las dos obras para compartir con tus compañeros. ¿Crees que el uso de ideas de otros autores es hacer trampa? Explica.

Julio Cortázar, "Continuidad de los parques"

Autor: Julio Cortázar (1914–1984)

Nacionalidad: Argentino

Datos biográficos: Formado en Argentina, pero pasó gran parte de su vida en Francia. Es un escritor de compromiso político de izquierdas.

Época y movimiento cultural: Narrativa del siglo XX; Boom latinoamericano

Obras más conocidas: Relato: *Fin de juego* (1956); Novela: *Rayuela* (1963)

Importancia literaria: Es un cuentista innovador con sus experimentos geniales con el tiempo y el espacio.

La literatura y la vida

1. ¿Has leído un libro o visto una película o serie de televisión en que una esposa o un esposo infiel conspira con su amante para asesinar a su pareja conyugal? Cuéntalo. ¿Es un tópico común?

2. ¿Has leído alguna novela que te haya cautivado tanto que creías que el mundo ficticio era parte del tuyo? Cuenta.

"Continuidad de los parques"

Había empezado a leer la novela unos días antes. La abandonó por negocios urgentes, volvió a abrirla cuando regresaba en tren a la finca; se dejaba interesar lentamente por la trama, por el dibujo de los personajes. Esa tarde, después de escribir una carta a su apoderado[1] y discutir con el mayordomo[2] una cuestión de aparcerías,[3] volvió al libro en la tranquilidad del estudio que
5   miraba hacia el parque de los robles. Arrellanado[4] en su sillón favorito, de espaldas a la puerta que lo hubiera molestado como una irritante posibilidad de intrusiones, dejó que su mano izquierda acariciara una y otra vez el terciopelo verde y se puso a leer los últimos capítulos. Su memoria retenía sin esfuerzo los nombres y las imágenes de los protagonistas; la ilusión novelesca lo ganó casi en seguida. Gozaba del placer casi perverso de irse desgajando[5] línea a línea de lo
10   que lo rodeaba, y sentir a la vez que su cabeza descansaba cómodamente en el terciopelo del alto respaldo, que los cigarrillos seguían al alcance de la mano, que más allá de los ventanales danzaba el aire del atardecer bajo los robles. Palabra a palabra, absorbido por la sórdida disyuntiva[6] de los héroes, dejándose ir hacia las imágenes que se concertaban y adquirían color y movimiento, fue testigo del último encuentro en la cabaña del monte. Primero entraba la mujer, recelosa;[7] ahora
15   llegaba el amante, lastimada la cara por el chicotazo[8] de una rama. Admirablemente restañaba[9] ella la sangre con sus besos, pero él rechazaba las caricias, no había venido para repetir las ceremonias de una pasión secreta, protegida por un mundo de hojas secas y senderos furtivos. El puñal se entibiaba[10] contra su pecho, y debajo latía la libertad agazapada.[11] Un diálogo anhelante corría por las páginas como un arroyo de serpientes, y se sentía que todo estaba decidido desde
20   siempre. Hasta esas caricias que enredaban el cuerpo del amante como queriendo retenerlo y disuadirlo, dibujaban abominablemente la figura de otro cuerpo que era necesario destruir. Nada había sido olvidado: coartadas,[12] azares,[13] posibles errores. A partir de esa hora cada instante tenía su empleo minuciosamente atribuido. El doble repaso despiadado se interrumpía apenas para que una mano acariciara una mejilla. Empezaba a anochecer.
25   Sin mirarse ya, atados rígidamente a la tarea que los esperaba, se separaron en la puerta de la cabaña. Ella debía seguir por la senda que iba al norte. Desde la senda opuesta él se volvió un instante para verla correr con el pelo suelto. Corrió a su vez, parapetándose[14] en los árboles y los setos, hasta distinguir en la bruma malva del crepúsculo la alameda que llevaba a la casa. Los perros no debían ladrar, y no ladraron. El mayordomo no estaría a esa hora, y no estaba.

---

[1]agente, el que se ocupa de los negocios de otro
[2]encargado de la finca
[3]contratos por los que el dueño de una finca concede a los peones el derecho de cultivarla
[4]extendido cómodamente
[5]*fig.:* apartando
[6]dilema
[7]con miedo; sospechosa
[8]*amer.:* latigazo
[9]detenía
[10]sentía tibio
[11]oculta
[12]historias inventadas de antemano para evitar ser acusado por un delito
[13]casualidades imprevistas
[14]escondiéndose

Subió los tres peldaños del porche y entró. Desde la sangre galopando en sus oídos le llegaban   30
las palabras de la mujer: primero una sala azul, después una galería, una escalera alfombrada. En
lo alto, dos puertas. Nadie en la primera habitación, nadie en la segunda. La puerta del salón, y
entonces el puñal en la mano, la luz de los ventanales, el alto respaldo de un sillón de terciopelo
verde, la cabeza del hombre en el sillón leyendo una novela.

Comprensión

1. ¿Qué está haciendo el hombre al principio del relato?
2. Describe el espacio que le rodea.
3. Describe en detalle la trama de la novela que lee el hombre.
4. ¿Qué descubre al final?

Interpretación

1. La trama de la novela que se cuenta en el relato es un tópico bastante común. ¿Por qué elige el autor una intriga tan manoseada por otros escritores?
   - ¿Crees que ese cuento en sí es lo más importante que quiere dar a conocer Cortázar?
   - ¿Qué parecen ser los propósitos más importantes del relato?

2. Analiza los signos de "finca", "apoderado", "mayordomo" y "aparecerías". ¿Qué nos indican estos signos respecto a la sociedad hispanoamericana?
   - En un cuento tan corto, todo tiene que tener un propósito. ¿De qué modo pueden ser estos detalles importantes?

3. ¿Por cuáles indicios se sabe que el narrador del relato es omnisciente?
4. El relato contiene un discurso metaliterario. Explica.
5. Aunque el desenlace de la novela que se lee en el relato mantiene una trayectoria lineal, la acción del relato en sí es circular. Explica luego de volver a leer la primera y última frase del relato.

Cultura, conexiones y comparaciones

1. Como la gran mayoría de los escritores del Boom, Cortázar es de perfil político izquierdista. Una lectura marxista podría sugerir otra trama que la obvia. El amante de la esposa es el hombre explotado a quien el esposo arrienda su tierra. La mujer y el peón conspiran para destruir al rico explotador. ¿Es posible esta lectura? Explica por qué.

2. La crítica posmoderna diría que "Continuidad de los parques" es un ejemplo de una "obra abierta", lo cual significa que la ambigüedad impide una interpretación fija o exacta. En clase, que cada estudiante busque una posible interpretación de este relato para presentarla brevemente en clase. Y que luego se elija la interpretación más convincente.

3. ¿Clasificarías este relato como Realismo mágico o fantástico o ninguno de los dos? Justifica tu juicio.

4. Luis Quintana Tejera ha escrito lo siguiente en un artículo sobre este relato:

El término "continuidad" es un elemento clave en el título del cuento, porque mediante él se alude a la intercomunicación de diversos planos y al hecho inalterable de que todo en este mundo posee ese carácter de no dejar de ser nunca y de prolongarse en otros espacios y en otros tiempos.

Escribe sobre el sentido de esta observación y su relación al relato de Cortázar.

5. En "Continuidad de los parques" así como en "La noche boca arriba", Cortázar expone dos mundos paralelos. En grupo explica cómo esto se lleva a cabo, y cómo los dos relatos son diferentes.

6. El hombre del relato está completamente embelesado con la trama de la novela. ¿Conoces a otro protagonista que también era lector feroz y se volvió loco?

7. Existe una grabación de "Continuidad de los parques", leído por el mismo Cortázar. Búscalo en YouTube por "Cortázar, Textos en su voz, Continuidad". ¿Ayuda la comprensión cuando el mismo autor lee su obra?

Sabine Ulibarrí, "El caballo mago"

Autor: Sabine Ulibarrí (1919-2003)
Nacionalidad: Estadounidense
Datos biográficos: Es del estado de Nuevo México y ambienta la mayoría de sus obras en esa región.
Época y movimiento cultural: Prosa del siglo XX; Literatura chicana
Obra más conocida: *Tierra Amarilla: Cuentos de Nuevo México* (1964)
Importancia literaria: Es uno de los autores estadounidenses más reconocidos que escribe en español.

La literatura y la vida

1. ¿Crees que hay un momento decisivo cuando un adolescente se convierte en hombre o mujer? ¿Cuál fue ese momento para ti?

2. Todos los seres humanos tienen sueños o metas que quieren conseguir, por quiméricos que sean. ¿Qué sueño tienes tú que a lo mejor es improbable alcanzar?

"El caballo mago"

Era blanco. Blanco como el olvido. Era libre. Libre como la alegría. Era la ilusión, la libertad y la emoción. Poblaba y dominaba las serranías y las llanuras de las cercanías. Era un caballo blanco que llenó mi juventud de fantasía y poesía.

Alrededor de las fogatas del campo y en las resolanas[1] del pueblo los vaqueros de esas tierras hablaban de él con entusiasmo y admiración. Y la mirada se volvía turbia y borrosa de ensueño. La animada charla se apagaba. Todos atentos a la visión evocada. Mito del reino animal. Poema del mundo viril.

Blanco y arcano. Paseaba su harén por el bosque de verano en regocijo imperial. El invierno decretaba el llano y la ladera para sus hembras. Veraneaba como rey de oriente en su jardín silvestre. Invernaba como guerrero ilustre que celebra la victoria ganada.

Era leyenda. Eran sin fin las historias que se contaban del caballo brujo. Unas verdad, otras invención. Tantas trampas, tantas redes, tantas expediciones. Todas venidas a menos. El caballo siempre se escapaba, siempre se burlaba, siempre se alzaba por encima del dominio de los hombres. ¡Cuánto valedor no juró ponerle su jáquima[2] y su marca para confesar después que el brujo había sido más hombre que él!

Yo tenía quince años. Y sin haberlo visto nunca el brujo me llenaba ya la imaginación y la esperanza. Escuchaba embobado a mi padre y a sus vaqueros hablar del caballo fantasma que al atraparlo se volvía espuma y aire y nada. Participaba de la obsesión de todos, ambición de lotería, de algún día ponerle yo mi lazo, de hacerlo mío, y lucirlo los domingos por la tarde cuando las muchachas salen a paseo por la calle.

Pleno el verano. Los bosques verdes, frescos y alegres. Las reses lentas, gordas y luminosas en la sombra y en el sol de agosto. Dormitaba yo en un caballo brioso, lánguido y sutil en el sopor del atardecer. Era hora ya de acercarse a la majada, al buen pan y al rancho del rodeo. Ya los compañeros estarían alrededor de la hoguera agitando la guitarra, contando cuentos del pasado o de hoy o entregándose al cansancio de la tarde. El sol se ponía ya, detrás de mí, en escándalos de rayo y color. Silencio orgánico y denso.

Sigo insensible a las reses al abra.[3] De pronto el bosque se calla. El silencio enmudece. La tarde se detiene. La brisa deja de respirar, pero tiembla. El sol se excita. El planeta, la vida y el tiempo se han detenido de una manera inexplicable. Por un instante no sé lo que pasa.

Luego mis ojos aciertan. ¡Allí está! ¡El caballo mago! Al extremo del abra, en un promontorio, rodeado de verde. Hecho estatua, hecho estampa. Línea y forma y mancha blanca en fondo verde. Orgullo, fama y arte en carne animal. Cuadro de belleza encendida y libertad varonil. Ideal invicto y limpio de la eterna ilusión humana. Hoy palpito todo aún al recordarlo.

Silbido. Reto trascendental que sube y rompe la tela virginal de las nubes rojas. Orejas lanzas. Ojos rayos. Cola viva y ondulante, desafío movedizo. Pezuña tersa y destructiva. Arrogante majestad de los campos.

El momento es eterno. La eternidad momentánea. Ya no está, pero siempre estará. Debió de haber yeguas. Yo no las vi. Las reses siguen indiferentes. Mi caballo las sigue y yo vuelvo lentamente del mundo del sueño a la tierra del sudor. Pero ya la vida no volverá a ser lo que antes fue.

Aquella noche bajo las estrellas no dormí. Soñé. Cuánto soñé despierto y cuánto soñé dormido yo no sé. Sólo sé que un caballo blanco pobló mis sueños y los llenó de resonancia y de luz y de violencia.

Pasó el verano y entró el invierno. El verde pasto dio lugar a la blanca nieve. Las manadas bajaron de las sierras a los valles y cañadas. Y en el pueblo se comentaba que el brujo andaba por este o aquel rincón. Yo indagaba por todas partes su paradero. Cada día se me hacía más ideal, más imagen, más misterio.

---

[1]sitios asolados
[2]lazo para atrapar ganado lanzándolo al cuello
[3]*amer.*: espacio claro del bosque

Domingo. Apenas rayaba el sol de la sierra nevada. Aliento vaporoso. Caballo tembloroso de frío y de ansias. Como yo. Salí sin ir a misa. Sin desayunarme siquiera. Sin pan y sardinas en las alforjas. Había dormido mal y velado bien. Iba en busca de la blanca luz que galopaba en mis sueños.

50   Al salir del pueblo al campo libre desaparecen los caminos. No hay rastro humano o animal. Silencio blanco, hondo y rutilante. Mi caballo corta el camino con el pecho y deja estela eterna, grieta abierta, en la mar cana. La mirada diestra y atenta puebla el paisaje hasta cada horizonte buscando el noble perfil del caballo místico.

Sería mediodía. No sé. El tiempo había perdido su rigor. Di con él. En una ladera contami-
55   nada de sol. Nos vimos al mismo tiempo. Juntos nos hicimos piedra. Inmóvil, absorto y jadeante contemplé su belleza, su arrogancia, su nobleza. Esculpido en mármol, se dejó admirar.

Silbido violento que rompe el silencio. Guante arrojado a la cara. Desafío y decreto a la vez. Asombro nuevo. El caballo que en verano se coloca entre la amenaza y la manada, oscilando a distancia de diestra a siniestra, ahora se lanza a la nieve. Más fuerte que ellas, abre la vereda a las
60   yeguas, y ellas lo siguen. Su fuga es lenta para conservar sus fuerzas.

Sigo. Despacio. Palpitante. Pensando en su inteligencia. Admirando su valentía. Apreciando su cortesía. La tarde se alarga. Mi caballo cebado a sus anchas.

Una a una las yeguas se van cansando. Una a una se van quedando a un lado. ¡Solos! El y yo. La agitación interna reboza a los labios. Le hablo. Me escucha y calla.

65   Él abre el camino y yo sigo por la vereda que me deja. Detrás de nosotros una larga y honda zanja blanca que cruza la llanura. El caballo que ha comido grano y buen pasto sigue fuerte. A él, mal nutrido, se la han agotado las fuerzas. Pero sigue porque es él y porque no sabe ceder.

Encuentro negro y manchas negras por el cuerpo. La nieve y el sudor han revelado la piel negra bajo el pelo. Mecheros violentos de vapor rompen el aire. Espumarajos blancos sobre la
70   blanca nieve. Sudor, espuma y vapor. Ansia.

Me sentí verdugo. Pero ya no había retorno. La distancia entre nosotros se acortaba implacablemente. Dios y la naturaleza indiferentes.

Me siento seguro. Desato el cabestro.[4] Abro el lazo. Las riendas tirantes. Cada nervio, cada músculo alerta y el alma en la boca. Espuelas tensas en ijares temblorosos. Arranca el caballo.
75   Remolineo el cabestro y lanzo el lazo obediente.

Vértigo de furia y rabia. Remolinos de luz y abanicos de transparente nieve. Cabestro que silba y quema en la teja de la silla. Guantes violentos que humean. Ojos ardientes en sus pozos. Boca seca. Frente caliente. Y el mundo se sacude y se estremece. Y se acaba la larga zanja blanca en un ancho charco blanco.

80   Sosiego jadeante y denso. El caballo mago es mío. Temblorosos ambos, nos miramos de hito en hito por un largo rato. Inteligente y realista, deja de forcejar y hasta toma un paso hacia mí. Yo le hablo. Hablándole me acerco. Primero recula. Luego me espera. Hasta que los dos caballos se saludan a la manera suya. Y por fin llego a alisarle la crin. Le digo muchas cosas, y parece que me entiende.

85   Por delante y por las huellas de antes lo dirigí hacia el pueblo. Triunfante. Exaltado. Una risa infantil me brotaba. Yo, varonil, la dominaba. Quería cantar y pronto me olvidaba. Quería gritar pero callaba. Era un manojo de alegría. Era el orgullo del hombre adolescente. Me sentí conquistador.

El Mago ensayaba la libertad una y otra vez, arrancándome de mis meditaciones abruptamente. Por unos instantes se armaba la lucha otra vez. Luego seguíamos.

90   Fue necesario pasar por el pueblo. No había remedio. Sol poniente. Calles de hielo y gente en los portales. El Mago lleno de terror y pánico por la primera vez. Huía y mi caballo herrado lo detenía. Se resbalaba y caía de costalazo. Yo lloré por él. La indignidad. La humillación. La alteza venida a menos. Le rogaba que no forcejara, que se dejara llevar. ¡Cómo me dolió que lo vieran así los otros!

95   Por fin llegamos a la casa. "¿Qué hacer contigo, Mago? Si te meto en el establo o en el corral, de seguro te haces daño. Además sería un insulto. No eres esclavo. No eres criado. Ni siquiera

---

[4]rozal: cuerda que se ata al pescuezo o a la cabeza de los caballos para sujetarlos

eres animal." Decidí soltarlo en el potrero.[5] Allí podría el Mago irse acostumbrando poco a poco a mi amistad y compañía. De ese potrero no se había escapado nunca un animal.

Mi padre me vio llegar y me esperó sin hablar. En la cara le jugaba una sonrisa y en los ojos le bailaba una chispa. Me vio quitarle el cabestro al Mago y los dos lo vimos alejarse, pensativos. Me estrechó la mano un poco más fuerte que de ordinario y me dijo: "Esos son hombres". Nada más. Ni hacía falta. Nos entendíamos mi padre y yo muy bien. Yo hacía el papel de *muy hombre* pero aquella risa infantil y aquel grito que me andaban por dentro por poco estropean la impresión que yo quería dar.

Aquella noche casi no dormí y cuando dormí no supe que dormía. Pues el soñar es igual, cuando se sueña de veras, dormido o despierto. Al amanecer yo ya estaba de pie. Tenía que ir a ver al Mago. En cuanto aclaró salí al frío a buscarlo.

El potrero era grande. Tenía un bosque y una cañada. No se veía el Mago en ninguna parte pero yo me sentía seguro. Caminaba despacio, la cabeza toda llena de los acontecimientos de ayer y de los proyectos de mañana. De pronto me di cuenta que había andado mucho. Aprieto el paso. Miro aprensivo a todos lados. Empieza a entrarme el miedo. Sin saber voy corriendo. Cada vez más rápido.

No está. El Mago se ha escapado. Recorro cada rincón donde pudiera haberse agazapado.[6] Sigo la huella. Veo que durante toda la noche el Mago anduvo sin cesar buscando, olfateando, una salida. No la encontró. La inventó.

Seguí la huella que se dirigía directamente a la cerca. Y vi como el rastro no se detenía sino continuaba del otro lado. El alambre era de púa. Y había pelos blancos en el alambre. Había sangre en las púas. Había manchas rojas en la nieve y gotitas rojas en las huellas del otro lado de la cerca.

Allí me detuve. No fui más allá. Sol rayante[7] en la cara. Ojos nublados y llenos de luz. Lágrimas infantiles en mejillas varoniles. Grito hecho nudo en la garganta.

Sollozos despacio y silenciosos.

Allí me quedé y me olvidé de mí y del mundo y del tiempo. No sé cómo estuvo, pero mi tristeza era gusto. Lloraba de alegría. Estaba celebrando, por mucho que me dolía, la fuga y la libertad del Mago, la trascendencia de ese espíritu indomable. Ahora seguiría siendo el ideal, la ilusión y la emoción. El Mago era un absoluto. A mí me había enriquecido la vida para siempre.

Allí me halló mi padre. Se acercó sin decir nada y me puso el brazo sobre el hombro. Nos quedamos mirando la zanja blanca con flecos de rojo que se dirigía al sol rayante.

Comprensión

1. ¿Qué fama tiene el caballo blanco entre los vaqueros del pueblo?

2. ¿Por qué le fascina y hasta hechiza el caballo al joven narrador?

3. ¿Qué logra hacer el muchacho una tarde con el caballo?

4. ¿Cómo reacciona su padre al éxito de su hijo?

5. ¿Qué hace el caballo durante la noche?

6. ¿Cómo reacciona el muchacho al darse cuenta de lo que ha hecho el caballo?

Interpretación

1. ¿Quién es el narrador?
   - ¿Narra desde el presente de los hechos o los recuerda luego en su vida? Antes de contestar, vuelve a leer el primer párrafo.

---

[5]terreno para pastar los caballos
[6]escondido
[7]de rayos intensos

- Cuando se narra algo que pasó, ¿cuáles son las transformaciones que pudieran ocurrir? ¿Crees que eso pasa en este cuento?

2. Caracteriza el estilo del cuento, considerando la construcción sintáctica de las oraciones, el papel de la naturaleza, el uso de recursos poéticos, etc.

- ¿Crees que se narra con un estilo realista? Explica.

3. Resaltan los recursos poéticos. Identifica los siguientes:

- "Libre como la alegría";
- "al atraparlo se volvía espuma y aire y nada";
- "De pronto el bosque se calla";
- "La eternidad momentánea";
- "Lloraba de alegría".

4. El caballo mago como signo tiene varios significantes simbólicos. Menciona algunos de ellos.

- ¿Cómo es el caballo un símbolo de virilidad?
- ¿Qué importancia pudiera tener este detalle respecto al narrador?
- ¿Es el caballo real o imaginario?

5. Analiza este cuento como un tipo de *Bildungsroman*.

6. Analiza el cuento desde el punto de vista mítico.

Cultura, conexiones y comparaciones

1. Más de 13% de la población de los Estados Unidos es de origen hispana, y en los grandes centros urbanos como Los Ángeles, Nueva York y Chicago la concentración es mucho mayor. Esto explica en parte el fenómeno de una literatura escrita en español dentro de los Estados Unidos. Además de Ulibarrí y Tomás Rivera, se debe tomar en cuenta que Isabel Allende, aunque chilena de nacimiento, vive en Estados Unidos y escribe en español, lo cual comprueba que se puede mantener un contacto íntimo con el español dentro de los Estados Unidos para escribir literatura en ese idioma. Además, se debe recordar varios escritores latinos de los Estados Unidos que no escriben en español, sino en inglés. Entre ellos se destacan Julia Álvarez, Sandra Cisneros, Cristina García, Junot Díaz y Oscar Hijuelos. Haz investigación por Internet sobre estos y otros escritores para hacer una corta presentación en clase.

2. Aunque Ulibarrí claramente no pertenece al Boom, este relato pudiera tener algo en común con algunos escritores hispanoamericanos del siglo XX. Explica.

MÉTRICA ESPAÑOLA

Las reglas y normas de la prosodia castellana que se dan a continuación usarán como ejemplo las últimas dos estrofas del poema "Volverán las oscuras golondrinas" de Bécquer.

Volverán del amor en tus oídos	1
las palabras ardientes a sonar;	2
tu corazón, de su profundo sueño	3
tal vez despertará;	4
pero mudo y absorto y de rodillas,	5
como se adora a Dios ante su altar,	6
como yo te he querido… desengáñate:	7
¡así no te querrán!	8

Reglas para contar sílabas en castellano

- Se debe considerar tres cosas: (1) el número de vocales, diptongos y triptongos en cada palabra o frase; (2) la sinéresis y la sinalefa; y (3) la diéresis. Estos conceptos se explicarán a continuación.

- En castellano, una palabra o frase tiene tantas sílabas como tiene vocales, diptongos o triptongos.

- La primera palabra de la estrofa de Bécquer (*volverán*) contiene tres vocales, de modo que tiene tres sílabas.

- Un diptongo se da cuando una vocal fuerte (*a, o, e*) se junta con una débil (*i, u*). Por ejemplo, la palabra *ardientes* del verso 2 contiene el diptongo *ie*, de modo que la palabra contiene tres sílabas.

- La sinéresis es la contracción de dos vocales fuertes en una misma sílaba. Por ejemplo, la palabra *creer* tiene dos sílabas, pero se cuentan como una.

- La sinalefa tiene lugar entre palabras contiguas. Por ejemplo, en el verso 7, en la frase "te he querido", la *e* de *te* se junta con la *e* de *he* (recuerda que la *h* no se oye) formando una sola sílaba, de modo que la frase tiene cuatro sílabas en vez de cinco. La sinalefa también puede producir un diptongo. Así ocurre en la frase "ante su altar", en el verso 6, donde la *u* de *su* y la *a* de *altar* se juntan para formar un diptongo *ua*, de modo que la frase contiene cuatro sílabas en vez de cinco.

Reglas para contar sílabas métricas en castellano

- Se debe considerar la última palabra del verso y determinar si es llana, aguda o esdrújula. Estos conceptos se explicarán a continuación.

- La palabra llana es una en la que el acento tónico cae en la penúltima sílaba, como en las palabras *oídos, sueño* y *rodillas* de la estrofa de Bécquer.

- Las palabras agudas son las que tienen la sílaba tónica en la última sílaba, como en las palabras *sonar, despertará, altar* y *querrán*.

- En las palabras esdrújulas, el acento tónico está en la antepenúltima sílaba, como en *desengáñate*.

- En el sistema prosódico castellano, cuando la última palabra del verso es aguda, se le añade una sílaba a la cuenta. Así, el verso "las palabras ardientes a sonar" tiene 11 sílabas (las 10 que tiene más la que se le añade por terminar en palabra aguda).

- Cuando el verso termina en una palabra esdrújula, se le resta una sílaba a la cuenta. Fíjate en el verso "como yo te he querido… desengáñate". Contiene 11 sílabas (en realidad tiene 12, pero se le resta una sílaba por terminar en palabra esdrújula).

- Cuando el verso termina en una palabra llana, no se añade ni se resta sílaba. Así, el verso "tu corazón de su profundo sueño" contiene 11 sílabas.

Versificación regular e irregular

- Los versos en castellano pueden ser regulares o irregulares.

- En la versificación regular, el poema tiene un número fijo de sílabas; en la irregular no. La poesía del mester de juglaría, por ejemplo, es de versificación irregular, así como los poemas modernos de verso libre.

- La estrofa arriba de Bécquer es regular, porque los suyos son versos de 11 sílabas, con un último verso de 6 sílabas, y este esquema se repite a lo largo del poema.

Clasificación del verso según el número de sílabas

- **Tetrasílabo** (4 sílabas). Son muy raros en la prosodia castellana. Espronceda lo usa en algunas estrofas de "Canción del pirata":

Veinte presas
hemos hecho
a despecho
del inglés.

- **Hexasílabo** (6 sílabas). Estos también son bastante raros, aunque los emplea Alfonsina Storni en "Tú me quieres blanca":

Tú me quieres alba;
me quieres de espumas;
me quieres de nácar,
que sea azucena,
sobre todas, casta.

- **Heptasílabo** (7 sílabas). No es muy frecuente, pero se puede observar en los *Proverbios morales* de Sem Tob:

Quiero dezir del mundo
e de las sus maneras,
e cómmo de él dubdo,
palabras muy çerteras;

- **Octosílabo** (8 sílabas). El verso más común de la prosodia castellana, tanto para su expresión popular (el Romancero) como para la culta. Machado lo emplea aquí:

He andado muchos caminos,
he abierto muchas veredas;
he navegado en cien mares,
y atracado en cien riberas.

- **Eneasílabo** (9 sílabas). Es un número difícil de conseguir en castellano. Lo emplea Darío en "Canción de otoño en primavera":

Juventud, divino tesoro,
¡ya te vas para no volver!
Cuando quiero llorar, no lloro,
y a veces lloro sin querer…

- **Decasílabo** (10 sílabas). No es frecuente, pero lo emplea Bécquer en varias de sus *Rimas*:

¡Yo soy un sueño, un imposible,
vano fantasma de niebla y luz;
soy incorpórea, soy intangible:
no puedo amarte.
—¡Oh ven, ven tú!

- **Endecasílabo** (11 sílabas). Es una de las formas prosódicas predilectas del castellano, sobre todo para la expresión culta. Los sonetos renacentistas y barrocos lo emplean, como este de Garcilaso:

En tanto que de rosa y azucena
se muestra la color en vuestro gesto,
y que vuestro mirar ardiente, honesto,
enciende al corazón y lo refrena,

- **Dodecasílabo** (12 sílabas). Darío lo emplea en "Sinfonía en gris mayor":

El mar como un vasto cristal azogado
refleja la lámina de un cielo de cinc;
lejanas bandadas de pájaros manchan
el fondo bruñido de pálido gris.

- **Alejandrino** (14 sílabas). Los versos de 14 sílabas es la forma del mester de clerecía medieval, así como la de muchas formas modernas. Nota su uso por Julia de Burgos:

Ya las gentes murmuran que yo soy tu enemiga
porque dicen que en verso doy al mundo tu yo.

DICCIONARIO DE TÉRMINOS LITERARIOS

■■■

Acotación 4.4

Aféresis 2.4

Agudo (verso) 3.2

Alegoría 2.1

Alejandrino 3.2

Aliteración 3.7

Ambigüedad 2.4

Americanismo 2.4

Anacronía 5.4

Anadiplosis 3.6

Anáfora 3.6

Anagnórisis 4.2

Analepsis 5.4

Analogía 2.2

Anglicismo 2.4

Antagonista 2.8

Antanaclasis 2.4

Anticlímax 4.4

Antífrasis 2.2

Antihéroe 2.8

Antipoesía 3.8

Antítesis 2.2

Antonomasia 2.1

Antonomía 2.2

Aparte 4.4

Apócope 2.4

Apólogo 5.2

Apóstrofe 3.9

Arcaísmo 2.4

Arte mayor 3.2

Arte menor 3.2

Asíndeton 3.7

Asonancia 3.4

Autor implícito 5.5

Autorreferencia 2.10

Barbarismo 2.4

Barroco 1.4

Beatus ille 2.7

Bildungsroman 5.2

Boom 1.14

Caballería 5.2

Cacofonía 3.7

Carpe diem 2.7

Catarsis 4.2

Cesura 3.2

Circunlocución 2.3

Clasicismo 1.3

Clerecía 1.1

Clímax 4.4

Código 2.5

Comedia 4.3

Comentario de texto 6.2

Comunicación 2.5

Conceptismo 1.4

Consonancia 3.4

Contrapunto 2.2

Contrarreforma 1.2

Costumbrismo 1.8

Criollismo 1.8

Crónica 5.2

Cuaderna vía 1.1; 3.5

Cuarteto 3.3

Cuento 5.2

Culteranismo 1.4

Cultismo 2.4

Decasílabo 3.2

Deconstrucción 6.8

Desenlace 4.4

Destinatario 2.5

Dialogismo 5.3

Diéresis 3.2

Discurso 5.5

Dodecasílabo 3.2

Drama 4.1

Edad Media 1.1

Elegía 3.8

Elipsis 2.3

Emblema 2.1

Emisor 2.5

Encabalgamiento 3.9

Endecasílabo 3.2

Eneasílabo 3.2

Epanadiplosis 3.6

Épica 3.8

Epífora 3.6

Epíteto 2.4

Época colonial 1.5

Época Medieval 1.1

Epopeya 3.8

Esdrújulo (verso) 3.2

Estilo indirecto libre 5.4

Estribillo 3.8

Estrofa 3.3

Estructura externa 4.4

Estructura interna 4.4

Estudios culturales 6.11

1. Movimientos culturales y literarios (en orden cronológico)

1.1 Edad Media (Época Medieval, Medioevo). Los siglos entre la desintegración del Imperio romano y el Renacimiento en el siglo XV. En la literatura española se cultivan esencialmente dos formas: la **Juglaría**, que es el arte de los poetas-cantantes que componían epopeyas y las recitaban en las plazas de los pueblos, y la **Clerecía**, que son las escrituras religiosas de los monjes, con fines didácticos. Es escrito en **cuaderna vía**, que son versos de catorce sílabas agrupados en cuartetos con rima AAAA, BBBB.

1.2 Siglo de Oro. La producción artística de España en los siglos XVI y XVII. El término se emplea también para todas las artes de ese período, como las artes plásticas, la arquitectura, la música, etc. Desde un punto de vista histórico, la época está dominada por los descubrimientos transatlánticos y las guerras de la Reforma y la Contrarreforma. La **Reforma** es un movimiento intelectual y teológico empezado por Martín Lutero, que pedía una reforma total de la Iglesia católica. España, como la potencia principal de Europa, encabezó una **Contrarreforma** bélica contra los protestantes.

1.3 Renacimiento. Movimiento cultural europeo que forma un puente entre la Época Medieval y la moderna y que empieza en Italia entre los siglos XIV y XV. El **Clasicismo** se refiere a la imitación de modelos grecorromanos con su realismo, armonía e idealismo.

Se reelaboraron las ideas filosóficas de Platón en un movimiento llamado **Neoplato-nismo**, en que las ideas paganas y las cristianas fueron reconciliadas. La idea de Platón de que todo está compuesto por un aspecto físico y otro conceptual fue interpretada como el cuerpo y el espíritu del cristianismo. El **Humanismo**, término muy ligado al Renacimiento, se refiere a los estudios filosóficos, filológicos, teológicos y culturales llevados a cabo por individuos que se sentían vigorizados por las nuevas posibilidades que ofrecía una nueva época. En esta época surge el **Misticismo** en España en que se logra una unión espiritual con Dios.

1.4 Barroco. Término para describir el arte (literario, plástico, músico, etc.) exuberante y decadente de finales del siglo XVI, todo el siglo XVII y los principios del XVIII. Corresponde al ocaso del poderío español en Europa, y se expresa con un estilo recargado de adornos y elementos retóricos. Ideológicamente expresa un sentido de desengaño, sin jamás llegar al escepticismo religioso. El **Conceptismo** se refiere al estilo enrevesado y las ideas filosóficas rebuscadas de los escritores como Quevedo y Gracián. El **Culteranismo**, sin embargo, se refiere más a los juegos retóricos ingeniosos empleados por los escritores barrocos y se asocia con Góngora.

1.5 Época colonial. Se refiere a todo el período en que Hispanoamérica permanece bajo la dominación de España, o sea entre 1492 hasta las independencias, que se llevan a cabo principalmente en la década de 1810. Aunque es una denominación histórica, se emplea para la producción literaria también.

1.6 Neoclasicismo. El retorno a las reglas artísticas del arte grecolatino, de modo que el Renacimiento es una época neoclásica. Pero como movimiento literario se refiere al siglo XVIII cuando ocurre una reacción al Barroco y un retorno a las formas estrictas del clasicismo. Como movimiento intelectual se emplea la **Ilustración**, y muchos de los filósofos ilustrados crean las bases ideológicas para la época moderna.

1.7 Romanticismo. Por una parte es lo opuesto del clasicismo, y se refiere al abandono total de las reglas de la escritura y el desenfrenamiento total del "yo" literario. Es, además, el movimiento cultural que introduce la edad moderna, rompiendo con la mayoría de las instituciones del régimen antiguo y estableciendo nuevas instituciones que dan al individuo la capacidad de determinar o mejorar su destino. En la literatura se expresa con una libertad total frente a los géneros y un énfasis en las experiencias personales como materia literaria.

1.8 Realismo. Un movimiento literario europeo de la segunda mitad del siglo XIX. Se aplica principalmente a la narrativa y al teatro, y su intención es de captar la realidad del modo más completo y objetivo posible. Como consecuencia, el movimiento emplea mucho **Costumbrismo** (retratos de las costumbres sociales y populares) y muchas obras se ambientan en sus respectivas regiones (**Regionalismo**). En Hispanoamérica, las obras costumbristas y regionalistas se combinaron en el **Criollismo**. El **Naturalismo** nace del Realismo y pinta a los seres humanos determinados por fuerzas que ellos no pueden controlar, como su medio ambiente o su herencia. Suele pintar los elementos más sórdidos de la realidad.

1.9 Modernismo. En las letras hispánicas, el término no se emplea para caracterizar a la literatura moderna. En vez de esto, es un movimiento literario que afectó todos lo géneros, aunque se da principalmente en la poesía. Empieza en Hispanoamérica y se transporta a España. Su mayor apologista, Rubén Darío, rechazó el criollismo dominante para crear una lírica más cosmopolita y refinada. El movimiento experimentó muchísimo con las formas y métricas poéticas. Los seguidores del movimiento en el siglo XX se agrupan a veces bajo el término del **Posmodernismo**.

1.10 La Generación de 98. Es un término (no un movimiento) empleado en la historiografía literaria hispánica para referirse a un grupo de escritores españoles que sufren la crisis histórica de la Guerra con los Estados Unidos (1898). Sus miembros principales (Unamuno, Machado, Valle Inclán, Baroja) tomaron caminos diferentes estilísticmente, pero todos, en algún momento, reflexionaron sobre la situación de España. Muchos fueron influenciados por el Modernismo.

1.11 Existencialismo. Es una filosofía desarrollada en el siglo XIX pero que ha florecido en el siglo XX. Sus adherentes desconfían en Dios o en una vida más allá de la muerte. La existencia que se vive en la tierra es la única existencia. Como consecuencia, los escritos existencialistas suelen expresar apatía, desesperación y depresión.

1.12 Vanguardismo. Es un término general que agrupa muchos movimientos experimentales en las artes durante la primera mitad del siglo XX, aunque su influencia se extiende hasta nuestros días. En el arte plástico se asocia con el Cubismo, el Dadaísmo, el Futurismo, etc. En la literatura hispánica hubo muchos movimientos de vanguardia (Creacionismo, Ultraísmo, etc.), pero el que produjo mayores frutos fue el **Surrealismo**. Se basa en gran parte en las teorías de Freud respecto a los sueños, donde el psicólogo austriaco descubrió en ellos proyecciones de la realidad oculta de la subconciencia. Estas realidades se manifiestan en signos irreales e irracionales. La **Jitanjáfora** emplea signos lingüísticos solo por su valor fónico y no su significado. Este movimiento se empleó felizmente en la **Poesía negra** (también conocido por el término francés **Negritud**), donde se mezclaron los ritmos y sonidos de la música afroantillana así como signos de su cultura. En el teatro, su mayor manifestación es el **Teatro del absurdo** en que se desobedece por completo las unidades de tiempo, espacio y acción.

1.13 Posguerra Civil Española. Expresión para caracterizar la literatura española de la dictadura de Francisco Franco (por eso a veces se observa el término 'Franquismo') entre 1939 y 1975. La mayor tendencia narrativa y dramática fue el **Realismo social**, un estilo dentro del realismo pero con un claro compromiso social y la fe de que el escritor, al exponer las injusticias sociales, tiene la posibilidad de transformar el mundo. El **Tremendismo** es una corriente neonaturalista de la época asociada con Cela, donde se pintan las atrocidades del mundo y se enfoca en actos brutales y escenas escabrosas.

1.14 Boom. Término ya muy establecido para agrupar a los novelistas hispanoamericanos de mediados del siglo XX que alcanzaron un prestigio internacional por la calidad y originalidad de sus obras. El término no expresa una estética, ideología o movimiento específico, y hay poco en común entre los novelistas. Sin embargo, la mayoría abrazan ideologías de izquierda, experimentan genialmente con el tiempo y el espacio, así como el punto de vista narrativo, y poseen un dominio extraordinario del idioma. Una creación del Boom es el **Realismo mágico**, asociado con García Márquez, aunque cultivado por otros narradores. Aquí se incorporan elementos anómalos, irreales o improbables dentro de un marco realista, con resultados humorísticos pero trascendentales. A veces se emplea el término **Posboom** para referirse a los escritores, muchos de ellos mujeres, que se han destacado después del apogeo del Boom y cuyas reverberaciones se siguen sintiendo.

2. Figuras retóricas y términos literarios generales

2.1 Tropos. Término general que agrupa figuras retóricas que emplean signos cuyo sentido va mucho más allá que su significado, pero que mantiene alguna relación con él. En la **metáfora**, se comparan o contrastan dos signos, normalmente de diferentes categorías, para facilitar su comprensión ("montañas" con "canas"). Cuando la comparación es explícita empleando el adverbio "como", se convierte en **símil** ("los picos de las montañas son como canas"). La **metonimia** emplea un signo por otro, con el cual mantiene alguna semejanza ("antes que el tiempo airado/cubra de nieve la hermosa cumbre" de Garcilaso). La **sinécdoque** es una forma sencilla de metonimia cuando se emplea una palabra en vez de otra (canas por vejez), y la **antonomasia** sustituye un nombre propio por el apelativo o viceversa (el Maestro por Velázquez). El **eufemismo** sustituye una palabra más suave en lugar de una más franca y malsonante (anciano en vez de viejo). La **sinestesia** une dos ideas o palabras que provienen de distintos ámbitos sensoriales (visión sabrosa). En la **alegoría**, un signo cobra el significado de otro por medio metafórico, y esa semejanza o relación se mantiene a lo largo de la pieza. El **símbolo** es un signo que, dentro de su sistema de significación, adquiere otro significante, sin perder su significado original. Cuando un símbolo es tan común que todos lo interpretan del mismo modo, se denomina un **emblema**.

2.2 Figuras de comparación, transformación, oposición y contradicción. La **oposición** es la contrariedad o el antagonismo entre dos signos o sistemas de signos. La **oposición binaria** es la misma cosa, pero se refiere a las oposiciones fundamentales y universales (el bien y el mal). La **antífrasis** consiste en emplear voces para referirse a personas o cosas que son lo contrario de cómo son. Contiene algo de ironía (sabio por tonto). La **antítesis**, como la **antonomía**, consiste en contraponer dos ideas o palabras de significación contraria (una muerte feliz). La **ironía** consiste en dar a entender lo contrario de lo que se dice. La **paradoja** es un enunciado contradictorio pero que parece lógico; también se emplea el **oxímoron**: las diferencias entre las dos son muy sutiles. El **retruécano** es una inversión de términos con el propósito de crear una antítesis. En la retórica, el **paralelismo** es una semejanza de estructura, de ideas, de tema, etc. perceptible en un texto. La **analogía** es una semejanza entre dos cosas opuestas. El **contrapunto** es un término musical que se emplea en la literatura para formar un contraste entre dos cosas o acciones simultáneas. La **personificación** o **prosopopeya** se da cuando se le concede a objetos inanimados características humanas.

2.3 Figuras de alteración sintáctica. La **circunlocución** o **perífrasis** es un rodeo de palabras para expresar algo que se podría haber dicho con menos palabras. La **elipsis** es una oración o idea que no se completa sintácticamente, y el lector tiene que inferir. El **hipérbaton** es la alteración del orden lógico y normal de las palabras. Aunque se habla más de esta figura en la poesía, ocurre igualmente en la prosa.

2.4 Figuras y términos referentes a la palabra. La **antanaclasis** es la repetición de la misma palabra pero con significados diferentes en contextos diferentes. La **polisemia** es un signo con múltiples significados. En la **paronomasia** se emplean dos signos de diferentes significados pero con semejanza fónica (casa, caza). La **ambigüedad** se da cuando una palabra o acción puede entenderse de diferentes modos o con distintas interpretaciones, resultando en incertidumbre o confusión por parte del lector. Un **cultismo** es una palabra procedente del griego o latín que se emplea en una obra literaria y cuyo sentido es conocido por pocos, mientras el **arcaísmo** es una palabra usada en tiempos anteriores pero de poca frecuencia en el presente. El **neologismo** es una palabra inventada o de uso reciente en el idioma. El **barbarismo** es el uso incorrecto de una palabra. A veces las palabras se acortan: el **aféresis** es cuando se pierde la primera sílaba (ta bien) y el **apócope** es cuando se pierde la última (pa). El **epíteto** es un adjetivo que solo enfatiza el sustantivo (frío hielo). Hay varios términos para referirse a palabras que provienen de otros idiomas pero que son aceptados: **americanismo** (palabra de uso en algún país hispanoamericano pero no en España; puede referirse al país exacto de su uso, como Mexicanismo); **anglicismo** (palabra de origen en la lengua inglesa); **galicismo** (de origen francés), etc.

2.5 Términos de la comunicación. El **código** es parte de un sistema de signos de un discurso cuya comprensión es esencial para entender el mensaje. La comunicación solo puede ocurrir cuando el emisor y el receptor comparten los mismos códigos. El **emisor** es la fuente de donde se emite el mensaje, y el **receptor** o **destinatario** es el que es el recipiente del **mensaje**. El **lector ideal** es el lector imaginado por el emisor (autor o narrador) y que es capaz de comprender todos los códigos de su mensaje y hasta entender el **subtexto**, o sea, lo que el texto implica pero que no dice directamente. El **narratario** es un personaje dentro del texto a quien se dirige el narrador. En estos casos, los lectores solo escuchan el discurso sin ser los auténticos receptores.

2.6 Términos de la lingüística. **Sintaxis** (adj. sintáctico) es la rama de la gramática que enseña a coordinar palabras para formar las oraciones. La **morfología** (adj. morfológico) es la parte de la gramática que se ocupa de la estructura de las palabras. La **fonética** es el estudio sistemático de los sonidos de un idioma, y la **fonología** (adj. fonológico) se dedica a la función de los sonidos en un enunciado. La **etimología** estudia el origen de las palabras. La **filología** (adj. filológico) es la ciencia que estudia una cultura a través de su lengua y su literatura. El **léxico** (adj. léxico) es el vocabulario entero de un idioma o las palabras que se emplean en una obra en particular.

2.7 Tema. El asunto o los asuntos generales que se desarrollan en una obra literaria y que se deduce de su análisis. Normalmente el tema es un asunto universal (el amor, los celos). El **leitmotivo** es término musical que se emplea en la literatura para expresar la repetición de un tema a lo largo de un texto. Hay varios temas que provienen de la literatura latina y que se han empleado sobre todo en la literatura clásica: *carpe diem* (aprovechase de la juventud); *beatus ille* (la alabanza de la vida sencilla del campo); **locus amoenus** (la idealización de la realidad para hacerla amena); *tempus fugit* (el tiempo que se va muy rápidamente); *memento mori* (el recuerdo de que uno morirá).

2.8 Personaje. Cada uno de los seres que intervienen en una obra. El **protagonista** es el personaje principal quien normalmente representa lo bueno, mientras que el **antagonista** es su principal oponente quien normalmente representa lo malo. Un **héroe** es un protagonista que se destaca por sus hazañas extraordinarias. Lo opuesto es un **antihéroe**, un protagonista que no muestra características heroicas.

2.9 Semiología o semiótica. El **signo** es cualquier palabra, gesto, objeto, acción, etc. que tenga la capacidad de comunicar. En la lingüística, el signo está compuesto de un significdo (su aspecto conceptual) y su significante (los aspectos fónicos y escritos que conducen a entender el significado). En la literatura, y en este texto, se emplea una versión humanística del signo, en que el **significado** es su aspecto conceptual, entendido por todos, y el **significante** es el sentido particular del signo cuando se emplea en un **sistema de significación** particular. Por ejemplo, el significado de "espada" es entendido por todo hispanohablante, pero su significante puede ser fálico en un sistema de significación particular y simbólico del poder militar en otro. El **referente** es simplemente a lo que se refiere el enunciado, que, al no saberlo, no hay comunicación. Por ejemplo, "blanco, bello y fragante" no se refiere a una flor, sino a un detergente en un particular sistema de significación.

2.10 Autorreferencia. Un fenómeno que ocurre cuando un autor se refiere a su propia obra dentro de la misma obra. Se emplea el prefijo "meta", que en griego significa "mismo", de modo que un **metapoema** es uno que expresa ideas sobre lo que es poesía; un **metadrama** es un drama dentro de otro; un discurso de la **metalingüística** (adj. metalingüístico) es uno en que el autor escribe sobre las palabras que está empleando; la **metaliteratura** (adj. metaliterario) es cuando cualquier obra literaria se refiere a sí misma de algún modo.

2.11 Figuras con intención burlesca. La **sátira** (adj. satírico) es un escrito cuyo objeto es criticar o burlarse de alguien o algo, normalmente por medio de la ridiculización, la farsa, la ironía, etc. El **hipérbole** consiste en exagerar para hacer hincapié en alguna idea o con fines satíricos. La **parodia** es una imitación con intención de burla.

3. Figuras retóricas y términos literarios correspondientes a la poesía

3.1 Métrica. La ciencia que trata la medida o estructura de los versos, de sus clases y de las distintas combinaciones que con ellos pueden formarse. La **polimetría** es cuando se combinan diferentes formas métricas en una misma composición.

3.2 Verso. Cada una de las líneas de un poema. La extensión del verso depende en el número de sílabas, y su estudio se llama la **versificación**. Hay **versificación irregular** donde el número de sílabas varía y **versificación regular** donde se mantiene el número preciso de sílabas a lo largo de la composición. En el **verso blanco** o **verso suelto** hay un número preciso de sílabas, pero no tiene rima, y el **verso libre** carece de versificación regular así como de rima. El verso de **pie quebrado** es un verso más corto que los otros y se da al final de la estrofa. En la cuenta de sílabas, los versos con 8 ó menos sílabas son de **arte menor**: el **tetrasílabo** contiene 4 sílabas; el **hexasílabo** son 6; el **heptasílabo** son 7; y el **octosílabo** son 8 (el verso más común del castellano, y se empleó, en forma irregular, en la Edad Media). El **arte mayor** son versos de más de 8 sílabas: el **eneasílabo** contiene 9; el **decasílabo** son 10; el **endecasílabo** son 11 (el verso más común en castellano del arte mayor); el **dodecasílabo** son 12; y el **alejandrino** son 14 (esta fue la forma que se utilizó en la cuaderna vía medieval). En la cuenta de sílabas en castellano se toma en consideración si el verso es **llano** (que lleva el acento en la penúltima sílaba), **agudo** (que lleva el acento en la última sílaba) o **esdrújulo** (que lleva el acento en la antepenúltima sílaba). También se tiene en cuenta cómo se combinan las vocales de las palabras del verso: la **sinéresis** es la contracción de dos vocales fuertes en una misma sílaba; la **sinalefa** es la contracción de vocales entre palabras contiguas; la **diéresis** es cuando se cuenta un diptongo como dos sílabas, cuando en realidad son una (es una licencia poética). El **ritmo** es la medida o el compás del verso, identificado por el patrón de acentos tónicos del verso. La **cesura**, parte de ese patrón, es una pausa en el medio de los versos de mayor extensión que forma parte del ritmo del poema.

3.3 Estrofa. Una serie de versos unidos. Se pueden distinguir por el número de versos que contienen: el **pareado** es una estrofa de 2 versos; el **terceto** es de 3; el **cuarteto** es de 4; el **quinteto** es de 5; el **sexteto** es de 6, etc.

3.4 Rima. Semejanza fónica al final de dos o más versos. En la **rima asonante**, solo las vocales del final riman. En la **rima consonante**, las consonantes y las vocales riman. En ambos casos pueden rimar en todos los versos, pero es más común la rima en versos pares y versos impares.

3.5 Formas métricas. La combinación de la extensión del verso, el número y la organización de la estrofa y el patrón de la rima forman una variedad de formas métricas. El **zéjel** es una forma métrica de origen árabe, cuya rima concuerda con la de un estribillo llamado una **jarcha**. El **romance** es una o más estrofas octosilábicas de extensión irregular y con rima asonante; la **cuaderna vía** medieval son cuartetos alejandrinos con rima consonante en AAAA, BBBB, etc.; la **redondilla** es un cuarteto octosilábico con rima ABBA; el **soneto** es de dos cuartetos y dos tercetos de endecasílabos con rima consonante de patrón distinto; la **silva**, muy popular en el Renacimiento, es una combinación métrica, no estrófica, en la que alternan libremente versos heptasílabos y endecasílabos, etc.

3.6 Figuras de repetición. La **anáfora** se produce cuando dos o más versos consecutivos empiezan con la misma palabra o expresión. Su contrario es la **epífora** donde se repiten la misma palabra o expresión al final de versos consecutivos. La **anadiplosis** repite al principio de un verso palabras o expresiones del final del verso anterior, pero en la **epanadiplosis** se repite la misma palabra al principio y al final del mismo verso.

3.7 Figuras auditivas. La **aliteración** es la repetición del mismo sonido en palabras cercanas o en el interior de ellas. Se debe considerar que diferentes letras pueden producir un mismo sonido. Por ejemplo, la "b", "m", "p" y "v" son todos bilabiales y producen sonidos relacionados. La **onomatopeya** es una palabra que recrea un sonido asociado con esa palabra. En la **eufonía** se emplean palabras de tono apacible, mientras que la **cacofonía** emplea palabras desagradables y sonidos discordantes. En el **asíndeton** se suprimen las conjunciones mientras que en el **polisíndeton** se emplean más conjunciones de lo necesario. La **polifonía** es la presencia de muchos efectos auditivos en una obra.

3.8 Formas o tipos poéticos. La **épica** o **epopeya** es una larga composición narrativa normalmente sobre un héroe nacional. El **romance** es un poema narrativo popular compuesto y transmitido oralmente. La **elegía** lamenta la muerte de una persona. La **oda** se dirige a una persona u objeto para alabarlo o glorificarlo. El **estribillo** es normalmente un pareado que se repite a lo largo del poema, casi siempre al final de una sección. La **poesía pura** es un movimiento poético que intenta desnudar la poesía de sus tópicos para llegar a una esencia. La **antipoesía** busca un lenguaje coloquial sin los recursos típicos de la lírica.

3.9 Otras figuras y términos de la poesía. El **yo lírico** o el **yo poético** se refieren a la voz personal que se escucha en el poema que puede ser diferente de la voz del poeta. El **apóstrofe** es cuando el poeta se dirige a una persona muerta o ausente, así como a algo abstracto. El **encabalgamiento** ocurre cuando el sentido lógico no termina al final del verso, sino pasa directamente al verso siguiente. El **hipérbaton** es la inversión del orden normal de las palabras para producir un efecto poético. La **gradación** es el encadenamiento de signos relacionados y ordenados consecutivamente para producir un clímax. La **imagen** es la representación viva de algo físico captado por el lenguaje.

4. Figuras retóricas y términos literarios correspondientes al teatro

4.1 Drama o teatro. Arte dialogado compuesto para ser representado ante un público y cuya representación se lleva a cabo con la colaboración de directores, actores, técnicos, etc. Es una forma antigua. Aristóteles distinguió entre una **tragedia**, que trataba temas graves de la clase noble, y la **comedia**, que trataba temas mundanales entre personajes populares.

4.2 La tragedia pura dramatiza el menoscabo del protagonista, normalmente acompañado por la **peripecia** (un repentino cambio de fortuna) y provocado por la *hamartia* (una falta de su personalidad) y el *hybris* (su arrogancia). El público se purifica por medio del *pathos* (la pena que siente al ver el protagonista sufrir) y la **catarsis** (la purgación de las pasiones). La **anagnórisis** se refiere al reconocimiento de una persona cuya identidad se desconocía. El término 'tragedia' se emplea hoy para cualquier composición literaria con un fin funesto.

4.3 Comedia. Una pieza ligera que normalmente provoca humor y tiene un desenlace feliz. En la historiografía hispánica, se refiere a un tipo específico de teatro del Siglo de Oro formulado por Lope de Vega y cultivado por casi dos siglos. La comedia puede contener elementos trágicos, pero siempre mezcla los dos estilos e incluye personajes de las clase altas y del pueblo.

4.4 Elementos, convenciones y términos del drama. La **acotación** son las instrucciones que da el autor dentro de la pieza para indicar los movimientos, los gestos y el vestuario de los personajes, así como la decoración y el tono que se debe crear. El drama normalmente contiene una **exposición** donde se revela la problemática de la pieza, un **nudo** en que el problema se complica y un **clímax,** que es el momento culminante de la acción. El **anticlímax** es el momento en que desciende la tensión después del clímax. El **desenlace**, concebido en varias acciones y etapas, es el modo en que los conflictos presentados en el drama se llevan a una conclusión. Es común también distinguir la **estructura interna** del drama de la **estructura externa**: la interna es el plan general concebido por el autor (puede ser una larga historia) y la externa es la que el público ve representada, ya que el drama tiene limitaciones estrictas de tiempo. El **monólogo** o **soliloquio** es un discurso emitido por un personaje en un drama directamente al público, y el **aparte** es semejante con la excepción que de que los otros personajes del drama están presentes pero no escuchan el discurso. La **ironía dramática** ocurre cuando el público se da cuenta de lo que está pasando sin que los mismos personajes se den cuenta.

5. Figuras retóricas y términos literarios correspondientes a la narrativa

5.1 Narrativa. Género literario que cuenta una historia en la forma de una novela, una novela corta, o un cuento o relato.

5.2 Formas narrativas. La diferencia, esencialmente, entre **novela** y **relato** o **cuento** es la extensión. Se piensa que el relato, por ser mucho más corto, permite mayor artesanía y un estilo más pulido, pero el largo desenvolvimiento de la novela requiere la coordinación de muchos elementos que no requiere el relato. El **apólogo** es un relato medieval con intención didáctica y con una moraleja final. La **crónica** es un discurso normalmente oficial para preservar información de algún momento histórico. Pero a pesar de su 'oficialismo', la crónica contiene un punto de vista, y a causa de ello se puede estudiar como obra literaria, como se hace con las crónicas de la Época colonial hispanoamericana. La **novela de caballería** que Cervantes parodia en *Don Quijote* es un subgénero narrativo de la alta Edad Media que cuenta, con elementos inverosímiles, las hazañas de un héroe cristiano. La **novela picaresca** es un subgénero narrativo cuyo protagonista es un individuo marginado de la clase baja. Suele ser episódica y observar la realidad en primera persona. El *bildungsroman* es el término alemán que se emplea para caracterizar una narrativa que observa el desarrollo total del protagonista, desde su niñez a su madurez.

5.3 Punto de vista. Se refiere al modo en que el autor se posiciona en el tiempo y el espacio, desde los cuales observa su material. Esta posición afecta totalmente lo que el destinatario observa, siente y piensa durante su lectura. El autor implícito crea un **narrador** para contar la historia. El **narrador omnisciente** narra en tercera persona objetivamente. Es como un pequeño dios que tiene la capacidad de saberlo todo y hasta penetrar en los procesos mentales de los personajes. En narraciones en **primera persona**, el narrador solo puede contar lo que sabe y desde su propia perspectiva, por lo cual es un punto de vista sumamente subjetivo. Otros narradores en tercera persona también pueden tener limitaciones, como el **narrador personaje**, que hace ambos papeles. A veces se habla del **narrador fidedigno** para referirse a esos cuya palabra se puede tomar en serio y el **narrador no fidedigno** para los narradores menos confiables. El **dialogismo** (término de Bajtin) se refiere a la interacción de muchas voces que se escuchan en un texto narrativo y que pueden presentar diferentes puntos de vista o diferentes registros. La **focalización** se refiere a la información que el destinatario recibe por medio de los personajes; por ejemplo, se puede recibir información del narrador así como de otro personaje, y estos dos focalizadores pueden transmitir información diferente o pueden colaborar.

5.4 Técnicas narrativas. La **anacronía** es cualquier alteración a la cronología del discurso. Por ejemplo, para moverse hacia el pasado se emplea el *flash-back* o **analepsis**, y para contar o pronosticar lo que pasará en el futuro se emplea la **prolepsis**. La **prefiguración** sucede cuando algún enunciado del discurso anticipa casualmente lo que va a pasar. El **monólogo interior** y el **fluir de la conciencia** son los pensamientos más íntimos y hasta subconscientes de un personaje que se presentan en el discurso. Normalmente, no siguen orden lógico. En lugar del diálogo, que es la representación directa en el discurso del intercambio verbal entre dos o más personajes, también se puede emplear un **estilo indirecto libre**, donde el narrador cuenta en tercera persona el diálogo y los pensamientos de los personajes.

5.5 Estructura narrativa. Un **autor implícito**, que es el que va creando la historia y estructurándola, empieza concibiendo una **historia** o **fábula**, que es la historia completa y cronológica de lo que se va a narrar. Sin embargo, el **discurso** es el modo en que esa historia se presenta y se estructura en la obra. Por ejemplo, el discurso puede empezar en el medio de la historia, o sea *in medias res*. En la narratología son procesos muy diferentes e importantes. El autor implícito, además, tiene que situar su historia en el tiempo (**temporalización**) y el espacio (**espacialización**).

6. Términos de crítica y teoría literaria

6.1 Formalismo ruso. Una reacción a la crítica positivista del siglo XIX que se preocupaba más en aspectos extraliterarios (fecha de composición, vida del autor, etc.) que en la obra en sí. Los formalistas veían el texto como manifestación de la lingüística con un sistema léxico único y diferente del habla normal.

6.2 *New Criticism*. Se dio en las décadas de 1920 y 1930 en el mundo anglosajón y, como los formalistas, pusieron el énfasis en el valor del texto como creación estética. Consideraban la obra como una creación independiente de otros factores, y demandaban una lectura cuidadosa para analizar su estilo, su estructura y su mensaje y ver las conexiones entre los tres. Tuvo una influencia formidable en la crítica literaria del siglo XX, sobre todo en la **narratología**. El **comentario de texto** incluye muchos preceptos de los *New Critics*.

6.3 Marxismo. Es una reacción al concepto de "arte por el arte" de los formalistas ruso y los *New Critics*. Los críticos marxistas ven la obra literaria como el producto, no tanto de un movimiento cultural, sino de fuerzas históricas y sociales. Se preocupan sobre todo en la lucha de clases sociales y las discrepancias económicas. Los escritores marxistas generalmente cultivan obras de realismo social.

6.4 Hermenéutica. Esencialmente, la hermenéutica cree que es posible llegar a un conocimiento exacto del texto, tal como fue ideada por su autor. La **Teoría de la recepción** intenta interpretar el texto tal como fue entendido por sus contemporáneos. De esta teoría surge el concepto del **lector ideal**, que es capaz de comprender todos los códigos del autor.

6.5 Semiología o semiótica. Es el estudio de los signos, que son cualquier cosa que engendra un mensaje a un individuo de la misma cultura: palabras, gestos, acciones, la ropa que llevamos, los autos que conducimos, etc. Esos signos solo se pueden entender en comparación con otros signos o dentro de algún sistema de signos. Ver "signo". La **intertextualidad**, que estudia cómo el sentido de un texto puede estar condicionado por otros textos literarios, es un ejemplo específico de la semiología, puesto que el signo de un texto solo se puede entender con relación al otro texto.

6.6 Estructuralismo. Es el estudio de cómo los signos están estructurados en un texto. Ningún fenómeno se puede entender como una manifestación independiente; solo se puede entender sabiendo cómo cabe dentro de la estructura al cual pertenece.

6.7 Narratología. La popularidad e importancia que cobró la novela y el relato en el siglo XX dio lugar a un sistema designado exclusivamente para el estudio de ese género. Es una teoría híbrida que se vale de muchos acercamientos críticos útiles para el estudio de la narrativa. Por ejemplo, la distinción importante entre fábula y discurso formaba parte del formalismo ruso, y el interés en el papel del narrador era preocupación central del *New Criticism*. Ambas teorías críticas se formularon un cuarto de siglo antes que la narratología.

6.8 Posestructuralismo o Posmodernismo. Son reacciones a los movimientos críticos como la hermenéutica, la semiología y el estructuralismo, todos los cuales ven el texto como una obra cerrada con un mensaje que el crítico es capaz de penetrar. Para ellos, el texto existe en muchos niveles con muchas posibilidades interpretativas. La **deconstrucción** es hasta más específica. Profesa que los autores construyen sistemas de ideas para luego sistemáticamente deconstruirlos. De ese modo, llegar a una resolución es fútil.

6.9 Crítica feminista. Este movimiento crítico tiene dos variantes. La primera es el estudio de textos para determinar el papel que desempeñan las mujeres para mejor deducir el rol que han tenido en la sociedad. Por otra parte, estudian la influencia del género sexual en áreas como la política. También intentan construir un acercamiento crítico basado en experiencias femeninas y no simplemente adoptando los procedimientos críticos creados por los hombres.

6.10 Poscolonialismo. Se basa en la noción que la historia cultural de las colonias europeas fue estudiada desde una perspectiva europea, y por lo tanto con todos los prejuicios que ello implica. Estos críticos llevan a cabo una agenda revisionista.

6.11 Estudios culturales. Un movimiento crítico que engloba muchas áreas, pero que esencialmente intenta analizar productos y fenómenos culturales como resultados de complejas fuerzas e interacciones culturales, políticas, económicas, sociales, etc.

COMO ESCRIBIR UN BUEN ENSAYO SOBRE LA LITERATURA

■■■

Como estudiante de la literatura, en algún momento se tendrá que escribir sobre alguna lectura. Aunque el ensayo literario debe seguir la misma organización rígida y la argumentación o el desarrollo lógico de cualquier ensayo, tiene sus particularidades. El profesor o profesora probablemente pedirá uno de los siguientes tipos de ensayo: (1) una exposición, (2) un comentario de texto, (3) un ensayo de ejemplificación, (4) una comparación, (5) un estudio cultural o (6) un trabajo de investigación. Lo que sigue es un ejemplo de cada tipo de escritura para que sirva de modelo al momento de tener que redactar. Se debe tener en cuenta que hay muchas maneras de organizar y de escribir cualquier tipo de ensayo y que el profesor o profesora puede pedir otro esquema.

1.0 La exposición

La exposición es uno de los ensayos más comunes, y toda persona educada debe saber escribirlo. La exposición presenta, explica, reporta, define y analiza algún tema concreto o abstracto. Sin embargo, normalmente no narra, no arguye, no opina y no critica. Su punto de vista es objetivo y no se ofrece la opinión personal del escritor.

    La exposición requiere que el escritor conozca a fondo el tema. A no ser que el escritor sepa mucho de antemano sobre lo que va a escribir, el proceso requiere investigación. Es importante investigar varias fuentes para ver diferentes aproximaciones al tema. Si se escribe en español, es importante consultar fuentes en ese idioma, puesto que así se adquiere el vocabulario necesario para la exposición. Al tomar notas, no se debe escribir palabra por palabra, sino reelaborar la idea en otras palabras para evitar sospecha de plagio. El plagio es una infracción grave que puede resultar en la suspensión.

    Primero hay que escoger el tema, si el instructor o la instructora no lo ha asignado. Se debe tratar de elegir un tema sobre el cual se tiene algún interés, puesto que ello hará la labor más placentera. Hay que escoger un tema apropiado para la extensión del ensayo. Si se ha pedido un ensayo de tres páginas, no sería una buena idea elegir el tema de "El *boom* en la narrativa hispanoamericana", el cual es demasiado vasto. Sería más apropiado un aspecto de ese tema, como "Los orígenes del *boom*" o "La contribución de Borges al *boom*".

He aquí una lista de las características de una buena exposición:

- En el primer párrafo se explica el tema con una descripción o definición. También se enfoca el tema dando una tesis clara y concisa.
- Se ordena la materia desde lo general a lo particular.
- Si hay un desarrollo histórico, se sigue una línea cronológica.
- Cada párrafo debe tratar un aspecto diferente del tema.
- La estructura de los párrafos ha de seguir un orden lógico riguroso.

- Para que el lector entienda mejor, se puede usar ejemplos concretos, comparar o contrastar con otra cosa o idea, y emplear expresiones apropiadas de transición.

- El último párrafo (normalmente llamado la conclusión) no debe resumir lo que ya se ha dicho, sino reelaborar la tesis en consideración de lo que ya se ha dicho.

Ejemplo de una exposición: "El Romancero hispánico: Monumento al espíritu poético del pueblo español"

¶1. El Romancero, una colección de poemas narrativos populares de la Edad Media, representa una de las manifestaciones más importantes de la cultura hispánica. La traducción de "romance" en inglés es *ballad*. Casi todas las naciones conservan sus baladas, como las de Robin Hood en Inglaterra o las más recientes de Davy Crockett en los Estados Unidos. Pero ningún país tiene un Romancero tan abundante, tan unido, tan variado y tan bien conservado como España. Los romances son breves poemas populares que narran un cuento y que se transmiten oralmente en forma de canción sencilla. Una colección de romances se llama un "Romancero", y normalmente se emplea el término Romancero para referirse a la totalidad de los millares de romances que se conservan en español.

¶2. Se cree que los primeros romances fueron fragmentos de los largos poemas épicos que cantaban las hazañas de los grandes héroes. En la Edad Media, principalmente entre 1100 y 1400, como no había imprenta ni apenas había gente que supiera leer, existía el oficio de juglar, que era un cantante-poeta que se ganaba la vida viajando de pueblo en pueblo recitando poemas para entretener al público. Al escuchar estos poemas narrativos, la gente aprendía de memoria un trozo favorito. Normalmente, se escogía un trozo que narraba un momento dramático o conmovedor del poema largo. Luego, la persona repetía el fragmento apropiado ante otras personas que también se lo aprendían, y así, por vía oral, se fue transmitiendo y conservando el Romancero español.

¶3. En esta breve descripción del origen del Romancero se observan las características fundamentales de todos los romances. Primero: el romance es una forma de poesía oral que no tiene autor conocido; es un producto colectivo del pueblo. Al repetirse oralmente, cada persona puede dar una versión diferente, de modo que pueden existir muchas variantes del mismo romance. Segundo: como el romance se transmite oralmente, contiene muchos recursos poéticos que facilitan aprendérselo de memoria. Tercero: el romance, al ser en su principio un fragmento tomado de un poema más largo, suele relatar un momento dramático y emocionante. Muchas veces, el romance contiene un diálogo entre dos o más personas. Cuarto: al transformarse en un poema corto sacado de un poema más largo, el romance pierde algo de su carácter narrativo y cobra mayor fuerza lírica. Por eso, una de las mejores definiciones del romance es que es un poema lírico que cuenta una historia.

¶4. Uno de los ciclos de romances más famosos trata las hazañas de Rodrigo Díaz de Vivar, conocido como El Cid. El Cid fue uno de los héroes más importantes en la guerra contra los moros y reconquistó Valencia de ellos en el siglo XI. En estos versos de un romance del ciclo del Cid, un rey moro lamenta la pérdida de Valencia y amenaza al Cid de hacerle mucho daño por lo que ha hecho:

Mirando estaba Valencia cómo está tan bien cercada.
—Oh, Valencia, oh, Valencia, de mal fuego seas quemada.
Primero fuiste de moros que de cristianos ganada;
si la lanza no me miente a moros serás tornado.

Aquel perro de aquel Cid prenderélo por la barba,
su mujer doña Jimena será de mí captivada,
su hija Urraca Hernando será mi enamorada,
después de yo harto d'ella la entregaré a mi compaña.—

¶5. En los siglos XVI y XVII, el romance había alcanzado tal popularidad entre todos
los españoles —tanto en las clases altas como en las bajas— que se coleccionaron y se
publicaron en antologías llamadas "Romanceros". La publicación de los Romanceros
ayudó mucho a conservarlos y a diseminarlos. En esta época ocurrió un fenómeno muy
curioso: los poetas cultos empezaron a escribir romances. Antes de este momento, solo
la gente común los cultivaba. Así fue que el humilde romance, que había nacido en el
pueblo, pasó a la literatura culta y refinada.

¶6. El desarrollo del Romancero no se limita a España. Los españoles llevaron consigo
el Romancero a todas las partes del mundo adonde fueron. En Hispanoamérica, como
en España, se mantiene vivo el Romancero viejo y se siguen componiendo nuevos
romances. En los pueblos de México, por ejemplo, cuando ocurre un incidente importante, es muy común componer un "corrido", que es un tipo de romance, para conme-
morar el incidente. Estos corridos mexicanos emplean los ritmos de las canciones
mexicanas típicas.

¶7. En nuestros días el Romancero se mantiene vivo, pero se teme que no dure mucho
tiempo más en su forma oral. Con la diseminación de tantas fuentes de comunicación,
tantas formas de entretenimiento y tanto aparato tecnológico, el deseo del pueblo de
aprender romances de memoria irá disminuyendo. Temiendo que el Romancero hispánico ya no se siga transmitiendo más oralmente, se ha llevado a cabo en los últimos años
una labor impresionante para grabar y coleccionar los romances existentes. Como resultado, contamos con Romanceros voluminosos para todas las regiones donde se habla
español.

¶8. El esfuerzo de conservar el Romancero es valiosísimo, porque el Romancero es un
elemento unificador del mundo hispánico. Se conoce en cualquier parte del mundo
donde se habla español, y es cantado por todos, tanto por las clases altas como las bajas.
La conservación del Romancero es importante también desde el punto de vista de la
cultura, porque es uno de los mayores monumentos que celebra el espíritu poético del
pueblo hispánico, puesto que fue el pueblo el que lo creó y el que lo transmitió por vía
oral a lo largo de los siglos.

Noten la estructura del ensayo y cómo cumple con las características del ensayo de exposición:

¶1. La tesis: "El Romancero representa una de las manifestaciones más importantes de
la cultura hispánica". Se explica lo que es un romance con ejemplos que el público
reconoce, y se da una definición.

¶2. Se explica el origen del Romancero y cómo fue transmitido.

¶3. Se enumeran las características del romance con una rigurosa organización.

¶4. Un ejemplo más específico de un romance medieval.

¶5. El desarrollo histórico del romance en los siglos VI y VII.

¶6. La exportación del Romancero a Hispanoamérica y su vigencia allí.

¶7. El nadir del romance y los esfuerzos para conservarlo.

¶8. Conclusión: Una reelaboración de la tesis: "La conservación del Romancero es importante… porque es uno de los mayores monumentos que celebra el espíritu poético del pueblo hispánico".

2.0 El comentario de texto

El comentario de un texto es un ejercicio que estudia todos los aspectos de una obra para mostrar cómo la forma se relaciona y corrobora con el mensaje. El comentario requiere varias lecturas detenidas. No es necesariamente una crítica personal, aunque no hay más remedio que expresar nociones subjetivas. Tampoco es un estudio de investigación, aunque aquí también el/la profesor/a puede pedir la consulta de fuentes.

En el comentario hay que prestar atención a muchos aspectos diferentes. Si es una novela, se debe incluir el momento cultural en que se escribe, un resumen breve, el punto de vista narrativo, el tema y los discursos de la obra, el uso del tiempo y el espacio, los personajes y cómo están delineados, las técnicas que emplea el autor, el efecto que producen estas técnicas (tono, ambiente, etc.), el estilo (incluyendo sus aspectos morfosintácticos) y posiblemente otras dimensiones que propone la obra. Claro está, el drama y la poesía requieren otras consideraciones propias de su género. Pero todos los comentarios intentan buscar el hilo que da unidad a toda esta información. El propósito del comentario es explicar cómo todos los elementos literarios se enlazan para producir una unidad estética.

He aquí una lista de las características de un buen comentario:

- El resumen de la acción debe ser muy breve y sin mucho detalle: solo lo suficiente para dar una idea de qué se trata.

- Se enfoca en los elementos más destacados, no necesariamente en todos los aspectos mencionados arriba. Por ejemplo, si el punto de vista narrativo es simplemente una voz omnisciente, eso se puede expresar de paso, sin un comentario profundo.

- Cada párrafo debe enfocarse en un aspecto diferente. Algunos comentarios contienen subtítulos anunciando lo que se va a analizar. El/La profesor/a dictará el estilo que prefiere.

- Se da un ejemplo del texto para apoyar el comentario. Es mejor si el ejemplo puede contener una cita directa del texto.

- Siempre se trata de buscar y expresar los lazos que unen un aspecto con otro. Por ejemplo, se usan verbos como "apoyar", "respaldar", "reforzar", "recalcar", "enlazar", "relacionar", etc. y todos sus sinónimos.

- La conclusión no debe resumir infantilmente todo lo que ya se ha escrito. En vez de esto, se reitera la unidad de los elementos, cómo el sentido de la obra está respaldado por los aspectos literarios que se han estudiado, y lo que todo puede significar. Normalmente el comentario no necesita una interpretación o reacción personal, pero tampoco es prohibido. De nuevo, el/la profesor/a dictará.

Ejemplo de un comentario: "Tarde del trópico" de Rubén Darío

Es la tarde gris y triste.
Viste el mar de terciopelo
y el cielo profundo viste
de duelo.

Del abismo se levanta
la queja amarga y sonora.
La onda, cuando el viento canta,
llora.

Los violines de la bruma
saludan al sol que muere.
Salmodia la blanca espuma:
¡Miserere!

La armonía el cielo inunda,
y la brisa va a llevar
la canción triste y profunda
del mar.

Del clarín del horizonte
brota sinfonía rara,
como si la voz del monte
vibrara.

Cual si fuese lo invisible…
Cual si fuese el rudo son
que diese al viento un terrible
león.

¶1. En el poema "Tarde del trópico", Rubén Darío ostenta todas las galas del arte modernista que él difundió por el mundo hispánico. El poema, compuesto en cuartetos octosilábicos con pie quebrado y con rima ABAB, es una sencilla descripción del atardecer tropical, tal como indica el título. Pinta un paisaje junto a un mar revuelto con un cielo nublado y un viento fuerte. La belleza de la composición reside en las figuras que emplea para hacer sentir todo el impacto de la puesta del sol en una tarde brumosa.

¶2. Lo que más se destaca en las primeras estrofas es la prosopopeya mezclada con sinestesia: El mar y el cielo se "visten"; el viento "canta"; la onda "llora"; el sol "muere"; la bruma "saluda"; y la espuma "salmodia". A lo largo del poema Darío se vale de la metonimia: el color del cielo es de "duelo" (negro); los sonidos son "la queja amarga", "violines", "canción triste" y "clarín". Un léxico asociado con la música enlaza toda la composición: Se escucha una gran "sinfonía" con "violines" y un "clarín" que tocan con "armonía" una "canción triste" como si "salmodiaran".

¶3. Para acentuar el efecto sonoro del viento, que cada vez se intensifica en el poema, Darío emplea figuras que producen efectos auditivos. Se encuentran aliteraciones de la vocal "a" como en "la blanca espuma" y "la brisa va a llevar". Los sonidos nasales (m, n) dan efectos fónicos a "La onda, cuando el viento canta" y "La armonía el cielo inunda". En las últimas dos estrofas el léxico se vuelve cacofónico con la repetición de los sonidos vibrantes (r, rr): "rara", "vibrara", "rudo" y "terrible". El poema termina con la frase onomatopéyica de "el rudo son" de "un terrible león", la cual crea magistralmente el sonido de truenos.

¶4. Normalmente, la puesta del sol evoca imágenes de brillantes coloridos, pero Darío toma otro camino más original. Pinta una escena sombría con énfasis en los sonidos del viento, y no los colores. El viento se va intensificando a lo largo del poema. Al principio "canta", pero la canción se vuelve "triste" y "rara" y termina siendo un "rudo son" como el rugir del león.

¶5. El poema no parece tener un mensaje más allá de la creación de un ambiente con muchos sonidos y movimiento. Pero ¿sería posible que Darío intentara comunicar algo más trascendental? Hay cosas en la vida muy bonitas y placenteras que en cualquier momento se pueden volver repelentes y desagradables. Así ocurre con esta puesta del sol que carece por completo su intenso y brillante colorido a causa de una tempestad que amenaza destruir su belleza.

Noten la estructura del ensayo y cómo cumple con varias de las características del comentario de texto.

¶1. Se sitúa el texto dentro de su movimiento literario. A la vez se revela de un modo muy abreviado de qué se trata el poema y su versificación.

¶2. Analiza con ejemplos textuales la personificación, los tropos y el léxico, y se deja muy claro cómo están relacionados usando el verbo "enlazar".

¶3. Se enfoca en un aspecto específico del poema: su uso de efectos auditivos como la aliteración y la onomatopeya. Se vuelve a insistir en las relaciones entre todos los elementos con el verbo "acentuar".

¶4. Se muestra cómo hay una evolución en el poema de sus signos musicales.

¶5. No se resume lo que se ha dicho. El autor da una interpretación de lo que puede significar el poema.

3.0 El ensayo explicativo o de ejemplificación

En un ensayo de ejemplificación se buscan muestras de una o varias categorías para ilustrar una idea, un tema, una teoría, una doctrina, etc. En este tipo de ensayo no se tiene que comparar las pruebas, simplemente dar una explicación de cómo cada ejemplo escogido se conforma al tema que se está explicando. Tampoco se tiene que hacer investigación; se usan ejemplos que uno ya conoce por haberlos estudiado. Es diferente del ensayo de exposición en que en vez de desarrollar y explicar un tema específico, el ensayo explicativo simplemente manifiesta datos para sustanciar el tema. Por ejemplo, un ensayo sobre el Romancero, como en la página 566, da un panorama total de lo que es el Romancero. Un ensayo explicativo pediría demostrar cómo el romance se sigue empleando después de la Época Medieval. Aquí se podrán mencionar los romances que aparecen en la Comedia del Siglo de Oro, los romances literarios escritos por Góngora, la incorporación de elementos de vanguardia en el *Romancero gitano* de Lorca, etc.

En el campo de la literatura, el ensayo explicativo normalmente trata de un tema o discurso, una técnica, un movimiento cultural, etc. y se le pide al estudiante que encuentre ejemplos de ciertas obras que afirmen el tema que se ha propuesto. De este modo, si se quiere elaborar las diferentes formas y propósitos de las escrituras referentes a la conquista del Nuevo Mundo, cada párrafo se dedicaría a proponer un ejemplo diferente con una explicación de cómo es relevante al tema. Se podría incluir las cartas de Cortés al rey informándole de su descubrimiento, los escritos propagandísticos de Las Casas defendiendo los derechos de los indígenas, la crónica de Díaz del Castillo corrigiendo los errores de las crónicas oficiales, etc.

Como se puede ver, este tipo de ensayo no es difícil de organizar, porque cada ejemplo ocupa un párrafo (en un ensayo corto) o una serie de párrafos (en un ensayo más largo). Lo más importante es conocer bien las obras que se van a incluir y saber extraer de ellas la información necesaria. El peligro está en incluir aspectos de la obra que no vienen al caso. Por ejemplo, a veces se quiere dar un breve resumen de la obra, lo cual es innecesario siempre que lo que se diga se conforme al tema del ensayo.

He aquí una lista de las características de una buena explicación:

- El primer párrafo debe revelar el asunto que se va a desarrollar, poniéndolo en algún contexto (histórico, ideológico, literario, etc.) y explicando por qué este asunto es importante.

- Los párrafos de la parte central del ensayo se deben dedicar a un ejemplo específico.

- Se debe poner algún orden a los ejemplos. El orden puede ser cronológico si se trata de textos de diferentes períodos, de una técnica sencilla a una más compleja si se trata de técnicas literarias, etc.

- En el ejemplo, se debe dar bastante información del texto sin hacer un resumen.

- Si el ejemplo es más complejo en algún texto, este ejemplo puede ocupar más de un párrafo.

- Las conclusiones siempre son más sofisticadas si no resumen o repiten lo que se anunció al principio. Si se resume, se debe emplear un vocabulario diferente para que no parezca una repetición. Una mejor solución es hacer algunas comparaciones o generalizaciones sobre las obras empleadas.

Ejemplo de una explicación o ejemplificación: "El uso del tiempo en la narrativa del *boom*"

¶1. Parece que vivimos en un tiempo cronológico, pero en realidad nos transportamos al pasado con nuestros recuerdos y al futuro con la imaginación. Con Freud hemos aprendido que tenemos enterradas en nuestra memoria realidades que no recordamos o que queremos ignorar, y que se revelan misteriosa y simbólicamente en los sueños. Los escritores del *boom* hispanoamericano se han aprovechado de todas las posibilidades narrativas que nos ofrecen el tiempo y el espacio, y este hallazgo representa una de sus grandes contribuciones a la narrativa moderna.

¶2. El tiempo en "La siesta del martes" de García Márquez parece fluir cronológicamente. Es el discurso de una sencilla descripción de una madre que va con su hija a visitar la tumba de un hijo muerto. Sin embargo, la fábula que crea el autor implícito contiene mucha más información del pasado que queda fuera del marco del relato. Por medio de un narrador completamente objetivo, se dice que el chico fue matado por una viuda cuando ella sentía que alguien llegaba a la puerta. Luego, por medio del diálogo de la madre nos enteramos que el muchacho boxeaba para mantener a su familia y que las heridas que sufría eran tan graves que la madre le pidió que cambiara de profesión y así empezó a robar. Pero nadie es testigo a lo que pasó en casa de la viuda: ¿iba el muchacho a robar?, ¿iba simplemente para protegerse de la lluvia? Las respuestas de estas preguntas no se dan en el espacio del relato porque existen en un tiempo fuera de la narración al cual el lector no fue testigo. Al morirse, el chico dijo "Ay, mi madre". ¿Cuál es el referente? Sería una expresión de angustia, un último recuerdo del moribundo de la pena que fuera a sentir su madre, o un pensamiento de lo que haría su madre y su familia sin su ayuda.

¶3. En "La noche boca arriba" de Cortázar se observan dos tiempos paralelos: uno que ocurre en el tiempo actual y que el lector reconoce con signos de su mundo como motocicletas, ambulancias y hospitales, y otro tiempo que, desde la perspectiva del lector, ocurrió en el pasado remoto cuando los aztecas cazaban a otros indios para sacrificarlos a los dioses. El lector es transportado de un mundo al otro, solo para descubrir al final que el tiempo que se creía ser el pasado es, en realidad, el presente. Cortázar ha querido mostrar que el tiempo también está sujeto al punto de vista individual y a los referentes familiares, y que el tiempo que vivimos puede haberse vivido anteriormente.

¶4. Aún más compleja es la función del tiempo en "El sur" de Borges. Aquí el tiempo se fija en un presente en el lecho moribundo de Dahlmann en un hospital. En su cerebro, antes de expirar, Dahlmann emprende un viaje psíquico que lo lleva a su pasado (la estancia de su niñez) y hacia el futuro (su muerte en una lucha de navajas). Los tres tiempos —presente, pasado y futuro— se juntan y se confunden. El lector nunca sabe en qué tiempo se encuentra en la lectura. La narración fluctúa entre una historia realista y probable y otra quimérica e inverosímil. Sin embargo, todo lo que pasa ocurre en unos segundos en la mente de Dahlmann, porque el tiempo psíquico no obedece a las reglas del tiempo cronológico.

¶5. El tiempo en "Viaje a la semilla" de Carpentier va al reverso. Empieza en el presente de la narración (en la Cuba posrevolucionaria) con unos labradores tumbando una antigua casona colonial, y viaja hacia el pasado ("a la semilla"). A lo largo del retorno se encuentran signos del mundo antes de la revolución: los ricos terratenientes con sus cañaverales, su vida despreocupada, los esclavos, etc. El tiempo invertido ofrece la oportunidad de vislumbrar el mundo colonial que provocó la Revolución. Aunque parezca raro una narración revertida, es por medio de este procedimiento que muchas veces llegamos a entender las motivaciones. Por ejemplo, en una obra policíaca muchas veces el detective recolecta pista en el presente, pero va hacia atrás, paso a paso, coleccionado pistas para llegar al culpable.

¶6. El tiempo juega un papel central en todas estas obras, pero en cada caso se emplea el tiempo de un modo diferente. El tiempo, por consiguiente, no es un concepto fijo y lineal como normalmente se imagina, sino un concepto variable que progresa en muchas direcciones a la vez. Uno de los grandes logros de los novelistas del *boom* es haber explorado el uso del tiempo en la narrativa y haber descubierto que cuando se experimenta con el fluir del tiempo se revela una realidad no vista o entendida antes.

Noten la estructura del ensayo y cómo cumple con las características del ensayo de ejemplificación:

¶1. El primer párrafo trata del uso del tiempo en términos generales. Se sitúa el tema dentro de un contexto histórico con en el ejemplo de Freud.

¶2-5. Estos se dedican cada uno a un autor y una obra diferente. Hay orden. Se comienza con un ejemplo de tiempo cronológico y se termina con un ejemplo de tiempo revertido. Cada ejemplo enfoca directamente en el asunto del tiempo, con ejemplos específicos y una interpretación de cómo funciona el tiempo en el texto.

¶6. La conclusión resume hasta cierto punto la importancia del tiempo en la narrativa del *boom*. Pero no lo hace con las mismas palabras de antes. Además, se generaliza sobre todos los usos.

4.0 La comparación

En el ensayo de comparación y contraste se escogen dos o más obras para buscar similitudes entre ellas así como diferencias. Normalmente, las dos obras escogidas tienen algo que los ata: una misma forma, un mismo tema, un mismo período literario, el mismo uso de técnica literaria, etc. Si se comparan manzanas y naranjas es porque las dos son frutas. No ayuda en absoluto comparar una naranja con un elefante.

El valor de este tipo de ejercicio es que muchas veces las cosas se aclaran mejor cuando se observa el contraste con otras manifestaciones del mismo orden. Por ejemplo, se usa la comparación en la dialéctica cotidiana. Para escoger la universidad a la cual asistir, se contrasta una con otra. Así, poco a poco, se va vislumbrando la superioridad de una sobre la otra.

Este tipo de ensayo no es necesariamente uno en que se tenga que dar una opinión o hacer investigación. Sin embargo, es muy frecuente en un ensayo de argumentación (del cual no hay ejemplo en este texto) el uso de la comparación para resaltar el predominio de una idea sobre otra para destacar una postura particular. De un modo semejante, se podría usar la investigación para comprobar algún punto de la comparación.

La estructura de la comparación no es compleja, sobre todo si se está comparando solo dos piezas. Esencialmente, hay dos modos de organizar la información: (1) Tomar un tema o una obra y por separado analizar los puntos que se van a comparar en cada uno, y luego, al final, de modo de conclusión, resumir las semejanzas y las diferencias. (2) Más típico, sin embargo, es el ensayo que toma cada aspecto de comparación por separado y da ejemplos de cada tema u obra. Este es el procedimiento que se emplea en el ejemplo que sigue.

He aquí una lista de las características de una buena comparación:

- En la introducción se debe aclarar por qué se han escogido estos dos ejemplos y qué es lo que los une.

- En el segundo párrafo se expande sobre el elemento que los une.

- En los párrafos siguientes se toma cada punto de comparación por separado y se da ejemplos de cada obra o autor.

- Si el punto que se está comparando es muy importante, se debe separar en dos párrafos, uno dedicado a cada obra.

- Se tiene a mano un buen repertorio de sinónimos relacionados con la comparación, como por ejemplo: "en contraste", "por otra parte", "por otra mano", "a diferencia de", "sin embargo", "no obstante", etc.

- La conclusión recalca la importancia del asunto que se ha comparado, sin repetir nada de lo que se haya dicho en la introducción.

Ejemplo de una comparación: "Lorca y Guillén ante el Romancero tradicional"

¶1. El Romancero y su fórmula estructural y su sistema de rima han lanzado una sombra larga en las letras hispánicas. El octosílabo del romance medieval es la forma predilecta de la poesía en lengua española, y muchos autores hasta han escrito versiones modernas del Romancero tradicional medieval. Este es el caso del poeta andaluz Federico García Lorca (1898-1936) y el cubano Nicolás Guillén (1902-1989). Los dos, aunque de muy diferentes mundos, eran contemporáneos y hasta se llegaron a conocer cuando Lorca pasó por Cuba de regreso a España de Nueva York. Ambos contribuyeron decisivamente al movimiento de vanguardia: Lorca con su poesía surrealista y Guillén con su Poesía negra, donde combina elementos rítmicos y signos culturales de los africanos antillanos. Pero ambos se interesaron y se aprovecharon del valor del romance.

¶2. El romance tradicional, como "El rey moro que perdió Alhama", es un modelo típico: está compuesto de versos octosilábicos con rima asonante; enfoca en una escena en vez de contar una larga historia; usa un lenguaje económico, no siempre explicando las motivaciones de los personajes; emplea diálogo y hasta diferentes voces; no siempre lleva el asunto narrativo a una conclusión; y emplea una voz narrativa que se vale de lo dramático y le habla directamente a su público.

¶3. El romance de Lorca "Prendimiento de Antoñito el Camborio" sigue la estructura métrica del romance tradicional al pie de la letra, con rima asonante en los versos pares. Guillén, por otra parte, emplea un verso blanco en "Balada de los dos abuelos", y aunque hay secciones del poema que parecen conformarse a un patrón de rima, como la estrofa 5 donde el esquema e-o en versos pares se emplea en su totalidad, el resto del poema varía mucho en su esquema. Sin embargo, se conforma al octosílabo, pero con versos de pie quebrado. El "Romance del rey moro" también contiene versos de pie quebrado en el estribillo "¡Ay de mi Alhama!", pero en Guillén el pie quebrado no forma un estribillo. Claramente, Guillén toma muchas libertades con la forma del romance que no toma Lorca.

¶4. Lorca, igual que el autor anónimo medieval, enfoca el poema en un momento específico y lo cuenta directamente como si tuviera un público delante: Antoñito va camino a Sevilla, parece que corta unos limones que va comiendo y tirando al río y lo prenden por robar. Un guardia acusa a Antonio de no ser legítimo gitano, porque no lucha a navaja para defender su honor. Como consecuencia lo cierran en un calabozo. Como se puede ver, nada de mucha consecuencia pasa y no se sabe el resultado. La historia se cuenta con un mínimo de detalle, y las acciones a veces se expresan poéticamente.

¶5. La acción de "Balada de los dos abuelos" es de gran trascendencia, aunque el romance normalmente no cuenta una épica de tanta consecuencia histórica. Guillén describe en términos poéticos la odisea de la llegada de los conquistadores y los esclavos, el ultraje hacia los africanos, el mestizaje que se va forjando entre las dos razas e implícitamente la armonía racial que resulta con la Revolución Cubana. La historia, además, llega a un clímax con el abrazo entre el abuelo negro y el blanco. El romance normalmente tiene un fin abierto: no se sabe las consecuencias de la pérdida de Alhama, ni lo que le pasará a Antoñito.

¶6. Como en el Romancero tradicional, el diálogo y el dramatismo hacen un papel en ambos romances modernos. En el "Prendimiento" se escucha directamente la injuria del guardia civil a Antonio acusándole de no ser gitano legítimo, y en Guillén se oyen los lamentos de los dos abuelos: el "¡me canso!" del blanco y "¡me muero!" del negro. En ambos también se siente el dramatismo de la voz narrativa que exhorta al lector u oyente a ver y sentir la acción. Lorca lo consigue con descripciones poéticas muy visuales:

> Moreno de verde luna,
> anda despacio y garboso.
> Sus empavonados bucles
> le brillan entre los ojos.

O la descripción del viento como los movimientos de un torero:

> El día se va despacio,
> la tarde colgada a un hombro,
> dando una larga torera
> sobre el mar y los arroyos.

En la "Balada" la exhortación es mucho más directa como en las manifestaciones medievales, cuando el narrador parece apuntar a la escena repitiendo con anáfora "¡Qué de barcos!… ¡Qué de negros!".

¶7. Los dos autores modernos se aprovechan del lenguaje lacónico de sus modelos medievales. El poeta del "Rey moro", para expresar la furia que sintió el rey al recibir las malas noticias de la pérdida de Alhama, lo expresa así: "las cartas echó en el fuego / y al mensajero matara". De un modo semejante, Lorca, para decir que los guardias civiles llevaban a Antonio a la cárcel agarrados por el brazo, escribe simplemente "codo con codo". Guillén, para expresar el dolor de los latigazos que recibe el esclavo y el cansancio que siente, lo reduce a "Piedra de llanto y de sangre,/venas y ojos entreabiertos".

¶8. En el Romancero popular, al ser producto del pueblo, no se emplea sofisticadas figuras retóricas: no hay en el "Rey moro" metáfora, prosopopeya, metonimia, etc. La fuerza poética se consigue casi exclusivamente con valores auditivos (la fuerte asonancia de a-a, que se recoge en la aliteración del estribillo "¡Ay de mi Alhama!"). Guillén en "Balada" emplea muchas más técnicas auditivas que Lorca, aunque el poeta andaluz es también un maestro de los efectos sonoros del idioma. Las muchas anáforas así como las aliteraciones y onomatopeya ("gordos gongos sordos") producen en Guillén una sinfonía de sonidos.

¶9. Lorca y Guillén, como poetas cultos, impregnan la humilde forma popular con un vasto repertorio retórico. Lorca emplea el símil con el "cielo reluce/como la grupa de un potro", y Guillén, para describir el verde oscuro del agua, emplea la metonimia "aguaprieta de caimanes". Ambos autores se valen de la prosopopeya: Lorca escribe que la "brisa, ecuestre/salta los montes", y Guillén describe el torso del esclavo como "piedra de llanto y de sangre". Los signos de ambos poemas están ordenados por el mundo que se describe. Lorca ambienta el poema con signos andaluces: la complexión oliva del gitano, las corridas de toros, los caballos, las navajas, las aceitunas y los limones, etc. Guillén construye una oposición binaria entre signos del mundo africano y europeo. Del africano hay la "lanza con punta de hueso", el "tambor de cuero" y los "gongos". Del europeo está la armadura de los conquistadores y los barcos llenos de oro.

¶10. Aunque el romance típicamente no toca temas políticos ni sociales, da la casualidad que estos tres poetas se comprometen con su público. El poeta medieval critica la política e inercia del rey moro. Lorca se queja de la injusticia racial de los españoles hacia los gitanos, mientras que Guillén reprocha la empresa colonial española y alaba la armonía racial de la Revolución Cubana.

¶11. El humilde y popular romance pasa al siglo XX transformado en una poesía culta recargada de elementos retóricos y con un compromiso social. Sin embargo, no pierde el romance medieval su capacidad de conmover al público con su dramatismo y sus impresionantes valores fónicos. Esta perduración de una forma medieval revela mucho de la cultura hispánica: su respeto por los valores culturales del pueblo y su admiración por las tradiciones literarias del pasado.

Noten la estructura del ensayo y cómo cumple con las características de la comparación:

¶1. Se establece el asunto general de la comparación (el Romancero) y las dos obras o autores que se van a comparar (Lorca y Guillén). Se explica la importancia de esta comparación.

¶2. Se enfoca en el asunto que une a las dos obras. En este párrafo se mencionan los puntos que luego se irán desarrollando por separado.

¶3. Aquí se compara la métrica de cada autor.

¶4–5. Como se trata de una comparación más cardinal —la acción de cada poema— se le dedica un párrafo a cada uno.

¶6–10. Se comenta por separado otros puntos de comparación. Noten que se emplean citas directas de los poemas para comprobar la tesis.

¶11. En la conclusión se resume brevemente y se explica por qué esta comparación particular ha valido la pena.

5.0 El estudio cultural

Los estudios culturales intentan ir más allá de la literatura para analizar manifestaciones culturales, sociales, políticas, históricas, etc. Los críticos que se dedican a su estudio investigan muchos productos culturales de diversos campos y géneros (teoría política, textos médicos, películas, series de televisión, periodismo, arte, música pop, etc.) para formar un cuadro más completo del tema que les interesa o para ver cómo ese fenómeno se genera y disemina por varios medios, como la cultura pop, la tecnología, los medios de comunicación, las universidades, el gobierno, las grandes empresas, etc. De este modo, los estudios culturales borran las fronteras entre la 'alta' cultura y la cultura 'popular', o de las masas. Como la literatura, dichos productos tienen un emisor del mensaje con un particular propósito o punto de vista que buscan conseguir influenciar a sus receptores. Los que están entrenados a analizar la literatura están bien preparados para descodificar estos productos no–literarios. El ensayo cultural puede tomar muchas formas, y es una mezcla de otros tipos de ensayos, como los de ejemplificación y comparación. Se requiere estar bastante enterado de muchos campos fuera de la literatura, y se demanda investigación. También el crítico ha de saber analizar y descodificar los diferentes productos culturales y vincular unos con otros. He aquí unos títulos de estudios culturales: "El ícono de don Juan y la construcción del género masculino en el mundo hispánico", "El tango como base de la identidad argentina", "La perspectiva del vencido en la formación del mito de la conquista", "El arte de Picasso reflejado en la literatura de vanguardia", "El reggaetón y el multiculturalismo latino".

He aquí una lista de las características de un buen estudio cultural:

- Se expone claramente la propuesta que se desea explicar, junto con su trasfondo histórico.
- Se enfoca en el producto o productos que se van a utilizar para analizar el tema.
- Se analiza cada producto a fondo, con ejemplos concretos.
- Se compara cada producto a los otros y se vinculan al tema general.
- Se sacan conclusiones.

Ejemplo de un estudio cultural: "Dos testamentos del ocaso de España en el siglo XVII: Quevedo y Velázquez"

¶1. La indisputable potencia de España en Europa llega a su apogeo a mediados del siglo XVI. Al abdicar Carlos V en 1558, divide su gran imperio, quitándole a su hijo Felipe II las regiones de Alemania y el Sacro Imperio Romano. Treinta años más tarde, en 1588, la armada invencible de España es prácticamente destruida por los ingleses. Esa fecha ha sido usada tradicionalmente por los historiadores como el momento en que el poder español comienza su descenso. A lo largo del próximo siglo las derrotas militares se fueron acumulando, llegando a su colmo con la Paz de Westfalia en 1648 en que España tuvo que concederle la independencia a los Países Bajos, los cuales había controlado desde comienzos del siglo XVI. Sin embargo, estos eventos, hoy tan simbólicos, no fueron pronósticos para los españoles de aquella época del ocaso del Imperio español. España seguía proyectando una imagen de prosperidad y superioridad, y poseía la colonia más extensa de cualquier país europeo.

¶2. Sin embargo, algunos españoles se dieron cuenta del peligro que enfrentaba el país y de su decadencia, y lo expresaron en obras artísticas sin criticar o pronosticar —la censura se aseguró que sus mensajes fueran velados. Nos referimos a dos de las figuras emblemáticas del Barroco español: el escritor Francisco de Quevedo y el pintor Diego Velázquez. Los dos eran contemporáneos y hasta convivieron en la corte, puesto que ambos tenían cargos importantes en la corte de Felipe IV: Quevedo era su secretario y Velázquez su pintor de cámara. Y además se conocieron; Velázquez retrató a Quevedo en un lienzo que hoy se conoce solo por copias. Por otra parte, es improbable que fueran íntimos amigos. Quevedo había contribuido a la dimisión del Conde Duque de Olivares —el mayor consejero de Felipe IV— mientras que Velázquez apoyaba al conde duque, quien había sido mecenas suyo y lo había recomendado al rey.

¶3. A pesar de sus diferentes posturas ideológicas, los dos coincidieron en su visión de que el poder español había llegado a su ocaso. En el famoso soneto de Quevedo "Miré los muros de la patria mía", escrito poco antes de 1628 cuando apareció publicado, el poeta satírico acumula una serie de signos de la falta de fuerza militar: muros descomponiéndose, una valentía caducada, arroyos secos, ganado bramando, báculo frágil y una espada gastada. El yo lírico se sitúa en el presente y mira a su alrededor y compara la presente mezquindad con un pasado ilustre: los muros que "si un tiempo fuertes, ya desmoronados". El amontonamiento de tantos signos con referentes a la situación desesperada de España no deja duda que el poeta ve a su país en declive.

¶4. El cuadro de "Marte" pintado por Velázquez entre 1640 y 1642 aborda el mismo tema, pero desde otra perspectiva. Marte, el dios romano de la guerra, se representa en la escultura romana como un fuerte y viril guerrero, bien armado y recto. En el arte renacentista, sin embargo, se observa a Marte recostado haciéndole el amor a Venus, pero sigue siendo la misma figura enérgica. Velázquez sigue el modelo de Marte como tierno amante, pero retrata un hombre bien entrado en su mediana edad, no necesariamente guapo, con sus armas tiradas por el piso y su casco mal puesto. El Marte velazquiano ha perdido por completo su energía y virilidad: tiene la piel flácida, un cuerpo poco musculoso, una expresión de cansancio y retratado en una postura sumamente sensual. El Marte de Velázquez prefiere los placeres de la cama al rigor del campo de batalla.

¶5. Los signos del soneto y del cuadro tienen poco en común, pero la literatura y el arte coinciden en un mismo mensaje. El yo lírico de Quevedo se siente caduco, cansado e incapaz mientras que el Marte de Velázquez carece energía, virilidad y ganas de luchar. En ambas manifestaciones abundan los signos militares, marciales y nacionalistas. Estas dos figuras gigantescas, ambos profundo conocedores de la realidad española por sus relaciones íntimas con la monarquía, expresaron lo que pocos otros sospechaban o no se atrevían a decir: Los mejores momentos del Imperio español estaban por detrás. Al país le faltaba las fuerzas para recuperarse y seguir adelante.

Noten la estructura del ensayo y cómo cumple con las características del ensayo cultural:

¶1. Se expone el tema que se va a estudiar dentro de una perspectiva histórica.

¶2. Se da a conocer los productos que se van a utilizar (en este caso literatura y arte), y se ofrece una introducción a cada uno.

¶3–4. Cada párrafo se dedica al examen de uno de los productos: soneto y cuadro.

¶5. En la conclusión se comparan los dos productos.

6.0 La investigación

En cualquier ensayo se puede (y se debe) hacer alguna investigación para informarse del asunto o expandir lo que ya se sabe. Si las ideas que se encuentran son muy originales, entonces se debe citar el lugar específico donde se expresa esa idea. Pero si la información es muy general y generalmente aceptada por todos, como la información que se consigue en un manual o una enciclopedia, entonces a lo mejor no hay que documentar.

Pero el trabajo de investigación es más que documentar. Es uno en que se investiga un asunto muy específico para ver lo que se ha dicho o escrito sobre ello. Normalmente, se tiene que emplear la *MLA International Bibliography* en su forma electrónica para encontrar artículos eruditos sobre el tema. También se miran libros especializados. Estas fuentes se citan directamente en el cuerpo del ensayo y también en una lista de "Obras citadas", al final. Es necesario aprender las formas correctas de documentación. Por lo general, se siguen las normas de la MLA.

La información conseguida de estas fuentes se puede emplear en varios tipos de ensayos. Por ejemplo, se puede hacer un resumen de las posturas críticas y de la investigación que se ha hecho sobre el asunto, y ese catálogo sería su único propósito. Los estudiosos de la literatura, sin embargo, proponen teorías, interpretaciones y explicaciones nuevas y originales, y emplean las fuentes para contrastar lo que se ha dicho anteriormente a lo que ellos han propuesto. Las fuentes no solo se usan para apoyar una tesis, sino para mostrar el error de una teoría y proponer otra o añadir algo nuevo a la discusión.

Hay miles de fuentes de información, de modo que para poder controlar tanto material, se escoge un tema muy específico. Por ejemplo, no se hace un trabajo de investigación sobre Carlos Fuentes —sería mejor en este caso una exposición. Tampoco se haría una investigación sobre "Chac Mool" —sería mejor un comentario de texto. Pero sí se podría hacer investigación sobre algún aspecto del relato: el uso de lo fantástico, el mensaje alegórico o simbólico de la obra, o, como en el caso a continuación, la reconstrucción de la vida del protagonista, etc. Limitando así el tema, se puede ir directamente a las fuentes que lo han tratado y no tener que leer todo lo que se ha escrito, lo cual sería una imposibilidad.

He aquí una lista de las características de un buen trabajo de investigación:

- En el primer párrafo se repasa la crítica que se ha escrito respecto al tema y se expresa explícitamente lo que el ensayo va a contribuir al discurso crítico.

- Luego se da un resumen muy breve de la obra que se investiga para que el lector pueda seguir la lógica del trabajo.

- Si se emplea una teoría crítica como base del análisis, se debe decir algo acerca de ello.

- En el cuerpo principal del trabajo se van elaborando ideas ordenadas en un sistema lógico y escalonado, con abundantes ejemplos del texto.

- La conclusión es como el clímax, revelando explícitamente lo que se ha demostrado o descubierto en la investigación.

- Se documenta cuidadosamente las fuentes de información. La mayoría de la documentación se puede incluir en el cuerpo del ensayo entre paréntesis. Solo se usan notas al pie de la página para expandir o explicar algo cuya inclusión en el trabajo interrumpiría el desarrollo metódico del ensayo.

Ejemplo del trabajo de investigación: "El papel del lector en 'Chac Mool': Una reconstrucción de la vida de Filiberto"

¶1. "Chac Mool" fue la primera obra literaria publicada por Carlos Fuentes, y a pesar de ser fruto de su juventud, ya se luce en ella su talento como novelista y su maestría de nuevas técnicas narrativas. La crítica sobre el relato se ha dedicado principalmente al estudio de lo fantástico (Tyler) y a relacionarlo con otros escritores del *boom,* sobre todo Cortázar (Campa Marcé, Martínez). Otros han interpretado el relato de un modo simbólico para expresar cómo el pasado indígena sigue presente en la vida actual mexicana (Arrington 236). Este acercamiento sugiere un mensaje profundo que aún no se ha explorado del todo. En este trabajo se indagará más en el subtexto del relato, reconstruyendo la vida del protagonista para descubrir un mensaje respecto a la Revolución Mexicana.

¶2. La historia o fábula del relato trata del burócrata Filiberto y su afán por coleccionar estatuas precolombinas, pero cuando compra una réplica de Chac Mool, el dios maya del agua y de la lluvia, su mundo se trastorna. Chac Mool empieza a cobrar vida, y poco a poco va dominando a Filiberto, quien, para escaparse de las locuras del dios, se huye a Acapulco. Allí murió ahogado, y un compañero de trabajo retira su cadáver y lo regresa a la casa. Al llegar con los restos, le abre la puerta un indio vestido ridículamente al estilo europeo y quien parece ser el Chac Mool transformado en ser humano.

¶3. El orden cronológico del discurso es muy diferente al de la historia.[1] El relato empieza con el clímax: la muerte de Filiberto. Luego, por medio del diario que lee el compañero, nos enteramos del desvarío con la estatua las semanas antes de su muerte, y por medio de reminiscencias anotadas en el diario podemos saber algo de su vida universitaria cuando fue a un café que frecuentaba de estudiante. La última parte del relato está en el presente y lo cuenta el amigo de Filiberto, quien retira su cadáver. Sabemos con certeza por la voz del narrador personaje que un indio vestido ridículamente tratando de imitar a los blancos le abre la puerta. Duncan nota la importancia de este último detalle fantástico; proviene de un narrador que se ha dado cuenta de la locura de Filiberto y a quien el lector ha creído a lo largo de la narración (146).

¶4. El discurso omite mucho de la historia, pero el autor deja pistas para que el lector ideal[2] pueda inferir y reconstruir esa vida. ¿Quién era Filiberto? La poca información que tenemos de esa vida recóndita viene del diario que Filiberto lleva, pero esa agenda contiene códigos que el lector no puede decodificar fácilmente. En el típico circuito de comunicación, el emisor dirige su mensaje al receptor, que es su lector. Pero en el caso de "Chac Mool", el emisor y el receptor son la misma persona, puesto que Filiberto no espera que nadie lea su memorial. A causa de ello, los códigos no son compartidos con nadie, solo con sí mismo. Por ejemplo, ¿por qué se burlan los compañeros de trabajo de Filiberto? ¿Por qué le echan un tinte rojo a su grifón de agua? ¿Por qué siempre va a la pensión de Frau Müller en Acapulco y no a otra hostelería?

¶5. El primer reto del lector cuidadoso es reconstruir la vida de Filiberto. Desgraciadamente, no hay ninguna pista temporal de cuándo murió Filiberto; solo se sabe que

---

[1] Aquí se emplea las teorías del formalismo ruso que han sido adoptadas por la narratología moderna en que se distingue entre la fábula (la historia total imaginada por el autor) y el discurso (el modo en que se organiza y presenta la historia en el texto). La fábula incluye la vida completa de Filiberto, mientras que en el discurso solo se ve parte de esa vida.

[2] Se siguen las teorías de Wolfgang Iser, que distingue entre los diferentes lectores e identifica el lector ideal, quien es el lector imaginado por el autor que pueda entender todos sus códigos, y hasta llenar los vacíos que no se incluye en el discurso.

era cuarentón. Si el relato tiene lugar alrededor del momento en que fue escrito (después de 1950), entonces Filiberto nacería alrededor de 1905 y de niño sería testigo a la Revolución Mexicana, que empezó en 1910. Filiberto estaría en la universidad alrededor de 1925, precisamente en los años en que José Vasconcelos funcionaba como Secretario de Educación Pública, nombrado por el gobierno revolucionario. Bajo su cargo se llevó a cabo una reforma universitaria impresionante, que incluyó la educación popular, abriendo las puertas de la universidad a gente que antes no se atrevía a matricularse. Instituyó, además, la enseñanza de las culturas indígenas de México para que los mexicanos se sintieran orgullosos de su pasado no-europeo (Ocampo López).

¶6. En su reminiscencia sobre sus años universitarios, Filiberto escribe:

> Entonces todos estábamos en un mismo plano, hubiéramos rechazado con energía cualquier opinión peyorativa hacia los compañeros; de hecho librábamos la batalla por aquellos a quienes en la casa discutían la baja extracción o falta de elegancia. Yo sabía que muchos (quizás los más humildes) llegarían muy alto… Muchos de los humildes quedaron allí, muchos llegaron más arriba de lo que pudimos pronosticar en aquellas fogosas, amantes tertulias. Otros, que parecíamos prometerlo todo, quedamos a la mitad del camino, destripados en un examen extracurricular, aislados por una zanja invisible de los que triunfaron y de los que nada alcanzaron.

Esta entrada en el diario es sumamente reveladora. Se puede inferir que Filiberto era parte de la clase alta, de pura sangre europea ("parecíamos prometerlo todo"). Sin embargo, abraza los fines igualitarios de la Revolución. Su poco éxito en la vida no es fácil de explicar, pero se podría inferir que su fracaso coincide con el fracaso de la Revolución, sobre todo en su intento de conseguir una sociedad con justicia social. Parece que políticamente Filiberto, como producto de la Revolución, ha mantenido su postura socialista. Así, quizá, se explica por qué los compañeros, para burlarse de él, le ponen un tinte rojo al grifón de agua; en esos años de tensión con la Unión Soviética, el rojo representaba el comunismo. Finalmente, el interés de Filiberto de coleccionar figuras precolombinas procede de las reformas de Vasconcelos.

¶7. Se dice además que Filiberto habitaba un caserón de estilo porfiriano, o sea, construida durante la dictadura de Porfirio Díaz, quien gobernó entre 1876 y 1911. México prosperó durante este período, pero la riqueza no fue distribuida con equidad: los ricos se hicieron más ricos, sin que los pobres prosperaran. Porfirio Díaz también privatizó muchas empresas estatales de México y facilitó la inversión extranjera. Alemania fue uno de los países que más benefició de su política. Se les concedió grandes territorios a cafetaleras alemanas, así como a petroleras, sobre todo en la rica región del Golfo. Los alemanes llegaron a dominar los medios impresos y las principales radiodifusoras. A otras empresas alemanas como Bayer, Electrolux y Ericsson se les dio concesiones generosas. Y como colmo, el ejército prusiano fue permitido entrenar al ejército mexicano (Rionda Ramírez 70-71). Esta reseña histórica puede explicar la descendencia alemana de Filiberto, y por qué se siente tan cómodo cuando visita la Pensión Müller en Acapulco. Sus padres probablemente inmigraron a México durante el porfirismo, y como todo extranjero de aquella época, prosperaron. Se construyeron una gran casa y allí nació su hijo.

¶8. La gran ironía del mensaje es que Filiberto, hombre comprometido con los ideales igualitarios de la Revolución, abandona su compromiso social cuando el mundo indígena se sobrepone al europeo. Filiberto no puede tolerar la pérdida de su posición como parte de la clase dirigente. Por eso se fuga a un lugar "europeo", la pensión de Frau Müller. Pero Fuentes le da una última vuelta a la tortilla. Al apoderarse del poder, Chac Mool también abandona su cultura indígena y adopta los modales de los europeos, hasta empolvándose para parecer más blanco. En fin, Fuentes no encuentra una fácil salida a la cuestión de raza y poder en su país.

Obras citadas:

Arrington, Melvin. "The God Made Flesh: Some Observations on Syncretism and Identity in 'Chac Mool'." *Interpretaciones a la obra de Carlos Fuentes: Un gigante de las letras hispanoamericanas*. Ed. Ana María Hernández de López. Madrid: Ediciones Beramar, S.A. 235-41.

Campa Marcé, Carlos. "Carlos Fuentes entre Maupassant y Cortázar (pasando por Borges): 'Chac Mool' y el relato como montaje." *Espéculo: Revista de Estudios Literarios* 43 (2009): n. pag. <http://www.ucm.es/info/especulo/numero43/chacmool.html>

Duncan, Cynthia. "The Living Past: The Mexican's History Returns to Haunt Him in Two Short Stories by Carlos Fuentes." *The Fantastic in World Literature and the Arts*. Ed. Donald E. Morse. New York: Greenwood Press, 1987. 141-47.

Iser, Wolfgang. *The Act of Reading: A Theory of Aesthetic Response*. London: Routledge and Kegan, 1978.

Martínez, Gustavo. "La 'otra' casa tomada: 'Chac Mool' de Carlos Fuentes." *Espéculo: Revista de Estudios Literarios* 32 (2006): sin paginación. <http://www.ucm.es/info/especulo/numero32/casatoma.html>

Ocampo López, Javier. "José Vasconcelos y la Educación Mexicana." *Revista de Historia de la Educación Latinoamericana* 7 (2005): 139-59.

Rionda Ramírez, Jorge Isauro. *Historia de la modernidad en México: Siglos XIX y XX*. Málaga: Universidad Internacional de Andalucía, 2009.

Tyler, Joseph: "'Chac-Mool': A Journey into the Fantastic." *Hispanic Journal* 10.2 (1989): 177-183.

Noten la estructura del ensayo y cómo cumple con las características del ensayo de investigación:

¶1. Nota cómo se repasa brevemente la bibliografía crítica y termina explicando cómo esta investigación va a contribuir al entendimiento de la obra.

¶2-3. Aquí se da un resumen del relato. Se ha hecho en dos párrafos, porque el autor ha separado el resumen de la historia del resumen del discurso.

¶4. Se explica el procedimiento crítico que se va a emplear.

¶5–7. Se presenta en cada párrafo una parte del argumento o una prueba o eslabón del desarrollo. Se ordena esta materia según un orden riguroso.

¶8. La conclusión no repite ni resume. Expresa explícitamente lo que se ha descubierto y la importancia de la investigación.

Noten además las formas correctas de citar las fuentes, tanto dentro del texto como en las "Obras citadas", siguiendo las normas de la MLA.

CRÉDITOS DE TEXTO

■■■

Capítulo I

p. 112: Prendimiento de Antoñito el Camborio, the Spanish-language poem by Federico García, copyright © Herederos de Federico García Lorca, from Obras Completas (Galaxia/Gutenberg, 1996 edition). All rights reserved. For information regarding rights and permissions of works by Lorca, please contact lorca@artslaw.co.uk or William Peter Kosmas, Esq., 8 Franklin Square, London W14 9UU, England. **p. 115:** Juan Bosch. "Los amos," Cuentos escritos en el exilio. © Juan Bosch, 1985. **p. 120:** Nicolás Guillén, "Balada de los dos abuelos" in *West Indies Limited* (1934). **p. 124:** Pablo Neruda, "La United Fruit Co.," Ganto General. © Fundacion Pablo Neruda, 2012. **p. 127:** © Dragún, Armando, Historias para ser contadas, Buenos Aires, Corregidor, 2008. **p. 134, 139:** Reprinted by permission of Arte Publico Press, University of Houston, © 1987.

Capítulo II

p. 218: By permission of Fondo de Cultra Economica. **p. 222:** Gabriel Garcia Marquez. "La mujer que llegaba a las seis," Todos los cuentos. © Gabriel Garcia Marquez, 1984. **p. 234:** By permission of the author. **p. 239:** Isabel Allende. "Dos palabras," Cuentos de eva luna. © Isabel Allende, 1990.

Capítulo III

p. 272: "El sur" from FICCIONES by Jorge Luis Borges. Copyright © 1995 by Maria Kodama, used by permission of The Wylie Agency LLC. **p. 277:** Alejo Carpentier, "Viaje a la semilla" in *Guerra del tiempo* (1958). P. 289: Julio Cortazar, "La noche boca arriba," Final del juego. © Herederos de Julio Cortazar, 2012. **p. 296:** "Mujer negra" by Nancy Morejón from Parajes de una época, 1979. **p. 299:** Rosa Montero. "Como la vida misma." © Rosa Montero.

Capítulo IV

p. 338, 349, 361: La casa de Bernarda Alba, the Spanish-language play by Federico García Lorca, copyright © Herederos de Federico García Lorca, from Obras Completas (Galaxia/Gutenberg, 1996 edition). All rights reserved. For information regarding rights and permissions of works by Federico García Lorca, please contact lorca@artslaw.co.uk or William Peter Kosmas, Esq., 8 Franklin Square, London W14 9UU, England. **p. 371:** Pablo Neruda, "Farewell," Crepusculario. © Fundacion Pablo Neruda, 2012. **p. 375:** Carmilo Jose Cela. "El misterioso asesinato en la Rue Blanchard," Nuevo ratablo de don Cristobalito. © Herederos de Camilo Jose Cela, 2012. **p. 383:** Carmilo Jose Cela. "El misterioso asesinato en la Rue Blanchard," Nuevo ratablo de don Cristobalito. © Herederos de Camilo Jose Cela, 2012. **p. 389:** Mario Vargas Llosa. "Dia Domingo," Los cachorros. © Mario Vargas Llosa, 1967. **p. 405:** Gabriel Garcia Marquez. "La siesta del martes," Los funerales de la Mama Grande. © Gabriel Garcia Marquez, 1962.

Capítulo V

p. 460: Permission granted by Joseph A. Burgos Jr. 2012 from Julia de Burgos Estate. **p. 464:** Pablo Neruda, "Walking Around," Residencia en la tierra, II. © Fundacion Pablo Neruda, 2012.

Capítulo VI

p. 525: "Borges y yo" from EL HACEDOR by Jorge Luis Borges. Copyright © 1995 by Maria Kodama, used by permission of The Wylie Agency LLC. **p. 528:** Carlos Fuentes. "Chac Mool," Los dias enmascarados. © Carlos Fuentes, 1954. **p. 536:** Gabriel Garcia Marquez. "El ahogado mas hermoso del mundo," Todos los cuentos. © Gabriel Garcia Marquez, 1984. **p. 542:** Julio Cortazar, "La continuidad de los parques," Final del juego. © Herederos de Julio Cortazar, 2012. **p. 545:** By permission of Carlos A. Ulibarri.

ÍNDICE

■■■